Ottmar Ette
Literatur in Bewegung

Für
Marianne und Pedro, zwischen Altmühl und Havel,
diese „Literatura en movimiento"
als Zeichen der Freundschaft
und der Bewegung
von Eurem
8. Mai 09

Ottmar Ette
Literatur in Bewegung

Raum und Dynamik
grenzüberschreitenden Schreibens
in Europa und Amerika

Velbrück Wissenschaft

Erste Auflage 2001

Gesetzt vom Verlag aus der Berthold Concorde
Druck: Hubert & Co, Göttingen
Printed in Germany
ISBN 3-934730-31-0

Die Deutsche Bibliothek – CIP-Einheitsaufnahme
Ein Titeldatensatz für diese Publikation ist bei
Der Deutschen Bibliothek erhältlich.

Inhalt

Für Doris,
auf allen Reisen

Wegmarkierung

Die Erfahrung, in einer Nach-Geschichte, einer *Posthistoire*, zu leben, scheint sich in der Moderne Europas mit einer gewissen Regelmäßigkeit zu wiederholen. Sie findet sich in unterschiedlichen Ausprägungen gegen Ende des 18. Jahrhunderts etwa bei Georg Forster[1], um die Mitte des 19. Jahrhunderts beispielsweise bei Jules Michelet[2] oder in der jüngst vergangenen Gegenwart.[3] Die Erfahrung nach-geschichtlicher Zeiten ist auf besondere Weise mit der Entfaltung geschichtlichen Denkens überhaupt verknüpft. Eine Reihe von Indizien spricht dafür, daß wir das in Nordamerika wie Europa, aber auch andernorts weitverbreitete Empfinden, in einer Nach-Geschichte zu leben, überwunden haben. Damit beginnt zugleich ein Zeitabschnitt der zweiten Hälfte des 20. Jahrhunderts historisch zu werden, der als Postmoderne bezeichnet worden ist, des öfteren als eine eigene Epoche gedeutet wurde, sich aber wohl in einem gemeinsamen Raum von Moderne und Postmoderne ansiedelt.[4]

Vor dem Hintergrund dieser neuen Situation und in Erwartung einer Neubestimmung kultureller Zielsetzungen, die von einem in territorialer wie nichtterritorialer Hinsicht grundlegend veränderten Raumgefüge her geprägt sein müssen, ist – soweit diese erste Bestimmung eines wieder in Bewegung gekommenen Spielraumes – das vorliegende Buch geschrieben. Es umfaßt folglich im chronologischen Sinne den Zeit-Raum von Moderne und Postmoderne zwischen der zweiten Hälfte des 18. und dem

1 Vgl. Wolf Lepenies, *Das Ende der Naturgeschichte. Wandel kultureller Selbstverständlichkeiten in den Wissenschaften des 18. und 19. Jahrhunderts*, München: Hanser 1976, S. 118.

2 Vgl. den im April 1951 erstmals veröffentlichten Essay von Roland Barthes, »Michelet, l'Histoire et la Mort«, in: ders., *Œuvres complètes*. Edition établie et présentée par Eric Marty, 3 Bde., Paris: Seuil 1993-1995, hier Bd. I, S. 94.

3 Vgl. Hans-Ulrich Gumbrecht, »Posthistoire Now«, in: Hans-Ulrich Gumbrecht und Ursula Link-Heer (Hg.), *Epochenschwellen und Epochenstrukturen im Diskurs der Literatur- und Sprachhistorie*, Frankfurt am Main: Suhrkamp 1985, S. 34-50.

4 Vgl. Ottmar Ette, *Roland Barthes. Eine intellektuelle Biographie*, Frankfurt am Main: Suhrkamp 1998, S. 487-489.

Ende des 20. Jahrhunderts. Zugleich richtet es an die Literatur die Frage nach der Entfaltung spatialer Konzeptionen, die – oft auch im Dialog mit anderen Medien, insbesondere den visuellen Künsten – für das letzte Viertel des zweiten Jahrtausends bedeutsam waren und im doppelten Sinne aus einer Ästhetik und »Räumlichkeit« der Moderne herausragen. Den Ausgangspunkt für eine grenzüberschreitende, in Bewegung befindliche Literatur wird die Reiseliteratur bilden, von der aus sich der Blick auf andere Räume, Dimensionen und Bewegungsmuster hin öffnen soll, welche die Literaturen des 21. Jahrhunderts prägen werden. Und diese werden, dazu bedarf es keiner prophetischen Gabe, zu einem Gutteil *Literaturen ohne festen Wohnsitz* sein.

Als unsere zehnjährige Tochter mich fragte, wie denn der Titel dieses Buches lauten sollte, und erfuhr, daß es um »Literatur in Bewegung« gehe, war sie sichtlich enttäuscht und verblüfft. Literatur sei ja gar nicht wirklich in Bewegung, denn die Buchstaben blieben fest an ihrem Platze und bewegten sich – im Unterschied zu den Bildern in Film, Fernsehen oder Internet – nicht. Nach einer längeren Pause fügte sie dann aber hinzu, daß sie bisweilen schon daran gedacht habe, über Nacht könnten diese Buch-Staben ihren Ort im Buch verändern und am nächsten Morgen nicht mehr an ihrem   sein. Ob ich das mit Bewegung meine? Damit war ihr eine Idee gekommen, die schon bei Jorge Luis Borges – und somit bei einer Figur, die wie kaum eine andere an der Schnittstelle von Moderne und Postmoderne steht – noch im Kindesalter zumindest nach eigener Aussage Angst, aber wohl auch Faszination ausgelöst hatte. In der Tat können sich Bücher über Nacht verändern. Texte werden »plötzlich« ganz anders gelesen, Leser reiben sich verdutzt die Augen, glaubten sie ihre Autorinnen und Autoren doch gut zu kennen. Einfach stehenbleiben hilft nicht: Die Texte bewegen sich auch ohne uns weiter und lassen uns hinter sich.

P l a t z

Doch dies ist nur *ein* Teil der hier ins Auge gefaßten Bewegung. Was bedeutet es, wenn nicht nur die Buchstaben (und einzelne Texte), sondern die Literatur insgesamt in Bewegung wäre oder wir sie aus dieser Perspektive betrachteten? Wenn sie sich – wie Umberto Eco anläßlich der beweglichen Kunstwerke Calders überlegte – wie ein Mobile drehte, mit dem die ihrerseits in Bewegung befindlichen Betrachterinnen und Betrachter stets neue Konfigurationen bildeten?[5] Wäre es dann aber noch mög-

5 Vgl. Umberto Eco, *Opera aperta*, Milano: Bompiani 1976, S. 157.

lich, die Dynamik eines derartig komplexen Raumes zu erfassen und wie in einer Choreographie, die wir betrachten, aber auch abschreiten oder selbst tanzen können, verschiedene Bewegungsmuster, Grundfiguren der Bewegung, zu unterscheiden? Diesen Fragen, die mich seit langem faszinieren, suche ich im vorliegenden Band im wörtlichen Sinne nachzugehen – nicht um eine Totalität zu erfassen, wohl aber, um grundlegende Figuren der Bewegung von Literatur darzustellen und neue Analyseperspektiven zu eröffnen. Blicken wir im Alltag aus einem Zugfenster, so vermögen wir oft nicht zu sagen, ob beim Anfahren unser eigener Zug, der andere oder beide in Bewegung sind. Diese kurzfristigen, im doppelten Sinne transitorischen, vorübergehenden Augenblicke, die wir mit Hilfe einer alarmierten Aktivierung unseres Körpergefühls in einer Art Selbstvergewisserung des eigenen Standpunkts anhand fester Gegen-Stände rasch beseitigen, kann uns die Literatur langfristiger und intensiver schenken.

Nicht nur die Orte, von denen berichtet wird, sondern auch die Orte des Schreibens und die Orte des Lesens befinden sich in wechselseitiger wie je eigenständiger Bewegung. Viel zu selten führen wir uns vor Augen – und die Rezeptionsästhetik hat hierzu kaum einen Beitrag geleistet –, daß wir auch als Leserinnen und Leser in ständiger Bewegung sind. Dies betrifft nicht nur die Tatsache, daß sich unsere Lektüren in unterschiedlichste Kontexte anderer Lektüren (von Texten, Zeichen, Alltagserfahrungen usw.) einbetten, sondern auch das wenig in seinen Konsequenzen bedachte Phänomen, daß wir eher selten noch ein längeres Buch an ein und demselben Ort lesen. Gewiß, es gibt sie noch, die traditionellen Orte der Lektüre, deren vermeintlich immobilster das heimische Bett, die Buchlektüre vor dem Einschlafen ist, in der das Buch den idealen Übergang zur Welt der Träume darstellt. Wir nehmen das Buch mit auf dem Weg zur Arbeit, lesen es auf Reisen oder beenden es nach unserer Rückkehr zu Hause. Die Reiselektüre beinhaltet eine nicht geringere raum-zeitliche Dynamik als jene, die sich daraus ergibt, daß wir Bücher zu lesen beginnen, ihre Lektüre aber erst Monate später abschließen. Bleiben diese Bewegungen ohne Einfluß auf unsere Wahrnehmung, unsere Lesart des Buches? Wäre unsere Aneignung des Textes dieselbe, hätten wir den Band ausschließlich in der abgeschlossenen Welt einer Bibliothek gelesen? Ist *Die Welt als Wille und Vorstellung* dieselbe, wenn wir sie als Nachttischlektüre oder als Zuglektüre wahrnehmen?

Motivation und Konzeption dieses Buches gehen in gewisser Hinsicht auf eine vor langen Jahren aufgeworfene Frage nach dem literarischen Raum zurück.[6] Dabei zeigte sich, wie rasch sich die Koordinaten verändern, die literarische Texte zu anderen Texten anderer Autoren, Kulturen oder Kontinente aufbauen. Dies gilt ebenso für einzelne Texte wie für Gruppen von Texten, ja betrifft – um ein geokulturelles Beispiel zu nennen – eine sich historisch wandelnde Asymmetrie der literarischen Beziehungen zwischen Europa und Amerika überhaupt. Es lag auf der Hand, die Synchronie der Untersuchung »statischer« Räume eines gegebenen Zeitpunkts durch eine Diachronie zu ergänzen und zu dynamisieren. Welche Konsequenzen hat dieser Befund für die Analyse konkreter Einzeltexte, die im Vordergrund der nachfolgenden »Passagen« stehen sollen?

Die politischen, kulturellen, wirtschaftlichen, gesellschaftlichen und auch literarischen Räume, die uns umgeben, haben sich seit der zweiten Hälfte des 18. Jahrhunderts mit immer größerer Geschwindigkeit verändert. Die Literaturen trugen diesem Faktum Rechnung, die Literaturwissenschaften ließen diese Problematik – selbst im Bereich der Reiseliteratur, die für derartige Untersuchungen wie geschaffen scheint – jedoch weitgehend außer acht. Der vorliegende Band versucht, auf diese Problematik eine Reihe von Antworten zu geben und aufzuzeigen, wie die Dynamik von Räumen und Raumbeziehungen auf verschiedenen Ebenen ebenso in konkreten Einzeltexten wie innerhalb größerer zeitlicher Entwicklungen untersucht werden können. Diesen Bewegungen wenden sich die »Passagen« und die »Traversen« aus jeweils unterschiedlicher, niemals aber statischer Blickrichtung zu.

Die neuen *mappings*, die neuen Kartierungen des Kulturellen, die im Zeichen der Postmoderne zumindest das letzte Viertel des zurückliegenden Jahrhunderts mitprägten, beginnen ihre Darstellungsfähigkeit und Wirksamkeit zu verlieren. Neue Bewegungen, die von den Diskussionen im Schlagschatten der

6 Meine erste dieser Fragestellung gewidmete Veröffentlichung war »›Cierto indio que sabe francés‹: Intertextualität und literarischer Raum in José Martís ›Amistad funesta‹«, in: *Iberoamericana* (Frankfurt am Main) IX, 25-26 (1985), S. 42-52.

Postmoderne-Debatten sehr wohl angekündigt wurden, verschaffen sich Raum und verlangen gerade auch für literarische Texte neue Denkformen und Analysemöglichkeiten. Dies, so scheint mir, betrifft insbesondere Vorstellungen und Konzepte, die sich der veränderten und sich rasch weiterverändernden Räumlichkeit zuwenden. Neben ein *multi*kulturelles Nebeneinander und ein *inter*kulturelles Zwischen- und Untereinander ist – und ich meine dies in einem sehr positiven Sinne – ein *trans*kulturelles Durcheinander getreten, in dem sich die verschiedenen Kulturen wechselseitig durchdringen und verändern. Feste Standorte und Wohnsitze von Kulturen gehören größtenteils der Vergangenheit an. Die zunehmend weltweit geführten, aber von den »Rändern« den »Zentren« aufgedrängten Diskussionen um kulturelle Hybridität deuten unverkennbar auf diese neuen, nicht mehr rückgängig zu machenden Entwicklungen hin. Die vielzitierte und oft zu Recht als modisch-unverbindlich kritisierte Rede von der Globalisierung ist in ihren Konsequenzen für die Literatur und mehr noch jene Wissenschaften und Wissensbereiche, die sich mit ihr beschäftigen, längst noch nicht ausreichend bedacht worden.

So gehen die hier vorgestellten Überlegungen bei der Frage, wie die weitere Entwicklung verlaufen könnte, was also »nach« der Postmoderne – unabhängig davon, ob wir sie für beendet erklären oder nicht – kommen könnte, von der Überzeugung aus, daß in jedem Falle der Problematik und Erfahrung des Raumes eine entscheidende Bedeutung zukommt. Aber sitzen wir dabei nicht einer grundlegenden Fehleinschätzung auf? Denn ist der Gegenstand, dem wir uns zuwenden, nicht von Minimierung, ja radikalem Aussterben bedroht? Es gibt gute Gründe, die für ein künftiges Verschwinden des Raumes sprechen. Einerseits stellen wir alle fest, daß eine immer rascheren Modernisierungsschüben ausgesetzte Infrastruktur die für die Überwindung von Distanzen notwendige Zeit ständig verkleinert und minimiert. Damit werden die Räume, innerhalb deren wir uns bewegen, beständig größer, die mit ihnen verbundenen Zeit-Räume aber immer kleiner. Mit anderen Worten: Je weiter wir die Räume dehnen, um so kleiner wird die Welt. Die Situation ist paradox: Indem wir unseren Bewegungsraum ausweiten, minimieren wir durch immer höhere Bewegungsgeschwindigkeiten diesen Raum und die an ihn angrenzenden Räume auf immer radikalere Weise. Im Gegensatz zum Weltraum ist der Raum der Welt aber begrenzt. Die Grenzen der Ökumene sind heute binnen Stunden erreichbar. Die massenhafte Überschreitung ihrer Grenzen – seien es jene der Polargebiete, hochgelegener Bergregionen oder großflächiger Wüstenbereiche – stellt die Grenzen der Anökumene selbst in Frage und koppelt diese oftmals nicht nur wissenschaftlich, sondern zunehmend touristisch genutzten Räume an unseren Erfahrungsraum an. Ganz nebenbei ergeben sich damit neue Räume für die Literatur. Suchte die Moderne von ihrem Beginn an stets die Grenzräume – mit Rousseau etwa das Hochgebirge – als Blickpunkte der (Selbst-)Reflexion auf und aus, so haben sich in bisweilen überraschender Konsequenz in der Postmoderne neue *Landschaften der Theorie* entwickelt, die – wie am Beispiel der für die Postmoderne charakteristischen Wüste deutlich wird – ebenfalls Regionen an oder jenseits der Grenze der vom Menschen dauerhaft bewohnbaren Räume unseres Planeten darstellen.

Doch es bleibt nicht bei dieser weltweiten Ausweitung und zugleich Verknappung oder Minimierung des Raumes, die sich auch in jenen touristischen Angeboten niederschlägt, unsere Erdkugel links- oder rechtsherum in einigen wenigen Sprüngen und *stop-overs* zu umrunden. Denn überzeugend wurde darauf hingewiesen, daß der empirische Raum durch die rapide Entfaltung elektronischer Medien und die damit verbundene Schaffung virtueller Räume außer Kraft gesetzt wird.[7] Wenn wir in Beinahe-Gleichzeitigkeit via Internet oder Satellit die unterschiedlichsten Räume unseres Planeten miteinander verbinden und in dieselbe virtuelle Zeitlichkeit holen können, dann haben wir den empirischen Raum gegen null geführt. Wozu also dann noch von Räumen – und gerade auch empirisch erfahrbaren Räumen – sprechen, warum gerade diese dem Verschwinden überantwortete Spezies zum Ausgangspunkt neuer Reflexionen machen?

Wer im Verlauf seines eigenen (nicht nur beruflichen) Weges die Einführung des *Personal Computer* erlebt hat, erinnert sich gewiß an die Kommentare und Prognosen, daß das Schreiben auf einer virtuellen Oberfläche sehr rasch schon die Verwen-

7 Besonders eindrücklich und originell hat dies jüngst dargestellt: Aurel Schmidt, *Von Raum zu Raum. Versuch über die Reiseliteratur*, Berlin: Merve 1998.

dung von Papier wenn nicht überflüssig, so doch drastisch reduzieren würde. Bekanntlich war genau das Gegenteil der Fall, und wir fragen uns besorgt, wie wir der immer noch weiter wachsenden elektronisch erzeugten Papierflut Herr werden können. Wie nun, wenn sich diese Erfahrung auf die Problematik des Raumes übertragen ließe? Wenn wir also nicht die Schaffung eines großen, weltweit homogenisierten Raumes vor uns hätten, der alle Differenzen sukzessive auslöscht, sondern eine Ausdifferenzierung von Räumen erleben, die ihre Unterschiede gerade aufgrund ihrer fundamental erleichterten wechselseitigen Kommunikation ausspielen können? Der Traum der Moderne, die Schaffung eines zunehmend homogenisierten Raumes im Zeichen von Weltverkehr, Welthandel und Weltwirtschaft – ein Traum, der mit der Neuzeit begann und der in der deshalb hier auch notwendig miteinzubeziehenden Figur des Christoph Columbus eine seiner vielschichtigsten Symbolgestalten besitzt –, ist weitgehend in Erfüllung gegangen. Doch *simultan* zu dieser seit Ende des 18. Jahrhunderts beschleunigten Entwicklung haben sich neue kulturelle Räume herausgebildet, die nicht im Zeichen wachsender Ent-Differenzierung, sondern neuer Differenzierungsphänomene stehen. Von der fortgesetzten Gleichzeitigkeit *beider* Entwicklungen darf man getrost ausgehen. Daher scheint mir die Problematik von Raumbildungsprozessen nicht zuletzt auch für die derzeit sich entfaltenden und künftig geschriebenen Literaturen und die Wissenschaften, die sich ihnen zuwenden und von ihnen lernen wollen, von so entscheidender Bedeutung.

Die Globalisierung ist ein Faktum und *zugleich* eine Fiktion, besser noch: eine Inszenierung. Nichts hat dies anschaulicher als das weltweit grassierende Millenniumsfieber gezeigt. Die Übertragung des sich mit planetarischer Rotationsgeschwindigkeit vorwärtsbewegenden Jahrtausendwechsels bot eine gigantische Szenerie, deren eigentliche Hauptfigur die weltweit vernetzten Medien selbst waren. Das Medium war nicht allein die Botschaft, sondern zugleich Sender, Empfänger, Hauptdarsteller und Kanal in einem. An Statisten mangelte es nicht. Waren es Chöre von Schulkindern in der Südsee oder Riesenradinstallationen in Paris, Jubelfeste in Asien, Riten von Schamanen in den Anden oder Feuerwerksorgien in den Vereinigten Staaten: stets handelte es sich um eine *von* den westlichen Medien und *für* die westlichen Medien in Szene gesetzte Globalschau der Superlative. Das *global village* feierte »seine« Medien. Die weltweite Übertragung zeigte die Globalisierung und mehr noch deren Scheinhaftigkeit, insoweit die unterschiedlichsten Kulturen zu partizipieren schienen, die doch mit der hinter den Chiffren und ihrer Zahlensymbolik versteckten abendländisch-christlichen Verankerung des weltweiten und unaufhaltsamen Expansionsprozesses nichts gemein haben außer der zugegebenermaßen fundamentalen Tatsache, daß sie in diesen Strudel mit hineingezogen wurden. Das war freilich Tat-Sache genug. Sie manifestierte sich in der Art und Weise selbst, wie die unterschiedlichsten Kulturen telegen und datenübertragungsfähig weltweit in Bewegung gesetzt wurden.

Auch im Bereich der Literaturen haben diese Entwicklungen an Fahrt aufgenommen, selbst wenn dies in Europa – im Gegensatz zu den USA – noch nicht wirklich zur Kenntnis genommen wurde. Etwas überspitzend könnte man sagen, daß gerade die Deutschen mit dem Entwurf Goethes zwar den Terminus der »Weltliteratur« geschaffen und ins Spiel gebracht, sich dann aber nicht mehr weiter darum gekümmert haben. Es handelt sich auch keineswegs um eine Internationalisierung der Literaturen im Bereich der G7-Staaten oder der literarischen Äußerungen der Ersten Welt, sondern um eine wirklich planetarische – wenn auch gewiß nicht universale – Entwicklung. Wann nehmen wir diese Entwicklungen auch im Bereich der Wissenschaft ernst und versuchen, unsere Konzepte daran auszurichten? Warum haben wir uns so selten mit der Frage beschäftigt, weshalb entscheidende Neuerungen und Veränderungen im Bereich der Literatur zumindest in der zweiten Hälfte des 20. Jahrhunderts in so erstaunlichem Maße nicht mehr von den »Zentren«, sondern von den vermeintlichen »Rändern« ausgingen? Die Literatur ist auch in diesem Sinne in Bewegung geraten, ein Prozeß, der sich spätestens seit Ende des 19. Jahrhunderts kontinuierlich verstärkt und mittlerweile eine Breite und Dynamik erreicht hat, die in noch wesentlich fundamentalerer Weise die Literaturen der vermeintlichen »Zentren« verändern wird und muß. Und mit ihnen die Wissenschaften, gerade auch in Europa. Denn zumindest im Bereich der Informationstechnik und Wissenstradierung – und die Literatur gehört hier ebenso dazu wie die Wissenschaft – ist der Traum der italienischen Futuristen von Ubiquität und Simultaneität alltägliche Wirklichkeit geworden.

Bestand noch für die französischen Theoretiker der sechziger

Jahre ein fester Kanon an ganz selbstverständlich europäischen Texten, der sich überdies nur aus Werken eines bestimmten Teiles Europas zusammensetzte und durch einige wenige nordamerikanische Werke ergänzt wurde, so gibt es diesen verbindlichen Kanon heute schon nicht mehr in einem auch nur annähernd vergleichbaren Maße. Auch hier sind die Dinge in Bewegung geraten. In diesem Sinne bedeutet das Studium grenzüberschreitender Literaturen auch, daß es sich um Literaturen jenseits eindeutiger nationalstaatlicher, kontinentaler und territorialer Grenzziehungen handelt, um Literaturen, die bislang gültige Grenzen nationalliterarischer, literargeschichtlicher, gattungsgeschichtlicher oder kultureller Art überschreiten und queren. Der vorliegende Band wendet sich Grenzziehungen zu, die nicht nur die physische Geographie, die Nationalstaaten oder die Schichtung der Gesellschaft, nicht nur die verschiedenen Medien, die Künste oder die Natur, sondern auch die wissenschaftlichen Disziplinen, die literarischen Gattungen oder die Landschaften, die Mythen, die Geschlechter oder die Lebensalter betreffen.

Damit verbindet sich das Ziel, ein neues Verständnis der sich mit diesen Literaturen beschäftigenden Wissenschaften jenseits von Grenzziehungen zwischen einzelnen wissenschaftlichen Disziplinen, jenseits einer wissenschaftlich disziplinierten Gegenstandskonstruktion zu befördern. Dafür ist es höchste Zeit: Denn nicht nur aufgrund der nicht abreißenden Migrationsströme, die längst eine planetarische Dimension angenommen haben, werden die Literaturen des 21. Jahrhunderts zu einem beträchtlichen Teil Literaturen ohne festen Wohnsitz sein, Literaturen, die sich Versuchen eindeutiger (Re-)Territorialisierung entziehen. Goethes Ausspruch vom 31. Januar 1827 hat heute erst seine Bedeutung erhalten: »Nationalliteratur will jetzt nicht viel sagen, die Epoche der Weltliteratur ist an der Zeit, und jeder muß jetzt dazu wirken, diese Epoche zu beschleunigen.«[8] Dazu will dieser Band beitragen.

Auf seine Art ist dieses Buch viele Bücher, vor allem aber zwei Bücher. Mag ihm auch bisweilen ein rhizomatisches, manchmal auch nur proliferierendes Denken (und Schreiben) zugrunde liegen, so versteht es sich doch nicht im Sinne von Gilles Deleuze und Félix Guattari als ein rhizomatisches Buch. Es partizi-

8 Johann Peter Eckermann, *Gespräche mit Goethe in den letzten Jahren seines Lebens*, hg. von Fritz Bergemann, Bd. I, Frankfurt am Main: Insel 1981, S. 211.

piert eher an jenen beiden anderen Buchtypen, welche die stets anregenden französischen Theoretiker unterschieden haben. Denn es ist zum einen ein »Wurzelbuch«[9], das durchaus hierarchisch strukturiert ist und dessen Stamm eine Reihe von Grundfragen bilden, die in dieser ersten Annäherung an unser Thema bereits gestreift wurden. Zum anderen ist es aber auch ein Buchtyp, bei dem die »büschelige Wurzel oder das System der kleinen Wurzeln« vorherrscht, ein Typus, den – wie Guattari und Deleuze listig hinzufügten – »die Moderne gern für sich in Anspruch nimmt«.[10]

Dies hat nicht zuletzt mit der Tatsache zu tun, daß die Mehrzahl der nachfolgenden Kapitel aus Vorträgen[11] hervorging, die

9 Gilles Deleuze und Félix Guattari, *Rhizom.* Aus dem Französischen übersetzt von Dagmar Berger und anderen, Berlin: Merve 1977, S. 8.

10 Ebd., S. 9. Weitere, für die Konzeption dieses Bandes nicht unwichtige Überlegungen enthält der Abschnitt »Kontinuierliche und diskontinuierliche Lektüren« des sechsten Kapitels des vorliegenden Bandes.

11 Erste, in der Folge mehr oder minder stark überarbeitete Fassungen einzelner Kapitel sind, zum Teil in anderen Sprachen, bereits veröffentlicht. Im einzelnen sind dies für Kapitel 1: »Est-ce que l'on sait où l'on va? Dimensionen, Orte und Bewegungsmuster des Reiseberichts«, in: Walther L. Bernecker und Gertrut Krömer (Hg.), *Die Wiederentdeckung Lateinamerikas. Die Erfahrung des Subkontinents in Reiseberichten des 19. Jahrhunderts*, Frankfurt am Main: Vervuert 1997, S. 29-78; Kapitel 3: »Diderot et Raynal: l'œil, l'oreille et le lieu de l'écriture dans l'›Histoire des deux Indes‹«, in: Hans-Jürgen Lüsebrink und Anthony Strugnell (Hg.), *»L'Histoire des deux Indes«: réécriture et polygraphie.* Oxford: Voltaire Foundation 1996, S. 385-407, sowie »La mise en scène de la table de travail: poétologie et épistémologie immanentes chez Guillaume-Thomas Raynal et Alexander von Humboldt«, in: Peter Wagner (Hg.): *Icons – Texts – Iconotexts. Essays on Ekphrasis and Intermediality*, Berlin/New York: de Gruyter 1996, S. 175-209; Kapitel 5: »Unterwegs zum Orbis Tertius? Balzac – Barthes – Borges oder Die vollständige Fiktion einer Literatur der Moderne«, in: Thomas Bremer und Jochen Heymann (Hg.): *Sehnsuchtsorte.* Festschrift zum 60. Geburtstag von Titus Heydenreich, Tübingen: Stauffenburg 1999, S. 279-305; Kapitel 6: »›Una gimnástica del alma‹. José Enrique Rodó, Proteo de Motivos«, in: Ottmar Ette und Titus Heydenreich (Hg.), *José Enrique Rodó y su tiempo. Cien años de Ariel*, Frankfurt am Main/Madrid: Vervuert/Iberoamericana 2000, S. 173-202; Kapitel 7: »›Una minúscula Grecia para nuestro uso‹. Mito griego, identidad mexicana y vanguardia latinoamericana en Alfonso Reyes«, in: *Bulletin of Hi-*

durch zusätzliche Texte und Kapitel ergänzt wurden. Diese Vorträge waren – mit Ausnahme des siebten Kapitels – stets mit Blick auf ein einheitliches Buch verfaßt worden, dessen Konzeption sich freilich im Verlauf der fünf zurückliegenden Jahre veränderte. Denn ursprünglich sollte ein Buch über Reiseliteratur entstehen, das den Titel »Reisende und Daheimgebliebene« hätte tragen sollen. Im Verlauf der Vorträge und ihrer Diskussionen weitete sich die Themenstellung beträchtlich aus, neue Kapitel mußten zu ganz anderen als den ursprünglich ins Auge gefaßten Texten geschrieben werden, zunächst eingeplante Kapitel wurden abgekoppelt und separat veröffentlicht. So wendet sich der Band in seiner heutigen Form unter anderem Texten von Max Aub, Honoré de Balzac, Roland Barthes, Jean Baudrillard, Jacques-Henri Bernardin de Saint-Pierre, Jorge Luis Borges, Michel Butor, Italo Calvino, Albert Cohen, Christoph Columbus, Maryse Condé, Denis Diderot, Johann Wolfgang Goethe, Alexander von Humboldt, Julia Kristeva, Charles-Marie de la Condamine, Jean-François de la Pérouse, Jean-Marie Gustave Le Clézio, Guillaume-Thomas Raynal, Alfonso Reyes, José Enrique Rodó, Arnold Stadler und Flora Tristan zu. Gleichzeitig sollte die Möglichkeit erhalten werden, das Buch nicht nur in seiner Gesamtheit, sondern auch die einzelnen

spanic Studies (Liverpool) LXXII (1995), S. 327-343. Ich danke den Herausgebern dieser Publikationen ebenso wie den Veranstaltern weiterer Tagungen in Mainz, Osnabrück, Ithaca (USA), México und Berlin recht herzlich für Ihre Zustimmung zum Abdruck der überarbeiteten Fassungen. Nicht in den vorliegenden Band aufgenommen und separat publiziert wurden die im selben Kontext entstandenen Aufsätze »Fernández de Lizardi: ›El Periquillo Sarniento‹. Dialogisches Schreiben im Spannungsfeld Europa – Lateinamerika«, in: *Romanistische Zeitschrift für Literaturgeschichte / Cahiers d'Histoire des Littératures Romanes* (Heidelberg) XXII, 1-2 (1998), S. 205-237; Albert Cohen: »›Jour de mes dix ans‹: Räume und Bewegungen interkultureller Begegnung«, in: Sybille Große und Axel Schönberger (Hg.), *Dulce et decorum est philologiam colere.* Festschrift für Dietrich Briesemeister zu seinem 65. Geburtstag, Bd. 2, Berlin: Domus Editoria Europaea 1999, S. 1295-1322; »›Tres fines de siglo‹ (Teil I). Kulturelle Räume Hispanoamerikas zwischen Homogenität und Heterogenität«, in: *Iberoromania* (Tübingen) 49 (1999), S. 97-122; sowie »›Tres fines de siglo‹ (Teil II). Der Modernismo und die Heterogenität von Moderne und Postmoderne«, in: *Iberoromania* (Tübingen) 50 (1999), S. 122-151.

Kapitel jeweils separat lesen zu können. Ich hoffe, daß diese Möglichkeit trotz aller Verschränkungen und wechselseitigen Bezüge noch immer gegeben ist.

Neben dieser linearen Lesart, die sich auf das gesamte Buch oder einzelne Kapitel erstreckt, sollen die zahlreichen Zwischentitel aber auch andere Lesarten oder Routenführungen ermöglichen. Sie dienen der Orientierung und sollen im Sinne der im ersten Kapitel aufgezeigten Grundfiguren der Bewegung nicht nur lineare, sondern auch kreisförmige, diskontinuierlich springende, sternförmige und pendelartige Lektüreverfahren ermöglichen und auf diese Weise die Bewegung nicht nur zum Gegenstand und zum Verfahren dieses Buches, sondern auch zu den Formen seiner Aneignung machen. Dieser Band will kein Wälzer, sondern ein Schmöker sein, der zu unterschiedlichen Leserichtungen einlädt.

Denn aus der Bewegung ist dieses Buch entstanden, genauer: aus den Bewegungen sowohl des Reisenden wie des Daheimgebliebenen. Es basiert grundlegend auf jenen Ortsveränderungen, die Vorträge, Tagungen und Gastdozenturen mit sich bringen. Bisweilen scheint mir, daß man am besten (und vielleicht auch am fruchtbarsten) an Orten diskutiert, die außerhalb des alltäglichen Diskussionshorizontes liegen. So ist auch dieses Buch selbst das Ergebnis einer Bewegung von Literatur und Wissenschaft insoweit, als es sich vielen Gesprächspartnerinnen und Gesprächspartnern in verschiedenen amerikanischen und europäischen Ländern verbunden weiß. Ihnen sei an dieser Stelle ebenso herzlich gedankt wie Susanne Thiemann, die das Manuskript für den Druck kritisch durchsah. Mein besonderer Dank gilt den Kolleginnen und Kollegen in México, die mir in Zusammenhang mit einer vom Deutschen Akademischen Austauschdienst geförderten Gastdozentur die Möglichkeit eröffneten, den vorliegenden Band im Dialog mit Studierenden und Dozentinnen an der *Universidad Nacional Autónoma de México* sowie am *Colegio de México* nochmals kritisch zu überprüfen.

Dieses Vorwort ist in Deutschland begonnen und in México abgeschlossen worden. Es zeugt von jener Bewegung im Sinne von Motion *und* Emotion, der sich dieses Buch verdankt und die auf den folgenden Seiten aus unterschiedlichen, sich verändernden Perspektiven dargestellt werden soll.

Potsdam/México-Stadt, März/April 2000 Ottmar Ette

EINS · PARCOURS

Kartierung einer Welt in Bewegung

> Was wäre ein Reisebericht, in dem es hieße, man bleibe, ohne doch je angekommen, man reise, ohne doch je aufgebrochen zu sein – wo es, einmal aufgebrochen, niemals hieße, man sei angekommen oder nicht angekommen? Ein solcher Bericht wäre ein Skandal, die Erschöpfung der Lesbarkeit durch Blutverlust.
> Roland Barthes, *S/Z*[1]

Annäherung an die Bewegung

Literatur und Wissenschaft beruhen auf einer immensen Zahl von Ortsveränderungen, die eher selten in der Literatur und noch seltener in der Wissenschaft ins Bewußtsein treten und reflektiert werden. Ob Bahn oder Flugzeug, Internet oder World Wide Web: Unsere Denk- und Schreibvorgänge basieren auf einer Vielzahl von Bewegungen, bei denen weniger der Raum selbst als dessen Überwindung anvisiert wird. Störende Distanzen sollen überwunden und möglichst direkte Verbindungen und Austauschformen hergestellt werden. Wissenschaftliche wie literarische Kommunikation lebt von der Überwindung, bisweilen auch von der freilich stets problematischen Ausblendung des Raumes.

1 Übersetzungen von Texten, die nach dem fremdsprachigen Original zitiert werden, stammen – wo nicht anders angegeben – vom Verfasser (O. E.). Damit sollen die fremdsprachigen Passagen für die deutschsprachige Leserschaft leichter zugänglich gemacht werden, wobei zugleich eine möglichst große Nähe zum Original sichergestellt wird. Auf vorhandene (und bisweilen ausgezeichnete) Übersetzungen, die ihren je eigenen Deutungsmustern folgen, wurde daher nur ausnahmsweise zurückgegriffen.

Wenn Literatur und Wissenschaft denn unausweichlich mit dem Raum und dessen Überwindung verbunden sind, dann mag es sinnvoll erscheinen, den Zugang zu beiden über eine Gattung zu suchen, die für beide Wissensbereiche und Wissensformen offen ist. Der Reisebericht ist im Grunde jene Art des literarischen und wissenschaftlichen Schreibens, in dem sich das Schreiben seiner Raumbezogenheit, seiner Dynamik und seiner Bewegungsnotwendigkeit vielleicht am deutlichsten bewußt wird. Es mag paradox erscheinen, doch ist selbst in der Beschäftigung mit dem Reisebericht die Frage nach dessen Orten überraschend selten gestellt worden. Damit ist nicht vorrangig die Problematik der Referentialität des Reiseberichts, also dessen Einteilung entweder nach dem Herkunftsland bestimmter Reisender (etwa die Untersuchung französischer, spanischer, deutscher, chilenischer oder chinesischer Autoren) oder nach deren geographischem Ziel (Reisen nach Amerika, nach Europa, nach Asien), gemeint. Gerade weil Raum und Bewegung im Reisebericht so allgegenwärtig sind, blieben sie oftmals unreflektiert. Die Untersuchung literarischer, hermeneutischer, philosophischer oder schreibspezifischer Aspekte von Reiseliteratur aber kann uns nicht nur über diese selbst, sondern über die Literatur und deren Formen und Inszenierungen von Wissen insgesamt neue Auskünfte geben und Einsichten vermitteln.

Die Faszination, die gerade von Reiseberichten des 18. und 19. Jahrhunderts – und mit diesen Texten der frühen Moderne wollen wir unseren Parcours beginnen – auf ihre zeitgenössischen Leser ausging, ist beeindruckend und selbst über lange historische Zeiträume recht konstant geblieben. Auch im 20. Jahrhundert hat der literarische Reisebericht – wie die breite und intensive Beschäftigung mit dieser Gattung vor allem während der letzten dreißig Jahre belegt – nichts von seiner Ausstrahlungskraft verloren, und zwar nicht nur als Gegenstand eines wie auch immer bestimmten (literar-)historischen oder wissenschaftsgeschichtlichen Interesses, sondern zugleich als lebendige literarische Ausdrucksform, auch wenn der Reisebericht nun auf den verschiedensten Ebenen mit neuen Konkurrenten und neuen Medien kämpfen muß. Nicht nur das Reisen, sondern auch die Schreibformen des Reiseberichts sind – wie die nachfolgenden Kapitel zeigen wollen – in der aktuellen Literatur ubiquitär. Es ist bekannt, wie ein Reisebericht des 18. Jahrhunderts – Bougainvilles *Voyage autour du monde* von 1771 – im Verbund mit weiteren mehr oder minder literarisch geschickten Reiseberichten eines Anson oder eines Byron die gebildete französische Gesellschaft (und nicht nur diese) in ihren Bann schlug und geradezu eine »tahitianische Mode«, gepaart mit der Sehnsucht nach anderen gesellschaftlichen Formen und Zeiten, auszulösen vermochte. Noch Georg Forster, der auf James Cooks zweiter Reise auf den Spuren Bougainvilles die von diesem so beziehungsreich getaufte *Nouvelle Cythère* betrat und später in seinem eindrucksvollen und für die deutsche Reiseliteratur des 19. Jahrhunderts vorbildgebenden[2] Reisebericht darstellte, konnte sich dem Reiz der seinen Zeitgenossen bekannten Schöpfung des Franzosen nicht entziehen, war doch auch er nicht ganz frei von jener »Südseetrunkenheit«, die das europäische Publikum im letzten Drittel des 18. Jahrhunderts erfaßt hatte. Zweifellos ist die durch Reiseberichte gerade über weit entfernte Kulturen erzeugte Faszination nicht zuletzt von der Wahrnehmung kultureller, gesellschaftlicher und politischer Alterität geprägt, doch zeigt unser Beispiel, wie hoch der Anteil des Eigenen an der vermeintlichen »Wahr-Nehmung« des kulturell Anderen sein kann.

> Als nun Forsters begeisternde, durch ihre Poesie eindrucksvolle Schilderung des Ensembles von landschaftlicher Schönheit, freigebigem Reichtum der Natur, gesundem Klima mit naiver Sittlichkeit, Liebenswürdigkeit und gefälliger Körperbildung der Bewohner dieser Insel erschien, las ein südseetrunkenes Publikum aus der »Reise um die Welt« fast nur das heraus, was sich in die bereits liebgewonnenen Vorstellungen einfügte.[3]

2 Im zweiten Band seines *Kosmos* hat Alexander von Humboldt seinem »Lehrer und Freund Georg Forster« ein literarisches Denkmal gesetzt, ließ er doch mit ihm »eine neue Aera wissenschaftlicher Reisen, deren Zweck vergleichende Völker- und Länderkunde ist«, beginnen und erblickte in ihm jenen Schriftsteller, der aufgrund seiner Phantasie und Ausdruckskraft in der deutschen Sprache den dargestellten Gegenständen gerecht zu werden vermöge: »Alles, was der Ansicht einer exotischen Natur Wahrheit, Individualität und Anschaulichkeit gewähren kann, findet sich in seinen Werken vereint.« Alexander von Humboldt, *Kosmos. Entwurf einer physischen Weltbeschreibung.* Zweiter Band, Stuttgart/Tübingen: Cotta 1847, S. 72. Die europäische Perspektive dieser Äußerungen ist unübersehbar.

3 Gerhard Steiner, »Georg Forsters ›Reise um die Welt‹«, in: Georg Forster, *Reise um die Welt.* Herausgegeben und mit einem Nachwort von Gerhard Steiner, Frankfurt am Main: Insel 1983, S. 1029.

Deutlich erscheint hier das komplexe Spiel zwischen dem Berichteten und von der zeitgenössischen Leserschaft noch nicht Gewußten einerseits und vorhandenen Wissensbeständen wissenschaftlicher wie literarischer Herkunft andererseits, welches das Nicht-Gewußte oftmals unbewußt, bisweilen aber auch wohlkalkuliert in Strukturen des Vor-Gewußten zu überführen fähig ist. Es handelt sich um Funktionsweisen der Wahrnehmung kultureller Alterität, die gerade im Verlauf der zurückliegenden Jahrzehnte immer differenzierter herausgearbeitet und dargestellt worden sind[4], so daß sich eine Erörterung ihrer Mechanismen an dieser Stelle erübrigt.

> Die Geographie bietet so beträchtliche Vorteile, daß es nur wenige angesehene und geistvolle Menschen gibt, die sich aus ihrem Wissen keine Lust machten. Sie ist schön, nützlich und überdies leicht zugänglich. Man könnte sogar sagen, daß sie für jedermann notwendig ist, da man ohne ihre Hilfe selbst die einfachsten Gespräche nicht führen oder eine Gazette nicht verstehen könnte.[5]

Diese Aussage, die Martineau im Jahre 1700 seiner *Nouvelle Géographie ou Description de l'Univers* voranstellte, ist zwar auf die Geographie gemünzt, welche für alle erreichbar sei, »für die Kinder wie die Erwachsenen, für das gemeine Volk wie die Gebildeten, für die Frauen wie für die Männer«[6]; doch läßt sie sich gewiß auf den Reisebericht und dessen unterschiedliche Rezeptionsweisen bei einem breiten und daher auch sehr heterogenen Publikum übertragen. Reiseberichte üben auf die verschiedensten gesellschaftlichen Gruppen eine Faszination aus, die sich auch darin niederschlägt, daß sie – wie unser Zitat, aber auch etwa die Einbettung von Diderots berühmtem *Supplément au voyage de Bougainville* in den Rahmen einer Konversation zwischen zwei fiktiven Dialogpartnern zeigt – rasch zum beliebten Tagesgespräch werden können. Liegen die Gründe für die Faszi-

4 Bezogen auf das Spannungsfeld Europa – Lateinamerika tat dies unter anderem Tzvetan Todorov in seiner längst klassischen Studie *Die Eroberung Amerikas. Das Problem des Anderen*. Aus dem Französischen von Wilfried Böhringer, Frankfurt am Main: Suhrkamp 1985.

5 Zitiert nach Numa Broc, *La Géographie des Philosophes. Géographes et voyageurs français au XVIIIe siècle*, Paris: Editions Ophrys 1975, S. 231.

6 Ebd. Die Parallelisierungen zwischen den einzelnen »Pärchen« dieses Zitats sind aufschlußreich.

nation und Ausstrahlungskraft, die von der (literarischen, wissenschaftlichen und wahrnehmungsspezifischen) Gattung des Reiseberichts ausgehen, allein in der Beschäftigung mit bestimmten Gegenständen, der Auseinandersetzung mit kultureller Andersartigkeit etwa, oder – wie uns das vorangehende Zitat nahelegt – in der vermeintlich leichten Aneignung des Textes durch eine (zeitgenössische oder historisch rückblickende) Leserschaft? Beide Aspekte scheinen mir gleichermaßen und aus zwei unterschiedlichen Perspektiven auf ein tieferes Motiv zu verweisen, das den in der Folge entfalteten Überlegungen als Ausgangsthese zugrunde liegt. Die Faszination des Reiseberichts – so meine These – beruht in grundlegender Weise auf den in der Reiseliteratur allgegenwärtigen Verstehensbewegungen, verstanden als Bewegungen des Verstehens im Raum, das die Dynamik zwischen menschlichem Wissen und Handeln, zwischen Vor-Gewußtem und Nicht-Gewußtem, zwischen den Orten des Lesens, den Orten des Schreibens und den Orten des Berichteten räumlich konkretisiert oder, um es plastischer zu sagen, in ein vom Leser leicht nachvollziehbares dynamisches Raummodell überführt. Verstehen wird als abgeschlossener und dennoch für den Leser offener Vorgang, als Er-fahrung in ihrer je spezifischen Prozeßhaftigkeit nachvollziehbar vorgeführt. Jeder Reisebericht präsentiert damit seinen Lesern anschauliche Modelle des Verstehens, die in ihrer raum-zeitlichen Dimension entfaltet werden. Der Reisebericht ist ein inszeniertes Erfahrungsmodell, das auf die Aneignung von Wahrnehmungsformen fremdkultureller Elemente – und nicht primär auf diese selbst – zugeschnitten ist. Ein solches Wahrnehmungsmodell beinhaltet freilich Verfahren und Praktiken, die – so scheint mir – von fundamentaler Bedeutung für ein Verständnis literarischer Kommunikation insgesamt sind.

Dimensionen des Reiseberichts

Im Rückgriff auf eine Bemerkung von Claude Lévi-Strauss, der in seinen *Tristes Tropiques* betont hatte, daß sich Reisen in zumindest fünf Dimensionen ansiedeln[7], gilt es zunächst festzuhalten, daß die *ersten beiden* Dimensionen des Raumes gerade in

7 Vgl. Claude Lévi-Strauss, *Tristes Tropiques*, Paris: Plon 1955.

der kartographischen Erfassung und Auswertung der untersuchten Reisen anschaulich werden. Die Reisende oder der Reisende bewegen sich gleichsam innerhalb eines zweidimensionalen Koordinatensystems entlang einer Linie, die sich vor allem in den ersten handschriftlichen Aufzeichnungen und darauf beruhenden ersten kartographischen Ausarbeitungen mit aller wünschenswerten Deutlichkeit niederschlägt.

Der wohl bekannteste deutschsprachige Reisende des 19. Jahrhunderts und sicherlich berühmteste Lateinamerikaforscher seiner Zeit, Alexander von Humboldt, hat in seine Reisetagebücher kartographische Aufnahmen der von ihm bereisten Flüsse eingezeichnet, welche das linienhafte Vordringen des Reisenden – und teilweise auch des Reiseberichts, wo er dieser Achse folgt – vor Augen führen. Humboldts Zeichnungen vom Río Magdalena im heutigen Kolumbien beschränken sich auf eine vielfach gewundene Linie und einen scharf begrenzten schmalen, durch angedeutete Gebirgsschraffen vom Fluß aus sichtbarer Höhenzüge ergänzten Saum rechts und links des Flusses, den der preußische Naturforscher aus eigener Anschauung eintragen konnte.[8] Schriftliche Notizen ergänzen die optischen Zeichen, die belegen, wie tunnelartig die Perspektive blieb, die sich dem Reisenden vom Fluß aus bieten mußte. Eine abgeschlossene topographische Karte überspielt aber eine solche Perspektive langsamen Abtastens einer Linie, inszeniert sie doch stets einen alles umgreifenden Blick von oben, ein »Schweben über den Dingen«[9] aus einem Blickwinkel, der nicht mehr der eines konkreten Subjekts und seines beschränkten Gesichtskreises ist. Die Erstellung einer topographischen Karte ist daher gleichbedeutend mit einer Überführung linienhafter individueller Erfahrung

8 Vgl. die Reproduktion seiner Karten von der Kolumbienreise in Alexander von Humboldt, *In Kolumbien. En Colombia.* Auswahl aus seinen Tagebüchern, herausgegeben von der Akademie der Wissenschaften der Deutschen Demokratischen Republik und der Kolumbianischen Akademie der Wissenschaften, Bogotá: Publicismo y Ediciones 1982, S. 29a-34a.

9 Diese Formulierung stammt aus einem Brief Alexander von Humboldts vom 28. April 1841 an Varnhagen von Ense, wo es in bezug auf seinen *Kosmos* heißt: »Der eigentliche Zweck ist das Schweben über den Dingen, die wir 1841 wissen.« *Briefe von Alexander von Humboldt an Varnhagen von Ense aus den Jahren 1827 bis 1858.* Herausgegeben von Ludmilla Assing, Leipzig: Brockhaus 1860, S. 92.

über verschiedene Zwischenstadien in eine flächenhaft ausgebreitete Überschau, die auf einem (Karten-) Netz beruht, das eine vom Reisenden allein nie zu erzeugende Vollständigkeit suggeriert. Zugleich muß sie doch stets ausschnitthaft bleiben und gibt gerade dadurch einen (diegetischen) *Rahmen* vor, innerhalb dessen sich Raum, Zeit und Handlung des eigentlichen Reiseberichts situieren. Die Tagebücher des preußischen Naturforschers und Schriftstellers bieten das faszinierende Schauspiel, wie sich Rahmen und Inhalt seines so oft beschworenen »Naturgemäldes«, wie sich Linie und Fläche gegenseitig hervorbringen.

Dies zeigt sich nicht zuletzt in der Materialität seiner Einträge. Den in Humboldts Tagebüchern auf dem Papier freibleibenden Raum füllen – nicht nur aus Gründen eines gezwungenermaßen haushälterischen Umgangs mit dem kostbaren Material – ausführliche schriftliche Zusätze, welche sich der Form des Flußverlaufs anpassen und die leergebliebenen großen Flächen füllen. Bild und Text illustrieren sich nicht nur gegenseitig, sie durchdringen sich. Man darf hierin nicht allein den Ausdruck jenes *horror vacui* erkennen, der die unbekannten Gebiete frühneuzeitlicher Karten mit allerlei Monstern und Fabelwesen schmückte. Dem Ineinanderwirken von Bild und Schrifttext ist vielmehr ein epistemologischer Status zuzuerkennen, insoweit der vom Auge erfaßte Bereich erweitert wird durch jene Informationen, die der Forscher während seiner Reise von anderen Informanten bezog und zusammentrug. Das Gesehene verbindet sich hier mit dem Gehörten und Gelesenen, das Nicht-Gewußte mit dem Vor-Gewußten beziehungsweise mit zugänglichen Wissensbeständen, Auge und Ohr[10] verknüpfen sich hier miteinander, um die Leere des Unbekannten aus dem definitiven Kartenbild – wenn auch keineswegs immer vollständig – zu verdrängen. In einem Tagebucheintrag hat der preußische Gelehrte gegenüber ersten skeptischen und ablehnenden Reaktionen von seiten kolonialspanischer Behörden selbst auf die Prozeßhaftigkeit seiner kartographischen Arbeit hingewiesen, ohne es freilich am notwendigen Selbstbewußtsein fehlen zu lassen:

> Die Einzelheiten sind sehr zutreffend, die kleinsten *laderas* finden sich verzeichnet, es handelt sich um die erste Karte (*Plan*), die jemals von diesem Fluß aufgenommen wurde, allen Ingenieuren zum Trotz, die ihn

10 Vgl. hierzu Kapitel 3 in diesem Band.

während der vergangenen 300 Jahre hinauffuhren. Ich habe das Unglück, ein Ausländer zu sein […]. Für wie exakt ich meine Arbeit mit guten Gründen auch immer halten mag, so wird sie doch immer für schlecht gehalten werden, da sie von einem Preußen stammt. Im übrigen ist meine Karte ein erster Versuch, und ich zweifle nicht daran, daß man sie noch berichtigen könnte.[11]

Noch in der großartigen Doppelseite von Humboldts *Atlas géographique et physique du Nouveau Continent*, die den Magdalenenstrom beziehungsweise einen Ausschnitt aus dem heutigen Kolumbien zeigt[12], sind Flächen ohne Eintragungen vorhanden, doch füllen hier kartographische Detailaufnahmen einzelner Flußabschnitte die Lücken. Der Bereich des Wissens ist bedeutend ausgeweitet, weit über das vom Auge des einzelnen Reisenden Erfaßbare hinaus. Der Übergang vom Reisetagebuch zum Reisebericht verläuft parallel zu dieser Entwicklung, wenn auch gemäß der eigenen Regeln dieses literarischen Genres.

Die *dritte Dimension* des Raumes ist jene, die gerade der Reisebericht des ausgehenden 18. und beginnenden 19. Jahrhunderts sich zur Aufgabe macht und erforscht. Kaum ein Reisebericht jener Zeit, in welchem sich nicht auch eine Bergbesteigung findet. Der Blick von oben entwirft ebenso eine Theorie der Landschaft wie eine Landschaft der Theorie, wobei der Transparenz dieses Blickes eine zugleich literarische und epistemologische Bedeutung zukommt. Literatur und Wissenschaft, Theorie und Praxis verbinden sich in derartigen Landschaften der Theorie[13] oftmals aufs engste. Exemplarisch und auch literarisch vorbildhaft sind bereits die Bergbesteigungen in Bernardin de Saint-Pierres *Voyage à l'île de France*, die ganz in der Traditionslinie Rousseaus vom Berggipfel aus Klarheit und Transparenz suchen und zu einer ersten Ästhetisierung nicht-europäischer Bergwelten überleiten. Bezogen auf den Bereich spezifisch wissenschaftlicher Forschungsreisen und ihrer Ergebnisse ist einmal mehr Alexander von Humboldts Leistung zu nennen. Sie erschöpfte sich keineswegs in der berühmten Ersteigung des Chimborazo[14],

11 Humboldt, *In Kolumbien*, a.a.O., S. 31.

12 Ebd., o. S. Diese Karte ist leicht zugänglich in Wolfgang-Hagen Hein (Hg.), *Alexander von Humboldt. Leben und Werk*, Frankfurt am Main: Weisbecker Verlag 1985, S. 244.

13 Ich komme auf diesen Begriff noch mehrfach zurück; vgl. insbesondere die Kapitel 2 und 11.

14 Vgl. hierzu den herausragenden Film von Rainer Simon, *Die Bestei-*

sondern führte zu neuartigen Formen kartographischer Höhendarstellungen und Aufrisse, die relationstreue wie schematisierte Profile der bereisten Gebiete zeigen. Erneut ergänzen sich Auge und Ohr, werden die vom Reisenden selbst gesammelten Erfahrungen und Ergebnisse durch Resultate anderer Forscher und Reisender, durch Quellenstudien in Archiven und Bibliotheken komplettiert. Das zweifellos berühmteste Ergebnis dieser Arbeit ist das *Tableau physique des Andes et pays voisins*, das Humboldt noch auf der Reise 1803 während seines Aufenthaltes in Guayaquil entworfen hatte und später in Paris zu einem auch künstlerisch beeindruckenden Werk umgestaltete. Naturgemälde und Idealprofil, ästhetisches Artefakt und wissenschaftliches Resultat in einem, präsentiert es eine Zusammenschau von Forschungsergebnissen, die sich auf einen weiten geographischen Raum in Abhängigkeit von den jeweiligen Höhenstufen beziehen und weit über den Gesichtskreis eines einzelnen Reisenden hinausgehen. Auch hier durchdringen sich Bild und Text wechselseitig und verweisen auf die wissenschaftsgeschichtlichen und epistemologischen Grundlagen von Humboldts Reiseauswertung. Parallel zur Zweidimensionalität der topographischen Karte zeigt auch die Profildarstellung einen Übergang von der Skizze im Reisetagebuch zur wissenschaftlichen Ansprüchen genügenden Darstellung im Idealprofil, das erneut die bereits behandelte Ausweitung von Perspektive und Blickfeld präsentiert. Zugleich treten zwei verschiedene Orte des Schreibens einander gegenüber: ein Ort des Schreibens während der Reise – der nach Humboldts eigenen Angaben in späteren Kupferstichen und Gemälden dargestellt wurde – und ein zweiter Ort des Schreibens, der sich im Herkunftsland des Reisenden ansiedelt, auch dies ein Ort, der in der Ikonographie des preußischen Gelehrten mehrfach »ausgemalt« wurde.[15]

Die *vierte Dimension* des Reiseberichts im Sinne von Lévi-

gung des Chimborazo (Koproduktion DEFA/ZDF 1989), sowie den Band von Paul Kanut Schäfer und Rainer Simon, *Die Besteigung des Chimborazo. Eine Filmexpedition auf Alexander von Humboldts Spuren*. Köln: vgs Verlagsgesellschaft 1990. Zur ästhetischen Dimension dieser Bergbesteigung vgl. neuerdings Juan Pimentel, »El volcán sublime. Geografía, paisaje y relato en la ascensión de Humboldt al Chimborazo«, in: Ottmar Ette und Walther L. Bernecker (Hg.), *Ansichten Amerikas*, Frankfurt am Main: Vervuert 2000 (im Druck).

15 Vgl. Kapitel 3 in diesem Band.

Strauss wird von der Zeit gebildet. Der Reisende bewegt sich dabei zum einen in der Zeit seines Herkunftslandes: Vergessen wir nicht, daß erst die immer zuverlässigeren Uhren es den Seefahrern des 18. Jahrhunderts erlaubten, eine immer präzisere Längenbestimmung vorzunehmen, die in einem ganz materiellen Sinne rückgebunden ist an die Ausgangszeit des Längengrades des jeweiligen Herkunftslandes.[16] Raum und Zeit sind so nicht nur aufs engste miteinander verbunden, sondern zugleich an die Zeit des eigenen Raumes rückgekoppelt. Der Reisende nicht nur des 18. Jahrhunderts nimmt seine Zeit mit.

Zum anderen bewegt sich der Reisende auch innerhalb der eigenen Chronologie seiner Reise, die zweifellos ihre eigene Zeitlichkeit schafft. Darüber hinaus springt er bei seiner Zeitreise aber auch zwischen verschiedenen historischen und kulturellen Zeiten hin und her. So versucht etwa Du Tertre[17] in seinen Überlegungen zum *bon sauvage*, Erkenntnisse über die Entwicklung des Menschengeschlechts ausgehend von Beobachtungen in der Fremde zu gewinnen, so daß es möglich wird, Wissen über die Vorgeschichte des Eigenen durch eine Art rückwärtsgerichtete Zeitreise zu erhalten. Doch ist nicht nur die Reise rückwärts, sondern auch vorwärts in der Zeit möglich. Die eigene Gegenwart kann durch die Beschäftigung mit dem Anderen als künftige Vergangenheit beleuchtet werden. Beispielsweise erkundete Alexis de Tocqueville in seinem grundlegenden Werk *De l'Amérique*, das auf einer Nordamerikareise des Jahres 1831 beruhte, jene Möglichkeiten, welche die demokratische Verfassung Nordamerikas für die europäischen Staaten und insbesondere Frankreich bereithielt, welche also jene künftigen Aspekte seien, die man erhoffen dürfe oder befürchten müsse.[18]

16 Zur Technik der »horloges marines« und ihrer Bedeutung für die Seefahrt vgl. Numa Broc, *La Géographie des Philosophes*, a.a.O., S. 280 ff. Eine Abweichung um nur zwei Minuten nach sechswöchiger Schiffsreise (ein Ziel, dem sich die Präzisionsinstrumente des 18. Jahrhunderts annäherten) brachte einen Fehler von einem halben Längengrad hervor (S. 282), eine gewaltige Distanz, die kartographische Verortung und späteres Auffinden von Inseln noch immer erheblich erschweren mußte.

17 Vgl. Hans-Günter Funke, »›Barbare cruel‹ o ›bon sauvage‹? La funcionalización ambivalente de la imagen del indio en la ›Histoire générale des Antilles‹ (1667-1671) del Padre du Tertre«, in: *Dispositio* (Ann Arbor) XVII, 42-43 (1992), S. 73-105.

Einen wichtigen Ausgangspunkt stellt dabei eine schlichte Frage dar: »Wohin führt unsere Reise?«

> Glaubt man etwa, daß die Demokratie, nachdem sie den Feudalismus zerstört und die Könige besiegt hat, vor den Bürgern und den Reichen zurückweichen wird? Wird sie nun, da sie selbst so stark und ihre Gegner so schwach geworden sind, einfach stehenbleiben? Wohin gehen wir also? Niemand wüßte dies zu sagen; denn uns fehlen bereits die Vergleichspunkte: Die Lebensumstände *(conditions)* sind heutzutage unter den Christen gleicher, als dies je zu einer anderen Zeit oder in einem andren Land der Welt der Fall war; so verhindert die Größe dessen, was schon getan ist, die Voraussage dessen, was noch getan werden kann. [...] Es tut nicht not, daß Gott selbst spricht, damit wir sichere Zeichen seines Willens erhalten; es genügt zu untersuchen, welches der gewöhnliche Gang der Natur und welches die beständige Tendenz der Ereignisse ist.[19]

Die epochenspezifische Erfahrung einer historischen Entwicklung, die sich zunehmend den bekannten Vorbildern entzieht und gerade im nachrevolutionären Frankreich der *Historia* als *Magistra Vitae* jegliche Legitimation abspricht[20], führt hier – die Formel *Où allons-nous donc?* scheint es bereits anzudeuten – zu einer Ausweichbewegung im Raum: Eine Untersuchung der Demokratie in den Vereinigten Staaten soll Aufschluß geben über deren Entwicklung in Europa. Die Reise gen Westen wird hier zu einer politischen Zeitmaschine, die Alexis de Tocqueville wohl als erster in einer langen, bis heute andauernden Reihe von Reisenden in Gang setzte. Sind deutsche oder italienische Reiseberichte der Nachkriegszeit aus und über die Vereinigten Staaten in dieser Traditionslinie nicht auch häufig Erkundungsreisen gewesen, welche sich weniger um ein Verständnis der aktuellen Bedingungen des Fremden als um eine Reflexion der künftigen Möglichkeiten des Eigenen bemüh-

18 Vgl. auch Sebastian Neumeister, »Alexis de Tocqueville«, in: Wolf-Dieter Lange (Hg.), *Französische Literatur des 19. Jahrhunderts*, Bd. II, Heidelberg: Quelle & Meyer 1980, S. 85.

19 Alexis de Tocqueville, *De la démocratie en Amérique*. Première édition historico-critique revue et augmentée par Eduardo Nolla, Bd. I, Paris: Vrin 1990, S. 8.

20 Vgl. auch Reinhart Koselleck, »Historia Magistra Vitae. Über die Auflösung des Topos im Horizont neuzeitlich bewegter Geschichte«, in: ders., *Vergangene Zukunft. Zur Semantik geschichtlicher Zeiten*, Frankfurt am Main: Suhrkamp [2]1984, S. 38-66.

ten? So kann die Reise im Raum – ganz so, wie der kubanische Romancier Alejo Carpentier dies in seinem Orinoco-Roman *Los pasos perdidos* ausdrückte – zu einer Reise in verschiedenen Zeiten und zu verschiedenen Epochen werden, eine Reiseform, die ähnlich wie beim Umspringen der Utopie in die Uchronie dem Reisenden des ausgehenden 18. Jahrhunderts in ihren Möglichkeiten bezüglich der hier nur angedeuteten Offenheit der Zukunft wesentlich bewußter geworden war. Auch hier steht – wie in unserem Jahrhundert – Reiseliteratur für Literatur schlechthin ein.

Der europäische Reisende des 18. und wohl auch noch jener des 19. Jahrhunderts glauben allerdings an eine gemeinsame Zeit der Menschheit, eine Zeitachse also, auf die sich die von ihnen konstatierten verschiedenen Zeitebenen linear beziehen lassen. Bei einer derartigen Vorstellung wird die Zeitreise notwendigerweise zur Bewegung des Reisenden zwischen verschiedenen Stufen kultureller, historischer, ökonomischer und sozialer Entwicklung, unabhängig davon, ob diese Entwicklung positiv oder negativ eingefärbt, ob die Entwicklung folglich als Höherentwicklung oder als Degradation gelesen wird. Die Entdeckung voneinander unabhängiger, partikulärer Zeiten gewinnt (soweit ich sehe) erst in der Reiseliteratur des 20. Jahrhunderts an Raum.

Auch Flora Tristans Reise nach Peru (*Pérégrinations d'une paria*) läßt die Erfahrung der Zeitreise nicht vermissen, glaubt sich die Verfasserin des bis heute faszinierenden Reiseberichts doch etwa angesichts der von ihr dargestellten »Mysterienspiele« in Arequipa ins europäische Mittelalter versetzt:

> Für mich, ein Kind des 19. Jahrhunderts und aus Paris kommend, war die Aufführung eines Mysterienspiels unter dem Portal einer Kirche und vor einer unermeßlich großen Volksmenge etwas Neues; aber das lehrreiche Schauspiel waren die Brutalität, die grobe Kleidung, die Lumpen eben dieses Volkes, dessen extreme Unwissenheit, dessen dummer Aberglaube meine Einbildungskraft ins Mittelalter zurückführten.[21]

Notiert Flora Tristan auch sehr genau, wie schnell die französische Mode die Toilette der peruanischen Frauen diktiert, kommt

21 Flora Tristan, *Les pérégrinations d'une paria* 1833-1834, Paris: La Découverte/Maspero 1983, S. 143. Im Titel dieser leicht zugänglichen, aber leider gekürzten Ausgabe wird fälschlich der bestimmte Artikel verwendet. Die zweibändige Originalausgabe (Paris: Arthus Bertrand) erschien 1838 unter dem Titel *Pérégrinations d'une paria* 1833-1834.

sie doch nicht umhin, aus dem, was sie als Aberglauben bezeichnet, den Schluß zu ziehen, daß das peruanische Volk noch in seiner Kindheit[22] verharre und lange der Kirchenmacht ausgeliefert bleiben werde. Der literarische Bezugspunkt für Floras Darstellung eines Mysterienspiels blieb freilich nicht ungenannt: Die Erzählerin selbst verweist auf Victor Hugos *Notre-Dame de Paris*[23], das nur wenige Jahre zuvor erschienen war.

Alexis de Tocquevilles Reise von 1831 in die USA führt den Franzosen in die Zukunft, Flora Tristans Reise von 1833 nach Peru die Französin dagegen in die Vergangenheit. Bei beiden jedoch wird das Andere, die Zeit des Anderen auf die eigene Zeit und deren Chronologie bezogen – ein interessantes *chassé-croisé*, das noch dadurch an Reiz gewinnt, daß beide höchst unterschiedlichen, an der Vergangenheit beziehungsweise der Zukunft orientierten Wertvorstellungen anhingen. Die vierte Dimension beinhaltet die Koexistenz, das Ineinanderspielen verschiedener Zeitachsen und Zeitvorstellungen unter Einbeziehung der damit verbundenen (geographischen, kulturellen, politischen usw.) Räume. Die Konfrontation verschiedener Zeitebenen trägt wesentlich zum Reiz und zur Attraktivität des Reiseberichtes und jeder Literatur in Bewegung bei.

Die von Lévi-Strauss angesprochene *fünfte Dimension* der Reise betrifft die soziale Dimension. Der Reisende bewegt sich durch die verschiedenen sozialen Gruppen und Schichten des von ihm bereisten Landes oft mit einer Leichtigkeit, die dem Einheimischen insbesondere in den stärker hierarchisierten Gesellschaften des 18. und 19. Jahrhunderts weitgehend unzugänglich bleibt. Flora Tristan, die im Gegensatz zur vorherrschend naturkundlichen Ausrichtung des Reiseberichts über Lateinamerika eine wesentlich politischere Orientierung verfolgt und durch ihre familiären Beziehungen Zugang auch zu höchsten Schichten der jungen peruanischen Republik erhielt, kann in dieser Hinsicht aus dem vollen schöpfen und macht nicht von ungefähr ein breites soziales Panorama zur Vorbedingung jedweder Darstellung, die legitimen Abbildanspruch erheben will.[24] Fray Servando Teresa de Mier lernt Angehörige un-

22 Ebd., S. 130: »So sind die Völker in der Kindheit«.

23 Ebd., S. 144.

24 Ebd., S. 85: »um eine Stadt darzustellen, auch wenn sie nur ein wenig Wichtigkeit besitzt, muß man sich längere Zeit in ihr aufhalten, mit allen Klassen ihrer Bewohner sprechen«.

terschiedlichster Schichten der spanischen Gesellschaft ebenso intensiv kennen wie sein Zeitgenosse Alexander von Humboldt bei seiner Reise durch Neu-Spanien.[25] Der Reisebericht rückt damit in die Nähe eines literarischen Genres, das gerade auch den Berichten des mexikanischen Dominikanermönches Fray Servando nicht fern ist: ich meine den Schelmenroman, die *novela picaresca*, die im übrigen zeitgleich just in Neu-Spanien, dem heutigen México, mit Fernández de Lizardis *El Periquillo Sarniento* zu Beginn des 19. Jahrhunderts den Weg der spanischen Kolonialliteraturen in die Romanwelt der modernen lateinamerikanischen Literaturen eröffnete. Das ständige Auf und Ab in der fremden Gesellschaft bietet gerade dem Reisenden des 19. Jahrhunderts die Möglichkeit, in Konkurrenz zum historischen Roman eines Walter Scott oder zum realistischen Romanmodell eines Balzac zu treten und aus der eigenen (hermeneutischen) Bewegung eine gesellschaftliche Totalität einzufangen. Zugleich kann der Roman insoweit überboten werden, als der Abbildanspruch durch den Verweis auf den Augenzeugenstatus des Berichtenden durch die Faktizität nachprüfbarer Reisewege untermauert werden kann: Leicht referentialisierbare Örtlichkeiten und beigegebene Karten verschaffen dem Leser einen sicheren, Faktentreue vorspiegelnden Rahmen für die Lektüre des Textes. Reiseliteratur ist nicht zuletzt jene Literatur, die das Lesepublikum zumindest insoweit in Bewegung setzt, als sie dieses auffordert, auf einschlägigen topographischen Karten die dargestellten Reisewege »nachzufahren«.

Kein Zweifel kann freilich daran bestehen, daß diese fünfte durch eine *sechste Dimension*[26] ergänzt wird, jene der Imagination und Fiktion, welche den Reisebericht gerade im Rückgriff auf fiktionale literarische Muster für den jeweiligen zeitgenössischen Leser und vielleicht mehr noch die am Reisen oft gehinderte zeitgenössische Leserin attraktiv und lesbar macht. Auch Humboldt sah am Ende seines historischen Rückblicks auf die »Anregungsmittel zum Naturstudium« in seinem *Kosmos* im

25 Vgl. Ottmar Ette, »Transatlantic Perceptions: A Contrastive Reading of the Travels of Alexander von Humboldt and Fray Servando Teresa de Mier«, in: *Dispositio* (Ann Arbor) XVII, 42-43 (1992), S. 165-197.

26 Vgl. auch Andrea Pagni und Ottmar Ette, »Introduction«, in: dies. (Hg.), *Crossing the Atlantic: Travel Literature and the Perception of the Other*. Doppelnummer der Zeitschrift *Dispositio* (Ann Arbor) XVII, 42-43 (1992), S. IV.

Jahre 1847 keinen Gegensatz zwischen der wissenschaftlichen und einer spezifisch poetischen Dimension und Funktion des Reiseberichts:

> Naturbeschreibungen, wiederhole ich hier, können scharf umgrenzt und wissenschaftlich genau sein, ohne daß ihnen darum der belebende Hauch der Einbildungskraft entzogen bleibt. Das Dichterische muß aus dem geahndeten Zusammenhange des Sinnlichen mit dem Intellectuellen, aus dem Gefühl der Allverbreitung, der gegenseitigen Begrenzung und der Einheit des Naturlebens hervorgehen.[27]

Dem Zusammenspiel von wissenschaftlicher Genauigkeit und dichterischer Einbildungskraft im Reisebericht soll vertieft in den Überlegungen zur Friktionalität des Genres nachgegangen werden.

Die überaus komplexe *siebte Dimension* des Reiseberichts ließe sich als jene des literarischen Raumes bezeichnen. Sie betrifft die Art und Weise, wie ein bestimmter Reisebericht sich zu anderen Texten anderer Autoren (also *inter*textuell) oder auch zu eigenen Texten (mithin *intra*textuell) in Beziehung setzt. Dabei kann zwischen einem expliziten und einem impliziten literarischen Raum unterschieden werden, insoweit andere Texte durch direkte Verweise oder durch indirekte Anspielungen, die nicht für alle Leser sofort durchschaubar sind, in den eigenen Text »eingeblendet« werden. Gerade expliziten Verweisen kommt oftmals eine diskursstützende, legitimatorische Funktion zu. Aufschlußreich und bedeutsam ist zum Beispiel die Frage, ob sich ein(e) europäische(r) Reisende(r) nicht nur auf Berichte eigener Landsleute, sondern auch auf Texte, die von Bewohnern der bereisten Gebiete stammen, bezieht. Diese Dimension beinhaltet stets auch die Frage, inwieweit die Objekte des Reiseberichts selbst auch als Subjekte zu Wort kommen (dürfen). Ein grundlegender Wandel läßt sich diesbezüglich erst im 20. Jahrhundert auf breiterer Front erkennen, werden nun doch auch die Bereisten selbst in die Sinnbildungsprozesse beispielsweise europäischer Reisender miteinbezogen.

Eine *achte Dimension* betrifft die genrespezifischen Bezüge, wobei hier nicht mehr die Frage untersucht wird, auf welche norm- oder vorbildgebenden Einzeltexte sich der analysierte Reisebericht bezieht, sondern welche literarischen Subgattun-

27 Humboldt, *Kosmos*, a.a.O., Bd. II, S. 74.

gen und Traditionen, welche wissenschaftlichen und insbesondere naturwissenschaftlichen Bezugssysteme Berücksichtigung finden und inwieweit Genealogien von Reiseberichten in den jeweiligen Text eingearbeitet wurden. Denn die auf den empirischen Raum bezogene Gattung des Reiseberichts, aber auch die Literatur insgesamt nehmen stets bestimmte Positionen innerhalb spezifisch literarischer und gattungsgeschichtlicher Räume ein, verorten sich also selbst innerhalb ihres je eigenen *mappings*.

Dies gilt im selben Maße für die *neunte Dimension*, die hier als letzte genannt wird, obwohl ihr im Grunde eine übergeordnete Bedeutung zukommt. Denn sie wird vom kulturellen Raum gebildet, der in gewisser Weise die anderen Räume beziehungsweise Dimensionen quert. In bezug auf die Reiseliteratur, aber gerade auch in Hinblick auf eine im weitesten Sinne grenzüberschreitende Literatur kommt der jeweiligen Positionierung eines Textes gegenüber bestimmten kulturellen Polen eine grundlegende Bedeutung zu. Im siebten Kapitel soll in diesem Zusammenhang ein mehrpoliges Raummodell zum europäisch-amerikanischen Spannungsfeld vorgestellt werden. Die neunte Dimension des kulturellen Raumes ist in jedem, selbst einem monokulturellen Text – gäbe es ihn denn – präsent, erhält aber gerade in der Reiseliteratur eine ungeheure Prägnanz und Bedeutsamkeit mit Blick auf die Frage, wie anderskulturelle Erscheinungen jeweils literarisch, ästhetisch, aber auch politisch, gesellschaftlich oder philosophisch »verarbeitet« und eingearbeitet werden.

Die hier vorgestellten und voneinander unterschiedenen Dimensionen sollen in der Folge flexibel aufgefaßt und innerhalb jeweils unterschiedlicher Kontexte untersucht werden. Gewiß wäre es möglich, weitere Dimensionen des Reiseberichtes wie von Literatur insgesamt – etwa eine politische oder eine geschlechterspezifische Dimension, aber auch jene der Theorie beziehungsweise Epistemologie oder der Virtualität vom Lesepublikum realisierbarer Räume – auszumachen. Vieles davon wird in den nachfolgenden Kapiteln anhand konkreter Beispiele entwickelt und vorgeführt werden. Zunächst jedoch gilt es, die vielfältigen und oftmals überraschenden Beziehungen zwischen Literatur und Reisen genauer herauszuarbeiten.

Literatur und Reisen

Eine Grenzlinie zwischen fiktionaler Literatur und Reiseliteratur läßt sich nicht bestimmen. Wir können allerdings Kategorien von historisch sich jeweils wandelnder Pertinenz angeben, die uns Gründe dafür liefern, einen bestimmten Text der (historisch jeweils unterschiedlich zu definierenden) Reiseliteratur zuzuordnen oder nicht. Von großer Bedeutung ist dabei die Berücksichtigung der Tatsache, daß die sechste Dimension des Reiseberichts in grundlegender Weise auf den Leser bezogen ist und von dessen Verhältnis zu kollektiven Annahmen und Überzeugungen bezüglich des historisch Wahren abhängt. Viele Texte, die wir heute der fiktionalen Literatur zuordnen, sind aus der Perspektive des Reiseberichts oder gar *als* Reiseberichte gelesen worden. Umgekehrt wurden »faktenorientierte« Berichte fiktional (miß-)verstanden und gedeutet. Beispiele für beide Formen »abweichender« Lektüre ließen sich leicht finden; Wolfgang Neuber hat daraus den folgenden Schluß gezogen:

> So gesehen bedeutet Fiktionalität nicht das intentionale Abweichen vom Faktischen einer vorgegebenen Realität, sondern vielmehr von dem, was einer Gesellschaft an einem bestimmten geschichtlichen Ort als das Glaubhafte erscheint. Die Kriterien »fiktiv« vs. »realitätskonform« werden damit als literaturwissenschaftlich-analytische Kategorien der Poetik des Reiseberichts obsolet.[28]

Wir lösen uns damit von einer produktionsästhetisch und schematisch nach der Intentionalität des Autors fragenden Betrachtungsweise und gelangen zur Problematik einer die Lesefunktionen miteinbeziehenden Sichtweise des Reiseberichts im speziellen und von Literatur im allgemeinen. Das zuvor angeführte Zitat aus Humboldts *Kosmos* verdeutlicht, daß die poetische Funktion keineswegs ornamentales Beiwerk oder gar Störfaktor, sondern wesentlicher Bestandteil auch der abendländischen Reiseliteratur in ihrer modernen Formprägung (und dieser darf man Humboldts *Relation historique*, die eine gewisse Scharnier-

28 Vgl. Wolfgang Neuber, »Zur Gattungspoetik des Reiseberichts. Skizze einer historischen Grundlegung im Horizont von Rhetorik und Topik«, in: Peter J. Brenner (Hg.), *Der Reisebericht. Die Entwicklung einer Gattung in der deutschen Literatur*, Frankfurt am Main: Suhrkamp 1989, S. 51 f.

stellung zwischen dem 18. und 19. Jahrhundert wie in Hinblick auf die Grundlegung des modernen Reiseberichts über Lateinamerika zurechnen) ist. Der von einem Text jeweils erzielte *effet de réel* darf keineswegs naiv an einer angenommenen »Realitätstreue« gemessen werden; der tatsächlich erreichte Realitätseffekt ist vielmehr an historisch wirksame und sich wandelnde Schreibformen und deren »Glaubhaftigkeit« bei einem soziohistorisch und wissenssoziologisch bestimmbaren Publikum rückgebunden. Die notwendige Vermittlung des Anderen hat die Autoren von Reiseliteratur stets zu einer sehr bewußten Einbeziehung derartiger Fragestellungen gezwungen. Wie die Autobiographie beruht auch die Reiseliteratur auf einem expliziten Pakt mit dem Leser.

Die Beziehungen gerade zwischen Reisebericht und Roman sind ebenso intensiv wie komplex. Bei beiden Gattungen, die jeweils in eine Vielzahl von Subgattungen zerfallen, handelt es sich um literarische Hybridformen, welche die verschiedensten literarischen und nicht-literarischen Textsorten und Fragmente aufzunehmen in der Lage sind. Stellvertretend für in den Reisebericht integrierte Gattungen und Textsorten seien an dieser Stelle nur das Tagebuch und die Statistik, Bild- und Kartenmaterial, politisches Traktat und literarische Erzählung, philosophischer Essay und wissenschaftliche Erörterung, Legende und Autobiographie, aber auch geographische Abhandlung und ethnographische Feldforschung genannt. All diese Textsorten lassen sich selbstverständlich auch im Roman finden. Es fällt daher nicht schwer, in Rückgriff auf Bachtin nicht nur den Roman, sondern auch den Reisebericht als Kosmos der »Redevielfalt« zu verstehen[29], kommen in ihm doch nicht selten parallel zu den unterschiedlichsten eingebauten Texten eine Vielzahl (narrativer) Instanzen und teilweise versteckter fremder Rede zum Ausdruck. Die »Mehrstimmigkeit« des Wortes bleibt nicht auf den Roman beschränkt, sie darf auch für den Reisebericht Geltung beanspruchen. Gerade für diesen sollte die Dialogizität als eine Grundbedingung aller Erfahrung und allen Schreibens angesehen werden, wird hier doch das Andere in einen wie auch immer

29 Vgl. Michail M. Bachtin, »Das Wort im Roman«, in: ders., *Die Ästhtik des Wortes*. Herausgegeben und eingeleitet von Rainer Grübel. Aus dem Russischen übersetzt von Rainer Grübel und Sabine Reese, Frankfurt am Main: Suhrkamp 1979, S. 154 ff.

hierarchisierten Bezug zum Eigenen und damit zum Sprechen gebracht. Die mit Hilfe welcher literarischen Verfahren auch immer gestaltete Oszillation zwischen Fremdem und Eigenem steht für die Dynamik einer Literatur, die sich keineswegs auf die topographische Dimension beschränkt.

Der Reisebericht ist eine übersetzende Gattung, insoweit die je individuellen Erfahrungen in kollektive Wissensbestände überführt oder doch zumindest mit diesen in Beziehung gesetzt werden. Er ist dies aber auch, weil kulturelle Ausdrucksformen des Anderen als Fremdes in die eigene Sprache, in die Sprache des Eigenen übertragen werden müssen. Die Berichte europäischer Reisender nach Lateinamerika sowie lateinamerikanischer Reisender nach Europa im 19. Jahrhundert sind somit als sprachliche und soziokulturelle Übersetzungsprozesse zu begreifen. Dem räumlichen *Über*setzen in die Neue Welt entspricht bei den europäischen Reisenden das semantische Über*setzen* des Erfahrenen in die Alte Welt. Stets wird dem die Erkenntnis zugrunde liegen, daß geographisches Wissen nicht als Ergebnis eines linearen Fortschritts, einer ständigen Anhäufung und Ausweitung der Kenntnisse, zu verstehen ist, sondern daß es sich sprunghaft vollzieht, indem regionale Wissensbestände verlorengehen und – wenn überhaupt – erst später wieder zugänglich und nutzbar gemacht werden. Die zweifellos vorhandene Ausweitung geographischer Kenntnisse im 19. Jahrhundert bedeutet durchaus nicht, daß sich eine solche Wissenserweiterung in allen Regionen des Subkontinents beobachten ließe. Auch die Datenbanken und -autobahnen unserer Tage schützen uns nicht vor einer Verschüttung von Wissensbeständen, die zeitbedingt als nicht mehr relevant und pertinent erscheinen mögen. Was nicht datenspezifisch aufgearbeitet werden kann, unterliegt mehr denn je einem Prozeß der Ausscheidung, über dessen Kriterien noch niemals ein interkultureller Konsens erzielt wurde.

Kehren wir zur poetologischen Dimension unserer Fragestellung zurück. Der Literatur selbst ist die Bewegung des Reisens eingeschrieben. Es ist bekannt, daß der (nicht nur im Bachtinschen Sinne) erste Roman der Moderne, Cervantes' *Don Quijote*, auf der Grundstruktur der Reise beruht. Der Roman greift nicht nur auf Reisestrukturen zurück, er versucht auch, den Leser an dieser Reise (im *Don Quijote* etwa durch die Mancha, die Geographie, die Geschichte und Gesellschaft Spaniens, aber auch kreuz und quer durch literarisch und volkskulturell tradierte Imaginationsmuster) aktiv teilnehmen zu lassen.[30] Der Reisebericht ist in dieser Hinsicht – und auch in bezug auf andere Gattungen und Subgattungen wie den Schelmenroman – potenzierte Literatur, da er die Reisestruktur des Romans als kommunizierbare Erfahrungsstruktur mit der (bisweilen auch vorgegebenen) Faktizität einer nachprüfbaren Reiseroute doppelt. Es kann daher nicht verwundern, daß Honoré de Balzac in seinem berühmten »Avant-propos« zur *Comédie humaine* den Romancier mit einem Reisenden verglich:

> Da die Kritik den Grundplan ignorierte, verzieh ich ihr um so mehr, als man die Kritik ebenso wenig verhindern kann wie das Sehen, das Sprechen oder das Urteilen. Nun, die Zeit der Unparteilichkeit ist für mich noch nicht gekommen. Im übrigen sollte ein Autor, der sich dem Feuer der Kritik nicht auszusetzen entschließt, ebensowenig mit dem Schreiben beginnen, wie sich ein Reisender auf den Weg machen dürfte, der stets auf einen heiteren Himmel zählte.[31]

Der Vergleich des Autors mit dem Reisenden betrifft nicht nur Notwendigkeit und Gefahren des *se mettre en route* – womit der Schreibprozeß selbst als räumliche Bewegung versinnbildlicht wird –, er bezieht sich auch auf die Beziehung zwischen der jeweiligen Route und dem großen Plan, dessen Verständnis für die Kritik (und damit auch für den einzelnen Leser) Voraussetzung für ein Verstehen von konkreter Reisebewegung wie umfassendem Erfahrungsprojekt darstellt. Wenn das »Feuer« der Kritik mit den Naturgewalten verglichen wird, denen der *voyageur* ausgesetzt ist, so zeigt dies, daß nicht nur die inhaltliche Dimension des Geschriebenen, sondern vielleicht mehr noch die Schreiberfahrung des Autors als eine Bewegung verstanden wird, die wohl einem großen Plane, dem der *Comédie humaine*,

30 Es ist bekannt, daß die Tourismusstrategen der spanischen Regierung diese Aktivität so sehr pragmatisch und devisenbringend konkretisierten, daß der heutige Spanientourist einer präzisen Route des Ritters von der traurigen Gestalt folgen kann und so die Reisebewegungen des Romanhelden in eine eigene Reisebewegung – wenn auch nicht mehr zu Pferde – umsetzt. Auf diese Problematik komme ich zurück.

31 Honoré de Balzac, »Avant-propos«, in: ders., *La Comédie humaine*, Bd. I. Edition publiée sous la direction de Pierre-Georges Castex, Paris: Gallimard 1976, S. 15.

folgt, zugleich aber dem Zufall ausgesetzt ist, der für Balzac bekanntlich »der größte Romancier der Welt« war.[32] Zufall und Plan aber bilden auch im Reisebericht sich wechselseitig verstärkende Pole.

Auch das Lesen ist eine Art des Reisens. Die peruanische Schriftstellerin Clorinda Matto de Turner etwa hat die Reise der Protagonisten ihres Romans *Aves sin nido* (1889) mit der Lektüre recht eindrucksvoll dadurch verknüpft, daß ihre Reisenden das Lesen einer Betrachtung der andinen Landschaft vorziehen, die sie auf dem Weg nach Lima durchqueren müssen.[33] An die Stelle der Reise als Lektüre tritt hier unverkennbar die moderne Reiselektüre, welche den angenommenen Wahrnehmungsleerlauf des Reisens überbrücken soll. Eine andere, uns durch die tägliche Lesepraxis fast schon vertraute Definition von Reiseliteratur drängt sich auf, jene nämlich, die Reiseliteratur als eine Literatur begreift, die – wie etwa die *Zwanzig Gedichte in der Straßenbahn zu lesen* des argentinischen Avantgardisten Oliverio Girondo[34] – zum Lesen beim Reisen gemacht ist. Auch dies ist eine Literatur in Bewegung und verweist auf den fundamentalen Zusammenhang, der zwischen Literatur und Reisen besteht.

Hundert Jahre nach Matto de Turners eindrucksvoll entfalteter Szenerie findet sich die nicht nur mentalitätsgeschichtlich aufschlußreiche Verbindung von Reisen und Lesen in noch wesentlich radikalerer Form in Gestalt der Flugreise. Das Lesen kann nun das Reisen völlig ausschalten, wenn dieses – wie beim Fliegen – nur mehr ein möglichst kurzer Zeit-Raum zwischen Start und Landung ist. Die störende Überbrückung des Raumes wird mit Hilfe einer Literatur in Bewegung ausgeblendet. So heißt es im neunten Kapitel von Italo Calvinos *Se una notte d'inverno un viaggiatore*, ein Roman, in welchem die ständigen Reisebewegungen schon im Titel erscheinen:

32 Ebd., S. 11: »Le hasard est le plus grand romancier du monde: pour être fécond, il n'y a qu'à l'étudier.«

33 Vgl. Clorinda Matto de Turner, *Aves sin nido (novela peruana)*, Lima: Imprenta del Universo, de Carlos Prince 1889, S. 264.

34 Die *Veinte poemas para ser leídos en el tranvía* liegen in einer zweisprachigen Ausgabe vor: Oliverio Girondo, *Milonga. Zwanzig Gedichte im Tangoschritt.* Übersetzt von Thomas Ahlers und anderen. Herausgegeben und mit einem Nachwort versehen von Harald Wentzlaff-Eggebert, Göttingen: Schlender 1984.

> Fliegen ist das Gegenteil von Reisen. Du durchquerst einen Sprung im Raumkontinuum, eine Art Loch im Raum, verschwindest im Leeren, bist eine Weile, die gleichfalls eine Art Loch in der Zeit ist, an keinem Ort, nirgends [...]. Was tust du inzwischen? Wie füllst du diese deine Abwesenheit von der Welt und der Welt von dir? Du liest; vom Start bis zur Landung hebst du den Blick nicht vom Buch, denn jenseits der Seite ist nur die Leere, die Anonymität der Flughäfen, des metallischen Uterus, der dich umhüllt und nährt, des immer wechselnden und immer gleichen Pulks von Mitpassagieren. Da kannst du dich ebensogut an diese andere Abstraktion des Reisens halten, die von der anonymen Gleichförmigkeit der Druckbuchstaben erzeugt wird: Auch hier ist es nur die evokative Macht der Namen, die dir einredet, daß du etwas überfliegst und nicht nichts.[35]

Das beziehungsreiche und augenzwinkernd vorgetragene Spiel zwischen Reisen und Lesen, zwischen Fliegen und Überfliegen führt uns zurück zur Materialität der Schriftzeichen auf der Seite, die der Lesende in linearer Bewegung mit den Augen entlanggehen muß. Die dabei nachvollzogene und ihrerseits entstehende Bewegung ist in ihrer Linearität sowohl den Handbewegungen des Schreibenden als auch den Körperbewegungen des Reisenden analog. Die Reisebewegung ist so der Literatur doppelt eingeschrieben. Literatur und Reisen sind auf vielfältige Weise innig miteinander verbunden, wenn auch nicht versöhnt. Sie potenzieren sich nicht nur wechselseitig, sie können auch miteinander in Konkurrenz treten, ja einander negieren: Die Lektüre von Reiseliteratur kann nicht nur – wie dies bei vielen deutschen Reisenden der Fall war, die den Spuren Humboldts nach Lateinamerika folgten – neue, eigene Reisen erzeugen. Intertextuelle Beziehungen sind für Autoren wie Leser Reisen, die Carpentier auf Gumilla und Humboldt, diesen auf Gumilla und Bernardin de Saint-Pierre, letzteren auf Rousseau und Petrarca gleichsam ad infinitum verweisen lassen. Die Lektüre von Reiseliteratur kann aber auch an die Stelle des Reisens treten. Lesen mag dann das Ende des Reisens als Erfahrung im geographischen Raum markieren. Taxis, die heute mit Internetzugang ausgerüstet werden, belegen, daß wir noch längst nicht an ein auch nur virtuelles Ende der Wechselbeziehungen von Reiseliteratur und Literaturreisen gelangt sind. An die Stelle der Auto- oder

35 Italo Calvino, *Wenn ein Reisender in einer Winternacht.* Aus dem Italienischen von Burkhart Kroeber, München/Wien: Hanser 1983, S. 253.

Zugfenster sind die Bildschirme getreten, welche die dynamische Überlagerung verschiedenster Bewegungen in der Form von Hypertexten noch erhöhen.

Reiseliteratur als friktionale Literatur

Der Reisebericht, als Hybridform dem Roman eng verwandt, unterscheidet sich doch von diesem durch seinen anderen historischen Ort innerhalb des Gattungssystems, durch seine ihm zugewiesene Position im Spektrum von fiktionaler und nicht-fiktionaler Literatur sowie durch spezifische Aneignungsformen insbesondere in Hinblick auf die Institutionalisierung seiner Lektüre.[36] Diese produktionsästhetischen, gattungsspezifischen und rezeptionsästhetischen Unterschiede wurden im 20. Jahrhundert nicht vollständig eingeebnet, wenn auch Lesen und Schreiben die noch fortbestehenden Schwellen alter Gattungsgrenzen leichter passieren. Bis heute hat der Reisebericht seinen Anspruch, als empirisches, realitätsverhaftetes Dokument, als *narratio vera* gelesen zu werden, nicht aufgegeben.[37]

Im Gegensatz zum mittelalterlichen Reisebericht, dessen vordringliches Ziel keineswegs der Zugewinn an empirisch überprüftem Wissen war, scheint der neuzeitliche Reisebericht, zumal jener, der sich der sogenannten »Neuen Welt« zuwendet, an Erfahrungsgewinn und -weitergabe orientiert. Dies rechtfertigt eine Lektüre, welche die Reiseberichte als historische, soziologische oder geographische Quellen betrachtet und auswertet. Die Nützlichkeit des Reiseberichts für bestimmte akademische Disziplinen und Fächer ist durch die Institutionalisierung der Gattung seit den frühen Berichten und Chroniken des 16. Jahrhunderts »garantiert«. Diese Schreibformen, die sich an unterschiedliche Adressaten wandten, zielten darauf ab, den Informationsfluß von Amerika nach Europa sicherzustellen,

36 Diese betreffen auch die jeweilige Lektüregeschwindigkeit in Abhängigkeit von der gelesenen Gattung. Zu vermuten wäre, daß zwischen Lyrik, Erzählung, Roman und Reisebericht eine aufsteigende Linie der Lesegeschwindigkeit feststellbar sein könnte.

37 Vgl. Neuber, »Zur Gattungspoetik des Reiseberichts«, a.a.O., S. 55 sowie S. 56: »Die Bestimmung des Reiseberichts als Historiographie im Sinn einer narrativen Darbietung von Geschehenem kann im wesentlichen für die gesamte Neuzeit Gültigkeit beanspruchen.«

freilich stets (und unhinterfragbar) orientiert an der Utilität für die europäischen Mutterländer. Viele Reiseberichte noch des 19. Jahrhunderts siedeln sich in dieser Tradition einer Informationsübermittlung an, die an den (kolonialen) Interessen jener Auftraggeber ausgerichtet ist, in deren Dienst und Sold die Reisenden stehen.[38] Eine derartige Institutionalisierung des Reiseberichts gilt im übrigen auch für manche Reisende in umgekehrter Richtung, reiste doch etwa der Argentinier Domingo Faustino Sarmiento[39] – ähnlich wie andere hispanoamerikanische Intellektuelle – in den vierziger Jahren nach Europa nicht als Privatmann, sondern im Auftrag der chilenischen Regierung, die sich davon praxisorientierte Hinweise für ihr eigenes Handeln erhoffte. Gleichwohl liegt diesen Beziehungen nicht nur eine ökonomische oder soziale, sondern auch eine interkulturelle Asymmetrie zugrunde[40], welche die lateinamerikanischen Reisenden nicht nur vom Gedanken der Beherrschung des besuchten Landes fernhält, sondern die literarische Ausgestaltung des Reiseberichts selbst anderen Funktionen und Ausdrucksformen zuführt. Bis heute scheint die Europäer nur selten zu kümmern, was nicht-europäische Reisende von Europa zu berichten wissen.

Gewiß mag der Beginn des 19. Jahrhunderts auch aus dieser Perspektive transatlantischer Informationsübermittlung von einer Aufspaltung zwischen fachwissenschaftlich ausgerichteten und nicht fachspezifisch gebundenen Formen gekennzeichnet sein[41]; doch gilt es, auch hierbei Formen und Funktionen der

38 Vgl. hierzu Mary Louise Pratt, »Humboldt y la reinvención de América«, in: *Nuevo Texto Crítico* (Stanford) 1 (1987), S. 35-53, sowie dies., *Imperial Eye. Travel Writing and Transculturation*, London/New York: Routledge 1992.

39 Vgl. hierzu Roberto Hozven, »Domingo Faustino Sarmiento«, in: Luis Iñigo Madrigal (Hg.), *Historia de la literatura hispanoamericana*. Bd. II: *Del neoclasicismo al modernismo*, Madrid: Editorial Cátedra 1987, S. 431 f.; zur Wichtigkeit der europäischen Reiseberichte für Sarmientos Denken und Schreiben vgl. auch Roberto González Echevarría, »Redescubrimiento del mundo perdido: el ›Facundo‹ de Sarmiento«, in: *Revista iberoamericana* (Pittsburgh) LIV, 143 (abril-junio 1988), S. 385-406.

40 Vgl. Ottmar Ette, »Lateinamerika und Europa. Ein literarischer Dialog und seine Vorgeschichte«, in: José Enrique Rodó, *Ariel*, Mainz: Dieterich 1994, S. 9-58.

41 Wenn auch sicherlich nicht in einer so absoluten Trennung, wie sie

Lektüre nicht zu vernachlässigen, sondern in unsere Überlegungen miteinzubeziehen. Denn fachwissenschaftliche Beglaubigungsstrategien sind keineswegs in der Lage, die literarischen Verfahren beziehungsweise die jeglichem, auch dem historiographischen Schreiben inhärenten »Tropen des Diskurses« auszublenden, um damit den Text vor nicht-fachlichen Lektüremustern zu »schützen«. Eine fachspezifische Auswertung derartiger Reiseberichte als Quellen ist legitim; nicht weniger legitim aber ist es, pragmatisch beziehungsweise expositorisch stilisierte Texte nach ihren literarischen Verfahren, nach ihren metaphorischen und metonymischen Bewegungen zu befragen, kurz: das Literarische an der Reiseliteratur herauszuarbeiten und die poetische Funktion gleichrangig neben andere Funktionen und Aufgaben des Reiseberichts treten zu lassen.

So beruht, wenn auch in jeweils unterschiedlicher Weise, die Gattung des Reiseberichts stets auf einem Auseinandertreten und einer nachfolgenden Annäherung zwischen erzähltem Ich und erzählendem Ich. Gerade die fachspezifisch auswertbaren Aussagen beruhen hinsichtlich ihrer Beglaubigungsstrategien auf einer Stärkung der (literarischen) Figur des erzählten Ichs, da nur diese als direkter Augenzeuge und Gewährsmann des Berichteten glaubhaft auftreten kann, eine Funktion, die im Reisebericht des 19. Jahrhunderts durch den ständigen Verweis auf das eigene Sehen der dargestellten Gegenstände unterstrichen wird und den Übergang von der Dominanz des Ohres zur Vorherrschaft des Auges dokumentiert.[42] Dies aber verbindet den Reisebericht strukturell mit der Autobiographie und deren Beglaubigungsstrategien, die auf einem nicht weniger komplex strukturierten Spiel zwischen erzähltem und erzählendem Ich basieren.

Die Parallele zwischen Autobiographie und Reisebericht ist häufig bemerkt worden. Ralph-Rainer Wuthenow hat von ihr ausgehend darauf hingewiesen, daß jedoch im Gegensatz zur Autobiographie »eine Typologie der Reiseliteratur am ehesten noch nach der Typologie des Reisenden« entwickelt werden könne.[43] Einige Jahre zuvor schon hatte Numa Broc eine derart

Wolfgang Neuber anzunehmen scheint; vgl. Neuber, »Zur Gattungspoetik des Reiseberichts«, a.a.O., S. 57.

42 Vgl. hierzu ausführlich Kapitel 3 dieses Bandes.

43 Ralph-Rainer Wuthenow, *Die erfahrene Welt. Europäische Reiseliteratur im Zeitalter der Aufklärung*, Frankfurt/Main: Insel 1980, S. 417.

ausgerichtete Typologie vorgeschlagen, die zwischen *voyageur pur*, *voyageur-compilateur* und *compilateur pur* unterscheidet.[44] Angesichts der Tatsache, daß sich eine Aufspaltung zwischen erzähltem und erzählendem Ich selbst in La Pérouses *Voyage autour du monde* findet, obgleich dieser Bericht noch während der Reise verfaßt und später nicht mehr überarbeitet werden konnte, da sein Autor unter mysteriösen Umständen ums Leben kam, ist es allerdings fraglich, ob die von Numa Broc vorgeschlagene Einteilung mehr sein kann als eine brauchbare schematische Klassifikation, die bestenfalls die Grundtendenz eines individuellen Reiseberichts andeutet. Denn der »reine Reisende«, der nur von dem berichtet, was er selbst gesehen hat, und jegliche andere Information außer acht läßt, ist aus hermeneutischer Sicht gar nicht vorstellbar. Das Vorwissen des Reisenden fließt stets in seine Wahrnehmung (und damit auf der Ebene des Textes, auf den die Erzählfunktion des »unmittelbaren Erlebens« übertragen wird, in die Perspektive des erzählten Ichs) ein. Die Funktion des erzählenden Ichs besteht in der Regel darin, die Informationsübermittlung zu gewährleisten und so mit den existierenden (beziehungsweise bei der angezielten Leserschaft vermuteten) Wissensbeständen zu korrelieren. Der »reine Reisende« entpuppt sich daher auf der Ebene des Textes als eine vom Autor modellierte Figur, die nicht zuletzt der Beglaubigung (und späteren Nutzbarmachung) des Berichteten dient, während bei dieser singulären Arbeitsteilung dem erzählenden Ich die Aufgabe eines literarischen Transmissionsriemens für Übermittlung und Aufnahme der transportierten »Informationen« zufällt. Die Beglaubigung durch das unmittelbare Erleben und Sehen (erzähltes Ich) wird wirkungsvoll ergänzt durch die Perspektive des erzählenden Ichs, zu dessen Beglaubigungsverfahren die distanzierte Deskription, quellenkritische Absicherung und eine die jeweilige Verbreitung von Wissen über die Gesellschaft berücksichtigende diskursive Vermittlung gehören. Aus der Spannung zwischen erzähltem und erzählendem Ich entsteht darüber hinaus die Möglichkeit, Formen und Probleme der Wahrnehmung des Anderen im Dialog mit dem Leser zu reflek-

44 Broc, *La Géographie des Philosophes*, a.a.O., S. 187 f. Die beiden Pole dieser Typologie werden vom Reisenden, der nur das von ihm selbst Gesehene berücksichtigt, und dem *géographe de cabinet* gebildet, der sein Arbeitszimmer nicht verläßt, sondern ausschließlich die Berichte anderer auswertet.

tieren, ja den Leser selbst in diese wahrnehmungstheoretische Problematik zu verwickeln und folglich den Bewegungen des Verstehens nicht nur auf narrativer, sondern auch auf theoretisch-diskursiver Ebene auszusetzen. Leserin und Leser wird auf diese Weise die Chance geboten, die eigenen Wahrnehmungsgewohnheiten zu überdenken und neue Formen der Aneignung fremder Wirklichkeiten zu erproben. Reiseliteratur setzt eine sich verfestigende Wahrnehmung des Fremden wie des Eigenen wieder in Bewegung.

Unsere Überlegungen zur Aufspaltung zwischen (mindestens) zwei Ich-Instanzen im Reisebericht zeigen, daß auch aus dieser Perspektive eine Trennung zwischen »fiktiv« und »realitätskonform« bezüglich einer theoretisch überdachten klassifizierenden Analyse der Reiseberichte nicht haltbar ist.

Der Reisebericht ist wie der Roman eine Hybridform. Jedoch ist er im Unterschied zu diesem sowohl in rezeptions- als auch produktionsästhetischer Hinsicht im Spannungsfeld zwischen fiktionalen und nicht-fiktionalen Textformen nicht an den fiktionalen Pol gebunden. Wenn wir den Roman generell dem Pol der Fiktion zuordnen können, dann erhebt sich die Frage, wie im Kontrast hierzu nun der Reisebericht einzuordnen wäre. Aus dem Vorangegangenen sollte deutlich werden, daß eine Lektüre, die den Reisebericht dem nicht-fiktionalen Pol zuordnet und damit die von ihm transportierten Informationen als Dokumente und Quellen liest, zweifellos legitim ist, die Gattung als solche aber nicht ausschöpft (und auch niemals ausschöpfen kann). Vielmehr hat sich gezeigt, daß der Reisebericht – und keineswegs »nur« in seiner phantastischen Variante – fiktionale wie nicht-fiktionale Lektüremuster anzieht und beide oftmals unauflöslich miteinander verquickt. Wo aber ist der Reisebericht dann einzuordnen?

In einer wegweisenden Studie hat Gérard Genette eine Unterscheidung zwischen Fiktion und Diktion eingeführt und beide Terme wie folgt definiert:

> Fiktionsliteratur ist die, die wesentlich durch den imaginären Charakter ihrer Gegenstände gekennzeichnet ist, während Diktionsliteratur wesentlich durch ihre formalen Qualitäten beeindruckt – wieder ungeachtet der Amalgame und Mischformen.[45]

45 Gérard Genette, *Fiktion und Diktion.* Aus dem Französischen von Heinz Jatho, München: Fink 1992, S. 31 f. Die französische Erstausgabe erschien ein Jahr zuvor bei Seuil in Paris.

Versucht man, die von Genette angebotenen Definitionen auf den Reisebericht anzuwenden, so zeigt sich, daß sie für dessen Analyse nicht pertinent sind. Der »imaginäre« Gegenstandsbereich ist dem Reisebericht generell ebensowenig zuzuordnen wie *ex negativo* – denken wir an die Parallelen zur Autobiographie – eine nicht-imaginäre Diktionsliteratur. Ihn kennzeichnet vielmehr ein eigentümliches Oszillieren zwischen Fiktion und Diktion, ein Hin- und Herspringen, das es weder auf der Produktions- noch auf der Rezeptionsseite ermöglicht, eine stabile Zuordnung zu treffen. Zwischen den Polen von Fiktion und Diktion führt der Reisebericht vielmehr zu einer Friktion, insoweit klare Grenzziehungen ebenso vermieden werden wie Versuche, stabile Amalgame und Mischformen herzustellen. Im Gegensatz zum Roman bildet der Reisebericht eine Hybridform nicht nur bezüglich der aufgenommenen Gattungen und seiner Redevielfalt, sondern auch hinsichtlich seiner Eigenschaft, sich dem Gegensatz zwischen Fiktion und Diktion zu entziehen. Der Reisebericht schleift die Grenzen zwischen beiden Bereichen ab: Er ist einem literarischen Gebiet zuzuordnen, das wir als *friktionale* Literatur bezeichnen dürfen.[46]

Die Orte des Reiseberichts

Der Reisebericht ist eine Gattung des Ortes, genauer: des Ortswechsels und der ständig neuen Ortsbestimmung. Dies klingt selbstverständlich, ja banal; und doch wurde dieser Aspekt in seinen spezifisch ästhetischen Auswirkungen noch nicht ausreichend durchdacht. Die Orte des Reiseberichts sind bislang vorwiegend unter ihrem referentialisierbaren, textexternen, also auf die außersprachliche Wirklichkeit bezogenen Aspekt untersucht worden. Dieser betrifft vorwiegend den im Genetteschen Sinne diktionalen Charakter von Reiseliteratur; so ließe sich im Sinne der Terminologie Brocs zu Recht fragen, ob ein im Reisebericht erwähnter Ort vom Schriftsteller nicht nur dargestellt, sondern tatsächlich auch besucht, *gesehen* wurde. Zwischen einer auf diese Weise institutionalisierten Lektüre einerseits und der Lek-

46 Vgl. hierzu ausführlicher Kapitel 5 sowie Ottmar Ette, *Roland Barthes. Eine intellektuelle Biographie*, Frankfurt am Main: Suhrkamp 1997, S. 308-312.

türe phantastischer Reiseberichte andererseits aber läßt sich ein Lektüremodus denken, der zwischen dem »Realitätskonformen« und dem »Fiktiven« ständig pendelt, um die Polysemie des untersuchten Textes nicht durch textexterne Referentialisierung oder innerliterarische Fiktionalisierung zu vermindern und zu *fixieren*, kurz: die Bewegungsvielfalt, Dynamik und Unbestimmtheit des Reiseberichts einzuschränken. In der Folge sollen exemplarisch vier verschiedene reiseliterarische Orte herausgearbeitet werden.

1. Der Abschied. Fragen wir nach jenen Orten, an denen der Reiseschriftsteller seinen Bericht in besonderer Weise semantisch auflädt und markiert, fragen wir also nach spezifischen Formen der *dispositio*, so können wir aus der großen Zahl von Möglichkeiten einige Grundmuster reiseliterarischer Orte herausfiltern. Ein in diesem Sinne erster Ort betrifft den Abschied vom Eigenen. Dieser kann – wie etwa in der *Voyage à l'île de France* des jungen Bernardin de Saint-Pierre – in der Form des Abschieds von geliebten Menschen oder von liebgewonnenen Formen der Natur inszeniert werden, so daß die Dimension intensiven menschlichen Erlebens (die Position des erzählten Ichs) in den Vordergrund gerückt wird:

> Der letzte Kanonenschuß wird abgefeuert. Die Segel sind gesetzt; ich sehe, wie das Ufer, die Befestigungen und die Dächer von Port-Louis schwinden. Adieu, ihr Freunde, die ihr mir teurer als alle Schätze der Kolonien seid! … Adieu, ihr Wälder des Nordens, die ich nie wiedersehen werde![47]

Genaugenommen findet sich in Bernardin de Saint-Pierres Buch eine Verdoppelung dieses reiseliterarischen Ortes, insoweit der Abschied von Europa nicht nur in der präsentischen Form des Briefes, sondern ein zweites Mal in jener des unmittelbar im Anschluß eingerückten *Journal*, des Schiffstagebuches also, dargestellt wird. Hier sind es die nautisch relevanten Angaben, aber auch ein Unfall, bei dem drei Mann der Besatzung kurz nach dem Ablegen noch an der bretonischen Küste den Tod finden, welche die Darstellung des Verlassens Europas in ein unheilvol-

47 Bernardin de Saint-Pierre, *Voyage à l'île de France. Un officier du roi à l'île Maurice 1768-1770*. Introduction et notes d'Yves Bénot, Paris: La Découverte/Maspero 1983, S. 36.

les Licht tauchen. Bernardins Bericht ist hier insoweit aufschlußreich, als er eine Doppelperspektive entwickelt, die es erlaubt, über die Form des (literarischen) Briefes die Innenwelt des Reisenden und über die vorgeblich nüchternere Form des Schiffstagebuchs das auf die Außenwelt gerichtete Erleben jeweils des erzählten Ichs darzustellen. Die Hybridität des Reiseberichts erlaubt nicht nur den bloß flüchtig miteinander verbundenen Einsatz zweier sehr unterschiedlicher Gattungen, sondern auch die zweifache Perspektivierung schmerzhafter Trennung und gefährlichen Aufbruchs zu einer langen Reise in die außereuropäische Welt. Die Doppelung führt gleichsam nebenbei ein eigentümliches Oszillieren ein zwischen der literarischen Darstellung individuellen Erlebens und referentialisierbaren, vorgegebenermaßen an Faktentreue sich orientierenden Schreibformen, was den friktionalen Charakter des Textes unterstreicht.

Der Abschied vom Eigenen kann aber auch eine weitergehende Reflexion mit einschließen, die das Eigene in neuer Weise perspektiviert:

> Bei Einbruch der Nacht wurde die See sehr unruhig, und der Wind frischte stark auf. Wir steuerten gegen Nordwest, um nicht den englischen Fregatten zu begegnen, die, wie man glaubte, in diesen Zonen kreuzten. Gegen neun Uhr sahen wir das Licht einer Fischerhütte von Sisarga, das letzte, was uns von der Küste Europas zu Gesicht kam. Mit zunehmender Entfernung verschmolz der schwache Schimmer mit dem Licht der Sterne, die am Horizont aufgingen, und unwillkürlich blieben unsere Blicke daran hängen. Dergleichen Eindrücke vergißt einer nie, der in einem Alter, wo die Empfindung noch ihre volle Tiefe und Kraft besitzt, eine weite Seereise angetreten hat. Welche Erinnerungen werden in der Einbildungskraft wach, wenn so ein leuchtender Punkt in finsterer Nacht, von Zeit zu Zeit aus den bewegten Wellen aufblitzend, die Küste des Heimatlandes bezeichnet![48]

Alexander von Humboldt hat an dieser Stelle seines Reiseberichts ein schwaches und bald schon verschwindendes Lichtzeichen der spanischen Küste eingeführt, das den Ort der Trennung vom Eigenen markiert. Dabei wird das Eigene insoweit neu perspektiviert, als die spanische Küste zur Küste des eigenen *pays natal* wird, das dem Preußen zunächst fremde Spanien sich also

48 Alexander von Humboldt, *Reise in die Äquinoktial-Gegenden des Neuen Kontinents*. Herausgegeben von Ottmar Ette, Bd. 1, Frankfurt am Main/Leipzig: Insel 1991, S. 65f.

zum größeren Europa hin öffnet und sich in das Eigene (oder vielleicht genauer noch: in das Fremde *im* Eigenen) verwandelt. Zugleich führt dies eine erste, noch implizite Reflexion über die eigene Wahrnehmung ein, wird doch nun der Reisende *als Europäer*, als Bewohner der Alten Welt, die sogenannte Neue Welt erfahren und darstellen.[49] So wird im Reisebericht nicht nur die Ebene individuellen Erlebens aus der Perspektive des erzählten Ichs markiert, sondern gleichzeitig aus der Distanz des erzählenden Ichs, das auf sein Gedächtnis und das dort für immer Aufbewahrte zurückgreifen kann. Folglich wird ein Oszillieren zwischen Erleben und distanziertem Erzählen eingeführt, welches Humboldt in der Folge immer wieder eine Spiegelung der Wahrnehmungsbedingungen sowie eine Kommentierung auf abstrakterer, »philosophischer« Ebene erlaubt. Die tatsächliche Existenz der Fischerhütten von Sisarga rückt angesichts einer derart vieldeutigen semantischen Aufladung weitgehend in den Hintergrund, ohne allerdings gänzlich zu verschwinden, geben sie dem Leser doch die eingeschlagene Route des Schiffes bekannt.

Bei Reisen nach Amerika beziehungsweise nach Übersee fällt der Abschied von Europa zusammen mit dem Übergang

49 Eine Variante dieses reiseliterarischen Ortes und seiner philosophischen Implikationen findet sich in Raynals umfangreichem »Bestseller« der zweiten Hälfte des 18. Jahrhunderts über die koloniale Expansion Europas. Dort erscheint das Passieren der Äquatorlinie – das von Mannschaften und Passagieren im übrigen stets in einer teilweise ritualisierten Form gefeiert wurde – als entscheidender Punkt einer keineswegs schmeichelhaften Veränderung von Bewußtsein und Verhalten: »Ist der Äquator erst überschritten, so ist der Mensch weder Engländer oder Holländer noch Franzose, Spanier oder Portugiese. Er behält von seinem Vaterland nur die Prinzipien und Vorurteile bei, die sein Verhalten begründen oder entschuldigen. Kriecherisch, wenn er schwach, gewalttätig, wenn er stark ist; dem Drange ausgeliefert, zu erwerben und zu genießen; und er ist aller Missetaten fähig, wenn diese ihn schneller zu seinen Zielen führen. Er ist ein domestizierter Tiger, der in den Urwald zurückkehrt. Der Durst nach Blut ergreift wieder von ihm Besitz. Auf diese Weise haben sich unterschiedslos alle Europäer in den Gebieten der Neuen Welt gezeigt, wohin sie einen gemeinsamen Wahn mitnahmen, den Durst nach Gold.« Guillaume-Thomas Raynal, *Histoire philosophique et politique des établissemens et du commerce des européens dans les deux Indes*. Tome cinquième, Genève: Chez Jean-Léonard Pellet 1781, livre neuvième, S. 2.

von einer Land- oder Binnenreise zu einer Seereise. Ein solcher Wechsel wird im Reisebericht in aller Regel hervorgehoben und nicht selten auch wahrnehmungstheoretisch reflektiert. Georg Forster hat in seinen *Ansichten vom Niederrhein* – die in mancherlei Beziehung zu den *Ansichten der Natur* Humboldts stehen, der im übrigen den früheren Weltumsegler bei dieser Reise begleitete – den Anblick des Meeres zum Anlaß genommen, nicht nur auf seine gut zwölf Jahre zurückliegende Weltumrundung mit James Cook zurückzublicken, sondern daran auch philosophische Reflexionen zu knüpfen[50], von denen der Reisebericht des ausgehenden 18. Jahrhunderts in Deutschland wie in Frankreich so gesättigt ist. Land und Meer markieren hier eine Grenze, der auf der Ebene des Reiseberichts, selbst bei Reisen innerhalb Europas, man denke nur an Johann Wolfgang Goethes Überfahrten zwischen Sizilien und der neapolitanischen Küste in der *Italienischen Reise*, ein eigener reiseliterarischer Ort zukommt. Doch auch der Wechsel des Fortbewegungsmittels deutet oft einen Wechsel der Wahrnehmungsperspektive an, der – wie beim Übergang von der Landreise zur Flußfahrt in La Condamines *Voyage sur l'Amazone* – stets vom erzählenden Ich dazu benutzt wird, die spezifisch referentielle narrative Ebene des Berichtens zu verlassen.[51] Ein Wechsel der den Reisenden umgebenden Landschaft beinhaltet häufig ein Bewußtmachen eigener theoretischer Positionen: Die Theorie der Landschaft schlägt um in eine Landschaft der Theorie. Landschaft wird zum Ausgangspunkt und mehr noch zur Inszenierung von Theorie. Die referentialisierbaren Bewegungen des Reisenden entsprechen auch bei La Condamine in komplexer Weise Bewegungen des Verstehens und Vermittelns, die aus dem Zusammenspiel von erzähltem und erzählendem Ich an den Leser weitergegeben werden.

Dem Aufbruch zur Reise auf der Textebene entspricht die Bewegung des Lesers, der sich darauf einläßt, das Eigene zu verlassen und sich der Reise im fremden Text anzuvertrauen. Auch aus

50 Vgl. Wuthenow, *Die erfahrene Welt*, a.a.O., S. 388.

51 Die eigene Position ist bei der Flußfahrt als eine sich in Bewegung befindliche, nirgends länger verweilende Perspektive eines »voyageur qui ne voit les choses qu'en passant«, also eines Reisenden, der die Dinge nur aus der Vorbeifahrt sieht, markiert; vgl. Charles-Marie de la Condamine, *Voyage sur l'Amazone.* Introduction et notes de Hélène Minguet, Paris: Maspero 1981, S. 62.

diesem Grunde ist die Markierung dieses Ortes häufig sehr prägnant, wobei ihr nicht selten – wie auch in Bernardin de Saint-Pierres Reisebericht – eine ausführliche Darstellung des Eigenen, in diesem Falle der Bretagne, vorgeschaltet wird. Der Abschied vom Eigenen wird meist kontrastiv modelliert. Der Kontrast zweier Landschaften und Kulturen treibt deren jeweilige Theorie und Epistemologie hervor.

2. *Der Höhepunkt.* Ein im Reisebericht zweifellos nicht weniger wichtiger Ort betrifft jenen Abschnitt der Reise, der vom Reiseschriftsteller als Höhepunkt und eigentliches Herzstück stilisiert wird. Eine recht spektakuläre Inszenierung findet sich in der bereits erwähnten Amazonasfahrt des Mitglieds der französischen *Académie des Sciences*, Charles-Marie de la Condamine, der 1745 in seinem Vortrag vor dieser Institution seine Reise nach Peru und den mehrjährigen Aufenthalt in der Andenregion fast vollständig ausblendete, da ein anderes Mitglied dieser Expedition, Pierre Bouguer, mit dem er noch jahrelang im Streit liegen sollte, bereits ein Jahr zuvor der *Académie* einen Bericht vorgelegt hatte. La Condamine besaß also gute Gründe, gerade jenen Teil seines Aufenthalts in den amerikanischen Kolonien Spaniens hervorzuheben, bei dessen Darstellung er keine unliebsame Konkurrenz fürchten mußte. So erscheint die Reise durch die Anden, die einen langen Forschungsaufenthalt in dieser Region abschloß, wie eine Einleitung, wie ein Vorspiel zu jenem Abschnitt seiner Rückreise nach Frankreich, die ihn stromabwärts auf dem Amazonas bis zu dessen Mündung ins Meer den zentralen Teil Südamerikas in west-östlicher Richtung durchqueren ließ. Der Eintritt in diese neue, herausgehobene Phase seiner Reise erfolgt durch den Pongo de Manseriche, einen letzten Riegel der Anden, den der obere Marañón durchqueren muß, bevor er ins tropische Tiefland hinaustritt. Dabei vergißt La Condamine nicht, die Akademiemitglieder darauf aufmerksam zu machen, daß der Begriff »Pongo« wohl am besten mit Tor zu übersetzen sei. So tritt sein eigener Reisebericht selbst durch dieses Tor in eine neue Phase ein:

> In Borja angekommen, fand ich mich in einer neuen Welt wieder, weitab von jedem menschlichen Verkehr, auf einem Meer von Süßwasser, inmitten eines Labyrinths aus Seen, Flüssen und Kanälen, die in allen Himmelsrichtungen einen ungeheuren Urwald durchziehen, den sie allein zugänglich machen. Ich stieß auf neue Pflanzen, neue Tiere, neue

Menschen. Meine Augen, seit sieben Jahren daran gewöhnt, die Berge sich in den Wolken verlieren zu sehen, konnten nicht davon ablassen, ständig den Horizont zu umgreifen, ohne daß sich ihnen ein anderes Hindernis in den Weg gestellt hätte als die Hügel des Pongo, die aus meinem Gesichtskreis bald verschwinden sollten.[52]

Eine neue Landschaft der Theorie tut sich auf. Der Reisende ist durch das bald schon verschwindende Eingangstor aus einer Welt des Dreidimensionalen in eine Welt der Zweidimensionalität eingetreten. Der neue Flußabschnitt wird als *neue* Welt im emphatischen Sinne, mit neuen Pflanzen, Tieren und Menschen, apostrophiert und präsentiert sich so dem europäischen Entdekkerblick als ein Kosmos, der zugleich von Europa und der andinen Welt Amerikas radikal getrennt ist. Die Augen treffen auf kein Hindernis mehr, eine Situation hermeneutischer Transparenz (in geradezu ekstatischer Erfahrung), die nicht wie später bei Rousseau dem Panoramablick vom Berg, sondern der Zweidimensionalität der Flußlandschaft und ihrer vielfachen Verbindungen geschuldet ist. Und doch präsentiert sich diese als Labyrinth, in dessen Unermeßlichkeit der Forscher eindringen und dessen Plan er dechiffrieren muß. Die Stilisierung des Ichs zur einsamen Forscherpersönlichkeit – La Condamine wurde nicht nur von indianischen Ruderern und einem Führer, sondern auch von einem kolonialspanischen Gelehrten sowie später bisweilen hinzukommenden Mitreisenden begleitet – schafft eine literarische Figur, die auf dem Fluß der Amazonen und im freiwillig betretenen Labyrinth gefangen an die Stelle mythischer Figuren der Antike tritt und an deren heroische Größe anknüpft. Die auf die außersprachliche Wirklichkeit verweisenden, von späteren Reisenden auch überprüften Landschaftselemente wie etwa der Pongo de Manseriche werden im Verbund mit spezifisch literarischen Techniken von Inszenierung und intertextuell potenzierter Semantisierung in eine unabschließbare oszillierende Bewegung gebracht, die nicht auf das Dokumentarische reduziert werden kann, sondern den friktionalen Status dieser Querung einer aquatischen Landschaft unterstreicht. Das Ich ist in dieser Passage *zugleich* auf einer referentialisierbaren Ebene der Reisende und Naturforscher, auf einer historisch-literarischen Ebene der Erbe des Christoph Columbus, der einst vor der Mündung des Orinoco von einem Süßwassermeer gesprochen hatte, auf einer Ebene der griechischen Mythologie der Nachfolger des

52 Ebd., S. 60.

Theseus, diesen darin überbietend, daß er mit Hilfe seiner von ihm selbst gezeichneten Flußkarte den Faden finden wird, der ihn aus dem Labyrinth siegreich wieder herausführen kann, und schließlich auf einer psychoanalytischen Ebene jenes Ich, das die Immersion im Wasser wie eine Ekstase und die aquatische Landschaft der *mer d'eau douce* wie eine pränatale Wiedervereinigung mit der Mutter ekstatisch feiert. So wird diese Passage in mehrfacher Hinsicht kodiert und als Höhepunkt (sowie als Überschreiten einer Grenze) inszeniert. Eine Einebnung des Textes auf die erste, referentialisierbare Ebene würde dem friktionalen Textstatus nicht gerecht.

Eine nicht weniger spektakuläre Inszenierung eines neuen Ortes und zugleich eines neuen Abschnitts des eigenen Reiseberichts findet sich in Louis-Antoine de Bougainvilles *Voyage autour du monde*, in welcher der Darstellung Tahitis – wie bereits erwähnt – eine besondere Bedeutung zukommt. Die Annäherung an Tahiti, noch vor der Landung auf der Insel und der Erwähnung jenes Greises, der sich um die Europäer kaum zu kümmern scheint und zum intertextuellen Ansatzpunkt für Diderots philosophisches Supplement wurde, bietet dem Reiseschriftsteller Gelegenheit, ein anspielungsreiches Bild des angesteuerten Eilands zu entwerfen:

> Der Anblick dieser wie ein Amphitheater geformten Küste bot uns das freundlichste Schauspiel. Obwohl die Berge eine große Höhe erreichen, zeigt doch der Fels nirgends seine aride Nacktheit: Alles ist von Wäldern bedeckt. Wir glaubten kaum unseren Augen, als wir einen Berg entdeckten, der bis hoch hinauf auf seine isolierte Spitze, welche die Höhe der Berge im Innern des Südteils der Insel erreicht, voller Bäume ist. [...] Von weitem hätte man diesen Berg für eine Pyramide von unermeßlicher Höhe halten können, welche die Hand eines geschickten Bühnenbildners (*décorateur*) mit Blättern und Girlanden geschmückt hätte.[53]

Zweifellos vereint Bougainville in seinem ausführlichen Panoramabild von See aus alle Bestandteile des *locus amoenus*, dessen unvermitteltes Erscheinen nach der mühsamen Schiffahrt und ihren monotonen Ausblicken auf das Meer auf den Leser überraschend wirken muß. Es ist eine Überraschung, die auf der

53 Louis-Antoine de Bougainville, *Voyage autour du monde par la frégate du Roi ›La Boudeuse‹ et la flûte ›L'Etoile‹*, Paris: Gallimard 1982, S. 223.

Ebene des unmittelbaren Erlebens im Text verankert wird, hätten doch die Reisenden selbst ihren Augen kaum zu trauen gewagt. Die Besonderheit dieser Passage ist darin zu erblicken, daß Bougainville an das kaum Glaubbare des Landschaftsbildes in ebenso paradoxer wie effizienter Weise nicht wie an anderen Stellen mit der Beglaubigungsstrategie naturwissenschaftlicher Messung und Beobachtung, sondern gerade mit der Betonung des Künstlerischen, Theatralischen, Artifiziellen antwortet. Der Höhepunkt wird als Theatercoup in Szene gesetzt. Den Reisenden bietet sich ein Naturschauspiel, in welchem sich die Natur der künstlerischen Mittel des Theaters bedient. Am Ende dieser ersten Darstellung Tahitis wird die Ebene des *spectacle* mit dem wirkungsvollen, stummen Auftritt eines Mädchens zum das gesamte Schauspiel erotisierenden Höhepunkt geführt:

> Trotz aller Vorsichtsmaßnahmen, die wir treffen konnten, gelangte ein junges Mädchen an Bord, das sich auf dem Achterdeck in der Nähe einer der Luken plazierte, welche sich oberhalb des Spills befinden; diese Decksluke war geöffnet, um denen, die Dienst taten, Luft zuzuführen. Das Mädchen ließ achtlos seinen Lendenschurz, der es bedeckte, fallen und erschien vor aller Augen so, wie Venus sich dem phrygischen Schäfer zeigte. Es besaß deren himmlische Formen. Matrosen und Soldaten drängelten sich, um zur Luke zu gelangen, und nie wurde ein Spill mit solcher Heftigkeit betätigt.[54]

Hier greift das Schauspiel aus der Distanz auf die Nähe über: Der natürlichen, paradiesischen Schönheit des Landes entspricht die natürliche, schamlose Schönheit einer seiner Bewohnerinnen. Das *spectacle* ist von der Natur auf den Menschen und von der Küste auf das Schiff der Reisenden übergesprungen. Der begehrliche Blick auf das verheißene Land wird zum begehrlichen Männerblick auf die paradieshaft unschuldig sich den Augen der Männer darbietende Frau. Diese doppelte Bewegung, welche das Amphitheater der Küste in der Tat nur zum Hintergrund, zum geschickt arrangierten Dekor des weiblichen Auftritts degradiert, führt zugleich die Zuschauerposition vor Augen, die nur durch eine dargebotene Öffnung, durch eine Luke, des Schauspiels voyeurgleich teilhaftig werden kann. Ähnlich ist die Funktion des an dieser Stelle abbrechenden, die Reize des Mädchens nicht weiter ausführenden Reiseberichts, so

54 Ebd., S. 226.

daß ein weiteres Überspringen von den ersten Zuschauern auf die zeitgenössische Leserschaft – und damit auch der immense Erfolg dieses Textes – vorprogrammiert ist. Bougainville entwirft hier ein Theater der Bilder, in welchem das Mädchen nicht zu Wort kommt und so letztlich dem Reich der Natur zugeordnet bleibt; und doch ist es gerade das Stummbleiben, das es dem Erzähler erlaubt, die Körpersprache der schönen Unbekannten mit den Codes antiker Göttinnen in Deckung zu bringen. Auf diese Weise wird ein Spiel von Korrespondenzen zwischen Alter und Neuer Welt in Bewegung gesetzt, das Spiel einer friktionalen Literatur, deren Reisebewegungen sich jenseits diskursiver Grenzen keineswegs auf die außersprachliche Wirklichkeit beschränken. Daraus mag ein Gutteil der Faszinationskraft, die von Bougainvilles Reisebericht ausging, resultieren.

Es wäre geradezu absurd, wollte man nach der Referentialität der letzten hier angeführten Passage fragen. Längst hat die Textualität ihre Stellung eingenommen. In kaum einem Reisebericht erscheinen die erwähnten reiseliterarischen Dimensionen in so dicht gedrängter Reihung wie in Bougainvilles literarisch ausgefeilter Darstellung von Tahiti. Die Zweidimensionalität des Meeres wird eindrucksvoll um die dritte Dimension der Höhenstufen erweitert, in einer gegenüber La Condamine umgekehrten Bewegung, die nicht den Übergang aus der Bergwelt zum »Süßwassermeer«, sondern jenen vom Meer zum Land unterstreicht. Die Reise in der Zeit schließt sich unmittelbar an, wird das Gesehene doch mit den abendländischen Hochkulturen (Pyramide, Venus und der phrygische Hirte, das neue Kythera, Bougainvilles *nouvelle Cythère*[55] der tahitianischen Aphrodite) in Verbindung gebracht. Der Reisende selbst tritt in eine Welt antiker Monumentalität ein, die – wie das Beispiel der Tahitianerin zeigt – vor seinen Augen sich in Bewegung zu setzen und zu leben beginnt, wobei unverkennbar Strukturen des Pygmalion-Mythos sich auf die Textebene durchpausen. Dieser vierten Dimension folgt in einer sich anschließenden Passage die Reise durch die sozialen Dimensionen der nur kurz besuchten tahitianischen Gesellschaft. Das gesamte Tableau aber ist eingebettet in die Dimensionen der Einbildungskraft und des Literarischen, die durch bekannte Anspielungen und Verweise eindrücklich auf die Imagination des Lesers einwirken und einen

55 Ebd., S. 247.

am abendländischen Kulturraum orientierten literarischen Raum tahitianisch re-kreieren. Im Zusammenlaufen dieser Dimensionen ergibt sich einer der am raffiniertesten gestalteten reiseliterarischen Orte, so daß der auf der referentiellen Ebene nur kurze Tahiti-Aufenthalt, der innerhalb des Reiseablaufs eine verschwindend kleine Etappe ausmachte, zum eigentlichen Höhepunkt der Reise stilisiert werden konnte. Bougainvilles bis heute beliebter Reisebericht weist geradezu idealtypisch ein nicht fixierbares Oszillieren zwischen fiktionalem und diktionalem Pol auf. Hierin liegen Spannung und Wirkkraft, die von diesem Reisebericht der europäischen Expansion ausgehen. Reiseliteratur erscheint in den angeführten Passagen, aber auch bei anderen Autoren und Texten in mehrfacher Hinsicht als eine Literatur in Bewegung: Sie ist zugleich eine Literatur auf Reisen (Aphrodite auf Tahiti), eine Literatur, die den Leser reisen läßt, und schließlich eine Literatur, die sich an einem doppelten Ort des Schreibens – etwa in der Form des Reisetagebuchs und dessen Überarbeitung am Ursprungsort des Schriftstellers, in wessen Auftrag dieser auch immer auf Reisen ging[56] – vollzieht.

3. *Die Ankunft.* Ein im Reisebericht stets herausragender Ort ist die Ankunft des Reisenden am Ziel seiner Reise. Waren in den Texten La Condamines und Bougainvilles der Eintritt ins Amazonastiefland und das Erreichen Tahitis eingebettet in eine sich räumlich fortsetzende Reisebewegung, die fast übergangslos zur Heimkehr des Reisenden überleitet, so ist die Ankunft in einem emphatischen Sinne an das Erreichen eines bestimmten Ziels, dem ein längerer Aufenthalt gilt, gebunden. Dieser reiseliterarische Ort der Ankunft ist, häufig stärker noch als der Ort der Abreise, herausgehoben als ein Ort der Selbstvergewisserung, der Wahrnehmung des Anderen und der Problematisierung bereits vorgeprägter eigener Wahrnehmungsmuster. In besonders klarer Form findet sich dies bei Richard Gordon Smith, einem

56 Auch hier wäre eine klassifizierende Unterscheidung von Reisen und Reiseschriftstellern möglich zwischen jenen Reisenden, die aus frei gewähltem Entschluß ohne Auftraggeber reisen (Humboldt), Reisenden, die im Auftrag offizieller Institutionen reisen (La Condamine, Bougainville, aber auch die britischen Lateinamerikareisenden des 19. Jahrhunderts), und schließlich Reisenden, die von ihren Reiseberichten leben wollen und in ihrem schriftstellerischen Visier ein anonymes Publikum ihres Herkunftslandes haben.

viktorianischen Reisenden, der Japan zwischen 1898 und 1907 mehrfach besuchte. So heißt es in seinen Berichten aus dem »Land der Götter«:

Im Morgengrauen befand ich mich im Hafen von Nagasaki, *Japan at last*. Eine der Ambitionen meines Lebens war gewesen, dieses Land zu sehen, und hier war ich nun. Undeutlich noch zeichneten sich Hügel ab [...]. Die Kohlenboote kamen längsseits, und dann wurde das Japan meiner Einbildungskraft plötzlich lebendig. Die Kohlenverkäufer entpuppten sich als Mädchen und Frauen – alle stammten sie selbstverständlich aus den niederen Arbeiterklassen, und doch sah man ihren Gesichtern sofort an, daß dies ein Land in bester Stimmung war, ein Land, in dem selbst die Frauen aus der niederen Arbeiterklasse lächelnd zu einem aufsahen.[57]

Interessant ist in dieser just auf den 24. Dezember 1898 datierten Bemerkung nicht allein, daß sich das fremde Land erneut in Gestalt einer sich dem männlichen Reisenden gegenüber freundlichen Unbekannten zeigt[58] oder daß auch hier, noch von Bord des Schiffes aus, die verschiedenen räumlichen und sozialen Dimensionen des Ziellandes eingeführt werden. Aufschlußreich ist vor allem die Tatsache, daß das Vor-Gewußte, das *Japan of my imagination*, in diesem Weihnachtsge-

57 *Travels in the Land of the Gods (1898-1907): The Japan Diaries of Richard Gordon Smith*. Hg. von Victoria Manthorpe. New York: Prentice Hall 1986, S. 14 (im Original kursiv); hier zitiert nach Rolf Goebel, »Japan and the Western Text: Roland Barthes, Richard Gordon Smith, and Lafcadio Hearn«, in: *Comparative Literature Studies* (University Park, Pennsylvania) XXX, 2 (1993), S. 193 f. Goebel macht hier überzeugend auf Bezüge zwischen der klaren, durch keinen Nebel getrübten Sicht auf den Hafen und einer generellen hermeneutischen Klarheit aufmerksam, die diesem Reisebericht zugrunde liege.

58 Friedrich Wolfzettel hat in seinem grundlegenden Buch das Rebecca-Motiv der unbekannten Schönen in der Reiseliteratur des 19. Jahrhunderts verfolgt und mit Baudelaires Großstadtmotiv der unbekannten Passantin verbunden (*Ce désir de vagabondage cosmopolite. Wege und Entwicklung des französischen Reiseberichts im 19. Jahrhundert*, Tübingen: Niemeyer 1986, S. 33 ff. und S. 40 ff.). Bereits die Reiseberichte und Chroniken des 16. Jahrhunderts zeigen freilich, daß das fremde Land, das in Besitz genommen werden soll, unter dem männlichen Blick stets weiblich metaphorisiert wird. Die libidinöse Struktur von Ent-deckung und In-Besitz-nahme wird in der Gestalt, im begehrten Körper der unbekannten Frau manifest.

schenk der Ankunft plötzlich zum Leben erweckt wird. Der Übergang zwischen dem Vorwissen, das der britische Reisende vor allem seinen Lektüren verdankt, und der empirisch erfahrenen Realität vollzieht sich erstaunlich harmonisch. Im reiseliterarischen Text werden die zuvor entworfenen Bilder gleichsam in Bewegung gesetzt, mit Leben erfüllt. Die hermeneutische Erfahrung der Konfrontation mit dem Anderen erscheint in dieser Passage als spannungsfreies Kontinuum, indem die in Gedächtnis und Einbildungskraft gespeicherten und fixierten Figuren lebendig werden. Sie verkörpern die Bewegung, die der Text in mehrfacher Hinsicht re-präsentiert.

Das ersehnte Ziel wird so vorgefunden, wie es erwartet worden war. Dies muß nicht immer der Fall sein. In Richard Gordon Smith' Reisebericht jedoch wird gerade diese hermeneutisch reflektierte Beobachterposition dazu benutzt, die Standortbestimmung sowohl auf der Ebene des erzählten Ichs (etwa in der Form der kursiv gesetzten erlebten Rede) als auch auf der Ebene des erzählenden Ichs (das die Ankunft als zurückliegende Erfüllung eines langgehegten Kindheitstraums bezeichnet) gegenüber dem Leser deutlich zu markieren. Die Ankunft bezeichnet oft weniger den Ort erster Erfahrungen mit dem Anderen (diese werden bei Smith gerade *nicht* gemacht) als den Ort einer Selbstvergewisserung, einer Klärung der eigenen Motive, der eigenen Herkunft, des eigenen Standorts. Auch bei Richard Gordon Smith sind es vorgewußte Elemente, die – wie wir sehen konnten – schon bei anderen Reisenden zum Leben erwachten. So ließe sich sagen, daß der Reisebericht das Vor-Gewußte, die individuelle wie kollektive *memoria*, in (lebendige) Bewegung (ver)setzt: Er verkörpert auch in diesem Sinne eine Literatur in Bewegung.

4. Die Rückkehr. Abschließend sei als ein weiterer reiseliterarischer Ort die Rückkehr zum Eigenen benannt. Sie kann als schlichter Ausklang des Reiseberichts, als erneuerte Selbstbestimmung, als ein eher banales *happy end*, bisweilen aber auch als eigentliche Erfüllung des gesamten narrativen Zyklus gestaltet sein. Hier kann sich der Kreis schließen. Ein besonders anschauliches Beispiel bietet Bernardin de Saint-Pierres Reisebericht:

> Man beeilte sich, eine letzte Mahlzeit zuzubereiten; aber man stand auf, setzte sich wieder, man aß keinen Bissen, wir konnten nicht von unserer Bewunderung der Erde Frankreichs lassen. Ich wollte mit meinem Gepäck an Land gehen; vergeblich rief man die Matrosen; sie hörten nicht mehr. Sie hatten ihre schönen Kleider angezogen: Sie waren von einer stummen Freude ergriffen; sie sagten kein einziges Wort: einige sprachen mit sich selbst. [...] Um mich her sah ich nur Leute, die bewegt waren. Ich rief einem Fischer und stieg in sein Boot. Als ich meinen Fuß auf die Erde setzte, dankte ich Gott, mich endlich wieder einem natürlichen Leben zurückgegeben zu haben.[59]

Die emotionale Rückkehr zum Eigenen öffnet sich im achtundzwanzigsten und letzten Brief auf dessen neue Sichtweise. Dieser Brief ist auf den ersten Januar 1773 in Paris datiert, womit nicht nur ein neuer Ort des Schreibens – die französische Hauptstadt –, sondern auch der Beginn eines neuen Lebenszyklus symbolisiert wird. In diesem Brief beklagt der Reisende nicht nur das Fehlen literarischer Vorbilder bei dieser »so interessanten Gattung«[60], insoweit die großen Autoren des Jahrhunderts keine Reiseliteratur verfaßt hätten, er macht nicht nur auf das schmerzliche Fehlen eines adäquaten Vokabulars für literarische Darstellungen tropischer Landschaften aufmerksam, sondern erhebt gegenüber den französischen Reiseschriftstellern seiner Zeit vor allem den Vorwurf, das Glück außerhalb der Grenzen ihres Heimatlandes gesucht beziehungsweise angesiedelt zu haben.[61] Hatte auch Bernardin die Reise in die Kolonien (im übrigen vergeblich) mit der Hoffnung auf finanziellen Gewinn verbunden, eine Hoffnung, die auch im Reisebericht bisweilen durchscheint, so steht am Ende dieses letzten Briefes eine Entmythisierung der Tropen als Ort materiellen Reichtums, hofft der Erzähler doch, durch die Beschreibung der Schrecken der Sklaverei auf der Ile de France das Mitleid der europäischen Tyrannen erweckt zu haben und auf

59 Bernardin de Saint-Pierre, *Voyage à l'île de France*, a.a.O., S. 238 f.
60 »Il nous manque un modèle dans un genre si intéressant.« Ebd., S. 251.
61 Ebd., S. 255.
62 Die hier paraphrasierte Schlußpassage lautet im Original: »Pour toi, Nègre infortuné qui pleure sur les rochers de Maurice, si ma main, qui ne peut essuyer tes larmes, en fait verser de regret et de repentir à tes tyrans, je n'ai plus rien à demander aux Indes, j'y ai fait fortune.« Ebd., S. 258.

diese Weise mit seinem Reisebericht einen immateriellen Gewinn für die Menschheit in Sachen Menschlichkeit zu erzielen.[62] Die Rückkehr zum Eigenen entwickelt sich zu einer Anrufung, ja Beschwörung des *lieu natal*[63], des Geburtsortes, den der Philosoph nicht mehr zu verlassen brauche, um Gegenstände für seine Meditationen zu finden. Die gesamte Dynamik des Reiseberichts, die Beschäftigung mit der exotisierten Alterität, kommt so in einer Versöhnung mit dem Eigenen zum Stillstand. Der reiseliterarische Ort der Ankunft situiert sich damit innerhalb einer hermeneutischen Bewegung, die den gesamten Text erfaßt und bei Bernardin de Saint-Pierre in der Erkenntnis des berühmt gewordenen Schlußteils gipfelt.

Reiseliterarischer Ort und hermeneutische Bewegung

Sicherlich wäre es möglich und wünschenswert, die hier genannten reiseliterarischen Orte weiter zu differenzieren und innerhalb ihrer Anlage historisch und komparatistisch eingehender zu untersuchen. Eine möglichst große Zahl von Reiseberichten sollte bezüglich ihrer je spezifischen reiseliterarischen Orte analysiert werden, um davon ausgehend zu verstehen, welch vielfältige Funktionen diesen Orten innerhalb der Reiseberichte jeweils übertragen werden. Die Friktionalisierung des Referentialisierbaren stellt dabei auch in dieser Hinsicht zweifellos ein Grundmuster dar, so daß in den nachfolgenden Kapiteln diese Fragestellung auch auf eine Literatur ausgeweitet werden soll, die nicht als Reiseliteratur, wohl aber im Sinne des vorliegenden Bandes als eine Literatur in Bewegung bezeichnet werden kann.

Wir dürfen jedoch nicht bei der Analyse der jeweiligen reiseliterarischen Orte eines Textes – mag es sich dabei um einen Reisebericht, einen Roman, eine Autobiographie oder andere narrative Texte handeln – stehenbleiben, sondern sollten danach fragen, innerhalb welcher Dynamik und Bewegung sich diese Orte ansiedeln und welche Bewegung ihre eigene Modellierung selbst wiederum auslöst. Verschiedene Möglichkeiten einer Ty-

63 »Der Geburtsort besitzt eine verborgene Anziehungskraft, eine unbeschreibliche Ergriffenheit, die kein Reichtum zu geben und kein Land zu vermitteln im Stande wäre.« Ebd.

pisierung des Reiseberichts sind bereits erwähnt worden, etwa eine Einteilung nach dem Herkunftsland des Reisenden, nach seinen Zielländern, nach einer Dominanz bestimmter Gattungsmuster, nach einer Typologie des Reisenden selbst, nach Möglichkeiten der Fortbewegung und des Transports (Land- oder Seereise) oder auch nach einer vorherrschend objektzentrierten Reiseform wie der Forschungsreise oder einer dominant subjektzentrierten Form wie bei der Bildungsreise. Doch lassen sich Reisen aus der hier gewählten Perspektive vor allem auch als Bewegungen des Verstehens im Raum erfassen. Es scheint daher möglich, ausgehend von der je spezifischen Inszenierung bestimmter Orte und der dazwischenliegenden Vektoren einige Grundfiguren reiseliterarischer Bewegung zu unterscheiden, die im folgenden anhand von fünf Grundtypen beispielhaft skizziert seien. Diese Figuren können einen gesamten Text, oftmals aber auch nur einzelne Teile und Abschnitte eines Reiseberichts beziehungsweise Erzähltextes erfassen.

1. Der Kreis. Der Schlußteil von Bernardin de Saint-Pierres *Voyage à l'île de France* hat gezeigt, in welcher Weise reiseliterarische Orte ein Bewegungsmodell des Verstehens – hier im Sinne einer veränderten Rückkehr als Bekenntnis zum Eigenen – zu kontrollieren vermögen. In Bernardins Reise ist geradezu idealtypisch die Grundfigur einer kreisförmigen Reisebewegung zu erkennen, in welcher der Reisende am Ende zum Ausgangspunkt seiner Fahrt zurückkehrt. Dieses Grundmuster herrscht, soweit ich sehe, bei Reisen des 18. und 19. Jahrhunderts nach Übersee ebenso bei europäischen wie nichteuropäischen Reisenden vor. Bernardins Modellierung des reiseliterarischen Ortes der Rückkehr zeigt, daß die vielfältigen Beobachtungen naturgeschichtlicher oder kulturhistorischer Art, die im Reisebericht in Form von Briefen, Schiffstagebüchern, botanischen oder geschichtsphilosophischen Abhandlungen vorgestellt und diskutiert werden, letztlich am Endpunkt der Reise, in diesem Falle am Mutterland Frankreich, ausgerichtet sind. In umgekehrter Richtung ließe sich dies ebenso für die Texte des Argentiniers Domingo Faustino Sarmiento wie für jene des Chilenen Benjamín Vicuña Mackenna behaupten. Die Vermehrung des Wissens über das Andere, über dessen Lebensbedingungen und Kulturformen, wird rückgebunden an einen Gewinn des Wissens im Herkunftsland des Reisenden. Dies betrifft etwa bei den europäischen Reisenden des 18. oder des beginnenden 19. Jahrhunderts ebenso die Verbesserung des Kolonialsystems wie die intendierte Abschaffung der Sklaverei, die durch Veränderungen im Mutterland bewirkt werden soll. Dies betrifft aber auch die Aneignung des Textes durch den Leser, die vom Text nicht in der Form eines Vorwortes – an dessen Wirksamkeit Bernardin zweifelte[64] –, sondern vielmehr einer nachgestellten Reflexion im letzten Brief vorgeprägt und kanalisiert wird. Die Reise folgt somit der Bewegungsform des hermeneutischen Zirkels, indem sie das Vor-Gewußte schon zu Beginn des Textes einblendet, durch neue Erfahrungen und Wissenszuwächse kontrolliert, ergänzt oder auch (wie in Bernardins sphärenartig sich um ein Zentrum anordnendem naturgeschichtlichen Schema) neu systematisiert, um schließlich in einer letzten Bewegung (die sich auf Neues hin öffnen kann) dieses so veränderte und erweiterte Wissen wieder mit den Wissensbeständen über das Eigene zu verknüpfen. Der hermeneutische Zirkel ist in diesem Beispiel keineswegs ein *circulus vitiosus*. Durchaus im Sinne einer *mise en abyme* enthält Bernardins Reisebericht im siebzehnten Brief die Darstellung einer Fußreise, die von Port-Louis ausgehend dem Küstenbereich der Ile de France beständig folgt, um so zum Ausgangspunkt zurückzukehren und die zuvor existierenden Wissensbestände in dieser hermeneutischen Zirkelbewegung bewußt zu überprüfen und zu aktualisieren. So können daraus neue Erkenntnisse und Einsichten abgeleitet werden. Vor-Gewußtes und Noch-nicht-Gewußtes werden anhand empirischer Erfahrung oder Informationen aus dritter Hand wechselseitig aufeinander bezogen und an den Reiseweg geknüpft. Der Reiseweg wird damit buchstäblich Schritt für Schritt zum Weg des Verstehens, der Reisende zum Orientierungspunkt einer hermeneutischen Bewegung, die der Leser anhand seiner Lektüre beständig nachvollziehen kann. Reiseliteratur ist eine Literatur, welche die Bewegung des Verstehens unablässig vor Augen führt.

Das Vor-Gewußte wird auf die Reise mitgenommen, so daß der *voyageur pur*, der »reine« Reisende, wenig mehr als eine Abstraktion sein kann. Diese Mitnahme des Vor-Gewußten wird bei jenen Weltumsegelungen augenfällig, welche die europäischen Zeitgenossen im letzten Drittel des 18. Jahrhunderts in

64 Ebd., S. 251.

Atem hielten und in ihrer Reiseroute bereits die Hermeneutik des gesamten (V)er-fahrens offenbarten. La Pérouse etwa nahm auf seine Weltumsegelung nicht nur eine verblüffende Vielzahl und Menge zum Tausch geeigneter Gegenstände, sondern auch eine Unzahl wissenschaftlicher Instrumente, umfangreiche Instruktionen und vor allem eine mehr als tausendbändige Bibliothek nebst vollständiger Kartensammlung[65] mit, anhand deren er die auf der Reise erzielten Ergebnisse mit anderen Resultaten beziehungsweise den in Europa zum damaligen Zeitpunkt verfügbaren Daten kritisch vergleichen und überprüfen konnte. Reiseberichte anderer Reisender, deren Angaben sorgfältig kontrolliert werden, machen dabei einen gewichtigen Anteil der mitgeführten Bibliothek aus. Die angestrebte Präzision eines derartigen hermeneutischen Verfahrens mag an einer von Lapérouse berichteten Anekdote deutlich werden, welche die Faktizität der Gattung Reisebericht herauszustellen bemüht zu sein scheint:

> Kaum hatten wir geankert, so sahen wir, wie der gute Priester von Paratounka mit seiner Frau und all seinen Kindern an Bord kam. Von diesem Zeitpunkt an sahen wir voraus, daß wir bald einen Teil jener Figuren *(personnages)* erscheinen sehen und leicht auf die Bühne bringen würden, die anläßlich der letzten Reise von Cook beschrieben wurden.[66]

Nicht nur der Reisebericht, sondern schon die eigene Reise selbst wird zu einem beständigen Dialog mit anderen Reiseberichten. Auch deren Ergebnisse, Erfahrungen und bisweilen auch Gestalten und Figuren werden in Bewegung gesetzt und mit neuem Leben erfüllt. Intertextualität wird als Bewegungsmuster vorgeführt. Die Ankunft der Expedition auf der Halbinsel Kamtschatka wird zu einem *Déjà-vu*-Erlebnis, da die im Bericht von Cooks letzter Reise dargestellten »Figuren« Gestalt annehmen, lebendig werden und gar an Bord kommen. Lapérouse, der wenig später im Südpazifik ein mit seinem großen Vorbild James Cook vergleichbares Ende finden sollte, stellt in dieser Passage auf bemerkenswerte Weise die Metamorphose

65 Vgl. Broc, *La Géographie des Philosophes*, a.a.O., S. 290.

66 Jean-François de La Pérouse, *Voyage autour du monde sur l'Astrolabe et la Boussole (1785-1788)*. Choix des textes, introduction et notes de Hélène Minguet, Paris: Editions La Découverte 1987, S. 278.

heraus, welche die ihm aus einem anderen Text bekannten und dort »inszenierten« Persönlichkeiten in real existierende Menschen verwandelt, die er freudig an Bord – und damit in seiner Wirklichkeit – begrüßen kann. Am Ende seines Aufenthaltes wird er diese *personnages*, als hätte es dieser weiteren Spiegelung noch bedurft, mit dem Cookschen Reisebericht und so mit ihrer eigenen Verwandlung in Figuren der Reiseliteratur beschenken. Dies stellt zweifellos eine besonders komplexe (und gelungene) Variante des Motivs eines Lebendigwerdens vorgestellter Figuren dar, auf das wir auf unserem Weg gerade am reiseliterarischen Ort der Ankunft bereits mehrfach gestoßen waren. Die Szenerie, in welcher einige der in Cooks dritter Reise dargestellten Personen die Faktentreue des Reiseberichts (und gleichsam ihre eigene literarische Existenz) verkünden, ist außergewöhnlich und wäre der Feder eines Romanciers unserer Zeit nicht unwürdig:

> Wir baten ihn, die Beschreibung der dritten Reise Cooks anzunehmen, was ihm viel Vergnügen zu bereiten schien; in seinem Gefolge fanden sich fast alle Figuren (*personnages*), die der Herausgeber auf die Bühne brachte, Herrn Schmaleff, den guten Priester von Paratounka, den unglücklichen Ivaschkin; er übersetzte ihnen alle Artikel, die sie betrafen, und sie wiederholten jedes Mal, daß alles genauestens der Wahrheit entsprach.[67]

Das Vor-Gewußte, in Form einer Bibliothek auf die Reise mitgenommen, wird der hermeneutischen Kreisbewegung folgend auf die empirisch erfahrene Realität übertragen, die für den *voyageur pur* neu wäre, nicht aber für den *voyageur lecteur*. Lapérouse folgt dieser Bewegung und ergänzt einige Vorfälle, die den Menschen, welche der Herausgeber von Cooks Bordbuch in Szene gesetzt hatte, in der Zwischenzeit widerfahren waren. Die Realität erscheint gleichsam in überarbeiteter und vervollständigter Ausgabe. Das Empirische verschmilzt mit dem Vor-Gewußten, die literarische Erfahrung etwa in Gestalt des *bon curé* wird beständig nachvollzogen. Gleichviel, ob es sich um Venus, eine unbekannte Japanerin oder um bereits literarisch porträ-

67 Ebd., S. 307 f. Interessant an dieser Passage ist nicht zuletzt die Tatsache, daß der Prozeß der *Übersetzung*, der jedem Reisebericht zugrunde liegt, hier in umgekehrter Richtung wieder rückübersetzt, ja gleichsam in die »Realität« zurücktransportiert wird.

tierte »reale« Personen handelt: stets geht in die Zirkelhaftigkeit der hermeneutischen Reisebewegung das Vor-Gewußte ein und perspektiviert den Blick auf das Andere, das in virtueller, imaginärer Form bereits zum Eigenen geworden war.[68]

Daß in dieser Bewegung das Vorgewußte die empirische Erfahrung vollständig überdecken kann, zeigt sich in Reiseberichten des 18. wie des 19. Jahrhunderts (und sicher auch jenen unserer Tage), etwa in der Reise Friedrich Nicolais, der 1781 eine Fahrt durch Deutschland und die Schweiz unternahm, die er in enzyklopädischer Manier in ein zwölfbändiges Werk umgoß. Von dieser Reise sagte Ralph-Rainer Wuthenow zu Recht, daß sie ein »Kreislauf«, »eine durchgehaltene Unruhe ohne Ankunft, eigentlich doch auch ohne Abfahrt« und letztlich »ohne eine andere als die meßbare Bewegung« gewesen sei.[69] Hier wird der hermeneutische Zirkel zu einem Leerlauf, der die Reise im Sinne eines Zugewinns an empirischer Erfahrung ad absurdum führt und nur mehr als Vorwand und Legitimation des Autors dient.[70] Reisen wird zum bloßen Sammeln, Sammeln zu einer »bloßen« Literatur.[71] Ein derartiger hermeneutischer *circulus vitiosus* liegt oftmals der modernen touristischen Reise zugrunde, bei der sich der Reisende einem Führer anvertraut und dessen Tips und *trouvailles* pflichtbewußt nachkommt. Die interkontinentale Flugreise, die – folgen wir Calvinos »Reiseroman« – das Gegenteil einer Reise verkörpert, steht hier mit ihren Videofilmen, die dem Reisenden kurz vor der Landung ein farbenprächtiges, vor allem aber beruhigendes

68 Vgl. zur Perspektivierung von Humboldts Reisebericht durch literarische Bezugstexte Ottmar Ette, »Der Blick auf die Neue Welt«, in: Alexander von Humboldt, *Reise in die Äquinoktial-Gegenden des Neuen Kontinents*, Bd. 2, Frankfurt am Main/Leipzig: Insel 1991, S. 1563-1597.

69 Wuthenow, *Die erfahrene Welt*, a.a.O., S. 360.

70 Ein weiteres Beispiel für eine Reise, in welcher nur eine räumliche, nicht aber eine Verstehensbewegung stattfindet, indem Erkennen immer nur als Wiedererkennen des Vor-Gewußten stattfindet, bietet laut Friedrich Wolfzettel der französische Germanist und Reiseschriftsteller Jean-Jacques Ampères; vgl. Wolfzettel, *Ce désir de vagabondage cosmopolite*, a.a.O., S. 154 f.

71 Zum Zusammenhang zwischen Literatur und Sammeln vgl. die schöne Studie von Yvette Sánchez, *Coleccionismo y literatura*, Madrid: Cátedra 1999.

Bild der bereisten Alterität präsentieren, nur für die massenkulturelle Nutzung derartiger Verstehenskreisläufe. Physische Bewegung ist nicht gleich Reise, Reise impliziert nicht notwendigerweise physische Bewegung. Der beunruhigenden Wirkung fremdkultureller Alteritätserfahrung wird noch an Bord mit der Verwandlung der Reisenden in (eingeflogene, aber darum nicht weniger statische) Zuschauer entgegengewirkt: Das Fremde wird als buntes Bild zugleich vor Augen geführt und neutralisiert. Die Impfung mit dem Serum Reise schützt gleichsam vor der Reise: eine Reiseerkrankung im Sinne einer Infragestellung des Eigenen durch das Andere tritt in aller Regel nicht ein, auch wenn man vor Nebenwirkungen niemals sicher sein kann. Scheuten wir nicht den Neologismus, so könnten wir hier vom *okzidentellen* Reisenden sprechen, der akzidentell mit fremdkulturellen Phänomenen in Berührung kommt und diese stets nach unreflektierten okzidentalen Mustern (nicht ohne gewisse Betriebsunfälle) wertet und beurteilt. Zu Risiken und Nebenwirkungen kann man Reisebüros und Reiseführer befragen.

Das Kreisschema des Reiseverlaufs findet sich ebenfalls in den bereits erwähnten *Pérégrinations d'une paria* Flora Tristans, auch wenn ihr Reisebericht vor der Rückreise nach Frankreich abbricht. Hier freilich ist es – worauf bereits Friedrich Wolfzettel hinwies – eingebettet »in ein quasi-mythisches Schema der Suche (nach dem erhofften Erbe und nach familiärer Geborgenheit)«.[72] Schon zu Beginn des Textes wird darauf verwiesen, daß der Reisebeginn mit dem dreißigsten Geburtstag der kämpferischen Französin zusammenfällt: So drängt sich der Suche zugleich die Betonung des Bruchs und eines magischen Neuanfangs, einer *vita nova*, auf, die jedoch im weiteren Verlauf der Reise zunehmender Desillusion Platz machen muß. Die Suche nach dem Neuanfang wird schon am reiseliterarischen Ort der Ankunft in der »Neuen Welt«, im Hafen von Valparaíso, untergraben – die Nachricht von der Ankunft eines französischen Schiffes hatte viele Franzosen zum Hafen geführt:

> Sie waren alle an der Mole zusammengeströmt, als wir an Land gingen. Ich war vom Anblick des Kais überrascht. Ich glaubte mich in einer französischen Stadt: Alle Männer, die ich traf, sprachen französisch; ihre Kleidung entsprach der neuesten Mode.[73]

72 Wolfzettel, *Ce désir de vagabondage cosmopolite*, a.a.O., S. 139.
73 Tristan, *Les pérégrinations d'une paria 1833-1834*, a.a.O., S. 80.

Wie sehr unterscheidet sich diese Ankunft in Valparaíso von jener Ida Pfeiffers, die – ebenfalls als Frau alleine reisend – ein gutes Jahrzehnt später im selben chilenischen Hafenstädtchen anlangte und alles abwertend, ja despektierlich und herablassend mit Europa verglich.[74] Die Überraschung bei der Ankunft wird gerade nicht durch die Begegnung mit dem Anderen, sondern mit dem Gleichen, ja dem Selben, ausgelöst. Die Flucht vor dem Eigenen wird mit der Präsenz des Eigenen im gesuchten Anderen konfrontiert; Enttäuschung ist die Folge. Die »neue« Welt zeigt sich hier paradoxerweise als »alte« Welt, gerade weil sie auf der Höhe der französischen Mode und damit der Zeit des Herkunftslandes der Reisenden ist. Die Reisebewegung erscheint geheimnisvoll arretiert: Die Erzählerin glaubt sich nach der langen Seereise in einer französischen Stadt, als hätte sie sich nicht von der Stelle bewegt. Die räumliche Bewegung erscheint als Trug, die Flucht aus Frankreich, aus Europa, ist schon vor Erreichen des Ziels zum Scheitern verurteilt. So heißt es am Ende des dritten Kapitels, unmittelbar vor der Ankunft in Valparaíso:

> Ich war niedergeschlagen. Ich war eine Paria in meinem Land und hatte geglaubt, einen Schatten von Freiheit wiedergewinnen zu können, indem ich zwischen Frankreich und mich die Unermeßlichkeit der Meere brächte. Unmöglich! In der Neuen Welt war ich wie in der anderen noch immer eine Paria.[75]

Die materielle Reisebewegung führt nicht zum erhofften Neubeginn, wohl aber zu einer Auseinandersetzung mit dem im Anderen gespiegelten Eigenen und damit zur Selbsterkenntnis als einsames Individuum, als Ausgestoßene, als Frau, die ihren eigenen Weg gehen muß und gehen wird. Flora Tristans Reisebericht endet daher mit einem neuerlichen Aufbruch, wobei aus einem neuen Bewußtsein heraus der Rückweg zum nunmehr veränderten Eigenen angetreten wird: »Gegen fünf Uhr lichtete man den

74 Vgl. den 1850 erstmals unter dem Titel *Eine Frauenreise um die Welt. Reise von Wien nach Brasilien, Chili, Otaheiti, China, Ost-Indien, Persien und Kleinasien* (3 Bde. Wien: Gerold) veröffentlichten Bericht der Österreicherin, der in einer neuen Ausgabe zugänglich gemacht wurde: *Eine Frau fährt um die Welt. Die Reise 1846 nach Südamerika, China, Ostindien, Persien und Kleinasien.* Herausgegeben von Gabriele Habinger, Wien: Promedia 1992.

75 Tristan, *Les pérégrinations d'une paria*, a.a.O., S. 77.

Anker, alle zogen sich zurück; und ich blieb alleine, ganz und gar alleine, zwischen zwei Unermeßlichkeiten, dem Wasser und dem Himmel.«[76] Damit wird das Subjekt auf sich selbst, auf seine inneren Bewegungen zurückgeworfen und mit den menschenleeren Räumen der Naturerfahrung konfrontiert. Gerade aufgrund der Desillusion, der Ent-täuschung, hat der hermeneutische Zirkel der Reisebewegung zu einer neuen Erkenntnis – und nicht etwa zu einer Rückkehr zum Alten, in die Alte Welt – geführt. Die Reise geht im autobiographisch modellierten Bewußtwerdungsprozeß auf. Sie ist eine Reise um die Welt zum Eigenen.

2. *Das Pendeln.* Eine weitere räumliche Grundfigur der Reisebewegung ist das Pendeln zwischen zwei oder mehreren Orten. Bei diesem Modell liegt der Schwerpunkt nicht auf der Reise selbst, auf Abfahrt oder Ankunft, sondern auf der quasi-simultanen Existenz an räumlich und zeitlich voneinander getrennten Orten. Im 19. Jahrhundert dürften derartige Erfahrungen in bezug auf Lateinamerika eher die Ausnahme bilden, wenn es hier auch interessant wäre, Berichte saisonal tätiger Kontraktarbeiter etwa im karibischen Raum oder – zu Beginn des 20. Jahrhunderts – zwischen Italien und Argentinien pendelnder Erntehelfer auszuwerten. Es handelt sich um ein Reiseschema, das wie kein anderes an die Schnelligkeit der Verkehrsmittel und damit an die technologische Entwicklung gebunden ist, so daß es überwiegend um ein dann allerdings massiv auftretendes Phänomen des 20. Jahrhunderts geht, dessen aktuelle Inkarnation im Bereich der Wissenschaft der zwischen zwei Orten hin- und herpendelnde *Turbo-Prof* ist.

Im lateinamerikanischen Roman des 20. Jahrhunderts finden sich von Julio Cortázars *Rayuela* bis Zoé Valdés' *Café Nostalgia* viele dieser Reisenden zwischen zwei (oder mehreren) Welten, Reisende, die im Grunde nirgendwo mehr ankommen. Vergleich, aber auch Überlagerung verschiedenster Strukturen bilden dabei das häufige Grundmuster einer Verstehensbewegung, welcher die Erfahrung des Gleichzeitigen und Heterogenen, des

76 Ebd., S. 377. Es wäre durchaus möglich, strukturelle Parallelen zwischen den *Pérégrinations d'une paria* und Bernardin de Saint-Pierres Reisebericht nachzuweisen; zur Reiselektüre der Ich-Erzählerin zählt nicht von ungefähr vor allem der Schöpfer von *Paul et Virginie* (ebd., S. 72).

nicht miteinander Vereinbaren und doch sich Überlagernden vertraut ist. Die Bilder und Räume verschmelzen nicht miteinander, sie bilden Hybridkörper, welche klare Grenzziehungen zwischen dem Eigenen und dem Fremden unterlaufen. Verstehen erweist sich innerhalb dieser Raumstruktur als diskontinuierlicher, sich aus verschiedenen Perspektiven wechselseitig beleuchtender Vorgang, der ohne Zentralperspektive auskommt, ja auskommen will. Letztlich werden damit auch Fluchträume knapp, Utopien rar. Dies mag erklären, warum Bewegungsmuster, die in der Postmoderne ein größeres Gewicht erhalten haben, die Schaffung von Räumen für Utopien unterlaufen, da nur selten noch mehr Freiräume erkennbar werden, die als leere Projektionsflächen dienen könnten.

Es wäre verlockend, im Oszillieren zwischen zwei oder mehreren Punkten nach einer Grundform nicht nur der Reise, sondern auch des Reiseberichts in der Postmoderne zu suchen. Im übrigen dürfte es sich hierbei auch um jene Verstehensbewegung handeln, die der Arbeit und den Verstehensprozessen internationaler Kolloquien zugrunde liegt. Insbesondere den lateinamerikanischen Theoretikern unseres Jahrhunderts sind derartige Verstehensprozesse so vertraut und selbstverständlich, daß sie auf ihre Theoriebildungen selbst nicht ohne Auswirkungen geblieben sein dürften. Es wäre durchaus möglich, manche kulturtheoretischen Texte der achtziger und neunziger Jahre gegen den Strich als Reiseberichte zu lesen.

3. *Die Linie.* Eine dritte Grundfigur räumlicher Verstehensbewegung ist die lineare Reise von einem Ausgangspunkt zu einem Zielpunkt. Dabei ist sekundär, ob es sich bei dieser Bewegung um eine aufsteigende oder absteigende handelt. In der mystischen Literatur aller Zeiten findet sich das Grundschema einer solchen Reise als Annäherung an das Absolute, an das Göttliche, angetrieben vom Wunsch nach transzendentaler Erfüllung und Aufgehobensein. Diese Reise führt zu einer Verschmelzung mit dem ersehnten Ziel, ein Rückweg ist nicht vorgesehen oder doch angesichts des zu erreichenden Reiseziels zweitrangig. Derartige Raummodelle finden sich häufig in der spanischen Mystik, insbesondere bei Santa Teresa de Jesús, deren *Camino de perfección* die Metaphorik des Weges für das rationale wie das nichtrationale Verstehen, die mystische Gotteserfahrung, nutzt. Auch ihre *Moradas del castillo interior* sind an diesem strikt hierarchi-

sierten sakralen Raumschema orientiert und führen eine Bewegung entlang eines Stationenweges ein, wie er auch der Prozession als räumlich-körperlichem Nachvollziehen geistig-spiritueller Prozesse in den verschiedensten Religionen zugrunde liegt. Dem entspricht die mittelalterliche Pilgerreise insoweit, als zum einen der Weg selbst als Bewußtwerdungsprozeß und als Auseinandersetzung mit verschiedensten Abschnitten und deren Bedeutung erfahren wird, über der Erfahrung des Weges aber doch stets die des Ankommens steht, insofern das Ziel nicht nur den Höhepunkt, sondern den eigentlichen Sinn, die Erfüllung der Pilgerreise, verkörpert. Mit der Linie ist daher auch stets eine besondere Akzentuierung des reiseliterarischen Ortes der Ankunft verknüpft. Er bildet – neben anderen Stationen der Lösung vom Eigenen (der »alten« Welt), der Prüfung oder erwiesener göttlicher Gnade – das zentrale, sinnbildende und sinngebende Element des Pilgerberichts. Im transzendenten Ort der Ankunft kommt freilich der Bericht auch oft zum Stillstand.

Säkularisierte Formen dieser Reise- und Verstehensbewegung finden sich auch in der Reiseliteratur des 19. Jahrhunderts – denken wir nur an die berühmte Zwischenform der »Prière sur l'Acropole« aus den *Souvenirs d'enfance et de jeunesse* von Ernest Renan –, bilden jedoch zumeist nur einzelne Abschnitte innerhalb eines umfassenderen Reiseverlaufs. Flora Tristans *Pérégrinations d'une paria*, die schon im Titel an den Erfahrungsmodus und die Verstehensbewegung der Pilgerreise anknüpfen, nehmen sehr wohl Ausdrucksformen mystischer Gottesschau in sich auf. Der Stationenweg der Erzählerin durch die Wüste von Arequipa weist Formen der Prüfung, transzendentaler Körpererfahrung und göttlicher Gnade auf[77], die in linearer Abfolge dem Erreichen des eigentlichen Ziels, der Stadt Arequipa, vorgeschaltet sind. Auch hier mag – in Abwandlung der französischen Warntafel bei unbeschrankten Bahnübergängen – gelten: *un voyage peut en cacher un autre!* Reiseberichte enthalten sel-

77 Tristan, *Pérégrinations d'une paria*, a.a.O., S. 112: »Das Unendliche schlug alle meine Sinne mit Betäubung: Meine Seele wurde davon durchdrungen und Gott manifestierte sich mir, wie ehedem jenem Hirten am Berge Oreb, in all seiner Macht, in all seinem Glanz.« Die Gottesschau geht einher mit einer Ästhetisierung der gottgeschaffenen andinen Vulkanlandschaft, die mehrfach im Reisebericht Flora Tristans in Szene gesetzt wird.

ten nur den Bericht einer einzigen Reise. Wie das Buch im Buch ist auch die Reise in der Reise nicht nur in unserer Alltagserfahrung ein häufiges Phänomen.

Alexander von Humboldts gescheiterter Versuch einer Besteigung des Chimborazo, der damals als höchster Berg der Erde galt, mag als ein weiteres Beispiel für einen linearen, an einem mythischen Ort der Erfüllung orientierten Reiseweg dienen, zumal hier zugleich die Möglichkeiten und die Grenzen menschlicher Erfahrung symbolhaft zum Ausdruck gebracht werden. Umgekehrt dürfte auch die säkularisierte kulturelle Pilgerreise nach Paris einer Verstehensbewegung zuzuordnen sein, welche dem magischen Glauben an einen bestimmten, räumlich lokalisierbaren Ort der Erfüllung anhängt. Auch Joachim Heinrich Campes Reise im Sommer 1789 in das revolutionäre Paris gehorcht einer solchen Bewegung, wobei in der im folgenden Jahr erschienenen *Reise des Herausgebers von Braunschweig nach Paris im Heumonat 1789* die Annäherung an die französische Hauptstadt in besonderer Weise gestaltet ist, kommt dem Reisenden und seinen Begleitern – zu denen auch Wilhelm von Humboldt zählte – doch ständig eine Vielzahl anderer, vor der Revolution fliehender Reisender entgegen: Adlige, die »dem Rachschwerte des richtenden Volkes entkommen waren«.[78] Im Gegensatz zur Pilgerreise, deren aufsteigende Reiserichtung vorgegeben ist, wird die Reise in das Paris unmittelbar nach der Einnahme der Bastille als ein Schwimmen gegen den Strom bewußt inszeniert: Allenthalben schüttelt man den Kopf und warnt vor den Folgen der Weiterreise.[79] Damit wird die intellektuelle Herausforderung, welche von der Französischen Revolution ausgeht und von Campe vermittelt werden will, schon in der Reisebewegung bis zur Ankunft an den Rändern und schließlich im strahlenden Zentrum der Stadt markant hervorgehoben. Dort erst, nach dem Durchqueren der dunklen

78 Joachim Heinrich Campe, *Reise des Herausgebers von Braunschweig nach Paris im Heumonat 1789*, Braunschweig 1790, hier zitiert nach Hanno Schmitt, »Joachim Heinrich Campes Reise ins revolutionäre Paris (1789)«, in: *Die Deutsche Schule* (Weinheim) LXXXI, 1 (1989), S. 91.

79 Ebd.: »Wohin wir kamen, schüttelte man über unsere Unvorsichtigkeit, zu einer Zeit, wo Tausende aus Frankreich flohen [...] nach dem Mittelpunkt alles Gräuels, nach Paris selbst, mutwilliger Weise hinreisen zu wollen, mißbilligend den Kopf.«

und abstoßenden Vorstädte, öffnet sich der Blick des Reisenden und macht helleren Visionen Platz:

Hier dehnte sich unser Horizont auf einmal, wenigstens stromauf- und abwärts, zu einer unbeschreiblich schönen und großen Perspektive aus; und der widerliche Eindruck, den der bis dahin von uns gesehene Theil der unförmlichen Riesenstadt auf uns gemacht hatte, löste sich hier plötzlich in Bewunderung und Erstaunen auf.[80]

Die Frage, ob diese Bewegung faktentreu ist und sich an der tatsächlichen Reise Campes orientiert, kann dabei nur *einen* Aspekt dieser Passagen und des gesamten Textes erfassen oder ausschöpfen. Die geschickte Inszenierung als hermeneutische Annäherung an ein strahlendes Zentrum, aus dem viele andere fliehen, weist auf den zugleich vieldeutigen und friktionalen Status ebenso des Reiseberichts wie auch seiner *Briefe aus Paris*[81] hin, die sich so sehr von Campes anderen Schriften abheben. Das Verstehen eines revolutionären Prozesses wird – gemäß der Umwälzungsmetaphorik – als ein Bewegungsprozeß und als eine Dynamik erfaßt, die vom Reisenden auf die Lesenden überspringen sollen und eine Literaturkonzeption ausdrücken, die in mehrfachem Sinne an der inneren wie äußeren Bewegung ihres Lesepublikums ausgerichtet ist.

4. Der Stern. Eine weitere Grundfigur der Reise als Verstehensbewegung ist die Sternform. Es ist aufschlußreich, daß Alexander von Humboldt bei seiner Reise durch die spanischen Kolonien in Amerika zweimal vom itinerarischen Schema des Reisewegs abwich und in beiden Fällen Texte entstanden, die in die *Relation historique*, den »eigentlichen« Reisebericht, nicht mehr zu integrieren waren. Versuchte Humboldt noch im dritten und letzten Band seiner Fragment gebliebenen *Relation* den später separat publizierten *Essai politique sur l'île de Cuba* dem fortlaufenden Text anzugliedern, so hatte er schon zuvor seinen *Essai politique sur le Royaume de la Nouvelle Espagne* als unabhängiges Werk veröffentlicht. Bislang wurden eher pragmati-

80 Ebd., S. 92.

81 Joachim Heinrich Campe, *Briefe aus Paris zur Zeit der Revolution geschrieben*, Braunschweig 1790; diese Briefe erschienen ursprünglich zwischen Oktober 1789 und Februar 1790 im *Braunschweigischen Journal* und entwerfen eine beeindruckend visionäre Schau der frühen Phase der Französischen Revolution.

sche oder wissenschaftsgeschichtliche beziehungsweise länderkundliche Gründe dafür angeführt, daß es nicht zur Schaffung eines zusammenhängenden Reiseberichts, sondern zu voneinander unabhängigen Teilpublikationen kam. In der Humboldt-Forschung wurde noch nicht gesehen, daß es sich in beiden Fällen um gänzlich andere Raumstrukturen handelt, insoweit Humboldt mit Havanna und México zwei städtische Zentren fand, deren Archive und Bibliotheken er nutzen konnte, Städte, die ihm zugleich aber auch als Ausgangspunkte für mehr oder minder kurze Reisen und Exkursionen mit zum Teil eigenem Stellenwert dienten.

Dieser vierte Typus einer Bewegung im Raum geht von einem bestimmten Zentrum, das als Ausgangspunkt für mehr oder minder kreisförmig verlaufende »Ausflüge« dient, aus und führt zu einer sternförmigen Erweiterung des bereisten und erfaßten Raumes. Die Dialektik von Fläche und Zentrum verläuft analog zu bestimmten politisch zentralisierten Strukturen, so daß es durchaus verständlich ist, daß Humboldt derart erkundeten (politischen) Räumen separate Buchveröffentlichungen widmete. In Lateinamerika entspricht eine solche Bewegung der Dialektik von Stadt und Land, zwischen schriftkulturell geprägten Stadtgesellschaften und weiten nicht-städtischen Regionen, innerhalb deren sich die unterschiedlichsten kulturellen Systeme ansiedeln. Domingo Faustino Sarmiento hat in seinem *Facundo* diesen Gegensatz 1845 bekanntlich formelhaft auf die Antithese von Zivilisation und Barbarei zugespitzt. Ein sternförmig ausgreifendes und an die Stadt rückgebundenes Raummodell, wie es sich im übrigen bereits in dem ersten von einem Hispanoamerikaner in Hispanoamerika verfaßten Roman – José Joaquín Fernández de Lizardis *El Periquillo Sarniento* aus dem Jahre 1816 – findet[82], hat in Lateinamerika durchaus eine Reihe sehr spezifischer Konsequenzen für den Reisenden und Forscher. Benutzt er die Stadt als ständigen Ausgangspunkt, so sind die nicht-städtischen Regionen nur Bereiche, die der Forschungsreisende kurzfristig durchzieht, um In-

82 Vgl. zu den Raumstrukturen dieses faszinierenden »Übergangstextes« einer kolonialen zu einer postkolonialen Literatur Ottmar Ette, »Fernández de Lizardi: ›El Periquillo Sarniento‹. Dialogisches Schreiben im Spannungsfeld Europa – Lateinamerika«, in: *Romanistische Zeitschrift für Literaturgeschichte* (Heidelberg) XXII, 1-2 (1998), S. 205-237.

formationen zu sammeln, die von der Stadt aus – und aus der kulturellen Perspektive städtischer, an Europa orientierter Kultur – gesammelt, kategorisiert und bewertet werden. Längerfristige Aufenthalte in nicht-städtischen Regionen, die dem Reisenden als Ausgangspunkte dienen, sind im Lateinamerika des 19. Jahrhunderts deutlich in der Minderzahl. Eine wichtige Ausnahme freilich bilden die Missionarsberichte, deren Ort des Schreibens in der Mission selbst eine Art schriftkulturelles Mikroklima innerhalb in der Regel nicht-europäischer Kulturformationen bildet. Es wäre zweifellos eine lohnende Aufgabe, die Berichte von Missionaren nach den hier skizzierten Grundfiguren der Bewegung im Raum zu untersuchen, um festzustellen, inwieweit sie gegenüber den Berichten europäischer (Durch-)Reisender andere hermeneutische Raumstrukturen und Verstehensbewegungen bevorzugen beziehungsweise anbahnen. Dabei wäre vor allem zu erkunden, ob Modelle in ihr Schreiben Eingang fanden, die sich nicht den hier vorgestellten Typen zuordnen lassen und auf spezifisch christliche, heilsgeschichtlich-teleologisch angelegte Muster der Exegese verweisen.

Kehren wir zur Sternform räumlicher Bewegung zurück. Bei Reisebewegungen, die sich überlagernd zumindest tendenziell die Form eines Sternes erzeugen, handelt es sich selbstverständlich auch um eine Grundfigur menschlicher Erfahrung und menschlichen Lernens. Diese Grundfigur findet sich etwa beim Kleinkind, das vom sicheren Zentrum der Mutter aus – und ähnlich bilden auch die großen Städte außerhalb Europas nicht nur für den europäischen Reisenden wichtige kulturelle Ausgangs- und Stützpunkte, die in der Kolonialzeit die Stelle des *Mutter*landes vertraten – immer weitere Ausflüge macht und immer größere Gebiete seinem eigenen Wissen erschließt, um nach seinen Erkundungen zur Mutter zurückzukehren. Dies ist allerdings nicht nur eine beim Kleinkind beobachtbare Verfahrensweise, können wir hierin doch auch das Erfahrungs- und Expansionsmodell abendländischer Wissenschaft erkennen, die immer größere Bereiche – durchaus mit der Unregelmäßigkeit eines Tintenfleckes – dem Eigenen einverleibt. Roland Barthes hat in seiner Antrittsvorlesung am *Collège de France* im Januar 1977 ein derartiges Verstehensmodell im Raum vorgestellt:

Und ich bin mehr und mehr davon überzeugt, daß, sei es beim Schreiben, sei es beim Unterrichten, die grundlegende Operation des Loslassens, wenn man schreibt, in der Fragmentierung, wenn man vorträgt, in der Abschweifung besteht oder, um es mit einem köstlich zweideutigen Ausdruck zu sagen: in der *Exkursion*. Ich wünschte also, daß Sprechen und Zuhören, die sich hier miteinander verflechten, dem Hin und Her eines Kindes glichen, das in der Nähe der Mutter spielt, sich von ihr entfernt, dann zu ihr zurückkehrt, um ihr einen Stein, einen Wollfaden zu bringen, so rings um ein friedliches Zentrum einen Spielraum schaffend, innerhalb dessen der Stein oder der Wollfaden letztlich weniger bedeuten als das von Eifer erfüllte Geschenk, das daraus gemacht wird.[83]

Die diskursiven Bewegungen, etymologisierend versinnbildlicht in den *allées et venues* des Kindes, erzeugen einen sich ausweitenden Bereich der Kenntnis, den wir auch bereits für das Kleinkind als den je eigenen Forschungsbereich definieren können. Bei dieser sternförmigen Raum- und Verstehensstruktur gilt es freilich immer zu berücksichtigen, daß es sich um (zumindest zeitweise) zentrierte Wissensstrukturen handelt. Leserin und Leser folgen derartigen Exkursionen und Digressionen stets in dem Bewußtsein und der Sicherheit, wohlbehalten wieder an den Ausgangsort zurückkehren zu können. Die hermeneutische Bewegung ist die eines stetigen und mehr oder minder regelmäßigen Alternierens zwischen der Aufnahme neuer Phänomene und deren Eingliederung in vorhandene Wissensbestände. Innovation und Vorwissen beziehungsweise Vorurteil bedingen sich wechselseitig; sternförmige Erkenntnisverfahren (und Reisebewegungen) geben diese Beziehung zwischen dem Neuen und dem Vor-Gewußten räumlich wieder. Die Beliebtheit dieser Grundfigur in der Reiseliteratur mag sich daraus erklären, daß sie Denkstrukturen und Formen der Wissensexpansion in den verschiedensten Gebieten anschaulich spatialisiert.

5. *Das Springen.* Die fünfte und letzte Grundfigur, die exemplarisch vorgestellt und diskutiert werden soll, ist, zumindest auf den ersten Blick, von etwas diffuser Natur. Sie betrifft einen Reisebericht (und ein Verstehensmodell), in welchem weder ein konkreter Ausgangspunkt noch ein konkreter Zielpunkt

83 Roland Barthes, *Leçon. Leçon inaugurale de la Chaire de Sémiologie littéraire du Collège de France prononcée le 7 janvier 1977*, Paris: Seuil 1977, S. 42 f.; wiederabgedruckt in: ders., *Œeuvres complètes*, Bd. III, a.a.O., S. 813.

der Reise angegeben werden. Es ist nicht einfach, für das 18. oder 19. Jahrhundert Beispiele für derartige Reisebewegungen anzuführen. Ich möchte daher auf ein der fiktionalen Erzählliteratur entstammendes Beispiel, einen Roman aus dem 18. Jahrhundert, zurückgreifen: Denis Diderots *Jacques le fataliste et son maître*. In der berühmt gewordenen Eingangsszene, in welcher der Erzähler mit dem Leser ein fiktives Zwiegespräch über die Protagonisten dieses Textes führt, treten die spezifischen Grundstrukturen der Reisebewegung im Roman deutlich vor Augen:

Wie hatten sie sich getroffen? Durch Zufall, wie jedermann. Wie nannten sie sich? Was kümmert sie das? Woher kamen sie? Vom nächstgelegenen Ort. Wohin gingen sie? Weiß man denn, wohin man geht? Was sagten sie? Der Herr sagte nichts, und Jacques sagte, daß sein *Capitaine* sagte, daß alles, was uns hier unten an Gutem und an Schlechtem zustößt, dort oben geschrieben ward.[84]

Die Erwartungsklischees der fiktiven Leserfigur werden ein ums andere Mal enttäuscht, ihre Fragen führen nur zu Gegenfragen: *Est-ce que l'on sait où l'on va?* Der Zufall erscheint von Beginn an als eigentlicher Motor des Geschehens, und doch ist es, wie Erich Köhler in einer denkwürdigen Studie herausarbeiten konnte, ein Zufall, der im dialektischen Spiel mit der geschichtlichen Notwendigkeit ein in der jeweiligen historischen Situation angelegtes Mögliches entfaltet.[85] Dem Geschehen liegt ebensowenig ein göttlicher Heilsplan zugrunde wie der Reise ein detaillierter oder auch nur (voraus-)bestimmbarer Fahrplan. Herkunft und Zielort entziehen sich der Kenntnis des Lesers. Ein genau bestimmbarer Ort der Ankunft wird durch die Betonung einer radikalen Offenheit der Zukunft und des weiteren Reisewegs ersetzt: Weiß man denn, wohin die Reise geht? Ist dem Menschen die Verfügbarkeit über Anfangs- und Endpunkt seines irdischen Lebensweges entzogen, ist ihm also der bewußte und reflektierte Zugang zum Augenblick seiner Geburt – de-

84 Denis Diderot, *Jacques le fataliste et son maître*. Edition critique par Simone Lecontre et Jean Le Galliot, Genève: Droz 1977, S. 3.

85 Vgl. Erich Köhler, *Der literarische Zufall, das Mögliche und die Notwendigkeit*, München: Fink 1973, sowie ders., »›Est-ce que l'on sait où l'on va?‹ Zur strukturellen Einheit von ›Jacques le Fataliste et son Maître‹, in: ders., *Vermittlungen. Romanistische Beiträge zu einer historisch-soziologischen Literaturwissenschaft*, München: Fink 1976, S. 219-239.

ren Spuren der Körper tragen kann, ohne daß dies doch mehr als eben Spuren wären – wie zum Augenblick seines Todes verwehrt, so bietet ihm der Roman kompensatorisch die Verfügbarkeit über ein gesamtes Leben, über vollständige Lebensläufe an. Durch Abgeschlossenheit wird Sinn erzeugt, im französischen *sens* ist diese Gerichtetheit des Sinnes mitenthalten. Dieser Zugriff auf eine Totalität an Leben und Lebenserfahrung aber wird dem fiktiven Leser in der Eingangspassage von Diderots Roman gerade verwehrt. Diese Ent-täuschung prägt die gesamte Handlungsstruktur des Romans, der sich an seinem »Ende« auf verschiedene, teilweise intertextuell zurückverweisende Varianten *öffnet*. Die von Diderot angebotenen Romanschlüsse sind nach heutiger Sprachregelung interaktiv. Don Quijotes Reiseweg und die experimentelle Romanform von Sternes *Tristram Shandy* führen das itinerarische Schema mit seinen Digressionen, Exkursionen und Unterbrechungen zugleich vor und ad absurdum. Der Roman entzieht sich ostentativ der Verfügungsgewalt seiner Leserschaft.

Analog zum Roman offeriert auch der Reisebericht seinem Lesepublikum gattungskonform eine Totalität, die Verfügungsgewalt über eine Reise in ihren Wegeplänen und Abweichungen, aber auch bezüglich ihres Anfangs wie ihres Endes gewährt. Unsere Beleuchtung reiseliterarischer Orte sollte zeigen, wie wichtig die bislang zumeist übersehene topische Modellierung von Abreise, Ankunft oder Rückkehr ist. Oft sind den Reiseberichten des 18. und 19. Jahrhunderts einführende Bemerkungen vorangestellt, in denen der Leser paratextuell[86] nicht nur über den Beginn, sondern auch über die »Konzeption«, die »Empfängnis« des Reiseprojekts und dessen spätere »Austragung« und Realisierung, in Kenntnis gesetzt wird. Damit gewährt der Reisebericht des 18. und 19. Jahrhunderts, aber auch oftmals jener des vergangenen 20. Jahrhunderts seinem Lesepublikum freien Zugang zu einem gesamten Lebensweg, den der einzelne Leser buchstäblich nach-gehen und in seinen wahrnehmungsspezifischen Aspekten nach-vollziehen kann. Die Faszination des Reiseberichts geht nicht zuletzt auf die libidinöse Besetzung der Verfügungsgewalt über Gedankenbewegungen zurück, die unbegrenzt wiederholt werden können. Vielleicht

86 Zur Definition dieses Begriffs vgl. Gérard Genette, *Seuils*, Paris: Seuil 1997.

wäre dies eine mögliche Antwort auf das Rätsel, vor das Lévi-Strauss im Anfangskapitel seiner *Tristes Tropiques* seinen Text wie seinen Leser in paradoxer Weise stellte:

> Gleichwohl, diese Erzählgattung trifft auf eine Gunst, die mir unerklärlich bleibt. Amazonien, Tibet und Afrika überschwemmen die Läden in Form von Reisebüchern, Expeditionsberichten und Photoalben, in denen die Sorge um den Effekt zu sehr vorherrscht, als daß der Leser den Wert des Zeugnisses, das man ihm vorlegt, einschätzen könnte. Sein kritischer Geist wird nicht etwa aufgeweckt, sondern verlangt immer mehr nach diesem Futter, von dem er ungeheure Mengen verschlingt.[87]

Unter der Kapitelüberschrift *La fin des voyages* macht der französische Anthropologe und Mythenforscher in der angeführten Passage seiner *Traurigen Tropen* nicht nur auf das Faszinosum Reisebericht, sondern auch auf dessen rezeptionsästhetische Aporien aufmerksam. Das Verschlingen von Reiseberichten erzeugt gerade nicht den kritischen Leser, sondern führt vielmehr zu einer fast im Wiederholungszwang vollzogenen Lektüre immer neuer Berichte, immer neuer »Zeugnisse«. Auf unsere Argumentationslinie bezogen bedeutet dies, daß die Gründe für die »unerklärliche Gunst« des Reiseberichts beim Publikum in der Spatialisierung hermeneutischer Prozesse liegen, die vom Leser qua Lektüre nachvollzogen werden können, daß aber gerade dieser Nachvollzug, dieses bloße Nachgehen bestimmter vorgegebener Reisewege, nicht den kritischen, sondern nur den konsumierenden, den Text verschlingenden Leser anzuziehen scheint. Mag sein, daß dies mit der Suche eines westeuropäischen Publikums nicht nur nach dem Exotischen, sondern vielleicht mehr noch nach dem Authentischen zu tun hat. Einer solchen bei einem okzidentellen Leser beobachtbaren Lektürehaltung aber stemmt sich die fünfte und letzte der hier genannten Grundfiguren von Verstehensbewegungen im Reisebericht entgegen. Die radikale Offenheit von Herkunft und Zukunft, von Fahren und Erfahren, von Deutung und Bedeutung, die sich gattungskonformen Erwartungshaltungen aktiv und kreativ widersetzt, öffnet hier unsere Modellbildung auf Formen, die nicht mehr als kohärente und abgeschlossene Bewegungen verräumlicht werden können. Wohin aber geht dann die Reise des Reiseberichts und mit ihr jene der Literatur überhaupt?

87 Claude Lévi-Strauss, *Tristes Tropiques*, Paris: Plon 1984, S. 10.

Ein Reisebericht ohne Reise?

Was geschieht, wenn dem Leser des Reiseberichts – wie in Diderots *Jacques le fataliste* dem Leser des Romans – der Zugang zur Totalität durch Fragmentierung und radikale Offenheit narrativer Strukturen entzogen wird? Kann ein solch offener, dem Stationenschema des neuzeitlichen Reiseberichts mit seiner Inszenierung reiseliterarischer Orte sich entziehender Text überhaupt noch als Reisebericht angesprochen werden? Stoßen wir hier nicht an die Grenze der Gattung, ja an die Grenze der Lesbarkeit? Roland Barthes hat sich vor einem Vierteljahrhundert dieser Frage gestellt:

> Was wäre ein Reisebericht, in dem es hieße, man bleibe, ohne doch je angekommen, man reise, ohne doch je aufgebrochen zu sein – wo es, einmal aufgebrochen, niemals hieße, man sei angekommen oder nicht angekommen? Ein solcher Bericht wäre ein Skandal, die Erschöpfung der Lesbarkeit durch Blutverlust.[88]

Die »fundamentale Forderung des *Lesbaren*«, so heißt es im selben Abschnitt von *S/Z*, zielt auf die Vollständigkeit, die Fülle und Abgeschlossenheit eines Textes, dessen einzelne Teile funktional miteinander verbunden sein müssen. Vier Momente eines solchen Textes hebt Barthes hervor: *partir / voyager / arriver / rester.*[89] Es gibt wohl keinen Text, der – ähnlich programmatisch und poetologisch radikal, wie Diderots *Jacques le fataliste* dies für die Gattung des Romans tat – bereits im 18. Jahrhundert experimentelle Formen des Reiseberichts entwickelt hätte. Man könnte deshalb – und dies betrifft die achte reiseliterarische Dimension – von einer poetologischen »Verspätung« des Reiseberichts gegenüber der Gattung des Romans sprechen, was nicht zuletzt im gattungstheoretischen Ort der Reiseliteratur und ihrer traditionellen Anbindung an diktionale Ausdrucks- und Lesemuster begründet sein dürfte. Roland Barthes hat bisweilen in seinen theoretischen Schriften, häufiger aber in seinen eigenen Reiseberichten auf dieses poetologische Defizit reagiert. Die 1944 veröffentlichten Reisefrag-

88 Roland Barthes, *S/Z*, Paris: Seuil 1970, S. 112; wiederabgedruckt in: ders., *Œeuvres complètes*, Bd. II, a. a. O., S. 625.

89 Ebd.

mente von einer Griechenlandreise, die Barthes 1938 unternommen hatte, die auf Erfahrungen der sechziger Jahre zurückgehenden marokkanischen Skizzen, die postum unter dem Titel *Incidents* erschienen, und das zeitgleich mit *S/Z* im Jahre 1970 veröffentlichte Japanbuch *L'Empire des signes* weisen eine fortschreitende Auflösung traditioneller Grundstrukturen des Reiseberichts auf. Während in den *Incidents* noch Reisebewegungen in verschiedenen Fortbewegungsmitteln erscheinen, sind in *L'Empire des signes* bis auf wenige, allerdings präzise ausgestreute Spuren die Elemente *partir*, *voyager* und *arriver* getilgt. So verschwindet die materielle Reisebewegung weitgehend aus dem Text, der sich allein noch seinen eigenen Bewegungen anvertraut. Damit rückt Barthes' Schreiben von einem für ihn wichtigen Bezugsautor ab, Montaigne, der »sein Schreiben dem Wandern oder Spazierengehen« verglich und »im Unterwegs-Sein schon den Sinn und das Ziel des Reisens« erblickte.[90] Den Marokko und Japan gewidmeten Texten liegen zwar in der Realität mehrfache Reisen und mehr oder minder kurze Aufenthalte in beiden Ländern zugrunde, so daß in bezug auf die realen Reiseaktivitäten Barthes' von der Grundfigur des Oszillierens zwischen zwei oder mehreren Ländern und Kulturen gesprochen werden kann; doch weist vor allem der Japan gewidmete literarische Text in seiner Anlage keine Strukturen mehr auf, die dem Leser bereitwillig das Oszillieren zwischen zwei Welten als hermeneutisches Grundschema präsentieren würden. Der Reisebericht entzieht sich hier dem Zwang, einen klaren Anfang und ein klares Ende zu bestimmen, reiseliterarische Orte zu modellieren und in einen wie auch immer gestalteten narrativen Ablauf einzubeziehen. Und doch ist – wie der Erfolg von *L'Empire des signes* zeigt – das Faszinierende des Reiseberichts bei diesem Experiment nicht verlorengegangen. Denn auch durch das *Reich der Zeichen* führen Wege und von diskontinuierlichen Sprüngen geprägte Bewegungen, die vom Leser kreativ angeeignet werden können.

Die Reiseberichte des 18. und 19. Jahrhunderts entwickeln ihre Anziehungskraft keineswegs allein aus ihrem Bezug zu einer außersprachlichen Wirklichkeit, zu einer wie auch immer bestimmten kulturellen Alterität oder zur historisch verbürgten Figur des Reisenden selbst. Daß es nicht primär der Realitätsbezug

90 Wuthenow, *Die erfahrene Welt*, a.a.O., S. 84.

ist, der das Publikum begeistert, mag auch durch den derzeitigen Erfolg touristischer Reiseangebote belegt werden, die dem Reisenden nicht nur die Reisewege bestimmter historischer Gestalten (etwa Martin Luthers), sondern auch erfundener Figuren (wie Cervantes' Ritter von der traurigen Gestalt) anbieten. Der Reisende eignet sich nicht so sehr einen historischen Reiseweg an als eine hermeneutische Bewegung, welche die (materiellen wie wahrnehmungsspezifischen) Bewegungen beim Lesen des Textes verdoppelt. Dabei kann auch die Reise »auf den Spuren« einer historischen oder literarischen Figur zu einer Erfahrung des Friktionalen werden, wenn dem Reisenden nicht widerfährt, was auch dem Leser von Reiseberichten widerfahren kann: diese ausschließlich an eine bestimmte (zweifellos hypostasierte) außersprachliche »Realität« rückzubinden.

Der im 18. und 19. Jahrhundert beobachtbare und auch an der Wende vom 20. zum 21. Jahrhundert anhaltende Erfolg der hybriden Gattung des Reiseberichts beruht vor allem auf einer Spatialisierung von Denkstrukturen und Verstehensbewegungen, deren Hermeneutik vom Leser anhand bestimmter für seine Wahrnehmung stilisierter Orte mehr oder minder leicht nachvollzogen werden kann. Lesen ist ein Verstehen, das sich seiner Prozeßhaftigkeit, seinem Ablauf als Bewegung, in einer Literatur, die Bewegung räumlich in Szene setzt, besonders eindrucksvoll inne wird. Versuche, aus dieser itinerarischen Struktur auszubrechen, können als Experimente verstanden werden, die darauf abzielen, den Leser aus der von Lévi-Strauss beobachteten passiven Rolle, die ihm das simple Nachvollziehen bestimmter dargestellter Erfahrungen konsumträchtig nahelegt, zu befreien. Der Leser soll damit wie die Leserin nicht bloßer Nachvollzieher hermeneutischer Bewegungen sein, sondern zum aktiven Leser werden, dessen Dialog mit dem Text die eigentliche Reisebewegung erzeugt. Erst durch die Leserinnen und Leser wird Literatur letztlich in Bewegung gesetzt, das heißt in eine Dynamik übersetzt, die vorgängige, im Text verankerte Bewegungen in sich aufnimmt und verändert. Ein Reisebericht ohne Reise? Es gibt ihn, insofern er weniger auf die nachzuvollziehenden Bewegungen des Verstehens als auf ein dialogales Verstehen in Bewegung abzielt. Dieses aber ist keinesfalls auf den Bereich der Reiseliteratur beschränkt, sondern setzt gerade in jenen literarischen Texten, die vorhandene Grenzziehungen verletzen oder mißachten, eine *Literatur in Bewe-*

gung frei. Dieser Dynamik eines auf den verschiedensten Ebenen und in unterschiedlichsten Kontexten grenzüberschreitenden Schreibens widmen sich die nachfolgenden Kapitel. Sie sollen in ihrer je eigenen Dynamik eine Welt in Bewegung darstellen.

ZWEI · TRAVERSE

Vom Auftauchen Amerikas zum Verschwinden Europas

Amerika im Vogelflug

Am Beginn der heutigen Gestalt Amerikas steht eine Vogelschau. In dem uns von Bartolomé de Las Casas überlieferten Bordbuch des Cristóbal Colón finden wir, datiert auf den Tag des Herrn, Sonntag den 7. Oktober 1492, den folgenden Eintrag:

> Da sie am Nachmittag das Land nicht sahen, welches man von der Karavelle *Niña* aus zu sehen gemeint hatte, und da eine große Menge an Vögeln von Norden her nach Südwesten vorbeizog, so daß man glauben durfte, sie würden zum Schlafen in Richtung Land fliegen oder vielleicht vor dem Winter fliehen, der in den Landstrichen, aus denen sie kamen, wohl bevorstand, vereinbarte der Admiral, vom Weg nach Westen abzuweichen, und er setzte Kurs auf Westsüdwest, entschlossen, für zwei Tage jenen Weg einzuschlagen. Dies begann eine Stunde vor Sonnenuntergang.[1]

Die leichte Kursänderung, die Columbus an jenem denkwürdigen Tag ausführen ließ und welche die Schiffe, die zuvor nach Westen gesegelt waren, nun in eine südwestliche Fahrtrichtung brachte, hatte weitreichende Folgen für die sogenannte Entdekkung Amerikas, die Geschichte seiner Eroberung und Kolonisation wie auch die geokulturelle und letztlich geopolitische Konfiguration der amerikanischen Hemisphäre. Denn hätte Columbus den Kurs beibehalten und eine drohende Meuterei auf der dann längeren Fahrtstrecke überstanden, er wäre wohl mit Hilfe des starken Golfstroms an jenem Teil Amerikas gelandet, der uns heute als der *Sunshine State* bekannt ist: an der Küste Floridas. Schon Washington Irving war auf diese Stelle des Bordbuches gestoßen und hatte in seiner berühmten Biographie des Admirals auf die möglichen Folgen einer Fortsetzung der Fahrt nach Westen aufmerksam gemacht; Alexander von Humboldt, der wohl beste Kenner der damals zugänglichen Literatur zur

1 Cristóbal Colón, *Diario de a bordo*. Edición de Luis Arranz, Madrid: Historia 16, 1985, S. 86 f.

Entdeckungs- und Eroberungsgeschichte Amerikas, hatte Irvings Überlegungen zur Kenntnis genommen und seinerseits auf diesen »Umstand von unermeßlicher Wichtigkeit« hingewiesen, »da er den Vereinigten Staaten statt einer protestantischen englischen Bevölkerung eine katholische spanische hätte geben können«.[2]

Was war an Bord der spanischen Schiffe vor sich gegangen? Bereits am 6. Oktober, zu einem Zeitpunkt, als die von Columbus eigenhändig vorgenommenen Fälschungen der Angaben über zurückgelegte Distanzen nichts mehr fruchteten und die erschöpften Mannschaften der drei Karavellen an Widerstand gegen eine Fortsetzung der Fahrt nach Westen dachten, hatte Martín Alonso Pinzón, der als erfahrener Seemann bei den Matrosen nicht nur seines Schiffes wohl in höherem Ansehen stand, vorgeschlagen, die Fahrtrichtung nach Südwesten abzuändern. Doch der Transkription des Bordbuches entnehmen wir an jenem Tag: »al Almirante pareció que no«[3], Columbus war strikt dagegen. Erst am folgenden Tag willigte Columbus, dessen Name zu Recht mit einem Vogel, der Taube, in Verbindung gebracht wurde, unter Hinweis auf den Flug der Vogelschwärme in eine Änderung der Fahrtrichtung ein. Er griff dabei, wie Humboldt anmerkte, auf die Erfahrung der Portugiesen zurück, »welche den größeren Theil der Inseln, die sie besitzen«, aufgrund ihrer »Beobachtung des Fluges der Vögel entdeckt« hätten.[4]

Die Seeleute willigten zunächst ein, zumal man auch während der folgenden Tage Zeichen nahen Landes wahrnahm; doch nachdem sie noch während der ganzen Nacht Vögel hatten vorbeifliegen hören, begehrten sie am 10. Oktober gegen Columbus auf, der sie ein letztes Mal mit Versprechungen beruhigen konn-

2 Alexander von Humboldt, *Kritische Untersuchungen über die historische Entwickelung der geographischen Kenntnisse von der Neuen Welt und die Fortschritte der nautischen Astronomie in dem 15ten und 16ten Jahrhundert.* Aus dem Französischen übersetzt von Dr. Jul. Ludw. Ideler, Privatdocenten an der Berliner Universität, Bd. 2, Berlin: Nicolai'sche Buchhandlung 1836, S. 111.

3 Colón, *Diario de a bordo*, a.a.O., S. 86. Die von Colón angeführten Gründe für die Ablehnung sind wenig überzeugend, so daß Luis Arranz in seinem Kommentar zu dieser Passage des Bordbuchs auch zu der Einschätzung gelangte, daß Columbus lediglich dem Eindruck entgegenwirken wollte, er habe diesen Entschluß auf Veranlassung Pinzóns getroffen (ebd., S. 87, Fußnote 36).

4 Humboldt, *Kritische Untersuchungen*, a.a.O., Bd. 1, S. 213.

te, obwohl die Mannschaft wohl wußte, daß ein *point of no return* erreicht war. Am folgenden Tag, dem 11. Oktober, aber sah ein Matrose namens Juan Rodríguez Bermejo, der unter dem Namen Rodrigo de Triana in Geschichte und Legendenbildung Eingang fand[5], das ersehnte Land, eine Meldung, die sich im Gegensatz zu jener der *Niña* vom 7. Oktober, bereits am folgenden Tage bestätigen sollte. Es waren die Vögel gewesen, welche die drei spanischen Schiffe in die Inselwelt der Karibik geführt und damit den weiteren Fortgang der Weltgeschichte nicht unwesentlich mitbeeinflußt hatten. Nicht zu Unrecht kommentierte Alexander von Humboldt in seinem überwiegend der Figur des Columbus gewidmeten und ursprünglich in französischer Sprache erschienenen *Examen critique*:

> Niemals hat der Flug eines Vogels gewichtigere Folgen gehabt; Denn die Aenderung des Windstriches am 7. Oktober entschied die Richtung, nach welcher die ersten Ansiedelungen der Spanier in Amerika Statt finden sollten und gefunden haben.[6]

An einem Freitag, dem 3. August 1492, hatte Columbus die Segel gesetzt und Europa verlassen, und an einem Freitag setzte er erstmals seinen Fuß auf amerikanischen Boden

5 Colón, *Diario de a bordo*, a.a.O., S. 88 f.

6 Humboldt, *Kritische Untersuchungen*, a.a.O., Bd. 2, S. 114 f. Zur Entwicklung des Columbus-Bildes in den Schriften Alexander von Humboldts vgl. Ottmar Ette, »Entdecker über Entdecker: Alexander von Humboldt, Cristóbal Colón und die Wiederentdeckung Amerikas«, in: Titus Heydenreich (Hg.), *Columbus zwischen zwei Welten. Historische und literarische Wertungen aus fünf Jahrhunderten*, Bd. I, Frankfurt am Main: Vervuert 1992, S. 401-439. Was, so bliebe noch zu klären, hatte Pinzón auf den Gedanken einer Kurskorrektur gebracht? Humboldt ging auch dieser Frage in seinen *Kritischen Untersuchungen* (S. 114) nach: »Vallejo, ein aus Moguer gebürtiger Seemann, erzählt ganz naiv in den Proceßverhandlungen, daß ›Pinzon am Abend habe Papageien vorüberfliegen sehen und gewußt habe, daß diese Vögel nicht ohne besonderen Grund nach Süden hinflögen‹.« Daß es sich in den Worten des Seemanns um Papageien handelte, dürfte Humboldt, der Papageien viel abzugewinnen wußte, zusätzlich fasziniert haben; vgl. auch meinen nicht ganz ernsten Aufsatz »Papageien, Schriftsteller und die Suche nach der Identität. Auf den Spuren eines Vogels von Alexander von Humboldt bis in die Gegenwart«, in: *Curiosités caraïbes.* Festschrift für Ulrich Fleischmann, Berlin: o.V. 1988, S. 35-40.

und entfaltete die Zeichen spanischer Macht. Damit setzte sich die Deutung jener sich dem Blick des Columbus darbietenden Zeichen fort, eine Lektüre, die schon bei Humboldt, vor allem aber dann im Gefolge strukturalistischer und poststrukturalistischer Semiotik und Semiologie ein ums andere Mal ihrerseits gedeutet wurde.[7] Vergessen wir darüber aber nicht die Tatsache, daß es die Deutung eines Vogelfluges und damit ein Augur – gleichviel, ob es sich dabei um Columbus oder seinen längst vergessenen Gegenspieler Pinzón handelte – war, der als Interpret der Zeichen am Himmel in gewisser Weise die Konzentration der Spanier auf den Süden und damit die vorübergehende Schaffung eines »Leerraumes« im Norden vorgab.

Die sich anschließende Fahrt des künftigen Admirals der katholischen Könige durch die amerikanische Inselwelt, die noch ihrer europäischen Namen und ihren Mehrfachbenennungen als Antillen, als Karibik, als Westindien usw. harrte, wurde zur hermeneutischen Bewegung eines Zeichenlesers, der nicht nur seine Lesarten, sondern selbst seine Zeichen aus der Alten Welt mitgenommen hatte und nun auf die Küstensäume einer ihm noch unbekannten und doch so vertrauten Welt projizierte.

Nach der wohlinszenierten Hervorhebung des reiseliterarischen Ortes der Ankunft folgt in Columbus' (Selbst-)Stilisierung ein Höhepunkt dem anderen, wobei nicht nur die räumlichen, sondern vor allem die fiktionale beziehungsweise mythologische Dimension des Reiseberichts deutlich wird. So findet sich, um nur ein Beispiel anzuführen, unter dem 15. Januar 1493 in Las Casas' Transkription die folgende Eintragung:

Er sagt, er wolle aufbrechen, da es keinen Sinn mache, sich länger aufzuhalten, insofern man jenes Durcheinander erlebt habe (gemeint ist der Skandal der Indianer). Er sagt auch, er habe heute erfahren, daß sich die ganze Kraft des Goldes im Gebiet von Villa de Navidad Ihrer Königlichen Hoheiten befände, und daß es auf der Insel Carib viel Metall gebe und auf Matinino, wobei es schwierig auf Carib sein werde, da jene Leute, wie er sagt, Menschenfleisch essen, und daß von dort aus die Insel dieser Leute auftauche, und er habe beschlossen, dorthin aufzubrechen, da sie auf dem Wege liege, sowie nach Matinino, von dem er sagt, es sei ganz von Frauen ohne Männer bevölkert, und er wolle beide Inseln sehen und, wie er sagt, einige ihrer Bewohner mit sich nehmen.[8]

7 Am erfolgreichsten war sicherlich der bereits angeführte Band von Todorov, *Die Eroberung Amerikas. Das Problem des Anderen*, a.a.O.
8 Colón, *Diario de a bordo*, a.a.O., S. 191.

Diese Passage zeigt deutlich, in welcher Weise sich bereits im Bordbuch der ersten Reise Bruchstücke geographischer Vorstellungen und Illusionen, etymologischer Fehldeutungen, aus der griechischen Antike stammender Mythen oder ganz materiell orientierter Wunschträume zu einer *bricolage* formieren, in welcher Goldgier, Amazonentrauma, Anthropophagieangst und Benennunglust als Stationen und Elemente eines Weges erscheinen, den Columbus nicht aus den Augen verliert, führt er ihn doch zurück nach Spanien, zur Verkündung des von ihm Gesehenen – und zum Entwurf jener amerikanischen Träume, die sich von Beginn an als komplexe Verschachtelung und Vergleichzeitigung abendländischer Kulturfragmente zu erkennen geben. Der amerikanische Traum des Columbus steht im Zeichen der Fülle, ja der Überfülle, stets aber auch im Zeichen einer ganz bestimmten Bewegungsfigur. Denn die Ankunft enthält bei Columbus immer schon die Rückkehr, die Fahrt durch die Inselwelt immer schon deren Verlassen: Die Kreisstruktur beherrscht als topographische wie als hermeneutische Figur die gesamte Dynamik dieses ersten Reiseberichts aus Amerika. Erst die Rückkehr nach Europa – und die sich anschließenden frühen Berichte von jener Entdeckung – machen es möglich, daß sich fortan ein gut Teil der Neuen in der Alten Welt bildet.[9] Die Rückkehr erst gibt der Reisebewegung des Columbus ihren Sinn. Nicht nur im Zeichen des Kreuzes, sondern auch im Zeichen des Kreises werden die amerikanischen Träume zwanghaft und zwangsweise in amerikanische Wirklichkeiten verwandelt.

Entdeckung und Eroberung, Kreis und Linie

Der berühmte Aphorismus des Georg Christoph Lichtenberg, dem zufolge der Tag, an dem der Indianer Columbus entdeckte, ein schlechter Tag für den Indianer gewesen sei, erwies sich bald nicht mehr nur in der künftig als Karibik bezeichneten Region als eine grausame Wahrheit, die durch die Umkehrung der Entdeckungsmetaphorik zum Vorschein gebracht wurde. Das sich an den Indianern vollziehende Genozid erfaßte rasch auch die

9 Vgl. hierzu Frauke Gewecke, *Wie die neue Welt in die alte kam*, Stuttgart: Klett-Cotta 1986.

Bewohner des Festlands – nicht nur jener Insel Cuba, die Columbus für Festland hielt, ein Glaube, auf den er seinen Männern den Schwur abverlangte, sondern auch jener Küsten, die ein gewisser Amerigo Vespucci als Küstensäume eines Kontinents, einer Neuen Welt, erkannte. Bereits im Jahre 1500 – als weiter südlich aufgrund eines Sturms die nach Osten ragende Spitze des heutigen Brasilien von den Portugiesen eher zufällig »entdeckt« und in Besitz genommen wurde – nahmen die amerikanischen Träume kartographische Gestalt an in jener Karte, die Juan de la Cosa, der Columbus auf dessen zweiter Reise begleitet und zusammen mit Vespucci auch an der Expedition Alonso de Ojedas 1499 teilgenommen hatte, entwarf.[10] Hier entstanden die Umrisse und Konturen einer Weltregion, in deren Zentrum sich eine Inselwelt befindet, deren Erkundung schon weiter fortgeschritten war und die den südlichen mit dem nördlichen Teil des Kontinents verbindet. Dabei ist auf der Karte von Juan de la Cosa der Norden des karibischen Beckens, des amerikanischen Mittelmeers, als Besitztum der katholischen Könige markiert und festgehalten. Dieses *mapping* der Neuen Welt beinhaltete von Beginn an ein neues *mapping* der Alten Welt. Spätestens seit 1492 ist Europa ohne Außer-Europa nicht mehr denkbar.

Noch kann man auf Juan de la Cosas Karte jenen Bereich erst erahnen, auf den sich dann zunächst die oftmals spontane, ungesetzliche, sich bisweilen explosionsartig vollziehende Expansion der Spanier konzentrieren sollte. Doch Erkundungsfahrten von Francisco Hernández de Córdoba und Juan de Grijalva in den Jahren 1517 und 1518 bringen größere Klarheit über den Küstenverlauf und zugleich die Spanier erstmals in Kontakt mit einer wohlorganisierten und ausdifferenzierten indigenen Gesellschaft. Kurze Zeit später vollzieht sich die Eroberung jenes Reiches von Anáhuac mit seinem Zentrum Tenochtitlán, das die Männer um Hernán Cortés – eine Gestalt, die zwischen spanischer *Reconquista* und italienischer Renaissance steht – zwischen 1519 und 1521 (sowie in nachfolgenden Expansionsschüben) unter Ausnutzung der Gegensätze und Feindseligkeiten zwischen den verschiedenen indianischen Völkern in ihre Ge-

10 In seinen *Kritischen Untersuchungen* (Bd. 1, S. 16 f.) machte Humboldt darauf aufmerksam, daß er zusammen mit Walkenaer 1832 »das Vergnügen« gehabt hatte, »den Urheber und das Datum« dieser Karte der Neuen Welt zu erkennen.

walt und unter dem Namen *Nueva España* dem fast nahtlos von der *Reconquista*, der Rückeroberung des von Mauren »besetzten« Landes, in die *Conquista* umschwenkenden und umdenkenden Spanien einverleiben sollten. Die Iberische Halbinsel verwandelt sich aus einem Ort vorherrschend zentripetaler in einen Ort zunehmend zentrifugaler Dynamik.

Der radikale Bruch mit Diego Velázquez, dem Gouverneur von Cuba, und die Gründung der Stadt Veracruz an der Karibikküste des heutigen México, das geographisch gesehen bekanntlich zu Nordamerika zählt, reichen nicht aus als Sockel der amerikanischen Träume des Cortés, die zugleich das Projekt einer Eroberung und das Projekt eines Staates und damit nicht nur militärische, sondern eminent politische Projektionen darstellen. Um seine Visionen in die Tat umzusetzen, muß er den Europäern, den spanischen Soldaten nicht nur die eigenen Träume vermitteln, sondern ihnen auch den Rückzug abschneiden, die von Columbus nach Amerika übertragene Kreisstruktur folglich kurzschließen. Nicht der Kreis, sondern die Linie schafft das neuspanische Imperium. In seinem zweiten Brief an den *Emperador Carlos V* stellt er am 30. Oktober 1520 trocken seine Vorgehensweise dar:

> Und da es zusätzlich zu jenen, die zu den Gefolgsleuten und Freunden von Diego Velázquez zählten und daher beabsichtigten, das Land zu verlassen, andere gab, denen dieses Land so groß und von so vielen bevölkert schien und wir dagegen so wenige Spanier waren, so daß sie denselben Vorsatz faßten, glaubte ich, daß sie sich gegen mich erheben und die Schiffe nutzen würden, wenn ich diese dort ließe, so daß alle verschwänden, die diesen Wunsch gefaßt hätten, wodurch ich fast alleine zurückbliebe und so der große Dienst zunichte würde, den ich für Gott und Eure Hoheit in diesem Lande getan, sorgte ich dafür, daß die besagten Schiffe nicht mehr zu benutzen waren, indem ich sie auf die Küste warf, wodurch alle die Hoffnung verloren, dieses Land wieder zu verlassen. Und ich ging meinen Weg sicherer und ohne den Argwohn, mir könnten die Leute abhanden kommen, die ich in der Stadt zurücklassen mußte, hätte ich ihnen erst einmal den Rücken gekehrt.[11]

Auch Cortés ist sich seines Weges sicher, der ihn ins Innere eines großen und bevölkerten Landes führt. Zugleich aber setzt er seine Männer fest, die ebensowenig Gefallen wie jene des Co-

11 Hernán Cortés, *Cartas de relación.* Edición de Mario Hernández, Madrid: Historia 16, 1985, S. 84.

lumbus verspürt zu haben scheinen, dem ihnen vorgegebenen Weg zu folgen. Die Abweichungen vom befohlenen Weg aber sind Abweichungen von der Verstehensbewegung und Dynamik, die seit den Schriften und Taten von Columbus und Cortés für Entdeckung und Eroberung und eine gleichsam gottgewollte Bewegung stehen. Und doch könnten beide Bewegungen kaum unterschiedlicher sein: Columbus hält gegen alle sich abzeichnende Meuterei seine Seeleute auf den Schiffen fest, während Cortés jedweden Aufstand sofort gewaltsam und geschickt unterbindet und seine Soldaten von den Schiffen abschneidet. Doch auch in den *Cartas de relación* zeichnet sich eine Welt ab, die sich als *bricolage* von Elementen verschiedenster (und nunmehr, nicht zuletzt dank der von Cortés »benutzten« Übersetzerin und *lengua* Malinche, auch autochthoner) Herkunft erweist. Wie bei Columbus werden auch in den unablässigen Feldzügen und Manövern des Cortés diese Elemente in beständiger Bewegung gehalten und je nach Bedarf eingesetzt. Ihre Präsenz bürgt für die Dynamik der Eroberung. *Descubrimiento* und *Conquista*, Entdeckung und Eroberung, sind als hermeneutische Bewegungsmuster einander wesensverwandt; ihre Bezugspunkte und Orte aber haben – die Zerstörung der Schiffe zeigt es geradezu emblematisch an – gewechselt. Von nun an wird der Binnenraum Amerikas zur Projektionsfläche für die amerikanischen Träume der Eroberer. Nicht die Kreisbewegung, sondern die Linie versinnbildlicht die Phase spanischer (und damit abendländischer) Expansion, ihre Dynamik sorgt für eine ständige Grenzüberschreitung, die sich der kolonialen Literatur aus und über Amerika einprägt.

Erfahrung der Grenze und Grenzerfahrung

Im Verlauf des dritten Jahrzehnts des 16. Jahrhunderts versuchten mehrere spanische Expeditionen, die Ostseite Nordamerikas von der Küste des zunächst für eine Insel gehaltenen Florida bis hinauf zu den Küsten Labradors nach einer Durchfahrt zum Pazifik abzusuchen. Zugleich vergab Karl V. wiederholt die Erlaubnis zu Eroberung und Kolonisierung von Gebieten, die im heutigen Nordamerika liegen: noch immer waren die nahe gelegenen Karibikinseln gleich riesigen Schiffen Drehscheiben für Informationen und Ausgangspunkte für Expeditionen. Pánfilo de Narváez, der zusammen mit Hernán Cortés unter Diego Velázquez maßgeblich an der Eroberung Cubas beteiligt gewesen war und der im Auftrag des mit ihm befreundeten Gouverneurs von Cuba vergeblich den vertragsbrüchigen Hernán Cortés bei dessen Unterwerfung Anáhuacs hatte festnehmen wollen, erhielt vom *Emperador* das Recht zur Eroberung des 1512 entdeckten Florida. An seiner Expedition nahm jener Mann teil, der mit seinen geradezu unglaublichen Erlebnissen, aber auch mit seinen Schriften in die Geschichte des amerikanischen Kontinents einging: Alvar Núñez Cabeza de Vaca. Seine Erzählung oder *Narrativa*, die unter dem Titel *Naufragios* berühmt werden sollte, begann wie viele Conquistadorenberichte:

> Am 17. Tag des Monats Juni 1527 brach vom Hafen San Lúcar de Barrameda der Gouverneur Pánfilo de Narváez auf, ausgestattet mit Macht und Mandat Eurer Majestät, um jene Provinzen vom Río de las Palmas bis zum Kap von Florida, die zur *Tierra Firme* gehören, zu erobern und zu regieren; und die Armada, die er mitnahm, bestand aus fünf Schiffen mit mehr oder weniger sechshundert Männern.[12]

Die von Narváez geleitete Expedition führt bald schon zu einem völligen Fiasko. Weder entdeckten die Spanier wie wenige Jahre zuvor in México ein großes, mächtiges Reich voller Reichtümer, noch gelang es ihnen, sich in den Besitz dieses größtenteils von nomadisierenden, kriegerischen Stämmen bewohnten Landes zu bringen. Schlimmer noch: Hunger, Krankheiten, Schiffbruch und Angriffe der Indianer dezimierten die Expedition so sehr, daß von der ursprünglichen kleinen Armada nur noch ganze vier Männer überleben sollten. Der Pfeil der Eroberung, die Linie des offiziellen Machtdiskurses des *conquistar y gobernar*, ging ins Leere.

Der Bericht von Alvar Núñez Cabeza de Vaca bietet eine in einer eindrücklichen, Unmittelbarkeit erzeugenden Sprache verfaßte Abfolge von Katastrophen, Leid und immer wieder überwundener Hoffnungslosigkeit, die wesentlich vom Kontakt mit der indigenen Bevölkerung geprägt wird:

> Die Indianer, die das Desaster, das über uns gekommen war, und das Desaster, in dem wir uns voller Unglück und Elend befanden, sahen, setzten sich zu uns und begannen, angesichts des großen Schmerzes

12 Alvar Núñez Cabeza de Vaca, *Naufragios y Comentarios*. Edición de Roberto Ferrando, Madrid: Historia 16, 1984, S. 41.

und Leids, in dem sie uns erblickten, allesamt heftig zu weinen, und so wahrhaftig, daß man es weithin hören konnte, und dies mehr als eine halbe Stunde lang; und so gewiß war es zu sehen, wie diese aller Vernunft baren Menschen, die gleich dem Vieh roh waren, so sehr mit uns litten, daß bei mir und anderen unserer Gruppe Leidenschaft und Bedenken unseres Unheils weiter wuchsen.[13]

Die Darstellung dieses indianischen Rituals tränenreicher Begrüßung, das in dieser Passage noch naiv als spontane Gefühlsregung mißverstanden wird, leitet über zu einer Kette genauester Beobachtungen der unterschiedlichsten indigenen Völker und Stämme, die Alvar Núñez im weiteren Verlauf seiner Reise – falls man diese Bezeichnung für das von ihm Geschilderte überhaupt verwenden kann – kennenlernen sollte. Denn in der Tat hatte die Expedition des *Adelantado* nicht nur von der Bucht von Tampa aus den Norden Floridas erreicht, um dann in westlicher Richtung die heutige Bucht von Mobile und die Mündung des Mississippi zu queren. Nach der Zerstreuung und dem Untergang des Hauptteils des Expeditionsheeres versuchten die vier Überlebenden, sich nach Westen zu dem ihnen gerüchteweise bekannten Südmeer und schließlich dem von Cortés eroberten Reich der Azteken durchzuschlagen. Ein Marsch über Tausende von Kilometern beginnt, der die kleine Gruppe zäh an ihre Errettung glaubender Männer vom Mississippi-Delta quer durch den Süden und Südwesten Nordamerikas bis ins heutige Kalifornien führt, von wo aus sie, sich nach Süden wendend, dann die von Cortés eroberten Gebiete und schließlich México, die Hauptstadt des neu gegründeten Reiches, im Jahre 1535 erreichen. Dort wird ihnen ein triumphaler Empfang zuteil. Erst im August 1537 kehrt Alvar Núñez Cabeza de Vaca – den später kaum weniger gefährliche Abenteuer im Süden des Kontinents, in Asunción und entlang des Río Paraná, erwarten – wieder auf iberischen Boden zurück, wo sein Bericht zwischen 1537 und 1540 entsteht.

Die Durchquerung des gesamten Südens der heutigen Vereinigten Staaten, von Florida bis Kalifornien, führt Alvar Núñez durch unterschiedlichste Klimazonen und Landschaftsformationen, macht ihn mit den verschiedensten indianischen Kulturen und Stämmen bekannt[14], läßt ihn, dem Amerika zuvor völlig

13 Ebd., S. 73.

14 Vgl. hierzu auch Roberto Ferrando, »Introducción«, in: Alvar Núñez Cabeza de Vaca, *Naufragios y Comentarios*, a.a.O., S. 16-25.

unbekannt geblieben war, nicht aus der Rolle des Eroberers, sondern aus jener des nackten, allen Schicksalsschlägen Ausgelieferten die Riten und Gebräuche, Anbaumethoden und Glaubensformen der amerikanischen Bevölkerung jenes riesigen Landstrichs erleben. Für die Erforschung der oftmals schon im 18. Jahrhundert größtenteils dezimierten und im weiteren Verlauf der nordamerikanischen Geschichte überwiegend ausgelöschten indigenen Bevölkerung ist der überraschend präzise Bericht des Spaniers trotz seiner Einfügung fiktionaler Elemente noch heute als ethnographische Quelle von größter Bedeutung. Zugleich verschafft uns der Bericht Einsicht in die Grunderfahrung einer schier unendlichen Größe und Weite des Landes, die in Cortés' Text bereits anklang, bei Núñez Cabeza de Vaca aber zu einer fast unvorstellbaren Erfahrung des Weges sozusagen *from coast to coast* wird. So schreibt er im 31. Kapitel, das uns auch Einblick in die Gegensätze zwischen nomadisierenden und Ackerbau treibenden indianischen Völkern gewährt, unter dem Titel »De cómo seguimos el camino del maíz« (Wie wir dem Maisweg folgten):

> Nachdem wir zwei Tage dort zugebracht hatten, entschlossen wir uns, den Mais zu suchen, und wir wollten dem Weg der Kühe nicht folgen, da er nach Norden führt, und dies war für uns ein großer Umweg, da wir stets davon ausgingen, daß wir das, was wir suchten, finden würden, wenn wir immer dem Sonnenuntergang zugingen; und so folgten wir unserem Weg, und wir querten das ganze Land, bis wir zum Meer des Südens vorstießen [...].[15]

Die Erfahrung des Raumes und die beständige Bewegung, das Bewußtsein eines Weges nach Westen in einem Gebiet, dessen Küstenlinie Juan de la Cosa ein gutes Vierteljahrhundert zuvor kaum mehr als erahnen ließ und das den Spaniern unbekannt geblieben war, bilden die Grundbestandteile eines Textes, der im Kontext weiterer gescheiterter Expeditionen ein Verständnis dafür vermittelt, warum nicht nur der nach Süden deutende Flug der Vögel den Spaniern die Hauptrichtung ihrer Eroberungen und Kolonisationsbemühungen vorgab. Die *Schiffbrüche* des Alvar Núñez Cabeza de Vaca markieren eine Grenzerfahrung ebenso im existentiellen wie im kulturellen und räumlich-territorialen Sinne.[16]

15 Núñez Cabeza de Vaca, *Naufragios y Comentarios*, a.a.O., S. 123.
16 So ließe sich vielleicht die etwas überspitzende Formulierung von

Auch bei diesem spanischen Reisenden wider Willen wird der Weg Richtung Norden verlassen, erst der Schwenk nach Süden bringt schließlich die Rettung auf neuspanisches Gebiet. Die *Naufragios* zeigten bald nicht mehr nur den Lesern in der *Real Audiencia del Consejo de Indias*, sondern auch einer breiteren Leserschaft in Spanien auf, wie schnell die amerikanischen Träume in Alpträume umschlagen konnten. Sie vermittelten zugleich ein Gefühl für die fast unbegrenzte Ausdehnung eines Raumes, in dem der Autor dieses »Schiffbruchs mit Zuschauer« zwischen 1527 und 1535 umherirrte. Linearer Weg und Labyrinth, Kreisstruktur und diskontinuierliche, sprunghafte Bewegung stehen sich in diesem Text so unvermittelt und unvermittelbar gegenüber, daß sie nur auf einer höheren Ebene göttlicher Heilserfahrung miteinander versöhnt werden können. Mit dem Bericht des Alvar Núñez Cabeza de Vaca kommt nach Kreis und Linie eine dritte, diskontinuierliche, vor allem aber paradoxe Bewegungsfigur in die europäischen (Alp-)Träume von Amerika. So gerät die Ankunft in México, das zu Beginn der Reise nicht das Ziel gewesen war, zur Rückkehr in ein Land, in dem man zuvor noch nie gewesen war. Der Reiz dieses Textes, der weit mehr ist als das Dokument einer der »schlimmsten Reisen der Welt«[17], besteht nicht zuletzt darin, daß die mit der doppelten Rückkehr nach Neuspanien und später nach Spanien vollzogene Kreisstruktur die anderen, teilweise diskontinuierlichen Raumbewegungen nicht in sich aufzunehmen und aufzuheben vermag, sondern Raum läßt für jene Erfahrung der Grenze, auf der die Dynamik der *Naufragios* beruht. Der Verlust der Kontrolle über den eigenen Weg in Amerika, der doch durch Kreis

Emir Rodríguez Monegal verstehen, der in bezug auf die *Naufragios* schrieb: »Diese Spanier, die so stolz auf ihren Glauben und die Macht des Reiches waren, das sie repräsentierten, kamen voll ausgerüstet und prächtig gekleidet an, um von dem riesigen, unbekannten Land Besitz zu ergreifen. Plötzlich versetzten das Toben des Meeres und die Unfruchtbarkeit des Landes sie zurück in das Stadium ursprünglicher Nacktheit: Jahrhunderte der Zivilisation werden innerhalb von Stunden zunichte.« Emir Rodríguez Monegal, »Die Neue Welt. Ein Dialog zwischen den Kulturen«, in: ders. (Hg.), *Die Neue Welt. Chroniken Lateinamerikas von Kolumbus bis zu den Unabhängigkeitskriegen*, Frankfurt am Main: Suhrkamp 1982, S. 19.

17 Vgl. Hans Magnus Enzensberger (Hg.), *Nie wieder! Die schlimmsten Reisen der Welt*, Frankfurt am Main: Eichborn 1995.

und Linie vorgezeichnet, ja prä-destiniert schien, treibt eine andere Dynamik der Bewegung hervor: jene nämlich, die sich der rationalen Kontrolle durch den Reisenden entzieht.

Amerika als geteilter Raum

Es würde den Rahmen unserer Traverse – die nach der räumlichen Dimension des ersten Kapitels nun die zeitliche Achse einblenden soll – sprengen, wollten wir den Verlauf der gerade auch im Bereich der Karibik, also der »Schaltstelle« zwischen Nord und Süd in Amerika, höchst komplizierten Kolonialgeschichte und die dadurch veränderten Raumkonzeptionen aufzuzeigen versuchen.[18] Sie führte letztlich zu einer Vertiefung jenes Gegensatzes zwischen den »beiden« Amerikas und zur Errichtung jener symbolischen, aber darum nicht weniger materiellen Grenze, die den Süden der USA und México voneinander trennt und zugleich miteinander verbindet. Vor allem im Verlauf der letzten zwanzig Jahre wurde diese Region der *borderlands* zu einer der wichtigsten Landschaften der Theorie, insbesondere der Kulturtheorie. Der Weg von Alvar Núñez Cabeza de Vaca zeigte noch bei allen kulturellen Differenzen die Kontinuität der indigenen Völker jenes Raumes auf, der heute diesseits und jenseits der politischen, aber auch der von den mit Amerika befaßten Disziplinen errichteten Grenzen liegt. Was mit dem Flug der Vögel und der Kursabweichung des Columbus begann, war bereits im 18. Jahrhundert fest in den Köpfen der Europäer verankert: die schematische Zweiteilung des amerikanischen Raumes. Ganz selbstverständlich zog Guillaume-Thomas Raynal in seiner enzyklopädistischen Traditionen folgenden Darstellung der kolonialen Expansion Europas, in seiner erstmals 1770 erschienenen und in der Folge noch wesentlich erweiterten *Geschichte beider Indien*, eine nicht nur geographisch begründete Grenze zwischen den spanischen und portugiesischen Kolonien im Süden und den sich konstituierenden Vereinigten Staaten im Norden des Kontinents. So hieß es im achtzehnten, den (ehemaligen) englischen Kolonien in Nord-

18 Die Funktion der Karibik als Drehscheibe wird im Kapitel II näher beleuchtet.

amerika gewidmeten Buch der dritten Ausgabe in einer Passage, die aus der Feder von Denis Diderot stammte:

Durch einen seltsamen Kontrast gegenüber der alten Welt, wo die Künste vom Süden nach Norden gegangen sind, wird man in der neuen Welt sehen, wie der Norden den Süden erhellt. Bis in unsere Tage schien der Geist sich wie der Körper in Westindien zu zerfasern. Früh schon lebendig und hellsichtig, besitzen die Menschen eine rasche Auffassungsgabe: einem langen Nachdenken aber halten sie nicht stand und gewöhnen sich auch nicht daran. Fast alle besitzen für alles Leichtigkeit; niemand aber zeigt für etwas ein entschiedenes Talent. Sie sind vor der Zeit und vor uns reif und weit vom Wege abgekommen, wenn wir bereits an dessen Ende gelangen.[19]

Aufschlußreich ist hier nicht nur die schematische Gegenüberstellung von Norden und Süden, die mit der im 18. Jahrhundert verbreiteten These von einer Körper und Geist erfassenden Degradation gekoppelt wird, so daß der gegenüber den Indianern seit Beginn der *Conquista* geäußerte Indolenz-Vorwurf nun auf alle Bewohner des südlichen Amerika, auch jene europäischer Herkunft, ausgedehnt werden kann. Bemerkenswert ist auch die Tatsache, daß im individuellen wie im kollektiven Bereich eine andere Entwicklungskurve angenommen wird, wobei Diderot das »Wir« seiner impliziten europäischen Leserschaft in eine identifikatorische Beziehung zum Norden des amerikanischen Kontinents bringt. Gibt es ein Europa in Amerika, so ist es schon für ihn der Norden. Freilich macht sein *nous* auch an den Pyrenäen halt und bezieht die Iberische Halbinsel nicht mit ein. Stellten die spanischen Eroberer im 16. Jahrhundert fest, daß sich die wesentlich komplexeren, entwickelteren indianischen Gesellschaften allesamt im Süden des Kontinents befanden, so dreht sich die Einschätzung im 18. Jahrhundert so, daß im Verlauf des *Siècle des Lumières*, in dem Spanien und alles Spanische kulturgeschichtlich wie philosophisch in eine Randstellung gedrängt wurde[20], die politische, kulturgeschichtliche und künstlerische Bewertung mehr oder minder vollkommen zu-

19 Guillaume-Thomas Raynal, *Histoire philosophique et politique des établissemens et du commerce des européens dans les deux Indes.* Tome IX, Genève: Chez Jean-Léonard Pellet 1781, S. 108.

20 Charakteristisch und besonders anschaulich ist – gewiß neben vielen anderen Zeugnissen – der umfangreiche Artikel »Espagne« von Nicolas Masson de Morvilliers in der *Encyclopédie méthodique.* Géo-

ungunsten des Südens umschlug. Bereits der obige Textauszug macht deutlich, daß Nordamerika nun in eine überlegene Position gerückt war, daß den Vereinigten Staaten kraft ihrer angenommenen »Superiorität« und ihrer stetigen Entwicklung zunehmend Modellcharakter für den gesamten Kontinent (und später – wie wir wissen – weit darüber hinaus) zugesprochen wurde. Gab es auch im Verlauf der beiden zurückliegenden Jahrhunderte Gegenstimmen sowohl von europäischer als auch von spanischer, hispanoamerikanischer und später panlatinistischer Seite, so blieben die USA doch spätestens seit Hegel unverrückbar in der geschichtsphilosophisch abgesicherten Position der Superiorität. Die machtpolitische Expansion der USA seit Ausgang des 19. Jahrhunderts tat ein übriges. Im Lichte, das die Vereinigten Staaten von Amerika in der *Geschichte beider Indien* dem Süden bringen sollten, verschwanden die anderen Regionen des amerikanischen Kontinents nahezu vollständig oder dienten doch nur mehr als Negativfolie für den scheinbar kometenhaften, lichtvollen Aufstieg der Macht im Norden.

Fortan wurden die amerikanischen Träume mit positiver Einfärbung zunehmend nach Norden projiziert. Bildeten für Alexis de Tocqueville 1831 die Vereinigten Staaten das Land der Zukunft, so war der Süden Amerikas für Flora Tristan 1833 eine Region der Vergangenheit.[21] In seinem auf das Jahr 1896 datierten kulturkritischen Essay *Ideárium español*, der zur Bibel der spanischen »Generation von 1898« werden sollte, mußte der an spanischen Konsulaten im Ausland arbeitende Angel Ganivet feststellen, daß die USA längst zu einer »formidablen Nation« geworden waren, die ihren »paternalistischen Schutz« über ganz Amerika ausdehne und sich bereits in die Angelegenheiten Europas einmische.[22] Überall in Europa verstehe man unter der Bezeichnung »Amerika« nur mehr die Vereinigten Staaten, ein »Amerikaner« sei selbstverständlich nur ein Bürger der USA, während man bei Angehörigen der hi-

graphie, Bd. I, Paris/Liège: Panckoucke/Plomteux 1783, S. 554-568. Ein kurzes Zitat mag genügen: »Spanien besitzt die Fähigkeit für die Wissenschaften, es besitzt viele Bücher, und doch ist es die vielleicht ignoranteste Nation Europas« (S. 565).

21 Vgl. hierzu Kapitel 1.

22 Angel Ganivet, »Ideárium español«, in: ders., *Obras Completas*, Prólogo Melchor Fernández Almagro, Bd. I, Madrid: Aguilar 1961, S. 245.

spanoamerikanischen Staaten stets den Namen des jeweiligen Landes hinzusetzen müsse.[23] Daß sich hieran bis heute nichts Wesentliches geändert hat, ist leicht festzustellen; doch fällt es schwer, zu akzeptieren, daß selbst akademische Disziplinen derart unpräzisen, umgangssprachlichen Wendungen die höheren wissenschaftlichen Weihen gaben, so daß man bis heute unter der Bezeichnung »Amerikanistik« etwa im Bereich der Anglistik völlig selbstverständlich wenig mehr als eine Vereinigte-Staaten-von-Nordamerikanistik praktiziert. Nicht ganz zu Unrecht wird die deutsche Universität noch heute als Schöpfung Humboldts verstanden, doch ist damit nur Alexanders Bruder Wilhelm gemeint, der Europa bekanntlich nie verließ. Grenzüberschreitend ist ein solchermaßen diszipliniertes Wissenschaftsverständnis nur selten.

Im *melting pot* derartiger Vorstellungen vom »Amerikanischen« droht die kulturelle Vielgestaltigkeit Amerikas – also des gesamten Kontinents – bisweilen unterzugehen. Es ist dabei nicht uninteressant, daß ein kritischer Leser Raynals, aber auch Hegels, Alexander von Humboldt, eigene Vorstellungen und Raumkonzeptionen hierzu entwickelte. Er hatte auf seiner Reise zwischen 1799 und 1804 zusammen mit Aimé Bonpland mit Erlaubnis des katholischen Königs die spanischen Kolonien in Amerika bereist und auf diese Regionen sein Hauptaugenmerk gerichtet. Doch ließ ihn seine allgegenwärtige Methode des Vergleichs oftmals auch Nordamerika miteinbeziehen. Besuchte er die USA am Ende seiner Reise auch nur kurz und vor allem, weil er durch eine Rückreise über die Vereinigten Staaten sicherstellen wollte, daß ihm spanische Behörden nicht die Ergebnisse seiner Forschungen rauben und eventuelle Publikationen über das spanische Kolonialreich unterdrücken konnten[24], so verhinderte dies weder seine Auseinandersetzung mit der großen Republik im Norden noch die Tatsache, daß er im weiteren Verlauf des 19. Jahrhunderts in den USA zu einem wahren Kulturheroen

23 Ebd.

24 Diese Angst war aufgrund von Präzedenzfällen im spanischen Bereich nicht aus der Luft gegriffen. Die portugiesische Krone hatte Order gegeben, Humboldt – sollte er ihre Besitzungen, das heutige Brasilien, betreten – sofort festzunehmen; und England hütete sich später wohl, das eigene Kolonialreich den neugierigen kritischen Augen (und der spitzen Feder) des preußischen Gelehrten zu öffnen.

avancieren konnte.[25] Im dritten Band seiner *Relation historique*, in den auch vielfältige statistische Untersuchungen zum Verhältnis zwischen Norden und Süden Amerikas Eingang fanden, schrieb er unter dem Einfluß der Unabhängigkeitskriege (»eine der großen Umwälzungen, welche von Zeit zu Zeit das Menschengeschlecht aufrütteln«[26]) in den von Spanien abgefallenen Kolonien:

> Gegenwärtig teilen sich, so kann man wohl sagen, drei Völker europäischer Abkunft das Festland der Neuen Welt: das eine, das mächtigste, ist germanischer Rasse, die beiden anderen gehören nach Sprache, Literatur und Sitten dem lateinischen Europa an. Die Teile der alten Welt, die am weitesten nach Westen vorspringen, die iberische Halbinsel und die britannischen Inseln, sind auch diejenigen, deren Kolonien die bedeutendste Ausdehnung haben; aber ein viertausend Meilen langer, nur von Nachkommen von Spaniern und Portugiesen bewohnter Küstenbereich legt Zeugnis dafür ab, wie hoch sich die Völker der Halbinsel im fünfzehnten und sechzehnten Jahrhundert durch ihre Unternehmungen zur See über die anderen seefahrenden Völker emporgeschwungen hatten. Die Verbreitung ihrer Sprachen von Kalifornien bis an den Rio de la Plata, auf dem Rücken der Kordilleren wie in den Urwäldern am Amazonenstrom ist ein Denkmal nationalen Ruhms, das alle politischen Revolutionen überdauern wird.[27]

Diese Aufteilung, die in gewisser Weise den im Zeichen eines unter französischer Hegemonie stehenden Panlatinismus sich entwickelnden Terminus »Lateinamerika«[28] mit seiner vorwiegend kulturellen Fundierung vorwegnimmt, übersieht dabei

25 Dem kurzen, auch räumlich sehr eingeschränkten Aufenthalt Alexander von Humboldts in den USA steht die über die gesamte Fläche der Vereinigten Staaten verteilte fast beispiellose Vielzahl an Benennungen von Städten wie Naturphänomenen nach dem preußischen Gelehrten gegenüber.

26 Humboldt, *Reise in die Äquinoktial-Gegenden des Neuen Kontinents*, a.a.O., Bd. II, S. 1461.

27 Ebd., S. 1461 f.

28 Vgl. etwa John Leddy Phelan, »Pan-Latinism, French Intervention in Mexico (1861-1867) and the Genesis of the Idea of Latin America«, in: *Conciencia y autenticidad históricas.* Escritos en homenaje a Edmundo O'Gorman, Mexico 1968, S. 279-298; Joseph Jurt, »Entstehung und Entwicklung der LATEINamerika-Idee«, in: *Lendemains* (Marburg) 27 (1982), S. 17-26; sowie Miguel Rojas Mix, »Bilbao y el hallazgo de América latina: Unión continental, socialista y libertaria …«, in: *Caravelle* (Toulouse) 46 (1986), S. 35-47.

nicht, daß es ein Amerika der Indianer, ein Amerika der Schwarzen – gerade den »freien Afrikaner[n] auf Haiti« widmete er besondere Aufmerksamkeit[29] –, ein Amerika von Kolonisten slavischer[30] und anderer Herkunft gab. Gleichwohl sah auch er die Trennung zwischen einem Amerika, das aus der Kolonisierung durch Völker des lateinischen Europa hervorging, und einem anderen Amerika, das er auch als das der »Anglo-Amerikaner« (*Anglo-Américains*) bezeichnete.[31] Gewaltige Entwicklungsmöglichkeiten sieht Humboldt für alle Gesellschaften und Gebiete des amerikanischen Kontinents, doch hegt er bereits im dritten Jahrzehnt des 19. Jahrhunderts aufgrund seiner Forschungen keine Zweifel mehr an der künftigen Expansion des bereits zum damaligen Zeitpunkt materiell zunehmend überlegenen Nordens. Gleichwohl hütete er sich mit guten Gründen davor, Amerika mit den USA gleichzusetzen. Seine amerikanischen Träume blieben nie auf den Norden beschränkt.

Mobile Grenztexte

In seinem berühmten, auf das Salamanca des Jahres 1912 datierten philosophischen Essay *Del sentimiento trágico de la vida* betonte Miguel de Unamuno, daß im (mittlerweile hinter uns liegenden) 20. Jahrhundert alle vergangenen Jahrhunderte aufgehoben seien: »es dauern heute, im 20. Jahrhundert, alle vergangenen Jahrhunderte fort, und alle sind sie lebendig«.[32] Und der spanische Essayist, Kritiker und Philosoph fügte hinzu:

29 Humboldt, *Reise in die Äquinoktial-Gegenden des Neuen Kontinents*, a.a.O., Bd. II, S. 1462.

30 Ebd.

31 Ebd., S. 1463; bezüglich der Trennung zwischen englischem, spanischem und portugiesischem Amerika fährt Humboldt fort: »Die erste derselben, die Anglo-Amerikaner, ist zugleich nach dem englischen Volk in Europa diejenige, welche ihre Flagge über die weitesten Meeresstrecken trägt. Ohne entlegene Kolonien hat sich ihr Handel zu einer Höhe aufgeschwungen, zu der noch nie ein Volk der alten Welt gelangt ist, mit Ausnahme desjenigen, das seine Sprache, den Glanz seiner Literatur, seine Arbeitslust, seinen Hang zur Freiheit und einen Teil seiner bürgerlichen Institutionen nach Nordamerika hinübergetragen hat.«

32 Miguel de Unamuno, »Del sentimiento trágico de la vida«, in: ders.,

> Nichts geht verloren, nichts geht gänzlich vorüber, insofern sich alles auf die eine oder die andere Weise fortsetzt, und alles, was durch die Zeit gegangen ist, kehrt zur Ewigkeit zurück. Die zeitliche Welt besitzt Wurzeln in der Ewigkeit, und dort ist das Gestern zusammen mit dem Heute und dem Morgen. Vor uns ziehen die Szenen wie vor einem Kinematographen vorbei, doch die Filmrolle bleibt einzig und ganz, jenseits der Zeit.[33]

Die Kopräsenz aller Jahrhunderte im letzten Jahrhundert des zweiten Jahrtausends unserer Zeitrechnung, die Speicherung aller »lebendigen« Bilder und Szenen im Medium und der Metapher des Kinematographen, mögen uns in den Worten Unamunos einen Vorgeschmack auf die Postmoderne geben (zumal sich manch unerkannte Beziehung von diesem Essay zu den *Ficciones* von Jorge Luis Borges und damit zu einer für poststrukturalistische wie postmoderne Vorstellungen und Schreibformen ungeheuer wichtigen Figur herstellen läßt). Gleichviel, das »Aufgehobensein« vorgängiger Zeiten und Bilder läßt sich auch auf jene französischen Texte und amerikanischen Träume beziehen, denen nun unsere Aufmerksamkeit gelten soll.[34]

Michel Butors 1962 veröffentlichter Text *Mobile* fällt zeitlich in die Blütezeit französischer Theoriebildung. Nicht von ungefähr zählt Butor zu jenen Autoren, die nicht nur durch ihre literarischen Texte, sondern auch durch eine Vielzahl literaturtheoretischer Arbeiten hervorgetreten sind. *Mobile* ist ein experimenteller Text, in dem eine Reihe theoretischer Vorstellungen und Ansätze erprobt werden, ein Buch, das man im weitesten Sinne – und zwar nicht aufgrund der Vielzahl an Reisen, die der Autor in jenen Jahren selbst unternahm – der Reiseliteratur zuordnen oder doch von ihr aus perspektivieren könnte. Denn *Mobile* steht für eine Literatur, die bewußt und kontrolliert in Bewegung gesetzt wird und in ihrer Dynamik die verschiedenen Dimensionen des Raumes wie auch die Orte des Schreibens, des Lesens und des Dargestellten

Ensayos. Con una antología epistolar comentada por Bernardo G. de Cándamo, Bd. II, Madrid: Aguilar [7]1967, S. 844.

33 Ebd., S. 910 f.

34 Auf diese Passage komme ich im sechsten, José Enrique Rodó gewidmeten Kapitel nochmals zurück. Zur Problematik der Gleichzeitigkeit ungleichzeitiger Bilder vgl. auch die im Kontext der Goetheschen Farbenlehre angestellten Überlegungen im neunten Kapitel dieses Bandes.

zueinander in eine wechselnde, »mobile« Beziehung setzt. Traditionelle reiseliterarische Schemata werden freilich bewußt unterlaufen, wenn auch dieser »Reisebericht« als ein im Raum entfaltetes Verstehensmodell aufgefaßt und gelesen werden kann.

Mobile stellt eine Reise durch die verschiedenen Staaten der USA, durch unterschiedliche Ethnien, Kulturen und Daseinsformen in jenem Land dar, das spätestens seit Ende des Zweiten Weltkrieges für die Europäer zu einem Mythos und zur Verkörperung dessen geworden war, was man als den *American Dream* umschrieb. Viele der auf den Norden Amerikas projizierten Träume und Mythen sind in den Text integriert, von der schon von den Spaniern im 16. Jahrhundert gesuchten Nordwestpassage als Durchfahrt zum Pazifik (deren angenommene Existenz noch einen Chateaubriand faszinierte[35]) bis hin zur automobilen Freiheit unbeschränkter Beweglichkeit, die nicht nur durch die vielfach inszenierten Automarken und Bewegungsformen, sondern auch durch den Titel des Textes selbst aufgerufen wird.

Denn der Titel *Mobile* zeichnet den Band von Beginn an als polysemen Bewegungstext aus. Konnotiert werden – um nur einige grundlegende, mit Hilfe des Titels aufgerufene Bedeutungsebenen anzusprechen – die ständige, unabschließbare Bewegung, welche bereits Butors frühen Texten (stets auf einem mobilen Grundschema, das die Aktivität des Lesers herausforderte) eigen war; die gleichnamige Stadt im Süden der USA, an deren Bucht lange vor ihrer Gründung Alvar Núñez Cabeza de Vaca vorbeigezogen war; der Name eines Konzerns, der mit Treibstoffen Bewegungsmittel feilbietet, die im Text selbst immer wieder getankt werden; und schließlich ein Mobile, also ein sich ständig in Bewegung befindliches kunsthandwerkliches oder künstlerisches Produkt, das mit seinen beweglichen Einzelteilen zwischen diesen und ihren Umfeldern unablässig neue Relationen und Konstellationen aufbaut. Der Titel suggeriert damit eine Kunst der Bewegung, die ständig neue und überraschende Konstellationen im Raum erzeugt.

Schon den jungen Michel Butor hatten die Mobiles, die beweglichen Skulpturen des nordamerikanischen Künstlers Alex-

35 Selbstverständlich fehlt auch der Traum vom Fernen Westen, von San Francisco, ebensowenig wie der von El Dorado; beide werden von Beginn an in den Text eingefügt; vgl. Michel Butor, *Mobile. Etude pour une représentation des Etats-Unis*, Paris: Gallimard 1991, S. 24 f.

ander Calder beeindruckt, die für seinen Text von 1962 quasi Modellcharakter annehmen. Angesichts der seit den gerade in den sechziger Jahren engen Verschränkung zwischen Literatur und Theoriebildung erstaunt es nicht, daß in einem ebenfalls 1962 veröffentlichten Buch des italienischen Zeichentheoretikers Umberto Eco nicht zuletzt die Mobiles Calders jene ästhetische Konzeption repräsentieren, die Eco als die des »offenen Kunstwerks« bezeichnete.[36] *Mobile* ist in diesem Sinne ein offenes Kunstwerk, eine *opera in movimento*.

Butors Experimentaltext trägt nicht umsonst den Untertitel *Etude pour une représentation des Etats-Unis*. Hatte der französische Romancier seit den fünfziger Jahren verschiedenste Mythen der abendländischen Tradition in seinen Texten verarbeitet, so greift er hier – und Roland Barthes' »Mythen des Alltags«[37] sind nicht fern – den Mythos Amerika, den in den USA verkörperten Mythos der Moderne schlechthin auf. Schon in dem an Werbetexte von Reiseveranstaltern angelehnten Klappentext werden die USA als ganzer Kontinent, als Ort einer gewaltigen Natur, aber auch als Raum von vielfältigster Erfahrung, von Abenteuer und Unendlichkeit präsentiert, was vor den angesprochenen französischen beziehungsweise europäischen Lesern alle historisch akkumulierten Bilder und Vorstellungen ganz bewußt Revue passieren läßt. Als relationale und serielle Grundstruktur des Grenz-Textes *(œuvre-limite)* fungiert ein rational kontrolliertes Springen[38] von Bundesstaat zu Bundesstaat innerhalb der Grenzen der Vereinigten

36 Vgl. Umberto Eco, *Opera aperta*, a.a.O., S. 157: »Calder geht einen Schritt vorwärts: Jetzt bewegt sich die Form selbst unter unseren Augen, und das Werk wird ›Werk in Bewegung‹. Seine Bewegung setzt sich kompositorisch mit jener des Zuschauers zusammen. Strenggenommen dürfte es in der Zeit niemals zwei Augenblicke geben, in denen die wechselseitigen Positionen von Werk und Zuschauer sich in gleicher Weise wiederholen könnten. Das Feld der Auswahl wird nicht mehr suggeriert, es ist vielmehr real, das Werk ist ein Feld von Möglichkeiten.«

37 Vgl. Roland Barthes, *Mythologies*, Paris: Seuil 1957.

38 Dies bedeutet, daß narrative und diskursive Kontinuitäten immer wieder unterlaufen, zugleich aber markiert werden. Auf die Problematik des Diskontinuierlichen in Butors Text hatte in einem bereits 1962 verfaßten Essay hingewiesen: Roland Barthes, »Littérature et discontinu«, in: ders., *Essais critiques*, Paris: Seuil 1964, S. 175-187.

Staaten, wobei dem Phänomen der Grenze und der Grenzerfahrung von Beginn an eine große Bedeutung beigemessen wird. Nicht nur die politischen Außengrenzen, sondern auch Binnengrenzen und mehr noch Binnenausgrenzungen werden markiert: etwa mit Hilfe des wiederholten Hinweises auf Reservate von Indianern[39], die im übrigen ständig kulturelle Alteritätserfahrung in den Text integrieren, oder durch die Einblendung von Hinweisschildern, welche die Schwarzen in den Bussen ausgrenzen.[40] Die historische Dimension von Segregation und Genozid wird immer wieder am Beispiel der verschiedenen indianischen Stämme und Völker vorexerziert: In allen Bundesstaaten wird auf diese ethnischen Gruppen verwiesen, auch wenn sie zumeist längst ausgelöscht wurden, so daß bisweilen nur mehr auf die – bereits von Alvar Núñez beschriebenen – Tumuli der Begräbnishügel aufmerksam gemacht werden kann.[41] Die Absenz der ursprünglichen amerikanischen Bevölkerung wird so in *Mobile* in eine ständig wiederaufgerufene Präsenz verwandelt: Nichts ist wirklich vergangen, nichts ist wirklich verschwunden in diesem Text.

Mit der Erfahrung dieser Binnengrenzen paradox gekoppelt ist freilich stets die Erfahrung naturräumlicher Unbegrenztheit in der diskontinuierlichen, unabschließbaren Bewegung zwischen den unterschiedlichsten Elementen. In Butors *Mobile* erscheinen die Vereinigten Staaten zwar nicht als Land der unbegrenzten Möglichkeiten, wohl aber als Land einer unbegrenzten Kombinatorik, deren Spielcharakter aus der europäischen Distanz durch ein Layout im Querformat sichtbar und anhand des Sprachmaterials für den Leser erfahrbar gemacht wird. Die Verbindung unterschiedlichster Diskursfragmente führt – ganz im Sinne Unamunos – zu einer lebendigen Vergleichzeitigung aller historisch akkumulierten Traumbilder, deren imaginäre wie kinematographische Projektionsfläche die Vereinigten Staaten beziehungsweise Amerika waren (und sind). *Mobile* wird so zu einer gewaltigen Textmaschine, in deren Dynamik nicht nur die Bewegungslust ihrer einzelnen Bestandteile, sondern mehr noch jene des Lesepublikums einkalkuliert wurde. Es handelt sich um

39 Vgl. Butor, *Mobile,* a.a.O., S. 24 und *passim.*

40 Ebd., S. 27.

41 Ebd. Immer wieder werden Fetzen einer Geschichte interkultureller Mißverständnisse, von Kulturzusammenstoß und Genozid, eingeblendet (besonders eindrücklich etwa ebd., S. 124 ff.).

einen mobilen Grenztext, der die von ihm angestrebten Verstehensprozesse verräumlicht und damit nicht nur anschaulich vor Augen führt, sondern zu deren aktiven Mitgestaltung provoziert. Die Grenze zwischen Autor und Leser wird infolge dieser Dynamik durchlässig, auch in diesem Sinne entfaltet sich der Bewegungsreichtum einer grenzüberschreitenden Literatur.

Amerikanische (T)räume und die Landschaften der Theorie

In einer Reihe von Publikationen, die sich mit außereuropäischen Kulturen und speziell mittel- und nordamerikanischen Indianern beschäftigen, zu denen er seit den sechziger Jahren direkte Kontakte pflegte, hat Jean-Marie Gustave Le Clézio die Herausforderung kultureller Alteritätserfahrung künstlerisch wie kulturtheoretisch fruchtbar gemacht. 1988 erschien *Le rêve mexicain*, ein Buch, das sich unter anderem gestützt auf die *Historia verdadera de la conquista de la Nueva España* des Bernal Díaz del Castillo, eines bereits im ersten Kapitel erwähnten Soldaten von Hernán Cortés bei der Eroberung Méxicos, mit jenem Traum beschäftigt, der zwar ein amerikanischer Traum ist, aber nicht als *American Dream* mißverstanden werden will und so – ganz im Sinne Ganivets – der nationalen Spezifizierung bedarf. Vom Traum der Eroberer bis hin zum Traum der französischen Surrealisten, die wie der Abtrünnige Antonin Artaud México aufsuchten, letztlich aber auch vom eigenen Amerika-Traum ist in Le Clézios Buch die Rede. Schon der Klappentext dieses Bandes stellte die Kernfrage des französischen Autors:

> Der mexikanische Traum, das ist auch jene Frage, die unsere aktuelle Zivilisation noch dringlicher stellt: Was wäre unsere Welt, wenn es diese Zerstörung, wenn es dieses Verstummen der indianischen Völker nicht gegeben hätte? Wenn die Gewalttätigkeit der modernen Welt diese Magie, dieses Licht nicht ausgelöscht hätte?[42]

Die Zerstörungswut europäischer Moderne seit der *Conquista* ist zugleich Folge und Bedingung jener nach Amerika projizierten Träume, die in México mit seiner konstitutiven Präsenz indi-

42 Jean-Marie Gustave Le Clézio, *Le rêve mexicain ou la pensée interrompue*, Paris: Gallimard 1988, Klappentext.

gener Bevölkerung wie in einem Brennspiegel zusammenzulaufen scheinen. Das kulturell Andere, das schon im Untertitel als unterbrochen, aber nicht abgebrochen apostrophierte Denken der Indianer, wird dabei zur Herausforderung des abendländisch geprägten Menschen, zur Verheißung einer Wiederkehr des Verdrängten, Ausgegrenzten, Vernichteten, zu dem an diesem Ort noch Zugänge wiederauffindbar zu sein scheinen. Der »mexikanische Traum« ist dabei zutiefst widersprüchlich, enthält er doch für Le Clézio von Beginn an nicht nur die Träume von Eroberung, Gold und Reichtum, sondern auch jene der Azteken von einer Wiederkehr Quetzalcóatls und einer Auslöschung ihres eigenen Reiches. In diesem kultur- und zivilisationskritischen, oftmals sehr manichäistisch strukturierenden Text wird daher der Funktion der Träume in den indianischen Kulturen eine wichtige Rolle zugewiesen.[43]

Dabei geht es freilich immer wieder um einen ganz anderen Traum, um das europäische Projekt der Moderne, das nicht als Betriebsunfall der Geschichte oder als das Verbrechen einiger weniger, sondern als ein kalkulierter Mechanismus sukzessiver Ausgrenzungen dargestellt wird:

> Die Eroberung ist nicht nur die Besitzergreifung einer Handvoll Männer – in einer seltsamen Mischung aus Barbarei und Kühnheit – von Ländern, Lebensmittelvorräten, Straßen, politischen Organisationen, sie ist nicht nur die Aneignung der Arbeitskraft der Männer und der genetischen Reserven der Frauen. Sie ist die Verwirklichung eines Projekts, das am Ursprung der Renaissance mit Blick auf die Beherrschung der Welt entworfen wurde. Nichts von dem, was Vergangenheit und Ruhm der indigenen Nationen darstellte, darf überleben: Religion, Legenden, Sitten, Organisationsformen von Familie oder Stamm, Künste, Sprache und sogar die Geschichte, all dies muß verschwinden, um der neuen Paßform Platz zu machen, die von Europa aufgezwungen wird.[44]

Der im Buch dargestellte gnadenlose Exterminationskrieg der Spanier, der bereits auf jenen der Nordamerikaner im 19. Jahrhundert vorausweise, konnte freilich den auch über unsere Zeit fortbestehenden »mexikanischen Traum«, zu den Ursprüngen der Zivilisation zurückkehren zu können, in seiner Existenz nicht gefährden, geschweige denn zum Verschwinden bringen. Mit den Mitteln von Anthropologie und Literatur versucht Le Clézio, an den unterbrochenen Traum wiederanzuknüpfen, die

43 Ebd., S. 169 ff.
44 Ebd., S. 209.

Filmspule wieder in Bewegung zu setzen, dazu beizutragen, daß auch diese Elemente vergangener Jahrhunderte und Kulturen nicht gänzlich verschwunden bleiben, sondern im 20. Jahrhundert in lebendige kulturelle Formen überführt werden können. Das Schweigen soll zur Sprache gebracht, das Stillgestellte in Bewegung gesetzt werden. Der Traum kann also weitergehen. Le Clézios Traum ist letztlich das Projekt einer Prämoderne, die in die Schule der Moderne gegangen ist und sich deshalb sehr wohl mit den Vergleichzeitigungsprozessen der Postmoderne in Verbindung bringen läßt.

Schon Michel Butor räumte in seinem literarischen USA-Mobile gerade den Landschaften des Südens und Südwestens und dabei wiederum den Wüsten einen besonderen Stellenwert ein. Für eine Vielzahl europäischer wie amerikanischer Schriftsteller sind in der Tat Wüstenlandschaften zu zentralen Schauplätzen von Romanen, Erzählungen und Reiseberichten geworden, wobei gerade die Autoren unter postmodernem Vorzeichen sich gerne dieser ariden Landschaftsformationen bedienen. An die Stelle der Fülle treten Kargheit und Leere, eine Leere freilich, die nicht nur in besonderer Weise das Individuum mit sich selbst konfrontiert und damit die Auseinandersetzung mit individuellen Identitätsbildungsprozessen intensiviert, sondern zugleich auch auf kollektiver Ebene Identitätskonstruktionen herausfordert und mehr noch neue Projektionsflächen – nicht zuletzt für neue amerikanische Träume – bietet. Als eindrückliches Beispiel hierfür kann auch ein Text des französischen Philosophen und Kulturtheoretikers Jean Baudrillard gelten, wobei wir uns vorab der Frage stellen sollten, welche Funktionen der Wüste innerhalb der Abfolge amerikanischer Traumbilder zuvor bereits zugekommen waren.

In seinem kurzen, ursprünglich wohl 1807 entstandenen und 1808 in die Erstausgabe seiner nicht nur vom deutschsprachigen, sondern auch vom europäischen Publikum insgesamt wohlwollend bis begeistert aufgenommenen *Ansichten der Natur* integrierten Text »Über die Steppen und Wüsten« schrieb Alexander von Humboldt:

Denn wenn im raschen Aufsteigen und Niedersinken die leitenden Gestirne den Saum der Ebene erleuchten; oder wenn sie zitternd ihr Bild verdoppeln, in der untern Schicht der wogenden Dünste, glaubt man den küstenlosen Ozean vor sich zu sehen. Wie dieser erfüllt die Steppe das Gemüth mit dem Gefühl der Unendlichkeit. Aber freundlich zugleich ist der Anblick des klaren Meeresspiegels, in dem sich die leichtbewegliche sanft aufschäumende Welle kräuselt. Todt und starr liegt die Steppe hingestreckt, wie die nackte Felsrinde eines verödeten Planeten.[45]

Diese Passage aus der Feder Alexander von Humboldts, der – soweit ich sehe – erstmals die amerikanischen Gebirgslandschaften ästhetisch behandelte und damit eine Pionierfunktion übernahm, die bislang wenig ins Blickfeld gerückt wurde, bildet eine wichtige Phase des Übergangs zu dem sich weitaus später, dominant erst in der zweiten Hälfte des 20. Jahrhunderts vollziehenden Paradigmenwechsel von der Fülle zur Kargheit und (Menschen-)Leere. Die unmittelbare Assoziation von Unendlichkeit, eines schier unbegrenzten und zugleich (scheinbar) menschenleeren Raumes, der sich dem Blick des Individuums darbietet, bringt Steppe und Wüste in einen direkten Vergleich mit der Fläche des Ozeans. Beide berühren sie unvermittelt das Gemüt des Menschen, verwandeln sich in Seelenlandschaften, die auch vor dem inneren Auge von Leserin und Leser erscheinen. Ozean wie Steppe vermitteln – wie Humboldt dieser Passage später hinzufügt – mit den »Eindrücken des Raumes« zugleich geistige »Anregungen höherer Ordnung«.[46]

Die Flächen von Meer und Steppe sind gleichsam philosophische Landschaften, die größten Einfluß auf ihren Betrachter ausüben, auch wenn der Ozean den freundlicheren Anblick bietet. Steppe und Wüste, Bilder eines »verödeten Planeten«, sind ebenso wie das Meer Räume, die zur Durchquerung und damit zu räumlicher wie geistiger Bewegung und Durchdringung auffordern. Sie wollen befahren und zugleich erfahren werden, da sie nur so ihr Rätsel preisgeben. Als in Europa nicht in dieser

45 Alexander von Humboldt, »Über Steppen und Wüsten«, in: ders., *Ansichten der Natur mit wissenschaftlichen Erläuterungen*, Bd. I, Tübingen: J. G. Cotta'sche Buchhandlung 1808, S. 2 f. In einer Anmerkung zu dieser Passage wird in bewegten Worten der »unauslöschliche« Eindruck hervorgehoben, den die *Llanos*, von denen hier die Rede ist, aus dem Kontrast zum Dickicht der Urwälder entfalteten. Ich komme im vierten Kapitel aus anderer, nicht zuletzt an den Bezügen zur *Genesis* orientierter Perspektive auf diese Passage zurück.

46 Vgl. den schönen Wiederabdruck der dritten, von Humboldt 1849 mit einem neuen Vorwort versehenen Ausgabe der *Ansichten der Natur*, Nördlingen: Greno 1986, S. 16.

Ausdehnung vorhandene landschaftliche Spielarten der Anökumene, in welcher der (abendländische) Mensch nicht dauerhaft wohnen kann, bieten sie Raum für die Erfahrung der Grenze wie für Grenzerfahrungen jener Art, die uns die *Schiffbrüche* von Alvar Núñez Cabeza de Vaca nahegebracht hatten. Erst durch die Erfahrung in der Bewegung verwandelte Columbus das Meer aus dem trennenden in ein verbindendes Element. Die dem Blick preisgegebene Fläche vermittelt ein Gefühl für die Ausdehnung und Existenz unseres Planeten. So ist es paradoxerweise die sich der dritten Dimension verweigernde Oberfläche, die mit ihrer Wölbung die Kugelform des Planeten – wie einst bei der ersten Fahrt des Columbus – immer wieder ins Bewußtsein ruft. In einer seiner zahlreichen Anmerkungen entwarf und erläuterte Humboldt dieses Phänomen in der für sein Schreiben charakteristischen, sich wechselseitig ins Spiel bringenden Verbindung von ästhetischem Genuß und wissenschaftlicher Erläuterung:

> Die Aussicht auf die ferne Steppe ist um so auffallender, als man lange, im Dickicht der Wälder, an einen engen Gesichtskreis, und mit diesem an den Anblick einer reichgeschmückten Natur gewöhnt ist. Unauslöschlich wird mir der Eindruck sein, den uns die Llanos gewährten, als wir sie auf der Rückkehr vom Oberen Orinoco, von einem Berge, der dem Ausfluß des Rio Apure gegenüberliegt, bei dem Hato del Capuchino, zuerst in weiter Ferne wiedersahen. Die Sonne war eben untergegangen. Die Steppe schien wie eine Halbkugel anzusteigen. Das Licht der aufgehenden Gestirne war gebrochen in der Schicht der unteren Luft. Weil die Ebene durch die Wirkung der scheitelrechten Sonnenstrahlen übermäßig erhitzt wird, so dauert das Spiel der strahlenden Wärme, des aufsteigenden Luftstroms und der unmittelbaren Berührung ungleich dichter Schichten der Atmosphäre die ganze Nacht über fort.[47]

Die unendliche, scheinbar menschenleere Fläche ist aufs engste mit der Entdeckung wie der Eroberung, aber auch (wie etwa bei Núñez Cabeza de Vaca) mit der Erfahrung des Sich-Verlierens und Behauptens in dieser unermeßlichen Weite verbunden und tief mit dem auf Amerika bezogenen kollektiven Imaginären des Europäers verknüpft. Dies mag auch eine kurze, das vorliegende Kapitel abschließende Beschäftigung mit *Amérique*, einem bislang selten kritisch untersuchten Text Jean Baudrillards, aufzei-

47 Ebd., S. 44.

gen. Sie mag belegen, wie die amerikanischen Träume als amerikanische Räume in Szene gesetzt werden. Und diese entpuppen sich bei aufmerksamer Lektüre als wahre Landschaften der Theorie.

Beschleunigung und Verschwinden Europas

Das erstmals 1986 erschienene Bändchen widmet sich unter dem kontinentalen Titel ganz selbstverständlich nur den USA, die – der Diskurs von Baudrillards Landsmann Alexis de Tocqueville in *De la démocratie en Amérique* hinterließ unverkennbar seine Spuren – gleichsam als das Modell einer globalen Entwicklung erscheinen. Derartige Entwicklungen tauchen in Europa, folgen wir der Argumentation von Baudrillards *Amérique*, bislang höchstens als Abglanz oder mehr oder minder schlechte Synchronisierungen eines in den Vereinigten Staaten hervorgebrachten Streifens auf.[48] Amerika wird – keineswegs überraschend – zum fernen Spiegel, zum Land der Zukunft stilisiert; Humboldts Zeitgenosse und Leser Hegel, aber auch Tocqueville lassen grüßen. Aber läßt sich dies auch auf seine Landschaften und insbesondere die Landschaften der Theorie übertragen?

Die im Buch dieses französischen (Vor-)Denkers der Postmoderne erscheinenden Globalisierungsprozesse sind, wie schon die semantische Reduktion des Titels auf die USA nahelegt, wenig reflektiert und bestenfalls auf eine G7-Problematik reduziert. Die dem Buch vorangestellte Warnung *Caution: objects in this mirror may be closer than they appear*[49] führt spielerisch und elegant verschiedene für den Text wichtige Bedeutungsebenen ein. Die Warnung verweist zum einen auf die in den USA gesetzlich vorgeschriebene Aufschrift auf verkleinernden Rückspiegeln zum Verkehr zugelassener Automobile, womit nicht nur das beliebteste Fortbewegungsmittel der US-Amerikaner, sondern auch ein zentrales Erfahrungs-Mittel des Buches eingeführt wird. Zum anderen wird ingeniös die Spiegelmetapher in dieses Beispiel einer postmodernen Reiseliteratur eingeblendet, wobei

48 Jean Baudrillard, *Amérique*, Paris: Grasset 1986, S. 76: »Amerika ist die Originalfassung der Moderne, wir sind die synchronisierte oder mit Untertiteln versehene Version.«

49 Ebd., S. 7.

ganz im Stendhalschen Sinne nicht der Autor, sondern die im Buch gespiegelte Realität für das den Leser vielleicht Bedrükkende – und ihm schon nah auf den Leib Gerückte – verantwortlich gemacht wird. In der Tat wird nicht nur Stendhals, sondern auch Baudrillards Spiegel eine Straße entlanggeführt, mehr noch: eine schier unendliche Vielzahl an *highways* und *freeways*, von denen aus der Erzähler seinem Leser die Vereinigten Staaten präsentiert. Wieder wird Amerika damit aus der Bewegung erfahren, wie schon bei Butor freilich nicht mehr aus einer zielgerichteten und logischen Bewegung heraus, sondern in einer akausalen Abfolge sich diskontinuierlich einander abwechselnder Autobahnstücke. Verstehen vollzieht sich diskontinuierlich und bei hoher Geschwindigkeit. Geschwindigkeit aber ist das, was die drei räumlichen Dimensionen des Reiseberichts mit jener vierten der Zeit (oder der Geschichte) konfrontiert.

Mit dem Spiegel verbindet sich zugleich eine Überwindung des Mimetischen, insoweit diese Welt nun als unendliche Abfolge von Spiegelungen und damit als Simulacrum einer vorgespie(ge)lten Realität erscheint. An die Stelle »authentischer« Erfahrung tritt ein Netzwerk von Substitutionen und Erfahrungs-Surrogaten. Auch diese Konzeption Amerikas setzt eine Kombinatorik in Bewegung, in welcher sich Sinn-Bruchstücke und fragmentierte Simulacra ständig neu beleuchten und berühren. Vom *incipit* dieses Textes an ist der *American Dream* – vorwiegend in der Variante räumlicher Freiheit – und dessen mediale, stereophone wie filmische Erfahrung präsent:

> Nostalgie, die in der Unermeßlichkeit der texanischen Hügel und der Sierras von Neu-México aufkam: steil abfallende Autobahnen und Superhits aus der Chrysler-Stereoanlage und Hitzewellen – die Momentaufnahme genügt dem nicht mehr –, man bräuchte den totalen Film in der Echtzeit des Reiseverlaufs einschließlich der unerträglichen Hitze und der Musik, und all dies müßte man sich wieder ungekürzt in der Dunkelkammer vorführen – die Magie der Autobahn und der Distanz, des in der Wüste zu Eis gefrorenen Alkohols und der Geschwindigkeit wiederfinden, zu Hause auf dem Videobildschirm in Echtzeit die Immanenz alles dessen wiedererleben – nicht wegen der Lust der Erinnerung allein, sondern weil die Faszination einer unsinnigen, ungerichteten Wiederholung schon in der Reise selbst, im abstrakten Charakter dieser Reise liegt. Die sich entrollende Wüste ist der Ewigkeit des Films unendlich nahe.[50]

50 Ebd.

Erfahrung erscheint immer schon als Spiegelung, Unermeßlichkeit als Nostalgie und Sehnsucht nach der Erfahrung von Unermeßlichkeit, die mediatisiert vervielfältigt wird. Das Abrollen der Wüste erscheint als Ewigkeit der akkumulierten Bilder eines Filmes ganz im Sinne Unamunos, zugleich lebendig und als Zeichen gespeichert und wahr-genommen. Alles in dieser Bilderfolge wirkt irgendwie vertraut, wie das *déjà-vu* längst bekannter Träume von Amerika, die nun zu Eis gefroren, festgebannt in Echtzeit nochmals ablaufen und Erfahrungen substituieren und zugleich bilden. Längst ist die Wirklichkeit dem Film nahegekommen, ganz wie die nordamerikanischen Städte so wirken, als seien sie für ihre Mediatisierung, für ihre Fixierung in bewegten Fernsehbildern erbaut worden.[51] *Cinecittà* (oder besser: Hollywood) ist überall, die akkumulierten Träume werden von jedem Punkt aus, gerade auch und von zu Hause, abrufbar.

Die Leere und Flächenhaftigkeit der Wüste ist die Voraussetzung dafür, daß die amerikanischen Träume – wie auf die leeren Flächen der Karten von Juan de la Cosa – auf sie projiziert werden können. Voraussetzung hierfür ist die Außerhalbbefindlichkeit des Europäers und die beständige Bewegung, die die Abfolge der Bilder – gleich der Perlenkette jener Inseln, die für Columbus immer gleich und immer anders waren – sicherstellt. Die ideale Projektionsfläche ist nun aber nicht mehr die überreiche, von einer wuchernden Vegetation bedeckte Inselwelt der Karibik, sondern die Kargheit des Südwestens, die Physiognomie der Wüste, die im Sinne Humboldts »die nackte Felsrinde eines verödeten Planeten« bietet. Auch Antonin Artaud suchte sie in der verdoppelten Darstellung von Le Clézios *rêve mexicain* auf, freilich noch auf der Suche nach den Ursprüngen. In Baudrillards Text wird jenseits der Refraktionen nicht mehr nach Originärem gefragt. In diesen Wüstenlandschaften der nordamerikanischen Grenzregion des Südens sind die Mexikaner längst zu Chicanos geworden und arbeiten als »Reiseführer beim Besuch von El Alamo, um die Helden der amerikanischen Nation hochzujubeln«.[52] Die Grenze ist durchlässig geworden, sie dient zur Bestätigung der Überlegenheit des Nordens und seiner Bilder und Traumwelten. Authentizität gibt es im *borderland* nicht, wohl aber deren Inszenierung.

51 Ebd., S. 57.
52 Ebd.

Die Wüste zeigt in ihrer Flächenhaftigkeit, daß es nicht um ein Amerika der Tiefe, sondern eines der Oberfläche (nicht der Oberflächlichkeit) geht, auf welcher jene Hochgeschwindigkeitsversuche unternommen werden, mit deren Hilfe Menschen auf dem Erdboden die größtmögliche Geschwindigkeit erreichen. Geschwindigkeit geht mit Deterritorialisierung einher und entfaltet ihre eigene Dynamik, ihre eigene Gegenständlichkeit:

> Die Geschwindigkeit ist eine Schöpferin reiner Objekte, sie ist selbst ein reines Objekt, da sie den Boden und die territorialen Bezüglichkeiten auslöscht, da sie dem Lauf der Zeit entgegengeht, um sie zu annullieren, da sie schneller als ihr eigener Grund ist und dem Lauf entgegengeht, um sie zu vernichten.[53]

Seit der Exterminierung der Wüstenindianer, die in die rasche Bilderfolge eingeblendet wird, steht dieser beschleunigten Bewegung nichts mehr im Wege: Die Felsrinde des Planeten wird sichtbar:

> Selbst die Indianer mußten erst exterminiert werden, damit eine die Anthropologie noch übersteigende Vorzeitigkeit sichtbar werden konnte: eine Mineralogie, eine Geologie, eine Gestirnhaftigkeit, eine unmenschliche Faktizität, eine Trockenheit, die die künstlichen Gewissensbisse der Kultur verjagt und eine Stille einziehen läßt, die es nirgendwo anders gibt.[54]

Die Großstadt, die nordamerikanische Metropole, erscheint dann notwendig als Fortsetzung der Wüste mit städtebaulichen Mitteln. Auch in ihr herrscht das Reich der Geschwindigkeit. Die historische Akzeleration der Moderne hat so viel Fahrt aufgenommen, daß diese Geschwindigkeit ihre eigene Zeit, ihre eigene Objektwelt und, mehr noch, ihre eigenen amerikanischen Träume herstellt. Die immense Beschleunigung hat paradoxerweise am Ende des 20. Jahrhunderts einen Stau der Bilder und der Träume Amerikas – Geschwindigkeit und Stau bedingen sich wechselseitig – bei jenen Europäern ausgelöst, deren Schriften in diesem Kapitel allein zu Wort kamen. Auch *cross-cultural* ausgerichtete Untersuchungen könnten jedoch sicherlich belegen, daß auf dem amerikanischen Kontinent selbst ein Ende der amerikanischen Träume ebenfalls nicht abzusehen ist – auch die

53 Ebd., S. 12.
54 Ebd., S. 11.

Träume vom Ende der Welt sind nicht das Ende einer Welt der Träume, die in und nach Amerika projiziert werden.[55]

Vielleicht aber ist Amerika heute keine Utopie mehr – kein Ort, nirgends: die Utopie scheint längst schon verwirklicht –, sondern Kernbestand jenes Bezirks, den das obige Zitat abschließend negativ umreißt: *nulle part ailleurs*, nirgendwo anders. Wenn aber das Nirgendwoanders die Konturen des amerikanischen Traums skizziert, dann liegt der Gedanke nahe, daß die Konturen des Anderen – und damit auch Europas – wirklich verschwimmen. Die Geschichte scheint sich zu verabschieden, ein von Baudrillard gewiß freudig begrüßter Abschied. Insoweit könnte *Amérique* als das Bordbuch eines neuen Columbus gelesen werden, der in seiner Schiffahrt durch die Wüste im doppelten Sinne aus der Gefangenschaft in der Geschichte – und nicht mehr, wie der Verfasser des *Diario de a bordo* fünfhundert Jahre zuvor, aus der Gefangenschaft im Raum – entspringt. Die Grenzen zwischen den Dimensionen (des Reiseberichts) verwischen in dieser Literatur und Theorie beschleunigter Bewegung. Aber halt, *speed kills*: Von Amerika aus, so die düstere Einsicht und Aussicht Baudrillards, entsteht kein neues Bild Europas, Europa verschwindet *tout simplement*:

> In Wirklichkeit nimmt man hier nicht, wie ich dies hoffte, eine Distanz gegenüber Europa ein, man gewinnt hier keinen fremderen Blickpunkt. Wenn Sie sich umdrehen, ist Europa ganz einfach verschwunden.[56]

Doch dürfte letztlich auch das Bild von einem Verschwinden jenes Projektors, der von Europa aus nach Westen gerichtet wurde, nichts anderes sein als ein amerikanischer Traum, von einem Europäer geträumt. Ob er zum Alptraum wird oder zu neuen Formen der Selbstvergewisserung am Anderen führt,

55 Vgl. hierzu insbesondere das Arnold Stadlers Text *Feuerland* gewidmete Kapitel 12.

56 Ebd., S. 32; anekdotenhalber sei erwähnt, daß der Verfasser im Besitz eines nordamerikanischen T-Shirts mit der Aufschrift »Columbus Quincentenary 1492-1992« ist, an dessen Rückenteil eine Erdkugel abgebildet wird, auf welcher man leicht den amerikanischen Kontinent, Afrika und Grönland, aber kein Europa mehr erkennen kann. Die drei überdimensioniert eingezeichneten Karavellen haben ihren Kurs nach Westen aufgenommen, wo überdies gerade die Sonne aufgeht, während über dem verschwundenen Europa nur noch eine magere Mondsichel und die Sterne leuchten.

können wir zuversichtlich dem angebrochenen Millennium zur Klärung überlassen. Das zwölfte und abschließende Kapitel dieses Buches wird zeigen, daß sich damit die Projektionsmöglichkeiten und Bewegungsfiguren im europäisch-amerikanischen Spannungsfeld keineswegs erschöpft haben.

Auge, Ohr und Ort des Schreibens

Auge und Ohr

In einer seiner Anmerkungen zum *Discours sur l'origine et les fondements de l'inégalité parmi les hommes* äußerte sich Jean-Jacques Rousseau 1755 zum damaligen Stand anthropologischer Kenntnisse bei den Europäern und stellte dabei das Problem der asymmetrischen Beziehungen zwischen jenen Informationen, die von Reisenden aus unterschiedlichen europäischen Ländern stammten, und den Überlegungen und Theorien der Philosophen heraus, welche auf diesen Nachrichten basierten. Rousseau betonte dabei die Wichtigkeit, mit einer derartigen Asymmetrie, die auf der nach seiner Ansicht fehlenden Vorbereitung der überwiegenden Mehrzahl der Reisenden beruhte, Schluß zu machen, hielt zugleich aber einen gewissen Mangel hinsichtlich der Orientierung mancher *hommes éclairés* fest, die sich vielfältigen Gefahren ausgesetzt und lange Reisen unternommen hätten:

> Die Mitglieder der Akademie, welche Bereiche im Norden Europas und im Süden Amerikas bereisten, verfolgten mehr das Ziel, sie als Geometer denn als Philosophen zu besuchen. Da sie jedoch das eine wie das andere zugleich waren, darf man jene Regionen, die von den La Condamine und Maupertuis gesehen und beschrieben wurden, nicht als gänzlich unbekannt ansehen.[1]

Nicht von den Geometern, sondern von den Philosophen scheint sich Rousseau bedeutsame Verbesserungen des Kenntnisstandes über die außereuropäische Welt zu erhoffen. Räumte der Bürger von Genf auch gerne Gehalt und Qualität mancher Reiseberichte ein, die im 18. Jahrhundert veröffentlicht worden

1 Jean-Jacques Rousseau, *Discours sur l'origine et les fondements de l'inégalité parmi les hommes*, in: ders., *Œuvres complètes*, Bd. III. Edition publiée sous la direction de Bernard Gagnebin et Marcel Raymond avec, pour ce volume, la collaboration de François Bouchardy, Jean-Daniel Candaux, Robert Derathé, Jean Fabre, Jean Starobinski et Sven Stelling-Michaud, Paris: Gallimard 1975, S. 213.

waren, so verbarg er doch seine fundamentale Kritik am allgemeinen Niveau anthropologischer beziehungsweise ethnologischer Kenntnisse nicht, wobei er bei aller Bewunderung für das Werk Buffons auch den Bereich der Naturgeschichte und insbesondere der von ihren Vertretern genutzten Quellen nicht von dieser Kritik ausnahm. Nach der Erwähnung einiger weniger glaubwürdiger Berichte stellte er mit aller wünschenswerten Deutlichkeit klar:

Sieht man von diesen Berichten einmal ab, so wissen wir nichts über die Völker Ostindiens, die von Europäern besucht wurden, die mehr das Füllen ihrer Börsen als ihrer Köpfe im Sinn hatten. [...] Die ganze Erde ist von Nationen bedeckt, von denen wir nur die Namen kennen, und wir machen uns anheischig, das ganze Menschengeschlecht zu beurteilen! Nehmen wir einmal an, ein Montesquieu, ein Buffon, ein Diderot, ein Duclos, ein d'Alembert, ein Condillac oder andere Männer diesen Zuschnitts würden Reisen unternehmen, um ihre Landsleute zu unterrichten, würden die Türkei, Ägypten, die Berberei, das Reich von Marokko, Guinea, die Kaffernländer, das Innere Afrikas und seine Ostküsten [...] und dann, in der anderen Hemisphäre, México, Peru, Chile, die Magellanischen Gebiete, ohne die wahren oder falschen Patagonier zu vergessen, [...] beobachten und beschreiben, wie sie dies zu tun wissen *(savent faire)*; nehmen wir weiter an, daß diese neuen Herkules, von ihren denkwürdigen Fahrten zurückgekehrt, nach ihrem Gutdünken danach die Natur-, Moral- und Politikgeschichte *(Histoire naturelle, Morale et Politique)* dessen, was sie gesehen hätten, verfaßten, so würden wir selbst eine neue Welt aus ihren Federn entstehen sehen, und so würden wir lernen, die unsere zu kennen.[2]

So entgehen die meisten Reisenden aufgrund ihrer persönlichen und kommerziellen Interessen dem vernichtenden Urteil Rousseaus nicht. Doch der Verfasser des *Diskurses über die Ungleichheit* leugnete keineswegs die fundamentale Bedeutung der Reisen für die Ausweitung der menschlichen Kenntnisse, ganz im Gegenteil. Für ihn ging es darum, wohlvorbereitete Reisende, »Philosophen« (im Sinne des 18. Jahrhunderts) auszusenden, die nicht nur über ein Wissen *(savoir)*, sondern mehr noch über ein *savoir faire* und ein *savoir voir* verfügten und in der Lage wären, nach ihrer Rückkehr nach Europa das, was sie gesehen hatten, an ihre Landsleute weiterzugeben. *Savoir faire* und *savoir voir* würden auf diese Weise für die künftigen Leser des Reisenden in ein *savoir faire voir*, ein Wissen und eine Technik des Vor-Au-

2 Ebd., S. 213.

gen-Führens, umschlagen, das nicht nur die europäische Sichtweise der Neuen Welt modifizieren und den *Nouveau-Monde* in einen *monde nouveau* verwandeln, sondern den Blick auch auf die europäischen Länder selbst grundlegend verändern könnte. In der angeführten Passage erscheinen Sehen und Schreiben als komplementäre Handlungen, die in ihrer Abfolge einen Sinn (bezüglich) der Neuen Welt hervorbringen, den Rousseau zu glauben bereit wäre: *il faudra les en croire.*[3] Doch gründet dieser Glaube für Rousseau nicht auf dem Schreiben, der *écriture*. Nicht die Bewegung des Diskurses, sondern die Bewegung des Reisens, das eine direkte Sicht auf die Dinge gewährt, jene Ortsveränderung also, die ein unmittelbares Sehen des Anderen ermöglicht, verleiht dem Schreiben über das Andere Autorität und damit erst eigentliche Autorschaft.

Man könnte den hier ausführlich zitierten Überlegungen Rousseaus eine Passage aus der Feder Diderots an die Seite stellen, die erstmals[4] 1780 im elften Buch der dritten Ausgabe der *Histoire des deux Indes* veröffentlicht wurde. In gewissem Sinne handelt es sich um eine Antwort und mehr noch um eine Replik fünfundzwanzig Jahre nach der Veröffentlichung von Rousseaus *Diskurs*. Zu Beginn von Rousseaus Überlegungen findet sich seine Klage darüber, niemals »zwei Männer« gefunden zu haben, »die miteinander wohl vereinigt und reich, der eine an Geld, der andere an Genie, beide den Ruhm liebten«, für den der eine bereit wäre, »zwanzigtausend Taler« zu opfern, der andere »zehn Jahre seines Lebens zugunsten einer berühmten Reise um die Welt«.[5] Uns interessiert hier nicht die bemerkenswerte Beziehung zwischen den Zahlenangaben, sondern die Tatsache, daß Diderot die diskursive Struktur dieser Passage wiederaufnahm, um zugleich ihrem Sinn eine neue Richtung zu geben:

> Der Reiche schläft, der Gelehrte wacht; doch er ist arm. Seine Entdekkungen sind für die Regierungen zu bedeutungslos, als daß er deren Hilfe anfordern oder auf Belohnung hoffen könnte. Man würde unter uns mehr als einen Aristoteles finden, doch wo wäre der Monarch, der ihm sagte: Meine Macht steht Dir zu Diensten.[6]

3 Ebd., S. 214.
4 Vgl. Michèle Duchet, *Diderot et l'Histoire des Deux Indes ou l'Ecriture Fragmentaire*, Paris: Nizet 1978, S. 84.
5 Ebd., S. 213.
6 Guillaume-Thomas Raynal, *Histoire philosophique et politique des*

Ein Vierteljahrhundert nach dem Erscheinen des zweiten *Discours* Rousseaus ist die Verbindung zwischen dem Reichen und dem Genie, zwischen dem Monarchen und dem Gelehrten nicht realitätsnaher geworden. Aber dort, wo Rousseau – in seiner Fußnote, die sich allein an die »Spezialisten«[7] wandte – einen Montesquieu oder einen Buffon, aber auch einen Diderot auf eine Reise um die Welt hatte schicken wollen, war der Letztgenannte weit davon entfernt, eine solche Einladung anzunehmen. In der *Geschichte beider Indien* kommt es weder einem Buffon noch einem Diderot in den Sinn, sich auf eine gefährliche Reise vorzubereiten. Ihr fortgeschrittenes Alter war nicht der Grund dafür. Lesen wir die Fortsetzung der angeführten Passage, so finden wir dort kein »Nutze meine Schätze und reise«, sondern vielmehr ein »Nutze meine Schätze und arbeite«: »Sage uns, berühmter Buffon, zu welcher Vollkommenheit du dein unsterbliches Werk hättest führen können, hättest du unter Alexander gelebt.«[8]

Wird bei Rousseau die Mehrzahl der Reisenden, aber nicht die Reise selbst als Informationsquelle und Diskursgrundlage verurteilt, so können wir bei Diderot eine gegenteilige Auffassung beobachten. Seine Verurteilung ist im folgenden Zitat gnadenlos, sie bezieht sich ebenso auf den Reisenden wie auf die Reise selbst; und mehr noch deutet sich hier ein epistemologischer Bruch in Hinblick auf die Grundlagen menschlicher Erkenntnis überhaupt an:

> Der kontemplative Mensch ist seßhaft; und der Reisende ist entweder ein Ignorant oder ein Lügner. Wem das Genie zuteil wurde, verachtet

établissements et du commerce des européens dans les deux Indes. Tome cinquième, Genève: Chez Jean-Léonard Pellet, Imprimeur de la Ville & de l'Académie 1781, S. 43.

7 Vgl. Heinrich Meier, »Rousseaus Diskurs über den Ursprung und die Grundlagen der Ungleichheit unter den Menschen. Ein einführender Essay über die Rhetorik und die Intention des Werkes«, in: Jean-Jacques Rousseau, *Diskurs über die Ungleichheit. Discours sur l'inégalité.* Kritische Ausgabe des integralen Textes, Paderborn/München/Wien/Zürich: Schöningh 1984, S. XXI-LXXVII. In seiner Analyse des *Discours* machte Meier auf einen zweifachen Adressatenkreis, das breite Publikum und die Spezialisten, die *vrais philosophes*, aufmerksam. Da sich die Anmerkungen an die letzteren wandten, mußte sich Diderot direkt angesprochen fühlen, zumal er namentlich genannt wurde.

8 *Histoire des deux Indes*, a.a.O., tome cinquième, S. 43.

die kleinlichen Details der Erfahrung und des Versuchs; und der Versuchemacher *(faiseur d'expériences)* besitzt fast nie Genie.[9]

Dem *homo contemplativus* stellt Diderot hier nicht den *homo faber*, sondern den Reisenden gegenüber, der fast immer unter zwei kapitalen Fehlern leide: entweder unter einem Mangel an Wissen *(ignorant)* oder unter einem Mangel an Wahrheit und Wahrhaftigkeit *(menteur)*. Gründet sich die Verachtung für »die kleinlichen Details der Erfahrung und des Versuchs« *(expérience)* auf das Fehlen eines genialischen Zuges bei jenem, der sich detaillierte Informationen mit Hilfe eigener Erfahrung zu verschaffen sucht, so beruht diese Position auch auf der Überzeugung, »daß unsere Organe so schwach, unsere Mittel so kurz, unsere Studien so zerstreut, unser Leben so verwirrt«[10] seien.

Die diskursive Struktur dieser »Abschweifung«[11] Diderots aus Anlaß einer Erörterung der Gründe für die schwarze Hautfarbe der Afrikaner ist unzweifelhaft an Rousseaus Anmerkung ausgerichtet. Freilich: In diesem intertextuellen Spiel wird die Bewegung des Reisenden getilgt. Im Gegensatz zum weiten Raum, den der *faiseur d'expériences* einnimmt oder besser durchquert, findet sich der physische und topographische Raum des *homme contemplatif* auf extreme Weise reduziert, ist er doch seßhaft und verläßt den eigenen Raum (beziehungsweise den Raum des Eigenen) nicht.

Bei Rousseau basiert das Wissen auf dem Sehen, das *sa-voir* auf dem *voir*. Ist die Verbindung zwischen dem mit Geld und dem mit Genie gesegneten Menschen zufälliger Natur, so ist die Einheit zwischen dem Philosophen und dem Reisenden, zwischen *philosophe* und *voyageur*, für Rousseau bewußt und konzeptionell fundiert. Wir finden bei Diderot die Spaltung zwischen dem Mächtigen und dem Gelehrten zwar wieder, doch unternimmt dieser *savant* keine physischen Reisen, sind seine Bewegungen doch rein geistiger Natur. Diderot weist ihm einen Ort zu, den er nicht verlassen wird: Der Ort des Arbeitens und der Ort des Schreibens unterscheiden sich in einem rein räumlichen Sinne nicht voneinander.

9 Ebd.
10 *Histoire des deux Indes*, a.a.O., livre XI, S. 42 f.
11 Duchet, *Diderot et l'Histoire des Deux Indes*, a.a.O., S. 84.

Es geht folglich nicht mehr wie noch bei Rousseau um die Kenntnis des Anderen mit Hilfe der Reisen und der visuellen Wahrnehmung des Diskursgegenstandes, sondern um eine Kenntnis des Anderen mit Hilfe von Informationen und Nachrichten, die sorgsam bearbeitet und einer aufmerksamen Quellenkritik unterzogen werden sollen. Wir finden hier den Kern eines Disputs um Autorität und Legitimität wieder, der in bezug auf die iberische Expansion von Beginn der Eroberung, der *Conquista*, an ausgebrochen war. Verfaßte López de Gómara seine 1552 erschienene *Historia general de las Indias*, ohne den Atlantik überquert zu haben, so stellte ihm Bernal Díaz del Castillo, ehedem ein einfacher Soldat im Heere des Hernán Cortés, seine eigene, nach 1568 niedergeschriebene, aber erst lange nach dem Tod ihres Verfassers veröffentlichte Version der Eroberung Méxicos, deren Protagonist und Augenzeuge er gewesen war, entgegen. Bereits der Titel seines Textes, der auf der eigenen Erfahrung und dem eigenen Sehen beruhte, proklamierte die höhere, Anspruch auf Wahrheit erhebende Legitimität seiner Geschichte: Es handelt sich nicht mehr um eine *Allgemeine Geschichte* sondern um eine »wahre Geschichte«, eine *Historia verdadera de la conquista de la Nueva España.*

Dieser epistemologische Gegensatz und die mit ihm verbundene Auseinandersetzung um diskursive Legitimität entstand freilich nicht erst mit der transatlantischen Expansion der Länder im Westen Europas. Im 2. Jahrhundert vor unserer Zeitrechnung setzte sich Polybios mit der epistemologischen Scheidung zwischen Gesichtssinn und Hörsinn, den wichtigsten Stützen menschlicher Erfahrung, auseinander und erörterte die Probleme, die bei der Darstellung weitentfernter Erdteile, der im damaligen Sinne »äußersten Enden der Welt«[12] auftreten. Im

12 Vgl. Polybios, *Geschichte*, Bd. 1. Eingeleitet und übertragen von Hans Drexler, Zürich/Stuttgart: Artemis 1961, S. 249 f.: »Da nämlich beinahe alle oder doch die meisten Geschichtschreiber versucht haben, die eigentümliche Beschaffenheit und die Lage der Länder am äußersten Rand der bewohnten Erde darzustellen, die meisten aber in vielen Punkten in die Irre gegangen sind, so darf man dies keinesfalls übergehen, sondern muß sich mit ihnen auseinandersetzen, nicht beiläufig und brockenweise, sondern eingehend und sorgfältig, und auseinandersetzen, nicht um sie zu tadeln und zu schelten, vielmehr so, daß man sie anerkennt und nur ihre Unkenntnis richtigstellt, in der Überzeugung, daß auch sie, wenn sie unsere Zeit erlebt

dritten Buch (III, 58) seiner nur fragmentarisch erhaltenen *Geschichte* setzte er diese beiden Sinneswahrnehmungen in Beziehung zur Aufgabe des Geschichtsschreibers. Im Rahmen unserer Überlegungen ist es dabei von nachgeordneter Bedeutung, ob er dem Gesichtssinn eine höhere Wertigkeit in Hinblick auf die Legitimität seines eigenen Schreibens beimaß oder nicht.[13] Ist das Auge – und folglich eine auf Reisen und eigener Anschauung basierende Erkenntnis – der Garant des Wissens, so erfüllt für Polybios das Ohr eine komplementäre und zweifache Funktion. Das Ohr nimmt jene Informationen auf, die bei möglichst zahlreichen Informanten eingeholt wurden, ist in Erweiterung dieser Vorstellung damit aber auch jenes Organ, das Informanten in der Form schriftlich fixierter Texte befragt. Auf beiden Ebenen können Probleme auftreten, insoweit »mündliche Erkundigungen [...] wegen der Fremdartigkeit der Sprache«[14] oftmals nicht weniger ungesichert bleiben als die Schriften und Erkenntnisse früherer Autoren. Die vom Ohr aufgenommenen Daten tragen gleichwohl in jedem Falle dazu bei, die direkte sinnliche, auf Reisen beruhende Erfahrung zu kontrollieren und gegebenenfalls zu modifizieren. Bei seiner Erörterung von Informationsquellen, die andere Geschichtsschreiber für ihre Tätigkeit auswerteten, unterstrich Polybios stets die Wichtigkeit einer direkten optischen Informationsaufnahme durch den Reisenden, wobei für ihn dieser Informationstypus der Wirklichkeit in ihrer Gesamtheit näher kam. Entscheidend aber ist für ihn die wechselseitige Kontrolle der Infor-

hätten, viele ihrer Angaben berichtigt und geändert haben würden. In der früheren Zeit nämlich wird man nur wenige Griechen finden, die es unternommen haben, die äußersten Enden der Welt zu erforschen, infolge der Unmöglichkeit eines solchen Unternehmens.«

13 In seiner Arbeit über die epistemologischen Grundlagen von Reiseberichten hat der argentinische Historiker Miguel Guérin diese Passage im Werk des Polybios glänzend analysiert und dabei die Spannung zwischen einem Wissen, das aufgrund sinnlicher Erfahrung erworben wird, und einem Wissen, das sich aus Textquellen speist, herausgearbeitet. Diese Spannung findet sich bereits in den ersten Schriften des Christoph Columbus über die Neue Welt. Vgl. Miguel Guérin, »El relato de viaje americano y la redefinición sociocultural de la ecumene europea«, in: Pagni/Ette (Hg.), *Crossing the Atlantic*, a.a.O., S. 1-19.

14 Polybios, *Geschichte*, a.a.O., Bd. 1, S. 250.

mationen und Informationswege, könne der Historiker doch nur durch eine kritische Abwägung unterschiedlichster und auf möglichst verschiedene Weise erhobener Daten zur Wahrheit vordringen:

Wenn aber jemand solche Kenntnis [die direkte, unmittelbare Anschauung] gewonnen hatte, dann war es offenbar für den Augenzeugen schwerer, das rechte Maß zu halten, die Wunderberichte und Aufschneidereien zu verschmähen, der Wahrheit um ihrer selbst willen die Ehre zu geben und uns nichts, was mit ihr im Widerspruch steht, zu berichten.[15]

Gewiß kann der Augenzeuge auch zum Ohrenzeugen werden. Das Ohr, so ließe sich jedoch in einem vorwiegend auf die zweite Variante seiner Informationsaufnahme sagen, reist nicht. Im Gegenteil: Informanten in *unserem* Herkunftsland zu befragen (und damit möglichen Verständigungsschwierigkeiten aus dem Wege zu gehen), Reiseberichte oder Geschichtsbücher zu lesen kann uns ersparen, die Gefahren und hohen Kosten langer Reisen auf uns zu nehmen. Übernehmen wir die epistemologisch grundlegenden Überlegungen von Polybios, dann können wir die *Histoire des deux Indes* zweifellos der Seite des Ohres zurechnen. Denn diese Kolonialenzyklopädie ist nicht nur eine *machine de guerre*[16], die Raynal gezielt ins Feld führte, sie ist auch eine Textmaschine höchsten Ranges. War die Rezeption der *Histoire des deux Indes* für die Begriffe des 18. Jahrhunderts weltweit gewesen[17], wurden die verschiedenen Ausgaben und Auflagen dieses Werkes quer durch Europa veröffentlicht, so handelt es sich zweifellos um eine Maschine, deren Maschinerie, deren Ort der Intertextualisierung, unverändert gleichblieb. Das reiselustige Auge, das im Sinne des Polybios das Wahrnehmungsorgan direkter Erfahrung ist, spielt in der *Histoire des deux Indes* eine vernachlässigbare Rolle. Die Informationen passieren hier das Auge vielmehr in umgekehrter Richtung. So eröffnet Diderot an einer anderen Stelle, die er wiederum für die

15 Ebd.

16 Diese Formulierung stammt bekanntlich von Hans Wolpe, *Raynal et sa machine de guerre*. Paris: Editions Génin 1956.

17 Vgl. die Akten des Wolfenbütteler Kolloquiums zur *Histoire des deux Indes*: Hans-Jürgen Lüsebrink und Manfred Tietz (Hg.), *Lectures de Raynal. L'»Histoire des deux Indes« en Europe et en Amérique au XVIIIe siècle. Actes du Colloque de Wolfenbüttel*, Oxford: The Voltaire Foundation 1991.

dritte Ausgabe der *Histoire des deux Indes* verfaßte[18], seine Verurteilung der spanischen Eroberungen in der Neuen Welt mit jener rhetorischen Geste, die wir mehrfach im Verlauf der *Geschichte beider Indien* wiederfinden können: »Ich schreibe die Geschichte nieder, und ich schreibe sie fast immer mit Augen voller Tränen.«[19] Man könnte diese Stelle mit dem Ende des siebten Kapitels des sechsten Buches in Verbindung bringen, wo sich der Geschichtsschreiber nach der Darstellung des Genozids auf Santo Domingo einmal mehr direkt an den Leser wendet:

> Ihre Rasse ist nicht mehr. Ich kann nicht umhin, hier einen Augenblick innezuhalten. Meine Augen füllen sich mit Tränen, und ich sehe nicht mehr, was ich schreibe.[20]

Das Auge nimmt keine externen Daten der Außenwelt mehr in sich auf, sondern übermittelt die innere Befindlichkeit und Gefühlswelt des Erzählers nach außen. Das Auge stellt keine unmittelbare Verbindung mehr zwischen dem Subjekt des Diskurses und seinem Objekt her, sondern unterstreicht vielmehr mit den Mitteln der Rhetorik die direkte Beziehung zwischen dem Geschichtsschreiber und dem Leser, zwischen Erzähler und seinem Adressaten. Die Sicht des Auges ist gestört, eine Transparenz ergibt sich nur in umgekehrter Richtung. Das Auge ist auf den Ort des Schreibens gerichtet und zugleich fixiert. Beide Flüssigkeiten, Tränen wie Tinte, vermengen sich und gehen in die Schrift, in das Buch, ein.

Wir wollten die Unterschiede zwischen Rousseaus Position in seinem zweiten *Diskurs* und der Replik Diderots in Raynals *Histoire des deux Indes* aufzeigen. Wir sollten bei dieser intertextuellen Beziehung freilich auf ein Element verweisen, das beiden Texten eigen ist. Der reisende Philosoph, der *philosophe voyageur* Rousseaus, wählt ganz wie der seßhafte *homo contemplati-*

18 Vgl. Duchet, *Diderot et l'Histoire des Deux Indes*, a.a.O., S. 74. In dieser wie in vielen anderen Passagen, die von einer pathetischen Bewegung (und Bewegtheit) geprägt sind, amüsierte sich Diderot wohl bei dem Spiel, selbst ein wenig zu *raynalisieren*, indem er den eloquenten, die zeitgenössische Leserschaft beeindruckenden Stil Raynals plagiierte und seinerseits in das unter dem Namen des Abbé veröffentlichte Werk einbaute.
19 *Histoire des deux Indes*, a.a.O., tome quatrième, livre VII, S. 1.
20 Ebd., tome troisième, S. 223.

vus Diderots denselben Ort, um sein Werk niederzuschreiben. Das Bewegungsmuster der Reise enthält stets einen Kreis, und so ist es auch keineswegs zufällig, wenn Rousseau von einer Reise um die Welt spricht. Ist der reisende Philosoph erst einmal nach Hause zurückgekehrt und aufgrund seiner Mühen und seines Leidens in einen »neuen Herkules« verwandelt, wird er sich bald an seinen Schreibtisch setzen. Ganz natürlich scheint, daß die Niederschrift des Textes, die Textproduktion, nicht in Übersee, sondern in Europa erfolgt. Für Diderot wie für Rousseau ist der Ort des Schreibens derselbe – und es handelt sich hier wohl um eine kulturelle »Evidenz«, um eine Selbstverständlichkeit, die sich aus dem kollektiven Unbewußten der europäischen Kultur nährt und beiden Autoren nicht zu Bewußtsein kam.

Ort des Schreibens und Brennspiegel

Spätestens seit dem 16. Jahrhundert entstanden in Europa umfangreiche Sammlungen von Reiseberichten, die das vorhandene Wissen über die Welt neu zusammenstellten. Aber schon die großen Kollektionen wie jene von Ramusio[21] und mehr noch Richard Hakluyt[22] gehorchten nicht nur dokumentarischen oder »wissenschaftlichen« Zielsetzungen, sondern verfolgten auch politische, ja nicht selten propagandistische Zwecke.[23] Sammeln ist niemals harmlos.

Die großen Vorzüge und Vorteile dieser europäischen Kollektionen für die zeitgenössische Kenntnis der »Entdeckungen« wie die Sicherung und Tradierung der von diesen berichtenden Texte, deren Originale oftmals verschwunden waren oder in der Folge verschwanden, sind wohlbekannt. Thomas Astley, der in den vierziger Jahren des 18. Jahrhunderts eine der ambitionierte-

21 Giovanni Battista Ramusio, *Delle Navigatione et Viaggi*, Venezia 1559. Die wichtige Sammlung von Simon Grynaeus und Johannes Huttich entstand noch früher: *Novus orbis regionum ac insularum veteribus incognitarum*, Basel 1532.

22 Richard Hakluyt, *The Principall Navigations, Voiages, Traffiques and Discoveries of the English Nation*, London 1589.

23 Vgl. Urs Bitterli, *Die »Wilden« und die »Zivilisierten«. Grundzüge einer Geistes- und Kulturgeschichte der europäisch-überseeischen Begegnung*, München: dtv 1982, S. 239 ff.

sten Reisesammlungen erscheinen ließ[24], schlug seinem Lesepublikum eine besondere Aufbereitung seines Materials vor, indem er die Texte chronologisch und geographisch anordnete und sie mit einem *Digest* versah. Dies sollte dem Leser einen leichteren Vergleich zwischen den verschiedenen Texten und damit eine raschere Korrektur der in den Reiseberichten enthaltenen Irrtümer und Fehler erlauben. Im Vorwort zu seiner Sammlung hob Astley hervor, die Zusammenstellung der »Bemerkungen mehrerer Autoren zum selben Thema« erspare »dem Leser in erster Linie die Mühe, von einem Autor zum anderen zu springen, um die verstreuten Aufzeichnungen zu jedem Gegenstand zu sammeln«.[25] Wenn die Reiseberichte ihrer Leserschaft die Mühen der Reise ersparen, so ersparen die Textsammlungen und Kollektionen ihren Leserinnen und Lesern die Mühen der Suche und der Reise durch die Bibliotheken. In dieser analogen Bewegung zielen die Kollektionen auf eine weitere Sammlung und Konzentration des Wissens.

In Frankreich, wo sich im Vergleich insbesondere mit England oder Holland eine gewisse Verspätung bezüglich der Veröffentlichung derartiger Sammlungen von Reiseberichten beobachten läßt, unternahm es vor allem die *Histoire générale des voyages* von Antoine-François Prévost[26], dem französischsprachigen Lesepublikum ein möglichst vollständiges Bild der Reiseberichte und damit der europäischen Expansion zu bieten. Abbé Prévost folgte zunächst dem Vorbild Astleys, der in seinem Werk nicht mehr den ursprünglichen Text präsentierte, sondern diesen aufgrund zahlreicher Eingriffe (in Form neuer Anordnungen, Streichungen usw.) stark veränderte. Nachdem er sich von seinen Verpflichtungen gegenüber den englischen Verlegern befreit hatte, versuchte der Verfasser von *Manon Lescaut*, der von Beginn an einen »offiziellen Auftrag« erhalten hatte und dessen redaktionelle Arbeit vom Chancelier d'Aguesseau »aufmerksam überwacht«[27] worden zu sein

24 Thomas Astley, *A New General Collection of Voyages and Travels*, London 1743-47.

25 Zitiert nach Bitterli, *Die »Wilden« und die »Zivilisierten«*, a.a.O., S. 242.

26 Antoine-François Prévost, *Histoire générale des voyages*, 20 Bde., Paris 1746-1789.

27 Michèle Duchet, *Anthropologie et Histoire au siècle des lumières.*

scheint, den Charakter seiner *Histoire générale des voyages* tiefgreifend zu verändern, indem er die verschiedenen Texte nach seinen Vorstellungen neu anordnete, um dem für seine Kollektion gewählten Titel und damit dem Charakter einer »Geschichte« gerecht werden zu können. Seine stilistische Arbeit, die eine wahre *réécriture*, ein Um- und Neuschreiben seiner Intertexte darstellt, erlaubt es nicht mehr, von »Auszügen« zu sprechen.[28] Wenn Prévosts Arbeit in gewisser Weise die kollektiven Bemühungen der *Encyclopédie* ankündigt und vorwegnimmt, insoweit sie eine Art »Enzyklopädie der Reisen« darstellt, so darf man nicht die ständige Präsenz einer Erzählerfigur vergessen, die im Verlauf von Prévosts *Geschichte* immer wieder eingreift. Wies Michèle Duchet auch zu Recht darauf hin, daß Prévost in Frankreich die Kritik der Reiseberichte einführte und durch eine Verminderung des Anekdotischen wie des Wunderbaren den Schwerpunkt auf ihren »dokumentarischen Wert« verlagerte[29] – Argumente, die bereits Astley im Vorwort zu seiner Reisesammlung ins Feld geführt hatte –, so bleibt doch unbestreitbar, daß es hier um eine Aneignung und Verdauung von Bezugstexten ging, deren ursprüngliche Zusammenhänge nicht mehr respektiert und beachtet wurden.

Die tiefgreifende Veränderung der Berichte, auf die Abbé Prévost zurückgriff, erfolgte selbstverständlich innerhalb eines französischen Kontexts und für ein französisches Publikum. Die *Histoire générale des voyages* hat als Chronik der Expansion Europas die *Histoire des deux Indes* präfiguriert. Man darf daher mit Michèle Duchet von einer »offensichtlichen Kontinuität«[30] zwischen den Werken der beiden Abbés sprechen. Gleichwohl scheint mir diese Präfiguration nicht weniger wichtig in Hinblick auf die kollektive Dimension dieses Unternehmens zu sein – Prévost hatte eine Reihe von Mitarbeitern engagiert – als bezüglich der Tatsache, daß sich auch seine *Geschichte* zentralisierend an einem einzigen Fokalisierungspunkt ausrichtete.

Diese Fokalisierung ist fraglos charakteristisch für die Epoche und insbesondere jene Projekte, die seit den vierziger Jahren des 18. Jahrhunderts entstanden. Wir finden diese Ausrichtung an ei-

Buffon, Voltaire, Rousseau, Helvétius, Diderot, Paris: Flammarion 1977, S. 75.

28 Ebd., S. 79.

29 Ebd., S. 84.

30 Ebd., S. 86.

nem einzigen Ort auch in Buffons *Histoire naturelle*, deren erste Bände noch vor der Jahrhundertmitte erschienen und die Aufmerksamkeit der Zeitgenossen selbst noch nach dem Zeitpunkt auf sich zogen, zu dem die dritte Ausgabe der *Histoire des deux Indes* publiziert wurde. Versucht die *Histoire naturelle*, ein weites Panorama globalen Zuschnitts zu entwerfen, so hat ihr Autor es gleichwohl nicht nötig, Reisen zu unternehmen und seinen Schreibtisch zu verlassen. Der Stolz Buffons darauf, »fünfzig Jahre in meinem Arbeitszimmer verbracht zu haben«[31], ist wohlbekannt. Wolf Lepenies wies zu Recht darauf hin, daß die Arbeitsteilung auf die Vervielfachung des zur Verfügung stehenden und ebenso beständig wie rapide zunehmenden Datenmaterials reagierte, die eine andere Organisationsform wissenschaftlicher Arbeit erforderlich machte.[32] Im 18. Jahrhundert verwandelten sich die großen Städte Europas immer rascher in Informations- und Dokumentationszentren über die koloniale Welt: In London, Paris, Madrid oder Göttingen sammelte und konzentrierte sich das Wissen über die Überseegebiete. Doch die von Lepenies erörterte Arbeitsteilung zwischen denen, die die Informationen an Ort und Stelle sammelten, und jenen, die sie (möglichst) quellenkritisch auszuwerten und in ein kohärentes Textgebilde zu verwandeln suchten, war – wie uns Rousseaus Text zeigte – nicht immer in der Lage, zahlreiche Bedenken und eine gewisse generelle Skepsis auf seiten der Zeitgenossen auszuräumen. In der Tat sollte es nicht lange dauern, bis die Legitimität eines Diskurses über die außereuropäische Welt, der allein auf jenen Informationen und Daten beruhte, die Polybios dem Ohr zurechnete, grundlegend in Frage gestellt wurde.

Wie die *Naturgeschichte* Buffons beruft sich auch Raynals *Geschichte beider Indien* auf dieselben Legitimationsmechanismen eines Diskurses über das Andere. Einem möglichst weltweiten Netz an Informanten und Informationen stand ein einziger Ort des Schreibens gegenüber, ein Ort, an dem die Informationen zentral gesammelt, beurteilt, neu angeordnet, umgeschrieben, verändert oder auch schlicht ausgelassen, verheimlicht und nicht selten vergessen wurden. Es war ein Ort, an dem sich die diskursive Macht konzentrierte und von wo aus man einen legi-

31 Vgl. hierzu Lepenies, *Das Ende der Naturgeschichte*, a.a.O., S. 140.
32 Ebd., S. 74.

timierten und autorisierten Diskurs verbreiten durfte. Der Ort dieser Legitimität war das Mutterland und seine Hauptstadt, die über politische und kulturelle Institutionen, über Bibliotheken, Museen, Sammlungen usw. verfügten. In letzter Konsequenz war dieser Ort freilich das Arbeitszimmer, der Schreibtisch, die Materialität des Schreibens selbst, wo das, was noch an Mündlichkeit der eingeholten Nachrichten und Daten oder, mit anderen Worten, das epistemologisch auf das Ohr Bezogene in Schriftlichkeit, in einen Schrifttext umgewandelt wurde.

Läßt sich die *Histoire des deux Indes* mit guten Gründen als eine Antwort[33] auf die *Histoire générale des voyages* verstehen und lesen, so ist sie in vielleicht größerem Maße noch deren Radikalisierung. Denn die *Geschichte beider Indien* befleißigt sich keineswegs einer simplen Wiederaufnahme bestimmter Themen und Probleme, die bereits in der *Allgemeinen Geschichte der Reisen* gegenwärtig waren, sondern übernimmt bestimmte Texte Prévosts, um sie innerhalb eines neuen Zusammenhangs mit neuen Funktionen zu versehen und in politische Waffen zu verwandeln. Diese Radikalisierung bleibt hierbei nicht stehen. Sie geht weit über das hinaus, was man mit Hans Wolpe zu Recht als den Charakter einer »Kriegsmaschine« *(machine de guerre)* bezeichnet hat. Diese Radikalisierung kommt vor allem auch in Hinblick auf den Ort des Schreibens und die intertextuellen Verfahren der *Geschichte beider Indien* zum Ausdruck, jener Geschichte, die nicht von Beginn an unter dem Namen des *Abbé du Nouveau Monde* veröffentlicht wurde.

Seit ihrer Vorbereitungsphase verband sich das später von Raynal signierte Werk mit politischen Interessen Frankreichs. Nicht nur die jährliche Zahlung von tausend *livres*[34], die auch während seiner Jahre im Exil nach der Veröffentlichung der dritten Ausgabe seiner *Histoire* nicht eingestellt wurde, sondern auch die ihm gebotenen Zugangsmöglichkeiten zu vielen Dokumenten und Manuskripten in den Archiven der französischen Kolonialverwaltung mögen weitere Indizien hierfür bilden. Die *Geschichte beider Indien* entstand in einem Klima öffentlicher Diskussionen über die im französischen Kolonialsystem not-

33 Vgl. Duchet, *Anthropologie et histoire*, a. a. O., S. 86.

34 Vgl. Martin Fontius, »L'›Histoire des deux Indes‹ de Raynal vue par les Allemands«, in: Lüsebrink/Tietz (Hg.), *Lectures de Raynal*, a.a.O., S. 179.

wendig durchzuführenden Reformen und antwortete folglich auf eine konkrete politische Situation. Gleichzeitig aber kann kein Zweifel daran bestehen, daß sich dieses Werk im Verlauf der ersten drei Ausgaben zwischen 1770 und 1780 in grundlegender Weise von seinem ursprünglichen Entstehungskontext entfernte.

Als Raynal um 1765[35] damit begann, Dokumente und Manuskripte zu sammeln, Mitarbeiter anzuwerben, detaillierte Fragebögen auszuarbeiten und die Kontakte zu seinen zahlreichen Korrespondenten und Informanten aufzubauen, erfreute er sich von Beginn an einer offiziellen Unterstützung und einer privilegierten Position, was ihm die Arbeit an seinem gigantischen Unternehmen zweifellos erleichterte. Doch die Tatsache, daß der »Abbé der Neuen Welt«, wie er nicht ohne Humor genannt wurde, bereits wenige Jahre später eine erste Ausgabe erscheinen ließ, eine Ausgabe, deren Manuskripte Diderot wohl bereits 1769 vorgelegen hatten[36], läßt Rückschlüsse auf die Art der von Raynal unternommenen Arbeit zu. Im Einverständnis zumindest mit einem Teil der Kolonialverwaltung hatte er sich besonders aktuellen Problemfeldern zugewandt und seiner Leserschaft zahlreiche Übersichten und Statistiken vorgelegt. Doch dieser von seinen Zeitgenossen verständlicherweise sehr geschätzte Teil konnte nicht darüber hinwegtäuschen, daß die historische Dokumentation auf einer Textarbeit beruhte, in der Umschreiben, Neuschreiben, Manipulation und Plagiat als Verfahren an der Tagesordnung waren.

Beispielsweise beruht ein beträchtlicher Teil der Ausführungen zur iberischen Expansion auf der Nutzung und Plünderung von Prévosts Werk. So setzt etwa das Cuba gewidmete Kapitel im zwölften Buch der *Geschichte beider Indien* mit der Geschichte beziehungsweise Legende des Kaziken Hatuey ein, der von den Spaniern anläßlich der Eroberung der Insel bei lebendigem Leibe verbrannt worden war. Raynal hatte diese von mehreren Chronisten des 16. Jahrhunderts zunehmend mit immer umfangreicheren Ausschmückungen versehene Geschichte in der *Histoire générale des voyages* gefunden, deren Fassung ihrerseits

35 Vgl. Gianluigi Goggi, »Quelques remarques sur la collaboration de Diderot à la première édition de l'›Histoire des deux Indes‹«, in: Lüsebrink/Tietz (Hg.), *Lectures de Raynal*, a.a.O., S. 19.

36 Ebd., S. 29.

auf dem Text Herreras, einem der zahlreichen möglichen Bezugstexte spanischer Herkunft, beruhte.[37] Dieser wiederum hatte seine *Historia general de los hechos de los castellanos en las islas y tierra firme del mar océano* ein ganzes Jahrhundert nach den blutigen Ereignissen veröffentlicht und sich auf eine Reihe vorgängiger »Schilderungen« der *Conquista* bezogen. Doch eröffnet die Geschichte des standhaften Kaziken Hatuey, die zu den berühmtesten Legenden der Eroberung gehört und – wie wir sahen – über eine komplexe Textabfolge übermittelt wurde, nicht nur die Geschichte der Eroberung Cubas, sie tut weit mehr: Sie tritt an die Stelle dieser Geschichte, verdrängt diese. Die *Geschichte beider Indien* bietet dem Leser im übrigen auch wenig mehr zur weiteren Entwicklung der beiden der Eroberung Amerikas folgenden Jahrhunderte; denn die bis heute tradierte (und selbst in einer traditionellen Biermarke in der Alltagskultur Cubas fest verankerte) Anekdote dient dem Erzähler lediglich als ein Sprungbrett, das ihn mitsamt seinem Leser unmittelbar ins 18. Jahrhundert katapultiert. Hatueys Tod und mehr noch sein Verzicht auf das ewige Leben in einem Himmel, der von Christen bevölkert sein würde, seine Entscheidung zugunsten des Widerstands gegen die Spanier und folglich für die Hölle ersetzt jedwede Überlegung und Erörterung eines geschichtlichen Prozesses. Indem Raynal eine lange und ereignisreiche Geschichte in einer einzigen Anekdote, in einem einzigen legendären Bild subsumiert und aufgehen läßt, konzentriert und fokalisiert der Verfasser der *Histoire des deux Indes* die Geschichte auf einen einzigen Punkt. Von diesem Punkt aus soll eine komplexe Geschichte repräsentiert werden, die im übrigen auch in der *Histoire des deux Indes* den Mustern der *leyenda negra* folgt und dem im 18. Jahrhundert gängigen Bild Spaniens, der Spanier wie der *Conquista* entspricht.[38] Die Stereotypen vom blutrün-

37 Vgl. hierzu auch Duchet, *Diderot et l'Histoire des Deux Indes*, a.a.O., S. 34.

38 Es versteht sich beinahe von selbst, daß dieses Bild jener Geographie der Bilder vom Anderen, der Heterostereotypen entsprach, die im Frankreich des 18. Jahrhunderts gang und gäbe waren. Vgl. hierzu etwa den einflußreichen Artikel »Espagne« von Nicolas Masson de Morvilliers in der *Encyclopédie méthodique*. Géographie, Bd. I, Paris/Liège: Panckoucke/Plomteux 1783, S. 554-568. Spanien kam in diesem Diskurs die Rolle eines »Feindes des Menschengeschlechts« zu; vgl. Joseph Jurt, »L'image de l'Espagne en France au Siècle des

stigen spanischen Konquistadoren und vom barbarischen Priester[39] entwarfen das Bild eines grausamen und fanatischen Spanien, dessen beklagenswerter Nationalcharakter sich jahrhundertelang nicht verändert habe.

Die Arbeit Raynals als Kompilator – und wir haben gesehen, daß dies keineswegs die einzige Tätigkeit des wortgewaltigen Abbé war – fußt auf einer oftmals beeindruckenden Kette vorgängiger intertextueller Eingriffe, und sie vollzieht sich in bezug auf die von Prévost verfaßten Texte am selben Ort des Schreibens. Doch gibt es noch eine weitere fundamentale Beziehung zu einem anderen Schreiben, genauer: Es existiert in der langen Kette von Textfiliationen und Textveränderungen ein Schreiben, das sich gleichsam auf Raynals Text aufpfropft und dieses für eigene Zwecke mobilisiert, das Schreiben von Denis Diderot. Das Manuskript der *Geschichte beider Indien* wurde seinerseits zum Ort eines grundlegenden operativen Eingriffs.[40] In diesem Sinne könnte man die Eingriffe Diderots mit Michèle Duchet als »Intertexte« und mit Gianluigi Goggi als »Metatexte« bezeichnen[41], basieren die Fragmente aus der Feder der zentralen Figur der *Encyclopédie* doch auf einer vorgängigen Lektüre bestimmter Passagen von Raynals Manuskript, die sie häufig kommentieren, mehr noch philosophisch ausweiten und nicht selten pathetisch ausweiden. Betont der Begriff Intertext den Status Diderots als Autor in einer textuellen Beziehung, die innerhalb der *Histoire des deux Indes* zwei unterschiedliche Verfasser miteinander eingehen, so akzentuiert der Begriff Metatext mehr den Entstehungszusammenhang des jeweiligen Textes und zugleich dessen funktionalen Status, auch wenn dadurch nur *eine* von mehreren Funktionen innerhalb des Gesamtwerks herausgearbeitet werden kann.[42] Im folgenden

Lumières«, in: *Cosmopolitisme, Patriotisme et Xénophobie en Europe au Siècle des Lumières.* Colloque International, Paris: Gauthier/Louis Fink 1987, S. 29-41.

39 *Histoire des deux Indes*, a. a. O., tome cinquième, S. 199.

40 Michèle Duchet sprach von einem »lieu d'intervention« (*Diderot et l'Histoire des Deux Indes*, a. a. O., S. 159 f.).

41 Goggi, »Quelques remarques«, a. a. O., S. 36.

42 Es wäre zweifellos irreführend, diese Funktion als intratextuell zu bezeichnen; eine Untersuchung der intratextuellen, also sich zwischen zwei oder mehreren Texten desselben Autors ansiedelnde Dimension könnte jene Beziehungen erhellen, die sich zwischen den

soll es freilich darum gehen, vorrangig die Beziehung zwischen den einzelnen Fragmenten Diderots und der Gesamtheit der *Geschichte beider Indien* neu zu perspektivieren und ein Modell vorzuschlagen, das ebenso der Entstehung wie Aufbau und Struktur dieses komplexen und hochgradig hybriden Textgebildes gerecht wird.

Schon der Titel des umfangreichen Textgebildes, mit dem wir uns beschäftigen, liefert uns für diese Fragestellung wichtige Indizien. Denn Raynal präzisierte nachdrücklich, es handle sich um eine *Histoire philosophique et politique des établissemens et du commerce des Européens dans les deux Indes*. Die doppelte Charakterisierung als philosophische und politische Geschichte schuf dabei einen diskursiven Raum und zugleich einen anspruchsvollen Rahmen, den vorrangig Diderots Beiträge zu füllen imstande waren.

Weiterhin konstruiert der Titel der *Histoire* einen geographischen Raum, der als jener »beider Indien« bezeichnet wird. Diese Bezeichnung ist bekanntlich eine logische Konsequenz der globalen Expansionsbewegung Europas, wobei das Projekt des Columbus, Indien anders als die Portugiesen auf dem Westweg zu erreichen, diese bis heute im Begriff »Westindien« (wenn auch in verkleinerter Form) erhaltene Benennung prägte. Im Zentrum dieses Begriffes, also zwischen Ostindien und Westindien, zwischen den *Indes orientales* und den *Indes occidentales*, befindet sich Europa als obligatorischer Bezugspunkt der historisch entstandenen und von Raynal gewählten Begrifflichkeit. Von Beginn an gingen, wie wir sahen, die französischen Kolonialinteressen in Raynals Projekt mit ein. So verwundert nicht, daß Frankreich in der *Histoire des deux Indes* eine spezifische Bedeutung innerhalb der kolonialen Expansion Europas zugewiesen wird. Die Wahl des Begriffs *deux Indes* – und es mangelte keineswegs an alternativen Bezeichnungen – markiert auf bedeutsame Weise ein zweifaches Zentrum: jenen Ort näm-

einzelnen von Diderot in die *Geschichte beider Indien* eingefügten Fragmenten einerseits und anderen Texten aus der Feder des französischen Philosophen andererseits – darunter vor allem dem *Supplément au Voyage de Bougainville*, den *Pensées détachées* oder *Les Deux amis de Bourbonne* – entwickeln. In bezug auf diese freilich wesentlich präziser zu analysierende Beziehung sprach Michèle Duchet auch von einer »Osmose« (*Diderot et l'Histoire des Deux Indes*, a. a. O., S. III).

lich, von dem aus der koloniale Expansionsprozeß gelenkt wurde, und jenen anderen, von dem aus nun die Geschichte dieses Prozesses verfaßt wird.

Schließlich ist die Strukturierung des Titels als solche aufschlußreich. Den verdoppelten Bezeichnungen (»philosophisch« und »politisch«, »Niederlassungen« und »Handel«, »beide Indien«) stehen die singulären Begriffe »Geschichte« und »Europäer« gegenüber. Man könnte den Titel des Werkes daher sehr wohl als eine *Histoire des Européens*, als eine *Geschichte der Europäer* lesen, und zwar ebenso im Sinne eines Genitivus subiectivus als auch eines Genitivus obiectivus: Denn es handelt sich in der Tat um eine Geschichte der europäischen Expansion und zugleich um eine Geschichte, die von den Europäern selbst verfaßt (beziehungsweise festgeschrieben) wurde und sich vorrangig an ein europäisches Publikum wandte.

So spiegelt die *Geschichte beider Indien* in recht eigentümlicher Weise schon in ihrem Titel die expansionistische Dimension des europäischen Kolonialismus. Sie bildet in der Tat einen Spiegel, freilich in der Art eines Brennspiegels. Den Ort des Schreibens, den für die Textproduktion zentralen Fokalisierungspunkt, haben wir bereits erkannt. Diese Fokalisierung beruht auf einer Textarbeit, die bestimmte Texte und Fragmente auswählt, zusammenstellt, umarbeitet oder ausblendet, die ihrerseits bereits das Ergebnis derartiger Aneignungsprozesse waren. Das Endprodukt einer solchen auf verschiedenen Ebenen ablaufenden intertextuellen Bewegung wird seinerseits von den Fragmenten Diderots erfaßt, welche Raynals gewaltige (und gewalttätige) Textmaschine in ihr eigenes Spiel einbauen und mit neuen Funktionen versehen. Die Intentionalität eines Schreibsubjekts, eines Autors, ist ebenso auf der Ebene der von Raynal durchgeführten Textarbeit als auch auf jener der »Intertexte« oder »Metatexte« Diderots nachweisbar. Fassen wir aber die unterschiedlichen Niveaus der Intertextualisierung, die wir in der *Geschichte beider Indien* beobachten und unterscheiden können, als Elemente eines Brennspiegels auf, dann wird klar, daß wir erst auf der letzten Ebene in die unmittelbare Nähe des eigentlichen Brennpunkts gelangen. Läßt sich eine Radikalisierung zwischen dem Werk des Abbé Prévost und den Texten des Abbé Raynal feststellen, so wird der Diskurs der *Histoire des deux Indes* doch erst mit jenen Passagen und Fragmenten, die aus der Feder Diderots stammen, zu einem brennenden,

Feuer entfachenden Diskurs, zu einem *discours incendiaire*. Indem Diderot die mehrfach gefilterten, gespiegelten und gebrochenen Strahlen fokussiert, gelingt es dem Verfasser des *Supplément au Voyage de Bougainville* eindrucksvoll, Raynals textuellen Brennspiegel neu auszurichten, nicht nur, um ein neues Licht auf das europäische Kolonialsystem zu werfen, sondern auch, um die aus seiner Sicht verdammenswertesten Aspekte dieses Systems in Brand zu stecken. Hier bildet sich jene direkte und pragmatische Beziehung zwischen Schreiben, Lesen und politischem wie sozialem Handeln heraus, die der Autor von *Jacques le fataliste et son maître* 1781 in seiner *Lettre apologétique de l'abbé Raynal à monsieur Grimm* herausgestellt hatte.[43]

Autorisierung und Textpansion

Die *Geschichte beider Indien* richtet sich vorwiegend an ein Publikum in Europa. Das literarische Projekt und die strategischen Überlegungen Raynals waren dabei sehr erfolgreich, denn das Werk stieß auf eine breite Resonanz und verwandelte sich im Verlauf der drei ersten Ausgaben und im Zusammenhang mit der Veröffentlichung ungezählter Surrogate und Extrakte quer durch ganz Europa in einen der größten Bestseller der zweiten Hälfte des 18. Jahrhunderts.[44]

Die erste, 1770 erschienene Ausgabe der *Histoire* gab keinen Autornamen an. Gleichwohl belegt eine Vielzahl zeitgenössischer Zeugnisse, wie sehr das Publikum überzeugt davon war, daß es sich beim Autor dieses im übrigen sofort verbotenen Werkes um keinen anderen als Guillaume-Thomas Raynal handeln

43 Vgl. Hans-Jürgen Lüsebrink, »›Le livre qui fait naître des Brutus ...‹ Zur Verhüllung und sukzessiven Aufdeckung der Autorschaft Diderots an der ›Histoire des deux Indes‹«, in: Titus Heydenreich (Hg.), *Denis Diderot, 1713-1784. Zeit – Werk – Wirkung*, Erlangen: Universitätsbund Erlangen-Nürnberg 1984, S. 115.

44 Vgl. das Nachwort zur gelungenen, wenn auch stark gekürzten deutschsprachigen Ausgabe der *Histoire des deux Indes* von Hans-Jürgen Lüsebrink, »Die ›Geschichte beider Indien‹ – ein verdrängter Bestseller«, in: Guillaume Raynal [sic] und Denis Diderot, *Die Geschichte beider Indien.* Ausgewählt und erläutert von Hans-Jürgen Lüsebrink, Nördlingen: Greno 1988, S. 329-347.

konnte.[45] Die drei zwischen 1770 und 1780 erschienenen Ausgaben sind von einer sukzessiven Aneignung des Werkes durch den französischen Intellektuellen *avant la lettre* geprägt: Das rechte Profil des Abbé ging der zweiten, in Den Haag 1774 erschienenen sechsbändigen Oktavausgabe voraus, während die dritte, 1780 in Genf veröffentlichte vierbändige Quartausgabe ein künstlerisch beeindruckendes Portrait Raynals *en philosophe* nebst Autornamen als Frontispiz zierte. Auf die Bedeutung dieser Inszenierungen des Abbé komme ich zurück. Zunächst aber sei festgehalten, daß sich Raynal der Risiken, die eine offizielle Zurechnung der Autorschaft eines verbotenen Werkes mit sich brachte, sicherlich wohl bewußt war, so daß die Frage sich stellt, warum der *Abbé du Nouveau Monde* eine für ihn so gefahrvolle Strategie wählte. Vermutungen kamen auf, Raynal – der Frankreich in der Tat 1781 angesichts seiner drohenden Verhaftung durch die französischen Staatsorgane fluchtartig verlassen mußte – habe seinen Namen der *Histoire des deux Indes* entweder aus purer Eitelkeit oder mit dem Ziel einer direkten Provokation der etablierten Macht vorangestellt und sich so als Vertreter der »verfolgten Tugend« präsentieren wollen[46], was allein schon für sein Werk einen beträchtlichen Werbeeffekt bedeutet hätte.

Derartige Argumente entbehren sicherlich nicht einer gewissen Wahrscheinlichkeit.[47] Gleichwohl vermögen sie nicht befriedigend zu erklären, warum Raynal ein so hohes Risiko eingegangen war und sich nicht damit zufriedengegeben hatte, daß er in den »aufgeklärten« Kreisen Europas längst als der Verfasser der *Geschichte beider Indien* galt.

45 Vgl. etwa Hervé Guénot, »La réception de l'›Histoire des deux Indes‹ dans la presse d'expression française (1772-1781)«, in: Lüsebrink/Tietz (Hg.), *Lectures de Raynal*, a.a.O., S. 74.

46 Zur Wichtigkeit dieses den Philosophen teuren Bildes vgl. Hans Ulrich Gumbrecht und Rolf Reichardt, Artikel »philosophe/philosophie«, in: R. Reichardt und E. Schmitt (Hg.), *Handbuch politisch-sozialer Grundbegriffe in Frankreich 1680-1820*, Heft 3, München: Oldenbourg 1985, S. 7-88.

47 Zur Bedeutung und Funktionsweise paratextueller Elemente vgl. Ottmar Ette, »Rezeption, Intertextualität, Diskurs. Ein Diskussionsbeitrag zur wissenschaftsgeschichtlichen Erforschung der französischen ›Idéologues‹«, in: Brigitte Schlieben-Lange u. a. (Hg.), *Europäische Sprachwissenschaft um 1800*, Bd. III, Münster: Nodus Publikationen 1992, S. 15-27.

Um diese Problematik zufriedenstellend klären zu können, möchte ich ein drittes Argument ins Feld führen, das unmittelbar aus der literarischen Raumstruktur jenes Werkes abgeleitet ist, das mit guten Gründen als die erste enzyklopädische Geschichte des Kolonialismus bezeichnet worden ist.[48] Die Struktur des Werkes verlangte in den Augen des Publikums und gewiß auch in den Augen Raynals nach dem, was man mit Michel Foucault als die Autorfunktion[49] *(fonction d'auteur)* bezeichnen darf. Mehr noch, sie verlangte nach der Funktion eines bestimmten Autors. Die von Raynal redigierten Texte beruhten auf Bezugstexten aus zweiter und dritter Hand. Bezüglich der von »offiziellen« Mitarbeitern der *Histoire* verfaßten Texte wie hinsichtlich jener, die Raynal ganz einfach geplündert und plagiiert hatte[50], stößt man sich am selben Problem, hatte doch ein Jussieu auf bestimmte Texte von Labat zurückgegriffen oder ein Cornelius de Pauw wie längst bekannt seine »Quellen« manipuliert. Als kollektives Werk schreckte die *Geschichte beider Indien* selbstverständlich nicht davor zurück, Texte aus anderen kollektiven Werken zu plündern.[51]

48 Vgl. unter anderem Lüsebrink, »›Le livre qui fait naître des Brutus‹«, a.a.O., S. 109.

49 Michel Foucault, »Was ist ein Autor?«, in: ders., *Schriften zur Literatur*, Frankfurt am Main/Berlin/Wien: Ullstein 1979, S. 7-31.

50 Die in den Archiven der französischen Kolonialverwaltung geleistete Textarbeit Raynals stellt eine Intertextualität dar, welche die ideologische Orientierung und die politische Interessenlage des französischen *philosophe* gleichermaßen vor Augen führt: »Man räumt gewiß ein, daß es keineswegs bedeutungslos ist zu wissen, daß die in der *Geschichte beider Indien* am häufigsten zitierten Seiten, die die Verbesserung des Schicksals der Sklaven angehen, die schlichte Abschrift des von uns bereits analysierten Projekts von Bessner sind, daß der Bericht über die Ereignisse in Guyana wortwörtlich den offiziellen Dokumenten entnommen wurde, ja daß sogar das Schweigen oder die Lücken in der Erzählung enthüllen, daß Raynal, sei es in seiner Beredsamkeit oder seiner Zurückhaltung, lediglich der Interpret einer Politik war.« Duchet, *Anthropologie et histoire*, a.a.O., S. 144.

51 Martin Fontius (»L'›Histoire des deux Indes‹ de Raynal vue par les Allemands, a.a.O., S. 177) hat zu Recht neben der *Histoire générale des voyages* von Prévost auf andere kollektive Veröffentlichungen aufmerksam gemacht, die der *Histoire des deux Indes* zusätzliche Passagen geliefert haben könnten. Die in Vorbereitung befindliche kritische Ausgabe der *Histoire des deux Indes* – die ihrerseits die

Der streitbare Abbé machte bei der Auswahl seiner Bezugstexte nicht viel Federlesens. Er wählte Autoren wie Texte recht arbiträr und nach den ideologischen Notwendigkeiten seines eigenen Werkes aus, so daß es schwerfällt zu verstehen, warum man von dieser Arbeit behaupten konnte, daß »Raynal aus den besten Quellen ausgewählt« habe: »Sein Werk ist ein gutes Beispiel wohlausgesuchter Stücke.«[52] Demgegenüber scheint mir die Einschätzung eines aus Neuspanien stammenden und vom spanischen Klerus verfolgten Dominikanermönches zutreffender zu sein. Fray Servando Teresa de Mier, eine der schillerndsten Figuren der Aufklärung in Hispanoamerika, bezog sich auf Beispiele einer derartigen Intertextualität im Bereich der Reiseberichte und sprach klipp und klar von jenen »Absurditäten«, welche im Anschluß an de Pauw von Autoren wie Raynal oder Robertson begangen worden seien. Sein Fazit mit Blick auf die Darstellung Spanisch-Amerikas: »Auf diese Weise setzen sich die Beleidigungen und Irrtümer ständig fort.«[53]

Man könnte folglich die *Histoire des deux Indes* als ein Mosaik intertextueller Bezüge bezeichnen, die sich ihrerseits auf lange Textfiliationen stützen. Diese recht komplexe Struktur wird noch durch das Spiel narrativer Stimmen und Instanzen beträchtlich komplizierter, die sich hinter der Figur eines *historien philosophe* verbergen, der durch seine direkten Wendungen an die Leser oder durch seine Anrufungen der Mächtigen – aber auch der Unterdrückten – dieser Erde den Platz eines *auktor*ialen Erzählers einnimmt.

Das auseinanderstrebende und bis aufs äußerste gespannte Textgewebe der *Histoire* verlangt förmlich nach einer zentralisierenden Instanz. Anläßlich der ersten Ausgabe hatten die Zeitgenossen bereits bemerkt, daß sich jenseits der rhetorischen Eloquenz und des pathetischen Stils zahlreiche Unstimmigkeiten und Ungereimtheiten ausmachen ließen, die sich auf der Ausdrucksebene als scharfe Stilbrüche und auf der Inhaltsebene als eklatante Widersprüche darstellten.[54]

Frucht einer kollektiven Anstrengung ist – dürfte auch in diesem Bereich wichtige Einsichten zeitigen.

52 Duchet, »L'›Histoire des deux Indes‹, a.a.O., S. 11.

53 Fray Servando Teresa de Mier, *Memorias*. Edición y prólogo de Antonio Castro Leal, Bd. II, México: Editorial Porrúa 1946, S. 187.

54 Vgl. die zeitgenössischen Zeugnisse bei Guénot, »La réception de l'›Histoire des deux Indes‹«, a.a.O., S. 67-84.

Das erste Verfahren, auf das Raynal seit der ersten Ausgabe fast generell zurückgriff und das in einer Verleugnung intertextueller Bezüge bestand, war also gescheitert, da es dem Gesamtwerk auch nachträglich keine Homogenität verleihen konnte. Durch ein Weglassen von Quellenangaben hatte der Abbé vergeblich gehofft, seinem Werk mehr Kohärenz zu geben. Eine Reihe von Publikumsreaktionen aber zeigt, daß diese Kohärenz bei weitem nicht ausreichte, um die Verwunderung einer interessierten Leserschaft auszuräumen. Das Ausblenden eines expliziten *literarischen Raumes*[55], also der Verzicht auf die Angabe direkter Bezüge zu anderen Texten oder Autoren wie auch zu Texten Raynals, Diderots oder anderer Mitarbeiter in der *Geschichte beider Indien*, konnte keine allein tragfähige Lösung für die nachfolgenden Ausgaben mehr sein.

Raynal reagierte auf die Kritik mancher Leser und mehr noch auf die inneren Erfordernisse einer sich ständig erweiternden Textarchitektur mit einer doppelten Strategie. Auf der einen Seite wirkte er auf die Intensivierung der Mitarbeit Diderots ein, der für die zweite und vor allem die dritte Ausgabe die Zahl der von ihm beigesteuerten Beiträge beträchtlich erhöhte. Dank der wegweisenden Studie Michèle Duchets über das »fragmentarische Schreiben«, die *écriture fragmentaire* Diderots, wissen wir von mindestens 270 Texten, die der Autor von *Jacques le fataliste et son maître* in die *Histoire des deux Indes* einstreute beziehungsweise einpaßte.

Untersuchen wir diese wichtigen Beiträge aus der Perspektive Diderots, und führen wir uns deren Platz und Bedeutung innerhalb des zuvor skizzierten textuellen Brennspiegels vor Augen, so könnten wir zu dem Schluß gelangen, daß sich Denis Diderot sukzessive des gesamten Werkes bemächtigte. Nehmen wir hingegen den Blickpunkt Raynals ein, so stellen wir fest, daß es diesem gelang, seinem Werk eine größere Kohärenz zu verschaffen, indem er die zentralisierende Textinstanz mit Hilfe der Diderotschen Fragmente nachhaltig verstärkte. Man mag heutzutage eine gewisse Neigung verspüren, die Aufgabe der Schaffung einer zentralen Erzählerfigur und einer zentralisierenden Textinstanz dem Autor beziehungsweise Herausgeber des Werkes zu übertragen. Doch ist die Situation komplexer: Denn hatte sich

55 Zur Definition des Begriffes »literarischer Raum« als sechster Dimension (reise-)literarischer Texte vgl. Kapitel 1.

Diderot in gewisser Weise des Raynalschen Werkes bemächtigt, so bemächtigte sich der listenreiche Abbé der Fragmente Diderots.[56] Mir scheint es daher übertrieben, ja irreführend, davon zu sprechen, Raynal sei »seines eigenen Diskurses beraubt« worden.[57] Dabei ist es zweitrangig, daß eine enge Vorstellung und Auslegung dessen, was ein Autor zu sein habe, einer derart komplexen Struktur nicht mehr genügt.

Auf der einen Seite nahmen daher Zahl und Bedeutung der aus der Feder Diderots stammenden Beiträge zu; andererseits begegnete Raynal den wachsenden zentrifugalen Spannungen innerhalb seines Werkes mit einer *autor*isierenden Geste in dem Sinne, daß er der *Geschichte beider Indien* seinen Namen als Autornamen hinzufügte. Was auf den ersten Blick wie eine simultane, aber umgekehrte Bewegung wirken könnte – also die Erhöhung der Wichtigkeit Diderots und die gleichzeitige zunehmende Aneignung des Werkes durch Raynal zwischen 1770 und 1780 –, ist nichts anderes als der Ausdruck einer klugen, ausgetüftelten und erfolgsorientierten Doppelstrategie. Die Rezeptionszeugnisse aus den verschiedensten Ländern und Regionen Europas belegen, wie professionell und wirkungsvoll diese Strategie tatsächlich war. Die Beiträge Diderots wie die sukzessive *Autor*isierung des immer voluminöser werdenden Textungetüms verliehen der *Geschichte beider Indien* eine größere Kohärenz und Autorität.

Damit soll innerhalb der *Geschichte beider Indien* keine wie auch immer geartete (inter- und metatextuelle) Kohärenz nachträglich konstruiert werden, die dieses Werk niemals besaß. Bei dem hier beschriebenen Versuch einer Zentralisierung des Textes handelt es sich vielmehr um einen von Raynal angestrebten *Leseeffekt*, der zweifellos erfolgreich war, die Bruchstücke verschiedener Mosaike aber niemals in eine Einheit umschmelzen konnte. In diesem Sinne ist Raynals *Histoire* aber zugleich und grundlegend ein polyphoner Text, in dem es Raum für die unterschiedlichsten und widersprüchlichsten Stimmen gibt. Freilich handelt es sich dabei um die Polyphonie eines Ortes, von dem

56 Michèle Duchet sprach in ihrer Studie (*Diderot et l'Histoire des Deux Indes*, a.a.O., S. 45) zutreffend davon, daß »Raynal diese Texte als sein Eigentum ansah und sich kaum um ihre ursprüngliche Form scherte«.

57 Ebd., S. 165.

aus sich eine enorme Vielzahl von Stimmen gleichzeitig erheben, ohne in einen wirklich fruchtbaren Dialog eintreten zu können. Prévost hatte erklärtermaßen in seiner *Histoire générale des voyages* Texte von Autoren privilegiert, die als Augenzeugen gelten durften. Demgegenüber steht die *Geschichte beider Indien* durch die Verwandlung derartiger Bezugstexte in Extrakte oder Plagiate für eine andere Sichtweise diskursiver Legitimität. Auch hier bot Raynals Werk für so unterschiedliche Konzeptionen keinen Raum des Dialogs. Die Fähigkeit, die unterschiedlichen Stimmen zueinander in Beziehung zu setzen, wird vielmehr der Leserschaft aufgebürdet, und so finden wir auf dieser Ebene die Frage nach dem Ohr des Lesers wieder. Denn der Leser wird im Text mehrfach direkt dazu aufgefordert, sich die Liste der »Fakten« *(faits)* zunächst anzuhören, sich dann aber sein eigenes Urteil zu bilden.

Die zunehmende *Autor*isierung der *Geschichte beider Indien* war um so notwendiger, als der Umfang des gesamten Textes von Ausgabe zu Ausgabe beständig wuchs und eine proliferierende Grundtendenz des Werkes unübersehbar wurde. Der Einbau neuer Reiseberichte, die Aktualisierung zahlreicher statistischer Angaben oder die zahlenmäßige Zunahme schriftlicher Vorlagen bestimmter Mitarbeiter (von denen hier nur Naigeon, Pechméja oder Jussieu erwähnt seien) ließen Raynals Unternehmen rasch anwachsen. Die innere Struktur, die eigentliche Architektur der *Histoire,* erlaubte eine derartige Expansion. Raynals Grundkonzeption ließ die ständige Aufnahme neuer Passagen zu, ohne sich konzeptuell verändern zu müssen. In dieser Hinsicht ließe sich die *Histoire des deux Indes* weniger mit einem lebendigen Organismus – von einem organischen Einbau der einzelnen Fragmente kann nur stellenweise die Rede sein – als mit einer Textmaschine vergleichen, in der Teile des Räderwerks nicht nur ständig gepflegt, sondern immer wieder ausgetauscht und durch zusätzliche Apparate erweitert werden müssen, um die Funktionalität der gesamten Konstruktion zu erhalten.

Die rein quantitative Expansion der *Geschichte beider Indien* ist freilich nicht die einzige Dimension jenes Vorgangs, den ich – wenn mir der Neologismus gestattet ist – als *Textpansion* bezeichnen möchte. Denn diese quantitative Erweiterung ist letztlich nichts anderes als das Ergebnis einer in den großen europäischen Metropolen beobachtbaren raschen Zunahme und Beschleunigung des Informationsflusses aus der kolonialen Welt und über die Kolonien. Die *Histoire des deux Indes* blieb ihrem Ausgangsplan treu und fing in ihrem Parabolspiegel einen möglichst großen Teil jener Informationen auf, die aus weit entfernten Regionen in Europa eintrafen. Raynals Unternehmung läßt sich hier wohl am ehesten mit einem Nachrichtendienst vergleichen und in der Vielzahl unterschiedlicher Ausgaben als Nachrichtentechnik begreifen. Nach den großen Reisen James Cooks oder de Bougainvilles standen die Konturen des Globus fast endgültig fest, auch wenn bis zum heutigen Tag technologische Innovationsschübe immer neue Vermessungen der Erde nunmehr vom Weltraum aus ermöglichen. Die Effekte einer zunehmenden Internationalisierung und, im Sinne des Welthandels, einer verstärkten Globalisierung im Verein mit einer Flut neuer Daten über die gesamte Welt löste – folgen wir den grundlegenden Thesen von Michel Foucault und Wolf Lepenies[58] – Entwicklungen aus, die zu einer Verzeitlichung des Wissens, zu einer Universalisierung der Geschichte und selbst zu einem ersten Eindruck von *Posthistoire* seit Ende des 18. Jahrhunderts führten. Mit guten Gründen wies gerade Lepenies in seiner gelungenen Studie und Erzählung vom Ende der Naturgeschichte auf Raynal und Forster als Seismographen einer derartigen Erfahrung von *Nachgeschichte* hin:

> Schon früh äußert man die Vermutung, die Entwicklung der Weltgeschichte führe ins posthistoire. Georg Forster weist auf die merkwürdige Geschichte des europäischen Handels hin, »in welchen sich allmälig die ganze Weltgeschichte aufzulösen scheint« *(Die Nordwestküste von Amerika und der dortige Pelzhandel)*; nach den Vorstellungen Raynals löst der Handel endgültig die Politik ab, und Mendelssohn bemerkt zu Abbt, daß »die Geschichte der bürgerlichen Verfassung mit der Geschichte der Menschheit ineinanderfließt« (22. Juli 1766).[59]

Die Vernetzung des Raums führt zu dessen Verzeitlichung, die Verzeitlichung von Distanzen, die in immer kürzerer Zeit überwunden werden können, zu einer solchen Beschleunigung von Bewegung, daß deren Dynamik wie beim Kinoeffekt sich schnell drehender Räder zum Stillstand gekommen zu sein *scheint*. In diesem Schein aber glänzen alle im ersten Kapitel dieser Studie entfalteten Dimensionen einer Literatur in Bewegung auf.

58 Vgl. Lepenies, *Das Ende der Naturgeschichte*, a.a.O., sowie Michel Foucault, *Les mots et les choses*, Paris: Gallimard 1966.
59 Lepenies, *Das Ende der Naturgeschichte*, a.a.O., S. 118.

Waren die topographischen Kenntnisse der Europäer zu den Rändern der Anökumene, also der vom Menschen bewohnbaren und zugleich kolonisierbaren Welt erst vorgestoßen, so versuchten die Werke der Geographen und Naturforscher die noch weiß gebliebenen Räume innerhalb der abgesteckten und vermessenen Konturen zu füllen. In diese Bewegung schreibt sich die *Geschichte beider Indien* geradezu natürlich ein. Die Verzeitlichung schafft den Raum nicht etwa ab, sondern setzt ihn einem neuen Erwartungsdruck aus, der sich keineswegs auf die vierte, die zeitliche Dimension beschränkt, sondern über die drei räumlichen hinaus ganz wesentlich auch jene von Gesellschaft und Imagination beziehungsweise Friktionalität und literarischem Raum miteinschließt.

Die Textpansion erfolgt in gewissem Sinne analog zur Expansion des europäischen Kolonialismus und seiner informationstechnischen beziehungsweise wissenschaftlichen Durchdringung unseres Planeten. Wie die europäischen Mächte immer weitere Räume der außereuropäischen Welt okkupierten, versuchte auch die *Histoire philosophique et politique des établissements et du commerce des européens dans les deux Indes*, das Terrain des Anderen zu besetzen und in ihren eigenen Diskurs, ihre eigene Textmaschine, einzubauen. Raum ist – wie Expansion und Textpansion selbst – niemals ein nur dreidimensional-topographischer Begriff: Seine Kartierungen müssen – im Sinne des ersten Kapitels der vorliegenden Studie – stets eine grundlegende Vieldimensionalität berücksichtigen.

Hochbedeutsam ist, daß in der *Geschichte beider Indien* dem Diskurs des Anderen über das, was ihm eigen ist, *a priori* keinerlei Legitimität einge*räum*t wird. Eingebunden und gleichsam verdaut werden allein jene Elemente, die man unmittelbar in den europäischen Diskurs integrieren kann, wobei an der Seite liegenbleibt oder beseitigt wird, was dem Wissen der europäischen Zentren widerspricht. So interessieren sich weder de Pauw noch Raynal für die Zeugnisse von Augenzeugen und Autoren indigener oder mestizischer Herkunft. Die von de Pauw etwa gegen den Inka Garcilaso, einen der tiefsinnigsten Zeugen der kolonialistischen Umstrukturierung des andinen Raums, vorgebrachten Argumente sind aufschlußreich, zumal sich ihnen Raynal in seinem Werk, wenn auch in moderaterer Form, anschloß:

> Wie borniert dieser Mestize [Garcilaso de la Vega el Inca] auch immer sein mochte, so steht doch fest, daß ein wahrhaftiger Amerikaner niemals in der Lage gewesen wäre, eine Seite im Stil und Geschmack dieses Garcilaso zu verfassen, der im übrigen niemals etwas geschrieben hätte, wäre sein Vater nicht Europäer gewesen.[60]

Wird Garcilaso aufgrund seiner Herkunft als Mestize ins Fegefeuer einer europäisch bestimmten Autorität gesteckt, so werden die »Amerikaner«, mithin die Angehörigen der indigenen Bevölkerung, zur Hölle verurteilt. Sie zählen nicht als Quellen »wahrer« Information. Ihr Diskurs über das aus europäischer Sicht Andere, das ihr Eigenes ist, wird nicht anerkannt und bleibt weitgehend unberücksichtigt. In einer umgekehrten Bewegung läßt man die Indianer zu Wort kommen, doch leiht man ihnen eine Stimme, die jene der Europäer ist. So werden die literarischen und rhetorischen Kniffe und Tricks eines Hernán Cortés und damit die Verfahren eines literarischen Bauchrednertums fortgeschrieben, die etwa in Cortés' *Cartas de relación*, den Berichten von der Eroberung dessen, was der Conquistador Méxicos als Neuspanien bezeichnen sollte, einen Moctezuma nur auftreten und zu Wort kommen ließen, um den eigenen Diskurs, der zur Zerstörung des Anderen führte, zu rechtfertigen.[61] Wir stoßen hier nicht nur auf die Problematik der Vergabe diskursiver Legitimität, sondern auch auf das Problem der Textpansion, insoweit sich bestimmte Texte anderer Texte expansiv und kolonialistisch bedienen. Der Raum des Anderen wird besetzt, die Stimme des Eigenen in den Diskurs und den Körper des Anderen verpflanzt: Allein die Lippen des Anderen bewegen sich noch, in seiner Stimme dringt aber nur mehr ein Echo europäischer Rede an unser Ohr.

Die Bewegung der Textpansion kehrt Richtung und Wirkung des Brennspiegels um. Wird allein durch die Textarbeit eine ganze Welt, für die eine unermeßliche Vielzahl unterschiedlichster Identitäten und Textualitäten steht, auf einen einzigen Punkt hin fokalisiert, der zum Ort des Schreibens wird, so kann man nun

60 Zitiert nach Duchet, *Anthropologie et histoire*, a. a. O., S. 94.

61 Vgl. Ottmar Ette, »Funktionen von Mythen und Legenden in Texten des 16. und 17. Jahrhunderts über die Neue Welt«, in: Karl Kohut (Hg.), *Der eroberte Kontinent. Historische Realität, Rechtfertigung und literarische Darstellung der Kolonisation Amerikas*, Frankfurt am Main: Vervuert 1991, S. 161-182.

die umgekehrte Bewegungsrichtung einer Universalisierung eines europäischen Diskurses beobachten, der sich wie ein Kartennetz – dessen Koordinaten von Europa aus bestimmt werden – über die ganze Welt legt. Diese Expansion des (europäischen) Textes, diese Universalisierung des Diskurses überspielt wirkungsvoll die Frage nach der Berechtigung seiner eigenen Darstellung und – in des Wortes vielfacher Bedeutung – Behandlung des Anderen. Die Legitimität des eigenen Diskurses wird stillschweigend vorausgesetzt, andere Diskurse existieren als Diskurse des Anderen nicht. Raynals *Histoire des deux Indes* ist für diese doppelte, nur auf den ersten Blick widersprüchliche Bewegung ein frappierendes Beispiel. Der in dieser Geschichte der europäischen Expansion in Szene gesetzte Diskurs des Anderen erweist sich als Bauchrednerkunst europäischer Sprecher. Der Raum des Anderen wird besetzt. Die von den Kolonialmächten unterdrückten Völker kommen zu Wort, ihre Kritik am Kolonialismus ist bisweilen scharf und zündend. Doch wird jenseits dieses *discours incendiaire*, jenseits der flammenden und entflammenden Rede, mit scheinbar natürlicher Geste ein Prozeß der Textpansion in Gang gesetzt, der den Diskurs des Anderen auslöscht. Der Brennspiegel ist zum ausstrahlenden Parabolspiegel geworden, eine Nachrichtentechnik tritt in Kraft, die auf beiden Bewegungsrichtungen basiert und – bisweilen auch in ihrer »kritischen Berichterstattung« – bis zum heutigen Tag andauert. Die Vielzahl an Editionen dieser *Geschichte*, die sich gerade auch in der Neuen Welt erhalten haben, zeigt an, daß die »Nachrichten« ankamen und nicht ins Leere gingen. Hier gerät eine Literatur in Bewegung zu einer Informationstechnologie, die über ein weitgespanntes Informanten- und Korrespondentennetz verfügt und okzidental agiert. Die weltweite Verbreitung eines diskursiven Wissens geht von einem einzigen Ort aus, der mit dem Ort des Schreibens übereinstimmt. Die politische Dimension dieser Herrschaft über das Medium ist evident.

Der privilegierte Ort, der in der *Geschichte beider Indien* einer Rede zugewiesen wird, die sich auf der Höhe ihres Gegenstandes befindet, ist freilich ein Topos, der schon bei den Philosophen der Antike hoch im Kurs stand. Es handelt sich um einen räumlich erhobenen (und in gewisser Weise diskursiv erhabenen) Ort. In einer Passage des ersten Kapitels im ersten Buch unterstreicht die Figur eines *historien philosophe* nach einer Evokation der Wahrheit ihre eigene leidenschaftslose und vorurteilsfreie Position. In einer Wendung an die Leser künftiger Jahrhunderte wünscht sich diese philosophische Erzählerfigur, ihr Lesepublikum möge dereinst »das Gebiet, in dem ich auf die Welt kam, unter welcher Regierung ich lebte, welche Funktionen ich in meinem Lande ausübte, welcher Religion ich angehörte« ignorieren: »Ich will, daß sie mich alle für ihren Mitbürger und ihren Freund halten.«[62] An dieser Stelle, gleichsam am Eingang zu seinem Textensemble, führt der Geschichtsschreiber und Philosoph den Ort ein, von dem aus er zu uns spricht:

> Das erhabene Bild der Wahrheit ist mir stets gegenwärtig gewesen. Oh heilige Wahrheit, dich allein habe ich verehrt! […] Erhaben *(Elevé)* über alle menschlichen Erwägungen fliegt man dann erst über die Atmosphäre hinauf und sieht den Erdball unter sich. Von dort aus läßt man über das verfolgte Genie, das vergessene Talent, die unglückliche Tugend Tränen fallen. […] Von dort aus sieht man das hochmütige Haupt des Tyrannen sich beugen und mit Kot bedecken, während die bescheidene Stirne des Gerechten das Gewölbe des Himmels berührt.[63]

Die erhobene Position des antiken Philosophen wird für die Belange einer Geschichte, die den gesamten Erdball betrifft, nutzbar gemacht und in kosmische Dimensionen verlängert. Wir finden hier den Blick auf den Planeten Erde aus dem Weltraum, mit dem wir heute freilich andere Weltraumbilder assoziieren. Gleichwohl wird damit ein neuer Raum innerhalb des Textes geschaffen. Denn die *Histoire des deux Indes* wird vorgeblich von diesem geradezu extraterrestrischen Ort aus geschrieben, so daß jene Geschichte, die auf ihre Universalität pocht, gleichsam von einem wahrhaft universalen Ort aus konzipiert zu sein scheint. Dieser Ort des Außerirdischen kommt nicht zufällig jenem (des christlichen) Gottes sehr nahe. Dies impliziert nicht nur, daß sich unser Geschichtsschreiber und Philosoph in die überparteiliche Position eines Richters begibt, sondern zugleich mit einer quasi transzendent legitimierten Macht ausgestattet ist. Die Vision des Philosophen wird damit von einem transzendenten übermenschlichen Standpunkt aus gerechtfertigt. Sie kann für den gesamten Erdball, ja für das Universum Gültigkeit beanspruchen. Wir stoßen hier an die Ränder des Prozesses der Textpansion vor, berühren mit dem

62 *Histoire des deux Indes*, a.a.O., tome premier, S. 3.
63 Ebd.

Philosophen das Gewölbe des (textuellen) Himmels. Die Rechtfertigung des Wortes, der Rede, ist scheinbar nicht mehr an Europa rückgebunden, sondern kosmischer Natur. Der Diskurs des Philosophen besitzt einen universalistischen Anspruch, wie dem Leser bereits die Verwendung der Worte im Singular demonstriert.

Aus der Distanz des Weltenraumes nimmt das Auge des Philosophen nur eine einzige Welt wahr, die – wie wir noch sehen werden – vom Weltverkehr zusammengehalten wird. In diesem Sinne ist bedeutsam, daß die Verwendung des Verbs »sehen« *(voir)* lediglich metaphorisch ist: Einmal mehr ist das Auge des Philosophen nicht das Sinnesorgan einer direkten Wahrnehmung. Die Augen des Philosophen sind voller Tränen. So wendet sich diese für die *Histoire des deux Indes* so wichtige Figur an die Leser, damit ihm diese das Panorama erklären, das sich ihm zu seinen Füßen darbietet. Das feuchte Auge übermittelt die notwendigen Informationen nicht mehr, so daß an seine Stelle nun eine andere Wahrnehmung, ein anderes Sinnesorgan tritt und den Erzähler wie den Leser über die tieferliegenden, nicht unmittelbar sichtbaren Gründe des menschlichen Fortschritts aufklärt: »und dann haben mir die *Stimmen* aller aufgeklärten Menschen unter ihnen geantwortet: es ist der Handel, es ist der Handel«.[64]

Das Auge und der verdoppelte Ort des Schreibens

Die Universalisierung des europäischen Diskurses ist gleichwohl an einen Ort des Schreibens rückgebunden, der nicht über unserem Planeten und auch nicht über den Wolken schwebt, sondern sich in irdischeren Gefilden weiß. Dieser Ort des Schreibens ist in der *Geschichte beider Indien* Frankreich und mehr noch Paris. Die Zeugnisse der Rezeption dieses Bestsellers zeigen, daß den Zeitgenossen außerhalb Frankreichs, etwa in Deutschland, dieser Umstand nicht verborgen geblieben war.[65] Im Verlauf dieses Kapitels haben wir mehrfach gesehen, in welchem Maße Raynals Unternehmen nicht nur an europäische, sondern spezifisch französische Sichtweisen und Interessen geknüpft war.

64 Ebd., S. 4 (Kursivierung O. E.).

65 Vgl. derartige Zeugnisse etwa bei Fontius, »L'›Histoire des deux Indes‹ de Raynal vue par les Allemands«, a.a.O., S. 159.

Die Fragmente Diderots bilden im Grunde den eigentlichen Fokalisierungspunkt im Brennspiegel der *Histoire des deux Indes*, von dem seinerseits wiederum ein Diskurs von universalistischem Anspruch ausgestrahlt wird. Es ist bekannt, wieviel die anthropologischen Vorstellungen Diderots der Lektüre des Raynalschen Werkes verdanken.[66] Durch eine Konzentration, Fokalisierung und Radikalisierung des Raynalschen Manuskripts gerieten die Fragmente aus der Feder Diderots zu einem Metadiskurs im eigentlichen Sinne. Dieser Metadiskurs legte die Fundamente für eine Geschichtsphilosophie (als Philosophie einer einzigen Geschichte), für welche die Unterschiede zwischen den Kulturen der Tahitianer, der Huronen oder der Kariben schlicht verschwanden. Für die Bedürfnisse und Spielregeln eines Diskurses, der sich universalistisch gerierte, aber an keinerlei direkte beziehungsweise sinnliche Erfahrung anderer, nichteuropäischer Kulturen (die gleichwohl ständig vereinnahmt wurden) rückgebunden war, stellten derartige Unterschiede nur vernachlässigbare Kleinigkeiten dar, jene »kleinlichen Details der Erfahrung und des Versuchs«, von denen Diderot in der *Histoire des deux Indes* sprach und die er als »kontemplativer Mensch« gerne den simplen »Versuchemachern« überließ.[67] Diderot nahm die Geste und Haltung des dem Vorurteil kritisch gegenüberstehenden Philosophen ein und löschte so, an anderer Stelle, mit einem einzigen Federstrich die kulturelle Besonderheit der Azteken aus. In einer wahrlich eigenartigen Quellenkritik disqualifizierte er die von Augenzeugen verfaßten Beschreibungen und Darstellungen dieser Kultur, ihrer Institutionen und Reichtümer als von persönlichen oder nationalen Interessen geleitete Erfindungen der spanischen Eroberer. Diese Geste des Philosophen, die in einem für die dritte Ausgabe der *Histoire* verfaßten Fragment auftauchte, ist von keinerlei direkter Erfahrung getrübt, sondern ein simpler Effekt von Schrift und Textualität. Auf einem derartigen Fundament, in das keine spezifischen Kenntnisse eingingen, beruht der Versuch,

66 Vgl. Duchet, *Anthropologie et histoire*, a.a.O., S. 21 f. und vor allem S. 350: »Durch dieses Werk hat Diderot das Beste der Reiseliteratur und auch das Zeugnis der Naturforscher oder philosophisch orientierten Verwaltungsbeamten *(administrateurs-philosophes)* aufgenommen, deren Raynal sich bediente, um seine Enzyklopädie der kolonialen Welt herauszubringen.«

67 *Histoire des deux Indes*, a.a.O., tome cinquième, S. 43.

eine einheitliche Sichtweise *des* amerikanischen Menschen wiederherzustellen. Eine solche homogenisierende Sichtweise aber gehorcht allein den diskursiven Spielregeln des Disputs um die Neue Welt.[68]

Aber der Ort, von dem aus Buffons *Histoire naturelle*, Prévosts *Histoire générale des voyages* oder Raynals *Histoire philosophique et politique des établissements et du commerce des européens dans les deux Indes* sprachen, wurde seit Ende des 18. Jahrhunderts immer grundlegender und wirkungsvoller in Frage gestellt. Im Vorwort zu seiner *Anthropologie in pragmatischer Hinsicht*, die 1798 in Königsberg erschien, sah sich Immanuel Kant genötigt, auf die Kritik jener zu reagieren, welche die Legitimität eines Diskurses bestritten, der allein auf einem Informationstypus basierte, den Polybios dem Ohr zugerechnet hatte. Der Königsberger Philosoph, der bekanntlich niemals reiste und sich ein einziges Mal von seiner ihm ans Herz gewachsenen Stadt wenige Dutzend Kilometer weit entfernte[69], mußte sich dieser Kritik stellen und sein Unternehmen rechtfertigen, bevor er es dem Publikum vorlegen konnte. Bei der Rechtfertigung der von ihm benutzten Informationsquellen und des von ihm gewählten Ortes des Schreibens klang unverkennbar ein sich verändernder diskursiver Kontext durch:

> Eine große Stadt, der Mittelpunkt eines Reichs, in welchem sich die Landescollegia der Regierung desselben befinden, die eine Universität (zur Kultur der Wissenschaften) und dabei noch die Lage zum Seehandel hat, welche durch Flüsse aus dem Inneren des Landes sowohl, als auch mit angrenzenden entlegenen Ländern von verschiedenen Sprachen und Sitten, einen Verkehr begünstigt, – eine solche Stadt, wie etwa Königsberg am Pregelflusse, kann schon für einen schicklichen Platz zu Erweiterung sowohl der Menschenkenntnis als auch der Weltkenntnis genommen werden; wo diese, auch ohne zu reisen, erworben werden kann.[70]

68 Vgl. das längst zum Klassiker avancierte Buch von Antonello Gerbi, *La Disputa del Nuovo Mondo. Storia di una Polemica: 1750-1900.* Nuova edizione a cura di Sandro Gerbi, Milano/Napoli: Riccardo Ricciardi 1983.

69 Thomas Bremer, »Il viaggio sulla carta. Viaggi come strategia di discorso in Kant«, in: M. Enrico D'Agostini (Hg.), *La letteratura di viaggio. Storia e prospettive di un genere letterario*, Milano: Guerini e Associati 1988, S. 63-73.

70 Immanuel Kant, *Schriften zur Anthropologie, Geschichtsphiloso-*

An dieser Stelle wird deutlich, wie schwierig es zu jenem Zeitpunkt bereits geworden war, einen anthropologischen Diskurs zu rechtfertigen, der nicht auf eigenen Reisen basierte. Kaum ein Jahr später brach Alexander von Humboldt, der sich lange schon nicht mehr mit dem, was ihm Berlin und die Spree boten, begnügte, zu seiner Reise nach Amerika auf. Nach einer jahrelangen sorgfältigen Vorbereitung in verschiedensten wissenschaftlichen Disziplinen, nach einer langen Reise, in deren Verlauf der junge Preuße zusammen mit seinem Begleiter und Freund Aimé Bonpland die Erforschung weiter Gebiete des Kontinents (das Reich des Auges) mit jener der Archive und Bibliotheken der Zentren des spanischen Kolonialreichs (das Reich des Ohres) verknüpfte, kehrte er nach Europa zurück, um in der Folge nicht Berlin, sondern Paris zum bevorzugten Ort seines Schreibens zu machen. Die französische Hauptstadt schien dem lebenslustigen und arbeitsamen Reisenden mit ihren Bibliotheken, ihren Sammlungen und Archiven, der großen Zahl an wissenschaftlichen Institutionen, an Forschern und Gelehrten und nicht zuletzt mit ihren direkten Verbindungen zur Kolonialwelt ein gegenüber Berlin für die Durchführung seiner hochgesteckten Ziele weitaus vorteilhafterer Ort zu sein. Die weltweite Wirkung seines Werkes gab ihm recht.

Gleichwohl verdoppelte sich der Ort des Schreibens in den Schriften, die Humboldt nach seiner Rückkehr veröffentlichte: Denn nunmehr gab ein Schreiben vor Ort, ein »Schreiben im Angesicht der Dinge«, seinem in Europa verfaßten Diskurs über die Neue Welt eine tiefere Berechtigung. Noch ein halbes Jahrhundert später sollte er bei der Abfassung seines *Kosmos* auf die amerikanischen Reisetagebücher zurückgreifen. Die Wichtigkeit des Sehens, der optischen Dimension prägte alle Texte und Überzeugungen Alexander von Humboldts.[71] Sie schlug sich häufig in den von ihm gewählten Titeln seiner Werke nieder. Seine *Ansichten der Natur*, seine *Vues des Cordillères*, sein *Atlas pittoresque* bieten hierfür gute Beispiele. Dabei spielte das erstgenannte, für Humboldts Popularität beim deutschsprachigen Publikum dank zahlreicher Neuausgaben auch langfristig wirksame Buch bereits im Titel auf die *Ansichten vom Niederrhein*

phie, Politik und Pädagogik 2. Werkausgabe, Bd. XII. Herausgegeben von Wilhelm Weischedel, Frankfurt am Main: Suhrkamp 1977, S. 400.

71 Vgl. Ette, »Der Blick auf die Neue Welt«, a.a.O., S. 1563-1597.

seines Freundes, Lehrmeisters und damaligen Reisegefährten Georg Forster an, der James Cook auf dessen zweiter Weltumsegelung begleitet hatte.

Forsters Schriften und insbesondere seiner *Reise um die Welt* kam auf mehreren Ebenen eine Scharnierfunktion zwischen Raynals Kolonialenzyklopädie und Humboldts ausdrucksvoller Verbindung von Wissenschaft und Ästhetik zu. Einerseits könnte man Forster zu jenen zählen, die Michèle Duchet recht glücklich als *voyageurs-philosophes*[72] (und nicht als reisende Philosophen) bezeichnete. Andererseits stand Forster für einen philosophischen und anthropologischen Diskurs über die Welt der Kolonien, der auf einer direkten Er-Fahrung basierte. Forsters Schriften halfen Humboldt dabei, sich die Regeln eines literarischen Spiels zwischen Diskurs und Erzählung anzueignen, die bereits im kollektiven Werk Raynals beobachtbar waren. Bei Humboldt findet sich eine Vielzahl philosophischer und rhetorischer Elemente, die schon die *Geschichte beider Indien* ausgezeichnet hatte. Das von Humboldt so oft betonte »Schweben über den Dingen«[73] etwa verweist nicht so sehr auf einen Topos abendländischer Philosophie, sondern stellt ein Diskurselement dar, das bereits in der *Histoire des deux Indes* – wie wir sahen – eine wichtige Funktion bei der »Behandlung« der Neuen Welt erfüllte. Durch die Vermittlung nicht zuletzt über Forster sollte Humboldt dieses diskursive Element bis in die Konzeption seines *Kosmos* hinein als gleichsam außerirdischen Raum entwikkeln, ohne dessen philosophische und ästhetisch-literarische Dimensionen zu vernachlässigen. Humboldts Diskurs öffnete sich nicht nur auf die gesamte Schöpfung, auf den gesamten Kosmos, sondern war auch kosmisch fundiert.

Das Werk Humboldts setzte sich, bevor es seinerseits durch die Schriften eines anderen Reisenden, Charles Darwin, in den Hintergrund gerückt wurde, an die Stelle der Raynalschen Kolonialenzyklopädie, die gleichwohl eine zumeist verborgene Dialogpartnerin seiner Schriften über Amerika blieb.[74] In Hinblick

72 Duchet, *Anthropologie et histoire*, a.a.O., S. 97.

73 So Humboldt in einem Brief vom 28. April 1841 an Varnhagen von Ense; *Briefe von Alexander von Humboldt an Varnhagen von Ense*, a.a.O., S. 92.

74 Am deutlichsten ist diese Dialogfunktion noch in Humboldts häufigen kritischen Einlassungen seines *Politischen Versuchs über das Vizekönigreich Neu-Spanien*, a.a.O.

auf die Legitimation des Diskurses über das Andere verdankte sich der Erfolg des Humboldtschen Œuvre, das in seiner Gesamtheit exemplarisch für die Verzeitlichung des europäischen Wissens steht, einer grundlegenden epistemologischen Neuorientierung. Humboldts Kritik am Werk Buffons kam in diesem Zusammenhang ein paradigmatischer Charakter zu:

> Man fühlt, selbst in den mit Recht bewunderten Versuchen dieser Art, daß er Mittel-Europa nie verließ, daß ihm die eigene Ansicht der Tropenwelt fehlt, die er zu beschreiben glaubt.[75]

Mit Humboldts *Reise* beginnt der moderne Diskurs über die Neue Welt. Dieser amerikanistische Diskurs ist ohne die Erfahrung der Reise nicht vorstellbar. Der intermedialen Inszenierung der bislang untersuchten epistemologischen Dimension von Auge und Ohr sollen die folgenden Seiten dieses Kapitels gewidmet sein. Gehen wir also vom Bereich des Ohres zu jenem des Auges, und richten wir unser Augenmerk vor allem darauf, in welcher Weise der Ort des Schreibens auch optisch in Szene gesetzt wird.

Bestseller und Longseller, Bild und Text

Guillaume-Thomas Raynals umfangreiche *Geschichte beider Indien* und Alexander von Humboldts zahlreiche dem ehemaligen spanischen Kolonialreich gewidmete Bände zählen zweifellos zum Kernbestand jener europäischen Veröffentlichungen, die weit über ihre Publikationszeit hinaus die Sichtweise Amerikas im Europa des 18. und 19. Jahrhunderts maßgeblich geprägt haben. Hatten nur Voltaires *Candide* und Rousseaus *Julie ou La Nouvelle Héloïse* mit dem gewaltigen Bucherfolg von Raynals *Histoire* mithalten können, so waren auch viele der Humboldtschen Schriften, von den *Ansichten der Natur* bis hin zum *Kosmos*, zu Bestsellern, im Gegensatz zu Raynals Werk aber auch zu Longsellern geworden. Auf beiden Seiten des Atlantiks fanden Raynals wie Humboldts Werke ein zahlreiches und aufmerksames Lesepublikum.[76]

75 Humboldt, *Kosmos*, a.a.O., Bd. II, S. 66.
76 Vgl. Gilles Bancarel, »L'Histoire des deux Indes. Un best-seller du Siècle des Lumières«, in: *Impressions du Sud* 25 (printemps 1990), S. 54-57; Roberto Ventura, »Lectures de Raynal en Amérique latine

Gleichwohl sei nicht verschwiegen, daß Raynals wie Humboldts Werke – wenn auch in unterschiedlichem Maße – zeitweilig in Europa in Vergessenheit gerieten und nur noch von Spezialisten frequentiert wurden. Vor diesem Hintergrund ist nicht nur das durch zahlreiche neue Editionen und umfangreiche Veröffentlichungsprojekte belegte erneuerte Interesse am »Abbé der Neuen Welt«, sondern vor allem auch die Humboldt-Renaissance im Umfeld seines hundertsten Todestages (1959) und ein immenses Interesse an seinen Aktivitäten aus Anlaß des zweihundertsten Jahrestages seiner Abreise nach Amerika (1999) in Amerika – wo die Begeisterung für Humboldt nie wirklich nachgelassen hatte – wie in Europa und selbst im deutschsprachigen Raum erwähnenswert und spürbar. Seit der Mitte des 20. Jahrhunderts sind zahlreiche Studien erschienen, die sich mit den unterschiedlichsten Aspekten im Denken Humboldts wie Raynals beschäftigen. Noch immer aber wissen wir wenig über die Beziehungen zwischen den Texten beider Autoren und den Illustrationen, die ihre Werke begleiten. Die Bedeutsamkeit dieser intermedialen Beziehung, die lange Zeit auch wegen der Grenzen zwischen unterschiedlichen wissenschaftlichen Disziplinen nicht erkannt wurde, steht außer Frage.

Im folgenden kann es nicht darum gehen, die Komplexität der Bild-Text-Beziehungen in den unterschiedlichen Ausgaben der *Geschichte beider Indien* oder der *Reise in die Äquinoktial-Gegenden des Neuen Kontinents*, die noch zu Lebzeiten ihrer Autoren erschienen, zu illustrieren. Vielmehr soll in Fortführung der in diesem Kapitel eingeschlagenen Argumentationslinie untersucht werden, was Michel Foucault in seinem längst berühmt gewordenen und hier bereits angeführten kleinen Aufsatz die »Autorfunktion« genannt hat. Im Mittelpunkt soll die Frage stehen, auf welche Weise Raynal und Humboldt paratextuell, insbesondere durch graphische Illustrationen ihrer Werke oder mit Hilfe von Portraits, versuchten, ihr eigenes Bild zu prägen, um

aux XVIIIe et XIXe siècles«, in: Lüsebrink/Tietz (Hg.), *Lectures de Raynal*, a. a. O., S. 341-359; sowie José Miranda, *Humboldt y México*. México: UNAM 1962. Der gewaltige Erfolg des Humboldtschen Lebenswerkes wird nicht zuletzt von den zahlreichen Orten, Institutionen oder Naturphänomenen – bis hin zu einem Krater auf dem Mond – bezeugt, die bis heute den Namen des preußischen Gelehrten tragen.

der Vorstellung des Lesepublikums bezüglich der *fonction d'auteur* eine konkretere Form zu geben.

Die Frage scheint auf den ersten Blick einfach. Doch sind die Beziehungen zwischen Schrifttext und Bildtext, zwischen diskursiven und ikonographischen Strukturen in beiden Fällen von überraschender, ja verwirrender Komplexität. Dies betrifft vor allem das Verhältnis zwischen den epistemologischen und poetologischen Grundlagen von Denken und Schreiben beider Autoren und der jeweiligen Inszenierung des Autors bei seiner Tätigkeit: an seinem Schreibtisch, beim Schreiben.

Die erste, 1770 erschienene Ausgabe der *Histoire des deux Indes* besaß noch keinerlei Illustrationen. Sie wurde wahrscheinlich in Holland gedruckt und gab eine falsche Adresse in Amsterdam an, verschwieg aber wohlweislich den Namen ihres Verfassers. Angesichts des subversiven Charakters zahlreicher Passagen in den sechs Bänden dieser ersten Ausgabe konnte dies nicht überraschen. Viele Zeitgenossen verstanden (sich auf) dieses Versteckspiel sehr gut. 1774 meldete die Korrespondenz von La Harpe bezüglich dieses anonym erschienenen Werkes, »noch kecker als dessen Niederschrift wäre es wohl, diese zuzugeben«.[77] Seit 1772 war die *Geschichte beider Indien* in der Tat zum Gegenstand erster staatlicher Zwangsmaßnahmen und Verbote geworden, deren mehrfache Wiederholung gleichsam offiziell den subversiven Charakter dieser Bände über die europäische Kolonialexpansion bestätigte und auf diese Weise dessen Bekanntheitsgrad, Prestige und Wirkung beim französischen Publikum beträchtlich verstärkte.

Für die regelmäßigen Besucher Pariser Salons und die Leser der damaligen *Presse manuscrite*, also der literarischen Korrespondenzen oder der sogenannten *Nouvelles à la main*[78] – und damit für das gebildete Publikum –, war die Anonymität eher relativer Natur. Raynal war weit davon entfernt, etwas gegen die Gerüchte zu unternehmen, er sei der Verfasser des inkriminierten Werkes. Vor dem Hintergrund eines steigenden Bekanntheitsgrades, der durch die offiziellen Verbote noch werbewirksam verstärkt wurde, überrascht es nicht, allenthalben in der Presse Nachrichten über den eigentlichen Verfasser der *Ge-*

77 Zitiert nach Bancarel, »L'Histoire des deux Indes«, a.a.O., S. 55.

78 Vgl. Guénot, »La réception de l'›Histoire des deux Indes‹ dans la presse d'expression française (1772-1781)«, a.a.O., S. 67-84.

schichte beider Indien und überdies seit 1772 im *Journal littéraire de Berlin* nachdrückliche Hinweise zu finden, die das Werk einem gewissen »M. l'Abbé R***« zurechneten. Für die Eingeweihten hätte die Anspielung in einem »von der Preußischen Akademie kontrollierten«[79] Periodikum kaum deutlicher ausfallen können, war Raynal doch bereits seit 1750 offizielles Mitglied der Akademie.

So begann ein literarisches Spiel, dessen ästhetische und poetologische Implikationen neue Ausblicke auf ein faszinierendes und facettenreiches Werk eröffnen. Die zweite Ausgabe der *Histoire des deux Indes* erschien 1774 in Den Haag und enthielt erstmals eine Reihe von Stichen.[80] Das bereits erwähnte Frontispiz (Abb. 1) dieser sechsbändigen Oktavausgabe verdient unsere besondere Aufmerksamkeit. Gab die Titelseite dieser Ausgabe auch noch immer den Autornamen nicht preis, so bediente das Titelkupfer doch die Neugier des Lesepublikums. Das medaillonförmig geschnittene rechte Profil Raynals wurde durch eine Legende ergänzt, die den Namen von »G.^{me} T.^{mas} RAYNAL« sowie seine Zugehörigkeit zur »Société Royale de Londres et de l'Académie / des Sciences et Belles-Lettres de Prusse« präzisierte – und damit just auf jene Institution verwies, deren *Journal littéraire* recht unmißverständlich auf die Autorschaft des aus einem kleinen Örtchen in der Nähe des südfranzösischen Rodez stammenden Philosophen hingewiesen hatte. Enthält diese Legende auch keinen Hinweis auf seinen Status als Geistlicher, so läßt die Kleidersprache des Portraits doch keine Zweifel daran aufkommen. Raynals Portrait *en costume ecclésiastique* zeigt uns »ein von Gutherzigkeit geprägtes beschwichtigendes Gesicht«[81] eines (ebenso offenkundig wie ostentativ) von guten Absichten beseelten Geistlichen.

Die (wohlgemerkt relative) Anonymität wird hier gelüftet, ohne daß der Autorname auf die Titelseite rückte. Dies ist der

79 Ebd., S. 72.

80 Aus einer anderen Perspektive hat Lise Andries auf die Wichtigkeit der Illustrationen der *Geschichte beider Indien* aufmerksam gemacht; vgl. Lise Andries, »Les illustrations dans l'›Histoire des deux Indes‹«, in: Hans-Jürgen Lüsebrink und Anthony Strugnell (Hg.), *L'»Histoire des deux Indes«: réécriture et polygraphie*, Oxford: Voltaire Foundation 1995, S. 11-41.

81 Gilles Bancarel, »G. Thomas Raynal. De la séduction à la sévérité«, in: *Revue du Rouergue* (Rodez) 28 (hiver 1991), S. 480.

Auftakt zu einem komplizierten Spiel zwischen den verschiedenen schrifttextlichen und nicht-schrifttextlichen Teilen des Paratextes und der semiotischen Strukturierung der *Histoire des deux Indes*. Dieses Spiel schloß einen kreativen Umgang mit den ikonologischen Gepflogenheiten der Zeit mit ein: Nicht von ungefähr zählte der für diesen zeichnerischen Entwurf gewählte Künstler zu den berühmtesten und gesuchtesten Künstlern der Epoche. Der auf dem Frontispiz vermerkte Name Charles-Nicolas Cochin war, zusammen mit dem ebenfalls festgehaltenen Namen des Graveurs, sehr wohl in der Lage, die Wichtigkeit der dargestellten Persönlichkeit zu unterstreichen. Gemäß der Konventionen eines Frontispizes, von denen[82] hier nur die identifikatorische Beziehung zwischen dem Bild der dargestellten Person und den Inhalten der jeweiligen Bildlegende (in diesem Fall unter Angabe der akademischen Titel) erwähnt sei[83], vermittelte ein so gestaltetes Eingangstor dem gesamten nachfolgenden Werk eine wesentlich höhere Authentizität und Legitimität. Die

82 Die Trennung zwischen *Dessinateur* und *Graveur* war im Verlauf des 18. Jahrhunderts immer häufiger geworden; vgl. Peter Wagner, *Lust & Liebe im Rokoko. Lust & Love in the Rococo Period*, Nördlingen: Delphi 1986, S. 12. In ganz Europa zählten die französischen Künstler im *Siècle des Lumières* zu den gesuchtesten Buchillustratoren.

83 Es wäre innerhalb eines erweiterten Kontexts möglich, im Sinne Barthes' von einer Verankerungsfunktion *(fonction d'ancrage)* zu sprechen: »der Text lenkt den Leser zwischen den Signifikaten des Bildes, er sorgt dafür, daß einige vermieden und andere aufgesucht werden; vermittels eines häufig subtilen *dispatching* wird er wie mit einer Fernsteuerung zu einem vorgegebenen Sinn geführt. In all diesen Fällen der Verankerung kommt der Sprache zweifellos die Funktion einer Erleuchtung zu, doch ist diese Erleuchtung selektiv; es geht um eine Meta-Sprache, die nicht auf die Gesamtheit der ikonischen Botschaft, sondern nur auf bestimmte Zeichen daraus angewandt wird; der Text ist in der Tat das Recht des Schöpfers (und damit der Gesellschaft), auf das Bild zu blicken: Die Verankerung ist eine Kontrolle, sie beinhaltet gegenüber der projektiven Macht der Figuren eine Verantwortlichkeit bezüglich der Verwendung der Botschaft; hinsichtlich der Freiheit der Signifikate des Bildes eignet dem Text ein *repressiver* Wert, und man versteht nun, daß sich vor allem auf seiner Ebene Moral und Ideologie einer Gesellschaft äußern.« Barthes, »Rhétorique de l'image«, in: ders., *Œuvres complètes*, a.a.O., Bd. I, S. 1422.

Abb. 1 Guillaume-Thomas Raynal, *L'Histoire des deux Indes*, Frontispiz der zweiten Ausgabe, 6 Bände, Den Haag 1774.

Bild-Text-Beziehungen bestätigen jenen Prozeß einer *Autor*isierung, dessen Hintergründe unsere Analyse der gesamten Strukturierung der *Geschichte beider Indien* bereits zutage fördern konnte.

Dieses erste, in seiner Entstehung auf das Jahr 1773 zurückgehende Frontispiz führte im Gefolge der zweiten Ausgabe zu einer Reihe von Varianten, die auf der Zeichnung Cochins beruhten und unseren Autor bisweilen im rechten, bisweilen im linken Profil zeigten. Der Blick des so Porträtierten richtet sich nach rechts, auf die Titelseite, oder nach links (Abb. 2), aber niemals auf die Leserin oder den Leser. Dies verändert sich erst mit der dritten Ausgabe der *Histoire des deux Indes*, die in Genf 1780 in einer vierbändigen, luxuriös ausgestatteten Quartausgabe erschien. Hier stoßen wir schließlich auf den Autor in seinem Arbeitszimmer, mit der Schreibfeder in der Hand (Abb. 3).

Abb. 2 Guillaume-Thomas Raynal, *L'Histoire des deux Indes*, Frontispiz der zweiten Ausgabe, 3 Bände, Genf 1775.

Der Blick auf den Leser

Dieser Autor, auch dies ist neu, blickt seiner Leserschaft ins Gesicht. Richtet sich deren Blick wiederum genauer auf den »Autor«, so wird sie in diesem Stich im Vergleich zum Frontispiz der zweiten Ausgabe eine Vielzahl weiterer Veränderungen erkennen. Der Blick des Lesers wird, wie Michel Butor zu Recht bemerkte, niemals unschuldig, sondern stets schon vorgeprägt, vielleicht zielgerichtet, in aller Regel aber selektiv sein:

> Wir betrachten nie auf dieselbe Weise ein Gesicht, von dem es heißt, es sei zehn oder sechshundert Jahre alt, es zeige einen Papst, Kapitän oder Mathematiker; wir befragen es auf andere Weise.[84]

84 Michel Butor, *Les mots dans la peinture*, Genève/Paris: Skira/Flammarion 1969, S. 11.

Abb. 3 Guillaume-Thomas Raynal, *L'Histoire des deux Indes*, Frontispiz der dritten Ausgabe, 4 Bände, Genf 1780.

Schuf der gesetzte Gesichtsausdruck eines Kirchenmannes eine gewisse Spannung zwischen diesem bewußt in Szene gesetzten Bild des Autors und der Vehemenz, der Inbrunst seiner Argumente und Attacken, so stellte das Portrait der dritten Ausgabe eine grundlegend andere Beziehung zwischen diesem Bild und der Gesamtheit des Raynalschen Werkes her. Anders als bei der Rezeption eines schriftlichen Textes tasten die Augen der Leser die Oberfläche des Frontispizes nicht linear, sondern vielmehr selektiv ab, indem sie von einem visuellen Element zum anderen springen, dabei das erste mit einem neuen Kontext versehen, eine direkte Verbindung zwischen der identifikatorischen Legende und dem künstlerisch dargestellten Menschen herstellen, um danach die verschiedenen Elemente dieser Seite einer allgemeineren Deutung zuzuführen. Im folgenden schlage ich einen möglichen Parcours einer derartigen Lektüre, einer Bewegung im mehrdimensionalen Raum zwischen Text und Bild, vor.

Die auf den ersten Blick bereits sichtbare deutlichste Veränderung betrifft das Aussehen und vor allem das Gesicht des »Autors«. Schon die Zeitgenossen bemerkten natürlich diese Veränderung. Grimm kam in seiner *Correspondance littéraire* zu einer negativen Einschätzung, ihm kam das Portrait von 1780 »äußerst unähnlich« *(fort peu ressemblant)* vor.[85] Im 19. Jahrhundert schreckte man nicht davor zurück, dieses Bildnis als »falschen Raynal«, als »frei erfundenes Pastiche *(un pastiche de fantaisie)*, das sein Publikum zum Narren hielt«, zu bezeichnen.[86] Und doch handelte es sich beim Künstler um denselben Cochin, wie eine Angabe auf dem Frontispiz festhielt, als wollte sie jedweden Verdacht künstlerischer Unfähigkeit entkräften: *Dessiné par C. N. Cochin, chevalier de l'ordre du Roi, secrétaire perpétuel de l'Académie Royale de peinture et de sculpture.* Dem Kupferstecher wiederum konnte man kaum vorwerfen, eine schlechte Arbeit abgeliefert zu haben, handelte es sich doch um keinen Geringeren als Nicolas de Launay, den Graveur von Fragonard und einer der renommiertesten Spezialisten seiner Zeit.[87] Das Titelkupfer ließ hieran keine Zweifel aufkommen: *Gravé par N. de Launay de la même Académie. Membre de celle des Beaux Arts du Danemark.* Kein Zweifel: Man hatte für die Anfertigung dieses Portraits der Genfer Luxusausgabe auf die anerkanntesten und erfahrensten Künstler der Zeit zurückgegriffen. Und auch sonst läßt sich von den Illustrationen der *Histoire des deux Indes* behaupten, daß sie außerordentlich sorgsam ausgeführt worden waren.

Das von Charles-Nicolas Cochin entworfene Frontispiz der dritten Ausgabe von 1780 war zweifellos eine Art Phantombild. Das Bildnis war nicht vorrangig referentiell, also auf die möglichst getreue Wiedergabe des Abbé bezogen. Zeigte es dem Leser auch nicht den »wahren Raynal«, so zeigt es uns doch auch keinen »falschen«, sieht man von einer rein körperlichen, die Gesichtszüge betreffenden Ähnlichkeit einmal ab. Dem Bildnis des Autors war nunmehr – wie zu Recht bemerkt wurde – ein eigentlicher »Symbolwert«[88] zugewachsen.

85 Zitiert nach Bancarel, »G. Thomas Raynal. De la séduction à la sévérité«, a.a.O., S. 482.

86 Ebd.

87 Er trat vor allem im Bereich dessen, was man im 18. Jahrhundert als *estampe galante* bezeichnete, hervor; vgl. Wagner, *Lust & Liebe im Rokoko*, a.a.O., S. 12. Wir werden diesem Künstler erneut im zehnten Kapitel begegnen.

88 Gilles Bancarel, »Le succès inattendu d'un Rouergat au XVIIIe

Doch bleiben wir dabei nicht stehen: Wir dürfen zunächst festhalten, daß die konventionalisierte Verbindung zwischen Bild und Bildlegende stillschweigend gekappt worden war. Dieses Unterlaufen der Gepflogenheiten im Bereich der Buchillustrationen springt besonders dann ins Auge, wenn man sich die Veröffentlichungsstrategie der drei ersten Ausgaben der *Geschichte beider Indien* vergegenwärtigt. Bot die erste Ausgabe von 1770 weder einen Autornamen noch ein Autorportrait (und folglich auch keinerlei Bildlegende mit weiteren Angaben), so verschwieg die zweite Ausgabe zwar auf der Titelseite den Autornamen, gab ihn aber in der Unter-Schrift, der Bildlegende, eines Portraits an, das die Zeitgenossen für Raynal ähnlich hielten. Im Quartformat der dritten Ausgabe hingegen finden wir den Namen des Autors ebenso auf der Titelseite wie in der Bildlegende, doch wies dieses Bildnis nach Einschätzung der Zeitgenossen kaum Ähnlichkeiten mit Raynal auf. Dieses Spiel mit der Authentizität der Autorfunktion konnte freilich nur ein Leser überblicken, der die Entwicklung der Präsentation, des paratextuellen Apparats der unterschiedlichen Ausgaben, eingehender verfolgte. Die Implikationen dieses Spiels werden uns jedoch erst dann klar, wenn wir zunächst eine Reihe weiterer Elemente des letztgenannten Frontispizes untersuchen.

Haben wir in Hinblick auf die Bildnisse am Eingang der unterschiedlichen Ausgaben von einem »Autor« gesprochen, so wurde dieser Begriff bislang nur im übertragenen Sinne gebraucht. Denn es geht zweifellos nicht um *einen* Autor oder gar *den* Autor, sondern vielmehr um ein Konstrukt, eine Autorfiktion. Die Abfolge verschiedener Ausgaben belegte, wie wir sahen, eine deutlich wachsende Betonung der Autorschaft Raynals und eine damit verbundene Erhöhung der Autorität der *Histoire des deux Indes*; doch das subtile und komplizierte Spiel, das uns die Bild-Text-Beziehungen bislang aufzeigten, steht hierzu in einem subversiven Verhältnis. Das interaktive Zusammenspiel sprachlicher und nicht-sprachlicher (ikonischer) Strukturen begründet eine semantische Strukturierung, welche die Inszenierung eines konkreten Autors, Guillaume-Thomas Raynal, unterläuft, um eine veritable Dekonstruktion des Autors oder, wie man noch genauer sagen müßte, der Autorfunktion in die Wege zu leiten.

siècle«, in: *Procès Verbaux des Sciences de la Société des Lettres, Sciences et Arts de l'Aveyron* XLV, 2° fasc. (1988), S. 221.

Der vollständige Name Raynals findet sich in Großbuchstaben (und mit einem Punkt[89] nach seinem Nachnamen) zwischen dem rechteckigen, fast quadratischen Portrait und einer allegorischen Szene. Diese ist in Form eines *bas-relief* ausgeführt, das von zwei Pilastern ohne Arabesken und Schmuckwerk begrenzt wird, was den eher strengen Charakter des gesamten Frontispizes noch verstärkt. Im Zentrum der allegorischen Szene thront die Göttin der Vernunft, welche den Geist der Zwietracht zu ihrer Linken behindert oder ignoriert und zu ihrer Rechten die Göttin der Freiheit erleuchtet, die ihrerseits – eine Lanze mit der phrygischen Mütze in Händen haltend[90] – eine Szenerie beherrscht, in der sich Sklaven von ihren Ketten befreien.[91] Auf dem Sockel des Reliefs ist nicht in Lettern, sondern wie mit der Hand geschrieben vermerkt *Au Défenseur de l'Humanité, de la Vérité, de la Liberté*[92], gefolgt vom Namen Eliza Draper, der auf der rechten Seite etwas tiefer in Großbuchstaben ausgeführt ist.

Man könnte mit Lise Andries diese Worte als den Ausdruck einer »Legitimität« lesen, die das Unternehmen Raynals »in die gerade Linie der Philosophie der Aufklärung (*Lumières*)« einschreibe.[93] Denn das Portrait zeigt uns nicht mehr einen Raynal in kirchlichem Gewand, sondern einen Schriftsteller, der mit allen konventionellen Zeichen ausgestattet ist, die in der Kleidersprache den *homme de lettres*, den *philosophe* bezeichnen.

Wir würden dabei freilich vergessen, daß diese Worte aufgrund ihrer typographischen Anordnung Eliza Draper zugeschrieben wurden. Es handelt sich um ein intratextuelles Zitat, das die Komplexität der intermedialen Beziehungen zwischen dem Frontispiz und dem unter dem Namen Raynals veröffentlichten Schrifttext hervortreten läßt. In der Mitte des dritten Buches, in dem es um »Niederlassungen, Handel und Eroberun-

89 Die Satzstruktur ist elliptisch und ließe sich leicht zur Formel »Dieses Bild zeigt Guillaume-Thomas Raynal« vervollständigen.

90 Diese allegorische Darstellung hatte – um nur ein einziges Beispiel zu nennen – Jean-Jacques Rousseau gewählt und auf der Titelseite seines *Discours sur l'origine et les fondemens de l'inégalité parmi les hommes* plaziert.

91 Vgl. Andries, »Les illustrations dans l'›Histoire des deux Indes‹, a.a.O., S. 34.

92 Dem Verteidiger der Menschheit, der Wahrheit, der Freiheit.

93 Ebd.

gen der Engländer in Ostindien« geht, kann man die nachfolgende Stelle lesen:

Eliza sagte oft, daß sie niemanden so sehr wie mich schätze. Heute darf ich dies glauben.
In ihren letzten Augenblicken kümmerte sich Eliza um ihren Freund; und ich vermag keine Linie zu schreiben, ohne jenes Denkmal, das sie mir hinterließ, vor Augen zu haben. Warum konnte sie nicht auch meine Feder mit ihrer Grazie und ihrer Tugend versehen? Mir ist, als hörte ich sie noch. »Diese Strenge Muse, die dich anblickt«, so sagte sie mir, »ist die *Geschichte*, deren hehre Aufgabe darin besteht, die Meinung der Nachwelt zu bestimmen. Diese geflügelte Gottheit, die über dem Erdball schwebt, ist das *Renommee*; die Fama scheute sich nicht, uns einen Augenblick von dir zu berichten: sie brachte mir deine Werke und bereitete unsere Verbindung durch die Wertschätzung vor. Blicke auf diesen unsterblichen Phönix in den Flammen: Er ist das Symbol des Genies, das niemals stirbt. Mögen dich diese Embleme ohne Unterlaß darin bestärken, dich als der Verteidiger DER MENSCHHEIT, DER WAHRHEIT, DER FREIHEIT zu zeigen.[94]

Seit den Nachforschungen von Herbert Dieckmann und Michèle Duchet im Fonds Vandeul können wir diese Passage unter dem Titel »Eloge d'Eliza Draper« mit hoher Wahrscheinlichkeit der Feder Denis Diderots zuschreiben.[95] Überdies wurde dieses Lob erstmals in jener dritten Ausgabe der *Geschichte beider Indien* publiziert, mit deren Frontispiz wir uns beschäftigen, eine Ausgabe, die im übrigen zwei Jahre nach dem Tod Elizas erschien.

Die 1778 verstorbene Elizabeth Draper wurde 1744 in Indien geboren und sehr jung mit einem Offizier der *East India Company* verheiratet. Sie ist innerhalb der englischen wie der französischen Literatur keine Unbekannte geblieben. Laurence Sterne hatte sich Hals über Kopf in die junge Frau verliebt und ihr neben anderen Schriften 1767 sein *Journal to Eliza* gewidmet. Erschien dieser Text auch erst Mitte des 19. Jahrhunderts, so wurde die Figur Eliza Drapers doch bereits in Sternes *A Sentimental Journey* häufig erwähnt. Unter dem Titel *Letters from*

94 *Histoire des deux Indes*, a.a.O., S. 71 ff. (die Begriffe *Histoire* und *Renommée* sind im französischen Original mit großen Anfangsbuchstaben geschrieben). Auf die Tatsache, daß der *historien philosophe* die Rede Elizas akustisch, über das Ohr also, wahrnimmt, komme ich zurück.

95 Vgl. Duchet, »Diderot et l'Histoire des Deux Indes«, a.a.O., S. 69.

Yorick to Eliza erschien auch ein Bändchen, das um 1773 dem Lesepublikum zehn Briefe vorstellte, die der englische Schriftsteller an seine Liebe geschrieben hatte. Guillaume-Thomas Raynal traf Eliza Draper, die Bombay kurz zuvor verlassen hatte, im Jahre 1776. Es ist nicht ausgeschlossen, daß auch er sich in jene Frau verliebte, die ihm zuvor bereits Informationen über die ihr bekannten Teile des britischen Kolonialreichs in Indien geliefert hatte.[96] Wie dem auch sei, die Namen von Sterne, Diderot und Raynal vermischen sich im Umfeld Elizas und lassen eine »emblematische Figur« entstehen, jene des Philosophen.[97]

In Diderots »Lob von Eliza« mangelt es nicht an pathetischen Wendungen an den Leser:

Es sei mir erlaubt, an dieser Stelle meinem Schmerz und meinen Tränen freien Lauf zu lassen! Eliza war meine Freundin. Oh, mein Leser, wer auch immer du bist, verzeih' mir diese unwillentliche Bewegung. Laß zu, daß ich mich mit Eliza beschäftige.[98]

Die Sakralisierung der jungen Frau, die – glauben wir der *Histoire* – wie der Sohn Gottes im Alter von dreiunddreißig Jahren starb[99], deren »himmlische Seele« hienieden nur eine »heilige Asche« zurückgelassen habe[100], und die Solidarisierung mit Laurence Sterne führen das pathetische

96 Peter Wagner verdanke ich den Hinweis darauf, daß in der Sterne-Biographie von Arthur H. Cash (*Laurence Sterne. The later years*, London: Methuen 1986, S. 345 f.) Raynal als möglicher Verfasser des »Eloge à Eliza« genannt wird. Cash stützt sich bei seiner Annahme auf Alice Green Fredman (*Diderot and Sterne*, New York 1955), deren Studie vor den Arbeiten Michèle Duchets erschien.

97 Von einer anderen Fragestellung ausgehend, stellte Michel Delon (»L'appel au lecteur dans l'›Histoire des deux Indes‹«, in: Lüsebrink/Tietz (Hg.), *Lectures de Raynal*, a.a.O., S. 57) zu Recht fest: »Eliza Draper wurde von Sterne und, nach dessen Tod, dann von Raynal geliebt. Diderot taucht als das dritte Gesicht dieser Abfolge von Schriftstellern auf, die perspektivisch eine emblematische Figur des Philosophen erzeugt, während Eliza mit ihrer besonderen, persönlichen Note die Dimension einer Muse der Geschichte annimmt.«

98 *Histoire des deux Indes*, a.a.O., Bd. II, S. 69.

99 Schenken wir hingegen der Sterne-Biographie von Cash (*Laurence Sterne*, a.a.O., S. 270-273) mehr Glauben, so verstarb Eliza nach ihrem 34. Geburtstag.

100 *Histoire des deux Indes*, a.a.O., Bd. II, S. 69.

Ich nicht nur zu einer Liebeserklärung, deren Gegenstand nicht mehr auf Erden weilt, sondern auch zu einem Treueschwur an die eigene Adresse:

Aus der Höhe des Himmels, deinem ersten und letzten Vaterland, nimm, oh Eliza, meinen Schwur entgegen. *Ich schwöre, keine einzige Linie zu schreiben, in der man nicht deinen Freund wiedererkennen könnte.*[101]

Das Frontispiz repräsentiert diese Szene. Der Philosoph stellt mit seinem »strengen« Blick – ganz wie durch seine zahlreichen, hier nur exemplarisch angeführten *appels au lecteur* – einen direkten Kontakt zu seinem Leser beziehungsweise seiner Leserin her. Auf dem Schreibtisch des Philosophen kann der Leser beziehungsweise der Betrachter dieser Szene emblematische Gegenstände erkennen, zu denen ein Obelisk, eine Trompete oder eine Lorbeerkrone zählen. Sie spielen auf die Geschichte, die Nachwelt und das Renommee an, von denen Eliza in der zitierten Passage gesprochen hatte. Stellt das Frontispiz des ersten Bandes folglich die Illustration einer Szene dar, die sich im dritten Buch der *Geschichte beider Indien* ereignet?

Die Illustrationen der dritten Ausgabe von 1780 weisen sich – wie Lise Andries ausführte – durch eine klare Politisierung und eine Veränderung der Tonart aus. Der allegorische Charakter der Bilder aus der zweiten Ausgabe machte einer präziseren, konkret an der Illustration bestimmter Passagen des Textes ausgerichteten Funktion Platz. Bevor wir uns den Beziehungen zwischen diesen Veränderungen und der Veröffentlichungsstrategie sowie der damit verbundenen epistemologischen Dimension zuwenden, sollten wir noch einmal auf die spezifische Textur sprachlicher und nicht-sprachlicher Elemente im Titelkupfer der Genfer Ausgabe von 1780 zurückkommen.

Das intratextuelle, also dem eigenen Text (freilich aus der Feder Diderots) entnommene Zitat erlaubte uns, die dargestellte Szenerie als Illustration der »eingespielten« Passage zu verstehen. Der Text würde dann eine Verankerungsfunktion übernehmen *(fonction d'ancrage)*, auch wenn diese wesentlich weniger repressiv wäre als jene, von der Roland Barthes sprach.[102] Aber

101 Ebd., S. 72 (die Großschreibung im französischen Original ist durch Kursivsetzung wiedergegeben).

102 Es handelt sich hier nicht so sehr um eine repressive Kontrolle als vielmehr um ein Spiel mit dieser Kontrolle und Repression, welche die Bildlegenden gemäß der Barthesschen Konzeption ausüben.

die Beziehungen, die sich zwischen den ikonischen und den schriftsprachlichen Elementen des Frontispizes herstellen, gehen weit über eine derartige Deutung hinaus. Denn die Einschreibungen sind in typographischer Hinsicht stark differenziert; dies erhält eine so große Bedeutung, daß der grammatextuelle[103] Aspekt uns erlaubt, die intermedialen Beziehungen als unauflöslich zu begreifen. Der handschriftlich ausgeführte und gleichsam von Eliza Draper signierte Text kann zweifellos mit der Bewegung der Hand des Philosophen in Verbindung gebracht werden, der seine Feder über die Schreibfläche führt oder, um noch genauer zu sein, diesen Schreibvorgang gerade unterbrochen oder beendet hat, da sein Blick nicht mehr auf dem Papier, sondern auf seinem Leser oder Betrachter ruht. Der Eliza Draper zugeschriebene Text, von dem wir wissen, daß er uns in einem Text aus der Feder Diderots präsentiert wird, strebt nicht nur eine legitimatorische und autorisierende Funktion an, wie sie bereits das allegorische *bas-relief* erfüllt. Er dekonstruiert zugleich die Autorfunktion, indem ein von einem anderen Philosophen verfaßter fiktiver Satz einer historischen Figur auf das Phantombild eines Philosophen bezogen wird. In diesem Spiel auf mehreren Ebenen geht der Ursprung des Satzes verloren. Just in jenem Augenblick, als die Titelseite die Autorschaft von Guillaume-Thomas Raynal – der in der Folge nach seiner Flucht aus Frankreich in mehreren europäischen Ländern Asyl suchen mußte – unterstreicht, wird damit die *fonction d'auteur* ebenso subtil wie subversiv in Frage gestellt. Der Blick auf den Leser hat es fürwahr in sich.

Ikonotextualität und Inszenierung des Schreibtischs

Das Frontispiz der Genfer Quartausgabe von 1780 ist weit mehr als ein simples Portrait eines Autors und weit mehr auch als der Ausdruck einer rein illustrierenden Funktion; es handelt sich vielmehr um eine komplexe semantische Strukturierung, inner-

103 Zum Begriff der Grammatextualität vgl. Jean Gérard Lapacherie, »Der Text als ein Gefüge aus Schrift (Über die Grammatextualität)«, in: Volker Bohn (Hg.), *Bildlichkeit. Internationale Beiträge zur Poetik*. Frankfurt am Main: Suhrkamp 1990, S. 69-88.

halb deren die sprachlichen und die nicht-sprachlichen Elemente hochgradig interaktiv sind und eine unauflösliche Einheit bilden. Begreifen wir dieses Frontispiz folglich als einen Ikonotext im vollen Sinne[104] – und zugleich die ikonotextuelle Strukturierung als immanente Poetik der *Histoire des deux Indes*. Dazu bedarf es einiger zusätzlicher Überlegungen, um den intermedialen, durch das Zusammenspiel von Bild und Text eröffneten Raum weiter auszuleuchten.

Wir haben gesehen, daß diese umfangreiche Kolonialenzyklopädie das Ergebnis einer kollektiven Arbeit ist. Um ein solches Vorhaben in die Tat umzusetzen, hatte Raynal sorgfältig ein leistungsfähiges Netz von Mitarbeitern und Korrespondenten ebenso in Frankreich wie in Übersee aufgebaut. Mit dem Fingerspitzengefühl eines erfahrenen Publizisten und Intellektuellen hatte er die Chancen und Möglichkeiten eines derartigen Werkes früh erkannt. Die Auswertung unzähliger Dokumente, die Ausarbeitung spezifischer Fragebögen, die Ausweitung thematischer Schwerpunkte, aber auch die Ausbeutung bestehender Textsammlungen wie mitbeteiligter Koautoren, zu deren entscheidender Figur Diderot heranwuchs, schufen ein Werk, dessen Grundplan, nicht aber dessen Textualität dem *Abbé du Nouveau Monde* zugerechnet werden darf. Die paradoxe Aneignung des eigenen Werkes durch Raynal hielt lange Zeit den Namen Diderots im Hintergrund.

Und doch war der Name Diderots zumindest implizit auf dem Frontispiz der dritten Ausgabe der *Geschichte beider Indien* präsent. Im Hintergrund des von Cochin entworfenen und von De Launay gestochenen Portraits kann man ohne Schwierigkeiten drei dicke Bände der *Encyclopédie* ausmachen. Die Worte in

104 Michael Nerlich definierte diesen Begriff wie folgt: »eine unauflösliche Einheit von Text(en) und Bild(ern), innerhalb deren weder der Text noch das Bild eine illustrierende Funktion erfüllen«; vgl. Michael Nerlich, »Qu'est-ce un iconotexte? Réflexions sur le rapport texte – image photographique dans ›La femme se découvre‹ d'Evelyne Sinnassamy«, in: Alain Montandon (Hg.), *Iconotextes*, Paris: Ophrys 1990, S. 268. In seiner Vorstellung dieses Bandes definierte Alain Montandon den Begriff als »ein Werk, innerhalb dessen Schrift und plastische Elemente sich als unzertrennliche Totalität darstellen« (ebd., S. 7). Zur Bestimmung des Begriffs der Ikonotextualität vgl. auch Ette, *Roland Barthes. Eine intellektuelle Biographie*, a.a.O., S. 102-105.

diesem Stich eröffnen uns erneut mehrere Deutungsmöglichkeiten. Auf legitimatorischer Ebene ist unverkennbar, daß sich ein in Buchform gespeichertes Wissen in keinem emblematischeren Gegenstand als jenen dickleibigen Bänden verkörpern konnte. Andererseits liefert die Präsenz der *Encyclopédie*, wie dies häufig auf paratextueller Ebene geschieht, dem Lesepublikum eine Art Orientierung und Lesemuster. Die *Histoire des deux Indes* – so eine der möglichen Lesarten – schrieb sich folglich in eine philosophische Tradition ein, die von jenem kollektiven Unternehmen wesentlich geprägt worden war.

Darüber hinaus konnte die Präsenz dreier Bände der *Encyclopédie* auf der Ebene der Textgenese signalisieren, daß Raynals Plan eine kollektive Schreibtradition fortführte und dabei ein ebenso gewaltiges wie ambitioniertes Projekt verwirklichte, welches sich einem so heterogenen und äußerst vielgestaltigen Gegenstand wie der kolonialen Expansion Europas verschrieben hatte. Auf diese Weise konnte die *Geschichte beider Indien* trotz aller grundlegenden Unterschiede zu einer Fortführung des *Encyclopédie*-Projekts Diderots werden. Von der paratextuellen »Schwelle«, vom intermedialen Eingangstor zur *Geschichte beider Indien* an öffnet sich ein literarischer Raum, der explizite intertextuelle Beziehungen zu Veröffentlichungen anderer Autoren herstellt. Im Kontext einer derartigen Öffnung führen die intermedialen Bild-Text-Relationen eine Poetik ein, die sich innerhalb eines komplexen Netzwerks intra- und intertextueller Bezüge ansiedelt. Der so geschaffene Raum ist dabei nicht statischer, sondern hochgradig dynamischer Natur: Es handelt sich um eine Literatur in Bewegung, deren Netzwerke sich ständig verändern und – wie wir am Beispiel des Frontispizes mit seinen mehrfachen semantischen Böden sahen – auf immer neue Räume und Bezugssysteme hin öffnen. Autorschaft und Ikonotextualität bilden nur zwei von mehreren Problemfeldern, innerhalb deren sich eine in vielfachem Sinne grenzüberschreitende Literatur manifestiert. Die *Geschichte beider Indien* – und dies dürfte für ihre »Wiederentdeckung« gerade in der zweiten Hälfte des zurückliegenden Jahrhunderts entscheidend gewesen sein – ist ein ebenso hybrides wie dynamisches Textgebilde, das seine Leserschaft nicht nur räumlich-topographisch in Bewegung setzt. Die philosophischen, literarischen und kulturtheoretischen Veränderungen dieses Zeitraums eröffneten einen neuen Zugang zu einem

Werk, dessen Hybridcharakter nun positiv gewertet werden konnte, zumindest aber kein unüberwindliches Hindernis mehr für die Rezeption darstellte.

Der Ikonotext am Eingang zur dritten und sicherlich wirkungsvollsten Ausgabe der *Histoire des deux Indes* beinhaltet nicht nur eine immanente Poetik, sondern zugleich auch eine immanente Epistemologie. Diese betrifft den Stellenwert der Informationsquellen, auf denen das eigene Schreiben beruht. Um diese Dimension des Frontispizes zu erkunden, müssen wir noch einmal auf die Darstellung der drei Bände der *Encyclopédie* zurückkommen.

Denn innerhalb der Gesamtheit des ikonotextuellen Raumes des Titelkupfers bilden die schriftsprachlichen Informationen die eigentliche Basis, auf welcher der Akt des Schreibens ruht: als Akt einer Aneignung und Anverwandlung von Texten. Die Textmaschinerie der *Geschichte beider Indien* wird auf dieser Ebene – und bereits für den Betrachter des Frontispizes sichtbar – epistemologisch verankert. Nicht dem Reisenden, sondern dem seßhaften Menschen, nicht dem Augenzeugen, sondern dem Beobachter aus der Ferne, nicht dem Handelnden, sondern dem Datensammler vertraut Diderot in seinem eingangs zitierten Lob des *homme contemplatif*. Es lautet im weiteren Wortlaut wie folgt:

> Unter der Menge an Elementen, welche die Natur benutzt, kennen wir nur einige wenige, und selbst diese kennen wir nur unvollkommen. Wer weiß, ob die Beschaffenheit der anderen sie nicht auf immer unseren Sinnen, unseren Instrumenten, unseren Beobachtungen und unseren Versuchen entziehen wird?[105]

Das diesen generellen Überlegungen zu den Erkenntnismöglichkeiten des Menschen zugrundeliegende Raum-Bild ist nicht das einer offenen Landschaft, in welcher eine Feldforschung durchgeführt wird, sondern der geschlossene Raum. Diese Abgeschlossenheit ist nicht die eines Labors, in welchem mit Hilfe von Instrumenten wissenschaftliche Versuche und Beobachtungsreihen durchgeführt werden, sondern jene eines abgeschlossenen Arbeitszimmers, in dem die über die Außenwelt vorliegenden Daten von einem umfassend gebildeten Menschen zusammengefaßt werden und den Ausgangspunkt für im weiten

105 *Histoire des deux Indes*, a.a.O., tome cinquième, S. 43.

Sinne philosophische Reflexionen bilden. Die Bewegungen dieses Philosophen werden diskursiver beziehungsweise interdiskursiver, zwischen verschiedenen Diskursen vermittelnder Natur sein, niemals aber einen räumlich-topographischen Charakter besitzen. Die Reisen dieses Philosophen erfolgen in Archiven und Bibliotheken, nicht in andere Landschaften und Kontinente. Im Zentrum eines weitgespannten textuellen Informationsnetzes bildet das Arbeitszimmer den eigentlichen Raum der Philosophie und zugleich den Ort des Schreibens.

Vor diesem Hintergrund wird deutlich, welche Bedeutung einer Darstellung und Inszenierung des Schreibtisches zukommt. Hier laufen die epistemologischen und poetologischen Grundlagen in der konkreten Schrift zusammen. Von einem so definierten Raum der Philosophie aus wird das Andere konstituiert. Die Autorität dieses Philosophen beruht auf einer doppelten Bewegung: Auf der einen Seite gründet sein Wissen auf seiner Arbeit, die im wesentlichen eine Textarbeit, eine wie auch immer geartete Auseinandersetzung mit anderen Texten ist. Auf der anderen Seite wird dieses Wissen des (europäischen) Philosophen durch dessen universalistische, für die gesamte Menschheit sprechende Dimension legitimiert. Unsere Lektüre des Titelkupfers von 1780 zeigte die legitimatorische Funktion des allegorischen *bas-relief* der die Freiheit erleuchtenden Göttin der Vernunft auf, unterstützt von der Eliza Draper zugeschriebenen Wendung an den »Verteidiger der Menschheit, der Wahrheit, der Freiheit«. Auf diesen Werten beruht die Universalisierung des europäischen Diskurses, der von und mit einer übermenschlichen Macht ausgestattet ist und die Position der gesamten Menschheit zu vertreten vorgibt.

Im Zentrum dieser doppelten Bewegung steht der Ort des Schreibens, der Ort diskursiver Macht. Verwandelt sich der Schreibtisch des Philosophen in der *Histoire des deux Indes* in einen Brennspiegel, in dem alle schrifttextlichen Informationen gebündelt werden, so transformiert sich dieser wiederum in einen Informationen ausstrahlenden Parabolspiegel eines Philosophen, der mit Hilfe der Schrift und der Bücher seine universalistischen Prinzipien propagiert. Diese doppelte Bewegung verleiht der Darstellung des Schreibtischs ihren unübersehbar pathetischen Akzent. Das intratextuelle und zugleich intermediale Zitat aus dem »Eloge à Eliza Draper«, aber auch die emblematischen Gegenstände, die für die hohen Werte (auf dem

Schreibtisch) stehen, unterstreichen dieses Pathos im Bewußtsein des Blicks der Nachwelt und der Weltgeschichte.

Dies mag zusätzlich verdeutlichen, warum sich für dieses Werk, das an der Schwelle zur Moderne steht, die Notwendigkeit ergab, einen konkreten und individualisierten Autor zu präsentieren. Autorität war ohne Autorschaft nicht zu haben, der Stuhl am Schreibtisch der Weltgeschichte mußte besetzt werden. Innere Struktur und Wirkungsabsicht verlangten nach einem Namen auf der Titelseite und nach einem Gesicht, das mit diesem Namen zu identifizieren war. Die Veröffentlichungsgeschichte der *Histoire des deux Indes* zeigt uns aber nicht nur die Geschichte der Konstruktion eines Autors, sondern jene der Konstruktion einer Autorfiktion. Ihr ironisches und subversives Spiel mit bestimmten literarischen Konventionen weist sie freilich als Strategie einer raffinierten Dekonstruktion der Autorfunktion aus.

Kehren wir daher ein letztes Mal zu jenem Blick zurück, den dieses an seinem Schreibtisch sitzende Phantombild eines Autors in Cochins Entwurf auf den Leser wirft. Hatte die epistemologische Scheidung von Auge und Ohr im zwölften Buch von Polybios' *Geschichte* zugleich deren Komplementarität herausgestellt, so läßt sich die unter dem Namen Raynals in die Geschichte eingegangene *Histoire des deux Indes* unstrittig dem Bereich des Ohres zuordnen. Das Auge ist, wie wir sahen, kein Organ der Erkenntnis, sondern des Ausdrucks: Es zeigt durch seine Tränen die innere Befindlichkeit des Erzählers beziehungsweise der Autorfigur an. Zugleich kann sich das Auge aber auch auf den Leser richten und einen direkten Kontakt zwischen (explizitem) Autor und (explizitem) Leser herstellen. Die schrifttextliche Wendung an den Leser, der *appel au lecteur*, wird durch den Blick des *historien philosophe* verdoppelt und verstärkt. So wird im Frontispiz der Ausgabe von 1780 – in deutlichem Kontrast zu allen vorausgegangenen Illustrationsversuchen – der Blick des Philosophen zur ikonographischen Umsetzung einer Erzähler- und Autorfiktion, deren Inszenierung am Schreibtisch in einem geschlossenen, von Büchern und emblematischen Gegenständen bestimmten Raum weit mehr ist als ein simples Portrait.

Ein Schreibtisch im Urwald

Dem Blick auf den Leser begegnen wir in einer der berühmtesten Darstellungen Alexander von Humboldts. Der Kontext dieses Blicks hat sich freilich fundamental verändert. In seinem 1806 vollendeten Gemälde präsentiert uns Friedrich Georg Weitsch den preußischen Naturforscher auf einem Felsen inmitten einer exuberanten Natur sitzend (Abb. 4). Anders als ein von der Außenwelt abgeschlossenes Arbeitszimmer zeigt sich Alexander von Humboldts Arbeitsplatz als ein an Ort und Stelle improvisierter Raum, der sich auf eine tropische Flußlandschaft des Orinoco hin öffnet.[106] Eine Bananenstaude schafft im Verein mit anderen tropischen Gewächsen jenen Raum, innerhalb dessen sich die Arbeit des Forschers vollzieht. Das Gemälde von Weitsch wurde rasch populär, mehrfach griffen Zeichner und Kupferstecher der Zeit darauf zurück. Die wohl erste Bearbeitung war die vielleicht glücklichste. 1808 präsentierte der talentierte, an der Akademie zu Berlin arbeitende Johann Josef Freidhof seinen auf Weitsch basierenden Kupferstich, der die Raumstruktur der Vorlage getreulich wiedergab.[107]

Der Blick zwischen Naturforscher und Betrachter ist nicht einfach bilateral strukturiert. Denn ist der Blick des letzteren erst einmal auf die linke Hand des Reisenden gefallen, wird sich der »Leser« dieses Gemäldes bewußt, daß ihm eine Orientierung, eine Bewegungsrichtung vorgeschlagen (oder vorgegeben) wird. Vergessen wir dabei nicht, daß auch in diesem Falle der Blick des Betrachters im Sinne Michel Butors durch das biographische Vorwissen geleitet und perspektiviert wird, dem zufolge es sich beim Portraitierten um einen Naturforscher han-

106 In seiner reich mit Abbildungen geschmückten und neue Akzentuierungen in der Humboldt-Forschung andeutenden Biographie, die leider eine ganze Reihe von Recherchefehlern enthält, sprach Otto Krätz (*Alexander von Humboldt. Wissenschaftler – Weltbürger – Revolutionär*, München: Callwey 1997, S. 97) fälschlich von einer »idealisierten Urwaldlandschaft mit Blick auf das Meer«.

107 In einer anderen dieser zahlreichen Bearbeitungen zeigte H. Schröder einen Humboldt, der anstelle einer tropischen Pflanze sein Reisebarometer in der Hand hielt; vgl. Halina Nelken, *Alexander von Humboldt. Bildnisse und Künstler. Eine dokumentierte Ikonographie.* Berlin: Dietrich Reimer 1980, S. 73.

Abb. 4 Friedrich Georg Weitsch, *Alexander von Humboldt*, 1806.

delt. Der Zeigefinger von Humboldts linker Hand lenkt die Aufmerksamkeit der Betrachterin und des Betrachters auf eine tropische Pflanze, die der junge Botaniker in seiner rechten, auf einem geöffneten Buch ruhenden Hand hält. Im Zentrum des Gemäldes steht damit ein improvisierter Schreibtisch. Das offene, auf den linken Oberschenkel des Reisenden gestützte Buch und die untersuchte Pflanze weisen auf eine bestimmte Arbeitsweise und, mehr noch, auf eine Epistemologie, die dieser Arbeitsweise zugrunde liegt. Denn die vom Naturforscher offenkundig ins Auge gefaßte Klassifizierung der Pflanze beruht auf einer möglichst präzisen Analyse der – wie Diderot sagen würde – »kleinlichen Details«, auf einer minutiösen Beobachtung. Das Ergebnis dieser direkten Erfahrung wird zudem unverzüglich anhand jener Daten überprüft, die das Buch dem Reisenden bietet, so daß alle Voraussetzungen für eine künftige Klassifizierung gegeben sind. Das anhand der genauen Beobachtung gewonnene Wissen wird in einer zweiten Etappe durch ein Wissen überprüft und gegebenenfalls modifiziert, das auf der Kenntnis vorgängiger Texte (und Archivierungsmedien) basiert. Folgen wir der von Polybios vorgeschlagenen epistemologischen Scheidung, so ergänzen und vervollständigen sich die Informationen, die von Auge *und* Ohr, den für die menschliche Erkenntnis wichtigsten Sinnesorganen, aufgenommen wurden, in diesem Schreibtischbild wechselseitig.

Wir finden uns damit im Kern einer fundamentalen epistemologischen Veränderung wieder, die einen neuen Diskurs über die nicht-europäische Welt hervorbringen sollte – ohne daß dabei, soviel dürfen wir aus heutiger Kenntnis anmerken, die hier von der *Geschichte beider Indien* repräsentierte Sichtweise bis auf den heutigen Tag gänzlich verschwunden wäre. Die beiden Pfeiler dieses modernen Diskurses werden die Gründung des Wissens auf die exakte Beobachtung sein und das, was Michel Foucault und Wolf Lepenies als Verzeitlichung des Wissens bezeichneten. Daraus ergeben sich fast zwangsläufig die grundlegenden Unterschiede zwischen dem Humboldtschen Œuvre und der von Raynal geleiteten Kolonialenzyklopädie.

Die Inszenierung des Schreibtischs hebt vor allem den erstgenannten Aspekt, den der direkten Beobachtung, hervor. Gewiß liegt die Natur wie ein geöffnetes Buch vor den Augen Humboldts, aber Erfahrung, Wahrnehmung und Untersuchung der sich abzeichnenden (nicht nur außereuropäischen) Wirklichkeiten erschöpfen sich weder im Topos vom Buch der Natur noch in der Beschränkung auf ein vom Buch repräsentiertes Wissen. Auch in dieser Inszenierung eines Schreibtisches dürfen emblematische Gegenstände nicht fehlen. Das an den Felsen gelehnte und gemeinsam mit dem Buch gerade Linien in das Gemälde einführende Reisebarometer unterstreicht als wissenschaftliches Grundlageninstrument geradezu obsessiv diese epistemologische Dimension einer gewiß nicht ausschließlich instrumentellen, aber doch instrumentell abgesicherten Vernunft. Es tritt in gewisser Weise an die legitimatorische Stelle des Reliefs im Raynalschen Frontispiz und damit an die Stelle jener Göttin der Vernunft, von der sich freilich auch Humboldt die endgültige Sprengung jener Ketten erhoffte, mit deren Hilfe eine Sklaverei im konkreten wie im übertragenen Sinne die Menschheit noch immer gefesselt hielt. Vor diesem Hintergrund überrascht es nicht, daß sich das Barometer, das wegen seiner Wichtigkeit und Zerbrechlichkeit oftmals von einem eigens dafür ausgewählten Indianer getragen wurde, sehr häufig – und nicht selten im Vordergrund – jener Bildnisse präsentiert, die Humboldt auf seiner amerikanischen Forschungsreise zeigen.

Das Barometer als gleichsam magisches Instrument des Naturforschers findet sich auch in einem anonymen, an einem Entwurf Ferdinand Kellers orientierten Stich, der einen Humboldt in byronscher Pose[108] (aber mit dem Barometer in der Hand) zeigt. Es wurde auch in einem anderen Gemälde von Friedrich Georg Weitsch nicht vergessen. Es zeigt uns, so der Titel des 1806/1807 entstandenen Gemäldes, »Alexander von Humboldt und Aimé Bonpland in der Ebene von Tapia am Fuße des Chimborazo« und präsentiert die beiden Reisenden zusammen mit Teilen ihrer Expeditionsgruppe (Abb. 5). Die andine Landschaft beherrscht dieses im Jahre 1810 an der Berliner Akademie ausgestellte Gemälde so sehr, daß die Größenverhältnisse zwischen Mensch und Natur die anhand europäischer Dimensionen entwickelten Konventionen zu sprengen scheinen. Der Katalog der ersten Berliner Ausstellung unterstrich die wissenschaftlichen Ansprüche und Zielsetzungen dieses Gemäldes[109] und erläuterte dem Publikum die klimatischen, botanischen oder geomorphologischen Besonderheiten der Hochanden. Niemand konnte daran zweifeln, daß diese Informationen direkt von Humboldt selbst stammten.[110] Das Gemälde zeigt den Reisenden am Fuße

108 Ebd., S. 70.

109 Dieser Text findet sich ebd., S. 71-73.

110 Der Einfluß, den Humboldt auf die Landschaftsmalerei seiner Zeit ausübte, war bekanntlich gewaltig. Der preußische Gelehrte, der selbst ein sehr guter Zeichner war, entwickelte im Verlauf seines langen Schriftstellerlebens in bezug auf Formen und Funktionen der Landschaftsmalerei eine Reihe ästhetischer Konzeptionen, die er ein letztes Mal im zweiten Band seines Alterswerkes, seines *Kosmos* (a.a.O., Bd. II, S. 76-94), darstellte. Zu den kreativsten der von Humboldt geprägten Landschaftsmaler zählten zweifellos Johann Moritz Rugendas, Ferdinand Bellermann und Frederic Church. Neben einer Vielzahl von Einzeluntersuchungen sei verwiesen auf die Berücksichtigung wesentlicher wissenschaftshistorischer Aspekte in der Studie von Stephen Jay Gould, »Church, Humboldt and Darwin: The Tension and Harmony of Art and

Abb. 5 Friedrich Georg Weitsch, *Humboldt und Bonpland am Chimborazo*, 1806/07. Ausschnitt.

des Chimborazo, den zu besteigen eine der großen Herausforderungen und für Humboldt selbst nicht nur der topographische (er stellte einen neuen Höhenrekord auf), sondern weit mehr der emotionale Höhepunkt der gesamten Reise war. Das Gemälde zeigt, wie ihm ein Indianer, in einer eher dienenden Funktion und Haltung, einen Sextanten überreicht. Unter einem Baum, an dem das unvermeidliche Reisebarometer hängt, sitzt, diesmal unter einem improvisierten Zeltdach, Humboldts Freund und Reisegefährte Aimé Bonpland. In seinen Händen hält er ein aufgeschlagenes Buch und eine Pflanze, die Botanisiertrommel zeigt an, daß er gerade mit der Auswertung seines Herborisierens beschäftigt ist. In der Wiederholung der bereits genannten Elemente spiegelt Bonpland[111] fast ikonenhaft jene bildhafte Verkörperung eines neuen Wissenschaftler- und Wissenschafts-

Science«, in: Franklin Kelly u. a. (Hg.), *Frederic Edwin Church*, Washington: National Gallery of Art 1989, S. 94-107.

111 Humboldt hielt dieses Portrait Bonplands für sehr wahrheitsgetreu. Weitsch hatte es während des Aufenthalts des französischen Arztes und Botanikers in der preußischen Hauptstadt vorbereitet, wie Humboldt in einem Brief an den Verlagsbuchhändler Duncker präzisierte; vgl. Nelken, *Alexander von Humboldt*, a.a.O., S. 73.

typus, wie sie das Gemälde von 1806 bereits präsentiert hatte. Der Körper eines großartigen, symbolisch die Andenwelt vertretenden Kondors liegt ausgestreckt neben diesem »nomadisierenden« Arbeitszimmer, in dem es nicht an frischer Luft und Ausblicken auf eine gewaltige Kulisse mangelt.

Die Einrichtung eines Arbeitszimmers inmitten einer tropischen beziehungsweise auf europäische Betrachter exotisch wirkenden Natur blieb als Thema von beträchtlicher Attraktivität für die zeitgenössischen Maler. Die wohl am weitesten gehende Darstellung dieser Situation war das Gemälde des österreichischen Historienmalers Eduard Ender, das Humboldt und Bonpland in einer idealisierten Indianerhütte zeigt, die angefüllt ist mit einer Unzahl von Instrumenten, die aus technikgeschichtlicher und wissenschaftshistorischer Sicht freilich fehlerhaft und irreführend wiedergegeben sind.[112] Humboldt mochte das 1856 entstandene Bild nicht und wußte seinen Ankauf durch Friedrich Wilhelm IV. zu verhindern.[113] Den wissenschaftlichen Ansprüchen des Verfassers der *Ansichten der Natur* konnte Enders Gemälde nicht genügen. Im Kontext unserer Überlegungen ist gleichwohl bemerkenswert, auf welche eindringliche Weise Ender das ikonographische Schema eines sich auf die Landschaft hin öffnenden Arbeitszimmers zugleich übernimmt und variiert. Denn in seiner Darstellung öffnet sich der Arbeitsplatz der beiden Forscher, zwischen denen durch Blickrichtung, Beleuchtung und Farbe eine klare Hierarchie zugunsten Humboldts eingeführt wurde, auf eine stilisierte romantische Tropenlandschaft, die in den Innenraum gleichsam eindringt und ihn mit ihren Pflanzen, Früchten und Farben zu überwuchern droht.

112 Vgl. Helga von Kügelgen und Max Seeberger, »Humboldt und Bonpland in Enders ›Urwaldatelier‹«, in: Frank Holl (Hg.), *Alexander von Humboldt. Netzwerke des Wissens.* Katalog der Ausstellung im Haus der Kulturen der Welt (Berlin) vom 6. Juni bis 15. August 1999 und in der Kunst- und Ausstellungshalle der Bundesrepublik Deutschland (Bonn) vom 15. September 1999 bis 9. Januar 2000. Bonn: Kunst- und Ausstellungshalle der Bundesrepublik Deutschland 1999, S. 157. Das Gemälde blieb trotz aller Kritik populär und diente – in farblich »psychedelischer« Form – als attraktiver Aufmacher der beiden Ausstellungen wie des Ausstellungskataloges selbst. Ein Rezensent sprach daher von einer Ausstellung, die »Humboldt auf dem Trip« zeige.

113 Ebd.

Das auffällige Bemühen, den Raum des (europäischen) Wissens inmitten einer wilden, wuchernden amerikanischen Natur gebührend in Szene zu setzen, bezeugt die Signifikanz dieses Sujets in der Bilderwelt des kollektiven Unbewußten im Europa des 19. und sicherlich auch des 20. Jahrhunderts. Diese Darstellungsweise – man könnte fast von einer Tradition sprechen – verweist zugleich auf die Vielzahl und Unterschiedlichkeit jener Orte des Schreibens, welche die Humboldtschen Schriften ihren Lesern immer wieder von neuem präsentierten. Zu diesen von Humboldt trefflich inszenierten Orten des Schreibens gehören, um nur einige wenige zu nennen, der schwankende und bewegliche Raum einer Piroge, die Unterkunft eines katalanischen Missionars, die Hütte von Indianern am Orinoco, die Hängematte eines nächtlichen Zeltlagers oder ein indianischer Ofen, in den sich ein von Stechmücken jeglicher Couleur verfolgter und gepeinigter Bonpland hatte flüchten müssen.

Das Schreiben, das stets von einer fremden und bisweilen feindlichen Umgebung gestört oder bedroht wird, schafft einen eigenen Raum, innerhalb dessen sich das europäische Wissen selbst unter prekärsten Umständen ausbreitet. Es nimmt die ihm übertragenen Aufgaben wahr und hat, wie es scheint, nicht allein die fremde Natur, sondern stets auch den Fortschritt der gesamten Menschheit im Auge. Gewiß verbinden die universalistischen Träume und Zielsetzungen die Reisenden des 19. mit jenen des 18. Jahrhunderts. Doch hat sich der Ort des Schreibens und mehr noch die epistemologische und wissenschaftsgeschichtliche Grundlage für die Inszenierung dieses Ortes grundlegend gewandelt. Wie sehr die Vorstellungen eines Diderot und eines Rousseau in Hinblick auf die Wichtigkeit von Reisen für die menschliche Erkenntnis und die Kenntnis der Menschen auch voneinander abweichen mochten, so zweifelten die Philosophen der Aufklärung doch niemals daran, daß der einzige geeignete Ort, um eine Geschichte dieser Reisen und letztlich auch der Welt verfassen zu können, Europa sei. In den großen europäischen Städten, die sich durch ihre Museen, Archive oder Bibliotheken längst in Akkumulationszentren des europäischen Wissens über die außereuropäische und kolonisierbare Welt verwandelt hatten, fanden die Reisenden ganz natürlich die besten Bedingungen vor, um Werke zu verfassen, die vermöge ihres medialen, schriftkulturellen Charakters allein in der Lage waren, ein »Abenteuer« nachträglich in ein kontrolliertes und kontrollierbares Wissen zu verwandeln, das in ein vorgängiges Wissen integriert werden und noch einer Nachwelt gute Dienste leisten konnte. Mit Alexander von Humboldts Reise wird ein neuer Raum für die europäische Schrift, für das europäische Schreiben geschaffen: Der amerikanische Kontinent wird künftig nicht mehr nur eine Bühne für europäische Fährnisse und Erfahrungen, Auslegungen und Ausplünderungen sein, sondern auch einen Raum bilden, wo diese (wissenschaftlichen) Abenteuer und deren Ergebnisse festgehalten werden. Nicht nur die Schreib-, sondern auch die Publikationstätigkeit Humboldts *während* der Reise belegt dies eindrucksvoll.

Daher auch die Bedeutung der visuellen Repräsentation dieses europäischen »Kultur-Raumes«, der als eine Art territorialer Exklave der wissenschaftlichen Welt Europas inszeniert wurde. Humboldt hatte nach der Rückkehr von seiner Reise in die Tropen der Neuen Welt (1799-1804) sorgfältig die wissenschaftliche wie nicht-wissenschaftliche Ikonographie einer Reise kontrolliert, die eine neue Stufe der europäischen Kenntnisse von der Welt Amerikas wie der politischen und wirtschaftlichen Beziehungen zwischen Alter und Neuer Welt bedeutete.[114] Dies betrifft nicht nur die reichen und außerordentlich kostspieligen Illustrationen der dreißig Quartbände seines *Voyage aux Régions équinoxiales du Nouveau Continent*, mit deren Ausführung die meistgesuchten Künstler und Spezialisten der Zeit betraut wurden und deren Funktionen sowohl allegorischer als auch rein illustrierender beziehungsweise informativer Natur waren. Denn Humboldt, der etwas von *Public Relations* verstand, war sich der Tatsache bewußt, daß seine persönliche Ikonographie das Bild beeinflussen mußte, das sich seine Zeitgenossen wie die künftigen Leser seines Werkes von seiner Persönlichkeit und seiner Forschungsreise machen würden.

Vor allem in wissenschaftlicher und meßtechnischer Hinsicht hatte Humboldt seine Reise glänzend vorbereitet. Der junge Naturforscher und Geograph hatte versucht, ein Höchstmaß an

114 Zu den geopolitischen und wirtschaftlichen Folgen von Humboldts Reise vgl. Ottmar Ette, »›Unser Welteroberer‹: Alexander von Humboldt, der zweite Entdecker, und die zweite Eroberung Amerikas«, in: *Amerika: 1492-1992. Neue Welten – Neue Wirklichkeiten. Essays.* Herausgegeben vom Ibero-Amerikanischen Institut Preußischer Kulturbesitz und Museum für Völkerkunde Staatliche Museen zu Berlin, Braunschweig: Westermann 1992, S. 130-139.

Informationen über die überseeische Welt vorab zu sammeln, und dies in für uns heute so unterschiedlichen Disziplinen wie der Geologie, Botanik, Anthropologie, Sprachwissenschaft, Klimatologie, Hydrologie, Mineralogie, Astronomie, Chemie, Geschichtswissenschaft oder Zeichenkunst. Humboldt brach überdies mit einer Sammlung der besten wissenschaftlichen Instrumente des ausgehenden 18. Jahrhunderts auf, um Messungen auf den unterschiedlichsten Gebieten durchführen zu können, wobei den Ortsbestimmungen, Höhenmessungen sowie den Untersuchungen von Vulkanismus, Bergbaumöglichkeiten und Vegetationsgrenzen eine besondere Bedeutung zukam.

Auch Art und Durchführung seiner Reise stachen von den Unternehmungen des 18. Jahrhunderts deutlich ab. Humboldt wollte keine Seereise mit mehr oder minder kurzen Aufenthalten an Land unternehmen. Er maß den gewaltigen Raum der von ihm bereisten kolonialspanischen Gebiete vielmehr mit Hilfe von Maultier und Piroge, oft genug aber auf eigenen Sohlen beziehungsweise barfuß aus. Die Querung gegensätzlichster Klima- und Vegetationszonen, die Beschäftigung mit unterschiedlichsten ethnischen und sozialen Gruppen wurde von langen Aufenthalten in Bibliotheken und Archiven der großen Kolonialstädte unterbrochen, zu denen er oft ungehinderten Zugang erhielt. Humboldts und Bonplands Reise besaß einen neuen Rhythmus, in dem sich die direkte Wahrnehmung und Beobachtung der zu untersuchenden Gegenstände mit der Befragung verschriftlichter Informationsquellen abwechselte. Die beiden Reisenden querten den Raum des amerikanischen Kontinents wie jenen seiner Archive. Topisches Wissen und Erfahrungswissen, mündlich wie schriftlich eingeholte Informationen, historische Dokumente und wissenschaftliche Experimente wurden in ein fruchtbares dialogisches Verhältnis gebracht. Dies ließ ein Verständnis und eine Vision Amerikas entstehen, die sich grundlegend vom Wissen des 18. Jahrhunderts abhoben. Humboldts Konzeptionen prägten trotz einer im Umfeld Darwins veränderten Epistemologie und einer beschleunigten Ausdifferenzierung der vom Verfasser des *Kosmos* noch zusammengedachten Wissenschaftsdisziplinen auf direkte wie indirekte Weise langfristig das Selbstverständnis des Kontinents wie dessen Sichtweise bei Europäern wie Amerikanern.

In diesem Kontext der Humboldtschen Konzeptionen und ihrer Umsetzung im Verlauf der amerikanischen Forschungsreise gilt es, die ikonographischen Darstellungen des Reisenden und die Inszenierung seines Schreibtisches inmitten einer für die Europäer fremden und faszinierenden Welt zu verstehen. Kein Kupferstich, keine Zeichnung zeigen den Schriftsteller und Naturphilosophen bei der Anfertigung von Notizen in den Bibliotheken und Archiven der Neuen Welt. Es herrscht vielmehr eine ikonographische Umsetzung dessen vor, was Humboldt selbst als das »Schreiben im Angesicht der Dinge« bezeichnet hatte. Nicht die Textarbeit ist es, die den Humboldtschen Diskurs über den amerikanischen Kontinent legitimiert, sondern die direkte Beziehung zwischen der Unmittelbarkeit des Blicks, der retinalen Wahrnehmung, und der wissenschaftlichen Arbeit, die in einem Schreiben an Ort und Stelle ihren adäquaten Ausdruck finden. Reisetagebuch und Brief als wohl unmittelbarste schriftkulturelle Speicherformen verleihen innerhalb gewandelter soziokultureller Bedingungen der Autorschaft Humboldts ihre tiefere Autorität.[115] Der Schreibtisch im Urwald begleitete Humboldt sein ganzes weiteres Leben lang.

Ein Schreibtisch in Berlin

Nach seiner Rückkehr nach Europa und der bereits behandelten Entstehung eines verdoppelten Ortes des Schreibens – noch in Potsdam konsultierte Humboldt bei der Abfassung seines *Kosmos* und der Überarbeitung früherer Schriften stets seine Tage-

115 Vor allem aufgrund der zu Zeiten der Deutschen Demokratischen Republik begonnenen langjährigen Bearbeitung und Edition der Humboldtschen Tagebücher an der »Alexander von Humboldt-Forschungsstelle« an der (heute Berlin-Brandenburgischen) Akademie der Wissenschaften – und der aufopferungsvollen Tätigkeit von Margot Faak, die diese unabdingbaren Ausgaben weiter vorantreibt – besitzen wir heute ein deutlicheres Bild des Humboldtschen Schreibens im Angesicht der Dinge. Jenseits einer dokumentarischen Lesart wird die Humboldt-Forschung nicht umhinkönnen, ästhetisch fundierte und kulturwissenschaftlich orientierte Lektüreweisen zu entwickeln, die den anderen Status, den anderen Ort des von Humboldt nicht publizierten Materials reflektieren, um neue Erkenntnisse hinsichtlich der Entwicklung des Humboldtschen Denkens und (vielleicht mehr noch) Schreibens zu gewinnen.

bücher – entwickelte der preußische Gelehrte eine sich intratextuell an den eigenen Texten rückversichernde und intertextuell an neuen Entwicklungen orientierende Schreibtechnik. Das folgende Kapitel wird vor Augen führen, auf welche Weise er hierbei Ästhetik und Wissenschaft miteinander verband und für die Moderne spezifische Schreibformen entwickelte. Humboldt wählte Paris mit seinen ausgezeichneten geistigen, institutionellen und materiellen, auf einer langen Wissenschaftstradition aufbauenden Voraussetzungen als Standort eines Unternehmens, das gleichsam ein enzyklopädisches Wissen in Bewegung setzen und bei einem internationalen Publikum verbreiten wollte.

Angesichts des jahrzehntelangen, später durch häufige Besuche fortgesetzten Aufenthalts in der französischen Hauptstadt mag es erstaunen, daß wir keinerlei Bildnisse Humboldts besitzen, die ihn am Schreibtisch, am Ort seines Schreibens in Paris zeigen. In der Stadt an der Seine gab er vielmehr bei Karl von Steuben ein Gemälde in Auftrag, das ihn wohl erstmals in einer vom Chimborazo beherrschten Landschaft plazierte. Die Pose des Schriftstellers mit Papier und Stift in der Hand war bestimmten Vorbildern bei Gérard (den Steuben, der in seinem Atelier arbeitete, gut kannte) nachempfunden, während die Landschaftsdarstellung offenkundig den Vorstellungen und mehr noch den Entwürfen Alexander von Humboldts selbst folgte.[116]

Die ikonographischen Lücken sind bisweilen von kaum geringerer Bedeutsamkeit als die realisierten Gemälde. Die kluge Bemerkung Mitchells, wir verstünden ein Bild niemals, wenn wir nicht begreifen, wie dieses Bild uns zeige, was nicht zu sehen ist[117], ließe sich variieren. Denn wir sollten in einer Bilderserie auch berücksichtigen, welche Lücken uns darauf aufmerksam

116 Vgl. Nelken, *Alexander von Humboldt*, a.a.O., S. 82 ff. Wir werden dieses ikonographische Schema kurz vor dem Tod Humboldts wiederfinden. Das Gemälde Steubens trägt als Datum das Jahr 1812. In einem Brief von 1813 an Caroline, die Frau seines Bruders Wilhelm, schrieb Alexander, er fühle sich diesmal ohne alle Instrumente so dargestellt, daß nichts an die – wie er auf französisch schrieb – »boutique de l'opticien« denken lasse (ebd., S. 81).

117 W.J.T. Mitchell, »Was ist ein Bild?«, in: Volker Bohn (Hg.), *Bildlichkeit. Internationale Beiträge zur Poetik*. Frankfurt am Main: Suhrkamp 1990, S. 50.

machen, was es nicht zu sehen gibt. Im Falle Humboldts war diese »Bildstörung« keineswegs zufällig.

Erst gegen Ende seines Lebens finden wir Gemälde und Aquarelle, die den längst zu weltweiter Berühmtheit gelangten Gelehrten und Schriftsteller wieder an seinem Arbeitsplatz – wenn auch nicht mehr inmitten einer exuberanten amerikanischen Natur, sondern in der preußischen Hauptstadt – repräsentieren. 1848 stellte der Landschaftsmaler Eduard Hildebrandt ein Aquarell vor, das in der Folge zum Vor-Bild zahlreicher Lithographien wurde. Das Bildnis zeigt uns einen an seinem Schreibtisch im Arbeitszimmer der Oranienburger Straße in Berlin sitzenden Humboldt (Abb. 6). Der junge Maler, der auf Anraten Humboldts lange Reisen unternommen hatte und zu den wichtigsten Landschaftsmalern Deutschlands zählte, stand seit 1843 mit dem damals in den Siebzigern stehenden Gelehrten in freundschaftlicher Beziehung.[118] Humboldts Einschätzung zufolge war dieses Aquarell von 1848 sehr lebensnah und von fast dokumentarischer Qualität. Dies belegt eine faksimilierte Inschrift auf der kolorierten Lithographie: »Ein treues Bild meines Arbeitszimmers, als ich den zweiten Theil des ›Kosmos‹ schrieb. A. v. Humboldt«.[119]

Zeitgenossen, die Humboldts damaliges Arbeitszimmer kannten, bestätigten ausnahmslos die Treue von Hildebrandts Darstellung.[120] Doch liegt der Verdacht nahe, daß manche dieser Besucher von Humboldts Arbeitszimmer weniger ihrer eigenen Erinnerung als der damals recht populären Ansicht Hildebrandts vertrauten und diese als Vorbild ihres eigenen »Zeugnisses« nahmen. Der nordamerikanische Reisende, Schriftsteller und Übersetzer James Bayard Taylor etwa berichtete aus Humboldts Arbeitszimmer, das er 1856 gesehen hatte, ohne ehrlicherweise den Hinweis zu vergessen, daß die »wunderbare Lithographie Hildebrandts« längst sein eigenes Arbeitszimmer schmückte. Es überrascht uns nicht, daß die Beschreibung Taylors in seinem *At Home and Abroad* von 1860 ganze neun Jahre nach Anfertigung der Lithographie Punkt für Punkt die

118 Vgl. Nelken, *Alexander von Humboldt*, a. a. O., S. 134.

119 Ebd. Der zweite Teil des *Kosmos* enthielt, wie bereits betont, die ästhetischen wie wissenschaftlichen Konzeptionen Humboldts zur Landschaftsmalerei.

120 Mehrere Beispiele finden sich bei Nelken, *Alexander von Humboldt*, a. a. O., S. 134 ff.

Abb. 6 Lithographie nach einem Aquarell von Eduard Hildebrandt, *Alexander von Humboldt in seinem Arbeitszimmer*, 1848.

von Hildebrandt dargestellten Gegenstände aufzählte. Nichts scheint sich in diesem Arbeitszimmer verändert zu haben, Bücher und Manuskripte befinden sich noch immer am selben Platz, den der Landschaftsmaler ihnen Jahre zuvor zugewiesen hatte. Wer vermag heute noch das dokumentarische Bemühen Taylors von der Ekphrasis und damit von der künstlerischen Inszenierung eines Arbeitszimmers zu (unter)scheiden oder zu trennen?

Wie dem auch immer sei: Eines der zahlreichen Details des Hildebrandtschen Aquarells verdient im Zusammenhang der hier behandelten Fragestellung unsere Aufmerksamkeit in besonderem Maße. Denn Alexander von Humboldt sitzt sehr wohl an seinem Schreibtisch, schreibt aber auf seinen Knien. Gewiß, es handelt sich hierbei um ein referentielles Element, um ein auf den ersten Blick eher nebensächliches, wenn auch wahrheitsgetreues Detail. Doch fallen ihm in dieser Inszenierung des Humboldtschen Schreibtischs – und um eine solche handelt es sich allemal – ganz besondere Funktionen zu. Der Humboldt-Forschung war seit langem bekannt, daß Alexander die Gewohnheit besaß, aufgrund eines rheumatischen Leidens, das er sich möglicherweise am Orinoco zugezogen hatte, auf seinen Knien zu schreiben. Mit dieser Schreibhaltung erklärt man gewöhnlich die ungewöhnliche und nicht leicht zu entziffernde Handschrift Humboldts mit dem charakteristischen und mitunter schwindelerregenden Ansteigen ihrer Zeilen nach rechts oben.

Vergessen wir jedoch nicht, daß es sich jenseits eines gewiß vorhandenen dokumentarischen Bemühens um eine kunstvolle Repräsentation, um eine bewußt konstruierte und sorgsam ausgeführte künstlerische Konstruktion handelt. Sie beruht zweifellos auf den Raumverhältnissen der Wohnung in der Oranienburger Straße, darf jedoch nicht nur mit einem an Photographien geschulten Blick betrachtet werden. Die dicken Bände und die Manuskripte weisen wie die großen Kartons, die vom Naturforscher gesammelte Objekte und Materialien enthalten mögen, auf die fortgesetzte Forschungs- und Schreibtätigkeit des preußischen Kosmopoliten und erzeugen einen Raum des Wissens, zu dem die an der Wand über dem berühmten Sofa aufgehängte Weltkarte zusätzlich beiträgt und zugleich ein ästhetisches Gegengewicht zum vom Fenster her einfallenden Licht bildet. Hildebrandts Aquarell konstruiert einen sehr spezifischen Wissens-Raum, der durch die Weltkarte eine gewisse universalistische und weltbürgerliche Note erhält; und selbst die vehementesten Verfechter des »Realismus« dieser Darstellung werden zugestehen müssen, daß dieses Raum-Bild voller symbolischer Objekte ist, die wirkungsvoll in Szene gesetzt werden.

Wie jenes andere und nicht weniger einflußreiche Werk Hildebrandts von 1856, das uns einen Humboldt zeigt, der in seiner Bibliothek voller Bücher, Karten, persönlicher Sammlungen und kleiner Kunstwerke[121] sitzt (Abb. 7) und auf den Betrachter

121 Einmal mehr unterstrich ein sehr detaillierter, ohne das Zutun Humboldts nicht denkbarer Text die dokumentarische Treue dieses Humboldt gewidmeten Werkes. Dieser Text wurde anläßlich der Ausstellung dieses Bildnisses auf deutsch, französisch und englisch publiziert und enthielt eine Auflistung der in der Darstellung von Humboldts Bibliothek sichtbaren Gegenstände. Zu diesen Objekten zählen etwa die von Christian Rauch geschaffene Büste des Königs von Preußen, eine Statuette der Königin, ein Modell des Obelisken von Luxor oder eine von Ferdinand Bellermann entworfene Darstellung des Eingangs zur Guácharo-Höhle, die Humboldt zu Beginn seiner Reise besichtigt hatte. Zugleich werden auch die Instrumente aufgeführt, die der Weltreisende fünfzig Jahre zuvor in Amerika eingesetzt hatte (vgl. Nelken, *Alexander von Humboldt*,

Abb. 7 Lithographie nach einem Aquarell von Eduard Hildebrandt, *Alexander von Humboldt in seiner Bibliothek*, 1856.

blickt, konstruiert auch das Aquarell von 1848 den Raum eines europäischen Wissens über die ganze Welt. Diese universale Dimension wird in der Darstellung des Arbeitszimmers durch eine Weltkarte, in jener der Bibliothek durch eine Weltkugel repräsentiert, die symmetrisch zum Kopf des Berliner Gelehrten so plaziert wurde, daß beide, Kopf und Kugel, den Aufbau des Raumes bipolar strukturieren. Doch auch die Weltkarte ist nicht nur ein »realer« Gegenstand, der bestenfalls die Weitgereistheit ihres Besitzers symbolisierte. Denn die künstlerische Gestaltung dieses Teils des Humboldtschen Arbeitszimmers beinhaltet nach

a.a.O., S. 136). Es wäre zweifellos möglich, die intermedialen Beziehungen zwischen den einzelnen dargestellten Gegenständen und Kunstwerken weiterzuverfolgen, die Leben und Werk Alexander von Humboldts im Raum des europäischen Wissens verankern. Dem künstlerisch fundierten Verweis auf den Besuch jener Höhle, die gleichsam das Eingangstor zum ersten in Amerika situierten Teil des Reiseberichts bildet, käme dabei eine herausragende Bedeutung zu, läßt sich die so aufgerufene Passage der *Relation historique* doch als symbolisch angelegte Szenerie verstehen, die das Eindringen des europäischen Forschers in eine ihm noch unbekannte amerikanische Welt, aber auch die Grenzen dieser Bewegung eindringlich vor Augen führt.

meinem Dafürhalten eine Reihe von Anspielungen auf eines der berühmtesten Gemälde Jan Vermeers, seine um 1666 entstandene beziehungsreiche *Allegorie der Malerei*. Dort beleuchtet das vom Fenster auf der linken Seite her einfallende Licht einen Tisch sowie eine geographische Karte (keine Weltkarte, gewiß, sondern die Darstellung der Niederlande), die den rechten Teil des Gemäldes beherrscht. Vergleicht man Vermeers Architektur des Bildraums mit jener, die Hildebrandt bei seiner Darstellung des Humboldtschen Arbeitszimmers wählte, so springen die strukturellen Parallelen wahrlich ins Auge. Folgen wir dem Vermeerschen Schema, dann nimmt den Platz von Clio, der allegorischen Verkörperung der Geschichte und des Ruhmes, in Hildebrandts Aquarell jener Mann ein, der sich wiederholt selbst als »Geschichtsschreiber des amerikanischen Kontinents« bezeichnet hat. Die Anrufung jener Muse der Geschichte und des Ruhmes bei der Nachwelt, die wir in Raynals Frontispiz und über die »Eloge à Eliza Draper« hinaus in seinem gesamten Werk beobachten können, findet sich so, wenn auch in subtil versteckter und verschlüsselter Form, hinter dieser künstlerisch gelungenen Inszenierung eines Arbeitszimmers wieder, deren dokumentarischen Wert Humboldt absichtsvoll hervorgehoben hatte. Der Maler, dessen Präsenz Vermeers Gemälde seine selbstreflexive Dimension verlieh, hat sich in Hildebrandts Darstellung freilich sacht aus dem Bild entfernt. Humboldt bleibt allein zurück, auch wenn sich in seinem Blick die Anwesenheit und der Blick des Betrachters (und des Malers) noch spiegeln.

In diesem »universalistisch« eingefärbten Wissens-Raum schreibt Alexander von Humboldt nicht an seinem Schreibtisch, sondern so, als ob er sich wieder in einem improvisierten Arbeitszimmer, in einer Hütte, unter einer Bananenstaude, mitten im Urwald oder an den Ufern des Orinoco befände. Die Körperhaltung, die gewählt wurde, um den Akt des Schreibens darzustellen, schreibt mit künstlerischen Mitteln die epistemologische Position Humboldts mit ihrem verdoppelten Ort des Schreibens fort. Diese Position, die wir auf mehreren Ebenen in ihrer räumlichen Struktur untersucht und bereits im ersten Gemälde von Friedrich Georg Weitsch als immanente Epistemologie erkannt haben, beinhaltet zugleich eine poetologische Dimension. Nicht nur in den *Ansichten der Natur* oder der *Reise in die Äquinoktial-Gegenden*, dem *Politischen Versuch über das Vizekönigreich Neu-Spanien* oder den *Pittoresken Ansichten der Cordilleren*, sondern noch in seinem Alterswerk, dem *Kosmos*, das in jenen Jahren der Hildebrandtschen Darstellungen entstand, ist die Schreibhaltung des vor Ort mit seinen Notizen und Eintragungen beschäftigten Forschers gegenwärtig. Der gealterte Gelehrte, der – sieht man einmal von seinen ihm eher lästigen Kutschfahrten zwischen Berlin und Potsdam ab – zu seinem Leidwesen keine Reisen mehr unternehmen konnte, übertrug so die für ihn fortbestehende höhere Autorität eines Schreibens im Angesicht der Dinge auf jene Schriften und Texte, die fernab von ihren Gegenständen in Paris, Berlin oder Potsdam entstanden. Die Körperhaltung des von seinem Schreiben aufblickenden und den gleichsam in sein Arbeitszimmer eintretenden Betrachter anschauenden Schriftstellers *verkörpert* eine Art und einen Ort des Schreibens, die ihm beide in der Realität unzugänglich geworden waren. So teilt uns die bewußte Inszenierung des Schreibtisches in Berlin auf ebenso subtile wie raffinierte Weise eine Konzeption von wissenschaftlicher Arbeit und literarischem Schreiben mit, die noch immer das eigentliche Fundament des Humboldtschen Œuvre bildete.

Dies ist der tiefere, fundamentale Grund für Anlage und Inszenierung eines letzten Ortes des Schreibens, eines Arbeits-Raumes, den Alexander von Humboldt konstruierte. In dem von Julius Schrader kurz vor Humboldts Tod geschaffenen Gemälde (Abb. 8) wird dieser in einer Haltung und Pose wiedergegeben, die mit jener 1848 von Hildebrandt dargestellten fast identisch ist. Der am Ende seiner Lebensreise Angekommene sitzt wie im Gemälde von Weitsch auf einem Felsen und blickt den Betrachter, seine Arbeit, sein Schreiben für einen Augen-Blick unterbrechend, an. Er scheint sich gerade in einem auf seinen Knien ruhenden Heft Notizen gemacht zu haben. Die Pose ist unverändert geblieben, doch der Ort des Schreibens hat sich gewandelt. Denn der Greis, der sich scherzhaft auch als »der Alte vom Berge« bezeichnete, sitzt nicht mehr in seinem Arbeitszimmer, sondern vor den verschneiten Gipfeln des Chimborazo und des Cotopaxi. Humboldt selbst hatte diesen Rahmen, diesen Raum gewählt, in den sich ein letztes Mal sein Leben wie sein Tun einschreiben. Im Alter von fast neunzig Jahren hatte er sich die Inszenierung eines auf die Landschaft, die Natur hin geöffneten Schreibortes gewünscht. Die eindrucksvoll gelungene Komposition Schraders, die auf der Kontrastwirkung von Schwarz und Weiß vor einem in kühlen, ent-

Abb. 8 Julius Schrader, *Alexander von Humboldt*, 1859.

rückten Farbtönen gehaltenen Hintergrund beruht, läßt ein letztes Mal das Leben eines Nomaden der Wissenschaft im Glanz einer untergehenden Sonne erstrahlen. Das fast übernatürlich wirkende Bildnis eines zu Ende gehenden Lebens – der farbliche Kontrast zu dem ein halbes Jahrhundert zuvor entstandenen Gemälde von Weitsch ist frappierend – projiziert den Reisenden von seinem Berliner Arbeitszimmer in den hochandinen Raum und zu einem Schreiben im Angesicht der Dinge. Die verdoppelten Orte eines Schreibens in Amerika und in Europa werden ineinandergeblendet und zeugen von jener Bewegung, die nicht nur einen Blick auf die Neue Welt, sondern mehr noch einen neuen Blick auf die Welt ermöglichte.

VIER · PASSAGE

Schreiben in der Moderne

»Nur glücklich, wenn ich etwas Neues unternehme«

Am 3. Januar 1806 schickte Alexander von Humboldt seinem Schweizer Freund, dem Naturforscher Marc-Auguste Pictet, einen kurzen, bislang in der Forschung nur selten berücksichtigten (geschweige denn eingehender untersuchten) Text, dem er – scherzhaft und hintergründig wie stets – den Titel *Mes confessions* gab. Diese in französischer Sprache verfaßten »Bekenntnisse« sollten dem einflußreichen Pictet dabei behilflich sein, für die von Humboldt ins Auge gefaßte und mit mancherlei Hoffnungen nicht zuletzt finanzieller Art ersehnte englischsprachige Ausgabe kräftig die Werbetrommel zu rühren. Gegen Ende dieses Textes »bekannte« der damals sechsunddreißigjährige Forscher, der bereits vor seiner Reise nach Amerika als Wissenschaftler international anerkannt und nach seiner Rückkehr zu einer europäischen Berühmtheit geworden war:

Voller Unruhe und Erregung, freue ich mich nie über das Erreichte, und ich bin nur glücklich, wenn ich etwas Neues unternehme, und zwar drei Sachen mit einem Mal. In dieser Gemütsverfassung moralischer Unruhe *(esprit d'inquiétude morale)*, Folge eines Nomadenlebens, muß man die Hauptursachen der großen Unvollkommenheit meiner Werke suchen. Ich bin viel nützlicher durch die Dinge und Fakten geworden, von denen ich berichtet habe, durch die Ideen, die ich bei anderen habe entstehen lassen, als durch die Werke, die ich selbst veröffentlicht habe. Ich habe es indessen nie an einem guten und großen Willen fehlen lassen noch an fleißiger Arbeit. In den heißesten Klimazonen des Erdballs habe ich oft 15 bis 16 Stunden hintereinander geschrieben oder gezeichnet. Meine Gesundheit hat darunter nicht gelitten, und ich bereite mich auf eine Reise nach Asien vor, nachdem ich die Ergebnisse meiner amerikanischen Forschungsreise veröffentlicht habe.[1]

1 Alexander von Humboldt, »Mes confessions, à lire et à me renvoyer un jour«, in: *Le Globe* (Genève) 7 (janvier-février 1868), S. 188. Die erste deutschsprachige Ausgabe dieser »autobiographischen Skizze« ist das Verdienst von Kurt-R. Biermann; sie findet sich in Alexan-

Mag uns auch manch sprachliche Unkorrektheit oder Ungeschicklichkeit dieses französischsprachigen Textes daran erinnern, daß Alexander ihn nicht für die Publikation vorgesehen, sondern als einen Gebrauchstext konzipiert hatte, dem man ihm »eines Tages wieder zurücksenden« solle, so wirft er doch ein bezeichnendes Licht auf den großen Naturforscher, Gelehrten und Schriftsteller. Denn jene »Gemütsverfassung moralischer Unruhe«[2] verweist uns – in der Verdoppelung des Lexems *inquiet* – auf eine Ruhelosigkeit, die stets in die Zukunft gerichtet ist. Sie erscheint ihm als Folge eines Nomadenlebens, das einer nur vorübergehenden Seßhaftigkeit Platz gemacht hat, so daß für Alexander von Humboldt die Zeit nach der Reise längst wieder zur Zeit vor der Reise geworden ist. Daß der so ungeduldig erwartete Aufbruch nach Asien erst drei Jahrzehnte nach dem Beginn seiner *Reise in die Äquinoktial-Gegenden des Neuen Kontinents* und nicht in der ursprünglich von ihm geplanten Form erfolgen würde, konnte der mit der europäischen *République des Lettres* wohlvertraute jüngere der beiden Humboldt-Brüder damals noch nicht ahnen. Teilen wir sein Leben in drei jeweils gleichlange Zeitabschnitte ein – ein erster von seiner Geburt am 14. September 1769 bis zur Abreise in die spanischen Kolonien in Amerika am 5. Juni 1799, der zweite bis zum Aufbruch zu seiner russisch-sibirischen Reise am 12. April 1829 und schließlich der dritte bis zu seinem Tod am 6. Mai 1859 –, dann erfassen seine *Bekenntnisse* auf den ersten Blick nur jene erste Phase, die sein Bild in der europäischen wie außereuropäischen Öffentlichkeit in der Folge so sehr bestimmen sollte. Doch ist jener *esprit*, den wir nur unbefriedigend mit dem bis ins 20. Jahrhundert wahrlich strapazierten deutschen Gegenbegriff »Geist« übersetzen könnten, ein Charakteristikum nicht nur der ersten Phase, sondern Ausgangspunkt seiner unermüdlichen Aktivitäten überhaupt und Grundbedingung eines Schreibens in der Moderne, für das die Humboldtsche *écriture* – und dies ist bislang nicht gesehen worden – modellhaft steht.

Vordergründig dienen *Mes confessions* als Grundlage für eine

der von Humboldt, *Aus meinem Leben. Autobiographische Bekenntnisse.* Zusammengestellt und erläutert von Kurt-R. Biermann, München: Beck 1987, S. 49-62. Ich folge weitgehend dieser Übersetzung (hier S. 60 f.), weiche an bestimmten Stellen aber leicht davon ab, so daß ich nach dem französischsprachigen Original zitiere.

2 Ebd., S. 60.

Werbekampagne. Doch wie sollte man für die Veranstaltung einer Ausgabe mit der Aussage werben, daß diese Werke eine »große Unvollkommenheit« aufweisen? Wie sollte man Verleger für einen Autor gewinnen, der von sich selbst behauptet, weniger durch die von ihm bislang publizierten Werke als durch jene Ideen gewirkt zu haben, die er bei anderen angeregt habe? Nicht von ungefähr verweist Alexander von Humboldt auf ein Schreiben (und ein Zeichnen), das er selbst unter widrigsten Bedingungen und in ungeheurer Anstrengung unermüdlich und fleißig während der Reise selbst vorangetrieben habe, jenes »Schreiben im Angesicht der Dinge«, mit dem wir uns im vorangehenden Kapitel bereits beschäftigt haben. So springt das Nomadenleben auf das Schreiben über, aus der *vie nomade* wird eine *écriture nomade*, die nicht nur den Ort des Schreibens, sondern auch dessen Gegenstände ständig gegen andere vertauscht.

Die Anspielung auf Jean-Jacques Rousseaus *Les Confessions*, mit denen der *citoyen de Genève* die moderne Autobiographie[3] – und vielleicht mehr noch die Autobiographie in der Moderne – eröffnete, ist im Schreiben an den gelehrten Genfer Freund Pictet nicht nur ein ironisches Augenzwinkern, sondern zugleich auch Selbstvergewisserung und Selbstreflexion, die aus der Erfahrung des Erfolgs keine Statik, sondern nur noch weiteren Antrieb, zusätzlich beschleunigte Bewegung gewinnt. Der unmittelbar zuvor erfolgte Hinweis auf seine Aufnahme ins Pariser *Institut National*, die Berliner Akademie der Wissenschaften oder die *American Philosophical Society* in Philadelphia benennt die äußeren Zeichen, nicht aber die Bedingungen eines Erfolges, in dem sich das Glücklichsein nur in der Form des Künftigen, des Projektierens und Projizierens, einstellen wollte. Ist dies nur Selbststilisierung? Sicherlich nicht. Mit einem spanischen Ausdruck ließe sich sagen, daß Humboldt gleichsam die Etappen seines Schaffens »abbrannte«, stets vom Gegenwärtigen zum Künftigen eilte und sich dabei der Schrift, die doch auch das Überzeitliche, das Andauernde repräsentiert, nur in dieser eilenden Bewegung widmen zu können

3 Vgl. die Überlegungen zur Gattungsentwicklung in Joseph Jurt, »Mauriac face au créateur de l'autobiographie moderne: J.-J. Rousseau«, in: François Durand (Hg.), *Mauriac et l'autobiographie*, Paris: Grasset 1990, S. 135-148.

glaubte. Gewiß: Er konzentrierte sich jahrzehntelang auf die Ausarbeitung nicht nur der Ergebnisse seiner Reise und ließ dabei das Wissen der unterschiedlichsten Disziplinen in seine Schriften einfließen. Doch sollte sein Œuvre stets – modern gesprochen – ein *work in progress* bleiben, eine projektierte Totalität, die sich in gigantischen Fragmenten, in ungeheuren Proliferationen der Schrift entlud. Ihm war die Vorläufigkeit jedes einmal erreichten Wissensstandes bewußt. Dieses geschärfte Bewußtsein des Transitorischen avancierte zur eigentlichen Bedingung ständiger Bearbeitungen seiner eigenen Schriften und damit weiterer Gebiete, die sich sein nomadisierendes Schreiben in ihrem expansiven Prozeß einverleibte.

Angesichts einer derartigen Konzeption des Schreibens überrascht es nicht, daß Alexander von Humboldts Korrespondenz zu den umfangreichsten – von seinen wohl an die 50 000 Briefen sind etwa 14 000 erhalten geblieben – und vor allem bedeutungsvollsten Epistolarien seiner Zeit gehört, sind Briefe doch gerade jenes Medium, in dem sich ständige Wechsel des Ortes, der Zeit und der Gegenstände vielleicht am unmittelbarsten auszudrükken vermögen. Präsentierte sich Rousseau gleich zu Beginn seiner *Bekenntnisse* am Tage des Jüngsten Gerichts vor seinem Richter »mit diesem Buch in meiner Hand«[4], so verzichtete auch Humboldt in seinen *Bekenntnissen* nicht auf eine Rechtfertigung seines Tuns; doch ließe sich Rousseaus auf das eigene Buch gerichtete Geste – »Seht, was ich getan habe, was ich gedacht habe, was ich war«[5] – nicht ohne weiteres[6] auf den jungen preußischen Gelehrten übertragen. Alexander warf, anders als Jean-Jacques, *volonté* und *assiduité au travail* in die Waagschale, (nicht nur preußische) Tugenden, die jenseits der Genieästhetik

4 Jean-Jacques Rousseau, *Les Confessions*, in: ders., *Œuvres complètes*, Bd. I. Edition publiée sous la direction de Bernard Gagnebin et Marcel Raymond avec, pour ce volume, la collaboration de Robert Osmont, Paris: Gallimard 1959, S. 5: »Möge die Trompete des Jüngsten Gerichts erschallen, wann immer sie wolle; ich werde mit diesem Buch in meiner Hand vor dem höchsten Richter erscheinen.«

5 Ebd.

6 In einem Brief vom 28. April 1841 an Varnhagen von Ense klingt jedoch noch im Projekt des Kosmos diese autobiographische Dimension unüberhörbar mit: »So sollte das Buch der Reflex meines Selbst, meines Lebens, meiner uralten Person sein.« *Briefe von Alexander von Humboldt an Varnhagen von Ense*, a.a.O., S. 91.

stehen. Sie sind Garanten eines nomadischen Schreibens, das in der zentrifugalen Bewegung moralischer Unruhe sein paradoxes Zentrum besitzt.

In Humboldts *Bekenntnissen* schlägt ein autobiographisches Schreiben durch, das sich – seiner selbst in unsteter Bewegung sich versichernd – ganz im Sinne des Rousseauschen Modells in ein erzählendes und ein erzähltes Ich aufspaltet. Die Spannung entsteht nicht nur aus der Wechselbeziehung zwischen beiden, sondern auch aus der Tatsache, daß das erzählende Ich in der Form des zurückblickenden, schreibenden Ichs (sehr im Gegensatz zu einem seiner narrativen Taufpaten, dem *pícaro*) nicht zur Ruhe gekommen ist. Es gewinnt seine Beobachterposition paradoxerweise aus der übergroßen Geschwindigkeit, die – wie wir nicht erst seit der Erfahrung der Jets wissen[7] – in ein prekäres Gefühl der Ruhe umzukippen neigt. So wird der Beobachtungsstand zu einem Beobachtungspunkt im Vektorenfeld einer Bewegung, deren Ziel sich immer von neuem erst ergibt, ganz wie der Horizont vor dem voranschreitenden Wanderer immer weiter zurückweicht.

Diese autobiographische Erzählsituation beschränkt sich bei Humboldt aber keineswegs auf die autobiographischen Skizzen oder seine ausgedehnte Korrespondenz, sondern umfaßt über seine reiseliterarischen Texte hinaus – wenn auch in unterschiedlicher Stärke – sein gesamtes Werk. Die für das friktionale Genre[8] des literarischen Reiseberichts der Moderne gattungskonstitutive Aufspaltung in erzähltes und erzählendes Ich ist bei Humboldt aber nicht deckungsgleich mit der Trennung zwischen reisendem und schreibendem Ich. Das reisende Ich schreibt vielmehr selbst, und das schreibende Ich ist seinerseits beständig auf Reisen – so wie Humboldt selbst sich nach seiner Rückkehr aus Amerika und einer sich anschließenden Italienreise nur vorübergehend in Berlin aufhielt, bevor er ab November 1807 für zwei Jahrzehnte Paris zu seinem vielfach durch neuerliche Reisen rhythmisierten Lebensmittelpunkt machte. Die ruhelose Bewegung auf der Suche nach Neuem, die damit in Verbindung stehende Unabgeschlossenheit der eigenen Texte, die Erfahrung einer intensiven Beschleunigung des Le-

7 Vgl. den in den *Mythologies* abgedruckten Text von Roland Barthes, »L'homme-jet«, in: ders., *Œuvres complètes*, Bd. 1, a.a.O., S. 619-621.

8 Vgl. Kapitel 1 des vorliegenden Bandes.

bens und die Selbstbezüglichkeit des Ichs in variierten autobiographischen Schreibformen bilden wesentliche Grundlagen einer modernen Subjektivität, die ihren Niederschlag nicht nur im ästhetischen, sondern auch im epistemologischen Bereich, in den Grundlagen des Denkens, findet. Versuchen wir, die Strukturen dieses Schreibens in der Moderne noch genauer zu fassen.

»Zum ersten Mal sah ich das Meer«

Ähnlich wie Rousseau in seinen stets wiederholten und abgewandelten Szenen der *Illumination*, der plötzlichen »Erleuchtung« hinsichtlich seines späteren Lebensweges, hat auch Alexander von Humboldt immer wieder von neuem die Urszene des Erwachens seiner Lust, ferne Länder zu besuchen, geschildert und literarisch in Szene gesetzt. Schon während seiner amerikanischen Reise verfaßte er im August 1801 in Santa Fe de Bogotá, der Hauptstadt des damaligen Neu-Granada, eine autobiographische Skizze, in der er sich darüber klarzuwerden versuchte, wie er darauf verfallen war, »entfernte Pläne« zu schmieden.[9] In *Mes confessions* ist es – wie noch in abgewandelter und erweiterter Form im *Kosmos*[10] – der Anblick exotischer Pflanzen, der ihn zu dem Entschluß führt, »Europa zu verlassen«[11]:

9 Dieser auf den 4. August 1801 datierte Text findet sich in der von Kurt-R. Biermann herausgegebenen und bereits angeführten Sammlung (Humboldt, *Aus meinem Leben*) unter dem Titel »Ich über mich selbst (Mein Weg zum Naturwissenschaftler und Forschungsreisenden 1769-1790)«; dort lesen wir: »Meine Reise mit Forster in das Gebirge von Derbyshire vermehrte jene melancholische Stimmung. Das Dunkel der Casteltoner Höhen verbreitete sich über meine Phantasie. Ich weinte oft, ohne zu wissen warum, und der arme Forster quälte sich zu ergründen, was so dunkel in meiner Seele lag. Mit dieser Stimmung kehrte ich über Paris nach Mainz zurück. Ich hatte entfernte Pläne geschmiedet« (S. 40).

10 Vgl. Humboldt, *Kosmos*, a.a.O., Bd. 2, S. 5: »Kindliche Freude an der Form von Ländern und eingeschlossenen Meeren, wie sie auf Karten dargestellt sind, der Hang nach dem Anblick der südlichen Sternbilder, dessen unser Himmelsgewölbe entbehrt, Abbildungen von Palmen und libanotischen Cedern in einer Bilderbibel können den frühesten Trieb nach Reisen in ferne Länder in die Seele pflanzen. Wäre es mir erlaubt, eigene Erinnerungen anzurufen, mich selbst zu befragen, was einer unvertilgbaren Sehnsucht nach der

Der Anblick exotischer Pflanzen, selbst in getrocknetem Zustand in Herbarien, erfüllte meine Einbildungskraft mit jenen Freuden, welche die Vegetation klimagünstigerer Länder bietet.[12]

Der Reise exotischer Pflanzen in die Berliner Herbarien entspricht im weiteren Fortgang eine umgekehrte Bewegungsrichtung, wobei zunächst eine europäische Reise zum Vorspiel der großen außereuropäischen Forschungsreise wird. So kommt es im Frühling jenes Lebens zu einer Reiseerfahrung, die literarisch wie wissenschaftlich zum Bezugspunkt und in der Folge überwundenen, aber nie vergessenen Modell der späteren Expedition werden sollte:

Im Frühjahr schlug mir Herr Georg Forster, dessen Bekanntschaft ich in Mainz gemacht hatte, ihn nach England auf der schnellen Reise zu begleiten, die er in einem kleinen, durch die Eleganz seines Stils mit Recht berühmten Werk (Ansichten etc.) beschrieben hat. Wir fuhren nach Holland, England und Frankreich. Diese Reise kultivierte meinen Verstand und bestärkte mich mehr als je zuvor in meinem Entschluß zu einer Reise außerhalb Europas. Zum ersten Mal sah ich das Meer damals in Ostende, und ich erinnere mich, daß dieser Anblick den allergrößten Eindruck auf mich machte. Ich sah weniger das Meer als die Länder, zu denen mich dies Element eines Tages tragen sollte.[13]

Wieder ist es die Ansicht, der Blick und damit der Gesichtssinn, der zum Auslöser des Begehrens wird, ferne Länder zu besuchen. Man könnte fast von einer *concupiscentia oculorum* sprechen. Lassen wir auch hier das damals etwas unsichere Französisch Alexander von Humboldts – das in der vorliegenden Übersetzung nicht immer geglättet wurde – beiseite, um die angestrebte Bewegungsrichtung der Humboldtschen Gedanken

Tropengegend den ersten Anstoß gab, so müßte ich nennen: Georg Forster's Schilderungen der Südsee-Inseln; Gemälde von Hodges die Ganges-Ufer darstellend, im Hause von Warren Hastings zu London; einen colossalen Drachenbaum in einem alten Thurme des botanischen Gartens bei Berlin.« Später sollte für ungezählte Reisende – darunter insbesondere den jungen Charles Darwin – Humboldts Reisewerk seinerseits zum Auslöser und Modell des eigenen Reisens wie des eigenen Schreibens werden.

11 Humboldt, »Mes confessions«, a.a.O., S. 181.

12 Ebd.

13 Ebd., S. 182.

genauer zu erkennen. Denn wie aus der Perspektive des erzählenden Ichs die gemeinsame Reise des erzählten Ichs mit Georg Forster zur Prä-Figuration der amerikanischen Reise wird, so haftet an dem Reisegefährten die Erfahrung und das Prestige und Renommee einer Umsegelung des gesamten Erdballs. Georg Forster hatte als Gehilfe seines Vaters Johann Reinhold Forster James Cook bei dessen zweiter Reise begleitet und einen Reisebericht in englischer und deutscher Sprache verfaßt, der ihn beim europäischen Publikum berühmt machte. Seine *Ansichten vom Niederrhein, von Brabant, Flandern, Holland, England und Frankreich* im April, Mai und Junius 1790 verwiesen damit zurück auf jene 1777 in englischer und 1778 bis 1780 in deutscher Fassung vorgelegte Reise um die Welt, in deren Vorwort sich die für Alexanders eigenes Tun so wichtigen Worte finden:

Die Philosophen dieses Jahrhunderts, denen die anscheinenden Widersprüche verschiedener Reisenden sehr misfielen, wählten sich gewisse Schriftsteller, welche sie den übrigen vorzogen, ihnen allen Glauben beymaßen, hingegen alle andre für fabelhaft ansahen. Ohne hinreichende Kenntniß warfen sie sich zu Richtern auf, nahmen gewisse Sätze für wahr an, (die sie noch dazu nach eigenem Gutdünken verstellten,) und bauten sich auf diese Art Systeme, die von fern ins Auge fallen, aber, bey näherer Untersuchung, uns wie ein Traum mit falschen Erscheinungen betrügen. Endlich wurden es die Gelehrten müde, durch Declamation und sophistische Gründe hingerissen zu werden, und verlangten überlaut, daß man doch nur Thatsachen sammeln sollte. Ihr Wunsch ward erfüllt; in allen Welttheilen trieb man Thatsachen auf, und bey dem Allem stand es um ihre Wissenschaft nichts besser. Sie bekamen einen vermischten Haufen loser einzelner Glieder, woraus sich durch keine Kunst ein Ganzes hervorbringen ließ; und indem sie bis zum Unsinn nach *Factis* jagten, verlohren sie jedes andre Augenmerk, und wurden unfähig, auch nur einen einzigen Satz zu bestimmen und zu abstrahiren; so wie jene Mikrologen, die ihr ganzes Leben auf die Anatomie einer Mücke verwenden, aus der sich doch für Menschen und Vieh nicht die geringste Folge ziehen läßt.[14]

In dieser polemisch eingefärbten Passage seiner »Vorrede« griff Georg Forster mit der Gegenüberstellung von Philosophen und Sammlern jenen Gegensatz von Reisenden und Daheimgeblie-

14 Georg Forster, *Reise um die Welt*. Herausgegeben und mit einem Nachwort von Gerhard Steiner, Frankfurt am Main: Insel 1983, S. 16 f.

benen auf, der – wie wir im vorangehenden Kapitel sahen – schon Jean-Jacques Rousseau und nach ihm Denis Diderot beziehungsweise Guillaume-Thomas Raynal in eine Polemik verwickelt hatte. Forsters Reflexion der epistemologischen Grundlagen von Erfahrung und Reisen stellte nicht nur die (denkarme) Empirie einem um Fakten nicht bekümmerten Systemdenken gegenüber, sondern zielte neben den Jägern und Sammlern auch auf jene, die sich in ihr Spezialistentum vergraben und »das Ganze« aus den Augen verloren haben. Auf seiner amerikanischen Reise beschäftigte sich Humboldt recht intensiv auch mit Mücken – gerade im Orinoco-Tiefland zuweilen mehr, als ihm lieb sein konnte. Humboldts im literarischen Zeichen des Inferno von Dantes göttlicher *Comedia* niedergeschriebenen Seiten über die Plage, Beobachtung und Analyse der Stechmücken und Mosquitos harren noch immer ihrer längst überfälligen literaturwissenschaftlichen Analyse. Doch war der Verfasser des *Versuchs über die gereizte Muskel- und Nervenfaser* alles andere als ein eingefleischter Mikrologe, der beim wissenschaftlichen Fliegenbeinzählen stehengeblieben wäre. Er betrachtete den Mikrokosmos stets in seinen wechselseitigen Beziehungen zum Makrokosmos und scheute – als Makrologe, der er auch war – nie davor zurück, über das Große, das Ganze zu sprechen.

Denn um das Ganze ging es ebenso Georg Forster wie Alexander von Humboldt.[15] Benannte Forsters Vorrede zum Bericht über die Entdeckungsreise Cooks die methodologischen und epistemologischen Prämissen einer Forschungsreise neuen Typs, so setzte Alexander von Humboldt am Ende des 18. Jahrhunderts diese Konzeption in die Tat um, indem er sie als Forschungsreise im modernen Sinne – und im Sinne der Moderne – anging und durchführte. Sein Nomadenleben verband sich auf diese Weise nicht nur mit einem nomadischen Schreiben, sondern auch mit einer nomadisierenden Wissenschaftskonzeption,

15 Vgl. hierzu auch den schönen Aufsatz von Peter Schmitter, »Zur Wissenschaftskonzeption Georg Forsters und dessen biographischen Bezügen zu den Brüdern Humboldt. Eine Vorstudie zum Verhältnis von ›allgemeiner Naturgeschichte‹, ›physischer Weltbeschreibung‹ und ›allgemeiner Sprachkunde‹«, in: Bernd Naumann, Frans Plank, Gottfried Hofbauer, und Reijer Hooykaas (Hg.), *Language and Earth. Elective Affinities between the emerging Sciences of Linguistics and Geology*, Amsterdam: Benjamins 1992, S. 91-124.

die, an Forsters Vorstellungen geschult, weit über diese hinausging und einen neuen Typ des Wissens hervorbrachte, der – so scheint es – erst seit dem Ende des 20. Jahrhunderts aus einem neuen, transdisziplinären Wissenschaftsverständnis heraus begriffen werden kann.

Vor diesem Hintergrund wird verständlich, daß Alexander von Humboldt in seinen »Bekenntnissen« Wert darauf legte, nicht nur durch die von ihm herbeigeschleppten Dinge und Fakten, sondern auch (und mehr noch) durch jene Ideen zu wirken, die er in anderen entstehen ließ. Er verstand sich ohne jeden Zweifel als Teil eines Netzwerks der Wissenschaft[16], das seit dem 18. Jahrhundert im Kontext des von Jürgen Habermas beschworenen »Projekts der Moderne« seine Netze – nicht nur die der Längen- und Breitengrade – über den gesamten Globus auswarf. Der Bescheidenheitstopos verbirgt freilich nicht, daß es Alexander von Humboldt gerade auf diese Verbreitung neuer Ideen ankam, die ihrerseits auf einer Verbindung der Sammeltätigkeit mit dem Versuch, das Gesammelte in einer Gesamtsicht zu einem Ganzen zusammenzudenken, beruhte. Darum wird ihm das Meer, das er gleichsam unter den Augen des weitgereisten Georg Forster bei Ostende zum ersten Male erblickte, auch nicht zum trennenden, sondern zum alles in eine weltumspannende Kommunikation einbindenden, alles miteinander verbindenden Element. Auf diese Weise wurde die Reise zur Voraussetzung eines weltschaffenden, globalen Denkens, das nicht auf Sammeln, sondern Verbinden angelegt war. Darum mußte die amerikanische durch eine asiatische Forschungsreise ergänzt und vervollständigt werden. Diese (stets prekäre) Vervollständigung aber konnte sich nur auf der Grundlage moderner Subjektivität ergeben, unter Einbeziehung eben jener *perfectibilité*, die Rousseau als Charakteristikum des Menschen beschrieben hatte und die für Humboldt zu jenem movens im Zeichen moralischer Unruhe wurde, das nicht nur das Denken, sondern auch den Denker selbst, nicht nur die Literatur, sondern auch den Literaten selbst in Bewegung setzte.

16 Daher scheint mir auch der Untertitel »Netzwerke des Wissens«, der für die Alexander von Humboldt am Haus der Kulturen der Welt zu Berlin (vom 6. Juni bis 15. August 1999) gewidmeten Ausstellung gewählt wurde, sehr glücklich. Es gilt freilich, diese Metaphorik künftig noch stärker wissenschaftstheoretisch zu durchdenken.

»Die verschiedenen Elemente einer weiten Landschaft zu erfassen«

Das alles miteinander in Verbindung setzende Meer wird nicht nur zu einem Forschungsobjekt Alexander von Humboldts, sondern zu einem vieldeutigen Symbol, das ebenso den Weg des Reisenden bereiten als auch dessen Untergang herbeiführen kann. An zahlreichen Stellen der *Relation historique* und anderer Schriften erscheint das Meer überdies als Spiegelfläche des Sternenhimmels – mithin des Kosmos – und führt dem Menschen die Gesamtheit der Schöpfung vor Augen. Die im Kontext von Humboldts kosmologischer Metaphorik beobachtbare Ambivalenz des Wassers als lebenspendende und zerstörerische, die Kräfte des Menschen weit übersteigende Kraft besitzt nicht nur in Hinblick auf die wissenschaftliche, sondern auch auf die literarische Gestaltung des Reiseberichts größte Bedeutung. Setzen die Meeresströmungen verschiedenste Weltgegenden miteinander in Verbindung, so bringt auch der Mensch mit Hilfe seiner Schiffe die unterschiedlichsten Gesellschaften und Kulturen in eine nicht nur ökonomische, am modernen Welthandel ausgerichtete, sondern auch am interkulturellen Austausch interessierte Beziehung. Verwunderlich ist es daher nicht, daß Alexander von Humboldt stets größte Sorgfalt auf jene Augenblicke der Landung oder der Abreise legte, die man als reiseliterarische Orte höchster Signifikanz ansehen darf.[17] Das Humboldtsche Reisewerk bietet eine Fülle derartiger Darstellungen; doch dürfen wir uns der Wahl des kubanischen Schriftstellers und *poeta doctus* Alejo Carpentier anschließen, der für den Auftakt von *La ciudad de las columnas*, der literarischen Liebeserklärung an seinen Geburtsort Havanna, eine Passage aus dem 28. Kapitel der *Reise in die Äquinoktial-Gegenden des Neuen Kontinents* wählte, welches später als *Politischer Versuch über die Insel Cuba* eigenständig in Buchform erschien. Diese Passage inszeniert die Ankunft des Europäers im Hafen von Havanna, den Alexander von Humboldt ein erstes Mal am 19. Dezember 1800 von See her erblickte:

Der Anblick Havannas am Eingang des Hafens ist einer der reizvollsten und malerischsten, dessen man sich an der Küste des äquinoktialen

17 Vgl. Kapitel 1 dieses Bandes.

Amerika nördlich des Äquators erfreuen kann. Dieser von den Reisenden aller Nationen gefeierte Ort besitzt nicht die Üppigkeit des Pflanzenwuchses, welcher die Ufer des Flusses von Guayaquil schmückt, noch die wilde Majestät der felsigen Gestade von Rio de Janeiro, zweier Häfen der südlichen Halbkugel: aber die Anmut, welche unter unseren Himmelsstrichen die Bilder der kultivierten Natur verschönert, mischt sich hier mit der Majestät der Pflanzenformen und der organischen Kraft, welche die heiße Zone kennzeichnet. In der Mischung so zarter Eindrücke vergißt der Europäer die Gefahr, welche ihn im Herzen der bevölkerungsreichen Städte der Antillen bedroht; er strebt, die verschiedenen Elemente einer weiten Landschaft zu erfassen, die festen Schlösser, welche die Felsen im Osten des Hafens krönen, dieses innere Becken, umgeben von Dörfern und Meierhöfen, diese zu erstaunlicher Höhe aufragenden Palmen, diese unter einem Mastenwald und dem Segelwerk der Schiffe halb versteckte Stadt zu betrachten.[18]

In dieser kurzen, literarisch sorgfältig gestalteten und zunächst im Zeichen des Pittoresken modellierten Passage wird der Anblick bei der Einfahrt in den kubanischen Haupthafen sogleich mit jenem anderer Häfen der amerikanischen Tropenländer in Beziehung gesetzt, wobei die Erzählerinstanz zum einen auf den Hafen von Guayaquil (den Alexander von Humboldt aus eigener Erfahrung kannte) und auf jenen von Rio de Janeiro (den er selbst niemals besuchte) vergleichend verweist. Die präsentische Darstellung bedeutet daher nicht, daß wir uns auf der Ebene des erzählten (beziehungsweise des reisenden) Ichs befinden; die Rücknahme der im vorangehenden Abschnitt noch dominanten individualisierten Perspektive in ein verallgemeinerndes »man« erschließt sich jedoch nur einer genaueren Analyse als Signal, daß die Beobachterposition gewechselt hat. In der Tat könnte ein unaufmerksamer Leser zu dem Schluß kommen, Humboldt habe den Hafen von Rio de Janeiro aus eigener Kenntnis beschrieben – ein Beispiel für jene vom Text quasi suggerierten An-

18 Alexander von Humboldt, *Relation historique du Voyage aux Régions équinoxiales du Nouveau Continent* ... Nachdruck des 1814-1825 in Paris erschienenen vollständigen Originals, besorgt, eingeleitet und um ein Register vermehrt von Hanno Beck, Bd. III, Stuttgart: Brockhaus 1970, S. 348. Eine neuere deutschsprachige Ausgabe des *Essai politique sur l'île de Cuba* erschien unter dem zwar griffigen, aber etwas unglücklichen Titel *Cuba-Werk*. Herausgegeben und kommentiert von Hanno Beck, Darmstadt: Wissenschaftliche Buchgesellschaft 1992 (hier S. 9). Aufgrund zahlreicher Abweichungen zitiere ich nach dem französischen Original.

nahmen, wie sie sich immer wieder selbst in der Humboldt-Forschung finden. Tatsächlich aber beruht der Vergleich, der hier in die Darstellung einfließt, nur zum Teil auf eigenen Erfahrungen des Reisenden, wenngleich er auch in dieser Form ein diskursives Merkmal des Humboldtschen Schreibens darstellt, das sich stets in weltumspannenden Vergleichen bewegt.

Das komparative Element als eine der epistemologischen Grundlagen der nomadisierenden Schreibweise Humboldts ist nicht notwendig an persönliche Beobachtung und Erfahrung gekoppelt, denn der Anblick der Häfen von Guayaquil und Rio de Janeiro wird auf derselben Ebene des »Wahrheitsanspruches« behandelt. Wir haben es in dieser auf den ersten Blick unscheinbaren Passage weder mit dem erzählten noch mit dem erzählenden Ich zu tun, sondern mit einer Erzählinstanz, die gleichsam von höherer Warte aus die Einzelphänomene überblickt und einordnet. Da diese wissenschaftliche Erzählinstanz ebenfalls in der ersten Person Singular auftritt, können wir sie auch als das wissenschaftliche Ich – das bisweilen beide Zeitebenen miteinander verbindet – bezeichnen. Sie geht in die Konstituierung des wissenschaftlichen Subjekts in grundlegender Weise ein. Ihr obliegt es in diesem Falle, die Erfahrung anderer Reisender vergleichend einzublenden, wenn auch in einer sehr ambivalenten Art, die nur dem mit Humboldts gesamter Reiseroute vertrauten Leser erlaubt, die individuelle von der intertextuellen, also aus anderen Texten anderer Autoren bezogene Erfahrung zu unterscheiden.[19]

Zugleich macht diese Passage deutlich, daß auch viele andere Reisende aus aller Herren Länder diesen Hafen besucht haben, so daß Bewegung und Transportmittel, aber auch Fremderfahrung und (eine mitunter auch bedrohliche, spannungserzeugende) Alterität ins Zentrum des Interesses rücken. Der angespro-

19 Man könnte bei derartigen, oft an das diskursive Mittel des Vergleichs gebundenen Stellen von einem Überspringen der durch eigenen Augenschein erworbenen Kompetenz und Legitimation auf andere Objekte sprechen. Warum hat Humboldt den Hafen Havannas nicht mit jenen von Cumaná, Cartagena de Indias, El Callao, Acapulco oder Veracruz verglichen? Das Einweben des intertextuell Erfahrenen in die individuelle Zeugenschaft des Reisenden gehört zweifellos zum Repertoire der Vertextungsstrategien, die zeigen, wie wichtig es ist, die verschiedenen Textinstanzen nicht nur in Humboldts Reiseberichten auseinanderzuhalten.

chene (explizite) Leser gehört ebenso wie der Reisende einer anderen Klimazone an, deren Reize einer »kultivierten Natur« sich hier mit tropischen Vegetationsformen verbinden und vermischen. Angesichts der Mischung der durch diese Reize unterschiedlicher Herkunft ausgelösten Eindrücke vergesse der Europäer, dessen Perspektive die angeführte Passage unübersehbar beherrscht, jene Gefahren, welche die Andersheit des kulturellen Raumes jener »bevölkerungsreichen Städte der Antillen« (auch dies wieder ein impliziter Vergleich, der nur zum Teil auf die eigene Erfahrung Humboldts zurückgeführt werden kann) bereithält. Dieser Blick des Europäers aber versucht nun, die verschiedenartigen Elemente zu einer weiten Landschaft[20] – und damit zu einer abgrenzbaren Einheit – zusammenzufügen. Die Addition der einzelnen Elemente gerät nicht zu einer simplen Sammlung, sondern fügt sich zu einer (ästhetisch gestalteten) Gesamtheit. Humboldt ordnet die Elemente zum einen nach dem Grade ihrer unmittelbaren Sichtbarkeit – und damit vom beweglichen Beobachterstandpunkt des in den Hafen einfahrenden Reisenden – her (von der Höhe der festungsgekrönten Felsen bis hinab zur halb verborgenen Stadt) und zum anderen gemäß ihrer dynamischen Beziehung zu den Bereichen von Kultur und Natur. So wird das vertikale, landschaftsbestimmende Element der Palmen, die nicht nur bis heute das Symbol der Insel geblieben sind, sondern auch für Humboldt zur Chiffre tropischer Vegetation und Lebenskraft wurden[21], überführt in einen »Mastenwald«, so daß der Bereich der Natur in jenen der Kultur transponiert und »übersetzt« wird. Der Übergang zwischen Natur und Stadt wird just von jenen Schiffen bewerkstelligt, die als mobile Transportmittel jene Bewegung sicherstellen,

20 Zur Fassung der Natur als Landschaft ausgehend von Petrarcas Aufstieg zum Mont Ventoux vgl. Joachim Ritter, »Landschaft. Zur Funktion des Ästhetischen in der modernen Gesellschaft«, in: ders. (Hg.), *Subjektivität.* Sechs Aufsätze. Frankfurt am Main: Suhrkamp 1989, S. 141-163. Alexander von Humboldt wußte von Petrarcas Bergbesteigung und der Lektüre der *Confessiones* des Augustinus auf der Spitze des Mont Ventoux.

21 Humboldt widmete sich ebenso im weiteren Verlauf seines *Essai politique* wie auch in den *Nova genera* wiederholt der sogenannten *Palma real*, beschränkte sich dabei aber nicht »mikrologisch« auf pflanzengeographische, botanische oder allgemein naturwissenschaftliche Fragestellungen.

die den europäischen Reisenden in die Tropen führt und ihn auch wieder zurück in seine Heimat bringen wird.

Die Spannung zwischen Ich und Landschaft, die in der europäischen Reiseliteratur die Grundlage für die Konstituierung moderner Subjektivität bildet, wird in dieser Passage durch eine Spannung ergänzt, die sich zwischen der Beobachterperspektive des erzählten Ich (des Reisenden) und der höhergelagerten Instanz des wissenschaftlichen Ich aufbaut. Im Zwischenraum, der durch diese beiden Pole gekennzeichnet wird, situiert sich ein gut Teil des Humboldtschen Schreibens, dessen einzelne Instanzen in der Folge noch weiter analysiert und differenziert werden sollen. Als konstitutiv für dieses Schreiben aber läßt sich schon jetzt der graduelle Übergang und die Verzahnung von Natur und Kultur, der wechselnde Beobachterstandpunkt mit einer jeweils veränderten, in Bewegung befindlichen Beobachterperspektive und die Auseinandersetzung mit anderen Texten und Reiseberichten erkennen, wobei diese Elemente Eingang in eine sorgfältige literarische Strukturierung finden, die ihrerseits in der Markierung eines reiseliterarischen Ortes Funktionen für den Humboldtschen Text in seiner Gesamtheit übernimmt.

Alles unterliegt dabei einer ständigen Bewegung, so daß in Humboldts Schriften oftmals eher von einer Strukturierung als von einer festen Struktur gesprochen werden kann. Denn auch die philosophischen Rahmungen[22], die den Reisebericht häufig zu Beginn und am Ende der einzelnen Kapitel prägen, sind Textelemente, die weniger einen statischen Rahmen darstellen als eine Abfolge bedeutungsstrukturierender diskursiver Elemente bilden, mit deren Hilfe das bei oberflächlicher Betrachtung Disperse – wie im Blick des Europäers über die Umgebung des Hafenbeckens von Havanna – in ein einheitliches, wenn auch vielgestaltiges Ganzes überführt werden kann. Den bedeutungsstrukturierenden Einheiten kommt dabei weniger eine definitorische (also fixierende, fest-stellende) als eine kommunikative Funktion zu, welche die Kollektion der gesammelten Elemente in ein dynamisches Netzwerk verwandelt. Dadurch stellen die Humboldtschen Texte jene übergreifenden Ko-

22 Im Nachwort zu meiner Ausgabe von Alexander von Humboldts *Reise in die Äquinoktial-Gegenden des Neuen Kontinents* (a.a.O., S. 1563-1597) habe ich auf diese literarische Technik aufmerksam gemacht.

des zur Verfügung, kraft deren die verschiedensten Einzelerscheinungen dekodiert und in ihrem Funktionszusammenhang innerhalb des »Naturgemäldes« eingeordnet und verarbeitet werden können.

»Das einförmige, trostlose Bild des entzweiten Geschlechts«

In seinen erstmals im Jahre 1808 erschienenen *Ansichten der Natur*, die paratextuell schon in ihrem Titel auf die Vorherrschaft des Visuellen und die Pluralität der Standpunkte aufmerksam machen, intertextuell den Bezug zu Forsters *Ansichten vom Niederrhein* herstellen und rezeptionsgeschichtlich Humboldt bei einem breiteren deutschsprachigen Publikum bekannt machten, findet sich nach der Vorrede gleich zu Beginn des Bandes ein Text, der uns die Analyse grundlegender Schreibstrategien des preußischen Forschungsreisenden ermöglicht. »Ueber die Steppen und Wüsten« setzt mit der Erwähnung eines »hohen Granitrückens« ein, der geologisch dem »Jugendalter unseres Planeten« zugeordnet wird.[23] Von hier aus schweift der Blick des Betrachters über eine Landschaft, deren Horizont und Begrenzung »in schwindender Ferne« erscheint.[24] Damit wird bereits im ersten Abschnitt nicht nur die im Buchtitel hervorgehobene Visualisierung, sondern auch die im Titel mitbedeutete erhöhte Beobachterposition von »Ueber die Steppen und Wüsten« eingelöst und mit einer individuellen Perspektive verknüpft. Diese wird bereits zu Beginn des zweiten Abschnitts in Bewegung gesetzt, tritt doch »der Wanderer betroffen an den öden Rand einer pflanzenleeren Wüste«, die in starkem Kontrast zur »üppigen Fülle des organischen Lebens« steht[25], deren Bereich er soeben

23 Alexander von Humboldt, »Ueber die Steppen und Wüsten«, in: ders., *Ansichten der Natur mit wissenschaftlichen Erläuterungen*, Bd. 1, Tübingen: Cotta 1808, S. 1.

24 Ebd., S. 2.

25 Ebd. Humboldt verstärkte diesen Kontrast in späteren Ausgaben des Textes, indem er nun von einer »baumlosen, pflanzenarmen Wüste« sprach. Es wäre an der Zeit, die Ansichten der Natur einer textgenetischen Untersuchung zu unterziehen, die zugleich auch die französischsprachige Fassung der *Tableaux de la Nature* berücksichtigen müßte.

verläßt. Die sich daraus ergebende Rahmung der *Llanos* durch eine tropische Vegetation verweist auf den Schlußteil des Textes, in welchem ebendiese »Fülle« wiederum in den Blick rückt und damit eine Kreisstruktur sich abzeichnet, die dem Text auch in bezug auf die Spannung zwischen organischer und anorganischer Natur zugrunde liegt.

Das Grundschema des literarisch-wissenschaftlichen Essays entfaltet sich in einer Diachronie, die mit dem Urgestein im »Jugendalter« einsetzt, wobei die »Bilder der Vorzeit« noch gegenwärtig durch »nächtliche Täuschung« – also im Beobachtersubjekt – zurückgerufen und gleichsam vor Augen geführt werden.[26] Vor dem Auge des Betrachters ersteht das neptunistisch eingefärbte Bild eines in geologischen Zeiträumen ablaufenden Sedimentationsprozesses, indem an die Stelle der wasserarmen Wüste die Meeresfläche des Ozeans tritt:

> Denn wenn im raschen Aufsteigen und Niedersinken die leitenden Gestirne den Saum der Ebene erleuchten; oder wenn sie zitternd ihr Bild verdoppeln, in der untern Schicht der wogenden Dünste, glaubt man den küstenlosen Ozean vor sich zu sehen. Wie dieser erfüllt die Steppe das Gemüth mit dem Gefühl der Unendlichkeit. Aber freundlich zugleich ist der Anblick des klaren Meeresspiegels, in dem sich die leichtbewegliche sanft aufschäumende Welle kräuselt. Todt und starr liegt die Steppe hingestreckt, wie die nackte Felsrinde eines verödeten Planeten.[27]

Die Überblendtechnik führt keineswegs zu einer metaphorischen Verschmelzung von Steppe und Meer, auch wenn beide Räume in ihrer Unendlichkeit den Reisenden, der sie durchquert, in ihren Bann ziehen und seine Gedanken und Vorstellungen fesseln. Aufschlußreich ist überdies die Gestaltung des impliziten literarischen Raumes, also jenes Horizonts von Bezügen zu anderen Texten, die nicht explizit im Text benannt werden. Denn kaum verhüllt (wenn auch bislang noch nicht erkannt) sind die Anspielungen auf die Genesis: Gottes Scheidung zwischen den Wassern oberhalb und unterhalb des Himmelsgewölbes am ersten und die Trennung von Erde und Meer am zweiten Tag der Schöpfung:

26 Ebd.
27 Ebd., S. 2 f.

Da sprach Gott: »Die Erde lasse Grünes hervorsprießen, samentragende Pflanzen sowie Fruchtbäume, die Früchte bringen nach ihrer Art, in denen Samen ist auf Erden!« Und es geschah so.[28]

So unterliegt der durch eine optische Täuschung hervorgerufenen »Ansicht« der Erdentstehung nicht nur ein erdgeschichtlich-naturwissenschaftlicher, sondern auch ein christlich-transzendenter Bezugstext, der dann in impliziter Intertextualität weiterentwickelt wird. Die doppelte Beobachterperspektive des Wanderers und des auktorial gestalteten Erzählers wird durch eine ebenfalls in der dritten Person agierende wissenschaftliche Instanz ergänzt, die – wie die Figur des wissenschaftlichen Ichs im Reisebericht – die diskursiven Passagen dominiert und an dieser Stelle zunächst den weltweiten Vergleich mit anderen Regionen unseres Planeten einleitet. Innerhalb dieses durch Narrativierungen immer wieder aufgelockerten weltweiten Vergleichs rücken ebenso die Vegetation wie auch die Menschheitsentwicklung in den Blick, so daß sich die Erde vor den Augen des Lesers in einer Art entsakralisierter Schöpfungsgeschichte zu bevölkern beginnt. Dieser Prozeß aber wird in der Rückkehr zu den »Steppen und Wüsten« von *Tierra firme* (des heutigen Venezuela) zurückgedreht:

Das Interesse, welches dies Gemälde dem Beobachter gewähren kann, ist ein reines Naturinteresse. Keine Oase erinnert hier an frühe Bewohner, kein behauener Stein, kein verwildeter Fruchtbaum an den Fleiß untergegangener Geschlechter. Wie den Schicksalen der Menschen fremd, allein an die Gegenwart fesselnd, liegt dieser Erdwinkel da, ein wilder Schauplatz des freien Thier- und Pflanzenlebens.[29]

So erscheint nun auf der diachronen Achse an die Trennung von Meer und Erde und die Gebirgsbildung anschließend eine Welt der Natur in der Freiheit von Flora und Fauna, die entgegen der Schöpfungsgeschichte dem Menschen nicht untertan ist.[30] Auf

28 *Die Heilige Schrift des Alten und Neuen Testamentes*. Nach den Grundtexten übersetzt und herausgegeben von Vinzenz Hamp, Meinrad Stenzel und Josef Kürzinger, Aschaffenburg: Pattloch [19]1969 (Genesis 1, 11).

29 Humboldt, »Ueber die Steppen und Wüsten«, a.a.O., S. 10 f.

30 In seiner »Introduction« in die *Relation historique* hat Humboldt auf ein »Ungleichgewicht« zwischen Natur und Kultur in Amerika aufmerksam gemacht: »In der alten Welt sind es die Völker und die

den folgenden Seiten wird versucht, die einzelnen Elemente dieses Gemäldes nebst den sie bestimmenden Faktoren wie Bodenbeschaffenheit, Klima usw. zu entfalten, um dann – und hier betritt der Mensch dann doch wieder die Bühne – die Entstehung und Bedingungen der Viehzucht in den Steppen des späteren Venezuela vor dem Hintergrund unterschiedlicher kultureller Voraussetzungen zu erörtern. An die Darstellung indianischer Völker der *Llanos* schließt sich eine Diskussion der Folgen der Entdeckung und Eroberung dieser weiten Landstriche durch die Europäer an, ein geschichtlicher Einschnitt, der in seiner Bedeutung auch für Pflanzen- und Tierwelt herausgearbeitet wird. Erneut werden die diskursiven Teile stets durch die Einschaltung narrativer Passagen rhythmisiert, wobei insbesondere »der wunderbare Kampf der Pferde und Fische«[31], der Fang der Gymnoten, die Elemente des Kampfes und der Spannung in den Text einbringt (und von jeher die Aufmerksamkeit des Publikums auf sich gezogen hat). Eine abschließende philosophische Bemerkung, die thematisch wie syntaktisch noch einmal alles »Gesammelte« zusammenzuführen und zu einer höheren Einheit zu verbinden sucht, scheint diese Seiten zu rahmen: »alles, wie die Farbe des getheilten Lichtstrals, fließt aus einer Quelle; alles schmilzt in eine ewige allverbreitete Kraft zusammen«.[32] In der Tat tritt die auktorial gestaltete Erzählinstanz, nun aber unvermittelt in die erste Person Singular verwandelt und damit eine Identifizierung mit dem realen, also textexternen Autor nahelegend, in den Vordergrund: »Ich könnte hier diesen gewagten Versuch eines Naturgemäldes der Steppe schließen.«[33] Doch soll – so die Ausführungen dieser Figur – der Blick auf den letzten Seiten des Textes noch einmal über die Landschaftsgrenzen hinaus erweitert werden. Der »flüchtige

Abstufungen ihrer Zivilisation, die dem Gemälde seinen Hauptcharakter geben; in der neuen hingegen verschwindet gleichsam der Mensch mit seinen Produkten inmitten einer wilden und gigantischen Natur« (Humboldt, *Reise in die Äquinoktial-Gegenden des Neuen Kontinents*, a.a.O., Bd. I, S. 35 f.). Er versuchte, mit Blick auf seine Leserschaft die reiseliterarischen Konsequenzen für die von ihm angewandten Darstellungstechniken zu ziehen.

31 Humboldt, »Ueber die Steppen und Wüsten«, a.a.O., S. 40.

32 Ebd.; in der dritten Auflage seiner Ansichten hat Humboldt diese Passage noch stärker akzentuiert.

33 Ebd.

Blick« über die Grenzen der *Llanos* erweist sich als Blick auf die Grenzziehungen zwischen Natur und Kultur und die Begrenztheit kultureller Entwicklung überhaupt. Wie im Zeitraffer werden geologische und naturräumliche Verhältnisse, Vegetation und Tierwelt sowie die verschiedenen indianischen Völker[34] in ihrer Entwicklung charakterisiert, um in den beiden abschließenden Abschnitten des Textes von der Darstellung des Einzelnen zur Darstellung des Ganzen überzugehen. Die Übergänge von der Natur zum Menschen sind dabei graduell und keineswegs von Fortschrittseuphorie geprägt:

> So bereitet der Mensch auf der untersten Stufe thierischer Rohheit, so im Scheinglanze seiner höheren Bildung, sich stets ein mühevolles Leben. So verfolgt den Wanderer über den weiten Erdkreis, über Meer und Land, wie den Geschichtsforscher durch alle Jahrhunderte, das einförmige, trostlose Bild des entzweiten Geschlechts.
> Darum versenkt, wer im ungeschlichteten Zwist der Völker nach geistiger Ruhe strebt, gern den Blick in das stille Leben der Pflanzen, und in der heiligen Naturkraft inneres Wirken; oder hingegeben dem angestammten Triebe, der seit Jahrtausenden der Menschen Brust durchglüht, blickt er ahndungsvoll aufwärts zu den hohen Gestirnen, welche in ungestörtem Einklang die alte ewige Bahn vollenden.[35]

In dieser abschließenden philosophischen Reflexion wird der Wanderer durch den Raum (mithin durch die ersten drei Dimensionen unserer eingangs entworfenen Kartierung), der sich ihm in seiner naturräumlichen Ausstattung darbot, zum Wanderer durch die Zeit, jener vierten Dimension, die ihm ihrerseits in geologischen wie in historischen Größenordnungen entgegen-

34 Der Übergang zwischen Tierwelt und Indianern wird im drittletzten Abschnitt vorgenommen und führt dem Leser eine Abfolge vor Augen, die aus heutiger Sicht als höchst problematisch erscheint. So folgen auf die »Tiger und Crocodile« (also die wilden Tiere) die Pferde und Rinder (mithin die domestizierten, teilweise aber wieder »verwilderten« Tiere), denen ihrerseits indianische Völkerstämme folgen, die mit »unnatürlicher Begier« das Blut ihrer Feinde trinken; am Ende dieser Kette stehen wieder andere Indianer, die nur »scheinbar waffenlos«, tatsächlich aber »zum Morde vorbereitet« sind (ebd., S. 44 f.). Die indianischen Völker am Orinoco werden somit in eine Abfolge integriert, die sie zu – den Tieren noch nahen – Vermittlern jenes beständigen Kampfes bis in die Stufen der »höheren Bildung« macht.

35 Ebd., S. 45 f.

tritt. Der durch die verschiedenen Stufen der Zivilisation aufgespannte Raum[36] der Geschichte des Menschen als Geschichte des Kampfes und der Ausrottung – nicht umsonst ist das Buch in Zeiten einer äußersten Bedrohung des preußischen Staatswesens im Vorwort den »Bedrängten Gemüthern« gewidmet[37] – wird am Ende von »Ueber die Steppen und Wüsten« wieder verlassen, um zur anorganischen Natur des *incipit*, des Textbeginns, zurückzukehren. Die nicht mit dem realen, textexternen Autor Alexander von Humboldt zu verwechselnde Figur des einsamen Wanderers, die in keiner Weise der historischen Reisegruppe um Alexander von Humboldt und Aimé Bonpland entspricht, tritt an die Stelle der Humboldtschen Karawanserei und beseitigt aus ästhetischen (und wohl nicht aus narzißtischen) Gründen die Reisegefährten, um immer wieder eine Fokalisierung auf eine einzige Position subjektiver Wahrnehmung sicherzustellen.[38] Die moderne Subjektivität, die sich aus der rastlosen Bewegung des Wanderers durch die Räume und die Zeiten entfaltet hat, tritt hier aus der Erfahrung einer durch den Menschen historisch beschleunigten Entwicklung heraus und wird in der Bewegung des Kosmos im doppelten Wortsinne aufgehoben.

Der Blick nach oben in die Welt der Sterne, die auf ihren ewigen Bahnen den »Einklang« einer Sphärenmusik und

36 Deutlicher als die deutsche formuliert dies die französische Ausgabe der *Tableaux de la Nature*, wenn sie diesen Raum sich vom »plus bas degré de la sauvagerie animale« bis zum »sommet de la civilisation« erstrecken läßt und damit die distanzierende Metaphorik des »Scheinglanzes« nicht übernimmt (*Tableaux de la Nature*, Bd. I, Nanterre: Editions Européennes Erasme 1990, S. 56).

37 Humboldt, »Ueber Steppen und Wüsten«, a.a.O., S. VII.

38 Zweifellos kommt dieser Figur auch gegenüber dem Lesepublikum eine identifikatorische Funktion zu. Die von Humboldt gewählte literarische Technik mag neben einer Vielzahl weiterer Gründe dazu beigetragen haben, daß Aimé Bonpland beim deutschsprachigen Publikum in zunehmendem Maße »verschwand«. Es ist in diesem Zusammenhang nicht uninteressant, daß bei der Ankündigung der bereits erwähnten, überaus gelungenen Ausstellung im Haus der Kulturen der Welt Eduard Enders Gemälde »Alexander von Humboldt und Aimé Bonpland in der Urwaldhütte« so geschnitten wurde, daß nur noch ein Teil von Bonplands Oberkörper sowie seine rechte Hand im Hintergrund sichtbar werden.

die Harmonie heiliger Naturkräfte erahnen lassen, findet sich häufig in Alexander von Humboldts Schriften. So tritt dem modernen (gespaltenen) Subjekt die kosmische Natur als jenes Reich der Freiheit entgegen, das ihm zumindest zeitweise die Freiheit von der (Menschheits-)Geschichte gewährt. Die stetige Beschleunigung, die sich in Humboldts Text bemerkbar macht, wird nicht in Bewegungslosigkeit, wohl aber in die Synchronie einer sich nicht verändernden sphärischen Bahn der Himmelskörper zurückgeführt. Wie der Mensch im Kosmos, so scheinen die verschiedenen Textinstanzen (einschließlich der wissenschaftlichen) letztlich in der philosophischen Instanz aufgehoben zu sein, die auf das Ganze gerichtet ist und daher jene alles zusammenführende, synthetisierende Denk-Figur verkörpert, die für Georg Forster wie für Alexander von Humboldt von alles entscheidender Bedeutung war. Doch sollten wir uns noch einmal das Zusammenspiel der verschiedenen Textinstanzen innerhalb der *Ansichten der Natur* vergegenwärtigen, bevor wir hieraus weitergehende Schlüsse für die Signifikanz der Humboldtschen Schreibweise innerhalb einer Literatur in Bewegung ziehen.

»Er verengt die Steppe, wie das Gemüth des Wanderers«

In seiner auf März 1849 datierten Vorrede zur zweiten und dritten Ausgabe betonte Humboldt die von ihm angestrebte poetologisch relevante »Verbindung eines litterarischen und eines rein scientifischen Zweckes« und verband diese Bemerkung mit einer unüberhörbaren Kritik am »dogmatischen Halbwissen wie der vornehmen Zweifelsucht«, die in den »sogenannten höheren Kreisen des geselligen Lebens« verbreitet seien.[39] Er habe

39 Ich zitiere nach der leicht zugänglichen und die Schreibweise Humboldts nicht unnötig modernisierenden Ausgabe von Alexander von Humboldt, *Ansichten der Natur, mit wissenschaftlichen Erläuterungen*, Nördlingen: Greno 1986, S. 9 f. Verwiesen sei auch auf die neue Studienausgabe, die trotz ihrer Verdienste die Erfüllung philologischer Kriterien leider nicht anstrebte: *Ansichten der Natur*. Erster und zweiter Band. Herausgegeben und kommentiert von Hanno Beck in Verbindung mit Wolf-Dieter Grün u.a., Darmstadt: Wissenschaftliche Buchgesellschaft 1987.

seine Schrift nach den »Bedürfnissen der Zeit ganz umzuschmelzen«[40] gesucht, eine Metaphorik, die Humboldt bereits in seiner Vorrede zur ersten Ausgabe verwendet hatte, als er von den unterschiedlichen Orten des Schreibens sprach:

Einzelne Fragmente wurden an Ort und Stelle niedergeschrieben, und nachmals nur in ein Ganzes zusammengeschmolzen. Ueberblick der Natur im Grossen, Beweis von dem Zusammenwirken der Kräfte, Erneuerung des Genusses, den die unmittelbare Ansicht dem fühlenden Menschen gewährt – sind die Zwecke, nach denen ich strebte. Jeder Aufsatz sollte ein in sich geschlossenes Ganzes ausmachen, in allen sollte Eine und dieselbe Tendenz sich gleichmässig zeigen. Die ästhetische Behandlung naturhistorischer Gegenstände hat, trotz der herrlichen Kraft und Biegsamkeit unserer vaterländischen Sprache, grosse Schwierigkeiten der Composition. Der Reichtum der Natur veranlasst Anhäufung einzelner Bilder. Diese Anhäufung aber stört die Ruhe und den Totaleindruck des Naturgemäldes.[41]

Humboldt erkannte insbesondere die Gefahr, daß »der Styl leicht in eine dichterische Prosa« ausarten könnte.[42] Dieser Herausforderung suchte er ebenso wie jener der nur additiven Akkumulation durch die Schaffung einer philosophischen Instanz zu begegnen, die in ihren Einsichten und Ansichten wie in ihrer Metaphorik gleichsam an den Kosmos zurückgebunden wird. In ihr ist das »Literarische« wie das »Wissenschaftliche« aufgehoben, in ihr kommt es zur Überführung der Linearität sukzessiv angehäufter Bilder in eine quasisimultane Wahrnehmung eines Naturgemäldes, das Humboldt in den *Ansichten der Natur* nicht mit den Mitteln der Pasigraphie, sondern mit ästhetischen Verfahren als »Totaleindruck« zu schaffen strebt.

Mit der philosophischen Instanz allein aber war eine Verbindung des »Literarischen« mit dem »Wissenschaftlichen« nicht zu bewerkstelligen. Daher sei abschließend ein weiterer, bislang unerwähnt gebliebener Abschnitt aus »Ueber die Steppen und Wüsten« näher untersucht, um Aufschluß über spezifisch literarische Vermittlungsformen zwischen beiden Bereichen zu erhalten. Vorrangig soll untersucht werden, wie gleichsam unter dem

40 Ebd., S. 10.
41 Humboldt, *Ansichten der Natur mit wissenschaftlichen Erläuterungen* (Erstausgabe), a.a.O., S. VI.
42 Ebd.

Dach der philosophischen Instanz das von Humboldt stets betonte »Zusammenwirken der Kräfte« ästhetisch gestaltet wird. Dies sei am Beispiel des eher selten diskutierten Phänomens der Sandhosen erläutert:

Wenn unter dem senkrechten Stral der nie bewölkten Sonne die verkohlte Grasdecke in Staub zerfallen ist, klaft der erhärtete Boden auf, als wäre er von mächtigen Erdstößen erschüttert. Berühren ihn dann entgegengesetzte Luftströme, und pflanzt sich durch Gegenstoß die kreisende Bewegung fort; so gewährt die Steppe einen seltsamen Anblick. Als trichterförmige Wolken[32)], deren Spitzen an der Erde hingleiten, steigt der Sand dampfartig durch die luftdünne, vielleicht elektrisch geladene, Mitte des Wirbels empor – gleich den rauschenden Wasserhosen, die der erfahrene Schiffer fürchtet. Ein trübes, strohfarbiges Halblicht wirft die nun scheinbar niedrigere Himmelsdecke auf die verödete Flur. Der Horizont tritt plötzlich näher. Er verengt die Steppe, wie das Gemüth des Wanderers. Die heiße, staubige Erde, die im nebelartig verschleierten Dunstkreise schwebt, vermehrt die erstickende Luftwärme. Statt Kühlung führt der Ostwind neue Gluth herbei, wenn er über den langerhitzten Boden hinweht.[43]

Die naturwissenschaftlich fundierte Erklärung des Phänomens der Sandhose wird durch die Einführung des Zusammentreffens einer vertikalen mit einer horizontalen Achse eingeleitet, wobei die erstgenannte, der senkrechte Strahl der Sonne, nicht nur zerstörerisch die Vegetation in Staub verwandelt und in den Boden eindringt, sondern Erdrisse erzeugt, wie sie von einer Macht des Erdinnern hervorgerufen sein könnten. Die Vertikalität des Sonnenstrahls – dessen Intensität Humboldt faszinierte und die er durch Messungen genauer zu fassen suchte – überträgt sich eher metonymisch als kausal auf den trichterförmigen Wirbel, der die Ebene quert und dabei eine nun aufsteigende Bewegung produziert, die der ursprünglich zugeführten Energierichtung entgegengesetzt ist. In diese kraftvoll narrativ entfaltete Passage wird durch den Vergleich mit dem Phänomen der Wasserhose ein semantisches Feld eingeblendet, mit dem wir seit Beginn des Textes vertraut sind, wird hier doch wieder die Horizontalität der Steppe mit jener des Meeres in Beziehung gesetzt. Die Figur des erfahrenen Schiffers kündigt bereits jene des Wanderers an, da beide in ihrer Durchquerung der Anöku-

43 Ebd., S. 29 f. Den Verweis auf die wissenschaftliche Erläuterung habe ich in diesem Zitat nicht getilgt.

mene jenen Naturgewalten und Kräften ausgeliefert sind, die sie in ihrer Vertikalität und zerstörerischen Kraft weit überragen. Die ungeheure Dynamik, die im Text von der Sonne ausgelöst wird, führt zu einer ständig beschleunigten narrativen Bewegung, die nur kurzzeitig von diskursiven Elementen (etwa den Vergleichen mit den Erdstößen oder dem Meer) unterbrochen wird. Die Kraft der vertikalen Erscheinung verändert nicht nur die scheinbar stabile Horizontalität an sich (das Zerfallen in Staub, das Aufklaffen der Erde usw.), sondern grenzt diese Horizontalität auch ein. Die Plötzlichkeit des Ereignisses weist darauf hin, daß die Darstellung wohl in den Händen der auktorial gestalteten Erzählinstanz liegt, die von ihr ins Spiel gebrachte Wahrnehmung nun aber beim einsamen Wanderer fokalisiert wird. Die Kräfte der Natur wirken nicht nur auf seine nach außen gerichtete Wahrnehmung, sondern auch auf seine innere Befindlichkeit, sein »Gemüth« oder, wie es in der französischen Fassung dieses Textes heißt, auf sein Herz.[44] Die den Abschnitt beendenden Sätze sind ebenfalls präsentisch gehalten, enthalten noch immer Verben der Bewegung, sind aber gleichwohl stärker erläuternder, diskursiver Natur, wobei die Fokalisierung im Subjekt des Wanderers wieder aufgegeben wird.

Ein naturwissenschaftlich erklärbares Phänomen wird hier offenkundig nicht im Diskurs der eigentlich »zuständigen« Wissenschaften dargelegt. Humboldt wählt bewußt einen anderen Weg. Die wissenschaftlichen Erläuterungen des Phänomens der Sandhose sind unverkennbar in der Modalität des Narrativen und Erlebnishaften gestaltet. Der Dynamik des Naturphänomens entspricht die Dynamik der Erzählung, in der die diskursiven Elemente der Erläuterung wo irgend möglich in die Narration eingeschmolzen sind. Die Spannungskurve erreicht dabei am Ende des zweiten Drittels dieses Abschnitts ihren Höhepunkt, wobei sich nun die Spannung nicht mehr vorwiegend zwischen der wissenschaftlichen Instanz und der auktorial gestalteten Erzählinstanz des erinnernden Ichs, sondern zwischen letzterer und der Perspektive des Wanderers (im Reisebericht also jener des erzählten Ichs) aufbaut. Die wissenschaftliche Instanz wird zugleich durch die »wissenschaftlichen Erläuterun-

44 Vgl. Humboldt, *Tableaux de la Nature*, a.a.O., S. 42: »Les limites de l'horizon se rapprochent subitement; la steppe se rétrécit, et le cœur du voyageur se resserre.«

gen«, die schon im Titel des Buches angekündigt sind, paratextuell gestärkt.

Dabei handelt es sich freilich nicht nur um zusätzliche Erläuterungen oder – wie in späteren Ausgaben hinzugefügte – Messungsergebnisse, sondern teilweise auch um wahre Erzählkerne, die zu Ausgangspunkten zusätzlicher Erzählvorgänge werden könnten. In der Erstausgabe von »Ueber die Steppen und Wüsten« umfaßt der fortlaufende Text die Seiten 1 bis 46, die »Erläuterungen und Zusätze« dann die Seiten 46 bis 55. Da sich Humboldts proliferierendes Schreiben in den späteren Ausgaben vor allem in dem zu letzt genannten paratextuellen Teil entlädt – er modifiziert und erweitert vorhandene Anmerkungen und fügt zusätzliche Anmerkungen hinzu –, pendelt sich die Relation zwischen fortlaufendem Text und wissenschaftlichen Erläuterungen, die in der Erstausgabe bei einem Verhältnis 1 : 3 lag, bei der dritten Ausgabe bei einem Verhältnis von 1 : 8 ein, ja, geht bei anderen Texten noch darüber hinaus. Vergleichbar ist eine derartige Schreibweise in neuerer Zeit wohl am besten mit jener des großen lateinamerikanischen Bewunderers von Alexander von Humboldt, des kubanischen Anthropologen und Essayisten Fernando Ortiz, der in seinem *Contrapunteo cubano del tabaco y el azúcar* eine ähnlich rhizomatische Schreibweise praktizierte.[45] Teilt man Schriftsteller in zwei Klassen ein – jene, die bei Korrekturen eher kürzen, und jene, die stets hinzufügen –, so gehört Alexander von Humboldt mit seiner Lust an einer proliferierenden Art des Schreibens fraglos der zweiten Klasse an.

Die Verbindung von »Literarischem« und »Wissenschaftlichem« wird in dieser Passage als ein Ineinandergreifen der verschiedenen Instanzen erkennbar, das in der Tat zu einem Zusammenwirken aller Kräfte führt, die auf das Lesepublikum gebündelt einwirken sollen. Die Narrativierung des Diskursiven wird durch eine diskursive Aufladung des Narrativen ergänzt. Die Modernität dieser Schreibweise, die nicht nur die unterschiedlichsten Wissenschaftsbereiche, sondern auch die verschiedenen Textinstanzen miteinander vermittelt, führt zu einer Ganzheit von Darstellung und Erkenntnis, die Wissen und sinn-

45 Auf proliferierende Schreibformen komme ich in bezug auf Albert Cohens Schreibmodell in Kapitel 9, auf rhizomatische Formen aus kulturtheoretischer Sicht in bezug auf Maryse Condé in Kapitel 11 zurück.

liche Erfahrung unmittelbar aufeinander bezieht. Humboldts Schreibweise zielt nicht vorrangig auf Eindeutigkeit - obwohl sie diesen Anspruch selbstverständlich keineswegs aufgibt -, sondern erweist sich als bewußt mehrfach kodiert. Diese »ästhetische Behandlung naturhistorischer Gegenstände« wird, trotz aller »Schwierigkeiten der Composition«, durch eine Schreibweise eingelöst, die sich nicht als eine bloß literarische, sondern als ein Zusammenfügen aller Elemente zu einem Ganzen versteht. Eine solche *écriture* erzeugt nicht einfach einen literarischen Mehrwert, sie verwandelt sich vielmehr selbst in einen Wert, der sich nicht als ein Hinzugefügtes, sondern als ein ästhetisch Zusammengefügtes beschreiben läßt. Wir haben es also nicht mit Wissenschaft plus Literatur (im rhetorischen Sinne von Schmuck und Ornament), nicht also mit einer additiven Struktur oder Sammlung, sondern mit einer Gesamtheit, die auf den »Totaleindruck« zielt, zu tun. Diese Ästhetik ist Fundament und Medium der Humboldtschen Wissenschaftskonzeption zugleich. Sie erzeugt eine Literatur und Wissenschaft in ständiger Bewegung.

»Humboldtian Writing«

Die aufgezeigten Vertextungsstrategien Alexander von Humboldts sind ebenso für die Gesamtheit seiner Schriften wie für die Rezeption seines Werkes von grundlegender, bis heute freilich wenig untersuchter Bedeutsamkeit. Sie ließen sich durch die Analyse zusätzlicher Verfahren ergänzen. Von besonderer Wichtigkeit scheinen mir hierbei die von Humboldt stets betonten Beziehungen des Wissens zur sinnlichen Erfahrung der Leserschaft zu sein, so daß an dieser Stelle nicht nur auf die intertextuellen, sondern mehr noch auf die intermedialen Beziehungen hingewiesen werden sollte. Bleibt deren Untersuchung aufgrund der im vorangehenden Kapitel vorgestellten Analyse eines intermedialen Aspekts, der Inszenierung des Schreibtischs, auch einer späteren Arbeit vorbehalten, so sei an dieser Stelle doch erwähnt, daß insbesondere die Bild-Text-Beziehungen, die sich mannigfaltig in seinen Schriften finden, und die Klang-Text-Beziehungen, wie sie etwa in dem ebenfalls in die *Ansichten der Natur* aufgenommenen Aufsatz über »Das nächtliche Thierleben im Urwalde« in Szene gesetzt werden, höchste Aufmerksamkeit verdienen. Die Verschiedenheit der phonotextuellen wie der ikonotextuellen Verfahren erweitert beispielsweise in Humboldts *Vues des Cordillères et Monuments des Peuples Indigènes de l'Amérique*, seinen *Pittoresken Ansichten der Cordilleren*, das Spektrum der Wahrnehmungs- und Darstellungsformen beträchtlich, insoweit die intermedialen Beziehungen doch jeweils von unterschiedlichen Textinstanzen her organisiert werden. Gerade Humboldts auf Forsters Bemühungen[46] zurückgehender, aber ständig kreativ erweiterter Versuch, die Ganzheit des Erfahrbaren und Verstehbaren nicht nur zu erfassen, sondern auch zu vermitteln, hat ihn nach immer wieder neuen ästhetischen Ausdrucksformen suchen lassen. Seine Briefe an Varnhagen von Ense sind, vergleichbar mit jenen Gustave Flauberts an Louise Colet, ein beredtes Zeichen dieser ruhelosen Suche eines Schreibens in der Moderne.

Gleichwohl gibt es – ungeachtet aller Veränderungen – eine Kontinuität und Kohärenz in der Entwicklung und Ausprägung der Humboldtschen Schreibweise, die angesichts der sich über sieben Jahrzehnte erstreckenden Veröffentlichungstätigkeit des großen Gelehrten aus heutiger Sicht mehr als nur beeindrukkend ist. Dies ist nicht zuletzt durch seine in ihren Grundlagen unerschütterliche, ethisch fundierte Konzeption von Wissenschaft und allgemeiner noch von Wissen überhaupt bedingt. Susan Faye Cannon hat in ihrer wissenschaftshistorischen Untersuchung angesichts der terminologisch nicht auf den Begriff zu bringenden Fülle der von Humboldt behandelten Gegenstände und angewandten Verfahren den im deutschsprachigen Raum kaum einmal wahrgenommenen Begriff der *Humboldtian Science* geprägt und hinzugefügt:

Wenn Humboldt ein Revolutionär war (was er nach meiner Ansicht vielleicht tatsächlich war), lag der Grund hierfür nicht darin, daß er all die unterschiedlichen Teile der Humboldtschen Wissenschaft erfunden

46 Selbstverständlich müßten neben Forster auch andere Naturforscher, Philosophen und Literaten als Impulsgeber genannt werden, zu denen zweifellos in vorderster Reihe Goethe, Schiller, Bernardin de Saint-Pierre oder Chateaubriand zu zählen wären. Gerade die Bedeutung Friedrich Schillers ist erst in letzter Zeit wieder ins Bewußtsein getreten; vgl. hierzu den schönen Aufsatz von Thomas Strack, »Alexander von Humboldts amerikanisches Reisewerk: Ethnographie und Kulturkritik um 1800«, in: *The German Quarterly* (Baltimore) LXXIX, 3 (summer 1996), S. 233-246.

hätte. Er war es, weil er den gesamten Komplex für etwa vierzig Jahre zur Hauptbeschäftigung professioneller Wissenschaft erhob.[47]

Auch wenn man Alexander von Humboldt weder in politischen noch in wissenschaftlichen Dingen für einen Revolutionär hält, kann man doch der Überzeugung beipflichten, daß der Verfasser der *Reise in die Äquinoktial-Gegenden des Neuen Kontinents* eine Wissenschaftskonzeption *sui generis* begründete, deren Charakteristikum weniger in der Innovation (oder »Erfindung«) als in der Kombination und Verkettung gesehen werden darf. Schon früh ist dies zu einem Merkmal des »kleinen Apothekers« von Schloß Tegel geworden, das sein Bruder Wilhelm in einem Brief vom 18. März 1793 an Carl Gustav von Brinkmann wohl erkannte:

> Ich halte ihn unbedingt und ohne alle Ausnahme für den größten Kopf, der mir je aufgestoßen ist. Er ist gemacht, Ideen zu verbinden, Ketten von Dingen zu erblicken, die Menschenalter hindurch, ohne ihn, unentdeckt geblieben wären. Ungeheure Tiefe des Denkens, unerreichbarer Scharfblick, und die seltenste Schnelligkeit der Kombination, welches alles sich in ihm mit eisernem Fleiß, ausgebreiteter Gelehrsamkeit, und von unbegränztem Forschungsgeist verbindet, müssen Dinge hervorbringen, die jeder andere Sterbliche sonst unversucht lassen müßte.[48]

In der Kombinatorik, der Verknüpfung von Ideen, hat Wilhelm bei seinem Bruder Alexander einen Denkstil ausgemacht, der später zu dessen Wissenschaftsstil wurde. Man könnte mit Recht die Innovation des von Alexander geschaffenen Wissenschaftsparadigmas vorrangig in der spezifischen Kombinatorik erblikken, die zwischen den unterschiedlichsten Gegenstandsbereichen, Wissensgebieten und Methodologien Verbindungen herstellt und so das (auf einer Fülle von Einzeluntersuchungen basierende) Zusammendenken als Herzstück Humboldtscher Wissenschaftskonzeption ausweist.

Wir könnten den Überlegungen Susan Cannons eine neue Richtung geben, wenn wir versuchen, die *Humboldtian Science* als zugleich interkulturell und transdisziplinär zu beschreiben. Sie ist interkulturell und nicht transkulturell, weil sie bewußt

47 Susan Faye Cannon, *Science in Culture. The Early Victorian Period*, New York: Dawson and Science History Publications 1978, S. 77.

48 Zitiert nach Hanno Beck (Hg.), *Gespräche Alexander von Humboldts*, Berlin: Akademie 1959, S. 6.

von der europäischen Perspektive ausgeht, eine Tatsache, der sich auch die so häufig in Humboldts Texten beobachtbare Figur des europäischen Reisenden verdankt. Sind wir heute möglicherweise an einem Punkte angelangt, von dem aus die ersten eher zaghaften Schritte in Richtung auf eine transkulturelle Wissenschaft unternommen werden, so ist die Humboldtsche Perspektivierung stets eine europäische, die den Dialog mit anderen Kulturen sucht und an einem interkulturellen Austausch nicht weniger interessiert ist als an Weltwirtschaft, Welthandel und Weltliteratur. Dabei konnte es Humboldt nicht um ein ständiges Wechseln kultureller Perspektiven gehen, welches Innenansichten der jeweiligen Kulturen in die eigenen Darstellungen miteinbezöge. Seine Wissenschaftskonzeption ist zugleich transdisziplinär ausgerichtet, weil sie nicht – wie im Falle der Interdisziplinarität – vom Standpunkt einer ganz bestimmten Disziplin aus den Dialog mit anderen wissenschaftlichen Fachgebieten und die wechselseitige Erhellung unterschiedlich »disziplinierter« Wissensgebiete sucht. Alexander von Humboldt war bestrebt, in möglichst vielen Disziplinen zu Hause zu sein oder besser: sich zwischen den verschiedenen Disziplinen zu bewegen und seine *vie nomade*, seinen nomadischen Lebensstil, auch auf den Bereich der Wissenschaften auszudehnen. Es ging ihm daher auch niemals um eine Spezialisierung, die nur einen bruchstückhaften Dialog mit anderen Spezialisten zu führen imstande wäre, sondern um ein nomadisches Wissen, das sich dank weltweit ausgedehnter Korrespondentennetze und einer unermüdlichen Arbeitsleistung stets die Möglichkeit offenhielt, von verschiedenen disziplinären Standpunkten aus zugleich zu argumentieren. Die uns heute bedrückenden Grenzen interdisziplinärer (oder wechselseitig »disziplinierter«) Forschung kennt sein Denken nicht.

Die Interkulturalität und Transdisziplinarität der *Humboldtian Science* sind ungeheure Schätze, welche die *Humboldtindustry* in den zweihundert Jahren seit Beginn seiner amerikanischen Reise, die vor allem eine transdisziplinäre und interkulturelle Forschungsreise war, noch kaum erkannt hat. Es handelt sich um Werte, die nicht nur von biographischer oder wissenschaftshistorischer Bedeutung sind, sondern auch von großer Aktualität und Wichtigkeit für die heutigen Debatten um die Beziehungen sowohl zwischen den verschiedenen Wissenschaften untereinander als auch zwischen diesen und der Gesellschaft innerhalb eines weltweiten Kommunikationszusammenhanges. Die *Humboldtian Science* aber ist in einem *Humboldtian Writing* fundiert, das es dem Verfasser des *Examen critique* erst erlaubte, mit Hilfe ganz bestimmter Schreibverfahren und Vertextungsstrategien jenen Gesamteindruck zu erzeugen, der auf der Konzeption eines Ganzen beruhte. Denn Alexander von Humboldt verstand es, seine Unruhe, seine ständige Beschäftigung mit mehreren Gegenständen zugleich nicht zu einem wissenschaftlichen Dilettantismus verkommen zu lassen, sondern in einen Prozeß ständig zunehmender Komplexität des Wissens und des Schreibens zu verwandeln. Eine Humboldtsche Wissenschaft wäre ohne ein Humboldtsches Schreiben unvorstellbar, wäre es dem preußischen Gelehrten ansonsten doch niemals möglich gewesen, das Zusammengedachte auch als solches – und nicht etwa als Zusammengeschriebenes – zu präsentieren. In diesem Humboldtschen Schreiben, so scheint mir, liegt nicht nur der Schlüssel zu seinem gesamten Werk, sondern auch für ein adäquates Verständnis desselben. Von einzelnen Disziplinen her – und seien dies auch Querschnittsdisziplinen wie die Geographie – ist dieses Verständnis heute nicht mehr zu gewinnen.[49]

Bislang wurden die Schriften Alexander von Humboldts überwiegend so gelesen, als ob das Schreiben, die Form ihrer Präsentation, gleichsam transparent wäre und uns eine unmittelbare Kommunikation mit den von ihm jeweils dargestellten Inhalten erlauben könnte. Humboldts eigene Schreibstrategien trugen viel zu dieser Fiktion von Direktheit und Unmittelbarkeit bei, zielten sie doch auf eine möglichst »natürliche« Wahrnehmung, die Natur gleichsam simulierte. So schrieb er an Varnhagen von Ense:

> Dem Oratorischen muß das einfach und wissenschaftlich Beschreibende immerfort gemischt sein. So ist die Natur selbst. Die funkelnden Sterne erfreuen und begeistern, und doch kreist am Himmelsgewölbe alles in mathematischen Figuren. Die Hauptsache ist, daß der Ausdruck immer edel bleibe, dann fehlt der Eindruck von der Größe der Natur nicht.[50]

49 Vgl. zu dieser Problematik aus der Sicht der Rezeptionsgeschichte auch Ottmar Ette, »Alexander von Humboldt heute«, in: Frank Holl (Hg.), *Alexander von Humboldt*, a.a.O., S. 19-31.

50 *Briefe Alexander von Humboldts an Varnhagen von Ense*, a.a.O., S. 92 (Brief vom 28. April 1841).

Der Verfasser der *Ansichten der Natur* suchte zeit seines Lebens nach Möglichkeiten, einen Effekt der Unmittelbarkeit zu erzielen, ohne Gefahr zu laufen, seine literarische Darstellung als »dichterische Prosa« gebrandmarkt zu sehen. »Ein Buch von der Natur«, so schrieb er schon am 24. Oktober 1834 an Varnhagen von Ense, »muß den Eindruck wie die Natur selbst hervorbringen.«[51] Der von Humboldt angestrebte literarische Kode sollte gleichsam »natürlich« überdeterminiert sein, um über seine eigene Kodierung, seine eigene Literarizität hinwegzutäuschen und wie jene Glasscheibe zu wirken, durch die wir – ohne sie zu reflektieren – die Außenwelt betrachten.

Dies ist freilich nichts anderes als ein überaus effektives und wohlkalkuliertes Verfahren, das »Literarische« der Schrift in der Repräsentation der Natur zu tilgen. Humboldt versuchte, den Artefaktcharakter seiner Veröffentlichungen mit Hilfe literarischer Techniken zu verbergen, die – ähnlich wie die Kodes der europäischen Realisten des 19. Jahrhunderts[52] – auf einen »Realitätseffekt«, einen *effet de réel*, abstellten. Dem wissenschaftlichen Charakter seiner Schriften tat dies keinen Abbruch. Gegenstände, Inhalte und Ergebnisse seines Denkens wie der von ihm betriebenen Wissenschaften nehmen wir aber nur durch seine Schriften und damit als Ergebnisse überaus komplexer Schreib- und Leseprozesse wahr.

Zu lange, so scheint mir, hat die Humboldt-Forschung die Gläser nicht gesehen, durch die sie auf Humboldts Werk blickte. Wenn wir nach den Debatten des 20. Jahrhunderts aus der Sicht verschiedenster Einzeldisziplinen wissen, daß Alexander von Humboldt zweifellos Naturforscher (im Sinne des französischen *naturaliste*), Historiker, Philosoph und Geograph war, so sollten wir heute um so bewußter zur Kenntnis nehmen, daß er sich nicht von Einzeldisziplinen her begreifen läßt und eben mehr war als Geograph, Philosoph, Naturforscher oder Historiker. Wenn wir Alexander von Humboldt als Schriftsteller begreifen, so kann es heute jedoch nicht mehr darum gehen, nunmehr ausgehend von der »Schriftstellerei« – die freilich keine Disziplin, sondern eher ein bestimmter Typus von Aktivität ist – den

51 Ebd., S. 23 (die Datierung auf den 27. 10. ist wohl fehlerhaft); vgl. auch Hans Blumenberg, *Die Lesbarkeit der Welt*, Frankfurt am Main: Suhrkamp 1986, S. 283 f.

52 Vgl. hierzu das nachfolgende Kapitel.

Verfasser des *Kosmos* zu vereinnahmen. Doch geht es sehr wohl um die Frage, mit Hilfe welcher Verfahren und Techniken es Humboldt gelang, die komplexe Kombinatorik eines transdisziplinären Forschens und interkulturellen Denkens zu *re-präsentieren* und zugleich ein grenzüberschreitendes Denken und Schreiben in beständiger Bewegung zu halten. Es war just diese Leistung des Humboldtschen Schreibens, welche die unabdingbare Voraussetzung der Humboldtschen Wissenschaft bildete.

Dabei sollten wir freilich nicht vergessen, daß für Alexander von Humboldt Wissenschaft, Ethik und Ästhetik ein unauflösbares Ganzes bildeten und daß ihn, wie er in *Mes confessions* bekannte, eine »inquiétude morale« umtrieb, für die auch die Grenzen des Transdisziplinären bei weitem zu eng gesteckt gewesen wären. Die für Humboldts Denken grundlegende Verbindung von Ethik und Ästhetik läßt sich nicht nur auf die Figur des »nomadisierenden« Reisenden beziehen, dem als Vermittlungsinstanz kultureller Alteritätserfahrung eine gattungskonform zentrale Funktion zukommt, sondern erlaubt auch Ausblicke auf eine sich abzeichnende Figur des Intellektuellen, der nicht an die Grenzen wissenschaftlicher Diskurse gebunden ist. Das Schreiben in der Moderne schließt für Alexander von Humboldt – ganz wie für Georg Forster, wenn auch in anderer, weniger »revolutionärer« oder »jakobinischer« Weise – stets eine Verantwortung ein, die wir heute als eine Funktion des Intellektuellen begreifen. Auch sie zählt zum Kernbestand dieser europäischen Moderne. So weitgefächert auch immer seine Wissenschaftskonzeption sein mochte, er sah sie stets wie auch sich selbst in der gesellschaftlichen Verantwortung. Auch hierin liegt die Modernität eines Schreibens, das die perspektivische Vielgestaltigkeit der *europäischen* Moderne, an deren Herausbildung Humboldt wesentlich mitgearbeitet hat (und an deren Ende wir uns möglicherweise befinden), wie kaum ein anderes zum Ausdruck brachte. Das *Humboldtian Writing* ist ein Schreiben in der Moderne, das, über diese weit hinausreichend, nichts von seiner ästhetischen Kraft und seiner moralischen Unruhe für uns heute verloren hat. Es zeigt und setzt Literatur in mehrfachem Sinne in Bewegung und entfaltet eine Dynamik, die in der Heterogenität ihrer diskursiven Brennstoffe aus heutiger Perspektive wieder genauer wahrgenommen werden kann.

Vom modernen Erzählraum zum Orbis Tertius

Erzählung gegen Liebe

Der Bildhauer greift nach dem Hammer und schleudert ihn gegen sein eigenes Werk. Doch er verfehlt die von ihm selbst geschaffene Statue einer schönen Frau. Es wird seine letzte künstlerische Handlung bleiben. Gleichwohl stellt dieser Akt – die verfehlte Zerstörung nach einer verfehlten Liebesbeziehung – zugleich den Beginn einer neuen Filiation von Kunstwerken dar. Nicht die Kunst, nur der Künstler stirbt. Was auf den ersten Blick wie eine bloße Variation des Motivs *ars longa, vita brevis* wirkt, ist mehr: Es bildet das Herzstück der von Balzac in einer ersten Fassung 1830 in der *Revue de Paris* veröffentlichten Novelle *Sarrasine*, und folgerichtig bricht ihr Protagonist, der französische Bildhauer gleichen Namens, von drei Stilettstichen tödlich ins Herz getroffen zusammen – nicht ohne sich bei seinen Mördern, die im Auftrag des Kardinals Cicognara handeln, für seine Erlösung, diese »eines Christenmenschen würdige Wohltat«[1], zu bedanken.

Dieser mörderische *bienfaiteur*, so erfahren wir am Ende der Novelle, ließ nicht nur Sarrasine töten, sondern bemächtigte sich zugleich der von dessen begnadeter Künstlerhand gefertigten Statue, um sie in Marmor meißeln zu lassen. Der Tod des Autors, auf Geheiß des mächtigen Kirchenmannes symbolhaft damit gleich zweifach ausgeführt, macht den Weg für die (künstlerische) Aneignung seines Lebens und seiner Liebe frei. Die Marmorstatue von Sarrasines Liebesobjekt stehe heute, so der Erzähler, im »musée Albani«: dort hätten die Familienangehöri-

1 Honoré de Balzac, »Sarrasine«, in: ders., *La Comédie humaine*, Bd. VI. *Etudes de Mœurs: Scènes de la vie parisienne.* Edition publiée sous la direction de Pierre-Georges Castex avec, pour ce volume, la collaboration de Pierre Citron, René Guise, André Lorant et Anne-Marie Meininger, Paris: Gallimard (Bibliothèque de la Pléiade) 1977, S. 1074.

gen des Modells sie 1791 gefunden und den Maler Vien mit einer Kopie beauftragt. Diese Kopie, die später Girodet als Vorlage bei der Ausführung seines *Endymion* gedient habe – und damit wird dieses Werk, das Balzac selbst gesehen hatte, nachträglich in Entstehung und Bedeutung »motiviert« –, sei identisch mit jenem Gemälde des Adonis, welches die dem Erzähler aufmerksam lauschende Madame de Rochefide tags zuvor im Hause der Lanty bewundert hatte. Diese Abfolge der Kunstwerke verbindet die beiden (raum-zeitlichen) Diegesen der Novelle, Rahmen- und Binnenerzählung, und damit das Jahr 1758 in Rom mit dem Jahre 1830 in Paris. Die Abfolge der Kunstwerke macht das Kunstwerk der Novelle erst möglich.

Es ergibt sich damit eine recht komplexe Filiation, die vom lebenden Modell, der Sängerin Zambinella, über die Statue des fiktiven Bildhauers Sarrasine, die Kopie des französischen Malers und David-Lehrers Joseph Vien zum Gemälde seines Landsmanns und David-Schülers Anne-Louis Girodet-Trioson und – vor dem Hintergrund eines Balls im Hause Lanty, wo die schöne Marquise das Gemälde sah – zu jenem Kontrakt führt, der den Erzähler und seine junge Zuhörerin in einer Liebesnacht als Gegenleistung für die Erzählung vereinigen soll. Die Zweiteilung der Novelle Balzacs in Rahmen- und Binnenstruktur gehorcht in gewisser Weise dem Scheherezade-Syndrom: »Erzähle gut, sonst wirst du bestraft!« – wenn auch hier nicht mit dem Tod, sondern nur mit dem Entzug des gegebenen Liebesversprechens. Erzählung gegen Liebe: Der Vertrag zwischen *narrateur* und *narrataire*, zwischen Erzähler und Zuhörerin – und damit der Liebeswunsch des Ich-Erzählers – wird jedoch nicht erfüllt: der Erzählung folgt 1830 ebenso wenig die Liebesnacht, wie es 1758 zur Vereinigung von Sarrasine und Zambinella kam.

Beide Ent-Täuschungen haben denselben Grund: Zambinella. Das Rätsel, dessen Lösung Madame de Rochefide durch den Einsatz ihrer femininen Reize zu ergründen sucht, kreist um die Identität jenes Greises im Hause der Lanty, dessen Anwesenheit die Gäste des prunkvollen Balls, vor allem aber die selbstbewußte Marquise in (einen allerdings neugierigen) Schrecken versetzt. Der Erzähler kennt die Lösung des Rätsels und weiß, daß dieser Hundertjährige und jener Adonis, dessen bildhafte Darstellung die junge Frau ekstatisch betrachtet, ein und dieselbe Person sind: Zambinella. Die weibliche Endung dieses Künstlernamens aber täuscht: Zambinella ist einer jener Kastraten, welche den Frauenpart auf Roms Bühnen übernahmen, da im Kirchenstaat für Schauspielerinnen Auftrittsverbot herrschte.

Dadurch werden die aufeinanderfolgenden künstlerischen Akte nochmals komplexer: Das Modell des Kastraten verwandelt sich in eine Frauenstatue, die bei Vien und Girodet schließlich zur Darstellung des Adonis beziehungsweise Endymion und damit zum – wie die Marquise anmerkt – allzu schönen männlichen Körper zurückfindet. Die Kette der Kunstwerke beinhaltet somit eine transsexuelle Bewegung, die ständig die Grenzen zwischen den Geschlechtern quert und den geschlechterspezifischen Raum neu gestaltet.

Die »unerhörte Begebenheit«, die Goethe von der Gattung der Novelle verlangte[2], beruht damit auf einer gesellschaftlichen Konvention und kann nur dadurch ihre Wirkung entfalten, daß zwischen Rom und Paris im 18. Jahrhundert eine kulturelle Differenz bestand, der Sarrasine zum Opfer fiel, wußte er doch offenbar nichts von der Existenz von Kastraten auf den Bühnen Roms.[3] Eine Differenz freilich, von der der Erzähler seiner Zuhörerin beschwichtigend sagt, daß sie aufgrund der »von der gegenwärtigen Zivilisation verwirklichten Fortschritte«[4] nicht länger fortbestehe. Die Grenzen zwischen den Geschlechtern sind in der Moderne wieder fest gefügt und gezogen. Dies hat Konsequenzen für den Erzählvorgang selbst. Das Unerhörte der Begebenheit wird einer Realität der Vergangenheit überantwortet und soll dadurch in seiner Wirkung für die eigene Gegenwart entschärft werden. Doch kann der Erzähler auch mit diesem letzten Hinweis seine Partnerin nicht mehr für die ersehnte Liebesnacht gewinnen: Kastration und Liebesverbot sind endgültig von der Binnen- auf die Rahmenerzählung übergesprungen. Der männliche Scheherezade hat das Spiel (wenn auch nicht seinen Kopf) verloren.

2 In seinen Gesprächen mit Eckermann vom 25. (bzw. 29.) Januar 1827.

3 Zum literarischen Bild von Rom vgl. die aufschlußreiche Studie von Titus Heydenreich, »Das ›unheimliche Rom‹ in der Literatur des 19. und 20. Jahrhunderts«, in: Ulrich Schulz-Buschhaus und Helmut Meter (Hg.), *Aspekte des Erzählens*, Tübingen: Narr 1983, S. 177-200.

4 Balzac, »Sarrasine«, a.a.O., S. 1075.

Der Bildhauer und sein Modell

Im Gegensatz zur schönen Marquise, die ebenso wie Sarrasine den Gefahren einer ersten, »naiven« Lektüre unterliegt, ist die Position des Erzählers die eines Künstlers, der mit Mehrfachkodierungen vertraut ist. Bereits der zweite Satz des Textes zeigt ihn sitzend »in einer Fensteröffnung, unter den wogenden Falten eines Moirévorhangs verborgen«.[5] Seine Position ist nicht nur die zwischen einem Draußen und einem Drinnen, zwischen Dunkelheit und Licht, Kälte und Wärme, zwischen Sehen und Nicht-gesehen-Werden, zwischen Leben und Tod. Innerhalb des Fensters befindet er sich auch in einem Rahmen, der sowohl auf die künftige erzählerische Rahmung als auch auf die malerische Gestaltung seiner Portraits verweist. Der Vorhang, der ihn den Blicken entzieht, ist gleichzeitig ein Element des Theaters, des Ballspektakels, das er von seinem distanzierten Standort aus betrachtet (beziehungsweise inszeniert), und ein Element des Rahmens selbst.

Sarrasine, der andere – und auffälligere – Künstler der Novelle, führt die Reihe verschiedener ästhetischer Transpositionen, welche die Novelle Balzacs charakterisieren, in gedrängter Form vor. Seine erste Begegnung mit der »Primadonna« führt ihn zu einer Ekstase, die Ohren und Augen gleichermaßen betäubt und zugleich halluzinatorisch in ihren sinnlichen Übertragungsfähigkeiten intensiviert. Seine *passion* und sein *délire* führen ihn zurück zur Kunst und zum Versuch, die gerade erst auf der Bühne gesehene Zambinella aus dem Gedächtnis zu zeichnen:

Es war eine Art materieller Meditation. Auf einem Blatt erschien die Zambinella in jener scheinbar ruhigen und kühlen Haltung, wie sie bei Raffael, wie sie bei Giorgione und allen großen Malern beliebt war. Auf einem anderen drehte sie nach einer Koloratur ihren Kopf mit Finesse und schien sich selbst zuzuhören. Sarrasine zeichnete seine Geliebte in allen Posen: Er schuf sie ohne Schleier, sitzend, aufrecht, liegend und dabei einmal keusch und einmal liebeshungrig, wobei er dank des Deliriums seiner Stifte alle kapriziösen Ideen verwirklichte, die unsere Einbildungskraft bestürmen, wenn wir intensiv an eine Geliebte denken. Aber sein wütendes Denken ging weiter als das bloße Zeichnen. Er sah die Zambinella, sprach zu ihr, flehte sie an, erschöpfte tausend Jahre des

5 Ebd., S. 1043.

Lebens und Glückes mit ihr, indem er sie in alle vorstellbaren Situationen brachte und dabei gleichsam die Zukunft mit ihr versuchte.[6]

Im Gegensatz zu den Doppelkodierungen, welche der Erzähler zwischen »Realität« und »Kunst« etwa in Hinblick auf die Figur des Kastraten herstellt – seine Kunst des Erzählens zielt nicht umsonst auf die reale, körperliche Erfüllung seiner Liebe ab –, sind die Kodierungen Sarrasines nur an einer ikonographischen Tradition und seiner inneren Flut obsessiver Bilder und Vorstellungen ausgerichtet. Dies macht zugleich seine Intensität als Künstler und sein Ausgeliefertsein als Mensch in der »Realität« aus. Die nur aus der Distanz, wenn auch halluzinatorisch-sehnsuchtsvoll gesehene Frau wird in der oben zitierten Passage von Sarrasine zunächst in eine Kunst(-figur) überführt, die sich weniger an den Arbeiten seines Lehrmeisters, des Bildhauers Edme Bouchardon, als an den kanonischen Frauenbildnissen der großen italienischen Meister Raffaello und Giorgione orientiert. Der lebendige, dreidimensionale Körper der geliebten (und vermeintlichen) Frau wird in eine Zweidimensionalität gebracht, welche die Verfügbarkeit dieses Körpers als System von Linien und Flächen ermöglicht. Voraussetzung hierfür ist, vergessen wir dies nicht, die eindeutige geschlechtliche Zuordnung, die vermeintlich evidente Grenzziehung innerhalb des geschlechterspezifischen Raumes.

Sarrasine besitzt in seiner *méditation matérielle* zwar nicht die Leibhaftigkeit des geliebten Körpers, wohl aber die Gewalt über all dessen Stellungen und Ausdrucksformen – freilich nur innerhalb eines von ihm beherrschten Raumes der Kunst, die ihr Objekt des heterosexuellen (und eben nicht transsexuellen) Begehrens in Bewegung setzt. Dies ist ohne Zweifel die Macht des bildenden Künstlers über seinen Gegenstand. Freilich genügt ihm diese noch nicht, drängt ihm seine Imagination doch Bilder einer gemeinsamen Zukunft, eines Lebens zu zweit auf, die sich nur narrativ anordnen lassen: Die Posen und Positionen gehen in Stellungen und Situationen, die Körperbilder in Lebensbilder über. So entwickelt sich eine geradezu kinematographische Dynamik. Die Grenze einer statischen bildhaften Darstellung scheint erreicht. Sarrasine gelangt damit von einer (zweidimensionalen) Kunst der Fläche, der Malerei, die sich in eine *Sequenz*

6 Ebd., S. 1062.

von Zeichnungen entlud, zu einer Kunst der Zeit, der Narration, welche die Sequenz isolierter Körperstellungen in ein künftiges, imaginiertes und belebtes Lebensbild projiziert. Eine unterschwellige Rivalität von visueller und erzählender Kunst wird erkennbar; und einer Kunst des Betrachtens tritt eine Kunst des Zuhörens gegenüber. Mit Sarrasine und der Erzählerfigur treten sich überdies zwei Künstlertypen gegenüber, die sich nicht nur hinsichtlich ihrer diegetischen, also raum-zeitlichen Einbettung, sondern – ungeachtet aller Parallelen und beider Scheitern als Liebhaber – auch bezüglich ihrer Kunstauffassung grundlegend voneinander unterscheiden.

Dies wird anhand der in der obigen Passage ausgesparten bildhauerischen Arbeit deutlich, die sich sofort, nach dem ersten Blick auf die vom Publikum gefeierte Zambinella, in geradezu ekstatischer Verzückung spontan (und unkontrolliert) aufdrängte:

> Sarrasine stieß Schreie der Lust aus. In diesem Augenblick bewunderte er die ideale Schönheit, deren Vollkommenheit er bislang hier und dort in der Natur gesucht hatte, indem er von einem häufig genug unedlen Modell die Rundungen eines vollendeten Beines, von einem anderen die Umrisse des Busens, von diesem die weißen Schultern abverlangte, von jenem Mädchen schließlich den Hals nahm, die Hände von dieser Frau und die glatten Knie von jenem Kind, ohne doch jemals unter dem kalten Himmel von Paris die reichen und sanften Schöpfungen des antiken Griechenland vorzufinden. Sehr lebendig und zart zeigte ihm die Zambinella das Zusammenspiel jener himmlischen Proportionen der weiblichen Natur, die ein so brennendes Begehren auslösen und über die ein Bildhauer als der zugleich strengste und leidenschaftlichste Richter urteilt.[7]

Der unmittelbar folgende Verweis auf den »Meißel der Griechen« unterstreicht auch hier eine parallele Überführung des lebendigen Körpers in die dreidimensionale Skulptur, wohlgemerkt in Anlehnung an die Bildhauerkunst der griechischen Antike. Bei Zambinella freilich ist das Naturschöne bereits zum Kunstschönen geworden. Hier ist die Aufgabe des Künstlers, den Körper vieler Modelle zu zerstückeln, in neuer Weise zusammenzufügen und so die *beauté idéale* auf kombinatorische Weise zu erreichen, schon abgeschlossen: Zambinella ist (in den Augen Sarrasines) bereits ein Kunstwerk, und genau diese Tatsache hätte ihn zu einer zweiten, weniger ekstatischen, dafür aber

7 Ebd., S. 1060.

kritischeren (»strengeren«) Lektüre dieser idealen Schönheit führen müssen. Denn Zambinellas Körper wurde, wenn auch nicht von Künstlerhand, bereits zerstückelt und neu zusammengesetzt, um aus dem Jungenkörper den von der Kunsttradition benötigten, quer zu den althergebrachten Geschlechtergrenzen liegenden Klangkörper formen zu können. Der Verzicht auf die zweite Lektüre endet für Sarrasine nicht in der Kunst, wohl aber im Leben tödlich. Es ist gleichsam die Statue, die den Künstler tötet, um zum Ausgangspunkt einer eigenen, künstlerischen Genealogie werden zu können, an deren Ende in Balzacs Novelle der Lektüreprozeß des Erzählers steht: So wird in einer komplexen, Geschlechtergrenzen überschreitenden Bewegung aus Sarrasine *Sarrasine*. Die Voraussetzungen für einen modernen Erzählraum sind geschaffen.

Balzac und sein Modell

Aus dem Dialog der beiden Künstlerfiguren ergibt sich auch der Kontrast zur Poetik Honoré de Balzacs. Denn dieser hatte in seinem *Avant-propos* zur *Comédie humaine* im Jahre 1842 die berühmte Formel geprägt, die französische Gesellschaft sei in diesem Zyklus der Historiker, der Romancier aber nichts anderes als deren Sekretär. Und Balzac fuhr fort:

> Indem ich das Inventar der Laster und der Tugenden aufstellte, indem ich die Hauptbestandteile der Leidenschaften zusammentrug, indem ich die Charaktere ausmalte, indem ich die hauptsächlichen Ereignisse der *Gesellschaft* auswählte, indem ich Typen durch die Vereinigung der Züge mehrerer homogener Charaktere zusammensetzte, konnte es mir vielleicht gelingen, die von so vielen Geschichtsschreibern vergessene Geschichte zu schreiben, jene der Sitten.[8]

Der Sekretär der französischen Gesellschaft präsentiert sich hier sehr wohl als »Charaktermaler«, der mit der Technik einer Vereinigung unterschiedlicher Züge verschiedenster Modelle arbeitet. Doch zielt diese Arbeit letztlich nicht auf ein *beau idéal*, das

8 Honoré de Balzac, »Avant-propos«, in: ders., *La Comédie humaine*, Bd. I, Paris: Gallimard (Edition de la Pléiade) 1976, S. 11 (die Kursivierung steht für große Anfangsbuchstaben im französischen Original).

Balzac im Zuge seiner Argumentation gleichwohl nicht unerwähnt lassen darf[9], sondern auf die Erstellung jener Typen ab, welche die Population der *Comédie humaine* vorstellen und seiner an naturwissenschaftlichen Vorbildern entwickelten Vorstellung von »Gesellschaftlichen Spezies«, von *Espèces Sociales*[10], entsprechen. Auch wenn sich Balzac einer Technik bedient, die Sarrasine vor der ersten Begegnung mit Zambinella anwandte, ist diese doch nicht an jener Ästhetik der Schönen Künste ausgerichtet, »denen gemäß die Künstler die menschliche Schönheit im Gefolge einer Doktrin übertreiben, die sie alles idealisieren läßt«.[11]

Balzac, der Alexander von Humboldt in den Pariser Salons begegnet war, die ästhetischen und wissenschaftlichen Positionen des Preußen kannte und dessen Werk bewunderte[12], versuchte vielmehr, eine Position jenseits der aristotelischen Scheidung von Geschichtsschreiber und Dichter oder, wie sich auch sagen ließe, von *res factae* und *res fictae* zu gewinnen, so wie dies George Sand in ihrer treffenden Formulierung von 1861 auszudrücken verstand:

> Balzac, der so sehr das Absolute in einer bestimmten Anzahl von Entdeckungen gesucht hat, hatte in seinem Werk selbst fast die Lösung eines Problems gefunden, das vor ihm noch unbekannt war, die vollständige Realität in der vollständigen Fiktion.[13]

Es ist diese vollständige Fiktion einer vollständigen Realität, welche zweifellos die Modernität seiner Literaturkonzeption ausmacht, die freilich sehr wohl dem mimetischen Gebot folgt, das Aristoteles in seiner *Poetik* ebenso auf den Dichter wie auf den Maler oder andere bildende Künstler bezogen wissen wollte.[14] Mit Rainer Warning könnte man bei Balzac von einer »Neuinterpretation des Terms Fiktion«, welche neue Modellierungen von Wirklichkeit erlaube, sprechen oder mit Winfried Wehle auf eine »poetologische Modernisierung« verweisen.[15] Das für ein

9 Ebd., S. 15.
10 Ebd., S. 8.
11 Balzac, »Sarrasine«, a.a.O., S. 1054.
12 Vgl. hierzu u.a. Otto Krätz, *Alexander von Humboldt*, a.a.O., S. 135 und 138.
13 George Sand nahm ihren Essay über Balzac später auf in die Sammlung *Autour de ma table*, Paris: Ed. Michel Lévy 1876, S. 199.
14 Vgl. Aristoteles, *Poetik*, Kapitel 25.
15 Rainer Warning, »Chaos und Kosmos. Kontingenzbewältigung in

Bewußtsein der Moderne wichtige und für Balzacs Romankonzeption entscheidende Element, jenes, das die Tableauhaftigkeit der Naturgeschichte dynamisiert und damit die klassische Episteme im Sinne Foucaults[16] auf eine historische Tiefendimension hin öffnet, ist in der *Menschlichen Komödie* jedoch zweifellos der Zufall. Er erlaubt es Balzac, die zoologischen Arten, die konzeptionell noch im statischen Tableau der Naturgeschichte gefangen sind, als »soziale Arten« in eine ständige Bewegung zu versetzen, da der Zufall – wie Erich Köhler[17] gezeigt hat – das Mögliche und die historische Notwendigkeit literarisch überzeugend miteinander zu vermitteln befähigt ist.

Hatte Aristoteles dem wahrscheinlichen Unmöglichen den Vorzug vor dem unwahrscheinlichen Möglichen gegeben[18], so wird der auf solche Weise verankerte mimetische Diskurs bei Balzac durch die Fruchtbarmachung des *literarischen* Zufalls nun historisch dynamisiert. Damit aber, so ließe sich sagen, gerät der Romancier, der Erzählkünstler, zugleich in einen entscheidenden Vorteil gegenüber Maler und Bildhauer. Denn seine Portraits und Standbilder lassen sich zu komplexen Sequenzen anordnen, die narrativ vielfältigste Transformationsprozesse darzustellen in der Lage sind. »Der Gesellschaftliche Zustand« *(L'Etat Social)* so heißt es nun bei Balzac, »kennt Zufälle, die sich die *Natur* nicht erlaubt, denn er ist die *Natur* plus die *Gesellschaft*.«[19] Und wenig später folgt dieser Formel das berühmte Credo des Autors der *Comédie humaine*: »Der Zufall ist der größte Romancier der Welt: um fruchtbar zu sein, muß man ihn nur studieren.«[20]

Nicht immer – so meine ich – muß die »Willkür des Zufalls«

der ›Comédie humaine‹«, in: Hans-Ulrich Gumbrecht, Karlheinz Stierle und Rainer Warning (Hg.), *Honoré de Balzac*, München: Fink 1980, S. 10; sowie im selben Band Winfried Wehle, »›Littérature des images‹. Balzacs Poetik der wissenschaftlichen Imagination«, S. 60.

16 Vgl. Lepenies, *Das Ende der Naturgeschichte*, a.a.O., sowie Foucault, *Die Ordnung der Dinge*, a.a.O.

17 Vgl. Erich Köhler, *Der literarische Zufall, das Mögliche und die Notwendigkeit*, München: Fink 1973.

18 Aristoteles, *Poetik*, Kapitel 24.

19 Balzac, »Avant-propos«, a.a.O., S. 9 (die Kursivierung signalisiert große Anfangsbuchstaben im französischen Original).

20 Ebd., S. 11.

im Sinne Köhlers in »gesellschaftlicher Notwendigkeit« wurzeln; stets aber ist der Zufall bei Balzac »ein Prinzip«, »an dessen Erkenntnis sich auch das Gelingen des schriftstellerischen Werkes entscheidet«.[21] Die schriftstellerische Arbeit beinhaltet ein aufmerksames Studium, eine kritische Lektüre der Kontingenz in ihren Auswirkungen auf die (französische) Gesellschaft.

Das moderne Erzählmodell

Es war der Zufall, der Erzähler und Marquise vor Viens Bildnis des Adonis führte, so wie es der Zufall war, der Jahrzehnte zuvor Sarrasine bei seinen Spaziergängen durch Rom, »die Königin der Ruinen«[22] – und es fällt schwer, hier nicht an Stendhals berühmte *Quelques promenades dans Rome* zu denken –, zum historischen *Teatro Argentina* geführt hatte, wo eine Menschenmenge begeistert die Namen von Zambinella und Jomelli ausrief. Und schließlich war es auch der Zufall – und nicht so sehr die »so außergewöhnliche Kraft«[23] des Künstlers –, der Sarrasine die Statue verfehlen ließ und damit die eingangs dargestellten künstlerischen Filiationen in Gang setzte. Der *hasard* ermöglicht das Zustandekommen der »unerhörten Begebenheit«, realisiert das Mögliche im (fiktionalen) Wirklichen und schafft auch die Voraussetzungen für das Zustandekommen des (literarischen) Kunstwerks.

Zwischen Binnen- und Rahmenerzählung und insbesondere zwischen den beiden Künstlergestalten, dem Bildhauer und dem Erzähler, bildet sich so ein Spannungsverhältnis, in das – wie wir sahen – eine immanente Poetik eingewoben ist. Der Statik der Skulptur wird nicht zuletzt die Dialogizität des Erzählvorgangs entgegengestellt, deren Dynamik sich gerade in einer Lektüre von Werken bildender Kunst entfaltet: Die Literatur verleibt sich Malerei wie Bildhauerei in ekphrastischer Überbietung ein.[24] Zu

21 Köhler, *Der literarische Zufall, das Mögliche und die Notwendigkeit*, a.a.O., S. 46 f.

22 Balzac, »Sarrasine«, a.a.O., S. 1059.

23 Ebd., S. 1075.

24 Vgl. zur Vorgeschichte der Rivalität zwischen Literatur und Malerei Joseph Jurt, »Les arts rivaux. La description littéraire – le temps pictural (Homère, Poussin, Le Brun)«, in: *Neophilologus* 72 (1988), S. 168-179.

einer Historisierung der Portraits, einer Dynamisierung der Arten beziehungsweise gesellschaftlichen Typen, ist allen voran der Wortkünstler, der Romancier, befähigt. Seine Kunst vermag selbst die Rahmungen zu verzeitlichen und dieser Verzeitlichung ästhetische Effekte abzutrotzen, die in einem umfassenden Sinne als modern zu bezeichnen sind. Der Romancier wird damit, um Baudelaires Betrachtungen von 1859 über den *Peintre de la vie moderne* eine neue Wendung zu geben, zu einem *modernen Maler* des Lebens in seiner Dynamik.

Das Spannungsverhältnis zwischen verschiedenen Kunstauffassungen kommt, wie gezeigt werden sollte, in den unterschiedlichen Lektüreprozessen von Erzähler und Sarrasine (sowie der Marquise) zum Ausdruck. War bei Sarrasine die Kondensierung verschiedenster Teile in einer homogenen Gestalt auf die ideale, überzeitliche Schönheit gerichtet gewesen, so zielt diese Technik bei Balzac auf die verzeitlichende Konstruktion eines gesellschaftlichen Typus, der sich auf wissenschaftliche Modelle bezieht und diese gleichzeitig überbietet. Damit soll die Position des textinternen Erzählers keineswegs mit jener des text-externen Autors gleichgesetzt werden: Zwischen beiden steht die Verschriftlichung des Erzählvorgangs, die schon in Balzacs Metapher vom Sekretär ausgedrückt ist. Darüber hinaus könnte aber auch Sarrasine, der Flaneur in Rom, als ein literarischer Vorfahre jener Thematik der Zufallsbekanntschaft gedeutet werden, die im Kontext des Erlebens der Großstadt bekanntlich in Baudelaires Lyrik jene literarische Moderne ästhetisch modellierte, der Balzac mit seiner vollständigen Fiktion einer vollständigen Realität in *Sarrasine* einen künstlerisch adäquaten Ausdruck verlieh. Beide Künstlergestalten sind zu ambivalent angelegt, als daß man sie einander antithetisch gegenüberstellen dürfte. Doch unterscheiden sie sich in einem für die Konzeption nicht nur des erzählenden Berichts *(récit)*, sondern auch der Novelle insgesamt wichtigen Punkt: in Auffassung und Praxis ihrer Lektüre.

Die Leser Balzacs

Es gibt gewiß verschiedene Arten und Methoden, Texte Balzacs zu lesen. Der Duc de Guermantes etwa las Balzac meistens sonntags bei Sirup und Biskuits, um in der »kleinen Bibliothek im zweiten Stock«, wo er *tout Balzac* besaß, den Gästen seiner Frau zu entgehen. Marcel Proust, der ein feines Gespür und ein großes Interesse für Leserfiguren[25] und deren Gewohnheiten besaß, stellte dieser Szenerie die folgende Betrachtung voran:

> Balzac hat natürlich wie die anderen Romanciers, und mehr als sie, ein Publikum von Lesern gehabt, die in seinen Romanen nicht nach einem literarischen Werk suchten, sondern einfach an Einbildungskraft und Beobachtung interessiert waren. Die Fehler seines Stils hielten sie nicht auf, sondern eher seine Qualitäten und seine Suche.[26]

Proust weist damit auf einen Modus der Aneignung Balzacs hin, der in der Tat eine gewisse Verbreitung gehabt haben und noch haben dürfte. Genaues wissen wir jedoch nicht. Erstaunlich ist, daß wir nach mehr als einem Vierteljahrhundert Rezeptionsästhetik und vielfältigen rezeptionssoziologischen Untersuchungen noch immer über keine konsensfähige Lesertypologie verfügen, die auch nur andeutungsweise mit unseren produktionsästhetischen Kategorisierungen vergleichbar wäre. Zweifellos entsprach über lange Zeit die Lektüre Balzacs in grundlegenden Zügen jenen Hinweisen zum spezifischen Verhältnis zwischen Geschichte und Fiktion, die der Schöpfer der *Comédie humaine* seinen Lesern entweder über Erzählerkommentare oder über paratextuelle Ausführungen – und für beide Vorgehensweisen haben wir Beispiele kennengelernt – gab. In sehr zutreffender Weise hat bezüglich des ersten Verfahrens Gérard Genette von einer »Invasion des erzählenden Berichts *(récit)* durch den Diskurs«[27] gesprochen und damit Balzacs Versuch charakterisiert, über den Erzählerdiskurs eine Vermittlung zwischen *res fictae* und *res factae* zu erzielen: Die Fiktion wird ständig an die (von Balzac hypostasierte) Erfahrungswelt des Lesers rückgekoppelt,

25 Vgl. zu Prousts Konzeption der Lektüre unter anderem Volker Roloff, »Von der Leserpsychologie des Fin de siècle zum Lektüreroman. Zur Thematisierung der Lektüre bei Autoren der Jahrhundertwende (unter anderem Huysmans, Eça de Queirós, Unamuno, Proust)«, in: *LiLi. Zeitschrift für Literaturwissenschaft und Linguistik* XV, 57-58 (1985), S. 186-203; sowie allgemein zur Lektüre Alberto Manguel, *Eine Geschichte des Lesens*, Reinbek bei Hamburg: Rowohlt Taschenbuch Verlag 1999.

26 Marcel Proust, *Contre Sainte-Beuve*, Paris: Gallimard 1979, S. 269.

27 Gérard Genette, »Vraisemblance et motivation«, in: ders., *Figures II*, Paris: Seuil 1969, S. 85.

die Lektüre selbst damit recht effizient nicht nur paratextuell, sondern auch innerliterarisch gesteuert.

Das Dokumentarische in Balzacs Werk, das ja schon Marx und Engels – und eine hieran anknüpfende reiche Sekundärliteratur – faszinierte, hat sicherlich ganze Generationen von Balzac-Lesern in den Bann gezogen. So schrieb der keineswegs marxismusverdächtige Freiburger Romanist Hugo Friedrich:

> Für gewisse Vorgänge in der Gesellschaftsgeschichte von 1789 bis 1840 ist sogar das Werk Balzacs ein Dokument, das von keinem anderen der Zeit überboten worden ist und heute noch mehr Material- und Erkenntniswerte enthält als selbst die bestdokumentierte wissenschaftliche Darstellung.[28]

Gewiß nimmt auch in dieser Hinsicht die Novelle Honoré de Balzacs aus genrespezifischen wie gegenstandsbezogenen Gründen eine Sonderstellung ein. Doch hat Balzac auch hier versucht, den fiktiven zusätzliche historische Figuren an die Seite zu stellen – erinnert sei nur an die Philosophen Diderot, d'Holbach und Rousseau oder die bildenden Künstler Bouchardon, Vien und Allegrain. Auch das historische Setting von *Sarrasine* legt folglich eine zumindest tendenziell historisch-dokumentarische Lesart nahe, und sei es die einer auf den Autor der Novelle selbst rückbezogenen biographischen Lektüre.

Ein Leser Balzacs

Die Lektüre der hier besprochenen Novelle, die Roland Barthes 1970 in Buchform vorlegte, mußte daher – wäre man vom Autor von *Sur Racine* nicht schon derartiges gewohnt gewesen – als mehr oder minder skandalös empfunden werden. Sie war in jedem Falle nicht nur provokativ, sondern auch sehr einflußreich, und es ist wohl kaum übertrieben, wenn Seán Burke in seiner schönen Studie über den Tod und die Wiedergeburt des

28 Hugo Friedrich, *Drei Klassiker des französischen Romans. Stendhal – Balzac – Flaubert*. Frankfurt am Main: Klostermann [8]1980, S. 16 f. Es versteht sich von selbst, daß sich Friedrichs für die Sichtweise Balzacs in Deutschland so wichtige Interpretation keineswegs auf eine dokumentarische Lesart beschränkt.

Autors darauf verweist, daß man *Sarrasine* heute nicht mehr lesen könne, ohne an Barthes' Interpretation zu denken.[29] Dies ist zweifellos richtig und zugleich ein schönes Beispiel für die Veränderung eines Werkes[30] durch eine machtvolle Lektüre; doch sollte der vorangegangene Teil dieses Kapitels zeigen, daß man die Novelle nicht notwendigerweise wie Barthes lesen muß, um der vorherrschend biographisch-positivistischen Lesart dieses Textes zu entgehen.

Daher soll in diesem Zusammenhang nicht die oft behandelte Frage interessieren, welche *Interpretation* Roland Barthes mit *S/Z* vorgelegt habe. Vielmehr sollen auch hier Lektüreprozesse im Vordergrund stehen, die uns zugleich bei der Erstellung eines spezifischen theoretischen »Rahmens« unserer eigenen nachfolgenden Lektüre von Borges behilflich sein können.

Versuchen wir, die bereits im ersten Kapitel dieses Buches vorgestellte begriffliche Unterscheidung zwischen Fiktion und Diktion[31] auf die Novelle Balzacs anzuwenden, so dürfte die Zuordnung zur Fiktionsliteratur unstrittig sein. Beziehen wir sie auf Barthes' *S/Z*, so scheint sich dieser Text auf den ersten Blick eindeutig dem Bereich der Diktion zuordnen zu lassen, handelt es sich doch um einen Text der Sekundärliteratur, der durch seine »formalen Qualitäten«[32] beeindruckt und – wenn auch offensichtlich widerwillig – selbst von Citron in die Bibliographie am Ende seiner *Sarrasine*-Ausgabe aufgenommen wurde. Es geht – und dies ist bei literaturwissenschaftlichen Untersuchungen nicht unüblich – um ein Buch, das den sieben- bis achtfachen Umfang des von ihm untersuchten Textes erreicht. In der strukturalistischen Vorgehensweise eines *découpage* hat Barthes Balzacs Novelle in nicht weniger (aber auch nicht mehr) als 561 unterschiedlich lange Einheiten unterteilt, die als Lexien

29 Seán Burke, *The Death and Return of the Author. Criticism and Subjectivity in Barthes, Foucault and Derrida*, Edinburgh: Edinburgh University Press 1992, S. 46.

30 Gemeint ist hier ein Verständnis des Werks als »Konvergenz von Text und Rezeption« im Sinne von Hans Robert Jauß, »Racines und Goethes Iphigenie. Mit einem Nachwort über die Partialität der rezeptionsästhetischen Methode«, in: Rainer Warning (Hg.), *Rezeptionsästhetik. Theorie und Praxis*, München: Fink ^{2}1979, S. 383.

31 Ich zitiere nach der deutschsprachigen Ausgabe von Genette, *Fiktion und Diktion*, a.a.O., S. 31 f.

32 Ebd.

(oder Lektüreeinheiten) bezeichnet werden und dem derart fraktioniert wiedergegebenen Originaltext Barthes' eigene Kommentare hinzufügen. Nach antiker beziehungsweise mittelalterlicher, am unterschiedlichen Anteil von Eigenem und Fremdem ausgerichteter Unterscheidung zwischen *scriptor*, *compilator*, *commentator* und *auctor* wäre der literaturwissenschaftliche Verfasser hier eindeutig – zusätzlich zu seiner Funktion als Scriptor in einem übertragenen Sinne enthält der Band doch den Text der Novelle nochmals ohne Fragmentierungen – als Kommentator zu bezeichnen.[33]

Dieser metatextuelle Status wird durch die Tatsache betont, daß Barthes in erprobter strukturalistischer Manier die Novelle nicht nur auf der syntagmatischen Ebene, also in der Abfolge der einzelnen Lexien, untersucht, sondern zugleich eine Analyse auf paradigmatischer Ebene durchführt, indem er zwischen fünf verschiedenen Codes – einem hermeneutischen, semantischen, symbolischen, handlungsspezifischen und kulturellen – unterscheidet und die Lexien folgerichtig auf diese Codierungen hin abfragt. Barthes erweist sich hier als professioneller, an von der Linguistik beeinflußten wissenschaftlichen Methoden ausgerichteter Leser.[34] Aber damit war sein Spiel mit der Lektüre Balzacs noch nicht beendet, beschränkte sich sein Spiel-Raum doch nicht länger auf die (strukturalistische) Wissenschaft. Barthes' Balzac-Lektüre ist vielmehr – wie gleich zu zeigen sein wird – ein gutes Beispiel grenzüberschreitender Literatur.

33 Vgl. Aleida Assmann, »Fiktion als Differenz«, in: *Poetica* 21 (1989), S. 239-260. Roland Barthes hat diese Unterscheidung wenige Jahre zuvor selbst verwendet in seinem *Critique et vérité*, Paris: Seuil 1966, S. 77.

34 *S/Z* war und blieb aber auch in dieser Hinsicht bis heute eine Provokation; vgl. in neuerer Zeit die sich schon seit Jahrzehnten fortsetzende, den Textstatus des Barthesschen Versuchs zumeist völlig verkennende narratologische Fundamentalkritik in beziehungsweise von Claude Brémond und Thomas Pavel, *De Barthes à Balzac. Fictions d'un critique, critique d'une fiction*, Paris: Albin-Michel 1998.

Die Rahmung der Lektüre

Gleichsam quer zur kurz beschriebenen syntagmatisch und paradigmatisch strukturierten Anordnung verläuft eine Abfolge von insgesamt 93 kurzen Texten, die römisch durchnumeriert und mit Titeln versehen nicht nur recht regelmäßig über die einzelnen Lexien verteilt sind, sondern auch Anfangs- und Schlußteil der Analyse bilden und dieser damit eine Art Rahmen verschaffen. Übernehmen wir die von Barthes im Kontext der *Tel-Quel*-Gruppe propagierte Textmetaphorik, so könnten wir von einem Webrahmen sprechen, in welchem die mit arabischen und römischen Ziffern durchnumerierten Texte sich zueinander wie Kettfäden und Schußfäden verhalten.[35] Die römisch durchnumerierten Kurztexte sind darüber hinaus hinsichtlich ihrer Schriftgröße sowohl von den fett- und kleingedruckten Balzac-Lexien als auch von den kleingedruckten Kommentaren Roland Barthes' deutlich abgesetzt, so daß sich auf grammatextueller Ebene[36] eine logisch zwar einfach aufgebaute, lesetechnisch aber recht komplexe Struktur und Textur ergibt. So wird bereits im Schriftbild die Vielstimmigkeit dieses Textes sichtbar gemacht.

Damit aber ist der rein metatextuelle Status dieser Publikation nachhaltig in Frage gestellt. Denn die römisch durchnumerierten, in »normaler« Schriftgröße gesetzten Texte enthalten nicht nur metatextuelle oder literaturtheoretische Überlegungen genereller Art, sondern bezeugen zugleich eine zum Teil autobiographische, zum Teil mit theoretischen Diskurselementen kreativ spielende, ja fiktionale Komponente und Schreibpraxis. Damit entsteht ein Textgewebe, das sich einer linearen Lektüre in der Form eines ständigen Oszillierens zwischen eher diktionalen und eher fiktionalen Elementen präsentiert, ohne doch dabei zu einem Amalgam oder zu einer Mischform (im Sinne Genettes) zu werden.

Sarrasine ist damit nicht nur Prätext für eine metatextuelle Analyse, sondern gleichzeitig Vorwand für ein eigenes Schrei-

35 Vgl. hierzu ausführlicher Ette, *Roland Barthes. Eine intellektuelle Biographie*, a.a.O., S. 308-325.

36 Vgl. Lapacherie, »Der Text als ein Gefüge aus Schrift (Über die Grammatextualität)«, a.a.O., S. 69-88.

ben, das sich eindeutigen Zuordnungen und Interpretationen zu entziehen sucht. In den strukturalistisch-literaturwissenschaftlichen Text wird ein anderer Text eingewoben, dessen ebenso komplexe wie vieldeutige Theoreme nicht nur die strukturalistische Vorgehensweise subtil dekonstruieren, sondern sich in ihrer metaphern- und neologismenfreudigen Schreibweise dem literarischen Bezugstext wie dem eigenen kritischen Metatext mehrdeutig auflagern. Nicht umsonst bringt der wie immer von Barthes verfaßte Klappentext die so entstandene Strukturierung des Buches mit einer (vielstimmigen) Partitur in Verbindung. Es handle sich um eine »Lektüremethode«, die zu einer *pluralisation* der Kritik führen solle.[37] Der Leser solle nicht länger ein Konsument, sondern endlich »ein Textproduzent«[38] sein. Hierin sieht Barthes die Möglichkeit, die zementierte Differenz zwischen Leser und Autor – wir könnten hinzufügen: auch zwischen *participant* und *observer* – ins Wanken zu bringen.

Die Lektüre wird damit zum Ansatzpunkt nicht nur einer Infragestellung von Autor- und Leserrolle, sondern führt darüber hinaus zur Produktion eines Textes aus der Lektüre. Beide Prozesse werden, wenn auch in anderer Weise als in der Novelle Balzacs, eng miteinander verklammert. Dissemination – und der von Derrida umgeprägte Begriff fällt mehrfach – findet in *S/Z* nicht so sehr im fremden Text, sondern in dessen Aneignung durch die Lektüre und im damit verbundenen Schreibprozeß statt. Es geht hier – so formuliert Barthes provokativ – keineswegs um eine Ausschöpfung der Polysemie des Bezugstexts durch den Kommentator, sondern um ein »*malmener* le texte, à lui *couper la parole*«[39]: Man solle dem Text also tunlichst das Wort abschneiden. Dies aber kann kein Kommentator, der seinen eigenen Text in den Dienst des fremden stellt, sondern nur der Auctor, der aus dem Bereich seiner eigenen Imagination Neues »hinzutut« und sein eigenes Werk in den Vordergrund rückt.[40] Rezeption und Produktion sind keine voneinander getrennten Texträume mehr, sondern werden dynamisch und grenzüberschreitend aufeinander bezogen.

37 Roland Barthes, *S/Z*, Paris: Seuil 1970, vierte Umschlagseite.
38 Barthes, *S/Z*, in: ders., *Œuvres complètes*, a.a.O., Bd. 2, S. 558.
39 Ebd., S. 564.
40 Vgl. Assmann, »Fiktion als Differenz«, a.a.O., S. 245 f.

Zwischen Fiktion und Diktion

Sind Genettes Kategorien von Diktion und Fiktion eher produktionsästhetisch fundiert, so zeigt sich hier, daß die Lektüre selbst text*produktiv* agieren kann – und zwar weit über das in Balzacs *Sarrasine* beobachtete Maß hinaus. Roland Barthes' *S/Z* ist durch ein ständiges Oszillieren zwischen Lesen und Schreiben (beziehungsweise Leserrolle und Autorrolle) sowie zwischen Fiktion und Diktion gekennzeichnet. Dabei scheint mir bedeutsam, daß Barthes die aktuellen Grenzziehungen zwischen den verschiedenen Bereichen – zusätzlich zu nennen wären etwa Literatur und Literaturwissenschaft, Literaturkritik und Philosophie, Struktur als Gefüge und Strukturierung als Prozeß – keineswegs ignoriert oder verleugnet, sondern ganz bewußt mißachtet: auch diese Grenzen werden traktiert, mißhandelt (*malmené*). Grenzüberschreitende Literatur macht stets die Grenzen selbst zum Problem, ohne sie freilich aus der Welt zu schaffen. Sie rückt Grenzziehungen – seien es territoriale, nationale, literarische, gattungsspezifische, geschlechterspezifische (wie allesamt in Balzacs *Sarrasine*) oder disziplinäre Grenzen – selten mit Dynamit, aber stets mit Dynamik auf den Leib.

Barthes bezieht in *S/Z* Balzacs Novelle in ein Spiel ein, das nur auf den ersten Blick – in der Absetzung von Bezugstext und Kommentar – Fiktion und Diktion als einander gegenüberstehende Pole erkennen läßt. Das Oszillieren zwischen Fiktion und Diktion erlaubt es uns folglich, im Sinne der im ersten Kapitel dieses Bandes diskutierten Begrifflichkeit von *Friktion* zu sprechen und *S/Z* einer friktionalen Literatur zuzuordnen. Der bis heute kontrovers diskutierte Text Barthes' ist durch ein bewußtes Hin- und Herspringen, intendierte Grenzverletzungen zwischen fiktionalem und diktionalem Bereich charakterisiert und siedelt sich daher in einem fluktuierenden Zwischenraum an, der ständig die Grenzen der polaren Räume »abreibt« und aus dieser Friktion die Spannung seines eigenen Tuns gewinnt. Die Friktion ist eine Hybridform, die nicht ins Amalgam zerfließt, sondern ihren heterogenen Zwittercharakter offenkundig macht, ja in Szene setzt. Der fiktionale Text wird also nicht nur fragmentiert, so wie Barthes dies auch mit der zweifachen Wiedergabe von Girodets Gemälde *Le Sommeil d'Endymion* als vollständiges Bild und als Ausschnitt paratextuell tat; die Lektüre von *Sarrasine* führt vielmehr zu einer Friktionierung des fiktionalen Textes und etabliert sich selbst in einem hybriden Zwischenbereich von Fiktion und Diktion. Da es sich, zumindest im Kern, bei der friktionalen Literatur um ein bewußtes und gesteuertes Oszillieren handelt, wird deutlich, daß mit der Einführung dieses Terms – ganz im Gegensatz zu Barthes' *S/Z*, Kristevas Intertextualitätskonzeption oder Derridas Ansatz der *déconstruction* – der Subjektbegriff keineswegs in Frage gestellt oder negiert werden soll. Friktion ist (bewußt) inszenierte Hybridität.

Fiktionen der Lektüre

Roland Barthes bestreitet in seinem Entwurf von Lesevorgängen nicht nur nachdrücklich die Möglichkeit einer ersten Lektüre in einem absoluten Sinne, sondern insistiert auf einer Lektürekonzeption, die nicht mehr Konsum, sondern Lustgewinn[41] und Spiel sein solle: »sie ist kein Konsum mehr, sondern ein Spiel (jenes Spiel einer Rückkehr des Differenten).«[42]

Die Thematik der Lektüre als kreatives, nicht bloß sinn-, sondern textproduzierendes Spiel findet sich gleichfalls in jenen kurzen Texten, die Jorge Luis Borges nicht nur in Lateinamerika, sondern seit Ende der vierziger Jahre auch in Frankreich beziehungsweise Italien[43] und spätestens seit den sechziger Jahren weltweit bekannt machten: die *Ficciones*. Ein ästhetischer Raum scheint damit abgesteckt: Die *Fiktionen* tragen ihre Einordnung als Fiktion im Titel sozusagen offen vor sich her. Ebendeshalb ist Vorsicht geboten.[44] Denn die Klas-

41 Barthes, *S/Z*, a.a.O., S. 561 f.

42 Ebd., S. 565.

43 Während über die frühe und wichtige Borges-Rezeption in Frankreich seit den verdienstvollen Bemühungen von Roger Caillois viel gesagt wurde, ist über die italienische Rezeption wenig bekannt; vgl. hierzu Elvira Dolores Maison, »Algunos aspectos de la presencia de Borges en Italia«, in: *Cuadernos Hispanoamericanos* (Madrid) 505-507 (julio-septiembre 1992), S. 211-220.

44 Der Band wird bei Einteilungen der Borges-Bibliographie in Gattungen in aller Regel auch unter dem Stichwort »Ficción« eingeordnet; vgl. unter anderem Emir Rodríguez Monegal, *Borges. Una biografía literaria*. Traducción de Homero Alsina Thevenet, México: Fondo de Cultura Económica 1987, S. 459. Die anderen Klassifikationen des

sifikation als Fiktion schließt auch die Fiktion der Klassifikation in ihr Spiel mit ein. Bekanntlich hat Michel Foucault einen Text des Argentiniers, *Die analytische Sprache von John Wilkins* (der sich seinerseits auf eine chinesische Enzyklopädie bezieht), zum Ausgangspunkt seiner epistemologischen Untersuchungen in *Die Ordnung der Dinge* gemacht: getragen von jenem »Lachen, das bei seiner Lektüre alle Vertrautheiten unseres Denkens aufrüttelt«.[45]

Das Verwirrende und Hintergründige eines (klassifikatorischen Rätsel-)Spiels zeigt sich bereits in der ersten von Borges' *Ficciones*. *Annäherung an Almotásim*, das schon 1936 in Borges' Essayband *Geschichte der Ewigkeit* als Essay erschien[46], 1941 in die Sammlung *Der Garten der sich gabelnden Wege* und zusammen mit dieser dann 1944 in die *Fiktionen* aufgenommen wurde, gibt sich als Rezension des Romans *The approach to Al-Mu'tasim* eines gewissen Mir Bahadur Alí aus Bombay zu erkennen. Und zumindest die Legende will, daß Adolfo Bioy Casares[47], der später an manchem literarischen Verwirrspiel Borges' beteiligte argentinische Autor, dieses vorgeblich rezensierte Buch vergeblich in England zu ordern versucht habe. Zu Recht betonte Rodríguez Monegal die Wichtigkeit der *invención* Borges':

> Wichtiger als der Erfolg dieser Erfindung ist die Tatsache, daß Borges endlich für seine künftige Fiktion ein Format entdeckt hatte, das unbezweifelbar originell war. Es bestand in einer Kombination von Fiktion und Essay: zwei literarischen Gattungen, welche die Konventionen im allgemeinen voneinander getrennt gehalten haben, die sich aber in der besonderen Sichtweise, die Borges von der Wirklichkeit besaß, miteinander vermischten.[48]

uruguayischen Kritikers sind »Poesía«, »Poesía y prosa«, »Autoantologías«, »Ensayo«, »Obras en colaboración«, »Obras Completas en colaboración«, »Antologías de otros autores efectuadas por Borges« sowie die unvermeidliche Kategorie »Otras publicaciones«. Die Einteilung selbst trägt im doppelten Sinn borgeanische Züge.

45 Foucault, *Die Ordnung der Dinge*, a.a.O., S. 17.

46 Rodríguez Monegal, *Borges. Una biografía literaria,* a.a.O., S. 295.

47 Ebd., S. 240. Auch der uruguayische Kritiker und Borges-Kenner scheint sich die bibliographischen Angaben zu diesem von Borges erfundenen Buch nach der Erstlektüre des »Essays« notiert zu haben.

48 Ebd.

Die von Rodríguez Monegal kolportierte Anekdote zeigt, daß dieser kurze Text sowohl diktional-referentiell (als bibliographische Referenz beziehungsweise als Essay) als auch fiktional (wie eine Erzählung) *gelesen* werden kann. Sein – um mit Barthes zu sprechen – »Realitätseffekt«[49] beruht nicht so sehr auf der Einbeziehung einer Vielzahl geschichtlicher Ereignisse oder lebensweltlicher Details (wie etwa bei Balzac), sondern weit mehr auf der imitativen Annäherung an die literaturkritische Textsorte der Rezension. Dieses Verfahren einer Fiktionalisierung diktionaler Bezugstexte führt dieses kleine borgesianische Spielzeug so überzeugend aus, daß ein Leser rasch zum Opfer seiner (ersten) Lektüre werden kann und dem Autor gleichsam auf den literaturkritischen Leim geht. Ich würde daher auch keineswegs von einer Mischung unterschiedlicher Gattungen, sondern von einer Hybridität dieses Textes (und anderer »Erzählungen« in seinem Gefolge) sprechen. Auch wenn die Fiktionalisierung des diktionalen Modells das textgenerierende Grundmuster eines solchen Schreibens darstellt, wird doch das Diktionale nicht einfach ins Fiktionale überführt und damit eine neue, aber erneut homogene Form erzeugt. Die Bewegung dieser grenzüberschreitenden Literatur wird nicht fest-gestellt. Es ist vielmehr der hintersinnige Umgang mit anderen, hier diktionalen Texten – die in ihrer Andersartigkeit nicht aufgelöst werden –, der einen wesentlichen Grundzug der verschiedenen *Ficciones* ausmacht. Die verwirrende und faszinierende Dynamik eines solchen Erzählmodells, das den modernen Erzählraum auf andere Gattungen und Rezeptionsformen hin in Bewegung setzt, liegt auf der Hand.

Enzyklopädie, Zufall und Lektüre

In potenzierter Form kehren diese Elemente in der Erzählung *Tlön, Uqbar, Orbis Tertius* wieder. Hier ist es nicht die Lektüre eines Buches, sondern einer Enzyklopädie, die den Ausgangspunkt der gesamten Erzählung bildet, genauer noch: die Erinnerung an eine Lektüre. Im ersten, auf 1940 datierten Teil dieses

49 Vgl. den ursprünglich 1968 in der Zeitschrift *Communications* erschienenen Text von Roland Barthes, »L'effet de réel«, in: ders., *Œuvres complètes*, a.a.O., Bd. II, S. 479-486.

Textes wird auf einen etwa fünf Jahre zurückliegenden Dialog mit dem bereits erwähnten Bioy Casares über die Möglichkeiten verwiesen, einen Ich-Roman mit einer sich in Widersprüche verwickelnden Erzählerfigur so zu schreiben, daß eine erzähltechnische Anlage geschaffen wird, die es nur »sehr wenigen Lesern« gestatten soll, »eine gräßliche oder banale Realität« zu erraten.[50] Die Erinnerung an die Lektüre eines Lexikonartikels wird damit innerhalb eines zu zweit dialogisch entworfenen Schreibprojekts situiert, dessen Ziel einer Verrätselung eine oberflächliche, konsumptive Lesart möglichst weitgehend ausschließt. Leserin und Leser müssen sich in Bewegung setzen: Ohne es zu Beginn einer ersten Lektüre schon wissen zu können, sind sie bereits unterwegs zum Orbis Tertius.

Mit ebendieser Lektüresituation setzt *Tlön, Uqbar, Orbis Tertius* ein. Die *ficción* geht aus von der ersten Lektüre eines Artikels über ein Land namens Uqbar, welcher sich in *The Anglo-American Cyclopaedia* (New York 1917), einer scheinbar wortgetreuen Raubkopie der *Encyclopaedia Britannica* von 1902, befindet. Nach einer Serie bibliographischer Nachforschungen gelangen Ich-Erzähler und Bioy Casares zu der Erkenntnis, daß es sich bei diesem Artikel um ein Unikat handelt, welches sich in keinem anderen konsultierten Exemplar dieser Ausgabe finden läßt. Die vier zusätzlichen, Uqbar gewidmeten Seiten des sechsundvierzigsten Bandes dieser Enzyklopädie werden im Zuge dieser detektivischen Arbeit einer neuerlichen kritischen Lektüre unterzogen.[51] Das Ergebnis dieser vieräugigen Lektüre – welche der vierhändigen Schreibweise von Bioy Casares und der Erzählerfigur entspricht – ist gleichsam ein Text mit doppeltem Boden: »Beim Wiederlesen entdeckten wir unter seiner präzisen Schreibweise eine grundlegende Unbestimmtheit.«[52]

Dabei erweist sich nicht nur, daß der vorgegebene Artikel die Charakteristika dieser enzyklopädischen Textsorte überzeugend

50 Jorge Luis Borges, »Tlön, Uqbar, Orbis Tertius«, in: ders., *Obras Completas. 1923-1972*, Buenos Aires: Emecé Editores 1985, S. 431.

51 Die erneute, wiederholte Lektüre taucht in Borges' Schriften schon früh als ein Grundbestandteil seiner Ästhetik auf; in dem bereits 1927 erstmals veröffentlichten Text »La fruición literaria« etwa wird das erneute Lesen gegenüber einer ersten Lektüre auch hinsichtlich seiner lustvollen Komponente herausgestellt.

52 Borges, »Tlön, Uqbar, Orbis Tertius«, a.a.O., S. 432.

zu reproduzieren weiß, sondern daß er gleichsam »unter« dieser Oberfläche eine Reihe literarischer Verfahren ins Werk setzt, um dem von ihm beschriebenen Land Uqbar einen möglichst unauffällig-realen Platz innerhalb des Raumes geographischer, historischer und politischer Faktendarstellung zu geben. In den Kategorien Genettes handelt es sich um einen (scheinbar) diktionalen Text, der nur durch einen intensiven Lektüreprozeß als fiktional angelegt erkennbar wird. Der Zweifel, die Unbestimmtheit *(vaguedad)* bleiben. Bereits auf dieser Ebene zeigt sich, daß dem Schreibprojekt von Erzähler und Bioy Casares eine Lesepraxis entspricht, die an einem Text vorgeführt wird, der selbst wiederum dem erzähltechnischen Verrätselungsprojekt der beiden Künstlerfiguren entspricht. Enträtselung und Verrätselung, Lesen und Schreiben zeigen sich bereits im ersten Kapitel dieser *ficción* untrennbar miteinander verbunden: So bildet dieser erste Teil eine Art Keimzelle oder generatives Modell von *Tlön, Uqbar, Orbis Tertius*.

Mit der zweiten Lektüre ist freilich erst das »eigentliche« Rätsel, nicht aber schon dessen Erklärung oder »Lösung« gefunden. Hierzu sind weitere (detektivische) Lektüreprozesse notwendig. Die soeben dargestellte Lektüre beruhte auf einem Zufall, wie bereits der erste Satz des Textes berichtet: »Ich verdanke der Konjunktion eines Spiegels und einer Enzyklopädie die Entdeckung von Uqbar.«[53] Diese geradezu astrologische Konjunktion, welche die Erinnerung von Bioy Casares an den Satz eines Häresiarchen von Uqbar *(mirrors and fatherhood are abominable)* aufruft und damit erst die Aufdekkung der Fiktionalität des Lexikonartikels auslöst, verbindet zwei auf den ersten Blick sehr unterschiedliche Gegenstände miteinander.

Die Spiegelmetaphorik ist freilich in antiker wie biblischer Tradition an die Vorstellung der Welt als Buch gebunden und läßt sich, wie Ernst Robert Curtius[54] aufzeigte, in der abendländischen Tradition von Literatur und Philosophie ebenso bei Aischylos oder Platon wie bei Shakespeare oder Montaigne nachweisen. Wie der Spiegel die Welt abbildet und zugleich dupliziert, ist auch das Buch – und gerade die Enzyklopädie – eine

53 Ebd., S. 431.
54 Vgl. Ernst Robert Curtius, *Europäische Literatur und lateinisches Mittelalter*, Bern/München: Francke ^{10}1984, S. 340.

Art Verdoppelung der Welt. »Ein Buch von der Natur«, so hatte es bei Alexander von Humboldt in moderner Wendung einer langen abendländischen Tradition geheißen, »muß den Eindruck wie die Natur selbst hervorbringen.«[55] Die Koppelung von Spiegel und Buch, auf die wir bereits im zweiten Kapitel bei Jean Baudrillards *Amérique* gestoßen waren, findet sich darüber hinaus bekanntlich an zentraler Stelle in Stendhals Auffassung vom Roman, der als ein an einer Straße entlanggeführter Spiegel die Welt in ihrem So-Sein abspiegle.[56] Auch Balzac griff immer wieder auf die Spiegelmetaphorik zurück und sprach bisweilen vom »konzentrischen Spiegel«, vom *miroir concentrique* – im Anschluß an das dritte Kapitel könnten wir hier von Brennspiegel sprechen – seiner Schöpfung.[57]

Damit wird die topische Metapher von der Welt als Buch, die in den *Ficciones* eine so entscheidende Rolle spielt, von Beginn dieser Erzählung an auch in ihren poetologischen Implikationen zumindest virtuell eingeblendet. Die Welt und die Enzyklopädie als deren Brennspiegel sind uns aus unserer bisherigen Lektüre etwa von Raynals Enzyklopädie der kolonialen Expansion Europas her vertraute Vorstellungen, sollte doch auch dort eine ganze Welt vermittels eines konzentrischen Spiegels in Buchform erscheinen. In der Moderne werden Spiegel und Totalität immer wieder neu aufeinander bezogen, eine Tatsache, die auch für Alexander von Humboldt gilt, der nicht umsonst von seinen Feinden in Berlin als »enzyklopädische Katze« beschimpft wurde. Borges setzt diese Vorstellung, diesen enzyklopädischen Traum, der auch für Humboldt noch längst nicht ausgeträumt war, erneut in Bewegung.

Ohne der hier behandelten Fragestellung dieser topischen Metapher in ihren Verbindungen zu Borges' Labyrinthen weiter nachgehen zu können, sei festgehalten, daß die Metaphorik eines duplizierten, vervielfachten Kosmos nur über eine *conjunción*, das heißt eine zufällige raumzeitliche Übereinstimmung innerhalb einer geradezu berechenbaren Naturgesetzlichkeit,

55 *Briefe Alexander von Humboldts an Varnhagen von Ense*, a.a.O., S. 23; vgl. allgemein Hans Blumenberg, *Die Lesbarkeit der Welt*, a.a.O., sowie Kapitel 4 des vorliegenden Bandes.

56 Ich beziehe mich hier unter anderem auf die vielzitierte romantheoretische Passage im 29. Kapitel seines *Le rouge et le noir*.

57 Vgl. hierzu Wehle, »›Littérature des images‹. Balzacs Poetik der wissenschaftlichen Imagination«, a.a.O., S. 67.

Ausgangspunkt und Bedingung der Erzählung bilden. Daher verwundert nicht, wenn der Zufall einen weiteren Lektüreprozeß in Gang setzt, der zur Lösung des im ersten Teil der Erzählung aufgefundenen, aber noch nicht aufgedeckten Rätsels führen soll. Die Literatur Uqbars, so hatte es in Bioy Casares' Ausgabe der *Anglo-American Cyclopaedia* geheißen, ist phantastischer Natur, und ihre Epen und Legenden »bezogen sich niemals auf die Realität, sondern auf die beiden imaginären Regionen Mlejnas und Tlön ...«[58] Durch einen zweiten, noch größeren Zufall, der dem Ich-Erzähler »Emotionen« beschert, wie sie selbst die Nacht der Nächte des Islam nicht vermitteln könne, findet er den elften Band von *A first Encyclopaedia of Tlön*, die der 1937 verstorbene Herbert Ashe einige Monate zuvor in der Bar eines Vorstadthotels versehentlich vergessen hatte.[59]

> Es war nun zwei Jahre her, daß ich in einem Band einer Piratenausgabe einer gewissen Enzyklopädie eine allgemein gehaltene Beschreibung eines falschen Landes entdeckt hatte; nun bescherte mir der Zufall etwas noch Kostbareres und Schwierigeres. Nun hielt ich ein langes methodisches Fragment der totalen Geschichte eines unbekannten Planeten in Händen ...«[60]

Diese Enzyklopädie vierter Ordnung – nach *Encyclopaedia Britannica*, daraus abgeleiteter *Anglo-American Cyclopaedia* und dem veränderten Exemplar, das den Uqbar-Artikel enthielt (und wir kommen nach unserer Textanalyse von Raynals *Geschichte beider Indien* nicht umhin, hierin eine mit dieser Kolonialenzyklopädie des 18. Jahrhunderts vergleichbare Struktur zu erkennen) – wird nun ihrerseits zum Gegenstand einer intensiven Lektüre dieser »totalen Geschichte«, einer Lektüre, die mit einer Vielzahl nachweisbarer wie fiktionaler bibliographischer Verweise auf Philosophen, Schriftsteller und Gelehrte gespickt ist, die umfangreiche Kenntnisse der Erzählerfigur vermuten lassen. Dabei ist der Ich-Erzähler keineswegs der einzige Leser, wird – so erfahren wir – in einschlägigen Fachzeitschriften doch längst ein handfester Literaturstreit zwischen so illustren Intellektuellen wie Ezequiel Martínez Estrada, Drieu La Rochelle oder Alfonso Reyes über Existenz oder Nicht-Existenz

58 Borges, »Tlön, Uqbar, Orbis Tertius«, a.a.O., S. 432.
59 Ebd., S. 434.
60 Ebd.

weiterer Bände dieser kuriosen Enzyklopädie ausgefochten. Der zuletzt genannte mexikanische Essayist und Literaturtheoretiker, auf den wir im weiteren Fortgang dieses Buches – und insbesondere im siebten Kapitel – noch mehrfach zu sprechen kommen werden, habe sogar vorgeschlagen, ein Team von Schriftstellern solle versuchen, die fehlenden Bände aus dem vorhandenen zu erschließen und niederzuschreiben. Dies wäre gleichsam die wissenschaftlich-naturgeschichtliche Methode Cuviers, die Balzac in seinem Avant-propos zur *Comédie humaine* so bewunderte und von der der Erzähler in *La Peau de chagrin* sagte:

> Ist Cuvier nicht der größte Dichter unseres Jahrhunderts? Lord Byron hat mit Worten gewiß einige moralische Agitationen reproduziert; aber unser unsterblicher Naturforscher hat mit gebleichten Knochen Welten rekonstruiert, hat wie Cadmus mit Zähnen Städte wiederaufgebaut, hat mit wenigen Stückchen Steinkohle tausend Wälder mit allen Mysterien der Zoologie wiederbevölkert, hat ganze Populationen von Riesen im Fuße eines Mammuts wiedergefunden.[61]

Wir können feststellen: Auch hier handelt es sich um Leseakte, die produktiv werden und – wie Balzac sagen konnte – Welten entstehen lassen. Die von Alfonso Reyes vorgeschlagene Variante liefe auf eine Lektüre hinaus, die zu einem kollektiven Schreibprozeß führen würde: Eine einzige Generation von Tlönisten, so die optimistische Prognose, würde genügen, um das immense Werk fertigzustellen.[62] Die gelehrten Forschungen hätten, so der Erzähler, zu der Einsicht geführt, daß es sich bei Tlön keineswegs um ein Chaos der Einbildungskraft handele. Es gehe vielmehr (und dies sind Worte, wie Humboldt sie nicht nur in seinem Alterswerk niedergeschrieben haben könnte) um »einen Kosmos und seine innersten, ihn bestimmenden Gesetze«[63] – und damit um eine vollständige (fiktionale) Welt, wie sie die *Comédie humaine* bietet.[64] Tlön ist eine vollständige Welt in

61 Honoré de Balzac, »La Peau de chagrin«, in: ders., *La Comédie humaine.* Bd. X. *Etudes philosophiques*, Paris: Gallimard (Bibliothèque de la Pléiade) 1979, S. 75.
62 Borges, »Tlön, Uqbar, Orbis Tertius«, a.a.O., S. 434.
63 Ebd., S. 435.
64 Vgl. zu dieser Problematik ausführlich den bereits angeführten Aufsatz von Rainer Warning, »Chaos und Kosmos. Kontingenzbewältigung in der ›Comédie humaine‹«.

vollständiger Fiktion. Damit wird die Enzyklopädie, in Fortführung der angeführten Tradition der Metaphorik von Buch und Spiegel, als ein Weltenplan aufgefaßt, freilich nicht mehr bezogen auf eine »reale«, sondern auf die imaginäre Welt Tlöns. Diese in mehrfacher Hinsicht beobachtbare *Verstellung* hat Folgen.

In Tlöns Welt

Diese unbekannte Welt wird vom Erzähler in ebenso gedrängter wie hintergründiger Form, die an die *contes philosophiques* eines Voltaire erinnert, dargestellt. Wissenschaft und Literatur gilt das Hauptaugenmerk dieser Konstruktion, die sich als Rekonstruktion gibt. Dabei wird die grundlegende wissenschaftliche Vorgehensweise von Benennung und Klassifikation nachhaltig entmachtet:

> Jeder geistige Zustand ist irreduzibel: Die bloße Tatsache, ihn zu benennen – *id est*, ihn zu klassifizieren –, ist gänzlich unwichtig. Daraus könnte man ableiten, es gäbe in Tlön keine Wissenschaften, ja nicht einmal Räsonnements. Die paradoxe Wahrheit ist, daß sie in fast unzählbarer Zahl existieren.[65]

Das auch sprachlich, also auf der Ausdrucksebene mehrfach vorgeführte Paradoxon wird im ständigen Vergleich zwischen »unserer« Welt und der Welt Tlöns zum wichtigsten Erklärungs- und Verständnismodell. Zugleich entzieht es der *doxa* als gängiger Lehrmeinung ihre (kulturelle) Selbstverständlichkeit und Macht. Dabei dringen verdrängte Elemente der abendländischen Philosophietradition in Tlön in einer Art Wiederkehr des Verdrängten an die Oberfläche und bestimmen die Tlönsche Variante eines Idealismus, als deren Garanten nicht nur Berkeley und Schopenhauer, sondern mehr noch Johann Valentin Andreä und Hans Vaihinger fungieren. Allerdings tauchen sie, wie so oft bei der Wiederkehr des Verdrängten, an anderer Stelle und in anderer Funktion wieder auf, sind folglich *verstellt*. Denn in Tlön sind die »irdischen« Klassifikationen außer Kraft gesetzt: »Sie beurteilen die Metaphysik als einen Zweig der phantastischen Literatur.«[66]

65 Borges, »Tlön, Uqbar, Orbis Tertius«, a. a. O., S. 436.
66 Ebd.

Dem Prozeß der Verdrängung folgt, um in der Freudschen Begrifflichkeit zu bleiben, ein Prozeß der Verschiebung, eine – wie man auf der Ebene der Rhetorik sagen könnte – Metonymie oder metonymische Verstellung, die es in sich hat. Denn nicht die Philosophie als solche verändert sich, sondern ihr epistemologischer Status: Sie wird ganz einfach anders *gelesen*. Als phantastische Literatur aber ist sie vorrangig weder an Welterklärung noch an Erkenntniszuwachs, weder an Wahrheit noch an Wahrscheinlichkeit, sondern an der subjektiv-ästhetischen Kategorie des »Erstaunens« *(asombro)*[67] ausgerichtet.

Damit zeichnen sich auch auf der Ebene Tlöns Lektüreprozesse ab, die ein Werk letztlich neu schreiben und diktionale in fiktionale Texte verwandeln. In ganz analoger Weise wird in Tlön zwischen Büchern der *ficción* und *de naturaleza filosófica* unterschieden:

> Anders sind auch die Bücher. Jene der Fiktion umfassen ein einziges Argument mit all seinen vorstellbaren Permutationen. Jene philosophischer Natur enthalten unausweichlich These und Antithese, das strenge Pro und Contra einer Doktrin.[68]

Das textgenerierende Modell der Lektüre des apokryphen Artikels in *The Anglo-American Cyclopaedia* erscheint in veränderter, strukturell aber intakter Gestalt: Es ist zweifellos eine Art kleinmaßstäbliches Modell *(modèle réduit)* im Sinne von Lévi-Strauss, eine *mise en abyme* der verklammerten Schreib- und Lektüreprozesse der gesamten Erzählung. Damit enthält es eine verschlüsselte Leseanweisung für den eigenen Text.

Die Produktivkraft dieses Schreib- und Lesemodells wird dabei auch in ihren literaturtheoretischen Implikationen vorgeführt, existiere in Tlön das Plagiat doch nicht, da der Autorbegriff selbst außerzeitlich und anonym geworden sei. Ein seiner Subjektivität entkleideter Autorbegriff aber wird für Konstruktionen und Schöpfungen auf seiten des Lesers frei verfügbar. So verwundert es nicht, daß der Literaturkritik die schöpferische Aufgabe zufällt, Autoren dadurch zu konstruieren, daß unterschiedlichste Texte einem einzigen Autorkonstrukt zugerechnet werden.[69] Dies impliziert nicht nur die Verlagerung des kreativen Akts auf die Leserseite, sondern zugleich auch die freie Ver-

67 Ebd.
68 Ebd., S. 439.
69 Ebd.

fügbarkeit über verschiedenste Diskurs- und Literaturformationen, die in das kreative Spiel des Lesers miteinbezogen und in mehrfacher Weise transgrediert werden. Eine die Einteilungen des Schriftguts derart transgredierende und im besten Sinne grenzüberschreitende Literatur entfaltet nun ihre Dynamik, setzt die Literatur auch von der Seite des Lesers her wie ein Mobile in Bewegung.

Zweifellos ist dies eine Thematik, die auch in anderen Texten der *Ficciones*, allen voran *Pierre Menard, autor del Quijote*, literarisch entfaltet wird und in den fünfziger beziehungsweise sechziger Jahren gerade in Frankreich – nicht nur im Umkreis der *Tel-Quel*-Gruppe – größte Wirkung auf Literatur, Literaturtheorie und Philosophie entfaltete. Doch soll hier nicht die Infragestellung einer sinnzentrierenden Autorfunktion als Thema, vielleicht sogar als Theorem borgesianischen Schreibens im Vordergrund stehen, sondern die (gleichwohl damit verbundene) Problematik der Lektüre als textgenerierendes, lustvolles Spiel, das die Räume der Literatur nicht zur Ruhe kommen läßt.

Die Dissemination des Phantastischen im Realen

Eine kritische, im besten Sinne literaturwissenschaftliche (textinterne) Lektüre zeigte – wie wir sahen – unterhalb des scheinbar diktionalen Textes das Fiktionale, ja das Diktionale des Fiktionalen auf. Versuchen wir, diese Erkenntnisse auf die im ersten Kapitel als achte Dimension bezeichnete Relation zu bestimmten Gattungsmodellen zu beziehen. Unter Mitwirkung des Zufalls als Katalysator der Ereignisse im Text – und diese Ereignisse sind letztlich stets Lektüreprozesse – entsteht ein Textmodell, das in seiner Schreibweise an diktionalen Modellen (etwa Rezension, Forschungsbericht, kritische Untersuchung usw.) ausgerichtet ist und dabei zugleich auf literarisch-fiktionale Verfahren zurückgreift, die unterschiedlichsten Gattungen entnommen sind. Rätselstruktur und Untersuchungsprozeß verweisen von Beginn an auf Detektivgeschichte und Kriminalroman; die raumzeitliche Verortung des Geschehens und die Vielzahl von Figuren, die der »realen« Welt entnommen sind, auf Strategien von literarischer Chronik beziehungsweise historischem Roman. Die bis zum Ende in der Schwebe gehaltene Zuordnung des Phantastischen entweder zum rational Erklärbaren oder zum Allegorisch-Wunderbaren[70] schließlich betont das zweifellos noch wichtigere Vorbild der phantastischen Literatur. Zugleich aber unterläuft die Legetik als Poetik textgenerierender Lektüre derartige Einordnungen produktionsästhetischer Provenienz: Borges' *Fiktionen* entziehen sich eindeutigen Zuordnungen und Klassifikationen. Sie sind, im Sinne des Textes, »irreduzibel«[71] auf einen bestimmten gattungsspezifischen und literarischen Ort.

Die Beziehung zwischen »realer« und »imaginärer« Welt ist in *Tlön, Uqbar, Orbis Tertius* keineswegs eine Einbahnstraße. Längst hat das Eindringen von Elementen Tlöns in die vorgeblich »reale« Welt, die Welt des Lesers, begonnen – und dies ist die eigentlich »unerhörte« Begebenheit dieses phantastischen Textes. Tlön empfing – wie wir sahen – die zum Teil vergessenen, zum Teil verdrängten Imaginationen der »realen« Welt. In immer nachdrücklicherer Weise aber gibt die imaginäre Welt ihre eigene Gegenständlichkeit an die »reale«, »historische« Welt weiter und folgt damit den ebenso mysteriösen wie totalitären Plänen jenes von Philosophen des 17. Jahrhunderts begründeten Geheimbundes (einer *sociedad secreta y benévola*[72]), dessen Schöpfung Tlön beziehungsweise die Enzyklopädie von Tlön ist. In einer auf 1947, also auf einen Zeitpunkt nach der Veröffentlichung des Textes datierten Nachschrift[73] – der Begriff *Posdata* wird hier in eleganter Manier wörtlich genommen – erfahren wir

70 Vgl. unter anderem Tzvetan Todorov, *Introduction à la littérature fantastique*, Paris: Seuil 1970, besonders S. 37 f. und 48 ff.

71 Borges, »Tlön, Uqbar, Orbis Tertius«, a. a. O., S. 436.

72 Ebd., S. 440.

73 Die Wirkung dieser Nachschrift auf die ersten Leser von »Tlön, Uqbar, Orbis Tertius« in der Mai-Nummer 1940 der Zeitschrift *Sur* dürfte noch größer, wenn auch weniger ambivalent gewesen sein, deckte hier der Autor sein Verwirrspiel doch gleich im ersten Satz der *Posdata* auf: »Ich drucke hier den vorausgehenden Artikel so ab, wie er in der Nummer 68 von *Sur*, mit jadegrünem Umschlag, im Mai 1940 erschien« (zitiert nach Rodríguez Monegal, *Borges. Una biografía literaria*, a. a. O., S. 302). Genau diesen Band von 1940 hielt der Leser der sogenannten *Posdata* von 1947 aber in Händen. Dies genügt freilich nicht, um den Text »unmißverständlich« als »ein Beispiel für *science-fiction*« beziehungsweise einer *ciencia-ficción utópica* klassifizieren zu können (ebd.).

nicht nur, daß bereits 1914 den dreihundert Mitgliedern der verschworenen Demiurgengemeinschaft der Schlußband der ersten Enzyklopädie von Tlön überreicht werden konnte, sondern daß sich nun Ereignisse häufen, die vom »Eindringen der phantastischen Welt in die reale Welt«[74] zeugen. Die Trennung zwischen den Welten, zwischen den Räumen ist unversehens in Bewegung geraten.

Ein weiterer (und daher beängstigender) Zufall macht den Erzähler zum Augenzeugen dieses Eindringens von Gegenständen Tlönscher Provenienz. Die phantastische Welt greift immer stärker in die reale Welt ein und verändert diese. Die »Dissemination von Gegenständen aus Tlön über verschiedene Länder«[75] schreitet rasch voran: »Der Kontakt und die Gewöhnung an Tlön haben diese Welt zersetzt *(desintegrado)*.«[76] Schon macht sich im Gedächtnis der Menschen »eine fiktive Vergangenheit«[77] breit. Wie Andreäs Plan einer imaginären Gesellschaft der Rosenkreuzer später, nach seinem Tod, in eine reale Gemeinschaft verwandelt wurde, wird auch die Welt, so der Erzähler, durch die Imagination real verändert: »Die Welt wird Tlön sein.«[78] Die reale Welt wird von der phantastischen, imaginären Welt her friktioniert, ihre Grenzen werden durchlässig oder weichen vor der phantastischen Flut zurück. Zugleich wird die Gefahr des Totalitären deutlich: Die geordnete Welt der vollständigen Fiktion dringt nicht nur in das Bestehende ein, sondern kann es sich auch einverleiben und damit zum Verschwinden bringen. Wenn die Welt aber Tlön geworden sein wird, was ist dann »der noch nebelhafte«[79] *Orbis Tertius*, eine Bezeichnung, die der Erzähler erstmals in einem Aufdruck des elften Bandes der ersten Enzyklopädie Tlöns fand?

Den Erzähler scheint dieses Problem nicht zu kümmern. Er zieht sich in eine erneute textproduktive Lektüre, in eine Übersetzung zurück, die sich ihrerseits zwischen Diktion und Fiktion ansiedelt. Er hatte allerdings schon einige Seiten zuvor als Sinn-

74 Borges, »Tlön, Uqbar, Orbis Tertius«, a.a.O., S. 441.
75 Ebd., S. 442.
76 Ebd., S. 443.
77 Ebd.
78 Ebd.
79 Ebd.

verwalter abgedankt, indem er alles übrige dem Gedächtnis *(memoria)* all seiner Leser anvertraute.[80] So wird der Leserin und dem Leser die Aufgabe eines neuen, nachfolgenden Schöpfungsaktes überantwortet. Die Zukunft wird dem Erinnerungsvermögen des Lesepublikums anvertraut.

Der Realitätseffekt

Die Funktion dieser »Dritten Welt« – die mit unserem heutigen, nach dem Zweiten Weltkrieg in Anlehnung an den Ausdruck *Tiers Etat* entstandenen Begriff *Tiers Monde* nichts zu tun hat[81] – ist vom Erzähler ebensowenig erläutert worden wie jene andere imaginäre Welt, die der Enzyklopädieartikel angekündigt hatte: Mlejnas. Ein Versehen des Erzählers? Angesichts der »präzisen Schreibweise« *(rigorosa escritura)*[82] dieser Erzählung – wie wir mit dem bereits angeführten Zitat nun auf Borges' eigenen Text bezogen sagen könnten – ist dies kaum zu erwarten. Es handelt sich wohl eher um Leerstellen, die vom Lesepublikum – beziehungsweise einem künftigen Schriftsteller – kreativ ausgefüllt werden können.

Angesichts der literarisch eingeführten Spaltung zwischen »realer« und »phantastischer« Welt könnte eine »Dritte Welt«, ein ambivalent in die Zukunft projizierter »Orbis Tertius«, eine mögliche Synthese beider Welten andeuten. Das zunächst vereinzelte, bald schon massive Einbrechen Tlöns aber steht im Gegensatz zu dieser naheliegenden Vermutung, scheint diese *intrusión* doch zu keiner Vermittlung, sondern zur sukzessiven Auslöschung der realen Welt zu führen. Honoré de Balzacs Romanmodell war, wie George Sand treffend formulierte, darauf gerichtet gewesen, »die vollständige Realität in der vollständigen Fiktion« abzubilden. Dieses Reich des Fiktionalen erscheint in seinem ästhetischen Reiz, aber auch in seiner gefährlichen

80 Ebd., S. 442.

81 Der Begriff *Tiers Monde* geht auf den französischen Demographen Alfred Sauvy zurück und wurde 1952 in die Diskussion eingeführt; der »Erfinder« des Begriffs scheint mit dessen späterer Verwendung höchst unzufrieden gewesen zu sein: vgl. »El inventor de ›Tercer Mundo‹«, in: *Casa de las Américas* (La Habana) 70 (enero-febrero 1972), S. 188.

82 Borges, »Tlön, Uqbar, Orbis Tertius«, a.a.O., S. 432.

Totalisierung am Ende von Borges' Text, in jener auf 1947 datierten Nachschrift:

> Vor zehn Jahren genügte gleich welche Symmetrie, die nach Ordnung aussah – der dialektische Materialismus, der Antisemitismus, der Nazismus –, um die Menschen zu betören. Wie sollte man sich nicht Tlön ergeben, jener minutiösen und weitreichenden Gewißheit eines geordneten Planeten? [...] Tlön wird ein Labyrinth sein, aber ein von Menschen für Menschen ausgetüfteltes Labyrinth, ein Labyrinth, das dafür gemacht ist, daß die Menschen es entziffern.[83]

Der Vergleich mit totalitären Ideologien wiegt schwer – gerade angesichts der damaligen politischen wie militärischen Situation Anfang der vierziger Jahre –, bleibt aber ambivalent. Nicht anders als bei diesen handelt es sich bei Tlön um ein von Menschen erdachtes und von Menschen zu entzifferndes labyrinthisches Konstrukt. Auch Ideologien lassen sich als Fiktionen begreifen, die im Gegensatz zu Theorien ihre eigenen Fundamente niemals dialogisch in Frage stellen.[84] Balzac hatte die vollständige Realität in die vollständige Fiktion projiziert; Borges führt dieses Modell der vollständigen Fiktion gerade dadurch bis an seine äußerste Grenze, daß er die Richtung dieses Prozesses umschlagen läßt: Wir werden zu Zeugen, wie die vollständige Fiktion von der Realität vollständig Besitz ergreift, gerade ohne daß es zwischen beiden Welten zu einem wirklichen Dialog käme.

Auch hier sind Lektüreprozesse von entscheidender Bedeutung und zeigen diese Problematik an. Die Princesse de Faucigny Lucinge – die geradezu eine Figur Balzacs oder Prousts sein könnte – weiß mit dem mysteriösen Kompaß, in den die Zeichen des Tlönschen Alphabets eingraviert sind, nichts anzufangen. Ebenso ergeht es einem Bauern, der den gerade erst gefundenen, der Welt Tlöns entstammenden überschweren kleinen Metallwürfel am liebsten in den reißenden Fluß werfen und damit zumindest optisch »aus der Welt schaffen« würde. Beide Reaktionen sind ungeeignet, das Geschehen zu erfassen oder den Einbruch der Welt von Tlön in die reale Welt gar aufzuhalten. Die naive Lektüre wird sich überdies der drohenden Gefahr

83 Ebd., S. 442 f.

84 Vgl. Peter V. Zima, *Ideologie und Theorie. Eine Diskurskritik*, Tübingen: Francke 1989.

nicht einmal bewußt. Ein Dialog mit Tlön findet hier nicht statt.

Im Gegensatz zu den literarischen Verfahren Balzacs wird der Realitätseffekt nicht durch den Verweis auf historische Ereignisse oder milieuadäquate Einzelheiten, sondern durch die imitative Annäherung an diktionale, literaturkritische beziehungsweise enzyklopädische (und damit aus der Sattelzeit der Moderne ererbte) Schreibmodelle – gleichsam literaturintern – erzielt.[85] Wie bei den Darstellungen der Neuen Welt in den in diesem Band untersuchten Texten des 18. und 19. Jahrhunderts berührt der Realitätseffekt das Problem von Authentizität und mehr noch Legitimität des Schreibens. Romanästhetisch gesehen entscheidet sich Borges gegen den die Welt abbildenden und reproduzierenden Spiegel und für die Enzyklopädie, die freilich – wie wir sahen – als Weltbuch nur ein anderer, buchstäblicher Spiegel ist. Er entscheidet sich damit zwischen den beiden vielleicht grundlegenden Darstellungsmöglichkeiten, welche die Moderne für die Repräsentation der Welt – sei es die einer *Geschichte beider Indien* oder die einer *Menschlichen Komödie* – entwikkelt hat.

Zugleich wird damit dem Bild der Buchstabe gegenübergestellt, was erklären könnte, warum wir es in der Welt von Tlön mit der Entzifferung von Büchern, nicht aber von Bildern zu tun haben. Vor allem aber bleibt festzuhalten, daß die Fiktionalisierung des diktionalen Modells jenen *effet de réel* ermöglicht, der eine wesentliche Grundlage (bei der Wahrnehmung) phantastischer Literatur bildet. Bei Balzac wie bei Borges dient die Einführung historischer Künstlergestalten – hier Diderot oder Bouchardon, dort Bioy Casares oder Xul Solar – der Erzielung dieses Wirklichkeitseffekts. Sind in Balzacs *Sarrasine* die phantastischen Elemente aber nur sehr vereinzelt, etwa im Umfeld

85 Die Erwähnung bekannter Autornamen oder verifizierbarer Ortsnamen im Text ist ein durchaus ambivalentes Phänomen, das keineswegs – wie Walter Bruno Berg es formulierte – nur einer »realistischen Suggestion« dient, sondern auch starke Verfremdungseffekte auslösen kann; vgl. Walter Bruno Berg, »Neue Welt und alter Buchstabe, oder: Ist Borges ein lateinamerikanischer Schriftsteller?«, in: *Iberoromania* (Tübingen) 35 (1992), S. 91. Der Realitätseffekt derartiger Textelemente beruht, wie bereits betont, im Gegensatz zur Ästhetik Balzacs bei Jorge Luis Borges auf der gezielten Verwendung diktionaler (unter anderem philologischer) Schreibmuster, die auf seiten des Lesers analoge Lektüremuster aufrufen.

der Gestalt des alten Zambinella, eingestreut[86], weil der Balzacsche Diskurs im Bereich der Fiktion das vom Autor als Realität begriffene Modell möglichst vollständig darstellen will, so dient die Einführung historischer Gestalten bei Borges gerade der Beglaubigung einer Ausgangssituation, auf deren Basis dann die phantastische Welt Tlöns errichtet wird. Diese Refunktionalisierung eines gängigen realistischen Verfahrens im Kontext einer Fiktionalisierung des Diktionalen stellt die Borges-Forschung vor Probleme, die meiner Ansicht nach nicht unverständlich, aber noch unverstanden und in jedem Falle noch nicht befriedigend gelöst sind.

Denn es genügt nicht, wie Beatriz Sarlo dies im Kapitel »Imaginary Constructions« bei der Analyse von *Tlön, Uqbar, Orbis Tertius* tut, von »philosophisch-narrativen Situationen« zu sprechen.[87] Borges' Texte sind zwar »philosophisch« und »narrativ«, doch beschränken sie sich weder hierauf noch auf eine wie auch immer konstruierte »philosophische Narrativität«. So erhellend

86 Sieht man von einigen direkten Hinweisen im Text (etwa auf Zambinella, »dieser phantasmagorischen Figur« [»Sarrasine«, S. 1052]) ab, dann finden sich Beziehungen zum Phantastischen vor allem in den paratextuellen und mehr noch in den intratextuellen Beziehungen der Novelle. So wird der Ausgabe von 1844 folgender Epigraph vorangestellt: »Glauben Sie, daß Deutschland allein das Privileg besitzt, absurd und phantastisch zu sein?« (ebd., S. 1544). Entscheidender aber noch scheint die Verlagerung des Phantastischen in den Roman *La Peau de chagrin*, mit dessen Niederschrift Balzac Ende 1830, also zum Zeitpunkt der Erstveröffentlichung von *Sarrasine*, begonnen hatte. In der erwähnten Ausgabe der Novelle von 1844 wird der Name von Madame de Rochefide durch jenen Feodoras ersetzt (vgl. ebd., S. 1553), eben jener »Frau ohne Herz«, die wohl die schillerndste Gestalt von Balzacs phantastischem Roman *Das Chagrinleder* darstellt. Die Beziehung zwischen beiden Texten wird über ihre zeitlich sehr nahe Entstehung hinaus auch daran erkennbar, daß Balzac 1831 eine dreibändige Ausgabe der *Romans et contes philosophiques* erscheinen ließ, in welcher *La Peau de chagrin* unmittelbar (im zweiten Band) *Sarrasine* folgte. Man könnte daher von einer intratextuellen Verlagerung des Phantastischen innerhalb dieses frühen (Sub-)Zyklus der *Comédie humaine* sprechen.

87 »Philosophical narrative situations«; vgl. Beatriz Sarlo, *Jorge Luis Borges. A Writer on the Edge*. Edited by John King, London/New York: Verso 1993, S. 62 sowie *passim*.

die Borges-Lektüre der argentinischen Kulturtheoretikerin auch sein mag, angesichts der Problematik von Fiktion und Realität zeigt sich doch wiederholt eine gewisse konzeptionelle und terminologische Hilflosigkeit. So heißt es nach einer kurzen Betrachtung der literarischen Verfahren in *Tlön, Uqbar, Orbis Tertius*:

> Man braucht nicht zu betonen, daß diese Methode der Zurechnung und Wahrscheinlichkeit den Status der Realität in Frage stellt; sie deutet zudem auf die durchlässige Natur von Fiktion, die sich danach sehnt, etwas in die Hand zu bekommen, das ihr auf immer entflieht.[88]

Die Folge einer derart unscharfen Betrachtungsweise der »Grenzen« zwischen Fiktion und Realität – und Beatriz Sarlo steht hier in einer schon langen Traditionslinie ähnlicher Verwechslungen – ist die Tatsache, daß Aussagen dieses Textes nicht einer Erzählerfigur, sondern immer wieder Borges direkt zugeschrieben werden: Formeln wie »Borges berichtet«, »Borges beschreibt sehr sorgfältig« usw.[89] zeigen an, wie effizient die Textstrategie des argentinischen Schriftstellers funktioniert, werden die Aussagen des textinternen Erzählers doch mit jenen des textexternen Autors – wie etwa bei der Lektüre eines literaturwissenschaftlichen Essays – gleichgesetzt. Ist Bioy Casares nicht schließlich der Freund des »realen« Borges?[90]

Der fiktionale Text bietet dem Leser ständig (und verführerisch) eine diktionale Lesart an, die ihrerseits wieder zur Fiktion zurückführt, von wo aus das Spiel von neuem beginnt. Eine solche Literatur in Bewegung kommt nicht zur Ruhe, läßt auch das Lesepublikum nicht ruhen. Spiegel und Enzyklopädie produzieren immer neue Textspiegelungen, die sich in einem ständigen Oszillieren zwischen Diktion und Fiktion manifestieren. Borges war sich dieser Oszillation als Effekt einer solchen literarischen Technik sehr wohl bewußt, wie eine Bemerkung aus *Otras inquisiciones* zeigt. Dort wird versucht, Spiegelungsverfahren, wie sie dem Leser etwa von Cervantes' *Don Quijote de la Mancha* oder von *Tausendundeiner Nacht* bekannt seien, in ihrer beunruhigenden Wirkung wie folgt zu erklären:

88 Ebd., S. 64.
89 Ebd., S. 63 und 66; die Beispiele ließen sich häufen.
90 Borges hat in *El Aleph* diese Strategie noch weiter getrieben, zugleich aber auch durchschaubarer gemacht, indem er den Ich-Erzähler durch andere literarische Figuren »Borges« nennen ließ.

Ich glaube, auf den Grund gestoßen zu sein: Derartige Umkehrungen legen nahe, daß auch wir, wenn schon die Figuren einer Fiktion Leser oder Zuschauer sein können, als deren Leser und Zuschauer möglicherweise fiktiv sind.[91]

Die dadurch erzeugte Spannung kollabiert gerade darum nicht, weil sie von jener Reibung erzeugt wird, die sich zwischen »Fiktion« und »Realität«, zwischen fiktionaler und diktionaler Schreibweise und den damit verbundenen Konventionen und Lesegewohnheiten immer wieder von neuem einstellt. Sie wird nicht aufgehoben, sondern noch am Ende mit der Übersetzungsarbeit der Erzählerfigur ein weiteres Mal bekräftigt. Friktionale Literatur ist im engsten und zugleich intensivsten Sinne Literatur in Bewegung.

Die vollständige Fiktion einer Literatur der Moderne

In *Tlön, Uqbar, Orbis Tertius* wird ein Schreibmodell vorgeführt, das auf einer Friktion beruht, die derjenigen von *S/Z* entgegengesetzt wirkt. Hatte Barthes die fiktionale Literatur eines Balzac friktioniert, so tat dies Borges einige Jahrzehnte zuvor mit diktionalen Modellen, die von der Literaturkritik bis hin zur Philosophie reichen. Diese Gegenläufigkeit der Friktionierung ist bei Borges und Barthes freilich nicht absolut, verwendet Barthes in *S/Z* doch auch literaturtheoretische Begriffe und Theoreme als Metaphern, deren Bedeutungsvielfalt gerade gegen ihre wissenschaftlich-monoseme Auslegung ausgespielt wird. Die Friktionierungsprozesse beruhen darauf, daß die Pole, zwischen denen sie oszillieren, präsent bleiben, daß die Grenzen, die sie permanent überschreiten, zwar nachhaltig in Frage gestellt und verändert werden, aber nicht verschwinden.

Am Ende ihrer anregenden Studie zur Entwicklung des Verhältnisses von Fiktion und Wahrheit hat Aleida Assmann die These vertreten, daß sich die Postmoderne von der Moderne dadurch unterscheide, daß bei ihr die Grenze zwischen Fiktion und Wahrheit aus den Augen verloren werde.[92] Ich denke nicht, daß diese These allgemeine Gültigkeit beanspruchen kann. Die

91 Borges, *Obras Completas*, a.a.O., S. 669.
92 Vgl. Assmann, »Fiktion und Differenz«, a.a.O., S. 256 und 260.

in diesem Kapitel vorgenommene Untersuchung der Terme Fiktion und Diktion sollte vielmehr zeigen, daß sich im Gegensatz zu Balzacs Novelle, die ihre »unerhörte Begebenheit« historisch situiert und mit Hilfe einer Vielzahl literarischer Verfahren »autorisiert« und beglaubigt, die Texte von Jorge Luis Borges und Roland Barthes, wenn auch in sehr unterschiedlicher Weise, gerade aus dem Oszillieren zwischen Diktion und Fiktion ihre Spannung beziehen und die Position des Autors als Verwalter eines zentralen Sinns in Frage stellen. Sie radikalisieren damit ein Selbstreflexivwerden und Unterlaufen der Autorfunktion, wie es – so unsere Analyse im dritten Kapitel – bereits das Frontispiz der 1780 erschienenen Genfer Ausgabe der *Histoire des deux Indes* in der Modalität des enzyklopädischen Textes angebahnt und raffiniert durchgeführt hatte.

Diese Bedeutungsformen des Schreibens verdeutlichen auch die unterschiedlichen Funktionen der Lektüreprozesse in den drei Texten von Balzac, Barthes und Borges. Bei Balzac waren die verschiedenen Verfahren der Lektüre Zeichen einer immanenten Poetik und damit zurückgebunden an die zentralisierende Funktion des Autors als Leser. Einer Lektüre, die Mehrfachkodierungen zu erkennen in der Lage ist, obliegt es, das Verborgene aufzudecken und in seiner Funktionsweise darzustellen. Diese Funktionen von Lektüre finden sich auch in den *Ficciones* und in *S/Z*. Die in beiden Texten beobachtbare Infragestellung der Autorfunktion bei gleichzeitiger Stärkung der Leserfunktion führt aber dazu, daß die Lektüre zu einer nicht nur sinn-, sondern auch texterzeugenden Kraft wird.

Wie wir sahen, beschäftigt sich die Kritik in Tlön damit, überaus verschiedene Werke miteinander in Verbindung zu bringen und daraus spielerisch ein Autorkonstrukt zu fertigen. Voraussetzung dieses Spiels ist eine Preisgabe des Subjektbegriffs und einer Identitätsphilosophie, die von einem *bon sens tlönien* ad absurdum geführt wird. Die Aufgabe der Literaturkritik ist also nicht die Deutung von Werken, sondern die Erfindung von Autoren. Das Ziel dieser Literaturkritik ist nicht die Aufdeckung einer bestimmten Wahrheit, sondern die Hervorbringung des Widersprüchlichen und Paradoxen: »Ein Buch, das nicht zugleich sein Gegenbuch enthält, wird für unvollständig gehalten.«[93] Diesen beiden Bedingungen Tlönscher Kritik würde

93 Borges, »Tlön, Uqbar, Orbis Tertius«, a.a.O., S. 439.

Barthes' *S/Z* genügen: Es erfindet seinen Autor, einen neuen Balzac, kraft der Lektüre neu und enthält zugleich sein »Gegenbuch«.[94]

Die Aufgabe dieses Kapitels war es selbstverständlich nicht, mit den so unterschiedlichen Werken dieser drei Schriftsteller einen neuen fiktiven Autor namens Balzac-Barthes-Borges zu basteln, so wie Raynal es verstanden hatte, aus den Texten unterschiedlichster Herkunft und Zuverlässigkeit eine Autorfunktion zu konstruieren, die schließlich seinen Namen trug und im wahrsten intermedialen Sinne sein Profil besaß. Vielmehr sollte eine friktionale Lese- und Schreibpraxis als Gestaltungselement wie als Untersuchungsobjekt vor Augen geführt werden, um wichtige zusätzliche Spiel-Räume einer Literatur in Bewegung zu demonstrieren und für die weitere Analyse fruchtbar zu machen.

Der enzyklopädistische Gestus Balzacs versuchte, die Vollständigkeit seines Realitätsmodells, das sich an der enzyklopädischen Auffächerung des Tableaus der Naturgeschichte maß (und messen konnte), im Reich der Fiktion möglichst vollständig zu entfalten. Bei Borges, der schon in jungen Jahren ein begeisterter Leser der *Encyclopaedia Britannica* war und selbst zu Recht als enzyklopädischer Geist galt[95],

wird die Enzyklopädie der realen einer Enzyklopädie der fiktionalen, imaginierten Welt gegenübergestellt. Sah sich der erzählende Bericht *(récit)* in Balzacs Erzählmodell stets einer »Invasion des Diskurses« (Genette) ausgesetzt, so bezeichnet der Text von Borges die Gefahr, daß die imaginierte Welt sich totalitär der »realen« überstülpen könnte. Damit wird zugleich die Problematik des fiktionalen Modells literarisch dargestellt und ästhetisch genau dadurch überboten, daß die diktionale Aneignung eines solchen Modells ihrerseits wieder fiktionalisiert wird. Zwischen Fiktion und Diktion, zwischen »Literatur« und »Enzyklopädie« wird ein Friktionsprozeß in Gang gesetzt, der einen *Orbis Tertius*, wenn auch noch schemenhaft, aufscheinen läßt.

94 Ebd., S. 439. Dabei ist bezeichnend, daß sich Barthes in diesem Buch deutlich von einer Identitätsphilosophie wie vom problematisch gewordenen Subjektbegriff abwendet und damit zwei Bedingungen erfüllt, die dem Denken in Tlön zugrunde liegen.

95 Vgl. Rodríguez Monegal, *Borges. Una biografía literaria*, a.a.O., S. 310: »Era una enciclopedia viviente.«

Eine vollständige Realität wird damit nicht in eine vollständige Fiktion projiziert; zwischen beiden eröffnet sich vielmehr ein friktionaler Zwischenraum, in den sich eine kreative und textproduzierende Lektüre einschreiben kann, welche die Grenzen der vollständigen Fiktion einer Literatur der Moderne überschreitet.

Aus dieser Perspektive ergibt sich eine Mehrdeutigkeit der Überschrift dieses letzten Teils des fünften Kapitels in zumindest dreifacher Weise. Erstens kann im Sinne der Formulierung George Sands die Ästhetik Balzacs als ein für die Romankonzeption der Moderne charakteristischer Versuch gewertet werden, durch die Erzeugung einer Vollständigkeit der Fiktion in der *Comédie humaine* – die ihren Namen nicht umsonst trägt – eine möglichst große mimetische Adäquatheit gegenüber jener Realität zu entfalten, die Balzac als das Bezugsmodell seiner Fiktion *konstruierte*.

Zweitens ließe sich die in der Überschrift gewählte Formulierung auch so deuten, daß vom Standort einer nicht mehr modernen Literatur aus die Literatur (oder zumindest *eine* Literatur) der Moderne als vollständige Fiktion erscheint. Die literarische Moderne erwiese sich dann als (fiktionales) Artefakt, dessen Konstruktcharakter in seiner Vollständigkeit erst dann sichtbar wird, wenn diese Moderne von einem »außerhalb« oder »später« situierten Beobachter untersucht oder dekonstruiert wird. Dem Begriff der »Moderne« käme dann kein epistemologisch gesicherterer Status zu als etwa dem Begriff der »Postmoderne«, sind beide doch narrativ angelegte sprachliche Konstrukte, die versuchen, einer Heterogenität historisch verankerter literarischer Formen terminologisch Herr zu werden.[96]

Die dritte Deutungsmöglichkeit ergibt sich aus den beiden vorangehenden. Sie wirft die Frage auf, inwieweit die vollständige Realität in der vollständigen Fiktion als ästhetische Grundlage einer modernen *écriture* zum Bezugspunkt eines Spiels wird, in welches eine postmoderne Literatur die so konstruierte moderne Literatur verwickelt. Dieses Spiel kann, wie uns das Bei-Spiel Tlöns lehrte, sehr wohl einen ernsten Hintergrund haben, wird hier doch vorgeführt, wie der Totalitätsanspruch der Fiktion in Totalitarismus umzuschlagen vermag. Dabei muß die

96 Vgl. hierzu Ette, *Roland Barthes. Eine intellektuelle Biographie*, a.a.O., S. 29-44.

Postmoderne keineswegs als Bruch mit der Moderne verstanden werden, so wie etwa noch die historische Avantgarde gemäß der Theorie Peter Bürgers auf einer Ästhetik des Bruchs beruhte (und damit der literarischen Moderne zuzuschlagen wäre).[97] In den zurückliegenden Diskussionen kristallisierte sich immer mehr ein Verständnis von Postmoderne heraus, das weder Antithese noch Bruch zwischen einem Vorher und einem Nachher voraussetzt. Die Postmoderne kann sehr wohl Teil der Moderne sein, einer Moderne freilich, die ihre eigenen Grundlagen nicht nur – wie etwa in Raynals ausgeklügelter intermedialer Veröffentlichungsstrategie – spielerisch in Frage stellt, sondern zugleich neue Schreibweisen entwickelt, die über ihre eigene Ästhetik hinausweisen.

Hier liegt – zumindest aus der in diesem Buch gewählten Perspektive – die Bedeutung sowohl der *Ficciones* als auch von *S/Z*. Die hybriden Schöpfungen von Barthes und Borges, die ihre Hybridität nicht verbergen, sondern ganz bewußt inszenieren, könnten für eine solche literarische Konzeption als beispielhaft gelten. Sie machen sich in überaus unterschiedlicher Weise die Spannung zunutze, die durch die Friktionierung der Grenzen von Fiktion und Diktion entsteht, indem sie ebenso fiktionale wie diktionale Bezugstexte friktionalisieren. Aus dieser Perspektive wird verständlich, warum sowohl bei Borges als auch bei Barthes Paradoxa eine so wichtige Rolle einnehmen, handelt es sich doch bei ihnen um Grenzphänomene in einem ebenso rhetorischen wie literarischen und logischen Sinne. Sie verweisen auf das Außerkraftsetzen gewohnter Ordnungsprinzipien und Wahrnehmungsgewohnheiten, lassen zugleich das Selbe und das Andere aufscheinen und wirken damit grenzüberschreitend und friktional. Der Begriff der Friktion, der sich zwischen die Pole von Fiktion und Diktion begibt, will dabei nicht essentialistisch, sondern vielmehr dynamisch verstanden sein: Sein Zwischenbereich – und damit die Möglichkeiten der Friktionierung beziehungsweise Friktionalisierung – ist in ständiger Bewegung begriffen. Weder die Konstruktionen einer vollständigen Realität noch diejenigen einer vollständigen Fiktion verschwinden damit aus dem Blickfeld. Sie verwandeln sich vielmehr in Ausgangspunkte, die einen neuen Raum der Literatur eröffnen, einen Raum, der zumindest bezüglich der Lektüre-

97 Vgl. hierzu Kapitel 8 dieses Bandes.

prozesse, wenn auch noch tastend und vorsichtig, in Balzacs Formel *Lire, c'est créer peut-être à deux* angedeutet ist.[98] Lesen ist eine Schöpfung zu zweit. Die gemeinsame Schöpfung von Autor und Leser schafft jene neuen, hybriden, friktionalen Formen, die aus einer Ästhetik der Moderne herausragen.

98 Vgl. hierzu auch Lucien Dällenbach, »Das brüchige Ganze. Zur Lesbarkeit der ›Comédie humaine‹, in: Gumbrecht (Hg.), *Honoré de Balzac*, a.a.O., S. 485.

SECHS · PASSAGE

Proteus in Uruguay

Kinematograph und Spiegel der Ewigkeit

Miguel de Unamuno hat in seinem wohl berühmtesten, auf das Jahr 1912 datierten philosophischen Essay *Del sentimiento trágico de la vida* in einer bereits im zweiten Kapitel dieses Bandes angeführten Passage seine Sichtweise entwickelt, der zufolge im 20. Jahrhundert alle vorangegangenen Jahrhunderte vollständig und lebendig aufgehoben seien.[1] Im sechsten Abschnitt seines Buches variierte er unter dem Titel »Am Grunde des Abgrunds« diese Vorstellung, indem er betonte, daß nichts verloren- und nichts wirklich vorübergehe, besitze die »zeitliche Welt« doch »Wurzeln in der Ewigkeit«.[2] Und der streitbare Baske fuhr fort:

> Vor uns ziehen die Szenen wie vor einem Kinematographen vorbei, doch die Filmrolle bleibt einzig und ganz, jenseits der Zeit.
> Die Physiker sagen, nicht ein einziges Bruchstückchen Materie gehe verloren, nicht ein einziger kleiner Stoß; denn beide werden umgewandelt, weitergegeben und bestehen auf diese Weise fort. Wie könnte auch eine Form, so flüchtig sie auch immer sein mag, verlorengehen? Man muß glauben – glauben und hoffen –, daß auch sie an irgendeinem Ort archiviert und perpetuiert wird, daß es einen Spiegel der Ewigkeit gibt, in dem sich alle Bilder, die durch die Zeit vorüberziehen, anhäufen, ohne daß sich die einen in den anderen verlören.[3]

Nicht von ungefähr ruft dieses Zitat vor dem Hintergrund unseres bisherigen Parcours Assoziationen zu den *Fiktionen* eines Jorge Luis Borges hervor, der im übrigen sehr wohl mit den Texten des eigenwilligen Rektors der Universität von Salamanca vertraut war. Unamuno skizziert hier im Rückgriff auf naturwissenschaftliche Befunde eine Welt, in der alle historischen Be-

1 Miguel de Unamuno, »Del sentimiento trágico de la vida«, a.a.O., S. 844.
2 Ebd., S. 910.
3 Ebd., S. 910 f.

standteile zeitgleich und zugleich kopräsent wären. So würde sich das letzte Jahrhundert des zweiten Jahrtausends in einen gigantischen Kinematographen verwandeln, in dem ein Endlosband alle Szenen des Gestern und Heute (und vielleicht auch des Morgen) aufbewahren und projizieren würde. In diesem »Spiegel der Ewigkeit«, der mit dem borgesianischen *Aleph* vergleichbar wäre, würden die Bilder vor den Augen des jetzigen Publikums nicht ineinanderfallen oder sich miteinander vermischen. Der aktuelle Zuschauer, der heutige Betrachter dieser Bilder, wäre vielmehr in der Lage, die Bilder von gestern in den Bildern von heute zu sehen und zu erkennen – und umgekehrt. Damit stehen wir vor dem Grundproblem des Erzählers in Borges' vielleicht bekanntester Erzählung, *El Aleph*:

Ich schloß die Augen, öffnete sie. Dann sah ich das Aleph.
Ich komme nun zum unsagbaren Zentrum meiner Erzählung; hier beginnt meine Verzweiflung als Schriftsteller. Jede Sprache ist ein Alphabet von Symbolen, dessen Gebrauch eine Vergangenheit voraussetzt, welche die Gesprächspartner miteinander teilen. Wie aber kann man den anderen das unendliche Aleph vermitteln, das mein verzagendes Gedächtnis kaum zu umfassen vermag? [...] Vielleicht würden mir die Götter nicht den Fund eines gleichwertigen Bildes verweigern, aber dann wäre dieser Bericht mit Literatur, mit Falschheit kontaminiert. Im übrigen ist das zentrale Problem unlösbar: es besteht in der Aufzählung – und sei sie auch bruchstückhaft – einer unendlichen Gesamtheit. In diesem gigantischen Augenblick habe ich Millionen ergötzlicher oder grauenhafter Handlungen gesehen; keine erstaunte mich so sehr wie die Tatsache, daß alle denselben Punkt einnahmen, ohne jede Überlagerung und ohne jede Durchsichtigkeit. Was meine Augen sahen, war simultan: was ich nun niederschreibe, wird sukzessiv sein, da so die Sprache ist. Gleichwohl werde ich etwas aufnehmen können.[4]

Die Umwandlung des Sukzessiven (oder Historischen) in Simultaneität und die Verwandlung des Dispersen in Zentralität stellt das Grundproblem eines Schreibens dar, das auf die Linearität der Sprache zurückgreifen muß und damit künstlerisch das Verfahren des Aleph umkehrt, in dem ohne Überlagerung und Überblendung alle Orte und Zeiten konvergieren. Die von Unamunos Text angebotenen Metaphern von Spiegel und Archiv, die sich – wie wir im vorangehenden Kapitel sahen – auch bei

4 Jorge Luis Borges, »El Aleph«, in: ders., *Obras Completas*. Bd. I: 1923-1949, Barcelona: Emecé Editores 1989, S. 624 f.

Borges häufig wiederfinden, reichen nicht aus, um eine »gleichwertige«, äquivalente Darstellung einer Kopräsenz, eine Gleichzeitigkeit sich nicht überlappender Bilder zu gewährleisten. Der Verfasser von *Über das tragische Lebensgefühl* griff freilich nicht nur auf die Theorien einer modernen Physik, sondern auch auf ein künstlerisches Medium zurück, das in jenen Jahren den höchsten Grad an technologischer Modernisierung in den erzählenden Künsten verkörperte. Der Prozeß einer Umwandlung des Sukzessiven ins Simultane führte den spanischen Essayisten und Philosophen zur Metapher des Kinematographen, der auf ewig das endlose Band der Bilder projiziert und zumindest hypothetisch in der Lage ist, einen Erzählraum jenseits der Zeit in der Sphäre des – wie wir mit Borges' *Aleph* sagen könnten – *nunc stans* zu schaffen.

Borges wie Unamuno stoßen dabei, wenn auch aus unterschiedlichen Richtungen, auf dasselbe Problem einer Fusion (und nicht etwa Mischung) der raum-zeitlichen Koordinaten. Sie bekommen es mit einer der grundlegenden Aporien jedweden Schreibens zu tun, dem unlösbaren Grundproblem nämlich, die lineare Abfolge jeder literarischen Botschaft zu überwinden, um eine (quasi-)simultane Wahrnehmung zu ermöglichen oder zu simulieren. Bleibt das Band des Kinematographen Unamunos auch »einzig und ganz«, so müssen doch die von ihm projizierten Bilder belebt und vielgestaltig sein. Sie sind nicht statisch, ein für allemal festgehalten, sondern haben dynamisch zu sein, um mitten im 20. Jahrhundert »alle vergangenen Jahrhunderte«[5] in lebendiger Form beweglich (auf-) bewahren zu können.

Nicht zufällig griff der Baske auf ein künstlerisch-kommerzielles Medium und mehr noch ein Emblem jener technologischen Modernisierung zurück, das die Moderne verkörperte und zugleich in jener Zeit, in der »die Bilder laufen lernten«, noch beschleunigte. Diese Moderne war einheitlich *und* zugleich vielgestaltig und widersprüchlich. Mehr noch: Allein in Europa scheint die Vorstellung von einer einzigen Moderne (und zwar der europäischen) noch fortzubestehen; gerne scheint man die Existenz anderer Modernen in anderen geographischen Breiten vergessen zu wollen. Die raum-zeitliche Kopräsenz von Elementen, die aus unterschiedlichen historischen und kulturellen Ge-

5 Unamuno, »Del sentimiento trágico de la vida«, a.a.O., S. 844.

bilden der Vergangenheit stammten, war gewiß eine weitverbreitete Erfahrung jener Zeit, die ein Jahrhundert zu Ende gehen und ein neues sich ankündigen sah. Wesentlich abrupter und widersprüchlicher aber war diese Erfahrung in jenen Regionen unseres Planeten, wo sich periphere und ungleiche Modernen entwickelten, in denen das Aufeinanderprallen der Bilder weit weniger dazu führen konnte, daß sich »die einen in den anderen verlören«.[6] Unsere Debatten um die Postmoderne haben zwar stets einer Globalisierung das Wort geredet, diese aber nicht einzulösen vermocht. Gäbe es nur ein einziges Ergebnis dieser Debatten, das festgehalten werden müßte, es bestünde wohl in der späten (und noch später in ihren Konsequenzen durchdachten) Einsicht, daß es nicht eine, sondern viele Modernen gab.

Am 9. August 1914 wandte sich der uruguayische Schriftsteller José Enrique Rodó auf den Seiten des *Diario del Plata* erstmals jenem »Abschlachten von Menschen« zu, das »die Ordnung des zivilisierten Lebens in den kultiviertesten und mächtigsten Ländern der Welt« unterbrach und später als der Erste Weltkrieg in die Geschichtsbücher eingehen sollte.[7] Zögerte der Verfasser der im Jahre 1900 erschienenen einflußreichen kulturkritischen Schrift *Ariel* auch nicht, sich für Frankreich stark zu machen – »Die Sache Frankreichs ist die Sache der Menschheit« lautete der Titel eines weiteren Artikels Rodós, der am 3. September 1914 in *La Razón*[8] erschien – und jegliche Sympathiebekundung am Río de la Plata zugunsten Deutschlands zu verurteilen, so versuchte der uruguayische Essayist gleichwohl, in seinen Überlegungen zum Krieg in Europa einen übergeordneten und »weltgeschichtlichen« Standpunkt zu beziehen:

> Die menschliche Solidarität wird in diesen außerordentlichen Augenblicken auf die Probe gestellt; hier zeigt sich, in welchem Maße Häufigkeit und Leichtigkeit der Verbindungen aus diesem ganzen Planeten einen einzigen Organismus gemacht haben, dessen Leitzentren selbst an die am weitesten entfernten Extremitäten den moralischen und materiellen Widerhall dessen übermitteln, was in ihnen vorgeht.[9]

6 Ebd., S. 911.
7 José Enrique Rodó, *Obras Completas*. Editadas, con introducción, prólogos y notas, de Emir Rodríguez Monegal, Madrid: Aguilar ²1967, S. 1218.
8 Ebd., S. 1220.
9 Ebd., S. 1218. Zur Sichtweise des Krieges bei spanischen wie hispanoamerikanischen Intellektuellen vgl. Ottmar Ette, »Visiones de la guer-

Die transatlantischen Kommunikationsmöglichkeiten verwandelten diesen Krieg – wie dies wohl erstmals 1898 bei der Niederlage Spaniens, die zum Verlust der noch verbliebenen Überseekolonien führte, der Fall war – in ein von den Medien nicht nur begleitetes, sondern mitinszeniertes Spektakel, bei dem eine weltweite Kopräsenz der Ereignisse durch den Telegraphen und eine beschleunigte Berichterstattung der Presse sichergestellt waren. Die Möglichkeit schneller Informationsübertragung verwandelte aus Sicht Rodós den Erdball in einen einzigen Organismus, dessen Gliedmaßen unmittelbar an Europa rückgekoppelt seien. Ähnlich formulierte Rodó derartige Überlegungen auch in seinen *Motivos de Proteo*:

Dieser immense moralische Organismus, in den die konstante und leichte Kommunikation, der Austausch von Ideen, die religiöse Toleranz, die kosmopolitische Neugier, der Telegraphendraht und das Dampfschiff jene Welt, die für unsere Großväter noch in nationale Seelen wie in die Inseln eines Archipels zerfiel, verwandelt haben, hüllt uns in ein Netz ebenso beständiger wie wechselnder Reize.[10]

[redacted]

Ohne eine Veränderung interner Hierarchien entstand auf diese Weise ein Erd-Körper, innerhalb dessen Wahrnehmungsprozesse (quasi-)simultan verlaufen konnten und die Solidarität unter den Menschen keine schuldhafte Gleichgültigkeit und Unparteilichkeit gegenüber dem vom Krieg verursachten Abschlachten und Leiden mehr zuließ.[11] Über die von Unamuno beschworene zeitliche Konvergenz hinaus wohnen wir einer wachsenden räumlichen wie zeitlichen Synchronisierung bei, welche die Lebenserfahrung des Menschen im

ra / guerra de las visiones. El desastre, la función de los intelectuales y la Generación del 98«, in: *Iberoamericana* (Frankfurt am Main) XXII, 71-72 (1998), S. 44-76.

10 José Enrique Rodó, *Motivos de Proteo*, in: ders., *Obras Completas*, a.a.O., S. 408.

11 Diese Überlegung galt für Rodó freilich nicht für alle kriegerischen Auseinandersetzungen, liest man doch in seinem bereits angeführten Artikel »La causa de Francia es la causa de la humanidad«: »Unparteilich kann man auf diese Weise nur sein, wenn es sich um einen Krieg zwischen zwei Stämmen in Afrika handelt, die keine unterschiedlichen Charaktere, keine moralische Bedeutung, keine mögliche Transzendenz für den Lauf der Welt besitzen« (Rodó, *Obras Completas*, a.a.O., S. 1220).

20. Jahrhundert nicht nur grundlegend veränderte, sondern nachhaltig planetarisierte. Von seinem *Mirador*, seinem Ausguck in Montevideo aus registrierte José Enrique Rodó, der sich trotz des kontinentalen Erfolgs seines *Ariel* in seinem Heimatland immer verlassener und einsamer fühlte, mit großer Sensibilität all jene Veränderungen, die in der Tat den weiteren Fortgang des 20. Jahrhunderts entscheidend mitprägen sollten, Umwälzungen, die wir unter den postmodernen Vorzeichen unseres Jahrhundertendes sicherlich leichter erkennen (und auch in ihren Folgen zunehmend besser einschätzen) können. Die wachsende Vereinheitlichung des planetarischen Raums und die Vielgestaltigkeit regionaler Ausprägungen bildeten im Verein mit einer zeitlichen Synchronisierung und einer Vervielfachung miteinander verbundener zeitlicher Ebenen eine Herausforderung für jene Künstler und Intellektuellen, die – gerade an der sogenannten »Peripherie«, ebenso an den »Rändern« Europas wie Amerikas – nach neuen ästhetischen Ausdrucksformen suchten, welche das Leben des Menschen innerhalb grundlegend veränderter raum-zeitlicher Zusammenhänge nicht nur inhaltlich, sondern auch strukturell repräsentieren oder doch »simulieren« könnten.

Predigt und Beispiel

Am 12. Oktober 1900, dem symbolträchtigen ersten Jahrestag der »Entdeckung« Amerikas im neuen Jahrhundert, schickte José Enrique Rodó Miguel de Unamuno, dem er kurz nach Erscheinen der ersten Ausgabe bereits seinen *Ariel* übersandt hatte, einen Brief, in dem der junge Uruguayer – jenseits aller ästhetischen und kulturellen Divergenzen, die beide Autoren in ihrer Korrespondenz auch offen aussprachen – seine Sichtweise von der Aufgabe des Intellektuellen in Amerika wie in Spanien präsentierte:

> Mein unmittelbares Streben richtet sich darauf, mit meiner Predigt und, wenn ich es vermag, mit meinem Beispiel innerhalb der Jugend meines geliebten Amerika eine wahrhaft *seriöse* literarische Bewegung auszulösen, die sich an einer gewissen idealen Tendenz und nicht an eitlen Formspielen ausrichten soll. Den künstlerischen und formalen Aspekt der Literatur halte ich sehr hoch; ich glaube, daß es ohne Stil kein wirklich literarisches Werk geben kann; und soweit es mir meine Kräfte

erlauben, versuche ich, diesen meinen Glauben zu *praktizieren*. Ich bin aber zugleich der Überzeugung, daß die literarischen Schulen ohne ein breites Fundament von Ideen und ohne ein *menschliches* Ziel, das ein tiefes Interesse zu wecken weiß, von allzu leichter und flüchtiger Machart sind. Mein Vorsatz ist schwierig auszuführen; Sie wissen dies sehr wohl. Unsere Völker (Spanien, weil es alt, Amerika, weil es kindlich ist) sind gegenüber allem träge, was tief und ohne ein materielles Interesse zu denken oder zu fühlen heißt. Das ist jedoch nicht wichtig; wir werden arbeiten, solange uns noch ein wenig Begeisterung bleibt, und wir, die wir die mehr oder minder *denkende* Minderheit darstellen, uns gegenseitig anfeuern. Andere werden in der Folge kommen, die das tun werden, was uns nicht vergönnt war. Mein *Ariel* ist der Ausgangspunkt dieses Programms, das ich mir selbst für die Zukunft vorgenommen habe. Mich befriedigt, daß mein Buch in dem Maße, in dem man sich dies überhaupt erhoffen darf, in Spanien und Amerika ein Erfolg geworden ist. [...] Für bald schon bereite ich ein neues Bändchen *(opúsculo)* über eine psychologische Frage vor, die mich sehr interessiert.[12]

In dieser Passage, die sich als Credo des Künstlers wie des Denkers lesen läßt, unterstrich der junge uruguayische Schriftsteller nicht nur die widersprüchliche Einheit zwischen Spanien und seinen ehemaligen Kolonien in Amerika, sondern betonte auch die Funktion des Intellektuellen (als

12 Ebd., S. 1380. Das von Rodó beklagte fehlende Durchhaltevermögen und die Trägheit zählen auf kollektiver wie individueller Ebene zu den in *Motivos de Proteo* angesprochenen Grundproblemen: »Eine der Wurzeln für die Unterlegenheit der Kultur unseres Amerika bei der Schaffung von Schönheit und Wahrheit besteht darin, daß die produktionsfähigen Geister größtenteils ihr Werk aufgeben, bevor es zur Reife gelangt. Die Pflege der Wissenschaft, der Literatur oder der Kunst scheint auf dem Boden Amerikas eine Blüte der Jugend zu sein, die bald abstirbt, wenn die Natur den Übergang zur Frucht vorbereitet« (ebd., S. 402). Hierin läßt sich ein fernes, aber noch deutlich vernehmbares Echo jenes Disputs um die Neue Welt erkennen, mit dem wir uns im dritten Kapitel dieses Bandes beschäftigt haben. So hatte es etwa im achtzehnten Buch der *Geschichte beider Indien* in einer aus der Feder Diderots stammenden Passage geheißen: »Früh schon lebendig und hellsichtig, besitzen die Menschen eine rasche Auffassungsgabe: einem langen Nachdenken aber halten sie nicht stand und gewöhnen sich auch nicht daran. Fast alle besitzen für alles Leichtigkeit; niemand aber zeigt für etwas ein entschiedenes Talent« (Raynal, *Histoire des deux Indes*, a. a. O., Bd. IX, S. 108).

Teil einer Minderheit), dessen Aufgabe als idealistischer und ideenproduzierender Mensch darin bestünde, ohne Eigennutz und Eigeninteresse tiefgründig zu denken und zum Denken anzuregen. Seine Aufgabe bleibt nicht auf das im engeren Sinne »Literarische«, auf eine bloße Frage ästhetischer Formgebung beschränkt, sondern schließt jene »moderne *Ideenliteratur*«[13] mit ein, für deren Entwicklung *Ariel* nicht den Gipfel-, sondern den »Ausgangspunkt« darstellt. In seinem brieflichen Dialog mit einem der großen Repräsentanten der spanischen Literaturgeschichte – für den sich die Literatur genausowenig auf ihre stilistischen und formalen Aspekte beschränkte, sondern ein Handeln im literarischen wie im philosophischen und politischen Feld miteinschloß – klagte der Autor des *Ariel* eine gesellschaftliche Funktion ein, die den Schriftsteller bis zum Auftauchen möglicher Nachfolger in einen *Maestro*, einen Lehrmeister seines Volkes verwandeln sollte. Rodó versuchte, eine derartige Funktion von seinem Standpunkt innerhalb des literarischen Feldes aus zu erfüllen, was ihn nicht daran hinderte, ab 1902 allen Enttäuschungen und Unterbrechungen zum Trotz politische Aufgaben als Mitglied der uruguayischen Abgeordnetenkammer während dreier Legislaturperioden wahrzunehmen.

Doch verlagerte sich das Zentrum seiner Aktivitäten niemals weg von der Literatur. So war es nicht überraschend, daß er am Ende seines langen Briefes an Unamuno eine neue Schrift ankündigte, welche sein Landsmann Emir Rodríguez Monegal Jahrzehnte später in seiner Werkausgabe als die eigentliche »Keimzelle von *Proteo*«[14] zu bezeichnen nicht zögerte. Selbst wenn es als riskant erscheinen könnte, dieses *opúsculo* – das keineswegs »bald schon«, sondern fast neun Jahre später er-

13 Als solche bezeichnet sie Próspero, die Hauptfigur von *Ariel*, wobei er sich hierin auf Nietzsche bezieht (José Enrique Rodó, *Ariel*, in: ders., *Obras Completas*, a.a.O., S. 229). Zur Beziehung zwischen dem uruguayischen Essayisten und dem deutschen Philosophen vgl. Ottmar Ette, »›Así habló Próspero‹. Nietzsche, Rodó y la modernidad filosófica de ›Ariel‹«, in: *Cuadernos Hispanoamericanos* (Madrid) 528 (junio 1994), S. 48-62, sowie Vor- und Nachwort meiner deutschsprachigen Ausgabe von José Enrique Rodó, *Ariel*. Übersetzt, herausgegeben und erläutert von O. E. Mainz: Dieterich'sche Verlagsbuchhandlung 1994.

14 Emir Rodríguez Monegal, »Prólogo a Motivos de Proteo«, in: José Enrique Rodó, *Obras Completas*, a.a.O., S. 301.

scheinen sollte – mit dem im weiteren Verlauf dieses Kapitels untersuchten Text gleichzusetzen, so läßt sich doch mit guten Gründen von einer Kontinuität des Rodóschen Projekts zwischen *Ariel* und *Proteo* sprechen.[15] Das Bändchen aus dem Jahre 1900 hatte Rodó endgültig als Schriftsteller kanonisiert, sein Ruhm festigte sich im Verlauf des ersten Jahrzehnts des neuen Jahrhunderts in der gesamten spanischsprachigen Welt. Die Kontinuität zwischen beiden Texten erweist sich insbesondere auf der Ebene jener »Ideenliteratur«, für deren Durchsetzung Rodó ein Leben lang kämpfte. So lesen wir in einem anderen Brief Rodós an Unamuno vom 25. Februar 1901:

> Wenn mich etwas vom größten Teil meiner Schriftstellerkollegen in Amerika trennt, dann ist es meine immer intensivere Neigung zu dem, was ich als *Ideenliteratur* bezeichnen werde, denn würde man sie *belehrend* oder *transzendental* nennen, so würde dies sie nicht gut definieren. Zu allem Unglück bietet mir der kindliche, trivialste *modernismo*, der hier überall vorherrscht, herzlich wenig Gelegenheiten, diese Neigung durch die Lektüre der hiesigen, indigenen Produktion zu befriedigen. Wir brauchen Leute der Feder, die *fühlen* und *denken*, doch quellen überall nur elende literarische *Krämer* hervor, Verkäufer zerbrechlicher und auf den Augenschein angelegter Neuigkeiten.[16]

Hier wird nicht nur die wachsende Entfernung Rodós gegenüber den sichtbarsten Strömungen des hispanoamerikanischen *Modernismo* (wenn auch keineswegs dem *Modernismo* in seiner Gesamtheit) deutlich, sondern auch der andere Ort, auf den der Verfasser des *Ariel* innerhalb des literarischen Feldes in Uruguay wie in Hispanoamerika Anspruch erhob. Differenziert sich seine Feder einerseits gegenüber den Schriften der »indigenen« Schriftsteller, so beharrt Rodó andererseits auf seiner Affinität zu Spanien, was zum eigentlichen Leitmotiv seiner Korrespon-

15 Vgl. Gordon Brotherston, »Introduction«, in: José Enrique Rodó, *Ariel.* Edited with an introduction and notes by Gordon Brotherston, Cambridge: Cambridge University Press 1967, S. 7.

16 Rodó, *Obras Completas*, a.a.O., S. 1383. An dieser Stelle spricht Rodó in bezug auf den Modernismus erneut vom kindlichen *(infantil)* Charakter der spanischamerikanischen Literatur. Überdies weist die Tatsache, daß Rodó die Worte und Wendungen seines Próspero wortwörtlich wiederaufgreift, auf seine im übrigen sehr wirkungsvolle Strategie, eine Identifizierung der Stimme Prósperos mit seiner eigenen nahezulegen.

denz mit Unamuno wird. Diese Wahlverwandtschaft bezieht sich nicht nur auf gemeinsame literarische Konzeptionen, sondern vielleicht mehr noch auf Funktion und Aufgabe des Schriftstellers als Intellektuellen innerhalb seiner eigenen Gesellschaft. In diesem Sinne bezieht sich die Selbstdarstellung Rodós als mehr oder minder isolierten Schriftstellers nicht nur auf das literarische und intellektuelle Feld in Uruguay, sondern nähert sich jener Vorstellung vom Intellektuellen an, welche die Mitglieder jener vielgestaltigen und heterogenen Gruppe, die wenige Jahre später auf den vereinheitlichenden Namen *Generación del 98* getauft werden sollte, entwickelt hatten und verteidigten, um ihr Land für neue Möglichkeiten und Chancen im Sinne einer Regenerierung zu öffnen.

Es ist für uns daher nicht überraschend, daß Rodó in der bereits angeführten Passage seines Briefes an Unamuno nicht allein von seiner »Predigt« *(prédica)*, sondern auch von seinem »Beispiel« *(ejemplo)* spricht.[17] Seine Aktivitäten überschreiten nicht nur den Bereich des im engeren Sinne Literarischen, sondern auch den spezifisch uruguayischen Rahmen. Sie fügen sich überdies in eine neue Funktionalisierung des Schreibens ein, das gegen Ende des 19. Jahrhunderts in Europa entstanden war. Die sogenannte »Dreyfus-Affäre« hatte weit über Frankreich hinaus als Katalysator zur Bewußtwerdung all jener beigetragen, die ihr innerhalb eines eng begrenzten Teilfelds (wie etwa der Literatur oder der Wissenschaft) erworbenes symbolisches Kapital nun zugunsten von Stellungnahmen zu Themen und Problemen allgemeinen öffentlichen Interesses einsetzten.[18] Es wäre folglich problematisch, Rodó innerhalb eines ausschließlich uruguayischen Kontexts zu verorten, da sich seine Position innerhalb des literarischen Feldes weder mit jener der Dandys oder der *bohemios* noch mit jener der *doctores principistas* gleichsetzen läßt.[19]

17 Rodó, *Obras Completas*, a.a.O., S. 1380.

18 Zur Bedeutung der Debatten und Auseinandersetzungen um Dreyfus für die Entstehung der klassischen Figur des Intellektuellen innerhalb des französischen Kontexts vgl. Jacques Julliard und Michel Winock, »Introduction«, in: dies. (Hg.), *Dictionnaire des intellectuels français. Les personnes. Les lieux. Les moments*, Paris: Seuil 1996, S. 11-17.

19 Vgl. Fernando Ainsa, »Del escritor dandi y bohemio al intelectual comprometido en el Uruguay del 900«, in: *Cuadernos Americanos* (México) VI, 72 (noviembre-diciembre 1998), S. 26-42.

Ohne ein »engagierter Intellektueller« zu sein, steht der Autor des *Ariel* doch für die Figur des Intellektuellen in einem modernen Sinne, insoweit er – im Rückgriff auf sein symbolisches Kapital als Schriftsteller – in die öffentlichen Debatten eingriff, wie dies beispielsweise seine Broschüre *Liberalismo y jacobinismo* aus dem Jahre 1906 verdeutlichen mag.

Rodó hatte die Ansprüche seines literarischen Projekts hochgeschraubt. Es ging ihm nicht »bloß« um die Schaffung literarischer Texte, sondern um die *Konfiguration* einer beispielgebenden sozialen und existentiellen Position, für welche die Figur des *Maestro* – und vergessen wir dabei nicht, daß sich der junge Rodó längst in den Augen seiner jungen Leser vom ersten Satz seines *Ariel* an in den »alten und verehrten Meister, den man in Anspielung auf den weisen Magier aus Shakespeares *Der Sturm* Prospero zu nennen pflegte«[20], verwandelt hatte – die ideale Brücke zwischen »Predigt« und »Beispiel« darbot. An seinen Grundlagen und Verfahren ist unverkennbar, wie sehr das Rodósche Schreiben eine gesellschaftliche Praxis fordert und fördert. Es enthält stets die Figur (und die Figurationen) des Autors: ebenso auf der Textebene mit der Figur des *Maestro* wie außerhalb des Textes als Intellektueller mit seiner Ikonographie, seinen Kleidungsgewohnheiten, seinem

20 Rodó, *Ariel*, in: ders., *Obras Completas*, a.a.O., S. 206. Die Wiederholung des Lexems »Meister« ist bei einem Stilisten wie Rodó sehr bedeutsam. Zugleich gilt es, im Auge zu behalten, daß die Figur des *Maestro* auch in der spanischen Literatur der Zeit hoch im Kurs stand und sehr verbreitet war. Sie findet sich etwa in jenem Buch, das sich bald in die »Bibel« der *Generación del 98* verwandeln sollte. In seinem auf Oktober 1896 datierten *Ideárium español* schrieb Ganivet: »Spreche ich von einer geistigen Restauration, so spreche ich nicht wie einer, der einen Abschnitt abrunden möchte und dafür auf hübsche und wohlklingende Sätze zurückgreift; ich spreche vielmehr mit der Überzeugung des Lehrmeisters in der Schule.« Angel Ganivet, »Ideárium español«, in: ders., *Obras Completas.* Prólogo de Melchor Fernández Almagro. Bd. I, Madrid: Aguilar ³1961, S. 295. Zur politischen Dimension der Figur des »Meisters« in Rodós *Ariel* vgl. Roberto González Echevarría, »The Case of the Speaking Statue: ›Ariel‹ and the Magisterial Rhetoric of the Latin American Essay«, in: ders., *The Voice of the Masters. Writing and Authority in Modern Latin American Literature*, Austin: University of Texas Press 1985, S. 21 f.

ganzen Habitus.[21] Daher siedelt sich das Schreiben Rodós nicht nur zwischen Literatur und Philosophie an, sondern auch zwischen dem spezifisch Literarischen und seinem vielfältigen Handeln innerhalb der sozialen und politischen Realitäten seiner Zeit, kurz: Es situiert sich zwischen Predigt und Beispiel.[22] Für Rodó war nicht nur in den *Motivos de Proteo* die Bio-Graphie – mithin die Schrift des Lebens – ein wesentlicher Bestandteil jedes künstlerischen Werkes.

Ein Buch in ständigem Werden

In mehr als einem Sinne war José Enrique Rodó – gemäß der in *Motivos de Proteo* vorgeschlagenen Formel – kein Schriftsteller, »dem der ständige Blick aufs Papier die Gewohnheit nahm, in seinem Zimmer in die Höhe zu sehen«.[23] Der große Erfolg von *Ariel* und dessen außergewöhnliche Rezeptionsgeschichte im Verlauf der ersten Hälfte des zurückliegenden Jahrhunderts hatten den uruguayischen Schriftsteller schon zu Lebzeiten in eine der berühmtesten und einflußreichsten Stimmen des literarischen, kulturellen und politischen »Amerikanismus« seiner Epoche verwandelt.[24] In seinem 1905, also zeitgleich zur Nieder-

21 Daher auch die Faszination Rodós für historische Figuren, die ihr eigenes Leben in ein Kunstwerk oder Denkmal zu verwandeln wußten. Seine Bewunderung für Goethe, eine der überragenden Figuren in den *Motivos de Proteo*, beruht just auf diesem Aspekt: »So erscheint bei Goethe das Werk des eigenen Lebens als Statue« (Rodó, *Motivos de Proteo*, in: ders., *Obras Completas*, a.a.O., S. 486. Das ausführlichste Lob für Goethe findet sich in Kapitel LXXXII.

22 Schon Hugo D. Barbagelata hatte in bezug auf Rodós Programm bemerkt, der Schriftsteller habe »dieses mit dem Beispiel seines eigenen Lebens in Realität verwandeln« wollen; vgl. Hugo D. Barbagelata, »A manera de Prólogo«, in: *Rodó y sus Críticos*, Paris: Imprenta de Mr Vertongen 1920, S. 24.

23 Rodó, *Motivos de Proteo*, a.a.O., S. 432.

24 In klarer, wenngleich etwas schematischer Weise unterschied Arturo Ardao zwischen vier Aspekten und Etappen des Rodóschen Amerikanismus: dem literarischen Amerikanismus (ab 1895, wobei er sich hier auf einen gleichnamigen Essay Rodós bezieht), dem kulturellen Amerikanismus (mit *Ariel*, folglich ab 1900), dem politischen Amerikanismus (der mit »Magna Patria« von 1905 einsetzt) und schließlich dem heroischen Amerikanismus (mit Rodós aus dem Jahre 1911

schrift der *Motivos de Proteo* verfaßten und später in seinem *El mirador de Próspero* veröffentlichten Text »Magna Patria« hielt er fest:

Das Vaterland *(Patria)* ist für die Hispanoamerikaner das spanische Amerika. Innerhalb des Vaterlandgefühls gibt es ein nicht weniger natürliches und unzerstörbares Zugehörigkeitsgefühl zur Provinz, zur Region, zum Bezirk; und Provinzen, Regionen und Bezirke in diesem unserem großen Vaterland sind die Nationen, in die es sich politisch aufteilt. Ich für meinen Teil habe es immer so verstanden oder, besser noch, immer so empfunden.[25]

Diese Auffassung der Beziehungen zwischen der *patria chica* und der *patria grande* geben gewiß nur *einen* Aspekt des politischen Denkens Rodós und seines Handelns als Intellektueller wieder, seines Kampfes für eine übernationale Konzeption, die sich dem sogenannten (und schlecht benannten) »Panamerikanismus« nordamerikanischer Prägung entgegenstemmte, den die USA seit Ende der achtziger Jahre des 19. Jahrhunderts lanciert hatten. Erreichten die Ideen Rodós auf diesem Gebiet auch nicht die gesellschaftliche und interkulturelle Vorstellungskraft und kritische Weitsicht eines José Martí – jenes kubanischen Intellektuellen, Schriftstellers und Revolutionärs, der in sein Projekt von *Nuestra América* ebenso die verschiedenen ethnischen Gruppen wie die sozialen Randgruppen der lateinamerikanischen Gesellschaften zu integrieren wußte –, so dokumentierten diese Aktivitäten doch die ständige Beschäftigung des Mitbegründers der *Revista Nacional de Literatura y Ciencias Sociales* mit den für die Zukunft Uruguays wie des gesamten Kontinents entscheidenden Fragen. Trotz eines der im Verlauf seiner Rezeptionsgeschichte mehr als nur häufig wiederholten Klischees war José Enrique Rodó kein Schriftsteller, der sich in eine *splendid isolation*, in die ästhetizistische Bibliothek eines Elfenbeinturmes zurückgezogen hätte. Der Verfasser der *Motivos de Proteo* war vielmehr ein Intellektueller, der auf politischem, sozialem wie kulturellem Gebiet mit den Grundproblemen seiner »Magna Patria« bestens vertraut war.

stammenden Essay über Bolívar). Vgl. Arturo Ardao, »Prólogo: El americanismo de Rodó«, in: José Enrique Rodó, *La América Nuestra.* Compilación y prólogo Arturo Ardao, La Habana: Casa de las Américas 1977, S. 14 f.

25 Rodó, *Obras Completas*, a.a.O., S. 627.

Sein Konzept einer »modernen Ideenliteratur« beinhaltete an zentraler Stelle eine spezifisch amerikanische Sichtweise und Tiefenschärfe.

Doch beschränkte er sich nicht auf diese. Das Rodósche Gesamtwerk läßt sich nicht in ein Schema einpassen, das außerhalb Lateinamerikas noch durch die Literatur des »Boom« zementiert wurde und die fixe Idee propagiert, daß sich die lateinamerikanische Literatur gefälligst an ihrem wirtschaftlichen, politischen, sozialen und kulturellen Kontext auszurichten und amerikanische Themen zu behandeln habe. Die europäische Literatur wäre hingegen frei, ihre Wahl zwischen »europäischen« oder »universalen« Themenstellungen zu treffen. Wie die Aufnahme der Texte von Jorge Luis Borges bis in die siebziger Jahre hinein belegt, akzeptierte man in Lateinamerika wie in Europa nur widerstrebend Literaturformen und Schreibweisen, die nicht schon auf den ersten Blick das »Typische«, das »spezifisch Amerikanische« ins Rampenlicht stellten. Immer wieder wurden Vorwürfe laut, die »Amerikanität« dieses oder jenes Autors, dieser oder jener Schriftstellerin sei fraglich.

Eine derartige, im Grunde kolonialistische Arbeitsteilung gab es für José Enrique Rodó nicht. Er schrieb ebenso über »amerikanische« Themen wie zu Problemen von »universaler« Bedeutung, hätte er selbst auch niemals eine solch schematische Einteilung seines Schreibens akzeptiert. Rodós Schreiben beschränkte sich nicht auf »das Amerikanische«; es ging vielmehr von dieser Position aus, um sich – wie wir schon zu Beginn dieses Kapitels sahen – aus dieser Perspektive mit Problemen von globaler Bedeutung auseinanderzusetzen. Es war ihm also nicht um ein Schreiben »mit universalistischen Ambitionen« zu tun, sondern um den Entwurf einer amerikanischen Literatur, die sich weigerte, auf das Regionale, Partikuläre und Typische zurechtgestutzt zu werden.

Parallel hierzu begriff Rodó die in Europa geschriebene Literatur als »europäisch« und zugleich »universal«, wenn er auch einräumte, daß diese Literaturen sich aufgrund ihrer langen Tradition und des Prestiges ihrer unterschiedlichen nationalen Ausdrucksformen eine paradigmatische – wenn auch niemals normative – Bedeutung erarbeitet hätten. Seine Absage an jegliche Beschränkung, sei sie thematischer oder formaler Natur, bedeutete keine Flucht vor der politischen und gesellschaftlichen »Realität« seines Landes oder seines Kontinents; sie läßt sich vielmehr als ein bewußter Akt verstehen, der auf die Überwindung der interkulturellen Asymmetrie zwischen den Literaturen Europas und Lateinamerikas abzielte. Aus dieser Perspektive werden wir nicht in die ebenso simple wie wirkungsvolle Falle tappen, von vorneherein ein Werk zu verurteilen, dessen Inhalt auf den ersten Blick nichts »Amerikanisches« an sich zu haben scheint.[26]

Motivos de Proteo wird im folgenden mit dem bislang skizzierten Fragehorizont zu konfrontieren sein, mit dem Ziel, eine Analyse der unterschiedlichen Schreibformen voranzutreiben. Dabei wird sich zeigen, in welcher Weise Rodó jenen Herausforderungen begegnete, die Miguel de Unamuno für das 20. Jahrhundert heraufziehen sah.

Bereits mit seinem Titel fügt sich *Motivos de Proteo* in eine Linie mit *Ariel* ein, unterscheidet sich aber zugleich von dem im Jahre 1900 erschienenen Band. Einerseits spielt der Titel erneut auf eine Figur der abendländischen Kulturtradition an; andererseits aber tritt ein Wort im Plural hinzu, das eine vieldeutige Beziehung zur gewählten mythologischen Figur aufbaut. Diese Beziehung kann die eines *genitivus subiectivus*, eines *genitivus obiectivus* oder – um eine Lesart zu erwähnen, die seit der Veröffentlichung einer Reihe zuvor unveröffentlichter Texte unter dem Obertitel *Proteo* in der Werkausgabe Rodós immer einflußreicher wurde – eines *genitivus partitivus* sein. Sind zweifellos mehrere Lesarten des Paratexts – als Motive, die von Proteus ausgehen; als Motive, die Proteus zugerechnet werden; oder Motive, die einem umfangreicheren Text mit dem Titel *Proteo* entnommen wurden – möglich (und die genannten erschöpfen längst nicht alle Deutungsmöglichkeiten), so weisen diese *Motive* selbst keine geringere Polysemie auf. Beschränken wir uns hier erneut auf drei konkrete Möglichkeiten, so ließen sie sich als psychologische Motivationen, als Elemente einer literarischen Terminologie oder als Fragmente deuten, die einer größeren Ganzheit entstammen. Bereits der Titel stellt uns vor ein ganzes Netzwerk denkbarer Deutungen, die

26 Zu Recht wies Carlos Real de Azúa (»Prólogo a ›Motivos de Proteo‹«, in: José Enrique Rodó, *Ariel. Motivos de Proteo*. Edición y Cronología Angel Rama, Caracas: Biblioteca Ayacucho 1976, S. XLIX), einer der größten Rodó-Spezialisten, darauf hin: »*Motivos* […] ist in alle Säfte der amerikanischen und weltweiten Gegebenheiten des 19. Jahrhunderts getaucht.«

von Beginn an diesen häufig vernachlässigten und stets unterschätzten Text Rodós in eine dichte und komplexe Strukturierung mit höchst unterschiedlichen Bedeutungsebenen verwandeln.

Doch ist es nicht allein der Titel, der auf paratextueller Ebene ein Licht auf den fluktuierenden, dynamischen und vielgestaltigen Charakter dieses Buches wirft. Der zweiten Ausgabe der *Motivos* ging ein vom Autor unterzeichneter Text voraus, der unter der Überschrift »Proteo« mit folgenden Worten beginnt:

> Form des Meeres, Numen des Meeres, aus dessen unruhigem Schoß fruchtbringend die Antike ihre Mythen hervorbrachte, Proteus war es, der die Robbenherden des Poseidon hütete. In der *Odyssee* und den *Georgica* wird sein verehrenswertes Alter besungen, sein Weg über die Welle in schnellem wogendem Wagen. Wie alle Meeresgottheiten besaß er die prophetische Gabe und die vollkommene Kenntnis des Gegenwärtigen und des Vergangenen. Doch hütete er geizig sein Wissen, stand Bitten um Rat abweisend gegenüber und griff, um der Neugier der Menschen auszuweichen, auf seine wunderbare Fähigkeit zurück, sich in tausend verschiedene Formen zu verwandeln.[27]

Paratextuell werden hier Bedeutungsebenen eingeführt, die das gesamte Buch durchziehen. Wie in *Ariel* werden bereits in den ersten Sätzen einige wichtige Bezugstexte (darunter für die abendländische Literatur so wichtige Gründungstexte wie jene Homers und Vergils) sowie eine alte und verehrte Gestalt aufgerufen, die über ein weites Wissen verfügt und überdies die erste Silbe mit Próspero, dem »alten und verehrten Meister« aus dem ersten Satz des mit dem Jahrhundert erschienenen Bändchens, teilt. Mit der »vollkommenen Kenntnis des Gegenwärtigen und des Vergangenen« verbindet Proteus seine Gabe der Weissagung, die ihn zu einem wahren Meister der Zeit oder – im Sinne Unamunos – des Gestern, des Heute und des Morgen macht.

Im Gegensatz zur Figur eines wirklichen Lehrmeisters aber hält Proteus mit seinem Wissen zurück, entzieht sich den Menschen, womit eine zentrale Bedeutungsebene eingeführt wird, jene des ständigen Wandels. Im übrigen ist er auch kein mit der Erde verbundener »Magier«, der zugleich über den *airy spirit* seines Ariel mit dem Element der Luft in engster Beziehung stünde. Anders als Ariel ist Proteus nicht das Numen der Luft, sondern des Wassers, stellt eine Gottheit des Meeres dar, das seit

27 Rodó, *Motivos de Proteo*, a.a.O., S. 309.

den ältesten Mythen der Menschheit den Menschen mit dem Fluktuierenden, der Geburt, dem ewigen Wandel oder – wie bei Traum oder Erinnerung – mit all jenem konfrontiert, das sich dem irdischen Reich der Vernunft und des Identischen entzieht. Die beständige Veränderung allen Lebens verbindet diesen Paratext mit den ersten Sätzen des ersten Kapitels von *Motivos de Proteo*:

> Sich wandeln heißt leben ... Und ist unsere persönliche Wandlung nicht ganz selbstverständlich ein bis zu einem gewissen Grade beständiges und in der Zeit unfehlbares Gesetz? Welche Rolle spielt es, daß Begehren und Wille an einem Punkte verharren, wenn die Zeit vergeht und uns mit sich nimmt? Die Zeit ist der höchste Erneuerer.[28]

Reformarse es vivir. Wie der literarische Text *entwickelt* sich das Leben – auch hier ist die Metaphorik aufschlußreich – auf sukzessive Weise in der Zeit. Es wird von der Zeit beherrscht, die dem Leben ständige Veränderungen, eine fundamentale Dynamik aufzwingt. Im Mittelpunkt der sich anschließenden Kapitel (oder »Motive«) steht die Thematik der persönlichen Wandlung, die man sehr wohl als eine »psychologische Frage« – um die Formulierung Rodós in seinem Brief vom 12. Oktober 1900 an Unamuno wiederaufzugreifen – verstehen kann. Doch wird dieses Thema nicht in der didaktischen und rhetorischen Weise eines Próspero abgehandelt, der in seine Rede andere literarische Gattungen mitaufgenommen hatte. Auch Rodó selbst scheint sich zu Zeiten seines Literatur-Lehrstuhls an der Universität von Montevideo darauf beschränkt zu haben, Reden zu halten, die von nichts und niemandem unterbrochen werden konnten. *Motivos de Proteo* greift vielmehr auf eine Form zurück, die wesentlich besser das vielgestaltige, sich ständig verändernde und erweiternde Wissen einer Wassergottheit wiedergeben dürfte.

Daher überrascht nicht, wenn die Leser schon bei der Lektüre der ersten Ausgabe gleich zu Beginn nicht nur auf ein Motto (»Alles wird in Parabeln behandelt«, Matthäus IV, 11) stoßen, das eine literarische Gattung einführt, auf die noch zurückzukommen sein wird, sondern auch auf einen weiteren Paratext, der diesmal mit den Initialen des Autors versehen ist und sein Lesepublikum mit dem Problem der literarischen Form konfrontiert:

28 Ebd.

Ich veröffentliche keinen »ersten Teil« von PROTEO: Das Material, das ich für diese *Motive* beiseite gelegt habe, vermittelt als Auszug eine allgemeine Vorstellung des Werkes, das (selbst wenn ich es auf das bereits Geschriebene beschränkte) zu umfangreich ist, um mit einem Male herausgegeben zu werden. Die Lichtungen dieses Bandes werden der Inhalt des nächsten sein; und so auch bei den nachfolgenden. Und niemals wird PROTEO auf andere Weise publiziert; ich werde ihm also nie eine konkrete »Architektur« oder ein erzwungenes Ende geben; er wird sich immer weiter entfalten, »leben« können. Das Naturell des Buches (wenn man es so bezeichnen kann) entwickelt um einen kapitalen Gedanken eine so weitreichende Verästelung von Ideen und Motiven, daß nichts sich dem entgegenstellt, was es nach meinem Willen sein soll: ein Buch in ständigem »Werden«, ein Buch, das sich auf eine unbegrenzte Perspektive hin öffnet.[29]

Nicht von ungefähr hob Rodó immer wieder den vollständig neuen Charakter seines Buchprojekts hervor. In dieser poetologischen Vorstellung werden wir mit dem Grundproblem eines Grenz-Textes vertraut gemacht, der in Buchform gerade die Formen und Dimensionen eines Buches unterlaufen soll. Die Leser haben keinen »ersten Teil« eines Buches vor sich, dem früher oder später ein »letzter Teil« folgen wird – ganz so, wie die Familie des Schriftstellers nach dessen Tod die *Ultimos Motivos de Proteo* veröffentlichte.[30] Das bis zu einem gewissen Grade utopische Projekt Rodós versucht, die lineare Sequenz zu durchbrechen, welche die jedem Buch zugrunde liegende Architektur ausmacht, verfügt doch jedes Buch zumindest im materiellen Sinne über einen »ersten« und einen »letzten« Teil.

Das Durchbrechen der Linie ist dabei keineswegs ein zweitrangiger, einer übertriebenen »Spielerei« mit Formen zuzuschreibender Akt, soll die Abweichung von der Linie doch andere Verstehensprozesse eröffnen, wie wir sie im ersten Kapitel des vorliegenden Bandes – der in *diesem* Sinne ein durchaus traditionelles Buch darstellt – ausgehend von bestimmten Dimensionen, Orten und Bewegungsfiguren dargestellt und diskutiert haben. Denn die Bewegung der Lektüre selbst – und nicht »nur« jene der Protagonisten von Reiseberichten oder Romanen – suggeriert eine hermeneutische Bewegung, deren traditioneller

29 Ebd., S. 308 f.

30 Lange Zeit sprach man nicht nur von den »Neuen« oder den »Letzten«, sondern auch von den »Neuesten Motiven«; vgl. Carlos Real de Azúa, »Rodó en sus papeles. A propósito de la exposición«, in: *Escritura* (Montevideo) (3 de marzo de 1948), S. 91.

Spielraum José Enrique Rodó für seine *Motive* nicht mehr auszureichen schien.

Vertrauen wir der Vorstellung José Enrique Rodós, so besitzen die *Motivos de Proteo* – ähnlich wie das Band des Kinematographen in Unamunos philosophischem Essay – weder einen Anfang noch einen Schluß, sondern eine Entwicklung und Bewegung, die »das Leben selbst« zu repräsentieren – und mit Blick auf Alexander von Humboldt könnten wir hinzufügen: zu simulieren – sucht. Sollte für den preußischen Weltreisenden ein Buch von der Natur wie die Natur selbst sein, so mußte für den uruguayischen Schriftsteller ein Buch über das Leben wie das Leben selbst in ständiger Bewegung und Wandlung begriffen sein. Dieses »offene Werk«, diese »abwesende Struktur« – und nicht umsonst verweise ich hier auf zwei grundlegende theoretische Schriften Umberto Ecos, die mehr als ein halbes Jahrhundert nach den *Motivos de Proteo* erschienen[31] – steht für ein Leben, das gleichsam »übermenschlich« ist: Es repräsentiert eine Form in ständigem Werden – und der von Rodó gewählte Terminus *devenir* ist philosophischer Provenienz –, welcher der Tod, der Schlußpunkt, unbekannt ist.

Indem dieses Projekt die Grenzen des (traditionellen) Buches sprengt, überwindet es zugleich auch die Grenzen der (be)herrschenden Zeit. Unterwerfen sich die *Motivos de Proteo* als materielle Formgebung der linearen Zeit und dem beständigen Wandel, so suchen sie zugleich sich der Zeit zu entziehen, indem sich ihre Schrift aus deren beengenden Grenzen heraus projiziert. Ihre »weitreichende Verästelung von Ideen und Motiven« greift dabei weniger auf ein vollständig organisches Modell zurück, sondern begibt sich auf die Suche nach einer proliferierenden und dezentrierten Strukturierung, die wir weniger als enzyklopädisch denn als rhizomatisch bezeichnen könnten.[32] Ohne die Strukturierung der *Motivos de Proteo* mit den philosophischen Entwürfen von Gilles Deleuze und Félix Guattari, auf die in diesem Band (insbesondere im achten und elften Kapitel) noch mehrfach zurückzukommen sein wird, oder

31 Vgl. Umberto Eco, *Opera aperta.* Milano: Bompiani 1962 (Tascabili Bompiani 1976), sowie ders., *La struttura assente.* Milano: Gruppo Editoriale Fabbri-Bompiani 1968.

32 Vgl. Gilles Deleuze und Félix Guattari, *Rhizome. Introduction*, Paris: Minuit 1976; dt. *Rhizom.* Aus dem Französischen übersetzt von Dagmar Berger und anderen, Berlin: Merve 1977.

mit dem Schreiben einer Maryse Condé und eines Edouard Glissant oder Albert Cohen gleichsetzen zu wollen, ließe sich in bezug auf die *Motive* des uruguayischen Schriftstellers von einer relationalen Poetik sprechen, welche – die Paradoxie sei hier gestattet – das sich in Bewegung befindliche Fundament für diesen proteischen Text abgibt.

Rodós *Motivos de Proteo* peilen einen Raum außerhalb der konventionellen Grenzen des Buches an und verlangen deshalb nach einem anderen Lektüremodell, das zu einer kreativen Aneignung dieser mehr oder minder kurzen Texte und Fragmente fähig ist, um die Voraussetzungen für ein Verstehen dieses *libro en perpetuo devenir*, für dieses »Buch in ständigem Werden« zu schaffen. Paradoxerweise läßt sich aber mit guten Gründen behaupten, daß diese *Motive*, die neun Jahre nach der Veröffentlichung der so erfolgreichen Schrift *Ariel* erschienen, ihrerseits »strenggenommen das einzige wirkliche Buch Rodós«[33] darstellen. Die Paradoxie verstärkt sich, wenn wir berücksichtigen, daß Rodó – wie er seinem Freund Juan Francisco Piquet gestand – ein Werk von »nicht weniger als fünfhundert Seiten« plante.[34] Das große Werk, das die Zeit überdauern soll, wird mithin mit Hilfe kleiner, kunstvoll geschriebener Texte erbaut. Carlos Real de Azúa analysierte bereits die in der Rodóschen Korrespondenz zahlreichen und stets variierten Erklärungen, denen zufolge der uruguayische Essayist ein Buch veröffentlichen wollte, in dem das Vollkommenste seiner literarischen Produktion Aufnahme finden und »weit über *Ariel*« stehen sollte.[35]

Rodó verfügte bereits damals über ein solides Renommee auf nationaler wie subkontinentaler Ebene, wollte nun aber den Erfolg seines Bändchens von 1900 durch ein umfangreicheres, über einen »längeren Atem«[36] verfügendes Werk noch übertreffen. Ein so ruhmvolles Buch verlangte aber – und damit berühren wir die im ersten Kapitel erläuterte achte, gattungsspezifische Dimension – nach angeseheneren literarischen Genres als dem

33 Real de Azúa, »Prólogo a ›Motivos de Proteo‹«, a.a.O., S. XXXVIII.
34 Ebd., S. XLI.
35 Ebd., S. XLIV.
36 Bereits im Januar 1904 schrieb er an Juan Francisco Piquet: »Die mir zur Verfügung stehende Zeit verwende ich darauf, an meinem *Proteus* zu meißeln. Ich glaube an dieses mein Werk, das über einen längeren Atem als alles zuvor verfügt.« Zitiert nach Rodríguez Monegal, »Prólogo a Motivos de Proteo«, a.a.O., S. 302.

Essay oder dem Zeitungsartikel. Wie aber konnte diese Lösung für Rodó, einen Autor kleinerer Gattungen und Textsorten, aussehen?[37] Es ist aufschlußreich, die Ansichten des uruguayischen Literaten, dessen Ruhm auf einem »Büchlein« von großer Transzendenz, aber kaum vierzig Seiten[38] beruhte und der von einem großen Werk träumte, mit jenen Überlegungen zu vergleichen, die der erwähnte spanische Essayist und Romancier Angel Ganivet im letzten Teil seines *Spanischen Ideariums* anstellte:

Die landläufige Meinung steht heute umfangreichen Werken positiv gegenüber, vielleicht weil so die Entscheidung, ein Buch nicht zu lesen, mit größerer Sicherheit gefällt wird. Ein großes Buch – so denkt man – verleiht seinem Verfasser Bedeutung; mag es auch schlecht sein, so nötigt es doch Respekt ab und nimmt überdies in den Bibliotheksregalen breiten Raum ein. Für ein kleines Buch ist keine Verteidigung möglich; ist es gut, wird es bestenfalls für einen Essay, einen Versuch und ein Versprechen gehalten; ist es schlecht, kann es höchstens dazu dienen, seinen Verfasser lächerlich zu machen. Meine Vorstellung ist dem gänzlich entgegengesetzt. Ein großes Buch, denke ich, sei es gut oder schlecht, geht recht schnell in den toten Bestand der Bibliotheken über; ist ein kleines Buch schlecht, so läßt es gleich erkennen, daß es zu nichts nutze ist, und stirbt schon beim ersten Anprall; ist es gut, kann es aufgrund seines geringen Gewichts und seines niedrigen Preises zu einem vielbenutzten Handbuch oder Brevier werden, von größter Wirksamkeit in Hinblick auf die Verbreitung der darin enthaltenen Ideen.[39]

Ganivets Überlegungen mögen dazu beitragen, den Erfolg seines *Ideárium español* oder auch von Rodós *Ariel* zu erklären, in beiden Fällen Veröffentlichungen, die von ihren Zeitgenossen oft als Vademecum benutzt wurden. Gleichzeitig eröffnen sie uns ein größeres Verständnis für Rodós Vorhaben, die seitenträchtige Aufmachung eines Buches mit einer Schreibweise zu verbinden, die noch kürzer ist als jene seines *Ariel*. Der Literat von Montevideo wollte dem Prestige eines »großen Buches« die »Wirksamkeit« der kurzen Form beigeben, die der Verbreitung seiner Vorstellungen größere Chancen bot.

37 Diese Feststellung stellt keineswegs seine Fähigkeit, sich anderen, umfangreicheren literarische Gattungen zuzuwenden, in Frage.
38 In der Tat macht *Ariel* nur einen Bruchteil der von Emir Rodríguez Monegal veranstalteten Werkausgabe aus.
39 Ganivet, *Ideárium español*, a.a.O., S. 299 f.

Der unmittelbare Erfolg dieses Buchprojekts schien Rodó recht zu geben. Die Erstausgabe mit einer Auflagenhöhe von 2000 Exemplaren war innerhalb zweier Monate ausverkauft. Wie immer hatte sich Rodó im übrigen eine beeindruckende Zahl von Exemplaren selbst gesichert, um sie zahlreichen wichtigen Persönlichkeiten zueignen zu können. Im folgenden Jahr konnte bereits die zweite Ausgabe seiner *Motivos de Proteo* erneut in der uruguayischen Hauptstadt – und nicht, wie dies Rodós[40] ursprünglicher Wunsch gewesen war, in Europa – erscheinen. Kein Zweifel kann jedoch daran bestehen, daß die Wirkung dieses Buches, trotz des vom Autor noch vor der Veröffentlichung geschickt publizistisch geweckten Interesses, weit geringer war als jene, die (vor allem mittel- und langfristig) von der schmalen Schrift des Jahres 1900 ausgegangen war.[41] Rodós *Motivos de Proteo* erzielten nie eine Wirkung, die mit jener *Ariels* – das bis heute gewiß zu Unrecht allein den Ruhm José Enrique Rodós begründet – vergleichbar gewesen wäre.

40 Die erste spanische Ausgabe des *Ariel* war 1908, also ganze acht Jahre nach der uruguayischen Erstveröffentlichung, erschienen. Rodó war sich der Wichtigkeit einer Veröffentlichung seiner *Motivos* in Europa wohl bewußt, bot eine solche neben einem höheren Prestige schließlich vor allem den Vorteil, dank eines besseren Vertriebs die Leserschaft der spanischsprachigen Welt leichter zu erreichen. Der Zeitpunkt wäre günstig gewesen, waren es doch die Jahre des einsetzenden »Arielismus«; vgl. Alfonso García Morales, *Literatura y pensamiento hispánico de fin de siglo: Clarín y Rodó*, Sevilla: Secretariado de Publicaciones 1992, S. 75-88. Die Gründe für das ebenso in Madrid wie in Paris zu beobachtende geringe Interesse europäischer Verleger an einer Veröffentlichung dieses Textes liegen noch immer im dunkeln und verdienten eine eigene Untersuchung.

41 Es mangelte freilich nicht an frühen einflußreichen Kritikern und Philosophen wie Hugo D. Barbagelata oder José Gaos, für die *Motivos de Proteo* nicht nur den Gipfelpunkt des Rodóschen Schaffens, sondern der hispanoamerikanischen Literatur insgesamt darstellten; vgl. Barbagelata, »A manera de Prólogo«, a.a.O., S. 27, sowie José Gaos, »Pensamiento de lengua española«, in: ders., *Obras Completas*. Bd. VI. Prólogo de José Luis Abellán. Coordinador de la edición: Fernando Salmerón, México: Universidad Nacional Autónoma de México 1990, S. 60.

Fragmente eines Diskurses der Seele

Die Gründe für diesen eher relativen und keineswegs langfristigen Erfolg wie für die Tatsache, daß sich die *Motivos de Proteo* im Schatten *Ariels* in ein Buch für einen kleinen Kreis von Spezialisten und »Eingeweihten« verwandelte, sind vielfältig. Die Kritik richtete sich vor allem nach dem Tod des Autors im Mai 1917 gegen das Fehlen einer thematischen Struktur, gegen eine ästhetizistische und harmonisierende Oberflächlichkeit, die Einbeziehung verstreuter und ungleicher Materialien, die Verwendung äußerst heterogener literarischer Genres, das Fehlen amerikanischer Themen oder den Prunk einer überkommenen Prosa.[42] Das Buch schien bezüglich seines Plans, seiner Thematik oder seines Stils keinerlei vielversprechende Perspektiven für die Literaturen Hispanoamerikas im 20. Jahrhundert zu bieten. In der Tat war der Einfluß des Buches vorübergehend und gering. Eine der für Rodó selbst wichtigsten Motivationen, das Bestreben, eine neue literarische Form zu schaffen, blieb mehr oder minder unbeachtet. Es lohnt indes, auf diese Frage zurückzukommen, um mit größerer Sorgfalt den inneren Aufbau dieses Grenz-Textes zu untersuchen. Da Analysen formaler beziehungsweise »architektonischer« Innovationen in Rodós Schriften nicht gerade zahlreich sind, soll diesem Punkt, der aus meiner Sicht für eine Literatur in Bewegung von höchster Bedeutsamkeit ist, in der Folge größte Aufmerksamkeit geschenkt werden.

Zusätzlich zu den bereits untersuchten paratextuellen Ele-

42 Die Liste der Vorwürfe ist noch wesentlich länger, konzentriert sich vor allem aber auf formale Einwände. Bemerkenswert ist hier das Urteil seines Landsmanns und Herausgebers Rodríguez Monegal: »Es handelt sich zweifellos um sein ambitiösestes Werk. Es ist zugleich, und in mehr als einem Sinne, ein unvollständiges und fragmentarisches Werk. Es enthält isoliert seine vielleicht besten Seiten, doch es ist ungleichmäßig. Seine Philosophie [...] ist nicht tiefgründig und erforscht die neu entdeckten Perspektiven nicht. Beim Sammeln so ungleicher Exemplare, so vieler Anekdoten, so vieler infinitesimalen Variationen des Humors oder des Schicksals hat Rodó wohl nicht bemerkt, daß ihm oft das entflieht, was diese beseelte Musterkollektion in Bewegung setzt« (Rodríguez Monegal, »Prólogo a Motivos de Proteo«, a.a.O., S. 308).

menten besteht das Buch aus insgesamt 158 Kapiteln (oder »Motiven«), die römisch durchnumeriert sind und bezüglich ihres Umfangs zwischen wenigen Abschnitten und wenigen Seiten schwanken, wobei die benötigte Lesezeit fast ausnahmslos zwischen etwa einer und zehn Minuten oszilliert. Mit Blick auf die gattungsspezifische Dimension greifen diese kurzen Texte, die ihrerseits höchst lange und komplexe Satzgebilde enthalten, auf so unterschiedliche literarische Gattungen und Textsorten zurück wie etwa den Aphorismus, die Charakterstudie, das autobiographische Bekenntnis, die didaktische Erörterung, die phantastische Erzählung, den Dialog, den Essay, das Exemplum, das Fragment, die Parabel, das *poème en prose*, die moralisierende Predigt, das literarische Portrait, die Rede oder die psychologische Abhandlung.[43]

Vom ersten »Motiv« an stellt sich eine direkte Verbindung zwischen Erzähler und Lesepublikum, zwischen einem »Ich« und einem »Du« her. Gleichwohl gelangen diese beiden Stimmen ganz im Sinne des platonischen Modells niemals zu einem authentischen Dialog, da die Stellung des Lesers oder Zuhörers im allgemeinen nur als Ausgangspunkt einer fiktiven Konversation dient, die im Grunde monologischer Natur ist. Oszillieren die *Motivos* zwischen mündlichen und schriftkulturellen Formen, was sie in eine gewisse Nähe zur Rede Prósperos in Rodós *Ariel* rückt, so entwickelt sich der eigentliche Dialog zu einem Teil zwischen dem Rodóschen Text und seinen äußerst zahlreichen expliziten wie impliziten Bezugstexten. Wie schon für *Ariel*, so ist auch für die *Motivos* der literarische Raum, die siebte Dimension unseres im ersten Kapitel vorgeschlagenen Analyse- und Lektüremodells, von großer Wichtigkeit. Bereits der erste Satz des ersten Kapitels – »*Reformarse es vivir*« – stellt nicht nur den für ein Verständnis des Gesamttextes entscheidenden

43 In einem Text aus dem Jahre 1908 (in dem er die Arbeit an seinen *Motivos* abschloß), der später in *El mirador de Próspero* aufgenommen wurde, schrieb Rodó: »In diesen weiträumigen Grenzen zwischen Wissenschaft und Kunst, wo auf tausenderlei Art Wahrheit und Schönheit einander durchdringen, hat das moderne Denken äußerst reichhaltige Modelle *dazwischenliegender* Werke *(obras intermedias)* geschaffen, die unserem Geschmack und unseren geistigen Bedürfnissen auf einzigartige Weise genügen.« José Enrique Rodó, »La enseñanza de la literatura«, in: ders., *Obras Completas*, a.a.O., S. 533.

Schlüsselgedanken vor, sondern bildet eine wirkliche Textkreuzung zwischen Texten verschiedenster literarischer wie philosophischer Autoren.[44] Die Vielzahl direkter oder indirekter Anspielungen auf eine beeindruckende Vielzahl von Texten, die – von wenigen Ausnahmen abgesehen – in ihrer überwiegenden Mehrzahl aus dem europäischen Raum stammen und von der griechisch-römischen Antike bis zu den verschiedenen Nationalliteraturen des 19. Jahrhunderts reichen, verleiht den *Motiven* insgesamt eine Aura von Bildung und Belesenheit, aber auch von intellektuellem Prestige. Wie *Ariel*, so sind auch die *Motivos de Proteo* vorrangig an der schriftkulturellen abendländischen Kulturtradition ausgerichtet, die den ersten Pol des im nachfolgenden Kapitel erläuterten sechspoligen Kulturmodells bildet.

Aufschlußreich ist die Zählung der expliziten Verweise auf unterschiedlichste Autoren, die von Carlos Real de Azúa nach ihrem Herkunftsland, ihrem Beruf, der Häufigkeit ihrer Erwähnung und weiteren Kriterien unterteilt wurden. Bei einer derartigen Analyse darf man gewiß nicht vergessen, daß *Motivos de Proteo*, ähnlich wie bereits *Ariel*, nicht nur über ein Netzwerk expliziter, sondern auch nicht weniger wichtiger impliziter Anspielungen verfügt. Es ist indes interessant festzustellen, daß sich unter den durch explizite Anspielungen in den *Motivos* namhaft gemachten Autoren 20 Griechen, 19 Spanier, acht Deutsche, vier Nordamerikaner und nicht weniger als 71 Franzosen befinden.[45] Der explizite literarische Raum ist daher fast ausschließlich europäisch bestimmt und wird von einem beeindruckenden hellenisch-französischen Wechselspiel beherrscht, der Rodós oft bemerkten *greco-galicismo* zur Geltung bringt. Die seltenen Verweise oder Anspielungen auf hispanoamerikanische Autoren sind fast immer impliziter Natur.[46]

44 Seit den Versicherungen seines Kollegen und Biographen Víctor Pérez Petit ist die Namenliste berühmter Autoren, die mit diesem Eröffnungssatz in Verbindung gebracht wurden, ständig länger geworden. Zu den genannten Bezugsautoren zählen, um nur einige zu nennen, Mark Aurel, Lukrez, Goethe, Pelletan, Dom Jacobus, Amiel oder Anatole France; vgl. Norma Suiffet, *José Enrique Rodó. Su vida, su obra, su pensamiento*, Montevideo: Ediciones La Urpila 1995, S. 105.

45 Vgl. dazu Real de Azúa, »Prólogo a ›Motivos de Proteo‹«, a.a.O., S. LXIX f.

46 Eine ausführliche Analyse des literarischen Raumes in Rodós *Ariel*

So verwandelt sich dieses Buch in eine gewaltige Sammlung von Zitaten und Anspielungen, was die enorme Arbeitsleistung des uruguayischen Schriftstellers bei der Niederschrift – oder »Zusammenstellung« – dieses Buches unterstreicht. Die lange Entstehungszeit der *Motivos de Proteo* mit ihrer zentralen Phase zwischen 1904 und 1909 umfaßte – neben der Analyse einer Vielzahl philosophischer und literarischer Texte – ein intensives und langjähriges Studium von Biographien und Nachschlagewerken, Handbüchern und Monographien zu den großen Figuren der abendländischen Kulturgeschichte. Dabei darf das auffällige Fehlen großer indianischer Mythen und Figuren, die von anderen Modernisten wie José Martí oder Rubén Darío in ihren Schriften sehr wohl behandelt wurden, nicht übergangen werden, glänzen diese Figuren (die für den zweiten kulturellen Pol stehen) doch durch ihre Abwesenheit. Das umfangreiche biographische Material zu Repräsentanten der Kulturgeschichte Europas wurde hingegen in die *Motivos* integriert, um jede einzelne der Behauptungen zur Transformation allen Lebens mit Hilfe konkreter Beispiele und Exempla untermauern zu können. Die gigantische Kollektion von Zitaten und Anspielungen, Verweisen und Exempla macht dieses Buch zu einem gewaltigen virtuellen Museum, in dem die Kulturgeschichte des Abendlandes gegenwärtig wird. Ja, mehr noch: Die geradezu erdrückende Tradition einer langen Geschichte wird in Gegenwart verwandelt, wobei die Funktionalität und Wirksamkeit dieser ganzen Textmaschine ins Rampenlicht rückt, einer Maschine, in welcher im Sinne Unamunos »alle vergangenen Jahrhunderte« in lebendiger Form präsent sind.

Die unterschiedlichen historischen Etappen werden nicht miteinander vermischt, doch bilden sich transhistorische Serien heraus, die zwischen den verschiedenen Jahrhunderten wie auf Traversen zu reisen erlauben. Auf diese Weise schaffen die *Motivos de Proteo* einen literarischen Raum, in dem drei Jahrtausende zeitgleich gleichzeitig und kopräsent werden: Sie konvergieren, fließen zusammen, gehen aber nicht ineinander auf, sondern treten ihrem Lesepublikum gleichsam als separate Bilder vor Augen. So entsteht ein literarischer (und kultureller) Raum, in dem sich vielleicht alle Jahrhunderte, aber längst nicht

findet sich im Nachwort zu meiner bereits angeführten deutschsprachigen Ausgabe dieses Werkes.

alle Kulturen in wechselseitiger Erhellung und Resemantisierung überkreuzen.

In diesem im April 1909 erschienenen Text ist die Sammelleidenschaft ebenso offenkundig wie allgegenwärtig. Dieser Kollektionismus ist gleichzeitig eine Arbeitstechnik bei der Vorbereitung von *Proteo* (mit Rodós unzähligen Heften und losen Blättern) und ein erzähltechnisches und diskursives Verfahren auf der Ebene eines bewußt vielgestaltigen, heterogenen, auf unterschiedlichste Formen zurückgreifenden Schreibens. So werden erstaunliche chronologische Sprünge und thematische Abschweifungen möglich und zugleich integrierbar. Rodós *Motivos de Proteo* stellen in sich eine beeindruckende Bibliothek, ein umfangreiches Archiv des Wissens dar, das aufgrund seines ständigen Fluktuierens und seiner Inkohärenzen und Verschiebungen freilich eher wie ein Gedächtnis funktioniert, das »in ständigem Werden« begriffen ist.

Es handelt sich folglich nicht um eine bloße Anhäufung von Daten und Objekten, sondern um eine Text gewordene Sammelleidenschaft, die jenseits einer rein kumulierenden Tätigkeit immer an der Konstruktion eines Informationsnetzes, an einer bewußt konzipierten Strukturierung (und nicht an einem chaotischen Durcheinander) ausgerichtet bleibt.[47] Seit den Katalogen der Antike ist das Sammeln ein bedeutungsvolles Element in der Kultur- und Literaturgeschichte des Abendlandes. Die etymologische Verbindung zwischen »sammeln« und »lesen«, auf die Yvette Sánchez zu Beginn ihrer Studie zu Recht hinwies, unterstreicht die innige Beziehung zwischen beiden Tätigkeiten. Bereits im Titel vieler seiner Veröffentlichungen signalisierte José Enrique Rodó ebenso intertextuelle, dem eigenen Text zugrunde liegende Beziehungen zu Texten anderer Autoren (etwa bei *Ariel* oder *Proteo*) wie intratextuelle, also zu eigenen Texten bestehende Relationen (wie beispielsweise in seiner Essaysammlung *El mirador de Próspero*). Die intertextuelle Bezugsebene von *Motivos de Proteo* verbindet sich mit der intratextuellen Bezugsebene insoweit, als Verweise nicht nur auf Texte anderer Provenienz, sondern auch auf eigene Texte Rodós – in besonderem Maße auch zu seinem Erfolgsbuch *Ariel*, dessen Lektüre der Autor bei vielen seiner Leserinnen und Leser

47 Vgl. die schöne Studie von Yvette Sánchez, *Coleccionismo y literatura*, a.a.O.

voraussetzen konnte – vielfach eingebaut wurden. Daher ließe sich diese Textsammlung auch als ein Text-Museum beschreiben, das aufgrund seiner relationalen Vieldeutigkeit und der deswegen erforderlichen schöpferischen Arbeit des Lesers, der – wie wir sahen – von Beginn an direkt in das Textspiel miteinbezogen wird, freilich nichts Statisches oder »Museales« an sich hat. Die *Motivos* bilden eine Textmaschine, in der alle Motive wechselseitige und offene Beziehungen nach innen wie nach außen herstellen. Die Figur, die diesem vielgestaltigen und in gewisser Weise zentrifugalen Spiel eine gewisse Einheit und Kohärenz zu geben versucht, ist die des Proteus. In ihr konvergiert die Gesamtheit der von Rodó veröffentlichten Texte.

Jenseits aller Unterschiede, die Rodós *Motivos de Proteo* von Raynals Textmaschine der *Histoire des deux Indes*[48] trennen, können wir nicht nur eine Vielzahl struktureller Übereinstimmungen – von der Heterogenität aufgenommener und überarbeiteter Textfragmente bis hin zur deutlichen Profilierung einer Leserfigur – konstatieren, sondern auch ein vergleichbares Verfahren einer Kohärenzierung des Textes durch die Einführung einer zentralisierenden (Erzähler-)Figur feststellen. Die Vielzahl der Sammelobjekte scheint ebenso nach der Figur des Sammlers zu rufen, wie die Vielzahl von Geschichten nach der Einheit jener Geschichte verlangt, deren Kollektivsingular die abendländische Moderne mitbegründet und durchzieht.

Der französische Publizist und Philosoph Raynal führt diesen die Moderne mitkonstituierenden Mechanismus auf der Ebene des Textes vor, der preußische Weltreisende Humboldt unternimmt ein Zusammendenken der unterschiedlichsten Erfahrungs- und Wissensbereiche, der französische Romancier Balzac strebt die Vollständigkeit einer Welt in der Vollständigkeit einer Fiktion an, und der uruguayische Modernist Rodó versucht, die auseinanderstrebenden, gleichsam explodierenden Teile des abendländischen Bewußtseins aus ex-zentrischer Perspektive zusammenzuhalten und zusammenzuführen. Sie alle konstituieren aus unterschiedlichen Blickwinkeln und bei unterschiedlicher Akzentuierung jeweiliger Dimensionen und Bewegungsfiguren ein Schreiben in der Moderne, das viele, voneinander divergierende Modernen in sich hält. Daß bei José Enrique Rodó die Figur dieses Zusammenhaltens der Antike dieses Abendlandes entlehnt ist, erscheint aus diesem Blickwinkel nur als konse-

48 Vgl. hierzu Kapitel 3.

quent: In Proteus' Vielgestaltigkeit wird am Ufer des Río de la Plata noch einmal die grundlegende, die ersehnte Einheit anschaulich in ein sich wandelndes Antlitz transfiguriert. Proteus ist das Buch und steht für dessen Einheit in der Vielfalt; und das Buch ist folglich (und fast notwendig) proteisch.

José Enrique Rodó, der berühmte Stilist der hispanoamerikanischen Literaturen des Jahrhundertendes und der Jahrhundertwende[49], darf fraglos als einer der besten Autoren von Kurzprosa in spanischer Sprache gelten. Durch die Einteilung in Kapitel, das Fehlen größerer Einheiten, welche die Kurztexte verschiedenen Teilen oder Sektionen zuordnen würden, sowie die häufige Betonung von Brüchen, die durch drei Pünktchen oder von Pünktchen gebildete Linien signalisiert werden, ist die Fragmentierung des Buches ebenso sichtbar und offenkundig wie die Hervorhebung weiß gebliebener Stellen, die man als ein Verstummen der Stimme Proteus' deuten und mit den von Rodó eingangs als »Lichtungen« bezeichneten Passagen identifizieren könnte.

Die von Rodó für und durch seine *Motivos* entwickelte fragmentarische Schreibweise darf nicht mit einer romantischen Schreibweise verwechselt werden, innerhalb deren das Fragment stets auf eine kohärente Einheit verweist, die für Rodó längst in eine unerreichbare Ferne gerückt ist, ohne jedoch ganz verschwunden zu sein. Rodós Fragmente lassen ein letztes utopisches Aufscheinen zwar noch vermuten, orientieren sich aber an einer Ästhetik, die an der Funktionsweise (und Epistemologie) eines *work in progress* ausgerichtet ist. Somit beherbergt dieses Buch Rodós nach meiner Auffassung auch eine Vielzahl von Anregungen und Perspektiven für die sich anschließende Entwicklung der Literaturen nicht nur in Lateinamerika. Dieser Grenz-Text signalisiert und erprobt – als »Predigt« wie als »Beispiel« oder Exempel – Entwicklungen, die über die Grenzen der europäischen Moderne hinausführen.

Das fragmentarische Schreiben Rodós kann sehr wohl mit einem Typus literarischer Praxis in Verbindung gebracht werden, den Roland Barthes als *écriture courte*, als eine »kurze

49 Einige Kritiker haben Rodó in jüngster Zeit, ohne zu zögern, als »den größten Stilisten Amerikas« gefeiert; vgl. Suiffet, *José Enrique Rodó*, a.a.O., S.27.

Schreibweise«, bezeichnet hat. Der Verfasser von *Roland Barthes par Roland Barthes* (1975), der diesen Schreibtypus seit seinem Buch über *Michelet* (1954), an dem er seit den vierziger Jahren gearbeitet hatte, praktizierte, versuchte in einer Reihe von Texten, aber auch in seiner sehr eigenwilligen Autobiographie, sich der Bedeutung dieser Formel seines Schreibens bewußt zu werden. Die *Kurzschreibweise* findet sich in den Fragmenten seiner Autobiographie ebenso wie in seiner Textsammlung der *Mythologies* (1957), in seinen Artikeln und Vorworten wie in seinen Lexien oder *paragraphes titrés.*[50] Barthes unterstrich die Beziehung dieser Schreibweise zur Lust *(plaisir)*, ja zur unmittelbaren Wollust *(jouissance)*, indem er von sich selber in der dritten Person Singular sagte:

> Er liebt es, *Anfänge* zu finden und zu schreiben, und daher vervielfacht er diese Lust: daher schreibt er Fragmente: viele Fragmente, viele Anfänge, viele Empfindungen der Lust (aber er liebt die Schlüsse nicht: das Risiko einer rhetorischen Klausel ist zu groß: Angst davor, dem *letzten Wort*, der letzten Replik nicht widerstehen zu können).[51]

Die Vervielfältigung der Textanfänge, der *incipit*, die stets sehr präzise ausgearbeitet sind, ist ein Charakteristikum, das eine erste Verbindung zwischen dem französischen Kultur- und Schreibtheoretiker und dem uruguayischen Ideenliteraten herstellt, wenn den Letztgenannten gewiß auch die rhetorischen Klauseln und Schlüsse weniger ängstigten. Es scheint mir daher bedeutsam, daß die Analogien zwischen beiden Autoren, die sich auf ihre jeweils sehr eigene Art zwischen Literatur und Philosophie situierten, nicht auf diese Schreibpraxis beschränkt bleiben, sondern auch auf der Ebene mancher Strategien und Metaphern sichtbar werden. Auf einem unveröffentlichten Blatt, das ursprünglich vielleicht zu einem Brief an Miguel de Unamuno gehörte, versuchte Rodó seine Absicht zu präzisieren:

> Mein Ziel ist nicht, ein Psychologiebuch zu schreiben, dies ist bereits erläutert. Mein Ziel ist es, ein Buch »moralischer Georgica«, einer Gymnastik der Seele, einer Erziehung im weitesten Sinne zu schreiben.[52]

50 Roland Barthes, *Roland Barthes par Roland Barthes.* Paris: Seuil 1975; wiederabgedruckt im dritten Band seiner *Œuvres complètes.*
51 Ebd., S. 166.
52 Zitiert nach Real de Azúa, »Prólogo a ›Motivos de Proteo‹«, a.a.O., S. XLI.

Jenseits der intertextuellen Referenz, die auch im Paratext zur zweiten Ausgabe, in dem Rodó seine Vision des Proteus entwikkelte, nicht vergessen wurde, erinnert die »Gymnastik der Seele« *(gimnástica del alma)*[53] in eigenartiger Weise an die *Fragments d'un discours amoureux* aus dem Jahre 1977. In diesem aus Fragmenten gebildeten Buch, das rasch den Sprung auf die Bestsellerlisten schaffte, leugnete Roland Barthes explizit jegliche Absicht, eine »›Philosophie der Liebe‹« zu konstruieren.[54] Vermittels einer Vielzahl expliziter Verweise und impliziter Anspielungen ging es hier eher um die Schaffung von *Figuren*, die – wie die paratextuelle, dem »eigentlichen« Text vorangestellte Erläuterung unter der Überschrift »Wie ist dieses Buch gemacht« erklärte – nicht in einem rhetorischen, sondern vielmehr in einem gymnastischen oder choreographischen Sinne zu verstehen seien.[55]

Damit soll nicht suggeriert werden, Rodó habe in seinen *Motivos de Proteo* eine Schreibkonzeption entwickelt, die vergleichbar wäre mit jener, die sich in der zweiten Hälfte des 20. Jahrhunderts im Zeichen der Postmoderne entwickeln sollte. Doch ist die Feststellung aufschlußreich, daß Rodó nicht nur vor einem ähnlichen Problem stand – jenem nämlich, zwar nicht die Liebe, wohl aber das Leben und mehr noch die menschliche Seele in ständiger Veränderung zeigen zu wollen –, sondern auch zu einer ganzen Reihe vergleichbarer Verfahren fand. Genannt seien hier: der Einbau metadiskursiver Texte (»Wie dieses Buch gemacht ist« wäre ein auch dem Rodóschen Paratext angemessener Titel), eine hochgradig fragmentarische Schreibweise, ein dichtes Netz von Zitaten und anderen inter- wie intratextuellen Bezügen, aber auch die Idee der »Gymnastik«, die den Gegenstand in Bewegung setzt und

53 Interessant ist ein Vergleich mit einer Passage aus dem dritten Kapitel: »Tanz, in der griechischen Höhe des Konzepts, ist Leben oder, wenn man will: die *Idee* des Lebens; Tanz, zu dessen Schönheit mit seiner *Musik* das Denken, mit seiner *Gymnastik* das Handeln beiträgt« (Rodó, »Motivos de Proteo«, in: ders., *Obras Completas*, a.a.O., S. 312). Nietzscheanische Untertöne sind hier unüberhörbar.

54 Roland Barthes, *Fragments d'un discours amoureux*, Paris: Seuil 1977, S. 12; wiederabgedruckt im dritten Band seiner *Œuvres complètes*, a.a.O., S. 464.

55 Ebd., S. 461.

56 Vgl. Kapitel 5.

eine Art »Studie« dieser Bewegung schafft, die vergleichbar ist mit jenen Körperbewegungen, die Sarrasine in Balzacs Novelle zeichnerisch festhielt.[56]

Ohne die zahlreichen Unterschiede aus dem Auge zu verlieren, welche die Vorstellungen und Praktiken Rodós von jenen Barthes' trennen, wäre es doch möglich, die *Motivos de Proteo* als *Fragmente eines Diskurses der Seele in Bewegung* zu lesen. Schrieb nicht José Enrique Rodó jenen Satz, der ein halbes Jahrhundert später bei Roland Barthes so provozierend schien, jenen Satz, der beim uruguayischen Literaturkritiker und Schriftsteller jedoch so selbstverständlich und kommentarlos aufgenommen wurde: »Der Kritiker ist generell ein Schriftsteller.«[57]

Kontinuierliche und diskontinuierliche Lektüren

Für die »endlose Serie kleiner Blätter und winziger Papiere«[58] hatte Rodó ursprünglich einen Plan entworfen, der diese Unmenge an Material in eine Einleitung (»Die natürliche Komplexität. Die Selbsterkenntnis«) und fünf verschiedene Bücher (über »Die Berufungen«, »Das Agens moralischer Umwandlung«, »Ursprung und Entwicklung der moralischen Umwandlungen«, »Die geniale Umwandlung« und »Evolution der Persönlichkeit und der Ideen«) einteilte.[59] Es konnte belegt werden, daß Rodó auf jene Materialien zurückgriff, die er zunächst im fünften und letzten Buch seines *Proteo* versammelt hatte, um die Publikation seiner *Motivos de Proteo* vorzubereiten.[60] Warum

57 Rodó, *Motivos de Proteo*, S. 389. In dem auf 1963 datierten Vorwort zu seinen *Essais critiques* schrieb Barthes: »Dies soll heißen, daß der Kritiker, selbst wenn er kraft seiner Funktion über die Sprache der anderen spricht und diese (bisweilen gar mißbräuchlich) abschließen zu wollen scheint, niemals *das letzte Wort* hat, ebensowenig wie der Schriftsteller. Mehr noch, dieses Verstummen am Ende, das beider Bedingung bildet, enthüllt erst die wahre Identität des Kritikers: der Kritiker ist ein Schriftsteller« (Roland Barthes, *Essais critiques*, Paris: Seuil 1964, S. 9; wiederabgedruckt im ersten Band der *Œuvres complètes*, a.a.O., S. 1169).

58 Suiffet, *José Enrique Rodó*, a.a.O., S. 121.

59 Rodríguez Monegal, »Prólogo a Proteo«, a.a.O., S. 894.

60 Ebd., S. 894.

gab er die Ordnung und Steifheit seines ursprünglichen Planes auf, um nun sein Material anders anzuordnen, weite (Themen-) Bereiche zusätzlich aufzunehmen und jene »Lichtungen« oder Schneisen zu lassen, von denen er in seinem Paratext sprach?

Das Verschwinden der »ursprünglichen« Struktur und die Weigerung, dem Buch jemals eine »konkrete ›Architektur‹« zu geben, haben die Kritiker stets zu dem Versuch verleitet, Ordnung in die Unordnung zu bringen und den »verborgenen« Plan dieses Gebäudes zu rekonstruieren. Vielen ist dies auch gelungen, und wir sind so auf bestimmte thematische Sequenzen und überzeugende Tiefenstrukturen gestoßen. Wenn wir diese »Rekonstruktionen« miteinander vergleichen, so stellen wir freilich gravierende Unterschiede zwischen den jeweiligen »Rekonstruktionsplänen« fest.[61] Was für die einen eine zentrale Problematik ist, erscheint anderen nur als vernachlässigbare Abschweifung; die Behauptungen der proteischen Stimme des Erzählers und die Exempla, die mit diesen verbunden werden und zusätzliche Kommentare auslösen, lassen divergierende Deutungen dessen, was man für »essentiell« oder aber für »marginal« halten darf, zu. Zweifellos sind diese Lesarten keine »Rekonstruktionen«, sondern »Konstruktionen« unterschiedlicher Themensequenzen, die von einer linearen Lektüre erzeugt werden. Fraglos gibt es eine Serie genereller Themen – wie etwa jene von Verwandlung, Umwandlung, Zeit, individueller Entwicklung, Kunst, Berufung, Wille, Fähigkeit und vielem mehr –, welche die verschiedenen *Motivos* strukturieren und in unterschiedliche Sequenzen oder Zyklen anordnen. Doch handelt es sich weniger um Strukturen im Sinne vorab festgelegter Ordnungen als um Strukturierungen, also Angebote, welche die Leser annehmen und ihrerseits schaffen können, um sie dann in neue Bedeutungsnetze einzubauen. Jedes Element kann dabei selbstverständlich in mehrere Sequenzen und Zyklen gleichzeitig eintreten.

Gilt dies bereits für die Lektüren, welche die Serien der durchnumerierten Kapitel linear durchlaufen, so ist das Netz kotextu-

61 Unter den zahlreichen Versuchen seien hier nur jene von Emir Rodríguez Monegal (»Prólogo a Motivos de Proteo«, a.a.O., S. 305), von Carlos Real de Azúa (»Prólogo a ›Motivos de Proteo‹«, S. LIV ff.) sowie von Norma Suiffet (*José Enrique Rodó*, a.a.O., S. 122), wo von »einer sorgfältigen Architektur« die Rede ist, erwähnt.

eller Beziehungen noch komplexer, insoweit es eine diskontinuierliche Lektüre erzeugt, die innerhalb des Buches von einem Kapitel zum anderen unabhängig von seiner Numerierung springt. Selbstverständlich gibt es unter den Paratexten von *Motivos de Proteo* keinerlei *Tablero de dirección*, keinerlei Routenmarkierung, die den Leser – wie im Falle von Julio Cortázars *Rayuela* – dazu auffordert, in diesem Spiel von (so der Untertitel der deutschen Übersetzung) *Himmel und Hölle* zwischen verschiedenen Parcours zu wählen. Doch auch von Rodós *Motivos* ließe sich sagen, was der erste Satz im Roman des argentinischen Schriftstellers auszudrücken versuchte: »Auf seine Art ist dieses Buch viele Bücher, vor allem aber zwei Bücher.«[62] Mit anderen Worten: Es ist erstens ein (vielgestaltiges) Buch, das durch eine lineare Lektüre erzeugt wird; und zweitens (und keineswegs weniger vieldeutig) ein Buch, das mit Hilfe einer springenden, hüpfenden Lesart entsteht, die – wie im Hüpfspiel des 1963 erschienenen argentinischen Romans – nicht notwendig alle Kapitel miteinbeziehen muß, die der gesamte Band enthält.

Es überrascht nicht, daß die *Motivos de Proteo* viele Leser zu einer springenden, hüpfenden Lektüre angeregt haben. Diese diskontinuierliche Lesart, die ihrerseits selbstverständlich eine hermeneutische Bewegungsfigur enthält[63], die auf ihr zugrunde liegende Prozesse diskontinuierlichen Verstehens verweist, variiert zwischen einem simplen zufälligen Hin- und Herblättern und einer bewußten Auswahl bestimmter Kapitel (deren Titel etwa andeuten, daß sie Parabeln enthalten), wobei aber auch viele andere Formen diskontinuierlicher Lektüre denkbar sind.[64] Die sprunghafte Diskontinuität eines solchen Lesens er-

62 Julio Cortázar, *Rayuela*, Buenos Aires/Barcelona: edhasa/Sudamericana 1977, S. 7.

63 Vgl. Kapitel 1 dieses Buches.

64 So bestätigte Ramón Menéndez Pidal in einem Brief vom 22. Juli 1909 an den uruguayischen Schriftsteller den Erhalt von Rodós Buch, für dessen aufmerksame Lektüre er noch keine Zeit gefunden habe, zu dem er aber in einer Nachschrift anmerkt: »Ich genieße selbstverständlich die Finesse dieser Seiten, die ich dem Zufall folgend durchblättere« (zitiert nach Rodríguez Monegal, »Prólogo a Motivos de Proteo«, a.a.O., S. 307.) Folgen wir einem polemischen Text von Julián Nogueira, der am 10. Mai 1920 (folglich nach dem Tode Rodós) erschien, so hätte der Verfasser der *Motivos de Proteo* anläßlich einer Vorstellung seines Buches an der Universität bezwei-

zeugt einen Effekt, der mit der diskontinuierlichen Produktion jener Unmenge kleiner Zettel vergleichbar ist, die Rodó beim Aufbruch zu seiner lange ersehnten Reise nach Europa, von der er nicht mehr lebend zurückkehren sollte, ohne jede Ordnung in seinem Arbeitszimmer zurückgelassen hatte. In gewisser Weise stellen die *Motivos de Proteo* eine Herausforderung für unterschiedliche Lesertypen dar, die – mit oder ohne philologische(r) Zielsetzung – versuchen, (ihre) Ordnung in die Unordnung zu bringen, oder ganz einfach versuchen, der linearen Abfolge der gedruckten Blätter zu folgen. Die »kurze Schreibweise« kann daher eine »kurze Lesart« implizieren, deren Lustgewinn darin besteht, ständig neue *incipit* zu lesen. Wie in Cortázars *Rayuela* kann sich die Lektüre auch in Rodós *Motivos de Proteo* in ein Kinderspiel verwandeln.

Dies bedeutet nicht, daß die divergierenden Formen einer diskontinuierlichen Lektüre mit Lesarten »avantgardistischen« oder »postmodernen« Typs gleichgesetzt werden dürften. Ein solches Lektüreverfahren war recht verbreitet innerhalb eines sehr wichtigen Zweigs damaliger Literatur, der uns zwar heutzutage nicht gänzlich unbekannt ist, in Europa und Lateinamerika aber noch zu Beginn des 20. Jahrhunderts eine kaum zu unterschätzende Bedeutung besaß. In den modernisierten und daher einem Prozeß zunehmender Säkularisierung unterworfenen Gesellschaften[65] übernahm die sogenannte *literatura de consejo*, eine »Ratgeberliteratur« oder, vielleicht genauer noch, eine »Trost-und-Rat-Literatur«, der Rodó keineswegs fremd gegenüberstand[66], die Funktionen der Brevia-

felt, daß seine *Motivos* in kontinuierlicher Lektüre beziehungsweise (wie Nogueira sich ausdrückt) »von vorne bis hinten« von mehr als zehn Uruguayern gelesen worden sei (zitiert nach Real de Azúa, »Prólogo a ›Motivos de Proteo‹«, a.a.O., S. XC f.)

65 Vgl. etwa die Analyse von Rafael Gutiérrez Girardot, »La literatura hispanoamericana de fin de siglo«, in: Luis Iñigo Madrigal (Hg.), *Historia de la literatura hispanoamericana.* Bd. II: *Del neoclasicismo al modernismo*, Madrid: Cátedra 1987, S. 495-506.

66 Vgl. Real de Azúa, »Prólogo a Motivos de Proteo«, a.a.O., S. LXIII. *Motivos de Proteo* kann in der Tat zu einem *libro de doctrina* werden: »Die Doktrin der schöpferischen Evolution Bergsonscher Herkunft sowie die Vorstellungen Nietzsches, Hamanns, Schopenhauers, gründen auf einem relativistischen Verständnis des Menschen wie des Lebens, die sich wie eine praktische Philosophie, eine Norm

rien und Handbücher religiöser Meditation, die auch wie die Bibel selbst in gewisser Weise eine »kurze Lesart«, eine *lecture courte*, erlaubten. Ein derartiger Lektüretypus geht von einer zufällig gefundenen Stelle aus und macht sich auf die Suche nach anderen, für die konkrete Situation des betreffenden Lesers »nützlichen« Passagen. Der kurzen Lektüre(zeit) entspricht eine Zeit tiefer Meditation, wofür die weißen Stellen im Buch Raum lassen. Diese unbedruckt gebliebenen Orte oder Stellen repräsentieren Zonen relativer Ruhe, welche Dynamik und Bewegung mehr oder minder kurz unterbrechen. Nicht umsonst hatte Angel Ganivet, der Verfasser der »Bibel« der sogenannten »98er-Generation«, von dieser Funktion eines »Handbuchs oder Breviers« gesprochen, das – so der spanische Essayist – »von größter Wirksamkeit in Hinblick auf die Verbreitung der darin enthaltenen Ideen« sei.[67]

Die unterschiedlichen Typen diskontinuierlicher Lektüre können folglich Zeit-Räume des Schweigens enthalten, die sie der religiösen Meditation[68] oder der Lektüre von Gedichten annähern, wodurch nicht nur die Lesegeschwindigkeit herabgesetzt, sondern ihre Wirkung potenziert werden dürfte. Der wiederholte Vorwurf des Unabgeschlossenen, des Unordentlichen, Formlosen und Heterogenen dieses Buches beruht auf einem fehlenden Verständnis für seine Strukturierung, die sich als offen für die unterschiedlichsten Formen kreativer Aneignung erweist. Rodós *Motivos de Proteo* bilden ein Buch, das in mehr als einem Sinne zwischen der Pluralität seiner Motive und der Einheit des Textes als ästhetischem Artefakt oszilliert. Die *Motivos* verstehen sich – und sind – ein Buch in ständiger Bewegung, in dem die Zonen des Schweigens und der Ruhe ihre eigene Funktionalität besitzen. Diese uruguayischen *Proteus-Motive* stehen auf

und eine Ethik gibt, die das individuelle Verhalten steuern.« Mabel Moraña, »José Enrique Rodó«, in: Iñigo Madrigal (Hg.), *Historia de la literatura hispanoamericana*, a.a.O., S. 662.

67 Ganivet, »Ideárium español«, a.a.O., S. 299 f.

68 So erklären sich Einschätzungen wie die folgende: »Nie zuvor war ein so erbauliches Buch in Uruguay erschienen. Als ein wahres Evangelium des Friedens und der Liebe, voller Vertrauen in die Menschheit und den Menschen, quillt es über in seinem großherzigen Bestreben, dem Kostbarsten und Würdigsten menschlichen Lebens seinen Respekt zu zollen« (Suiffet, *José Enrique Rodó*, a.a.O., S. 126).

künstlerisch durchgeformte Weise für die »wunderbare Fähigkeit«, sich »in tausend verschiedene Formen zu verwandeln«.[69]

Text-Mobile und geistige Autobiographie

Die große Anzahl kurzer Texte hat dazu geführt, daß die *Motivos* bisweilen als Mosaik oder Puzzle bezeichnet wurden.[70] Die Problematik dieser Metapher besteht darin, daß die verschiedenen Teile eines Mosaiks oder Puzzles, gleichviel, ob es sich dabei um Kunst oder Kunsthandwerk mit Rätselcharakter handelt, stets ein einziges und vor allem statisches Bild ergeben. Mit anderen Worten: Beide Metaphern zentralisieren und stabilisieren, sie führen immer das Komplexe auf ein Einziges zurück. Der Strukturierung (und eben nicht der »Struktur«) der *Motivos de Proteo* entspricht nach meiner Auffassung wesentlich besser eine Metapher, die das wechselnde und wechselseitige Beziehungsspiel zwischen den Elementen und Motiven des Gesamttextes herausarbeitet.

Im Kontext der Fragestellungen und Überlegungen in diesem Band dürfte es nicht überraschen, daß die Metapher des Mobiles eine solche Textstrukturierung wesentlich präziser wiederzugeben vermag, zumal sie – und dies ist ein entscheidender Aspekt – auch die Bewegung des Lesers oder der Leserin mit ihren sich verändernden Blickwinkeln in die Erkenntnishaftigkeit der Metaphorik miteinbringt. Es ergibt sich damit eine Beziehung jener Art, wie der italienische Zeichentheoretiker Umberto Eco sie mit Blick auf die Mobiles Alexander Calders dargestellt und für seine eigenen Überlegungen zum »offenen Kunstwerk« fruchtbar gemacht hat.[71] Im Innern dieses Mobiles entfalten die Beziehungen zwischen den Texten und ihren Paratexten, zwischen den unterschiedlichen literarischen Gattungen und Textsorten sowie ihren jeweils möglichen Lektüren neue Prozesse von Bedeutungsbildung und Resemantisie-

69 Rodó, *Motivos de Proteo*, a.a.O., S. 309.

70 Vgl. Suiffet, *José Enrique Rodó*, a.a.O., S. 121: »Über die Disparität der Elemente und die Komplexität ihrer Anordnung hinaus, die das Buch in ein wahres Puzzle verwandeln, verschweigt uns Rodó häufig die Quelle, aus der er seine Angaben jeweils schöpfte.«

71 Vgl. Eco, *Opera aperta*, a.a.O., S. 157; vgl. Kapitel 2 des vorliegenden Bandes.

rung, die in der Tat ein »Werk in ständigem Werden«, ein Buch in beständiger Bewegung schaffen.

Der uruguayische Kritiker Hugo Achugar hat mit Blick auf das *fin de siglo*, die Wende zum 20. Jahrhundert, die Hydra und den Mythos von Proteus als kaleidoskopische Elemente ausgemacht, die repräsentativ für jene Übergangszeit stehen könnten:

> Die Hydra des Sees von Lerna oder der alte, chamäleonartige Proteus sind Bilder der Multiplizität und der Transformation, zugleich aber auch eines fehlenden Originals, der unablässigen Vervielfachung, einer Art unbegrenzter Semiose. [...] Das vervielfachende Kaleidoskop besitzt in dieser Vielheit ein begrenztes Repertoire, eine Position, welche die schönen Bilder, die man betrachten kann, bestimmt (das Kaleidoskop steht etymologisch für »schön« – »Bild« – »betrachten«).[72]

Im Innern dieses Text-Mobiles oder -Kaleidoskops, die beide künstlerischer wie kunsthandwerklicher Natur sein können, ist nicht der Ursprung, nicht die »Quelle« der *objets trouvés* wichtig, sondern deren funktionale Dynamik und vor allem Kombinatorik. Die (virtuelle) Bewegung des Objekts provoziert ihrerseits die Bewegung des Zuschauers und dessen (häufig nicht nur bei Kindern zu beobachtenden) Wunsch, Einfluß auf diese Bewegungen zu nehmen. Innerhalb einer Textualität, die über kein eigentliches Zentrum verfügt, kommt den Parabeln oder »symbolischen Erzählungen« (wie Rodó selbst sie bezeichnete) eine herausragende Funktion zu. Sie bilden semantische Kerne, in denen sich ähnlich wie in den Symbolen verschiedene Bedeutungsebenen überschneiden und in dieser Kreuzung neue kotextuelle, also durch ein unmittelbares Nebeneinander erzeugte Sequenzen schaffen. In diesen narrativen Formen werden nicht nur Aspekte persönlicher Wandlung (mit Hilfe von Analogien) »identifiziert«, (mit Hilfe von Erzählungen) »exemplifiziert« oder (durch eine Übertragung aus anderen semantischen Feldern) »konkretisiert«, die in den unmittelbar angrenzenden Kapiteln in diskursiver Form entfaltet werden. Sie sind nicht auf eine bloß didaktische Form beschränkt, sondern setzen Ideen und Gedanken in Bewegung, die sonst nicht miteinander in Be-

72 Hugo Achugar, »Fin de siglo. Reflexiones desde la periferia«, in: Hermann Herlinghaus und Monika Walter (Hg.), *Posmodernidad en la periferia. Enfoques latinoamericanos de la nueva teoría cultural*, Berlin: Langer Verlag 1994, S. 246 f.

rührung gekommen wären. Sie dienen einer kontinuierlichen und linearen Lektüre als Referenzpunkte, in denen sich die diskursiv eingeführten semantischen Dimensionen bündeln. Zusätzlich gibt die Durchbrechung des rein Diskursiven der Lektüre des Buches die eigentliche Würze.

Andererseits lassen sich die »symbolischen Erzählungen« im Sinne einer diskontinuierlichen Lektüre miteinander verknüpfen, wodurch sie eigene kotextuelle Serien bilden. Auf diese Weise entstehen komplexe Einheiten, die sich zur »Meditation« der Leserschaft hin öffnen und sich wechselseitig miteinander verknüpfen, was nicht nur zu ihrer unabhängigen Veröffentlichung (und bisweilen auch Übersetzung) führte, sondern auch die Aufnahme mancher dieser kurzen Texte in Anthologien begünstigte.

Die *cuentos simbólicos* haben als semantische Kerne der Erosion, die sich im Laufe der Zeit des Bandes zunehmend bemächtigte, besser getrotzt. Kontinuierlichen wie diskontinuierlichen Lektüretypen dienen sie auch auf der Zeitebene als Bündelungen, insofern ihre sehr unterschiedlichen Thematiken sich ebenso in der Antike (»Hylas«) wie im Mittelalter (»Der kleine Paladin«), in sagenumwobenen Zeiten (»Der Mönch Teotimus«) wie in der Gegenwart (»Das abfahrende Schiff«) ansiedeln. Die Parabeln stellen erneut die Fähigkeit der *Motivos de Proteo* unter Beweis, aus vergangenen Jahrhunderten aufsteigende Bilder ineinander zu projizieren, ohne daß sie sich – ganz im Sinne von Miguel de Unamuno und Jorge Luis Borges – miteinander vermischten. Sie gefrieren nicht zu festen Strukturen, sondern schaffen offene Strukturierungen, deren Zwischenräume als Unbestimmtheitsstellen unterschiedliche, vieldeutige Lektüren anregen. Bei diesen Lesarten herrscht die kotextuelle Dimension vor, ihre Funktionalität innerhalb eines internen Netzes, ohne daß intertextuelle oder intratextuelle Bezüge ausgeblendet würden. Die Parabeln verfestigen sich nicht, weil sie auf ständige Bewegungen abzielen und das Leben zu simulieren versuchen. Bildeten *El que vendrá*, *La novela nueva*, *Rubén Darío* und *Ariel* einen Zyklus von Texten, den Rodó in Rückgriff auf Dante Alighieri auf den Namen *La vida nueva* taufte, so öffnet sich mit *Motivos de Proteo* ein weiterer Zyklus, der alle Materialien von *Proteo* miteinschließt und sich schlicht *La vida*, *Das Leben*, hätte nennen können. Dieses aber schließt selbstverständlich das Leben José Enrique Rodós mit ein.

In einer Passage seines Buches *Über das tragische Lebensgefühl*, die unmittelbar auf die eingangs angeführte Stelle folgt, schrieb Miguel de Unamuno:

Jeder Eindruck, den ich empfange, bleibt in meinem Kopf gespeichert, selbst wenn er so tiefliegend oder so schwach war, daß er in die Tiefen meines Unterbewußten absinkt; aber von dort aus belebt er mein Leben, und wenn mein ganzer Geist, wenn der gänzliche Inhalt meiner Seele mir bewußt würde, dann würden alle flüchtigen Eindrücke, die kaum wahrgenommen schon vergessen wurden, wiederauferstehen, sogar jene, die ich selbst nicht einmal bemerkte. In mir trage ich alles, was sich vor mir abspielte, und mit mir setze ich es fort, und vielleicht ist all dies in meinen Keimen und Ursprüngen, und es leben all meine Vorfahren in mir, so wie meine Nachfahren mit mir zusammen leben werden. Und vielleicht bin ich, ist mein ganzes Ich, mit meinem ganzen Universum, in jedem einzelnen Werk von mir, oder zumindest ist doch darin das mir Essentielle, was mich zum Ich macht, meine Essenz als Individuum.[73]

Die Kopräsenz aller Elemente und Eindrücke, die im Bewußten wie in dem, was Unamuno das »Unterbewußte« nannte (und das wir mit seinem Zeitgenossen Sigmund Freud als das Unbewußte bezeichnen dürfen), wahrgenommen und empfangen wurden und werden, stellt eine Schlüsselidee auch der *Proteus-Motive* dar, gleichsam ein musikalisches Leitmotiv, das ständig in leicht abgewandelter Form wiederkehrt. Einige Jahre vor dem durchaus vergleichbaren berühmten »Nach innen!«, dem *¡adentro!* Unamunos, hebt der Rodósche Text die Räume des Inneren, die Innenräume hervor.[74] So signalisiert etwa Kapitel XVIII

73 Unamuno, »Del sentimiento trágico de la vida«, a.a.O., S. 911. Ein Jahr nach der Veröffentlichung von *Del sentimiento trágico de la vida* schrieb Rodó in einer Serie von Artikeln über den Krieg in Europa (*La guerra a la ligera*) am 14. September 1914: »Nun sieht man deutlich, daß die Menschen Europas, die wir für dahinsiechend und entfasert hielten, im vollständigen Besitze ihrer martialischen Instinkte sind und daß – kratzt man nur ein wenig an der Kruste des ›Europäers des 20. Jahrhunderts‹ – darunter Achill, Roland, und sogar Alarich und Attila erscheinen« (*Obras Completas*, a.a.O., S. 1226)

74 Zur Architektur der Innenräume in Rodós *Ariel* vgl. Ottmar Ette, »›La modernidad hospitalaria‹: Santa Teresa, Rubén Darío y las dimensiones del espacio en ›Ariel‹ de José Enrique Rodó«, in: Heydenreich/Ette (Hg.), *José Enrique Rodó y su tiempo. Cien años de »Ariel«*, a.a.O., S. 73-93.

nach der symbolischen Erzählung »Die Antwort von Leuconoe«, in der aus der Perspektive der Antike ebenfalls der künftige Raum der amerikanischen Welt auftaucht, daß der Ozean »unvergleichlich weiter als die Sicht der Augen« und dementsprechend »unvergleichlich tiefer unser Sein« sei als die »Intuition des Bewußtseins«.[75] Wie immer man dies sehen mag: Der Ratschlag, den die Figur des expliziten Autors – jenes »Ichs«, das nicht mit dem realen Autor verwechselt werden darf – der Figur des expliziten Lesers, dem »Du«, erteilt, ist in jeder Hinsicht einfach: »Sich beobachten, um sich zu wandeln.«[76] Dies schließt notwendig ebenso die Selbstbezüglichkeit des Textes wie des Ichs mit ein und damit auch die autobiographische Dimension der *Motivos*.[77] Daher fehlt die letztgenannte Dimension im nachfolgenden Kapitel XX, das die Beziehung des individuellen Ich mit der Gesellschaft, mit der Menge bestimmt, selbst in massenpsychologischen fundierten Überlegungen keineswegs:

Gesellst du dich auf der Straße einer Menge bei, die von einer Leidenschaft impulsiv mitgerissen wird, dann fühlst du gleich dem im Wind hängenden Blatt, wie deine Persönlichkeit jener anstürmenden Kraft ausgesetzt ist. Die Menge, die dich mit ihrer materiellen Bewegung vorwärts treibt und den Rhythmus deiner Schritte bestimmt, regiert in ähnlicher Weise die Bewegungen deiner Empfindsamkeit und deines Willens. [...] Du kommst später aus dem Inneren der Menge hervor, kehrst zu deinem vorherigen Sein zu-

75 Ebd., S. 325. Mit der Fusion von äußerer und innerer Welt in den Begriffen von »Entdeckung« und »Eroberung« läuft dieses Kapitel, das die amerikanische Dimension der *Motivos de Proteo* hervortreten läßt, harmonisch aus: »Gibt es etwas, das dich zu entdecken mehr reizt als das, was in dir ist und nirgendwo anders als in dir: ein Land, das allein für dich geschaffen wurde; Amerika, dessen einzig möglicher Entdecker du selbst bist, ohne daß du in seinem gigantischen Vorsatz weder Nacheiferer, die dir den Ruhm streitig machen, noch Konquistadoren hast, die dir die Früchte streitig machen könnten?« (ebd.).

76 Ebd., S. 326.

77 Diese autobiographische ist gleichwohl nicht die »intimistische« Dimension eines Henri Frédéric Amiel. Deshalb ließ Rodó auch unmittelbar eine Kritik des »traurigen Genfer Hamlet« nachfolgen: »Amiel lieferte uns das Beispiel einer inneren Kontemplation ohne anderes Ziel als die melancholische und widersprüchliche Lust, die aus ihr entsteht« (ebd.).

rück; und vielleicht wunderst du dich über das, was du riefst oder tatest.[78]

In Rodós *Motivos de Proteo* wird das autobiographische[79] Element stets auf eine soziale Dimension bezogen. Die Selbstbezüglichkeit des Ichs führt im Verlauf der verschiedenen *Motivos* eine Fremdheit gegenüber dem Eigenen und eine Wandlung des eigenen Ichs ein, welche der Kontrolle ihrer Beziehungen zur Gesellschaft unterworfen werden. Die Problematik von Fremdheit und Identität des Ichs wird von Beginn des ersten Kapitels an eingeführt:

> Jeder von uns ist sukzessiv nicht *einer*, sondern *viele*. Und diese sukzessiven Persönlichkeiten, die eine nach der anderen auftauchen, bilden untereinander die seltsamsten und erstaunlichsten Kontraste.[80]

Das Spiel der Kontraste schließt in diesem proteischen Buch das Spiel der kotextuellen Beziehungen mit ein. So gerät die Sichtweise der Persönlichkeit zur Poetik eines Schreibens, das sich der ersten Person Singular bedient. Das Gefühl der Fremdheit gegenüber dem eigenen, in ständiger Wandlung begriffenen Ich wird mit der Kommunikation und mehr noch mit der Literatur als zentralem Medium künstlerischer Kommunikation verbunden. In *Motivos de Proteo* wird der »große Schriftsteller«, der »große Dichter« durch seine ausgeprägte Fähigkeit bestimmt, »mit wunderbarer Genauigkeit das *Seine* auszudrücken« und simultan »*fast alles*« in Worte umzuwandeln, was andere, die diese Gabe nicht besitzen, jemals fühlten.[81]

Die Suche in der »Tiefe« reduziert sich nie auf eine intimistische Selbstbespiegelung, sondern versucht, diese Suche mit der Außenwelt, mit der Gesellschaft zusammenzudenken. Es geht nicht um eine auf das eigene Ich gerichtete Kontemplation, sondern um einen komplexen Mechanismus, der in die intime Selbsterfahrung des Ichs und selbst in das, was zuvor außerhalb des eigenen Bewußtseins geblieben war, die ethische Dimension und gesellschaftliche Verantwortung einführt. Das soeben zitier-

78 Ebd.

79 Zu Recht schrieb Carlos Real de Azúa: »Als in sich selbst Versunkener, als Einzelgänger besaß er eine Neigung zur Bewußtseinsprüfung und zur Selbst-Beichte« (»Rodó en sus papeles«, a.a.O., S. 89).

80 Ebd., S. 310.

81 Ebd., S. 484.

te Bild des im Wind hängenden Blattes verweist bereits auf das vorletzte Kapitel, das uns eine Abwandlung dieses Bildes innerhalb eines weiteren Kontrasts zwischen dem Innen und dem Außen zeigt:

> Am Fenster sitzend, widme ich meine Muße der Kontemplation. Während sich in meinem Kamin ein Zyklopenauge öffnet, das lang schon durch seine schwarzen Wimpern verdeckt gewesen war, und während mein Windhund neben mir seine kalten und seidenweichen Ohren den Liebkosungen seines Herrn darbietet, richtet sich meine Aufmerksamkeit auf eine stumme Symphonie: jene der Blätter, die – in Gruppen ohne Ordnung von den Bäumen, die sie nackt lassen, herabgefallen – den Boden und die Luft bevölkern, dem Winde ausgeliefert. Ich interessiere mich, wie in einer sentimentalen Fiktion, für ihre unglückseligen Abenteuer. Jetzt fliegen sie auf und treiben in wahnsinnigem Flug; geschützter jetzt rollen sie einsam ein kleines Stück weit und bleiben einen Augenblick bewegungslos, bevor sie sich verzehrend eine weitere Furche ziehen; jetzt häufen sie sich an und drücken sich, als wären sie zagend und verschüttet; schon brechen sie auseinander und liefern sich selbstmörderisch dem Wirbel aus, in leichten Staub zerfallen; schon drehen sie sich um sich selbst, ohne Rhythmus, besessenen Tänzerinnen gleich ... Ihr unterschiedliches Los ist meiner Phantasie Weide, meines Herzens Kitzel. Sie erscheinen mir bisweilen als fliegende Beute eines Opfers alter Papiere, mit denen Briefe längst vergangener Liebschaften und Eitelkeiten der Einbildungskraft davonwehen, Werke, die ihre Larve nicht abstreiften.[82]

In dieser schönen Passage, die eine ausführlichere Deutung verdiente, tritt das herabfallende Blatt, das zuvor mit der Persönlichkeit verbunden wurde, in einen Totentanz ein, in dem es mehrere Stellungen, mehrere Bewegungen, mehrere *Figuren* einnimmt und ausführt, die stets dynamisch und mobil sind. Diese »besessenen Tänzerinnen«, diese Blätter in voller Bewegung, verbinden sich mit den »alten Papieren« und der Schrift, die schon zum Zeugnis vergangener Zeiten geworden sind und von den Windwirbeln erfaßt werden, mit denen die Außenwelt sie erfaßt. Die in einen Tanz von Blättern und beschriebener Papiere verwandelte Persönlichkeit verweist uns auf den letzten Augenblick des Lebens, wenn das Ich nämlich eine unbewegliche Stellung einnimmt, von wo aus es den Tanz der (oder *seiner*) Blätter beobachtet. Die Erstarrung und Unbeweglichkeit des Ichs schließt den Zyklus, der im ersten Kapitel mit der Losung

82 Ebd., S. 494.

Reformarse es vivir, »Sich wandeln heißt leben«, begonnen hatte. Doch das Ich weiß, daß diese »Ohnmacht des Lebens nicht andauert«, daß selbst das Bild des Todes (wie jenes des Staubes) »ein schlichtes und kurzes Versprechen neuen Lebens in sich birgt«.[83] So endet das Buch mit der Ankündigung von »meinem neuen Fühlen«, von »meiner neuen *Wahrheit*«, »von meinem neuen Wort«.[84]

Kommt die Bewegung der Blätter auf dem letzten Blatt, der letzten Seite des Buches zu einem Ende, dann bedeutet dies nicht, daß andere Motive nicht andere Motivationen, andere Bewegungen und Figuren einführen könnten, um das Mobile (sich) bewegender Blätter erneut in Gang zu setzen. Andere Bewegungen werden einsetzen, andere Reisen möglich werden, die im Sinne einer topischen Raummetaphorik für das Leben selbst stehen. Im Kapitel LXXXVI wird der Eröffnungssatz vervollständigt: »Sich wandeln heißt leben. Reisen heißt sich wandeln.« (*Reformarse es vivir. Viajar es reformarse.*)[85]

Die Reise führt zugleich die innere Bewegung der Seele, die hermeneutische Bewegung des Lesers und die kreative Bewegung des Schriftstellers durch das Universum der gegebenen, bereits existierenden Objekte ein:

> Ein großer Künstler, der sich auf Reisen begibt, ist der Gott, der die Welt schafft und sieht, daß sie gut ist. Der Künstler sieht nicht das, was es gab, von der Hand Gottes geschaffen, sondern erschafft es von neuem und gefällt sich in der Schönheit seines Werkes.[86]

Diese Bemerkung wirft ein neues Licht ebenso auf das Reisen wie auf die Reiseliteratur. Die Lust des Reisens, das Verlangen, die Welt Uruguays hinter sich zu lassen und das *erträumte* Europa kennenzulernen, wo ihn der Tod in einem Hotelzimmer in Palermo erwarten sollte, ist auf vielen Blättern, auf vielen Seiten dieses Bordbuches gegenwärtig. Auf diesen Blättern – deren letztes, gleichsam als *dernier mot* im Sinne Roland Barthes', als Aufschrift des todkranken Rodó das italienische Wörtchen *dolore* tragen sollte – ist die Figur des Christoph Columbus von einer verblüffenden Bedeutsamkeit. Sie bürgt für den Reisenden als

83 Ebd., S. 495.
84 Ebd.
85 Ebd., S. 412.
86 Ebd., S. 421.

Entdecker, für den Argonauten als Hermeneuten, der als Bild des Lesers und des Schöpfers zugleich als Inbegriff des Zeichenlesers[87] und Entdeckers (aber auch der Expansion Europas[88]) für Rodó am Anfang jeder Entwicklung Amerikas stand. Columbus taucht, mit dem Element des Wassers auf andere Weise verbunden, als eine weitere Trans*figur*ation des Verwandlungskünstlers Proteus auf.

Damit wird Colón zugleich mit der Figur des eigenen Ichs verknüpft. Quer durch alle Kapitel und Blätter dieses Buches von 1909 wird die Figur des Autors jener *Motivos* erkennbar. Hinter diesen Motiven, hinter diesen Blättern, welche eine persönliche Wandlung anschaulich und figürlich werden lassen, steht eine sich wandelnde Persönlichkeit, die sich quer durch die Exempla abendländischer Kulturgeschichte mit der Figur des Autors identifiziert. So erklärt sich die wie stets zupackende Schlußfolgerung von Rodós Herausgeber Rodríguez Monegal:

> Was heute von diesem Buch bleibt, ist sein enormer Wert einer geistigen Autobiographie, einer intimen Verbindung mit dem Geiste Rodós.[89]

Diese Äußerung könnte freilich mit gleichem Recht Geltung für viele Schriften Rodós beanspruchen. Bei seiner Analyse der verschiedenen Etappen des Rodóschen Amerikanismus machte beispielsweise Arturo Ardao nicht ohne Grund darauf aufmerksam, daß die amerikanistischen Texte des uruguayischen Essayisten ein »Verstehen von innen der weniger intellektuellen als geistigen Biographie Rodós« erlauben.[90]

Die ästhetische Bedeutsamkeit und Besonderheit der *Motivos de Proteo* liegt nach meiner Ansicht noch heute in der klugen, offenen, dezentrierten Anlage und Konstruktion eines Text-Mobiles, dessen einzelne Bestandteile wahre Motive bilden, wobei wir diesen von Rodó gewählten Begriff als literarischen Terminus, als psychologische Motivation und als ein *movens* verstehen dürfen: Es setzt die einzelnen Fragmente dieses Diskurses der Seele in Bewegung. Die aus dieser Bewegung auftauchende Figur des Autors ist eben dies: eine *Figur* im gymnastischen oder choreographischen Sinne, die für einen Autor steht, den man

87 Vgl. Kapitel 2.
88 Vgl. Kapitel 3.
89 Rodríguez Monegal, *Prólogo a Motivos de Proteo*, a.a.O., S. 308.
90 Ardao, »Prólogo. El americanismo de Rodó«, a.a.O., S. 14.

nicht mit dem Menschen aus Fleisch und Blut verwechseln sollte.

Aus den Blättern der *Motivos de Proteo* tritt uns kein Subjekt entgegen, das man mit Rodó identifizieren könnte, sondern das Simulakrum eines Subjekts, die Figur eines *Proteus der Motive*. In seiner Anverwandlung des griechischen Mythos verstand es Rodó, einen der bis heute beunruhigendsten Aspekte dieses Mythos zu erfassen. Durch ihre – im Blumenbergschen Sinne – Arbeit am griechischen Mythos zeigen Rodós *Motivos de Proteo* auf, in welcher Weise sich die Literatur, auch hier vergleichbar mit der menschlichen Identität, auf immer neue Perspektiven hin zu öffnen vermag. So kann die folgende Passage ebenso als eine Vision der menschlichen Seele wie eines literarischen Textes gelesen werden:

> Solange wir leben, gibt es nichts in uns, das nicht verändert und vervollständigt werden müßte. Alles in den Dingen ist Enthüllung, alles ist Lehre, alles ist verborgener Schatz; und die Sonne jeden Tages entreißt den Dingen ein neues Funkeln der Originalität.[91]

Die spanischsprachige Welt der Wende zum 20. Jahrhundert führte ebenso in Europa wie in Hispanoamerika, bei dem Spanier Miguel de Unamuno wie dem Uruguayer José Enrique Rodó, die Empfindung einer Gleichzeitigkeit des historisch Ungleichzeitigen, eines zeitlichen Staus herauf, der – wie in Jorge Luis Borges' *Aleph* – alle Dimensionen räumlicher wie zeitlicher Art an einem Punkte im Raum zusammenlaufen läßt und bündelt, ohne sie miteinander zu vermischen. Der Mythos des Proteus, das Rätsel der individuellen Identität nicht oberhalb, unterhalb oder hinter, sondern *quer* durch alle Wandlungen und kaleidoskopartigen Transformationen hindurch führte Rodó zur Konstruktion eines Textes, der aus vielen Texten eines Buches und der aus vielen Büchern gemacht ist.

In der Figur eines Proteus der Motive gelang es dem Schöpfer von *Ariel*, ein virtuell unbegrenztes Buch und damit einen Raum der Virtualität zu schaffen, in dessen ständig sich verändernden Lichtungen und Schneisen sich die Leserinnen und Leser in immer neuen Konfigurationen bewegen können. Mag sein, daß uns heute manches an diesem Rodóschen Baumbestand alt, ja überaltert vorkommt. Es stammt aus der vorletzten Jahrhundert-

91 Rodó, *Motivos de Proteo*, a.a.O., S. 311.

wende und kann uns distant erscheinen. Es mag aber auch sein, daß dort neue Bäume wachsen, die neue Blätter hervorbringen, die andere Motive, Bewegungen und Motivationen für neue Winde liefern. Diese Blätter drehen sich »um sich selbst«, sind »besessenen Tänzerinnen gleich«, verstellen den Verstehensbewegungen der Leser aber niemals den Weg. In dieser Gymnastik der Seele bleibt die Figur des Proteus sich selber treu, identisch in ihrer Transfiguration in »tausend verschiedene Formen«. Nur in diesem Sinne, so scheint mir, hätte Rodó seine *Motivos* als eine Auto-Bio-Graphie verstanden: als das Leben, das sich selbst schreibt.

SIEBEN · PASSAGE

Iphigenie in México

Identitätsfrage und kultureller Raum

In der Einleitung zu den von ihm herausgegebenen Akten einer in Berlin durchgeführten internationalen Tagung über »Europäische Avantgarde im lateinamerikanischen Kontext« skizzierte Harald Wentzlaff-Eggebert sehr pointiert den damaligen Forschungsstand zur Avantgarde in Lateinamerika. Dabei formulierte der Veranstalter dieser Tagung, der dieser ersten mittlerweile eine zweite, ebenfalls in Berlin durchgeführte folgen ließ, die für unsere Thematik interessante These, daß die historisch-kulturelle Bedeutung dieser Avantgarde (oder Avantgarde*n*) in einem aus europäischer Perspektive vielleicht eher unerwarteten Bereich liegen könnte:

> Am Ende kann dabei durchaus die [...] Einsicht stehen, daß die kulturgeschichtliche Bedeutung der Avantgarde in Lateinamerika genau darin zu sehen ist, daß sie zur Initialzündung für die Ausbildung einer sich von äußeren – und insbesondere europäischen – kulturellen Einflüssen befreienden eigenständig amerikanischen Identität wurde.[1]

Gewiß ist die Trennung zwischen »dem Amerikanischen« einerseits und »äußeren kulturellen Einflüssen« andererseits, zu denen auch jene Europas gezählt werden, allzu schematisch, da seit 1492 »das Europäische« von fundamentaler Bedeutung für die Entwicklung der Literaturen in Amerika war und eine Trennung von »Eigenem« und »Fremdem« in diesem Zusammenhang wenig Sinn hat.[2]

Sieht man von regionalen Differenzierungen zunächst einmal

1 Harald Wentzlaff-Eggebert, »Avantgarde in Hispanoamerika«, in: ders. (Hg.), *Europäische Avantgarde im lateinamerikanischen Kontext. La Vanguardia en el Contexto Latinoamericano*. Actas del Coloquio Internacional de Berlín 1989, Frankfurt am Main: Vervuert 1991, S. 17.

2 Vgl. hierzu auch Kapitel 2.

ab, so könnte man in Hinblick auf die Ausprägung der lateinamerikanischen Literaturen von einem Spannungsfeld sprechen, innerhalb dessen zumindest sechs verschiedene Pole wirksam wurden und die Koordinaten eines kulturellen Raumes bildeten, zu dem sich Einzelwerke stets – und sei es durch bloße Verweigerung – in Bezug setzen mußten. Diese Koordinaten oder kulturellen Pole bilden *erstens* die lange Zeit vorbildgebende iberische Kultur im Kontext ihrer abendländischen, bis in die Antike zurückreichenden Traditionsstränge, ein Pol, an dem sich – wie wir im zurückliegenden Kapitel sahen – etwa Rodós *Motivos de Proteo* vorrangig ausrichteten; *zweitens* die verschiedenen indianischen Kulturen, deren Permanenz und Weiterentwicklung lange Zeit negiert wurde und deren kulturelle Präsenz weitgehend von der Stadtkultur bis tief ins 20. Jahrhundert hinein ausgeblendet oder marginalisiert wurde; *drittens* die iberischen Volkskulturen, welche die Eroberer mitgebracht hatten und die sich in sehr unterschiedlichen regionalen Varianten verbreiteten; *viertens* die schwarzen Kulturen, die durch Sklavenhandel und Sklavenwirtschaft zwangsweise in einigen Küstengebieten Südamerikas (etwa in Brasilien, Kolumbien oder Ecuador) sowie in der Karibik heimisch wurden und seither eigenständige Entwicklungen durchlaufen; *fünftens* kulturelle Mischformen oder Hybridformen, die aus den kulturellen Polen entstanden, welche die gebildete Oberschicht der Kolonialzeit und des 19. Jahrhunderts zunächst negierte und marginalisierte; sowie *sechstens* Phänomene von Massenkultur und Massenkommunikation, die sich mit der wachsenden Internationalisierung kultureller Horizonte sowie der Entwicklung technischer Voraussetzungen für effizientere Kommunikationssysteme seit dem letzten Drittel des 19. Jahrhunderts in Lateinamerika zunehmend massiv bemerkbar machten und im intermedialen Beziehungsgeflecht auch im 21. Jahrhundert eine wachsende Rolle spielen werden.

Ein derartiges mehrpoliges Modell erlaubt keine für die lateinamerikanischen Literaturen künstlichen Grenzziehungen zwischen »Fremdem« und »Eigenem« einzuführen, sondern kulturelle Prozesse als dynamische Vorgänge innerhalb eines komplexen und historisch wandelbaren Kraftfeldes zu denken. Dabei gilt es freilich stets zu berücksichtigen, daß es in den verschiedenen Teilregionen des Kontinents aufgrund sehr unterschiedlicher Dominanzen einzelner Pole zu stark voneinander abweichenden kulturellen wie literarischen Entwicklungen gekommen ist und weiter kommen wird.[3]

Vor diesem Hintergrund nun scheint mir die These, daß Avantgarde und Identitätsbildung in Lateinamerika eine sehr enge und auch fruchtbare Beziehung miteinander eingegangen seien, auch ein Jahrzehnt nach ihrer Formulierung bedenkenswert und haltbar zu sein. Denn in Lateinamerika haben die unterschiedlichen avantgardistischen Bewegungen von Beginn an, freilich aus einer von den hispanoamerikanischen Modernisten ererbten Tradition und nicht notwendigerweise in der Wirkungsart einer »Initialzündung«, ihr Augenmerk auf die Problematik der Identitätsfindungsprozesse[4] in ihren Heimatländern wie in der *patria grande* des Subkontinents gerichtet.

Dabei haben in der Tat die verschiedenen Avantgarden, wenn auch in unterschiedlichem Maße, ihre eigene künstlerische Praxis auf die Fragestellung kollektiver wie kultureller Identität bezogen. Gewiß waren es nicht die Avantgardisten, die als erste in Lateinamerika ebenso auf individueller wie auf kollektiver Ebene die Frage nach der eigenen Identität stellten, waren doch seit der zweiten Hälfte des 18. Jahrhunderts gerade im neuspanischen, also später mexikanischen Raum von Vertretern der neuspanischen Aufklärung umfangreiche Erörterungen und Untersuchungen auch zu Geschichte und Bedeutung der indianischen Hochkulturen im allgemeinen und der Azteken im besonderen vorgelegt worden – Untersuchungen freilich, die, sieht man einmal von Alexander von Humboldt ab, im damaligen Europa des 18. Jahrhunderts und des beginnenden 19. Jahrhunderts nicht zur Kenntnis genommen wurden.[5]

3 Vgl. aus brasilianischer Sicht den vieldiskutierten frühen Aufsatz von Roberto Schwarz, »Nacional por substracción«, in: *Punto de vista* (Buenos Aires) IX, 28 (1986), S. 15-23, sowie zur Frage kultureller Hybridbildungen aus europäisch-nordamerikanischer Sicht Elisabeth Bronfen, Benjamin Marius und Therese Steffen (Hg.), *Hybride Kulturen. Beiträge zur anglo-amerikanischen Multikulturalismusdebatte*, Tübingen: Stauffenburg 1997. Längst zu einem Klassiker geworden ist der Jahre zuvor diese Titelgebung einführende Band von Néstor García Canclini, *Culturas híbridas. Estrategias para entrar y salir de la modernidad*, México: Grijalbo – Consejo Nacional para la Cultura y las Artes 1990.

4 Zur Problematik des Begriffs »Identität« selbst vgl. Kapitel 11 des vorliegenden Bandes.

5 Vgl. Kapitel 3 des vorliegenden Bandes sowie Ette, »Fernández de

Doch finden wir in vielen avantgardistischen Werken eine neue Perspektivierung dieser Problematik, die sich auch von der reichen Essayliteratur von Modernisten der Jahrhundertwende wie dem Cubaner José Martí, dem Uruguayer José Enrique Rodó oder dem Nicaraguaner Rubén Darío – um hier nur die bekanntesten zu nennen – abhebt und signifikant unterscheidet. Aus einer wesentlich selbstsichereren Position heraus schlugen die Vertreter der lateinamerikanischen Avantgarden – es handelte sich in der Mehrzahl um männliche Autoren, da sich die herausragenden Autorinnen der Zeit anderen literarischen Ausdrucksformen zuwandten – neue Formen interkultureller Beziehungen insbesondere zwischen dem ersten, nun auf die europäischen Literaturen insgesamt erweiterten Pol und den anderen kulturellen Polen vor. Sie warfen dabei bestimmte manichäistische Kulturkonzepte ebenso in bezug auf die inneramerikanischen Entwicklungen (etwa Sarmientos Grundwiderspruch zwischen »Zivilisation« und »Barbarei«) wie hinsichtlich der spezifisch europäisch-amerikanischen Kulturbeziehungen über Bord. Zugleich entwarfen sie in ihren Werken, die sich ebenso an ein Lesepublikum in Lateinamerika wie in Europa wandten, Formen eines grundlegend offeneren Kulturdialogs.

Viele dieser nur kurz skizzierten Aspekte lassen sich in Alfonso Reyes' Bearbeitung des Iphigenie-Stoffes exemplarisch aufzeigen, handelt es sich bei diesem Theaterstück doch um einen der schönsten Theatertexte der ersten Hälfte des 20. Jahrhunderts, der mit Blick auf die Komplexität seines Anspielungshorizonts beziehungsweise des von ihm in Szene gesetzten literarischen Raumes repräsentativ ist für die historischen Avantgarden in Lateinamerika.

Neue kulturelle Horizonte

Noch immer liegt eine deutsche Übersetzung von Alfonso Reyes' fundamentalem und fulminantem Theaterstück *Grausame Iphigenie* nicht vor, noch immer haben die europäischen, aber gerade auch die deutschen Bühnen eine außereuropäische Arbeit am abendländischen Mythos nicht wahrgenommen, die doch gera-

Lizardi: ›El Periquillo Sarniento‹. Dialogisches Schreiben im Spannungsfeld Europa – Lateinamerika«, a.a.O.

de auch zum deutschsprachigen Raum – und vor allem zu Johann Wolfgang Goethes *Iphigenie auf Tauris* – so zahlreiche Beziehungen herstellte. Noch darf man hoffen, daß es vor der Hundertjahrfeier der Erstaufführung dieses Stückes in unseren Breiten zu einer deutschsprachigen Inszenierung kommen könnte.

Ifigenia cruel, das dramatische Gedicht in freien Versen des mexikanischen Schriftstellers, Literaturtheoretikers, Kulturvermittlers und Diplomaten Alfonso Reyes, ist ein Produkt des Exils. In den Monaten August und September des Jahres 1923 in Deva und Madrid niedergeschrieben und erstmals in der spanischen Hauptstadt im Jahre 1924 veröffentlicht[6], stammt es aus einer Zeit, in der die prekäre Situation von Reyes sich weitab von México langsam wieder zu stabilisieren begann und seit Beginn der zwanziger Jahre eine gewisse Normalität erreichte. Sein Aufenthalt in Spanien hatte 1913 mit dem fluchtartigen Verlassen seines Heimatlandes begonnen, als er sich nach dem gewaltsamen Tod seines Vaters, des Generals Reyes, zum zweiten Sekretär der mexikanischen Gesandtschaft in Paris ernennen ließ und, wie er später formulierte, »mit einem Stückchen ehrenvoller Verbannung«[7] mit Frau und Kind nach Paris übersiedelte. Die Hauptstadt Frankreichs war gerade auch für die Lateinamerikaner zur »Lichtstadt« (*ciudad-luz*) und – ganz im Benjaminschen Sinne – zur Hauptstadt des 19. Jahrhunderts geworden. Die Auflösung des diplomatischen Corps als Folge der komplexen und langanhaltenden Ereignisse der Mexikanischen Revolution nach der Machtübernahme Carranzas schuf ein Klima der Unsicherheit, das für Reyes bald in die Gewißheit eines »wirklichen« Exils umschlug.

Rasch hatte der wendige mexikanische Essayist enge Kontakte zu französischen, spanischen und vor allem lateinamerikanischen Intellektuellen zuerst in Frankreich, später dann in Spa-

6 Alfonso Reyes, *Ifigenia cruel*, Madrid: Biblioteca Calleja 1924; meine Übersetzung folgt der vom Autor überarbeiteten Ausgabe des Textes in: ders., *Obras Completas*. Bd. X, México: Fondo de Cultura Económica 1959, S. 317-350.

7 Vgl. Alfonso Reyes, »Historia documental de mis libros«, in: *Universidad de México* (México) IX, 7 (1955); hier zitiert nach Andrés Iduarte, *Alfonso Reyes: vida y obra – bibliografía – antología*, New York: Hispanic Institute 1956, S. 26.

nien[8] geknüpft und sein für die weitere Entwicklung seines Denkens wie seiner kulturellen Vermittlertätigkeit wichtiges Netzwerk aufgebaut. Aus jener Phase stammen seine oft freundschaftlichen Beziehungen zu vielen Repräsentanten der (auch avantgardistischen) Kunst der zwanziger und dreißiger Jahre. In der französischen wie der spanischen Hauptstadt waren es Kontakte zu Schriftstellern und Forschern wie Lugones, Alcides Arguedas oder Larreta, Larbaud, Valéry, Menéndez Pidal, Américo Castro, Federico de Onís und vielen anderen[9], die seine Sichtweise Amerikas maßgeblich mitbeeinflußten.

Die Internationalisierung seines kulturellen Horizonts wurde durch das Exil beschleunigt und verstärkt. Die Deterritorialisierung wurde zur Grundlage seines Literatur- und Lebensraumes, orientierte seine Existenz wie sein Schreiben. Paris, aber auch Madrid waren zu wichtigen kulturellen Drehscheiben geworden, die neben den zunehmend ins Rampenlicht tretenden nordamerikanischen Städten wesentlich dazu beitrugen, daß der Informationsaustausch und die Möglichkeiten direkter Kommunikation neben der aufgrund des technischen Fortschritts immer rascheren Überwindung des Raumes zu wichtigen, vielleicht entscheidenden Bedingungen avantgardistischer Kunst werden konnten. Die tendenzielle Gleichzeitigkeit kultureller Entwicklungen und die oftmals beeindruckende Ubiquität einer Reihe von Künstlerinnen und Künstlern auf beiden Kontinenten boten gerade für die Dynamik avantgardistischer Auseinandersetzungen wesentliche Voraussetzungen. Die Technikeuphorie der Futuristen und ihre Inszenierung einer heroischen Überwindung von Raum- und Zeitgrenzen finden hier ihre zeitgenössischen technologischen Prämissen[10] und Verwirklichungen, wie sie gerade den lateinamerikanischen Intellektuellen im Gefolge des reisefreudigen und hochgradig internationalisierten Literaten Rubén Darío sehr bewußt waren. Im Verlauf der ersten Jahrzehnte des 20. Jahrhunderts begann sich das Bewußtsein für ein

8 Vgl. Paulette Patout, *Alfonso Reyes et la France (1889-1959)*. Thèse présentée à l'Université de Bordeaux, Lille: Service de Reproduction de Thèses 1981, S. 81 ff.

9 Vgl. Iduarte, *Alfonso Reyes*, a.a.O., S. 30.

10 Vgl. hierzu Winfried Wehle, »Lyrik im Zeitalter der Avantgarde. Die Entstehung einer ›ganz neuen Ästhetik‹ zu Jahrhundertbeginn«, in: Dieter Janik (Hg.), *Die französische Lyrik*, Darmstadt: Wissenschaftliche Buchgesellschaft 1987, S. 418 f.

Kleinerwerden der Distanzen und damit der Zeit-Räume so sehr zu verstärken, daß es zu einem neuen Lebensgefühl, in verschiedenen Welten gleichzeitig zu leben, werden konnte.

Spätestens seit Beginn der zwanziger Jahre nahm Alfonso Reyes eine immer wichtigere Position als (kultureller) Vermittler zwischen Europa und Lateinamerika ein. Seine ersten Artikel für kubanische und mexikanische Zeitschriften, die sich speziell mit Problemen und Chancen dieser interkulturellen Beziehungen auseinandersetzten, stammen freilich schon aus dem Jahre 1914.[11] Reyes sollte seine kulturvermittelnde Tätigkeit auch später von den großen lateinamerikanischen Metropolen, von Buenos Aires oder Rio de Janeiro und damit just von jenen Ländern und Großstädten aus fortführen, die eine besonders aktive Rolle innerhalb der avantgardistischen Bewegungen spielten. Nach Lateinamerika berichtete er vor allem von den neuen Tendenzen innerhalb des literarischen Lebens in Europa, wurde gleichzeitig aber nicht müde, umgekehrt den Europäern Geschichte und Kultur der lateinamerikanischen Länder näherbringen zu wollen. Daher rührt auch der Spitzname, den man ihm bald schon in Paris gab, nannte man ihn doch in der französischen Hauptstadt den »Docteur ès Amériques latines«.[12] Zu einem Zeitpunkt, als die europäischen Avantgarden und eine wachsende Zahl europäischer Schriftsteller und Ethnologen ihr Interesse an außereuropäischen Kulturen zu entdecken und die bis zu diesem Zeitpunkt unhinterfragbare eurozentrische Sichtweise der Kunst in Frage zu stellen begannen, drehten sich Alfonso Reyes' Vorstellungen vordringlich um die Frage, wie die lateinamerikanischen Kulturen und Literaturen am schnellsten ihre bis zu diesem Zeitpunkt völlig marginale Rolle überwinden und in eine Kultur integriert werden könnten, die nicht mehr nur internationalen, sondern universalen Zuschnitts sein sollte.

Mit dem hispanoamerikanischen *Modernismo* und vor allem mit dem aus Nicaragua stammenden Lyriker Rubén Darío – der beispielsweise das im Pariser *Figaro* erschienene Gründungsmanifest des italienischen Futurismus kurze Zeit später[13] bereits

11 Vgl. Patout, *Alfonso Reyes*, a.a.O., S. 71.
12 Ebd., S. 84.
13 Vgl. Wentzlaff-Eggebert, »Avantgarde in Hispanoamerika«, a.a.O, S. 8.

in Buenos Aires und damit in den Künstlerzirkeln der gesamten spanischsprachigen Welt bekannt machte – waren erstmals grundlegende Veränderungen in Gang gekommen. Aber nicht nur die Reisen des Schöpfers von *Azul*, sondern auch etwa die Zeitschriftenprojekte und journalistischen Bemühungen von Autoren wie Rodó oder Martí zeigten an, daß sich neue Kommunikationsmöglichkeiten und -formen ebenso innerhalb des Kontinents wie bei den transatlantischen Beziehungen zu entfalten begonnen hatten. Sie konnten nun zum Ausgangspunkt für die weitere Entwicklung werden.

Erstmals begann man sich auch über Spanien hinaus in Europa mit der Tatsache zu beschäftigen, daß in den ehemaligen Kolonialländern eine rege Literaturentwicklung eingesetzt hatte. Zugleich wurden Madrid, Paris und New York für die Lateinamerikaner selbst neben den eigenen Großstädten zu wichtigen Drehscheiben der Information ebenso über ihre Herkunftsländer wie über das kulturelle Leben in anderen lateinamerikanischen Nationen. Spätestens seit dem Ende des Ersten Weltkrieges läßt sich ein gewachsenes Selbstbewußtsein der lateinamerikanischen Literaturen und Literaten gerade in Hinblick auf die Alte Welt beobachten. Man war sich zunehmend der eigenen kulturellen Traditionen nicht nur in Fortführung des ersten Pols des eingangs skizzierten Spannungsfeldes, sondern auch mit Blick auf andere kulturelle Pole bewußt geworden, eine Tatsache, für die Autoren wie Alfonso Reyes, Miguel Angel Asturias, José Carlos Mariátegui oder Alejo Carpentier, aber auch Gabriela Mistral, Juana de Ibarbourou, Vicente Huidobro oder Pablo Neruda paradigmatisch genannt werden können.

So verwundert es nicht, wenn schon 1925 der Dominikaner Pedro Henríquez Ureña – der in seiner Entwicklung stark von José Enrique Rodós *Ariel* und dessen in ein neues Jahrhundert weisenden Zukunftsoptimismus geprägt worden war – euphorisch erklären konnte, daß »wir die bescheidene Kassette, in welcher wir heute unsere wenigen Schmuckstücke aufbewahren, in eine Schatztruhe verwandeln werden« und daß innerhalb kürzester Frist »die geistige Achse der spanischsprachigen Welt auf diese Seite des Atlantiks überwechseln« werde.[14]

Es fällt nicht schwer, in diesen Worten nicht nur das Echo der

14 Pedro Henríquez Ureña, *Obra crítica*, México: Fondo de Cultura Económica 1960, S. 253.

Stimme Prósperos zu vernehmen, sondern auch den Wunsch zu erkennen, die im Norden Amerikas populäre Vorstellung von einer Westwanderung politischer Machtsysteme auf den kulturellen Bereich zu übertragen und dabei zugleich »arielistisch« den Südteil der Hemisphäre als den eigentlichen kulturtragenden Teil des Kontinents zu profilieren. Die Alte Welt, so schien es, hatte kulturell abgedankt und jene Rolle verloren, die ihr Rodó trotz seiner Kritik gerade auch in seinen Berichten über den später so genannten Ersten Weltkrieg noch immer unbestritten zugebilligt hatte. Gerade deshalb kommt seiner erträumten Reise nach Europa, die zu einer Reise in den Tod wurde, etwas Symbolhaftes zu. Nach Ende des Ersten Weltkriegs schlug auch im Bereich der Literatur die Stimmung gegenüber Europa – gewiß noch mit Ausnahme Frankreichs, das in dieser Hinsicht damals *exception culturelle* blieb – um. Was in den Worten von Henríquez Ureña noch im Futur ausgedrückt worden war, verwandelte sich in den Worten seines Freundes und langjährigen Mitstreiters Alfonso Reyes in zukunftsträchtiges und selbstbewußtes Präsens. Im Wissen um eine immer gewichtigere Rolle der hispanoamerikanischen beziehungsweise lateinamerikanischen Literaturen innerhalb eines Systems der Weltliteratur, das von Goethe zwar erahnt und in seinen Umrissen und Konsequenzen erstmals beschrieben wurde, aber erst im 20. Jahrhundert in größerem Maßstabe tatsächlich zu funktionieren begann, unterstrich Alfonso Reyes in einem Text des Jahres 1941:

> Die spanischsprachigen Literaturen Europas und Amerikas stellen keine bloße Kuriosität dar, sondern bilden einen essentiellen Bestandteil in der Überlieferung der menschlichen Kultur. Wer sie nicht kennt, ignoriert zumindest so viel, daß er die Möglichkeiten des Geistes nicht in ihrer Fülle verstehen kann, so viel, daß sein Bild von der Welt eine schreckliche Verstümmelung darstellt.[15]

Modell der Antike und Abweichung

Die Niederschrift des dramatischen Gedichts *Ifigenia cruel* ist vor dem Hintergrund dieses neuen kulturellen Selbstbewußtseins und zugleich einer supranationalen literarischen Entwick-

15 Reyes, *Obras Completas*, a.a.O., Bd. XI, S. 130.

lung zu sehen, die Carlos Solórzano einmal als die Zeit eines »Theaters universaler Tendenzen« bezeichnet hat.[16] Seit Beginn der zwanziger Jahre etwa ließ sich ein auffällig erneuertes Interesse am abendländischen Mythos, an den Themen der klassischen Antike ausmachen, eine Bewegung, die sich mit so klangvollen Namen wie Hofmannsthal, Unamuno, Giraudoux, O'Neill oder Cocteau verbinden ließ, schnell aber von Europa nach Lateinamerika übergesprungen war. Viele lateinamerikanische Autoren wurden von dem befallen, was der brillante kubanische Dramaturg und Erzähler Virgilio Piñera in ironischer Distanzierung von seinem eigenen Schaffen einmal als den »griechischen Bazillus« bezeichnete.[17]

In der Tat ist die von Piñera gewählte Begrifflichkeit zumindest in räumlicher Hinsicht präziser, handelte es sich doch nicht um eine »universale« Tendenz, sondern um eine Thematik, die sich innerhalb unseres sechspoligen Schemas unverkennbar am ersten Pol ausrichtete und den Modellcharakter des griechisch-römischen Kulturerbes unterstrich. Doch bleibt die Überquerung des Atlantiks niemals folgenlos. Sie geht nie ohne fundamentale Veränderungen vor sich, die in der Folge am Beispiel dieser »grausamen Iphigenie« näher untersucht seien.

Die kritische Auseinandersetzung von Alfonso Reyes mit der griechischen Antike reicht in die Zeit seiner literarischen Anfänge zurück. Seit 1906 beschäftigte sich der junge Literaturenthusiast zunächst im Kreis um die Zeitschrift *Savia Moderna* und später innerhalb der Gruppe des *Ateneo de la Juventud* zusammen mit später so einflußreichen Intellektuellen wie Antonio Caso, José Vasconcelos oder Pedro Henríquez Ureña mit den Autoren und Texten der klassischen abendländischen Antike, ohne daß dadurch freilich sein frühes Interesse an den zeitgenössischen Entwicklungen der mexikanischen und lateinamerikanischen Literatur behindert worden wäre oder gar Schaden

16 Carlos Solórzano, »El teatro de tendencias universales«, in: ders., *Teatro latinoamericano en el siglo XX*, México: Editorial Pormaca 1964, S. 55 ff.

17 Virgilio Piñera, »Piñera teatral«, in: ders., *Teatro completo*, La Habana: Ediciones R 1960, S. 9. Aus Raumgründen muß ich mir leider eine in den Zusammenhang dieses siebten Kapitels sehr gut passende Untersuchung seiner Bearbeitung des Elektra-Stoffes *Electra Garrigó* untersagen.

genommen hätte. Ganz im Gegenteil. Innerhalb der kulturellen Entwicklung Méxicos nahm das *Ateneo de la Juventud* eine wichtige Funktion ein als »eine Erneuerungsbewegung, die sich dem alten System des Positivismus in der Philosophie und dem Erziehungswesen entgegenstellte«[18], das während der langen diktatorischen Herrschaft von Porfirio Díaz vorgeherrscht hatte und erst unter dem Ansturm der Mexikanischen Revolution untergehen sollte.[19] Das *Ateneo* bildete zweifellos den Kern einer »Revolution im Bereich der Ideen, im Bereich der Kultur«[20], die der Revolution im politischen und militärischen Bereich vorausging, ohne daß zwischen beiden eine allzu direkte Verbindung oder gar ein Ursache-Wirkung-Nexus hergestellt werden dürfte.

Dem Jahre 1908 entstammt die erste Beschäftigung Alfonso Reyes' mit der Figur Iphigenies in der erstaunlich kenntnisreichen Studie des damals noch nicht Zwanzigjährigen mit dem Titel »Las tres *Electras* del teatro ateniense«. Die Entstehung von *Ifigenia cruel*, des im übrigen einzigen Theaterstücks des mexikanischen Schriftstellers, reicht mithin über einen Zeitraum von fünfzehn Jahren zurück und beruht auf einem langjährigen Studium der griechischen Antike. Diese Beschäftigung mit dem fernen Griechenland war, wie Reyes später in seinem »Kommentar zur Grausamen Iphigenie« festhielt, für ihn geradezu lebensrettend gewesen.[21] Es ging Reyes, der als Autodidakt zu einem der einflußreichsten Hellenisten Lateinamerikas wurde, denn auch keineswegs um ein nur sammelndes, »museales« und akademisches Wissen, sondern vielmehr um eine Belesenheit und Kultur, die sich im direkten Zwiegespräch mit dem Leben wußte. Nicht um wissenschaftliche Fußnoten und Anmerkungen, sondern um die großen Zusammenhänge, nicht um Dokumentarisches, sondern um ein lebendiges Wissen um die *conditio humana* war es ihm bei seiner

18 Sara Sefchovich, *México: país de ideas, país de novelas. Una sociología de la literatura mexicana.* México/Barcelona/Buenos Aires: Grijalbo 1987, S. 80.

19 Zur Entwicklung des Positivismus in México vor allem im Bereich der Philosophie vgl. die längst klassische Studie von Leopoldo Zea, *El Positivismo en México. Nacimiento, Apogeo y Decadencia*, México: Fondo de Cultura Económica 1968.

20 Ebd., S. 83.

21 Reyes, »Comentario a la Ifigenia cruel«, in: ders., *Obras Completas*, a.a.O., Bd. X, S. 351.

Vermittlung der griechischen Antike zu tun. So darf man der Einschätzung des Schweden Ingemar Düring insgesamt zustimmen, Reyes' Studien seien weniger durch ihre Originalität als durch ihre Ausdrucksschärfe und bildhafte Anschaulichkeit herausragend.[22] Bereits in seinen frühen Studien zeigte sich das kreative Potential, das der mexikanische Schriftsteller bald auch in seiner Behandlung des Iphigenie-Stoffes unter Beweis stellen sollte.

Der Umgang mit der Antike als etwas Lebensnahem, Alltäglichem fast, gab den Arbeiten von Alfonso Reyes eine Eleganz und Freiheit, die sich in der freien und zugleich befreienden Arbeit am abendländischen Mythos aus bewußt lateinamerikanischer Perspektive auch insoweit niederschlug, als sich der weit von seiner Heimat entfernt lebende und nach Europa verschlagene Dichter bemühte, eine ausschließliche Ausrichtung am ersten, von der abendländischen Kulturtradition bestimmten Pol des kulturellen Raumes aufzugeben. Dabei unterstrich er im Kommentar zu seiner Iphigenie-Fassung nachdrücklich sein Recht – und das Recht jedes lateinamerikanischen Autors – auf einen unbeschwerten, selbstbewußten Umgang mit den antiken Stoffen: »Sind wir, auf welchem Weg auch immer, erst einmal in den Besitz eines Modells gelangt, so besitzen wir zugleich das Recht, es nach unserem Geschmack zu manipulieren.«[23] Durch einen geradezu familiären Umgang mit dem abendländischen Kulturerbe sollte das entstehen, was Reyes pointiert *una minúscula Grecia* nannte: »ein winziges Griechenland für unseren Gebrauch: dem Paradigma mehr oder minder treu, aber stets Griechenland und stets unser«.[24]

Die Rede von »unserem Griechenland« *(nuestra Grecia)*[25] erinnert an einige Passagen des kubanischen Dichters und Intellektuellen José Martí, der beispielsweise in seinem berühmten Essay *Nuestra América* ebenfalls von »unserem Griechenland« gesprochen hatte.[26] Dort hatte es geheißen:

22 Vgl. Ingemar Düring, *Alfonso Reyes helenista*, Madrid: Insula 1955, S. 9 ff.

23 Reyes, *Obras Completas*, a.a.O., Bd. X, S. 351.

24 Ebd., S. 352.

25 Ebd.

26 José Martí, *Obras completas*. Bd. VI, La Habana: Editorial de Ciencias Sociales 1975, S. 18.

> Die Geschichte Amerikas von den Inkas bis heute muß in allen Einzelheiten vermittelt werden, auch wenn man auf die Geschichte der griechischen Archonten verzichten müßte. Unser Griechenland ist dem Griechenland vorzuziehen, das eben nicht das unsere ist. Für uns nämlich ist es von größerer Notwendigkeit. Den Interessen der Nation verpflichtete Politiker müssen die am Ausland orientierten ersetzen. Möge man ruhig die Welt in unsere Republiken einsäen – der Stamm muß jedoch der unserer Republiken sein. Und möge der Besserwisser schweigen, er ist besiegt: auf kein Vaterland kann ein Mann stolzer sein als auf unsere schmerzensreichen Republiken Amerikas.[27]

Die von Martí in seinem wohl berühmtesten, erstmals am 1. Januar 1891 abgedruckten Essay angestellten Überlegungen zur grundlegenden Neuorientierung von Bildung und Politik im Kontext eines neuen, ganz Lateinamerika und die Karibik umfassenden Identitätsentwurfes waren Alfonso Reyes wohlbekannt und flossen ebenso in seinen eigenen Identitätsentwurf wie in jenen seines langjährigen Mitstreiters José Vasconcelos ein, der mit Blick auf Lateinamerika von der Entstehung einer *kosmischen Rasse* gesprochen hatte und immer wieder – auch in seiner späteren Tätigkeit als Bildungsminister der Revolution – Versuche unternahm, die abendländische mit der amerikanischen Antike zu verbinden.[28] Doch Reyes verstand seine Rede von »unserem Griechenland« anders als der 1895 im Kampf gegen die spanische Kolonialmacht gefallene kubanische Essayist als einen tiefgreifenden Prozeß kultureller Aneignung, der sich des abendländischen Mythos bemächtigen und ihn in schöpferischer Auseinandersetzung für eigene, amerikanische Zwecke einsetzen sollte. Dieser Aneignung oder Bemächtigung des Mythos lag aber eine grundlegende Arbeit der Übertragung, des Über-Setzens von Europa nach Amerika zugrunde: Die Bearbeitung des Iphigenie-Stoffes erweist sich aus dieser Perspektive bereits als eine in Bewegung gesetzte, grenzüberschreitende Literatur, in der sich Rezeption und Produktion niemals unvermittelt gegenüberstehen.

Dieser schöpferische Umgang mit dem antiken, »klassischen« Modell wurde anhand einiger wesentlicher Eingriffe in den My-

27 Ebd. Ich zitiere nach meiner Übersetzung von José Martí, »Unser Amerika«, in: Angel Rama (Hg.), *Der lange Kampf Lateinamerikas. Texte und Dokumente von José Martí bis Salvador Allende*, Frankfurt am Main: Suhrkamp 1982, S. 60.

28 Vgl. hierzu auch die Ausführungen im elften Kapitel.

thos, in die Bezugstexte, von Anfang an deutlich. Reyes' Iphigenie hat, als sich der Vorhang hebt und den Blick auf Tauris freigibt, ihr Gedächtnis verloren. Wie in einem »zweiten Leben« – so Reyes' Formulierung von 1908 –, ihrer Herkunft unbewußt und nur von einer dunklen Ahnung überschattet, verdankt sie sich allein der Göttin Artemis, der sie als Priesterin dient und der sie mit eigener Hand alle ins Land kommenden Fremdlinge opfert.

Als ein solcher Fremdling aber kommt Orest, begleitet von seinem treuen Freunde Pylades, nach Tauris. Kurz nach ihrer Ankunft werden die beiden unzertrennlichen Freunde gefangengenommen. Sie werden an Iphigenie überstellt, die die beiden Griechen der Göttin Artemis opfern soll. Orests Auftauchen aber, seine wortreiche und frei gestaltete Theogonie, die sich als wahre Mythenbricolage erweist, bricht mit der Projektion der gemeinsamen griechischen Vergangenheit und den brüderlich-absichtsvoll aneinandergereihten Namensketten förmlich in Iphigenies Gedächtnis ein: »Die Namen, die du aussprichst, brechen durch meine Stirn herein.«[29]

Die sich anschließende Anagnorisis, das Wiedererkennen der beiden Geschwister, konfrontiert nun »die Geopferte und Opfernde«[30] mit ihrem ersten Leben, mit ihrer längst verdrängten, ausgelöscht geglaubten eigenen Vor-Geschichte. Doch die Vergangenheit ist rasch zur Gegenwart geworden, die längst vergangenen Bilder der Kindheit und Jugend in Griechenland setzen sich – ganz im Sinne Miguel de Unamunos und Jorge Luis Borges'[31] – neben den Bildern von Tauris vor Iphigenies innerem Auge fest. Und die Opferpriesterin der Artemis muß bekennen: »Ich erkenne mich in deiner blutigen Geschichte wieder.«[32] Die Tage Iphigenies als grausame Priesterin auf Tauris scheinen gezählt, ihrer Rückkehr nach Griechenland, einer wahren Reterritorialisierung, steht aus Orests Sicht nichts mehr im Wege.

Doch die Herrschaft des Bruders über die Schwester, des Mannes über die Frau – in der noch unverkennbar Bachofens Deutung der Orestie als Ablösung des Mutterrechts durch das Vaterrecht mitschwingt –, die Herrschaft des alten Lebens, der griechischen Herkunft, über die Gegenwart im Barbarenlande

29 Reyes, »Ifigenia cruel«, in: *Obras Completas*, a.a.O., Bd. X, S. 339.
30 Ebd., S. 346.
31 Vgl. die Kapitel 5 und 6 im vorliegenden Band.
32 Ebd., S. 339.

ist nur von kurzer Dauer. In einer unerwarteten Wendung weist Iphigenie ihre Heimführung durch Orest, die Reduzierung ihres Lebens auf die Aufgaben einer Frau im Hause und innerhalb der blutigen Geschichte der Atriden, jener *historia de sangre*, zurück. Sie entbindet sich von dieser Geschichte, befreit sich von der in ihr selbst aufgehäuften und nun ins Bewußtsein getretenen Last, indem sie sich in einem weiteren Gespräch ein letztes Mal an Orest wendet und den Worten dieses selbstbewußten Griechen lauscht:

> OREST: Und was wirst du tun, Torin,
> um die Silben jenes Namens, den du erleidest, zu brechen?
>
> IPHIGENIE: Gering meine Tugend, gering mein Wille!
> Ein Vögelchen bin ich, zwischen Worten gefangen!
> Wenn die Einbildungskraft, von Phantasmen gebläht,
> nicht mehr vom Schiffe umzukehren weiß, das dich wegführt,
> wird mich meines Körpers Treue zu Füßen der
> Artemis zurückhalten, wo ich als Sklavin wiedergeboren werde.
>
> Du wirst eine Stimme rauben, du wirst ein Echo retten;
> ein Bedauern, kein Begehren.
> Nimm mit in deinen Händen, von deinem klugen
> Geiste genommen,
> diese beiden leeren Muscheln meiner Worte: *Ich bleibe!*[33]

Iphigenie, kaum der Erinnerung an ihre Geschichte innegeworden, befreit sich von letzterer gerade nicht durch Verdrängung und Vergessen – was nur ein Aufschub vor der Wiederkehr des Verdrängten wäre –, sondern in einem Akt, für den es in der langen Geschichte der Behandlung des Iphigenie-Stoffes keine Referenzpunkte gibt. Sie flüchtet sich in den Tempel, kehrt nicht mit ihrem Bruder Orest in die alte Heimat zurück, sondern verbleibt im Taurerland. Damit ist die zyklische Bewegungsstruktur, auf der die Stoffgeschichte der taurischen Iphigenie, aber letztlich auch ein Gutteil des kulturellen Fundaments der lateinamerikanischen Literaturen bis hin zum *Modernismo* beruhte, durchbrochen: Der Kreis ist zerstört, die Linie ist an seine Stelle getreten, eine Rückkehr in die alte Geschichte, in die Alte Welt, wird, aller Verlockungen und Drohungen zum Trotz, rundweg

33 Ebd., S. 348 (der letzte Ausruf lautet *No quiero*, eigentlich: »Ich will nicht«).

abgelehnt. Die Bewegung des Verstehens wird anhand der Bewegung im Raum konkretisiert: Das *No quiero* steht hier für den Bruch mit einer Geschichte, aus deren Herrschaft und Gewalt kein Weg herauszuführen schien. Iphigenies Entschluß ist frei gefaßt, folgt ihrem freien Ermessen, einem für die Generation des *Ateneo de la Juventud* zentralen Konzept.[34]

Ramón Xirau hat in einer einflußreichen Deutung versucht, die Gesamtentwicklung des Stückes pointiert auf einen Nenner zu bringen: »*Ifigenia cruel*: vom Vergessen der Ursprünge zum Gedächtnis, vom Gedächtnis zur willentlichen und hellsichtigen Entscheidung; von der Entscheidung und der Hellsichtigkeit zur Freiheit.«[35] Der Weg zur Freiheit führt über Erinnerung und Entschluß: So einleuchtend diese bündige Zusammenfassung auch sein mag, eine solche Interpretation verdeckt das Stück mit den Schleiern des Individualpsychologischen und des Ontologischen, so daß die *Grausame Iphigenie* vorrangig auf die Dimensionen eines Seelendramas reduziert und als solches auch rezipiert wurde. Gewiß sind Alfonso Reyes' eigene Auslegungen, die eine wichtige paratextuelle, das Lesepublikum orientierende Funktion ausüben, nicht ganz unschuldig an dieser Lesart. So hatte Reyes einer ersten Lesung bereits einen »Kurzen Kommentar« vorausgehen lassen, der später zusammen mit einem ausführlichen »Kommentar zu *Ifigenia cruel*« die Ausgabe letzter Hand in seinen *Obras Completas* förmlich rahmt.

In diesen Kommentaren hatte Reyes auf den autobiographischen Hintergrund des Stückes aufmerksam gemacht[36], auf sein freiwilliges Exil, durch das er der fast zwangsläufigen Rache für seinen ermordeten Vater und damit einer Fortsetzung der blutigen Familiengeschichte ausgewichen war. Eine ganze Reihe autobiographischer Anspielungen im Text verweist unzweifelhaft auf diese Bedeutungsebene[37], die von der Literaturwissenschaft gerne aufgegriffen und belegt worden ist.

34 Vgl. Sefchovich, *México*, a.a.O., S. 80 f.

35 Ramón Xirau, »Cinco vías a ›Ifigenia cruel‹«, in: *Presencia de Alfonso Reyes. Homenaje en el X aniversario de su muerte (1959-1969)*, México: Fondo de Cultura Económica 1969, S. 164.

36 Reyes, *Obras Completas*, a.a.O., Bd. X, S. 354.

37 Vgl. Patout, *Alfonso Reyes*, a.a.O., S. 220. Eine Vielzahl von Äußerungen Reyes' zu dieser autobiographischen Dimension seines Stükkes finden sich bei Ernesto Mejía Sánchez, »Estudio preliminar«, in: Reyes, *Obras Completas*, a.a.O., Bd. XX, S. 7-31.

Eine andere Deutungslinie von *Ifigenia cruel* sah hinter diesem Autobiographischen das allgemein Menschliche aufscheinen, ganz im Sinne Alfonso Reyes', der nicht müde wurde, sein Verständnis der griechischen Tragödie in Konkordanz mit dem Zeitgeist in Europa als universales, sozusagen archetypisches Grundmuster zu erläutern. So betonte er stets, die antike Tragödie sei nach seinem Verständnis »menschlich, aber weltweit menschlich *(universalmente humana)*, insoweit sie den Menschen in den Rahmen der sein Wesen übersteigenden Energien eintaucht«.[38]

In weitem Maße der Sichtweise Friedrich Nietzsches folgend, der schon für die Sicht des uruguayischen Modernisten Rodó auf die Antike zu einem wichtigen Bezugspunkt geworden war und die griechische Tragödie von ihrem angenommenen Ursprung her als Ausfluß des Dionysischen in eine apollinische Bilderwelt gedeutet hatte, verwies Alfonso Reyes schon früh darauf, daß für ihn die griechische Tragödie eine »vollständige Repräsentation der Seele in ihrer Dynamik der Leidenschaften *(dinamismo pasional)*« darstelle.[39]

Mit Blick auf das vorangegangene Kapitel, in dem wir die komplexe Strukturierung von Rodós *Motivos de Proteo* (durchaus im Barthesschen Sinne) als Fragmente eines Diskurses der Seele deuteten und zudem erkannten, wie sehr dieses Text-Mobile von einer grundlegenden Dynamik durchdrungen ist, die alle Textteile in ständiger Bewegung und die Entwicklung des gesamten Buches offenhält, läßt sich in den auf den ersten Blick so unterschiedlich angelegten Texten und Textgattungen beim Rückgriff auf die abendländische Antike unbestreitbar eine erstaunliche Kontinuität zwischen *Modernismo* und *Vanguardia* feststellen. Den vielgestaltigen Proteus in Uruguay verbindet mit der grausamen Iphigenie in México keine direkte intertextuelle Verknüpfung, wohl aber eine grundlegende Gemeinsamkeit bezüglich einer Sichtweise der griechisch-römischen Antike, die noch immer als vorbildgebendes kulturelles Modell erscheint. Für Alfonso Reyes wie schon für José Enrique Rodó stellt diese Antike Stoffe und Modelle bereit, die universal gültig oder doch zumindest universal übertragbar, übersetzbar scheinen. Beide gelangten dadurch zu Texten, die bis heute eine spannungsgeladene Dynamik entfalten können.

38 Reyes, *Obras Completas*, a.a.O., Bd. X, S. 353.
39 Ebd., Bd. I, S. 30.

Diese Übertragbarkeit hatte Reyes schon in frühen Gedichten, etwa in *Elegía de Itaca* von 1909, in dem sich ebenfalls das Autobiographische mit der griechischen Antike verbindet, literarisch erfolgreich erprobt. Und selbst noch in der argentinischen Pampa begegnete der Homer-Übersetzer Reyes der Gestalt des Achill, wobei er, sich an den Leser wendend, eher beschwichtigend vorausschickte:

> Nur keine Angst vor der Belesenheit. Man muß die Antike mit lebendigen Augen und einer männlichen Seele betrachten, wenn wir den Nutzen der Poesie erhalten wollen.[40]

Diese Belesenheit, diese *erudición*, wurde ihm von Beginn an freilich gerade von der lateinamerikanischen Kritik - nicht anders als zuvor bei Rodó und später bei Borges oder Cortázar - zum Vorwurf gemacht. Schon in den zwanziger und dreißiger Jahren[41] hielt man ihm unverblümt vor, sich mit Dingen zu beschäftigen, die von der mexikanischen Wirklichkeit meilenweit entfernt seien.[42] Selbst sein Landsmann Octavio Paz merkte in einer kurz nach dem Tode Reyes' erschienenen Studie kritisch an, daß sich dieser nicht immer von den »Täuschungen jener Belesenheit« habe schützen können, »die uns im Neuen von heute die Verrücktheit von gestern sehen lassen«.[43] Hatte sich

40 Ebd., Bd. XVII, S. 254.

41 In einem Brief vom 3. April 1925 schrieb der gerade nach Paris umgezogene Reyes an seinen Freund Daniel Cosío Villegas verärgert, aber unbeirrt: »Ich glaubte [...], mir unter den Jüngsten einen liebevollen Umgang verschaffen zu können. Nun aber sieht es so aus, daß einige Junge mich für einen Nestflüchtling *(descastado)*, einen von allerlei müßiggängerischer Belesenheit Besessenen, für einen Aristokraten und ich weiß nicht was halten, und daß sie mich aufspießen und mir andere Gräßlichkeiten antun werden.« In: Alberto Enríquez Perea (Hg.), *Testimonios de una amistad. Correspondencia Alfonso Reyes / Daniel Cosío Villegas (1922-1958)*, México, D.F.: El Colegio de México 1999, S. 40.

42 Vgl. etwa Ricardo Repilado, »Contorno de Alfonso Reyes«, in: Alfonso Reyes, *Páginas escogidas*. Selección y prólogo de Ricardo Repilado, La Habana: Casa de las Américas 1978, S. XV; oder Gabriel Méndez Plancarte, »Resurrección de Ifigenia«, in: *Páginas sobre Alfonso Reyes (1911-1945)*. Bd. I, Monterrey: Universidad de Nuevo León 1955, S. 572.

43 Octavio Paz, »El jinete del aire 1889-1959«, in: *Lectura. Revista crítica de ideas y libros* 134 (abril 1960), S. 120.

der weitgereiste Alfonso Reyes, dessen Freundes- und Bekanntenkreis sich wie das *Who's who* der internationalen Kultur- und Literaturszene liest, zu weit von der Realität seines Heimatlandes entfernt? War es denn wirklich so, daß nichts die Heimat der Azteken mit dem fernen Taurerland verband?

Iphigenie, grausam

Dieser Art von Vorwürfen, die gerade in seiner Heimat nicht selten waren, war Alfonso Reyes bereits im Mai 1932 in Rio de Janeiro entschieden entgegengetreten, wo er ausführlich seine Überzeugung von einer dialektischen Beziehung zwischen »dem Mexikanischen« und »dem Universalen« Ausdruck verlieh: »Zu glauben, daß allein das mexikanisch sei, was seinen äußeren Anblick und Mexikanismus ausdrückt und systematisch hervorhebt, ist eine wahrhaft kindische Ansicht.«[44] Reyes machte sich über diese Art »nationalistischer« Kritik lustig und rief aus: »Die Hellenisten, von der Renaissance bis heute, sind alle Vaterlandsverräter. Die Komparatisten, so etwas wie Doppelagenten, verdienten es, an die Wand gestellt zu werden.«[45] Reyes fuhr fort:

> Für uns ist die Nation noch etwas Pathetisches, und deshalb verdanken wir uns ihr alle. Im weiten Feld menschlicher Pflicht ist uns ein Teil zugefallen, der uns noch viel zu tun aufgibt.[46]

Die in der Folge vorgeschlagene Lesart der *Grausamen Iphigenie* soll versuchen, nicht allein die Bedeutsamkeit dieses Werkes gerade für die mexikanische Realität, sondern auch für die Frage nach der kulturellen Identität in Lateinamerika aufzuzeigen. Dabei wird es nicht nur um das (im Sinne von Alfonso Reyes) dialektische Verhältnis zwischen dem Mexikanischen und dem Universalen, sondern mehr noch um die Positionierung dieses Theaterstückes innerhalb des literarischen und kulturellen Rau-

44 Reyes, *Obras Completas*, a.a.O., S. 438 f. Ähnliche Zitate ließen sich auch von anderen lateinamerikanischen Autoren beibringen, die sich – wie etwa Jorge Luis Borges – mit ähnlichen Vorwürfen konfrontiert sahen.

45 Ebd.

46 Ebd.

mes, also der gemäß unserer Einteilung sechsten und achten Dimension eines Textes, gehen.

In der Tat steht *Ifigenia cruel*, die früh schon von Octavio Paz, aber heute auch von einer ganzen Reihe von Schriftstellern und Kritikern als einer der Höhepunkte nicht nur des Schaffens Alfonso Reyes, sondern der lateinamerikanischen Literaturen insgesamt gefeiert wird, im Schnittpunkt so vieler und so breit gestreuter Texte, daß man angesichts eines solchen intertextuellen Brennspiegels nicht umhinkann, mit der Bewunderung auch die Frage nach dem von diesem lyrischen Theaterstück geforderten (Lese-)Publikum zu verbinden.

Dieser implizite Leser ist mit der griechischen Antike und den verschiedenen Modellierungen der Orestie aufs engste vertraut. Die *Grausame Iphigenie* verlangt aber nicht nur eine genaue Kenntnis der antiken Behandlung des Orest- und Iphigeniestoffes, sondern bezieht auch moderne Bearbeitungen, darunter neben Bachofens bereits erwähntem Deutungsmuster vor allem Goethes *Iphigenie auf Tauris* mit ihrer »heiligen Iphigenie der Humanität«, in ihren äußerst komplexen literarischen Raum mit ein. Reyes selbst hat auf die Mythenkontamination[47], aber auch auf die Bezüge des »Quasi-Sonetts« des Orest zum spanischen Barocktheater hingewiesen. Bisherige literaturwissenschaftliche Analysen konnten die Beziehungen zu Texten von Ramón María del Valle-Inclán oder Stéphane Mallarmé, zu Gustave Flauberts *Salammbô* und vor allem zu Paul Valérys *La Jeune Parque* belegen, das nicht von ungefähr zunächst den Titel »Gedicht des Gedächtnisses« *(Poème de la mémoire)* tragen sollte.[48]

All dies sollte uns freilich nicht dazu führen, *Ifigenia cruel* als ein in geokultureller Hinsicht dezentriertes Theaterstück zu lesen, das sich aufgrund überwiegend nicht-amerikanischer Quellen in eine extreme Schieflage begeben hätte. Die hier erwähnten intertextuellen Beziehungen sind gewiß für ein umfassendes Verständnis dieses bis in die frühen Lektüren Alfonso Reyes' zurückreichenden Textes von größter Wichtigkeit, doch sollten diese Bezüge nicht nur auf die neu entstandenen und vom Werk angebotenen Kontexte bezogen werden, sondern auch auf die

47 Ebd., Bd. X, S. 315.

48 Vgl. neben den bereits genannten Arbeiten insbesondere Paulette Patout, »Réminiscences valéryennes dans ›Ifigenia cruel‹ d'Alfonso Reyes«, in: *Hommage à Marcel Bataillon*, Paris: Didier-Erudition 1979, S. 416-437.

paratextuellen und intratextuellen Beziehungsgeflechte, mithin auch auf andere Texte aus der Feder des mexikanischen Polygraphen.

Gewiß kann es hier nicht darum gehen, allen Spuren dieses intertextuellen Spiels mit mehrfachem Boden zu folgen und die Komplexität dieses wahrlich verschachtelten literarischen Raumes bis in die letzten Details und Winkel zu durchleuchten. Daher können nur einige wenige, für unsere Frage nach der spezifischen Dynamik einer grenzüberschreitenden Literatur besonders wertvolle Fäden und Bezugsnetze aufgegriffen werden. Nicht zuletzt aber soll eine Antwort auf die schon seit der Entstehung des Stückes im Raum stehende und oftmals polemisch wiederholte Frage gefunden werden, was die *Grausame Iphigenie* denn überhaupt mit México zu tun habe.

Ausgehen möchte ich von jenem Element, auf das Leserin und Leser bei ihrer Beschäftigung mit diesem Höhepunkt der mexikanischen Theaterliteratur zuerst stoßen. Der Titel spricht bereits von der Grausamkeit Iphigeniens und rückt diesen Aspekt ins Rampenlicht. In erster Linie besteht diese *crueldad* in Iphigenies Tätigkeit als »Schlächterin« *(carnicera)* – so die Formulierung des Autors – im Dienste der Göttin Artemis. Hatte Euripides in seiner *Iphigenie im Taurerland* betont, daß Iphigenie als Griechin selbstverständlich nicht an der Opferung der Fremdlinge beteiligt sei, so legte Reyes, der Euripides in manchen Passagen, etwa im Botenbericht, sehr nahe folgte, gerade auf diesen Aspekt ein erhöhtes Gewicht. Er vermerkte in einem Brief an José María Chacón y Calvo vom Dezember 1922:

> Sie heißt *Ifigenia cruel* [...] und ist mit Axthieben nicht aus dem Holz, sondern aus dem Felsen gehauen. Ich will nicht, daß sie zärtlich ist, nein: Ich selbst bin infolge des Umgangs mit ihr voller Schrammen und Kratzer [...].[49]

Die Grausamkeit der Protagonistin wie des Artemis-Kultes verweist auf den 1915 ebenfalls im spanischen Exil geschriebenen

49 Zitiert nach Patout, »Réminiscences valéryennes«, a.a.O., S. 421. Im übrigen führte Reyes später auch die Verbindung zwischen der Artemis Tauropolos und den »männerhassenden« Amazonen an; vgl. Reyes, *Obras Completas*, a.a.O., Bd. XVI, S. 294. Diese Bedeutungsebene ließe sich zweifellos noch wesentlich ausbauen und auch in eine neue Inszenierung einbringen.

Text *Visión de Anáhuac*, in dem Reyes schildert, wie sich dem europäischen Blick auf das Andere nicht nur das Wunderbare, sondern auch das Grausame der aztekischen Kultur darbot.[50] Dies hatte den Conquistadoren wiederum als vordergründiger Anlaß und Rechtfertigung der brutalen Durchsetzung ihrer Kultur und ihres Glaubens mit Feuer und Schwert gedient, so daß die vorgebliche »Grausamkeit« der Azteken nicht nur negativ belegt, sondern auch jahrhundertelang für europäische Machtansprüche funktionalisiert wurde. Der Mexikaner wies in einem späteren Text darauf hin, daß bereits Montaigne in seinem berühmten Essay *Des cannibales* angemahnt hatte, daß die im Namen von Religion und Gerechtigkeit begangenen Greueltaten der Christen gewiß nicht geringer gewesen seien.[51] In Montaignes für die Selbstkritik europäischer Expansion ebenso auf territorialem wie auf intellektuellem Gebiet so wichtigen Essay hatte es geheißen:

> Wir können sie also sehr wohl Barbaren heißen, wenn wir sie zu den Regeln des Verstandes in Beziehung setzen, aber nicht, wenn wir sie mit uns vergleichen, da wir sie in jeglicher Art von Barbarei noch übertreffen. Ihr Krieg ist gänzlich edel und großzügig und besitzt soviel Ausrede und Schönheit, wie diese menschliche Krankheit überhaupt besitzen kann. Er findet bei ihnen keine andere Begründung als allein die Eifersucht der Tugend.[52]

Reyes nutzte diesen kanonischen, für die Wahrnehmung nicht nur von kultureller Alterität, sondern auch des Fremden im Eigenen aufschlußreichen Text für seinen Versuch, gerade das Element der Grausamkeit in einem anderen, nicht mehr vom europäischen Diskurs gelenkten Lichte zeigen zu können. Die Menschenopfer der Reyesschen Iphigenie haben – worauf der Autor selbst hinwies[53], doch folgte man diesem Hinweis bislang wenig – viel mit aztekischen Opferriten gemein. So fragt der Chor zu Beginn des Stückes, in deutlicher Anspielung auf das »Herz auf dem Opferstein« der Azteken, die neue Priesterin:

50 Reyes, *Obras Completas*, a.a.O., Bd. II, S. 15 und 20.
51 Ebd., Bd. XI, S. 59.
52 Montaigne, *Essais*. Bd. I, Paris: Garnier-Flammarion 1969, S. 259.
53 Reyes, *Obras Completas*, a.a.O., Bd. X, S. 357 f.: »Eines Tages stoßen die Taurer zu Füßen ihrer Göttin auf die neue Opferpriesterin, wie sie das Himmlische des Menschenopfers so besingt, wie dies ein Priester der aztekischen Heiligtümer hätte tun können.«

»Wer zeigte dir die Seite, wo der Fremde, / der Schiffbrüchige, sein Herz versteckt hält?«[54] Und selbst in die Statue der Göttin ist diese autochthone, indigene Vergangenheit deutlich eingemeißelt, zeigt ihre Haltung doch »das X / deiner geschmückten und gesalbten Arme«.[55] Das X aber ist jenes Zeichen, das für Reyes immer das Symbol MéXicos und der Wegkreuzung der Kulturen und Schicksale gewesen war.[56]

Die Beispiele für Elemente dieser »aztekischen« Bedeutungsebene in Reyes' *Ifigenia cruel* ließen sich mehren. Sie erlauben es, von einer bislang vernachlässigten[57] Perspektive aus das Stück neu zu lesen. Iphigenie ist Griechin – und nicht etwa Taurerin. Sie ist in diesem Sinne – auf göttlichen Ratschluß hin – in einen anderen kulturellen Kontext hineingeworfen, gleichsam deplaziert und deterritorialisiert. Auch hierin mag ein Stück weit Autobiographie liegen, kommt in dieser Position doch Reyes' eigener Standort zur Geltung. Denn er hat für seinen Entwurf die Perspektive der kulturell Verpflanzten und nicht etwa der »Eingeborenen«, der indianischen Kultur, gewählt und damit seinen intertextuellen Bezugstexten ein Modell entnommen, dessen interkultureller Dimension er nun eine neue Dynamik gab. Mit Iphigenie wird auch die aus der Antike bekannte Scheidung von Zivilisation und Barbarei übernommen, um sie danach in einen neuen geokulturellen Kontext zu verpflanzen und in Bewegung zu setzen. In die Bewegung von Zivilisation und Barbarei ist, wie gleich gezeigt werden soll, jene von Deterritorialisierung und Reterritorialisierung eingeschrieben.

Das »Vergessen« ihres ersten Lebens hat Iphigenie zu einer willenlosen Sklavin des Opferkultes der Artemis gemacht. Mit

54 Ebd., Bd. X, S. 319.

55 Ebd., S. 325.

56 Vgl. hierzu auch James W. Robb, »Alfonso Reyes al Cruce de los Caminos«, in: ders., *Por los caminos de Alfonso Reyes (estudios 2a. serie)*, México: Centro de Investigación científica y tecnológica de la Universidad del Valle de México 1981, S. 13 ff.

57 Eine Ausnahme bildet Roger Bastide, der zwar Reyes' Stück nicht interpretierte, dessen Grundmuster jedoch als »Archetyp« der Problematik kultureller Abhängigkeit begriff; vgl. Roger Bastide, »Iphigénie en Tauride ou Agar dans le désert? (Essai d'analyse critique des mécanismes de pénétration culturelle au Brésil)«, in: *Idéologies, littérature et société en Amérique latine*, Bruxelles: Université de Bruxelles 1975, S. 11-30.

der Rückgewinnung ihres Gedächtnisses findet sie einen erneuerten Zugang zu ihrer griechischen Vergangenheit, der ihre dumpfe Entfremdung und Bewußtseinsspaltung – »ich bin ich und bin die Andere«[58] – zu überwinden hilft. Die von außen, durch das Auftauchen und die Machtansprüche Orests angestoßene Erinnerung verleiht ihr Macht über die eigene Geschichte. Gleichzeitig läuft sie jedoch Gefahr, erneut in völlige Abhängigkeit zu geraten: diesmal von der Familiengeschichte und der ihr darin zugewiesenen Rolle. Durch die Rückkehr würde eine Kreisstruktur vollendet, die die Ausweglosigkeit ihres passiven Gehandeltwerdens verräumlichte. Denn Iphigenie müßte wieder in eine Rolle schlüpfen, in der sie ohne ihr Zutun aus Gründen der Staatsräson zum Opfertod (in der »Zivilisation«) geführt worden war, bevor die Göttin Artemis sie errettete und nach Tauris (und damit in die »Barbarei«) entrückte. Die junge Iphigenie war in ihrem ersten Leben Objekt, nicht Subjekt einer langen und blutigen Geschichte gewesen, in die sie nun die Reise des Orest mit ihrer Kreisbewegung zurückzuholen sucht.

Im Ausbrechen aus diesem Kreis, in der Abwendung von dieser Geschichte durchbricht *sie* – und nicht, wie bei Euripides, ihr Bruder Orest – den Fluch, der auf ihrer Familie, auf ihrer »Rasse« (in seinem Kommentar sprach Reyes von *raza*, das begrifflich auch für die Angehörigen der hispanoamerikanischen Welt verwendet werden kann) lastet. Sie wird, wie Goethes Iphigenie, zur eigentlichen Erlöserfigur. Diese mexikanische Iphigenie wird allerdings zu einer Erlöserin, die trotz aller Bezüge zu Goethes Entwurf nur wenig mit der Verkörperung jener Humanität der Weimarer Klassik gemein hat. Denn sie ist und bleibt die Grausame, kehrt in ihren Artemistempel – und damit, so dürfen wir annehmen, zu den Opferriten – zurück. Ihre Reterritorialisierung findet nicht im Griechenland der »Zivilisation«, sondern im Taurerland der »Barbarei«, fernab der blutigen Geschichte der Atriden, statt.

Genau an diesem Punkt, in ihrem Bekenntnis zum Taurerland, wird sie erneut zur Grausamen, zu einer Iphigenie auf Tauris, die sich für Tauris, für ihre zweite Heimat, entscheidet. Sie wird zur »Hohen Herrin, grausam und rein«[59], wie der Chor sie aus gutem Grunde nennt; ihr Bekenntnis zu dem, was aus griechischer Sicht nur als Barbarei zu bezeichnen wäre, beinhal-

58 Reyes, *Obras Completas*, a.a.O., Bd. X, S. 320.
59 Ebd., S. 349.

tet die Abkehr von jener anderen Grausamkeit der sogenannten Zivilisation, von der Montaigne sprach und die uns in der Geschichte der Atriden ein ums andere Mal entgegentritt. So befreit die Entscheidung zugunsten der taurischen Barbarei jene Frau, die zuvor nur ein Objekt, niemals aber ein Subjekt der Geschichte gewesen war, aus der ununterbrochenen Kette von Mordtaten, welche die Geschichte ihres Hauses, ihrer Herkunft, aber auch der vom antiken Griechenland ausgehenden Zivilisation ist.

Orests und Pylades' Reise löst die Verstehensbewegung von Iphigenie aus, die sich ihrer eigenen Bewegungslosigkeit als Gehandelte, als Deplazierte in einem plötzlichen Erkenntnisakt inne wird. Erst jetzt kann die Bewegung der Gehandelten zur Bewegung der Handelnden werden: Iphigenie bleibt im Tempel der Artemis und bestätigt dadurch die aus dem vermeintlichen Zentrum der Zivilisation herausführende Linie. Damit durchkreuzt sie geometrisch die Rückholungspläne ihres Bruders, die sie in den Teufelskreis der Abhängigkeit, der Dependenz zurückführen würden. In dieser Bewegung entlarvt sie die Selbstverständlichkeit des Blickes Orests, des Blickes der »Zivilisierten« auf die »Barbaren«, mit Hilfe einer anderen, gegenläufigen Lektüre der Theogonie als Barbarei. [redacted]

Iphigenie entscheidet sich damit auch gegen das völlige Aufgesaugtwerden ihrer gerade erst wiedergewonnenen individuellen Identität durch die kollektive, übermächtige Identität des Griechentums, das sie aus der Distanz, aus der Entfernung des Exils auf Tauris, plötzlich neu zu sehen gelernt hat. Es gehört zu den bewußt eingesetzten Anachronismen des Stückes, daß Iphigenie in der Auseinandersetzung mit Orest, in der Konfrontation zwischen »Zivilisation« und »Barbarei«, die immer schon ein Grundmotiv des Stoffes der taurischen Iphigenie bildete, ein Geschichtsmodell entwirft, an dessen Anfang die Griechen stehen:

> Hellenen: Notzüchtiger der Jungfrau der Seele:
> Die Völker saßen noch, bevor ihr zu gehen begannt.
> Hier begann die *Geschichte* und das Erinnern der Übel,
> bei dem zu konjugieren man vergaß
> einen einzigen Horizont mit einem einzigen Tal.[60]

60 Ebd., S. 330. (Der Begriff »Historia« erscheint im Original im Sinne eines Kollektivsingulars mit großem Anfangsbuchstaben und wird in der Übersetzung kursiv gesetzt.)

Dieses Modell der geschichtlichen Entwicklung, metaphorisch in das Bild einer fortschreitenden Bewegung gekleidet, entspricht dem des Autors, wie dieser es beispielsweise in *Die Weissagung Amerikas*[61] oder *Die Kritik in der Epoche Athens*[62] dargestellt hat. Es liefert letztlich den Beweg-Grund für die Übertragung des griechischen Mythos, des abendländischen Paradigmas, auf die aktuelle Situation Méxicos. Denn auch die mexikanische Geschichte mündet schließlich ein in eine geschichtliche Progression, in eine Fort-Bewegung, die Alfonso Reyes zufolge mit der Humanisierung des Menschen im östlichen Mittelmeerraum begonnen hatte.

Europäische Expansion und amerikanischer Raum

Man merkt dieser Geschichtskonzeption wie diesen Versen an, wie tief Alfonso Reyes, ein begeisterter und engagierter Kenner der Schriften Alexander von Humboldts, von Vorstellungen durchdrungen war, welche die Expansion Europas im Sinne einer stetigen Entwicklung hin zu einer die ganze Menschheit sukzessiv erfassenden Weltgeschichte deuteten. Kaum ein Text brachte diese Bewegung und die mit ihr verknüpfte Hoffnung deutlicher zum Ausdruck als jene Passage in Alexander von Humboldts zweitem Band des *Kosmos*, die – fraglos mit größerer historischer Tiefenschärfe – unter dem Titel »Hauptmomente einer Geschichte der physischen Weltanschauung« einen Prozeß von beeindruckender Linearität entwarf:

> Die Form des dreimal verengten Mittelmeeres hat einen großen Einfluß auf die früheste Beschränkung und spätere Erweiterung phönicischer und griechischer Entdeckungsreisen gehabt. Die letzteren blieben lange auf das ägäische und auf das Syrtenmeer beschränkt. Zu der homerischen Zeit war das continentale Italien noch ein »unbekanntes Land«. […] Was aber, wie schon oft bemerkt worden, die geographische Lage des Mittelmeeres vor allem wohlthätig in ihrem Einfluß auf den Völkerverkehr und die fortschreitende Erweiterung des Weltbewußtseins gemacht hat, ist die Nähe des in der kleinasiatischen Halbinsel vortretenden östlichen Continents; die Fülle der Inseln des ägäischen Meeres, welche eine Brücke für die übergehende Cultur gewesen sind […].

61 Ebd., Bd. XI, S. 141 f.
62 Ebd., Bd. XIII, S. 46 f.

> Durch alle diese räumlichen Verhältnisse offenbarte sich in der anwachsenden Macht der Phönicier und später in der der Hellenen, in der schnellen Erweiterung des Ideenkreises der Völker der Einfluß des Meeres als des verbindenden Elementes.[63]

Die Humboldtsche Darstellung entwickelt so jene fortschreitende Bewegung der europäisch-abendländischen Expansion, die dann im 15. Jahrhundert »die unabänderliche Bewegung nach einem vorgesteckten Ziele offenbaren« sollte. Aufgrund des Übergreifens dieser alles erfassenden Bewegung von Europa nach Amerika konnte der Übergang vom 15. zum 16. Jahrhundert für den Verfasser des *Kosmos* zur entscheidenden »Uebergangsepoche« werden, »welche beiden, dem Mittelalter und dem Anfang der neueren Zeit, angehört«.[64] Der östliche Mittelmeerraum ist – in dieser Vision der Menschheitsgeschichte im Zeitraffer – nach Amerika übergesprungen, die Präsenz des griechischen Mythos in der amerikanischen Welt damit gleichsam geschichtsphilosophisch fundiert. Zudem geben die Caravellen des Columbus, die stets einer Kreisbewegung mit der notwendigen Rückkehr nach Europa zu folgen versuchten, jene Bewegungsfigur vor, der auch das Schiff von Orest und Pylades, den Gesandten der Zivilisation im barbarischen Taurerland, wo Menschenopfer an der Tagesordnung sind, gehorcht. Die territoriale, politische und kulturelle Expansion des Okzidents liefert die geschichtliche Grundlage dafür, daß noch an seiner westlichsten Grenze die Figuren der griechischen Antike gegenwärtig werden können.

Freilich: Die mexikanische Geschichte und die mexikanische Kultur gehen nicht restlos in dieser Bewegung, in dieser vorgeblichen, im übrigen bisweilen schon von Humboldt recht skeptisch betrachteten Entfaltung von Humanität und Weltbewußtsein auf. Sie verschwinden nicht in diesem expansiven Wirbel. Die Findung der individuellen Identität Iphigenies vollzieht sich erst in der Auseinandersetzung mit dem Anderen, das auch das Eigene ist: Orest, die griechische Zivilisation usw. Erst aus der Kenntnis der eigenen Geschichte wird diese Geschichte ihrerseits steuerbar, verliert ihre blinde Allgewalt.

63 Humboldt, *Kosmos*, a.a.O., Bd. II, S. 152 und 154.
64 Ebd., S. 266.

Es sei zumindest am Rande vermerkt, welch starke existentialistische Aufladung in der Entscheidung, der bewußten Wahl der Iphigenie, philosophisch wie literaturgeschichtlich verborgen liegt. Jean-Paul Sartres *Die Fliegen* schwirren unverkennbar in der Luft. Die Beherrschung des eigenen Schicksals setzt die Rememorierung voraus, und diese erfolgt im Exil, im fernen Tauris, aus ex-zentrischer Perspektive. Es ist das Meer, das in Humboldts Sinne verbindende Element[65], das die Botschaft überbrachte: »Oh Meer, dein war die Botschaft«[66]; es ist das Meer, das am Ende des Stückes zweimal angerufen wird und für die Erinnerung und damit das Leben steht; und es ist das Meer, das Orest nach Tauris brachte, ihn aber auch wieder nach Griechenland zurückführen wird. Die Entscheidung Iphigenies, mit der der lastende Fluch und die Kette der Greueltaten gebrochen werden wird, ruht auf der Kenntnis der eigenen Herkunft und verwandelt das Exil in Heimat: Aus der blind ihrem Schicksal und der vorgegebenen Bewegung Folgenden ist die ihr Schicksal Gestaltende, eigene Bewegungen Bestimmende geworden, die sich zugleich auch der übermächtigen Präsenz der Männer erwehrt und ihren eigenen Raum schafft.

Auf der im Text durchgängig vorhandenen »mexikanischen« oder »lateinamerikanischen« Bedeutungsebene gelesen, bedeutet dies, daß die Verwandlung des Exils in Heimat, das volle Bekenntnis zur eigenen Situation, auf einer vollen Kenntnis der eigenen Kultur und Geschichte beruhen muß. Ein Prozeß der Deterritorialisierung geht so in einen weiteren der Reterritorialisierung über, der in Iphigenies Ausruf *¡No quiero!* gipfelt. Die ersehnte Reterritorialisierung vollzieht sich nicht als Rückkehr zum alten Eigenen, sondern als Hinwendung zum Fremden, das zum Eigenen geworden ist, ohne das Fremde doch gänzlich abzustreifen. Eine kulturelle Identität jenseits von Homogenität zeichnet sich ab.

Eine umfassende Identitätsfindung kollektiver Art setzt, so dürfen wir Alfonso Reyes' Position deuten, sowohl die Beschäftigung mit der autochthonen Geschichte als auch mit der Geschichte der Kolonialisierung voraus. Gerade hierin erblickte Reyes das Spezifische der mexikanischen Kultur als Kreuzung verschiedener kultureller Wege. Im Pariser Exil hatte der Mexi-

65 Vgl. hierzu auch Kapitel 4.
66 Reyes, *Obras Completas*, a.a.O., Bd. X, S. 349.

kaner den Unterschied zwischen dem quasi geschichtslosen Charakter »neuer« Länder wie Argentinien und der Bedeutung der indigenen Geschichte für Länder wie México erkannt.[67] Im Exil wurde er sich des zu Beginn dieses Kapitels skizzierten kulturellen Raumes zunehmend bewußt. Er knüpfte an diese Einsicht die Hoffnung, daß die europäische Kultur in der Auseinandersetzung mit dem autochthonen Amerikanischen neu befruchtet werden könne.[68]

Andererseits war es gerade die koloniale Geschichte, die es für Reyes den Ländern von *Nuestra América* – er griff hier sehr bewußt den Martíschen Begriff auf – ermöglichte, nicht nur im Bereich der Literatur, sondern der Kultur insgesamt eine übergreifende Synthese herzustellen: »Wir sind eine Rasse menschlicher Synthese. Wir sind der wahre historische Saldo.«[69] Und aufgrund der Erfahrung des Weltkriegs sowie des Spanischen Bürgerkriegs vertrat Alfonso Reyes, wie zu jenem Zeitpunkt eine Vielzahl lateinamerikanischer Intellektueller – wie die bereits erwähnten Pedro Henríquez Ureña oder José Vasconcelos mit ihm –, die Auffassung, daß der Geschichtsverlauf den amerikanischen Kontinent zum Ort einer (im Blochschen Sinne) konkreten Utopie gemacht habe, einer Utopie, die den Lateinamerikanern moralische Verpflichtung sein müsse:

> Zum gegenwärtigen Zeitpunkt läßt sich der Kontinent von einer Hoffnung umfassen, und er bietet sich Europa als ein Reservoir an Humanität an. Entweder ist dies der Sinn der Geschichte, oder es gibt keinen Sinn in der Geschichte. Ist dem nicht so, dann muß dem künftig so sein, und wir Amerikaner, wir alle wissen dies. [...] Amerika ist eine Utopie.[70]

Der Raum als Objekt der europäischen Expansion ist zum Raum einer Hoffnung planetarischen Ausmaßes geworden. Amerika erscheint hier – gewiß in einer langen Traditionslinie, die von Christoph Columbus und Thomas Morus bis zu Jean Baudrillard reicht, seit der zweiten Hälfte des 18. Jahrhunderts aber vorwiegend in den Norden der Hemisphäre verlagert wurde[71] – als

67 Vgl. Patout, *Alfonso Reyes*, a.a.O., S. 82.
68 Reyes, *Obras Completas*, a.a.O., Bd. XI, S. 104.
69 Ebd., Bd. XI, S. 134.
70 Ebd., Bd. XI, S. 60.
71 Vgl. die beiden ersten Kapitel des vorliegenden Bandes.

Kontinent der Zukunft. Reyes nun rückt vor allem den lateinamerikanischen Teil des Kontinents in die starke Position einer Hoffnung auf Menschlichkeit und Humanität, die andernorts in Barbarei zu versinken drohte oder längst schon versunken war. Das Taurerland ist zum Hort einer Kultur der Menschheit geworden, zum Sitz einer im Sinne von Vasconcelos »kosmischen Rasse«, die den »historischen Saldo« aller Zeiten und Epochen, aller Geschichten und Kulturen, die in ihr gleichzeitig präsent werden, darstellt.

Wie bei der Verwandlung der Erinyen in Eumeniden in Aischylos' *Orestie* das Alte nicht ausgemerzt und verdrängt, sondern integriert wird und seinen Platz in der neuen Gesellschaft erhält, so darf auch hier das Vergangene, und vor allem die Kolonialgeschichte, nicht verdrängt werden. In einer Zeit, in der das Studium der spanischen Geschichte und Kultur in México nur noch nachgeordnet betrieben wurde, forderte Alfonso Reyes in einem Artikel aus dem Jahre 1921, also kurze Zeit vor der Niederschrift seiner *Ifigenia cruel* im spanischen Exil, zu intensiverer Beschäftigung, zur Verstärkung der Bande mit Spanien nach einem Jahrhundert des beiderseitigen Vergessens auf – eine Rückbesinnung mit Zukunftsperspektive, die für beide Seiten von gleich großer Bedeutung sei:

> Wie Amerika nie den Sinn seines Lebens völlig entdecken wird, solange es nicht Stück für Stück sein »spanisches Bewußtsein« wiederherstellt, so gibt es für Spanien keine bessere Aufgabe in der Welt, als seine Rolle als große Schwester der Amerikas wieder anzunehmen.[72]

Wie auf individueller, so ist auch auf kollektiver Ebene das Gedächtnis für Lebens- und Identitätsfindung von entscheidender Bedeutung: »Vielleicht besteht das unmittelbare Ziel des Lebens darin, einen Brunnen von Erinnerungen zu schaffen.«[73] Diese entscheidende Rolle des Gedächtnisses, der Erinnerung, für die freie Selbstbestimmung sowohl auf individueller wie auf kollektiver Ebene wollte Alfonso Reyes durch seine Gestaltung des Iphigenie-Mythos unterstreichen, übrigens sehr wohl im Sinne einer »moralischen Allegorie«.[74] Jenseits seiner Allegorese besaß Reyes eine klare Vorstellung von der besonderen Position und

72 Reyes, *Obras Completas*, a.a.O., Bd. IV, S. 572.
73 Zitiert nach Iduarte, *Alfonso Reyes*, a.a.O., S. 18.
74 Reyes, *Obras Completas*, a.a.O., Bd. X, S. 354.

Rolle des lateinamerikanischen Schriftstellers, der aufgrund der politischen und sozialen Verhältnisse seines Heimatlandes die Spezialisierung und Beschränkung auf einen rein literarischen Bereich im Gegensatz zum europäischen Schriftsteller in jenen Jahren noch nicht kannte, denn:

> Alles trägt dazu bei, den Schriftsteller in der ersten Reihe zu verorten. Adel verpflichtet. Es darf keine Elfenbeintürme geben. Der Literat geht über sich selbst hinaus und engagiert sich einmal mehr, einmal weniger in den Bestrebungen im öffentlichen Dienste, die ihn anziehen und fordern.[75]

Dieser besonderen Verantwortung des lateinamerikanischen Schriftstellers, der nicht allein im literarischen, sondern auch im intellektuellen und politischen Feld aktiv werden sollte, war sich Alfonso Reyes sehr bewußt. Dies tritt nicht zuletzt in seiner *Grausamen Iphigenie* hervor, die – wie wir sahen – kein bloßes Spiel mit Versatzstücken europäischer Bildung und Belesenheit darstellt. Die Bedeutung dieses fundamentalen Stückes lateinamerikanischer Theaterliteratur erahnte schon Carlos Fuentes, freilich ohne dies später auszuführen:

> *Ifigenia cruel*, eine der bedeutsamsten und transitivsten Instanzen unserer Literatur: eine wirkliche Grenze – Übergang, Leidenschaft und Appetit – unserer Empfindung von *Exil, Verwaisung und Exzentrizität* im Übergang zum Boden der Gemeinschaft, der Identität und der Universalität.[76]

Der große mexikanische Romancier erkannte zu Recht in *Ifigenia cruel* einen Grenztext und, vielleicht mehr noch, einen grenzüberschreitenden Text nicht nur in bezug auf die von ihm vorrangig behandelten Pole abendländischer und indigener Kulturen sowie der zwischen beiden ausgelösten Überlagerungsphänomene, sondern auch in Hinblick auf eine Arbeit am Mythos, welche die Tragfähigkeit des antiken, abendländischen Paradigmas bis an die Grenzen belastete. Dabei behandelte Reyes' Stück die Problematik einer durch das Exil erzeugten Deterritorialisierung, die neue, die Grenzziehungen zwischen Zivilisation und Barbarei verändernde Bewegungen auslöst. Die

75 Reyes, *Páginas escogidas*, a.a.O., S. 649.

76 Carlos Fuentes, »Alfonso Reyes«, in: *Presencia de Alfonso Reyes. Homenaje en el X aniversario de su muerte*, a.a.O., S. 26 (Hervorhebung von mir, O. E.).

Erfahrung des Exils wird nicht verdrängt, sondern in die eigene Entwicklung integriert: Orest wird nicht getötet, er kann als freier Mensch in seine Heimat zurückkehren, freilich ohne künftig noch Macht über seine Schwester ausüben zu dürfen. So wird im Sinne von Fuentes die Verwaisung, die Elternlosigkeit, überwunden. All dies schließt ein Bekenntnis zur zumindest vorläufigen Exzentrizität, zur Peripherie innerhalb der geschichtlichen und kulturellen Entwicklung, die – so Reyes – nicht mehr lange an Europa gekoppelt sein würde, mit ein. Die grausame Iphigenie entscheidet sich für die Barbarei des Taurerlandes und rettet gerade dadurch, so gibt uns Reyes zu verstehen, diesen Raum als Reservoir einer Humanität, die sich hinter ihrer Grausamkeit verbirgt.

Lateinamerikanische Avantgarde und europäische Schwerhörigkeit

Aus dieser Randlage, aus dieser Peripherie heraus ist *Ifigenia cruel* geschrieben – und aus dem selbstbewußten Hinweis auf die eigene kulturelle Bedeutung und die kommende Zentralität dieser Kultur, die sich als Kultur der ganzen Menschheit in Amerika reterritorialisieren werde. Es handelt sich bei diesem Stück nicht »nur« um eine rein literarische Arbeit am griechischen Mythos. Dessen Umschreiben vollzieht sich vielmehr aus einer 1923 noch immer marginalen Position als Arbeit am kulturellen Erbe, am kulturellen Gedächtnis des Abendlandes, das selbstbewußt als Teil des eigenen Erbes reklamiert, gleichzeitig aber auch verändert und an den Beziehungen zwischen sehr unterschiedlichen Kulturen in Lateinamerika ausgerichtet wird. Folglich darf heute als bedeutungsvolles Detail gewertet werden, daß 1923, bei einer ersten Lesung des Stückes im Hause des ecuadorianischen Gesandten in Paris, bolivianische Quenaflöten an die Stelle griechischer Panflöten traten.[77] Unterschiedlichste Räume wurden auf diese Weise kulturell miteinander verbunden und grenzüberschreitend in Bewegung gesetzt.

Freilich stößt der Rückgriff auf den und die Arbeit am abendländischen Mythos aus lateinamerikanischer Perspektive auch an Grenzen. Die überraschende Schlußwendung mit der Weige-

77 Reyes, *Obras Completas*, a.a.O., Bd. X, S. 12.

rung Iphigenies, an der Seite Orests nach Griechenland zurückzukehren, ist von Reyes erst spät und autobiographisch teilmotiviert hinzugefügt worden. Sie macht die eigentliche Bedeutung des Stückes aus, führt aber gleichzeitig auch eine Reihe fruchtbarer Widersprüche herauf, die aus heutiger Perspektive die Begrenzung des Reyesschen Entwurfes aufzeigen.

Denn die Entscheidung Iphigenies ist in erster Linie eine Verweigerung. Die »leeren Muscheln« des *¡No quiero!* am Ende lassen die Zukunft des Taurerlandes offen. Der durch die Wahl Iphigenies eröffnete Raum wird nicht mehr positiv aufgefüllt. Unklar bleibt, ob die Rückkehr in den Tempel, wie es Reyes auch im Selbstkommentar nahelegte, mit der Beibehaltung der Menschenopfer im Land der Taurer gleichbedeutend ist oder ob – was eigentlich bei diesem mexikanischen Humanisten zu erwarten wäre – von Iphigenie wie in Goethes Bearbeitung ein humanisierender Einfluß ausgeht, der sich im übrigen am Ende des Stückes in der Milde und Großherzigkeit des Toas gegenüber den Griechen bereits andeutet. Entscheidend war zwar für Reyes das willentliche Ausbrechen seiner Protagonistin aus einer Kette der Fatalität und weniger der weitere Entwicklungsgang. Doch zeigt sich anhand der Negativität der Neubestimmung die Grenze der Tragfähigkeit des abendländischen Mythos für einen Identitätsentwurf, der für México und Lateinamerika insgesamt Gültigkeit beanspruchen könnte. Der Rückgriff auf das antike Paradigma läßt nicht zuletzt auch offen, wie sich die weitere Entwicklung zwischen Griechenland und Tauris, zwischen alter und neuer Heimat, alter und – im Entwurf – neuer Kultur gestalten wird. Orests Segel, soviel steht fest, sind am Horizont verschwunden.

Unterscheidet man mit Adalbert Dessau etwas schematisch vier Varianten in der Auseinandersetzung der lateinamerikanischen Literaturen mit der Weltliteratur im Sinne Goethes – nämlich Nachahmung, Ablehnung, kosmopolitisierende Tendenz und schöpferische Aneignung[78] –, so ist die *Grausame Iphigenie* des mexikanischen Autors gewiß nicht eine von der historischen Bindung abstrahierende und sich in einen rein literarischen Bereich zurückziehende Mythenbearbeitung, wie man dies Reyes,

78 Vgl. Adalbert Dessau, »Das Internationale, das Kontinentale und das Nationale in der lateinamerikanischen Literatur des 20. Jahrhunderts«, in: *Lateinamerika* (Rostock) (Frühjahrssemester 1978), S. 51.

wie wir sahen, tatsächlich vorgeworfen hatte. Es handelt sich vielmehr um eine sehr komplexe und vieldeutige Anverwandlung, die sich ihrer Zugehörigkeit zu den lateinamerikanischen Literaturen und deren Problematik in hohem Maße bewußt ist und diese interkulturelle Fragestellung als eine wichtige Bedeutungsebene in ihre Konstruktion mit aufnimmt. Die lange Zeit vorherrschenden Lesarten des Stückes – eine autobiographische, individualpsychologische und ontologische – haben die Sicht auf die hier ins Auge gefaßte Dynamik bislang verdeckt. Es ist an der Zeit, neue Fragen an dieses Werk zu stellen. Dazu könnten nicht nur neue Untersuchungen, sondern auch neue Inszenierungen wesentlich beitragen.

Iphigenie auf Tauris als Paradigma kultureller Abhängigkeit und deren möglicher Lösung – dies stellt eine Deutung des antiken Mythos dar, wie sie nur aus der spezifischen Situation einer sich aus ihren vielfältigen Abhängigkeitsbeziehungen befreienden Literatur und Kultur geleistet werden konnte. Die Asymmetrie der literarischen Beziehungen innerhalb des widersprüchlichen Raumes der Literaturen Europas und Lateinamerikas zeigt sich am Rückgriff auf den Mythos, vor allem aber an dessen Gestaltung; doch dokumentiert sich zugleich der Wille, vitalen und nicht bloß musealen Anteil zu nehmen an einer abendländischen Kulturtradition, die mit anderen, indigenen kulturellen Traditionen konfrontiert wird. Die blutige Geschichte, von der die Opferpriesterin der Artemis spricht, meint nicht die Spuren ihrer Opfer im Tempel, sondern jene, die sich durch die Geschichte der Atriden und die Geschichte der abendländischen Zivilisation in ihrer anhaltenden, ja heute noch beschleunigten Expansionsbewegung ziehen. *Ifigenia cruel* integriert sich auf kreative Weise in einen weltliterarischen Bezugsrahmen, der von Beginn an den literarischen Raum des Stückes charakterisierte, durch die vielfältigen Verweise auf andere kulturelle Traditionen aber in Bewegung gesetzt wird. Die Möglichkeiten, aber auch Grenzen einer künftigen Weltliteratur jenseits asymmetrischer Machtgefüge werden erkennbar.

Das kulturelle Projekt des jungen Reyes bricht zum einen mit einem Teil der mexikanischen Literaturtradition und mehr noch mit dem akademischen und feierlichen Diskurs der Diktatur des Porfirio Díaz. Andererseits verbindet sich dieses Projekt mit grundlegenden Überzeugungen und Traditionen der modernistischen Lyriker und Essayisten und deren Suche nach neuen Formen einer lateinamerikanischen Identität. Es handelt sich folglich nicht um einen völligen Bruch mit der literarischen Tradition, sondern vielmehr um einen Bruch mit einem ganz bestimmten Typ eines offiziellen Diskurses. Hinter dem ostentativen Traditionsbruch, der sich auch in der überraschenden Wendung des Stückes zeigte, werden wichtige Kontinuitäten sichtbar. So stellt sich die Frage, in welchem Sinne man die *Grausame Iphigenie* als avantgardistisches Stück verstehen kann.

In seiner *Theorie der Avantgarde* hat Peter Bürger bekanntlich jene künstlerische Praxis, die er als »historische Avantgarde« bezeichnete, durch deren radikalen Bruch mit den vorherrschenden künstlerischen Verfahren und mehr noch mit der Institution Kunst überhaupt charakterisiert.[79] Die auf eine Schockwirkung[80] beim (Lese-)Publikum abzielende Haltung der Avantgardisten gehorcht nach Bürgers Verständnis ebenso deren Streben, den Status der Kunst innerhalb der bürgerlichen Gesellschaft[81] radikal zu verändern und die Grenzen zwischen Kunst und Leben kollabieren zu lassen, wie dem Versuch, das Publikum zu einer bewußten Transgression dieser Grenzziehung zu verführen.

Wir wissen heute, wieviel die *Theorie der Avantgarde* der Auseinandersetzung mit den Ereignissen und Erfahrungen vom Mai 1968 einerseits[82] und dem Entwurf der »Kritischen Theorie« Theodor W. Adornos andererseits verdankt. Zu Recht wies Carlos Rincón darauf hin, daß die erhoffte Konvergenz zwischen politischer und künstlerischer Avantgarde in den sechziger und siebziger Jahren zu einer liebgewonnenen Fata Morgana geworden war[83], die sich freilich als konkreter Wunschtraum in der künstlerischen und politischen Praxis der italienischen Futuristen, so ließe sich hinzufügen, von Beginn an abgezeichnet hatte. Trotz Bürgers Insistieren auf der Leitvorstellung des Bruchs, die vor allem anhand des Dadaismus sowie des frühen Surrealismus aufgezeigt – und von der Kritik aufgrund

79 Peter Bürger, *Theorie der Avantgarde*, Frankfurt am Main: Suhrkamp 1974, S. 44.

80 Ebd., S. 108.

81 Ebd., S. 66.

82 Vgl. Kapitel 8 in diesem Band.

83 Carlos Rincón, »La vanguardia en Latinoamérica: posiciones y problemas de la crítica«, in: Wentzlaff-Eggebert (Hg.), *Europäische Avantgarde im lateinamerikanischen Kontext*, a.a.O., S. 57.

einer sehr einseitigen Betonung dieses Aspekts immer wieder in Frage gestellt – wurde, fehlt es innerhalb der *Theorie der Avantgarde* keineswegs an Elementen, die diesen Bruch in eine Selbstkritik der Institution Kunst und Literatur zurücknehmen. Zugleich arbeitete Bürger eine neue Verfügbarkeit über unterschiedlichste künstlerische Verfahren, die den verschiedensten Epochen entnommen werden konnten, heraus.[84]

Es trifft sicherlich zu, daß sich gerade im Bereich des Theaters noch große Lücken innerhalb der auf Lateinamerika bezogenen Avantgardeforschung auftun.[85] Gleichwohl kann kein Zweifel daran bestehen, daß das avantgardistische Theaterstück von Alfonso Reyes – und hierin ist aus meiner Sicht ein gemeinsames Charakteristikum der verschiedenen Avantgarden in Lateinamerika zu sehen – keinen totalen Bruch mit vorgängigen literarischen und künstlerischen Traditionen zu vollziehen suchte. In bezug auf die Selbstkritik der Institution Kunst und Literatur im Bürgerschen Sinne wie auf die bewußte Anwendung literarischer Verfahren, die früheren Epochen der Literaturgeschichte entliehen werden, zeigen sich bei Alfonso Reyes im allgemeinen und seiner Auseinandersetzung mit dem Iphigenie-Stoff im besonderen zahlreiche Übereinstimmungen mit zeitgenössischen Entwicklungen in Lateinamerika. Hatte das *Ateneo de la Juventud* auch erfolgreich eine wesentlich aktivere Rolle des Intellektuellen und Künstlers in der gegenwärtigen wie zukünftigen mexikanischen Gesellschaft gefordert und propagiert, so war doch die politische wie künstlerische Position dieser Gruppe innerhalb eines noch weitgehend prekären und instabilen literarischen und intellektuellen Feldes keineswegs vergleichbar mit der Radikalität bestimmter Positionen der europäischen Avantgarden. Vor diesem Hintergrund ist Alfonso Reyes' Haltung gegenüber einer der für die Avantgarden vor allem in Europa, in geringerem Maße aber auch in Lateinamerika charakteristischen Strategien bemerkenswert:

> Überdies glaube ich, daß die Mode der ästhetischen Manifeste, Plattformen und Programme eine unnütze und sogar schädliche Einmischung

84 Bürger, *Theorie der Avantgarde*, a. a. O., S. 24. Zur Bedeutung und Problematik der langfristig einflußreichen Theorie Peter Bürgers vgl. auch das nachfolgende achte Kapitel.

85 Vgl. Harald Wentzlaff-Eggebert, »Sieben Fragen und sieben vorläufige Antworten zur Avantgarde in Lateinamerika«, in: *Iberoromania* (Tübingen) XXXIII (1991), S. 127 f.

einer politischen Technik in den Bereich der Literatur darstellt. Besitzt diese Manie auch ihre eigene Herkunft, so dienen derlei Deklarationen doch nur – um es gewählt auszudrücken – der Festlegung von Grenzmarken und Datierungen, nicht aber der Inspiration jener, die sie unterschreiben und propagieren.[86]

Für Harald Wentzlaff-Eggebert[87] – und ich schließe mich seiner Einschätzung an – charakterisieren sich die Avantgarden in Lateinamerika insgesamt einerseits durch einen geringeren Organisationsgrad in verschiedene kohärente und von spektakulären Manifesten begleitete Bewegungen und andererseits durch ihre Stellung als Gegen-Diskurse zur offiziellen Rhetorik. Bezüglich dieser beiden Aspekte darf das avantgardistische Werk Alfonso Reyes', das zweifellos nur einen Teil seines Gesamtwerks umfaßt, sehr wohl als repräsentativ gelten. Erweist sich die Avantgarde in Lateinamerika zunehmend nicht als ein Bruch mit dem hispanoamerikanischen *Modernismo*, sondern als eine kritische Fortschreibung und Radikalisierung[88] bestimmter Aspekte dieser einflußreichen, wenn auch außerhalb Spaniens in Europa kaum zur Kenntnis genommenen literarischen Bewegung, so könnten die Schriften Alfonso Reyes' gerade auch in Hinblick auf die Identitätsentwürfe, zu denen der mexikanische Essayist ein ums andere Mal zurückkehrte, eine solche Einschätzung stützen. Nehmen wir die militärische Metaphorik der Avantgarde ernst, so ließen sich die von dieser Vorhut durchbrochenen Feindeslinien wohl eher innerhalb der je eigenen nationalen Grenzen ausmachen.

Entsprechend richtete sich die Position des *Ateneo de la Juventud* in México als Gegen-Diskurs vor allem gegen die scheinbar so uneinnehmbaren Stellungen des sogenannten »wissenschaftlichen Positivismus« der Porfiristen. Diese Stellungen erwiesen sich freilich aufgrund der zermürbenden Länge der *Pax Porfiriana* als ebenso veraltet und labil wie das diktatorische System selbst. Doch konnten sich die Attacken dieser jungen Literaten und Intellektuellen innerhalb eines literarischen Feldes, das über eine gegenüber der Entwicklung in Europa weit

86 Reyes, *Obras Completas*, a.a.O., Bd. VIII, S. 438 f.
87 Wentzlaff-Eggebert, »Sieben Fragen und sieben vorläufige Antworten«, a.a.O., S. 132 f.
88 Ebd.

geringere Ausdifferenzierung und Stabilität verfügte, nicht gegen die Existenz dieses noch immer nur rudimentär entwickelten Feldes selbst richten. Man hätte sich sozusagen den Boden unter den Füßen selbst weggezogen. Nicht eine Zerstörung der Institution Kunst und Literatur im Sinne Bürgers, nicht eine Zerstörung des literarischen Feldes, sondern dessen Umpolung hatten sich die mexikanischen, aber auch die lateinamerikanischen Avantgarden insgesamt auf ihre Fahnen geschrieben. Weder ein Vicente Huidobro noch ein César Vallejo stellten einen eigenen Bereich von Literatur und Kunst zur Disposition. Es ging vielmehr, und dies war eine Fortschreibung modernistischer Positionen, um einen wesentlich größeren Einfluß, ja um den Führungsanspruch bestimmter Gruppen, die sich nun in der Lage sahen, ihr im Bereich der Literatur und Kunst erworbenes symbolisches Kapital innerhalb des politischen Feldes gebührend zur Geltung zu bringen. Noch die Autoren des sogenannten *Boom* der lateinamerikanischen Literatur sollten – wie die letztlich doch »unzertrennlichen« Mario Vargas Llosa und Gabriel García Márquez – dieser Vorstellung bis zum heutigen Tag verpflichtet bleiben.

Aus dieser Sicht überrascht es nicht, daß Alfonso Reyes, ganz im Gegensatz zu einer vorgegebenen und stets spektakulär inszenierten *Tabula-rasa*-Ästhetik eines Marinetti (die sehr wohl ihre freilich verleugneten Vorbilder besaß), in seinem avantgardistischen Schaffen eher behutsam hochkomplexe Beziehungen zu einer ungeheuren Vielzahl literarischer Texte knüpfte. So merkte Walter Pabst zum avantgardistischen Verfahren des mexikanischen Dichters zu Recht an:

> Seine eigenste avantgardistische Herausforderung präsentierte Reyes aber als Dichtung hinter der Maske einer weither tradierten poetischen Form, mit deren alten Sicht- und Empfindungsweisen er einerseits virtuos spielt, andererseits aber gründlich bricht.[89]

Diese Aussage wirft auch ein erhellendes Licht auf den Ort der antiken Tragödie im mexikanischen Kontext. Für dieses tiefsinnige Spiel von Traditionsbruch und künstlerischer Kontinuität

89 Walter Pabst, »›No pude decirte lo que quería‹. L'inconnu und l'inexprimable in der Poetik und Lyrik von Alfonso Reyes«, in: Wentzlaff-Eggebert (Hg.), *Europäische Avantgarde im lateinamerikanischen Kontext*, a.a.O., S. 422.

mag Alfonso Reyes' *Grausame Iphigenie* wie kaum ein anderer Text innerhalb des Gesamtwerks exemplarisch stehen. Zugleich fängt *Ifigenia cruel* geradezu paradigmatisch die in Bewegung gekommenen Pole jenes interkulturellen Spannungsfeldes ein, innerhalb dessen sich die Texte der lateinamerikanischen Avantgarden ansiedeln.

Alfonso Reyes' Arbeit am Mythos führte zu einer der faszinierendsten und aufschlußreichsten Bearbeitungen des Iphigenie-Stoffes in der Moderne. Das Stück geriet zu einem wahren Gegenentwurf, zu einer lateinamerikanischen Iphigenie, die aus einer nicht-europäischen Perspektive dem alten Mythos neue und brennende Fragen stellt. In Europa, wo die Inszenierungen etwa von Peter Stein in Deutschland oder Ariane Mnouchkine in Frankreich auf ein breites Publikumsinteresse stießen und das Fortwirken der *Orestie* eindrucksvoll belegt haben, hat diese lateinamerikanische Arbeit am abendländischen Erbe der Alten Welt noch immer keinen Widerhall gefunden. Die ausgeprägte europäische Schwerhörigkeit ist nicht nur ein Zeichen der andauernden kulturellen Asymmetrie zwischen europäischen und außereuropäischen Welten, sondern ein wirklicher Skandal. Ihn zu beheben bedürfte es keiner Menschenopfer.

ACHT · TRAVERSE

Avantgarde, Postavantgarde, Postmoderne

Alles erfunden

Im August 1997 konnte man in einem mit neueren kunstgeschichtlichen Veröffentlichungen dekorierten Schaufenster einer bekannten Buchhandlung in Frankfurt am Main das Buch eines Autors ausgestellt sehen, dessen deutsch klingender Name vielen deutschsprachigen Leserinnen und Lesern noch keineswegs vertraut ist. Der Übersetzung von Max Aubs *Jusep Torres Campalans* war – nicht zur Freude der Herausgeberin[1] – ein Zettelchen beigegeben, das wie eine Warnung und zugleich Verlockung klingen mochte: »Alles erfunden!« Denn der im Original spanischsprachige Text des in Paris als Sohn eines deutschen Vaters und einer französischen Mutter geborenen, in Spanien aufgewachsenen und später im mexikanischen Exil lebenden Romanciers, Essayisten und Dramatikers jüdischer Abstammung Max Aub widmet sich einem avantgardistischen Künstler, den es – soviel sei schon verraten – in Wirklichkeit gar nicht gab: eben jenem katalanischen Maler, den Max Aub nicht nur im México der fünfziger Jahre wieder ausfindig gemacht zu haben vorgab, sondern dem er einen im Gewand der Künstlermonographie gekleideten dickleibigen Band und überdies eine Ausstellung mit Gemälden und Entwürfen widmete, die beide seiner eigenen Feder und seinem eigenen Pinsel entstammten.

Mag auch der Künstler-Protagonist eine Erfindung Max Aubs sein, so ist doch nicht »alles« »erfunden«. Vielmehr war jener Maler, dem Aub die eigentliche Urheberschaft des Begriffs »Kubismus« ingeniös (als Reaktion auf das Medium der Photographie) andichtete, so überzeugend in die jeweiligen politischen, gesellschaftlichen und künstlerischen Kontexte seiner Zeit gestellt, daß während langer Jahre die Existenz des früher mit Pi-

1 Die *Gesammelten Werke* von Max Aub werden von Mercedes Figueras im Eichborn Verlag herausgegeben. Ihr verdanke ich die Anekdote und viele Gespräche.

casso befreundeten Avantgardisten als gesichert galt und erste Aufsätze zu seinem künstlerischen Œuvre zu erscheinen begannen. Hätte sich der fiktionale Charakter dieses Werkes in den neunziger Jahren nicht schon allzu sehr herumgesprochen, so wäre es vielleicht noch möglich gewesen, dem mit den damaligen Verhandlungen über die sogenannte »Beutekunst« in Rußland betrauten deutschen Außenminister Klaus Kinkel eine Liste jener ausgesprochen avantgardistischen Schöpfungen mitzugeben, die Max Aubs Buch wie jede andere seriöse Künstlermonographie in Katalogform aufbereitet enthielt. Die Gelegenheit verstrich indes ungenutzt, die Zeit für ein Spektakel in bester avantgardistischer Tradition scheint vorüber zu sein.

Ein Buch, in dem »alles erfunden« ist, kann einen Literaturwissenschaftler so leicht nicht aus der Fassung bringen. Der 1903 in Paris geborene und 1972 in México-Stadt verstorbene Max Aub, der zweifellos zu den herausragenden Schriftstellern nicht nur des spanischen Exils, sondern der Literatur des 20. Jahrhunderts überhaupt zählt, war mit den noch im Zeichen der spanischen »Generation von 1898« schreibenden Literaten und Philosophen wie den im Bannkreis der historischen Avantgarden auf der Iberischen Halbinsel schaffenden Künstlern bis zu seinem Verlassen Spaniens und den dramatischen Umständen seiner letztlich geglückten Flucht ins mexikanische Exil wohlvertraut und wußte, wovon er sprach, wenn er sich in seinem erstmals 1958 in México erschienenen Band mit einem Avantgardisten einließ, in dessen Namen er auch Kunstwerke schuf, die als Reproduktionen in seine dieser Textsorte entsprechend gestaltete Künstlermonographie aufgenommen wurden.

Jusep Torres Campalans ist zweifellos ein Blick auf jene Avantgarde, die wir heute die historische nennen, aus nachavantgardistischer Perspektive. Der von den Denkstilen der sogenannten »98er« und den ästhetischen Verfahren der Avantgarde-Kunst geprägte notorische Vielleser und Vielschreiber Aub war wie kaum ein anderer dazu befähigt, die Forderungen der europäischen Avantgarden nach einer Sprengung der Institution Kunst und einer radikalen Öffnung der Literatur zur Lebenspraxis aus einem die Welt Europas weit übersteigenden Blickwinkel internationalisierter Kunstproduktion neu zu durchdenken. Noch in seiner intermedial, die verschiedenen Künste und Medien aufeinander beziehenden Künstlermonographie stellte er seine Vertrautheit mit avantgardistischen Verfahren und Techniken unter Beweis, ordnete sie aber nicht einer Ästhetik des Schocks oder des Bruchs unter, wie dies vermutet werden könnte. Als (fast) perfekte Fälschung kann *Jusep Torres Campalans* als ein Bindeglied gelesen werden, das die historischen Avantgarden nicht nur Spaniens und Frankreichs mit jenen Literaturen (und Künsten) verbindet, die – so könnten wir noch vorsichtig formulieren – im Zeichen der Postmoderne stehen. Die Frage, ob wir es bei diesem Brückenschlag zwischen der zweiten und der ersten Hälfte des 20. Jahrhunderts mit einem nach-avantgardistischen oder gar nach-modernen Text zu tun haben, soll uns als Ausgangspunkt für unsere Überlegungen zu den sich aus heutiger Sicht ergebenden Beziehungen zwischen Avantgarde, Postavantgarde und Postmoderne dienen.

Kubistisches Schreiben nach dem Kubismus

Die überzeugende und mehr als einen Kunstkritiker und Leser hinters Licht führende Einbettung Jusep Torres Campalans' in die gesellschaftlichen und künstlerischen Zusammenhänge seiner Zeit und in ein Netzwerk von Beziehungen zu einer Vielzahl realer Künstlergestalten macht uns zunächst darauf aufmerksam, daß sich dieser zwischen Realität und Imagination, zwischen Vorgefundenem und Erfundenem oder – in den Worten Gérard Genettes – zwischen Diktion und Fiktion pendelnde, oszillierende *friktionale* Text[2] in einer Weise, die jener des historischen Romans zugleich analog und invers ist, alle Register mimetischer Wahrscheinlichkeitsbildung zieht. Er tut dies nicht nur, um einen Realitätseffekt *(effet de réel)* und damit eine Täuschung zu erreichen, sondern um zugleich durch dieses Fingieren auf einer höheren Ebene eine erst durch sie zum Ausdruck kommende Wahrheit hervorzutreiben.[3] An der mit autobiographischen Anspielungen gespickten Künstlerfigur vermag Max Aub im oszillierenden Verfahren der Friktionalität

2 Vgl. zu dieser Begrifflichkeit insbesondere die Kapitel 1 und 5.

3 Dieser Frage hat sich Mercedes Figueras in ihrem schönen Nachwort zur deutschsprachigen, in der Übersetzung von Albrecht Buschmann und Eugen Helmlé vorliegenden Ausgabe gewidmet; vgl. Mercedes Figueras, »Wie kann es Wahrheit ohne Lüge geben? Max Aubs Jusep Torres Campalans«, in: Max Aub, *Jusep Torres Campalans*, Frankfurt am Main: Gatza bei Eichborn 1997, S. 419-440.

nicht nur die Problematik des eigenen Schaffens, sondern insbesondere einer Avantgardekunst aufzuzeigen, die aus Sicht der fünfziger Jahre keineswegs allein in den Augen des in México ein letztes Mal zugleich aufgefundenen und erfundenen Katalanen längst historisch geworden und zugleich gesellschaftlich vereinnahmt worden war. Aubs Text untermauert die selten untersuchte Scharnierfunktion, die den fünfziger Jahren bei der Vermittlung der (nicht nur avantgardistischen) Ästhetiken der ersten Jahrhunderthälfte nach der Erfahrung des Zweiten Weltkriegs und der Shoah (der Aub selbst nur mit viel Glück entging) in die zweite, im Zeichen der Moderne-Debatten stehende Jahrhunderthälfte zukam. Und er tut dies aus einer seinen eigenen, bewegten Lebensweg zwischen Spanien, Frankreich und México reflektierenden Perspektive.

Der mit einer Reihe datierter Kunstwerke präsentierte, in einer »Unverzichtbaren Vorbemerkung«(*Prólogo indispensable*) kurz vorgestellte, in dem umfangreichen Teil »Annalen« zeitgeschichtlich wie künstlerisch eingeordnete, in einer nachfolgenden »Biographie« dargestellte, in seinem »Grünen Heft« selbst zu Wort kommende und in Interviewform in seinen späten Lebensjahren in »Die Gespräche von San Cristóbal« befragte katalanische Avantgardist, in dessen monographischer Studie weder ein Katalog der Kunstwerke noch die Danksagungen des Verfassers fehlen durften, gerät unter den Augen des Lesepublikums zu einer Gestalt, in der kultureller Impuls, kreative Potenz und künstlerisches Scheitern oder Verstummen der historischen Avantgarden gemeinsam mit der Situation des Schriftstellers der fünfziger Jahre in höchster Verdichtung reflektiert werden. Repräsentativ für viele Künstlerleben wird die Karriere eines Naturtalents aus der Provinz nachgezeichnet, das in die großen Stürme der Politik und Kunst der ersten Jahrhunderthälfte in Europa hineingerissen wird und – hierin konsequenter noch als Antonin Artaud, der seinem »mexikanischen Traum«[4] mit Rück-

4 Auf die Dimension des Versuchs bestimmter Teile der historischen Avantgarden, eine Verschmelzung oder zumindest Simultaneität zwischen nicht-abendländischen und westlichen Kulturen zu erreichen, kann hier nur hingewiesen werden; Jean-Marie Gustave Le Clézio hat hierfür die Formel des »mexikanischen Traums« verwandt; vgl. *Le rêve mexicain ou la pensée interrompue*, Paris: Gallimard 1988, sowie die Diskussion dieses Textes im zweiten Kapitel des vorliegenden Bandes.

fahrkarte nachhing – schließlich nach México übersiedelte, um wirklich mit den Indianern zusammenzuleben und die kunst- mit der kinderzeugenden Schöpferkraft zu vertauschen. Torres Campalans verwandelt sich durch seinen erfundenen Lebenslauf, der nicht zufällig nur dank einer Zufallsbegegnung vor dem Vergessen und Verschüttetwerden »gerettet« werden konnte, in eine Art Denkmal, das Max Aub (nicht ganz uneigennützig autobiographisch unterfütternd) für den unbekannten Künstler des 20. Jahrhunderts errichtete.

Die Dreidimensionalität dieses Denkmals, das die Leserinnen und Leser von verschiedenen Seiten her betrachten können und das durch die Zeit als vierter Dimension wie ein Mobile in Bewegung gesetzt wird, scheint mit einer gleichsam »kubistischen« Schreibtechnik literarisch erzeugt zu werden, indem von verschiedenen Blickpunkten aus die Figur des Künstlers immer wieder neu skizziert und beleuchtet wird. Alle Dimensionen werden in diese »erfundene« und zugleich »wahre« Figur und ihren Text konsequent integriert: Neben die drei Dimensionen des Raumes und jene der Zeit treten die Dimension der Gesellschaft, die der Katalane in Spanien, Frankreich und in México quert, die friktionale Dimension des Oszillierens zwischen Diktion und Fiktion, die Dimension des literarischen Raumes, die noch näher zu erkunden sein wird, die gattungsspezifische Dimension, die gerade bei diesem Hybridtext sehr komplex gelagert ist, sowie eine kulturelle Dimension, welche die unterschiedlichen Kulturräume aufeinander bezieht. Dabei sind spezifische Verfahren auszumachen, deren sich Max Aub bedient, um diese Dimensionen in Bewegung zu setzen.

In einem Verfahren, das in vielerlei Hinsicht Jorge Luis Borges' *Ficciones* und vor allem der Konstruktion des erfundenen *Pierre Menard, autor del Quijote* ähnelt, wird ein Grundproblem literarischer wie künstlerischer Mimesis angeschnitten, das bereits in den Motti des Textes paratextuell angeführt und schließlich im »Unverzichtbaren Vorwort« bewußtgemacht wird. Es handelt sich dabei nicht nur um das Oszillieren zwischen diktionalen und fiktionalen Textsorten oder den von den historischen Avantgarden herbeigesehnten Einbruch des Imaginären in die »reale« Welt – wie ihn Borges etwa in *Tlön, Uqbar, Orbis Tertius* in nicht mehr avantgardistischer Einfärbung vorführte[5] –, sondern auch um die von den frühen Avantgarden angestrebte Si-

5 Vgl. hierzu Kapitel 5.

multaneität der Wahrnehmung[6], wie sie nicht zuletzt im kubistischen Kunstwerk zum Ausdruck kommt. Die metaliterarischen Reflexionen der mit Biographemen Max Aubs ausgestatteten Ich-Erzählerfigur bringen bei der Frage nach der Anordnung und Gestaltung des »vorhandenen« Materials die Kunst des Biographierten mit der Kunst des Biographierenden in einen direkten, unmittelbaren Zusammenhang:

> Dann folgen Leben und Werk, die so sehr voneinander abhängen. (Die Bilder und Zeichnungen, notwendiges Beiwerk, werden dort eingeordnet, wo sie am meisten Licht werfen.)
> Davon getrennt seine Schriften. Davon getrennt seine Erklärungen sowie die wenigen Artikel, die über sein Werk geschrieben wurden. Zuletzt die beiden Gespräche, die ich in San Cristóbal mit ihm führte, ohne zu wissen, wer er war.
> Das heißt, Zerlegen in Einzelteile, Erscheinen des Biographierten aus verschiedenen Blickwinkeln, vielleicht wie ein kubistisches Gemälde, wenn auch unbeabsichtigt.[7]

Die »kubistische« Konstruktion des Gegenstandes aus verschiedenen Perspektiven wird dabei ebensowenig wie das Hereinbrechen des Fiktionalen und Imaginären in die Lebenswirklichkeit schockartig inszeniert, sondern erfolgt – ähnlich wie bei Borges – sanft und sukzessiv. Ziele und Verfahren avantgardistischer Ästhetik werden in neue Kontexte implantiert und dergestalt integriert, daß die Grenzen zwischen Fiktion und Realität, zwischen Kunst und Lebenswirklichkeit nicht durchbrochen, sondern sacht unterspült werden. Grenzüberschreitende Literatur ist *Jusep Torres Campalans* allemal, nicht nur, weil sich Max Aub den Spaß macht, seine Zeitgenossen hintersinnig an der Nase herumzuführen und dabei die Grenzen des literarischen Spiels zu erproben. Eine auf schockhafte Wahrnehmung von seiten des Rezipienten zielende Ästhetik wird nun im Modus einer sanften Verrückung, einer kaum wahrnehmbaren, aber folgenreichen Verstellung und Deplazierung vorgetragen, die sich deutlich von der Wirkungsabsicht der historischen Avantgarden unterscheidet. Die Präsenz der avantgardistischen Erfahrungswelt ist in

6 Zur Problematik der Simultaneität vgl. etwa Wehle, »Lyrik im Zeitalter der Avantgarde«, a.a.O., S. 419-422 sowie 453-459.

7 Max Aub, *Jusep Torres Campalans*, México: Tezontle 1958, S. 16. Bei meiner Übersetzung greife ich bisweilen auf die bereits angeführte gelungene und recht freie Übersetzung zurück, zitiere aber nach dem spanischsprachigen Original.

dieser Fälschung des ehemaligen Avantgardisten Aub gleichwohl nicht nur auf der Inhalts-, sondern auch auf der Ausdrucksebene spürbar. Wie aber läßt sich diese Ästhetik nach der Avantgarde charakterisieren?

Bruch mit dem Traditionsbruch

Die bereits erwähnte, sich in sieben verschiedene Teile gliedernde Struktur von Aubs *Jusep Torres Campalans* weist Leserin und Leser eine aktive, textgestaltende Rolle zu. Die Vielzahl der über den katalanischen Avantgardisten, den zeitgeschichtlichen Hintergrund, den Verfasser der Monographie und die Gestaltung des Buches bereitgestellten »Informationen« erlaubt in ihrer wechselseitigen Komplementarität und teilweisen Widersprüchlichkeit eine so ungeheure Kombinationsmöglichkeit der jeweiligen Textelemente, Biographeme oder autoreflexiven Einsichten, daß sie von keinem Leser auch nur annähernd ausgeschöpft werden könnte. Allein die in den »Anales« präsentierten Fakten – die auf den ersten Blick recht harmlos angeordnet sind und neben zeitgeschichtlichen, technologischen, gesellschaftlichen, literarischen und künstlerischen Daten auch manche gezielte Fehlinformation (und damit den Einbruch des Imaginären auch auf dieser »faktenbezogenen« Ebene zunächst kaum wahrnehmbar) enthalten, legen ein Lektüreverfahren nahe, das sich als interrelationale Lesart bezeichnen ließe und die Leser dazu anhält, zwischen den verschiedenen Teilen der Monographie ständig hin- und herzuspringen. Das zugrundeliegende Bewegungsmuster des Verstehens ist also weniger jenes der Linie (einer linear fortschreitenden Lektüre), sondern das der ständigen Sprünge. Es handelt sich, wie die Ich-Erzählerfigur schon im ersten Satz der »Danksagungen« betont, im Grunde um ein Rätselspiel, einen *rompecabezas*[8], der sich gerade deshalb – ähnlich wie in Jorge Luis Borges' *Fiktionen* – logischen, rationalen Strukturierungs- wie Deutungsmustern nicht verschließt. Denn das Universum der Texte, in das sich Max Aubs Pseudomonographie selbst einschreibt, ist sehr wohl strukturierbar und besitzt einen analysierbaren expliziten wie impliziten literarischen Raum.

8 Ebd., S. 25, wörtlich übersetzt ein »Kopfzerbrecher«.

Ist es mir auch an dieser Stelle nicht möglich, allein die von den *Anales* für jedes einzelne Jahr zwischen 1886 und 1914 aufgeführten Werke, mit denen Aubs eigener Text in einen ständigen Dialog eintritt, genauer zu untersuchen, so sei doch festgehalten, daß sich durch die wechselseitigen Vernetzungen ein Verstehensprozeß abzeichnet, der nicht mehr linear im Buch von vorne nach hinten fortschreitet, sondern relational, im regelmäßigsten Falle netzwerkartig angelegt ist und die verschiedensten Dimensionen (im Sinne des ersten Kapitels) erfaßt. Nicht nur das textintern gestaltete Archiv (oder imaginäre Museum) der Kunst – wie es in einer Künstlermonographie zu erwarten wäre –, sondern auch die Bibliothek der Literatur öffnet sich dem Leser, was auf die doppelte Beziehbarkeit auf den Biographierten wie den Biographen selbst aufmerksam macht und einen zugleich intertextuell und intermedial strukturierten Raum schafft.

Die hin und her springende, durch die Anordnung des Materials bedingte und an die Wahrnehmung eines Gemäldes erinnernde Lektüre ihrerseits wird durch ständige Querverweise, Fußnoten, Anmerkungen, Fußnoten zu den Anmerkungen und Verweise auf den Katalog sowie die sich zwischen einzelnen (Bild-)Elementen herstellenden Serien gesteuert. Damit wird eine nicht-lineare Lektüreweise erprobt, die auf noch radikalere Art wenige Jahre später in Julio Cortázars *Rayuela* gleich zu Beginn in einem »Wegweiser«, einem *Tablero de dirección*, den Leser ultimativ vor die Wahl stellt, diesen 1963 erschienenen Roman entweder linear bis Kapitel 56 zu lesen und auf den »Rest« zu verzichten oder aber die insgesamt 155 Kapitel in einer vorgegebenen sprunghaften Abfolge wie in einem Hüpfspiel »durchzuspringen«.[9] Elemente dieser sich verzweigenden, interrelationalen Lektüreweise finden sich – wenn auch weniger dirigistisch präsentiert – in der kubistischen Schreibweise von Max Aubs *Jusep Torres Campalans*. Sie nimmt damit ein durchaus avantgardistisches Element – die (Zer-)Störung einer linearen Lektüre – spielerisch auf.

Es wäre sicherlich ein leichtes, eine Vielzahl avantgardistischer Techniken wie etwa die intermediale Verschränkung von Bild und Text, die Einfügung von *papiers collés*, von Montagen und Collagen in Max Aubs Roman ausfindig zu machen, welche

9 Cortázar, *Rayuela*, a.a.O., S. 7.

in einen Dialog mit den auf der Inhaltsebene vorhandenen avantgardistischen Elementen treten, die durch die Künstlerbiographie eingeblendet werden. Das dadurch entstehende Beziehungsgeflecht und Spannungsverhältnis selbst aber ist keineswegs von jenem für die historischen Avantgarden so charakteristischen Willen geprägt, mit den vorherrschenden Konventionen, Traditionen und Diskursen Schluß zu machen. Vielmehr verdeutlichen die entstandenen wechselseitigen Bezüge, daß diese avantgardistischen Verfahren ihrerseits wiederum verfügbar und verwertbar geworden sind und Teil jenes Archivs von Kunst und Literatur wurden, dessen sich der aktuelle Text (wie die aktuelle Kunst) unter Verzicht auf jeglichen Traditionsbruch zu bedienen versteht. Der Bruch ist hier als Tradition verfügbar, gebrochen wird allein mit dem Traditionsbruch selbst.[10]

Die vom Darstellungsgegenstand avantgardistisch motivierte Aufgabe einer Zentralperspektive ermöglicht eine interrelationale Netzwerkstruktur, in der Experimente wie Resultate avantgardistischen Handelns in ein Kunstwerk integriert werden, das sich selbst friktional jeder Möglichkeit eindeutiger genrespezifischer wie literarästhetischer Zuordnung entzieht. Die auf den ersten Blick zentrierte Struktur von sieben Teilen, in deren Mittelpunkt mit dem vierten Teil die *Biografía* Torres Campalans' steht, erweist sich bei genauerer Betrachtung als offene Strukturierung, deren Zentrum insofern leer bleibt, als es jenen katalanischen Künstler, aller mimetischen Verfahren unter Einschluß von Augenzeugenberichten und glaubhaft machender Photographien zum Trotz, »eigentlich« gar nicht gab. Das Erfundene wird – ähnlich wie in *Tlön, Uqbar, Orbis Tertius* – vor allem mit Hilfe diktionaler Textsorten erzeugt und in Bewegung gesetzt.

In Torres Campalans' »Grünem Heft«, dem von der Ich-Erzählerfigur herausgegebenen »Sudelbuch« des katalanischen Künstlers, finden wir eine Vielzahl kurzer Reflexionen über Kunst und Literatur, die sich häufig ebenso auf die schrittweise

10 Es versteht sich von selbst, daß sich der von den historischen Avantgarden intendierte beziehungsweise vollzogene Bruch jeweils nur auf ganz bestimmte Traditionen bezog, sich seinerseits aber wieder in andere Traditionen (nicht zuletzt auch bestimmter Aspekte von *Décadence* und *Fin de siècle*) einschrieb. Im Bruch mit dem Traditionsbruch ließe sich ein grundlegender Widerspruch, gleichsam eine angeborene »Immunschwäche« der neuen Ästhetik erkennen.

Entfaltung einer avantgardistischen Kunstauffassung wie auf die Ebene der Autoreflexivität und impliziten Ästhetik von Aubs eigenem Text beziehen lassen. Einige vorgeblich auf das Jahr 1908 datierbare Äußerungen kommen erneut auf die Problematik einer vielperspektivischen Repräsentationsweise zurück:

> Warum von einem einzigen Blickpunkt aus malen? Das kann doch jeder. Ein Maler hat die Pflicht, gerade weil er Maler ist, mehr zu erfassen.
> Ein Gegenstand wird immer besser *behalten*, wenn man ihn simultan aus mehreren Winkeln porträtiert; das Ideal: ihn aus allen Blickwinkeln zu sehen, wie Gott es tat. Oder von innen.
> Eine globale Malerei.[11]

Auch diese Passage ist zumindest auf den beiden skizzierten Ebenen lesbar, rückt dabei aber in unterschiedliche Bedeutungszusammenhänge ein. Markiert sie in bezug auf das erste Jahrzehnt der ersten Jahrhunderthälfte die Entfaltung einer im Sinne Apollinaires »ganz neuen Ästhetik«, die von verschiedenen Ländern Europas und von unterschiedlichen, miteinander vernetzten Gruppen aus vorangetrieben wurde, so bedeutet sie, bezogen auf das erste Jahrzehnt der zweiten Jahrhunderthälfte, eine Stellungnahme, die insbesondere die intermedialen Beziehungen zwischen Bild und Text beleuchtet. Sind einerseits Simultaneität, kubistische Multiperspektivität und Totalitätsanspruch Elemente der historischen Avantgarden, die während der ersten drei Jahrzehnte des 20. Jahrhunderts (und auch darüber hinaus) in immer wieder wechselnden Kombinationen in den Manifesten eingefordert und zugleich eingelöst wurden, so erhält die Auseinandersetzung mit der Simultaneität der Malerei vom Standpunkt der Literatur aus eine andere Bedeutung.

Das kubistische Ineinanderblenden verschiedener Perspektiven betrifft auf der literarästhetischen Ebene die Sichtweise von innen *(desde adentro)*, welche der *Cuaderno verde* gerade demonstriert, ebenso wie die Umsetzung bestimmter literarischer Techniken, welche die Linearität der Literatur in die Quasi-Simultaneität der Malerei überzuführen und damit jene *pintura global* zu schaffen erlauben, deren Portrait – glauben wir Torres Campalans – von Bestand sein wird. Wie in Borges' *Pierre Menard, autor del Quijote* läßt sich derselbe Satz, erst einmal in

11 Aub, *Jusep Torres Campalans*, a. a. O., S. 204.

einen anderen semantischen und diegetischen Kontext überführt, auf sehr unterschiedliche Weise lesen und verstehen. Bedeutet er auf der einen Ebene den mehr oder minder radikalen Bruch mit zu Jahrhundertbeginn normgebenden Darstellungsmustern und Wahrnehmungsgepflogenheiten, so entfaltet er auf der anderen gerade die Integration der verschiedenen Perspektiven in eine globale Produktion und Perzeption, und zwar im Kontext einer neuen Deutung der (ikonotextuellen) Beziehungen zwischen Bildlichkeit und Schriftlichkeit, wie sie anhand der Künstlerfigur Jusep Torres Campalans vorgeführt werden. In einen anderen Zusammenhang gestellt, wird Avantgarde ganz einfach anders lesbar. Die Buchstaben und die Zeichen sind im Sinne des Vorworts gleichsam über Nacht in Bewegung geraten. Avantgardistische Kunst wird dadurch nach-avantgardistisch verfügbar gemacht. Der Bruch mit dem Traditionsbruch ist dabei so gut getarnt, daß er als solcher gar nicht mehr wahrnehmbar ist. Die »ganz neue Ästhetik« ist latent und manifestiert sich erst in den Bewegungen, im *Spiel* zwischen beiden Ebenen.

Ein globales Gemälde

Neben vielen anderen Textelementen binden die Jahreszahlen die verschiedenen Teile des gesamten Textes, insbesondere die »Annalen« und das »Grüne Heft«, zusammen. Eine Lektüreweise, die ständig zwischen den jeweiligen Abschnitten und Jahreszahlen hin- und herpendelt, drängt sich förmlich auf. Betrachten wir aber die Anlage und Struktur der *Anales* als (Kunst-)Archiv und Bibliothek, dann fällt sofort ins Auge, daß von Beginn an die unter den einzelnen Jahreszahlen und Abschnitten genannten Künstler, Literaten und deren Werke sich keineswegs auf den katalanischen, spanischen, französischen oder europäischen Raum beschränken. Sie bilden vielmehr ganz bewußt einen literarischen (und künstlerischen) Raum, der auch eine Vielzahl von Verweisen auf außereuropäische Literatur und Kunst enthält – wobei im übrigen auch das Geburtsjahr des für die Vermittlung avantgardistischer Positionen nach Lateinamerika allzuoft unterschätzten Borges nicht vergessen wird.

So wie sich das Leben Jusep Torres Campalans' und jenes Max Aubs – nicht anders als das des Spaniers Ramón Gómez de la Serna, des Mexikaners Alfonso Reyes, des Chilenen Vicente

Huidobro oder der Argentinier Julio Cortázar und Jorge Luis Borges – auf beiden Seiten des Atlantiks situiert, so wird in der Textdiegese fundiert auch ein innerliterarischer Raum geschaffen, in welchem die außereuropäische Kunst und Literatur zwar keine dominante Rolle spielt, in ihrer Existenz aber bewußtgemacht wird. Damit jedoch wird, zweifellos gefördert durch die plurikulturelle Herkunft Max Aubs und die schmerzliche, aber kulturell ungeheuer bereichernde Erfahrung des Exils, die Entwicklung und Entfaltung der historischen Avantgarde in einen Reflexionszusammenhang gestellt, der in verstärktem Maße erst seit dem Ende der achtziger Jahre des 20. Jahrhunderts diskutiert und mitbedacht wird.[12] So finden wir in *Jusep Torres Campalans* Hinweise auf Spanien und Frankreich, Italien und Deutschland, auf England, Rußland, Norwegen und andere europäische Länder, aber auch auf die USA und die verschiedenen Nationen Lateinamerikas. Ein auffällig breiter Raum wird in den »Annalen« nicht nur Zeugnissen und Ereignissen aus México, sondern gerade auch aus der spanischsprachigen Karibik – in erster Linie Cuba und Santo Domingo – gewidmet. Max Aub war bewußt, daß sich – was vielen Europäern bis heute unbekannt blieb – in nahezu allen Ländern Lateinamerikas unterschiedliche avantgardistische Gruppen konstituiert hatten, die nicht nur mit Europa, sondern auch untereinander – und dies war innerhalb der lateinamerikanischen Kulturbeziehungen vor dem *Modernismo* keineswegs selbstverständlich[13] – in engem Kontakt und Austausch standen.

Jenseits der vom Text konstituierten Diegese, also des raumzeitlichen Rahmens des Romans, wird eine Sichtweise der Avantgarde erkennbar, in der die außereuropäische Welt nicht nur als mehr oder minder kurzfristiger Flucht- oder Begegnungsort avantgardistischer Künstler, sondern als ein Raum erscheint, innerhalb dessen sich Kunst und Literatur der Avantgarde ent-

12 Paradigmatisch für diesen neuen Fragehorizont ist aus meiner Sicht der Aufsatz von Wentzlaff-Eggebert, »Sieben Fragen und sieben vorläufige Antworten zur Avantgarde in Lateinamerika«, a.a.O., S. 125-139.

13 Vgl. Ottmar Ette, »Asymmetrie der Beziehungen. Zehn Thesen zum Dialog der Literaturen Lateinamerikas und Europas«, in: Birgit Scharlau (Hg.), *Lateinamerika denken. Kulturtheoretische Grenzgänge zwischen Moderne und Postmoderne*, Tübingen: Narr 1994, S. 297-326.

falteten. So ergibt sich ein deutlich internationalisierter Kulturhorizont, der die tatsächlichen Vernetzungen avantgardistischer Künstler und Künstlergruppen lange vor dem Zweiten Weltkrieg berücksichtigt und präsentiert.

Die nicht nur von den italienischen Futuristen programmatisch ins Bewußtsein gehobenen internationalen Kommunikations- und interkontinentalen Transportmöglichkeiten, auf die häufig aus europäischer Sicht hingewiesen wurde, dürfen die Tatsache nicht in den Hintergrund drängen, daß diese potentielle, erstmals erreichbar scheinende Ubiquität nicht nur im Zeichen einer häufig konstatierten Technikeuphorie Konsequenzen für die künstlerischen Ausdrucksformen der *europäischen* Avantgardisten, sondern weit darüber hinaus für die Entfaltung der historischen Avantgarden ebenso innerhalb wie außerhalb Europas hatte.

Erst die volle Einsicht in diese Tatsache wird zu einem neuen *mapping*, einer neuen Kartierung, führen. Zu Recht wurde darauf aufmerksam gemacht, daß bereits kurz nach Erscheinen des ersten futuristischen Manifests im Jahre 1909 Marinettis Text durch die Vermittlung des modernistischen nicaraguanischen Lyrikers Rubén Darío in Buenos Aires bekannt gemacht wurde.[14] Simultaneität und Ubiquität sind nicht nur durch einen bestimmten Stand technologischen Fortschritts induzierte programmatische Projektionen und ästhetische Kategorien europäischer Avantgarde-Kunst, sondern Grunderfahrungen und Ausgangspunkte einer international sich zunehmend vernetzenden und jenseits gewohnter kultureller Grenzziehungen etablierenden Avantgarde, die eine allein auf Europa beschränkte Perspektive nicht mehr adäquat erfassen kann.[15] Hat Max Aub – entgegen seiner eigenen Entwicklung,

14 Vgl. Wentzlaff-Eggebert, »Avantgarde in Hispanoamerika«, in: ders., (Hg.), *Europäische Avantgarde in lateinamerikanischem Kontext*, a.a.O., S. 8, sowie das vorangehende Kapitel des vorliegenden Bandes. Seit dem letzten Drittel des 19. Jahrhunderts ist die Schnelligkeit interkontinentaler Kommunikation auch in der Literatur beobachtbar und wirksam.

15 Überzeugend hat Winfried Wehle die lebensweltlichen Veränderungen des Jahrhundertbeginns beschrieben, Konsequenzen daraus aber allein für die spezifischen literarischen und künstlerischen Formen einer bestimmten europäischen Avantgardekunst gezogen: »Ein neues Lebensgefühl war im Entstehen. Es ließ ›Omnipräsenz‹, ›Ubi-

aber in unübersehbarer Anspielung auf Artaud – auch Jusep Torres Campalans' Weg nach México als einen Rückzug aus der Kunst gestaltet, um damit zugleich das Scheitern der historischen Avantgarden zumindest auf der Ebene einer Entwicklung neuer künstlerischer Ausdrucksformen exemplarisch vorzuführen, so konnte er doch in bezug auf die zweite, die autoreflexive Ebene einen literarischen Raum aufspannen, der mit europäischen Maßstäben und Kategorien allein nicht mehr auszumessen war. In diesem Sinne entsteht in seinem *Jusep Torres Campalans* bereits die Skizze einer vielperspektivischen Sichtweise jener künstlerischen und ästhetischen Entwicklungen, die wir heute als die historischen Avantgarden begreifen. Ihre *pintura global*, ihr – so lautete die andere Übersetzungsmöglichkeit – globales Gemälde wird in diesem Text von 1958 bereits in Umrissen erkennbar.

Die Impfung (der) Avantgarde

In seinem letzten Gespräch in Chiapas mit einem Ich-Erzähler namens Aub räumt Jusep Torres Campalans ein, sich in neuester Zeit wieder einige Gedanken über Kunst und Malerei gemacht zu haben. Für ihn ist der Kubismus noch immer eine anarchistische Bewegung und daher auch so sehr von spanischen Künstlern geprägt.[16] Die neueren Entwicklungen aber sieht der vielfache Großvater mestizischer Enkel längst kritisch:

> »Die Leute merken das nicht, aber die Malerei, die in den Zeitschriften der Friseursalons zählt, hat aufgehört, ein Beruf zu sein, um zu einem Spiel zu werden, das heißt, zu einer Sache von Dilettanten. Ein echter Maler kann sich nicht den Luxus erlauben« – er betonte das mit dem Luxus –, »im Laufe seines Lebens kein einziges Bild zu verkaufen. Es ist die Lust, etwas zu tun, was einem Spaß macht.«

quität‹, ›Kollektivität‹ als Wirkungszusammenhang empfinden. Wo dies begeistert oder zustimmend akzeptiert wurde, entstand ein regelrechter Kult der Moderne – mit einer entsprechend heftigen Abwertung der Vergangenheitstreue als ›Passatismus‹.« Wehle, »Lyrik im Zeitalter der Avantgarde«, a.a.O., S. 418f. Diese zutreffende Analyse wäre freilich auch auf die Ubiquität künstlerischer Ausdrucksformen und die Bedingungen ihrer kreativen Aneignung zu beziehen.

16 Aub, *Jusep Torres Campalans*, a.a.O., S. 287.

Er rieb sich die Hände, vielleicht als Aufwärmung.
»Was mir Spaß macht, ganz im Ernst, Aub, ist das Nichtstun. Und das habe ich geschafft.«[17]

Hier wird das Scheitern der Avantgarde als totales, Leben und Kunst, Beruf und Berufung verquickendes Projekt angesichts einer den Gesetzen des internationalen Kunstmarkts und der Massenkultur gehorchenden, am Spiel orientierten Kunst vorgeführt, ein Scheitern, das in der Beibehaltung des Lebensprojekts *auf Kosten der Kunst* sich noch ein letztes Mal in seiner Verweigerung als negative Ästhetik in Szene setzt. Oder bedeutet die Durchsetzung des »Nichtstuns«, des *no hacer nada*, gegen das »etwas tun«, das *hacer algo*, am Ende doch einen Sieg? Wie dem auch sei: Gegen die Kunst der Friseurzeitschriften und des Spiels ist allein der Rückzug aus der Kunst ein letzter, wenngleich paradoxer Beweis für den Totalitätsanspruch avantgardistischer Rebellion. Doch scheint eine derartige Ästhetik und Lebenspraxis, wie der wohl ein Jahr später erfolgte »Tod« des katalanischen Malers unterstreichen mag, in der zweiten Jahrhunderthälfte nicht mehr dauerhaft realisierbar zu sein. Der Raum der Kunst hat sich verändert, die Friseursalons machen den Galerien als Orte der Kunstrezeption Konkurrenz.

Just in jenem Jahre 1955, in dem der Maler und der Schriftsteller in San Cristóbal, der Hauptstadt von Chiapas, ihr letztes Gespräch über die Avantgarde-Kunst führten, beschäftigte sich in der französischen Hauptstadt der 1915 geborene und 1953 durch sein Buch *Le Degré zéro de l'écriture* erstmals hervorgetretene Roland Barthes mit der Problematik der Avantgarde innerhalb eines nach dem Zweiten Weltkrieg nicht nur in Frankreich grundlegend veränderten gesellschaftlichen und kulturellen Umfelds. In einem im März 1955 in den *Lettres Nouvelles* erschienenen Artikel setzte er sich unter dem Titel »La vaccine de l'avant-garde« mit Jean-Louis Barraults Aufführung von Christopher Frys *A Sleep of Prisoners* am Théâtre Marigny auseinander, wobei er Publikum und Theater scharfzüngig bescheinigte, angesichts der auf der Bühne entfalteten ungeheuren und ausweglosen Langeweile den »Selbsterhaltungstrieb«[18] *(instinct de*

17 Ebd., S. 288.
18 Roland Barthes, »La vaccine de l'avant-garde«, in: ders., *Œuvres complètes*, a.a.O., Bd. I, S. 472.

conservation du spectateur) eindrucksvoll unter Beweis gestellt zu haben. Vor allem aber kritisierte Barthes am Beispiel von Barrault ein Verfahren, sich gleichsam mit Avantgarde zu impfen, um sich so gegenüber jedweder Kritik zu immunisieren:

Dies wäre alles nicht so wichtig, wenn diese Impfung nicht mittlerweile zu einer gängigen Operation innerhalb der konventionellen Kunst geworden wäre. Man inokuliert der Tradition ein bißchen Fortschritt – im übrigen ganz formaler Natur –, und schon ist die Tradition gegen den Fortschritt immun geworden: einige *Zeichen* der Avantgarde reichen aus, um die wirkliche Avantgarde zu kastrieren, die tiefgreifende Revolution der Sprachen und Mythen.[19]

Das von Barthes diagnostizierte Impfverfahren erschien ihm vor allem deshalb als so gefährlich, weil der Impfstoff gerade die »wahre« Avantgarde – zu welcher sich der Sprach- und Mythenkritiker sehr wohl selbst zählte – abzufedern und letztlich zu eliminieren drohte. Wir schließen daraus, was das Gegenteil von Avantgarde ist: ein bißchen Avantgarde. Die kämpferische Attitüde Barthes'[20] mag belegen, wie sehr sich der Autor von *Michelet* (1954) mit der Sache des *Théâtre populaire* und letzteres wiederum mit der Avantgarde identifizierte, definierte er doch im Juli 1954 diese Theaterkonzeption als den Versuch, drei Verpflichtungen gerecht zu werden, die jede für sich genommen nicht neu seien, zusammen aber revolutionär wirken könnten: »ein Massenpublikum, ein Repertoire der hohen Kultur, eine avantgardistische Dramaturgie«.[21]

Ohne an dieser Stelle auf Barthes' Theaterkonzeptionen und die enorme Bedeutung, die darin Brechts Theaterpraxis seit dem Gastspiel des Berliner Ensembles 1954 in Paris zukam, näher eingehen zu können[22], sei doch festgehalten, daß er sich auch in

19 Ebd.

20 In seiner Entgegnung auf einen entrüsteten Leserbrief griff er Barrault wenig später in *Théâtre populaire* scharf an: »Wie ist es möglich, daß Barrault, der in seinen Anfängen ein revolutionärer Anreger war, sich dafür hergab, zum offiziellen Lieferanten der Pariser Bourgeoisie zu werden? Wie ist er von einem Theater des Hungers *(Théâtre de la Faim)* zu einem Luxustheater *(Théâtre de Luxe)* gekommen?« (ebd., S. 488).

21 Ebd., S. 430.

22 Vgl. hierzu auch Ette, *Roland Barthes. Eine intellektuelle Biographie*, a.a.O., S. 136-144.

bezug auf das Theater in wachsendem Maße verpflichtet sah, künstlerische Aktivität und Kommerzialisierung, Avantgarde und Massenkultur kritisch aufeinander zu beziehen. Was die akademische Theaterkritik noch immer schockiere, so Barthes in einem 1956 wiederum im Sprachrohr der Gruppe, der Zeitschrift *Théâtre populaire*, veröffentlichten und später in die *Essais critiques* aufgenommenen Artikel, sei einem populären, jungen Kinopublikum längst vertraut; so hoffte er vor allem, daß eine neue politische Theaterkunst aus einem Verfahren entstünde, das er als »*Entkonditionierung* des alten Theaters der Avantgarde« bezeichnete.[23] Damit zeichnete sich bereits ab, daß Barthes die »traditionellen« Verfahren der Avantgarde zunehmend für ungeeignet hielt, im Kontext von Massenkommunikation und Massenkultur den Anspruch einer beständigen Aufrüttelung und Entautomatisierung konventioneller Wahrnehmungsschemata einzulösen. Denn längst war das, was aufrütteln sollte, zum Gemeingut einer expandierenden Kulturindustrie geworden. Und diese streute in ihre Produktionen eben »ein bißchen Avantgarde« ein.

Ein bißchen Avantgarde

Für Roland Barthes, der 1956 den zweiten, theoretischen Teil seiner *Mythologies*, die im folgenden Jahr in Buchform erscheinen sollten, verfaßte, war avantgardistische Kunst nunmehr der ständigen Gefahr ausgesetzt, von der Massenkultur erfaßt und den anderen (bürgerlichen) Mythen einverleibt zu werden. In einem erstmals 1958 veröffentlichten Text, der später in die *Essais critiques* aufgenommen wurde, betonte Barthes unter dem Titel »Es gibt keine Schule von Robbe-Grillet«, es sei ein alter Trick der Kritik, auf den Namen Avantgarde zu taufen, was sie assimilieren könne, belege sie doch so ihre eigene Weitsicht und Offenheit.[24] Vor dem Hintergrund einer konsumierbar gewordenen avantgardistisch geimpften Kunst im Kontext der Massenkultur vertraut der Autor der *Mythen des Alltags* der Avantgarde und ihren Verfahren (und deren längst zuerkanntem Prestige) nicht mehr und wendet sich spätestens seit 1956 immer dezidier-

23 Ebd., S. 1226.
24 Ebd., S. 1244.

ter von spezifisch avantgardistischen Vorstellungen ab. So heißt es in einem in jenem Jahr unter dem Titel »In der Avantgarde welchen Theaters?« erschienenen Aufsatz apodiktisch:

Schon der Name Avantgarde bezeichnet gemäß seiner Etymologie nichts anderes als einen ein bißchen exuberanten, ein bißchen exzentrischen Teil der Bürgerlichen Armee.[25]

Die Avantgarde schien für Barthes definitiv ihre gesellschafts- und kulturverändernde Kraft eingebüßt zu haben und von der bürgerlichen Armee einverleibt worden zu sein.

Wenige Jahre später aber markiert der Eintritt Roland Barthes' in das Gravitationsfeld der Zeitschrift *Tel Quel* eine Veränderung seiner Positionen insoweit, als er seine Aufmerksamkeit nun weniger massenkulturellen und wieder stärker (wenn auch nicht ausschließlich) spezifisch literarischen Phänomenen zuwandte und innerhalb einer Situation zunehmender Polarisierung des intellektuellen Feldes im Frankreich des *avant-mai* Standpunkte bezog, die dem avantgardistischen Selbstverständnis der *tel-queliens* entsprachen. Die teilweise harten Auseinandersetzungen und Polemiken um Roland Barthes bedingten in den sechziger Jahren vor dem Hintergrund seiner institutionell eher marginalisierten Position und angesichts der Präponderanz, mit der die traditionelle, von Barthes als *ancienne critique* apostrophierte Literaturkritik und -wissenschaft auftrat, eine Radikalisierung ebenso seiner (texttheoretischen) Vorstellungen wie auch seiner taktischen, im Umfeld der *Tel Quel*-Gruppe sich ansiedelnden Vorgehensweise. Ein bißchen Avantgarde, so wußte Barthes, konnte hier nicht ausreichen.

Daher schlug er sich, die sich ihm bietenden Chancen nach dem Ende der Hegemonie Sartres im intellektuellen Feld Frankreichs nutzend, seit Mitte der sechziger Jahre entschieden auf die Seite einer Avantgarde, die in der Tat ihre historischen Gelegenheiten beim Schopfe packen und die literatur- und kulturtheoretischen Debatten nicht nur in Frankreich bis weit in die siebziger Jahre hinein bestimmen sollte. Hatte der Verfasser von *Kritik und Wahrheit* auch die Achillesverse jedweden avantgardistischen Tuns – das Totlaufen des Traditionsbruchs als Geste und die sich anschließende Vereinnahmung durch eine »nachrückende« Kulturindustrie – erkannt, so bezog er doch deren

25 Ebd., S. 1224.

Positionen, solange diese innerhalb des literarischen und intellektuellen Feldes insgesamt minoritär blieben.

Mit dem Dominantwerden bestimmter Positionen, die von der Gruppe um Philippe Sollers und Julia Kristeva verfochten wurden, änderte sich Barthes' Vorgehensweise jedoch bald schon ein weiteres Mal. Zwar gab er auch in Zukunft sein Ziel, an einer Bekämpfung bürgerlicher Sichtweisen von Literatur, Kunst und Kultur teilzuhaben, nicht auf; doch wandte er sich im Übergang von den sechziger zu den siebziger Jahren behutsam, aber bestimmt von unmittelbar konfrontativen Taktiken ab und Verfahren zu, die – um in einer geologischen Metaphorik zu bleiben – nicht Brüche, sondern Flexuren unter der Oberfläche bewirken sollten.

Bei seiner zweiten Abkehr von sich als avantgardistisch manifestierenden Positionen scheint der Autor von *Die Lust am Text* freilich aus seiner ersten Abwendung von avantgardistischen Standpunkten gelernt zu haben. Nicht nur aus Gründen der Freundschaft mit Kristeva oder Sollers inszeniert er seine Abkehr nicht mehr als einen unübersehbaren Bruch; vielmehr scheint er nunmehr seinerseits »ein bißchen Avantgarde« im Verlauf der siebziger Jahre für seine eigene Immunisierung in doppelter Hinsicht zu nutzen. Zum einen konnte er ein gewisses avantgardistisches Element stets für sich in Anspruch nehmen, wenn er innerhalb des intellektuellen Feldes in Auseinandersetzungen mit etablierten Vertretern des akademischen Wissenschaftsbetriebes geriet, und zum anderen – und für unsere Fragestellung wichtiger – immunisierte ihn das »bißchen Avantgarde« gegenüber dem erneuten Rückfall in avantgardistische Verhaltensweisen, von denen er sich spätestens seit Beginn der siebziger Jahre heimlich, aber endgültig verabschiedet hatte.

Seine sich an einem prospektiven Moderne-Begriff als konkreter Utopie ausrichtende Ästhetik – der moderne Text als *»der Text, der noch nicht existiert«*[26] – suchte auf diese Weise Verfahren der Deplazierung und Verstellung für das eigene Schreiben fruchtbar zu machen. Anders als eine Zurechenbarkeit zu mehr oder minder klar umrissenen Überzeugungen sollte eine ständige Bewegung und Friktionierung von Grenzziehungen immer neue literarische und theoretische Freiräume schaffen und zu-

26 Ebd., Bd. II, S. 901.

gleich vor einer allzu leichten Vereinnahmung schützen. Daß auch diese Positionen sich einer nachfolgenden Aneignung und Refunktionalisierung nicht völlig entziehen konnten, ist für unsere Fragestellung weniger wichtig als die Tatsache, daß eine bruchlose nach-avantgardistische Verabschiedung der Avantgarde genau dadurch möglich werden konnte, daß ihre Vorgehensweisen und Theoreme selbst wiederum in einen Dialog eingebunden und so in einen Bestandteil des eigenen (Kunst-)Werkes verwandelt wurden. Ob eine derartige Ästhetik besser als postavantgardistisch oder als postmodern zu bezeichnen wäre, soll uns ein wenig später beschäftigen. Einstweilen gilt es festzuhalten, daß diese neue Ästhetik gleichsam avantgardistisch geimpft ist.

Die Nachhut der Vorhut

Das 1973 erschienene Bändchen *Le Plaisir du texte* liest sich streckenweise wie der schmerzhafte Versuch, mit der Avantgarde fertig zu werden und doch zugleich einige ihrer Techniken für die erst noch zu schaffende Ästhetik, für den in Entstehung begriffenen »modernen« Text aufzubereiten. So heißt es etwa unter dem (allein im Inhaltsverzeichnis nachlesbaren) Stichwort *Récupération* zu der Barthes immer wieder aufs neue beschäftigenden Problematik der Zerstörung:

Das Unglück besteht darin, daß diese Zerstörung immer inadäquat ist; entweder vollzieht sie sich in einer der Kunst äußerlichen Form, wodurch sie sogleich nicht mehr pertinent ist, oder sie bleibt bewußt innerhalb der Kunstpraxis, bietet sich dann aber sehr rasch der Vereinnahmung *(récupération)* an (die Avantgarde ist jene störrische Sprache, die vereinnahmt werden wird). Das Unbequeme an dieser Alternative ergibt sich daraus, daß die Zerstörung des Diskurses kein dialektischer Term ist, *sondern ein semantischer Term*: sie ordnet sich gefügig unter den großen semiologischen Mythos des »versus« (*weiß* versus *schwarz*); dann aber ist die Zerstörung der Kunst allein zu den *paradoxalen* Formen (jenen, die buchstäblich gegen die *Doxa* gehen) verurteilt: die beiden Seiten des Paradigmas sind auf eine fatal komplizenhafte Weise miteinander verklebt; es gibt eine strukturelle Übereinstimmung zwischen den in Frage stellenden *(contestantes)* und den in Frage gestellten Formen.
(Umgekehrt verstehe ich unter *subtiler Subversion* jene, die sich nicht direkt für die Zerstörung interessiert, das Paradigma umgeht und einen

anderen Term sucht: einen dritten Term, der indessen nicht ein Term der Synthese, sondern ein exzentrischer, unerhörter Term wäre [...].)[27]

Unverkennbar vor dem Hintergrund der *contestation* vom Mai 1968 versucht Barthes, die Aporie der Avantgarde in einer beiderseits nutzlosen Bewegung auszumachen, die entweder auf eine Zerstörung, eine widerspenstige Sprache, die schnell wieder vereinnahmt werden kann, oder aber auf ein Verlassen des Bereichs der Kunst hinausläuft. Den erstgenannten Mechanismus hatte er – wie wir sahen – bereits in den fünfziger Jahren durchschaut, für den zweiten Fall hatte uns Max Aub mit dem aus der Kunst nach Chiapas verschwundenen Jusep Torres Campalans ein prägnantes Beispiel vor Augen geführt.

Die Suche nach dem exzentrischen, aus dem Paradigma sich verabschiedenden Begriff als Abschied von der avantgardistischen Aporie ist nicht im Zeichen der Synthese denkbar. Im Exzentrischen, Unerhörten scheint gleichwohl noch die Kühnheit der Avantgarde auf, freilich einer sich verstellenden, verrückten Avantgarde, die ihres Zentrums und ihrer Zeitstruktur der Unmittelbarkeit verlustig gegangen ist. Die Suche nach dem Anderen ist zweifellos avantgardistisch geimpft und bestrebt, sich genau dadurch vor einem Rückfall ins Paradigma (dessen Gefahren Barthes aus eigener Erfahrung kannte) und der *récupération* zu schützen. Sie will weder den Raum der Kunst verlassen noch diese zerstören, sondern exzentrieren. An die Stelle einer Ästhetik des Bruches tritt eine Ästhetik der Verstellung, wohlgemerkt in des Wortes mehrfacher Bedeutung als Verrückung, Täuschung und Heterotopie. Dies ist die einem derartigen Schreiben notwendig innewohnende Bewegung.

Ist eine solche Kunst (und eine solche Theorie) dann noch modern, oder ist sie damit auch aus dem Paradigma der Moderne ausgeschert? In einem im Herbst 1971 in der Zeitschrift *Tel Quel* abgedruckten Interview umschrieb Barthes im Rückblick auf sein damaliges Gesamtwerk seine eigene Pro-Position nunmehr so:

Deshalb könnte ich sagen, daß meine eigene historische Proposition (man muß sich dazu immer befragen) jene ist, *in der Nachhut der*

27 Roland Barthes, *Le Plaisir du texte*, in: ders., *Œuvres complètes*, a.a.O., Bd. II, S. 1522.

Vorhut zu sein: zur Vorhut *(avant-garde)* gehören heißt wissen, was tot ist; zur Nachhut *(arrière-garde)* gehören heißt, es noch immer zu lieben: ich liebe das Romaneske, aber ich weiß, daß der Roman tot ist: dies ist, so glaube ich, der genaue Ort dessen, was ich schreibe.[28]

In der Rede von einer Nachhut der Vorhut wird eine Raummetaphorik vorgeschlagen, die noch immer im Paradigma des (avantgardistischen) Kampfes verharrt, sich aber von den Frontlinien der Vorhut ein Stück weit nach hinten abgesetzt hat. Barthes nimmt den Raum seines Schreibens aus der Angriffslinie zurück, ohne doch aus der Avantgarde definitiv zu desertieren. Zugleich wird diese Position weder vom Gros der nachrückenden Truppenteile aufgesogen, noch verkommt sie zu einer bloßen Nachhut, die diesen vorrückenden Truppen nachfolgt. Sie beschreibt ein *post*, das zugleich und noch immer einem *avant* zugehört.

Ebendeshalb ist dies auch keine Position *nach* der Avantgarde. Die zweimalige Militanz in einer Vorhut – wobei sich die unterschiedlich stark marxisierenden französischen Avantgarden der fünfziger und der sechziger Jahre deutlich voneinander unterschieden – hatte Barthes für deren Problematik in besonderer Weise sensibel gemacht. Wie waren eine Kunst nach der Zerstörung der Kunst, wie eine Theorie nach der Theorie, wie ein Roman nach dem Roman denkbar, wenn die Liebe zum Historisch-Werdenden im Zeichen eines bereits eingetretenen Todes stand? Welche Möglichkeiten blieben offen im Kontext einer Situation des intellektuellen Feldes, in dem sich der akratische Diskurs der *tel-queliens* längst in einen einflußreichen enkratischen Diskurs[29] einer zwar noch immer minoritären, aber überaus einflußreichen Avantgarde verwandelt hatte? In der Raum- und Bewegungsmetaphorik einer Nachhut der Vorhut aber drückt sich zugleich aus, daß Roland Barthes die Notwendigkeit erkannte, die Avantgarde selbst vor jenem nachrückenden Heer welcher Couleur auch immer zu schützen, das ihre neu eroberten Stellungen einnehmen und für sich beanspruchen würde.

Vor der Besetzung einer Stellung hilft allein deren Verstellung. Damit wird – nicht nur auf metaphorischer Ebene – eine der Avantgarde-Metaphorik zugrunde liegende Semantik des Vor-

28 Ebd., S. 1319.

29 Zur Erläuterung dieser Begriffe vgl. Ette, *Roland Barthes. Eine intellektuelle Biographie*, a.a.O., S. 372.

wärtsschreitens und des Fortschritts auf subtile Weise unterminiert, läuft jede Bewegung doch Gefahr, sofort wieder vereinnahmt und gerade dadurch weiter- und fortgejagt zu werden. Eine Ästhetik der Ver-Stellung jedoch, so Barthes' Hoffnung, erlaubt einer Literatur in Bewegung, sich einer Alternative zu entziehen, deren zweipolige Anlage sie letztlich innerhalb wie außerhalb der Kunst zur Starre verurteilen müßte.

Orte des Lesens

Der große – und vielleicht entscheidende – Unterschied zwischen Roland Barthes und Max Aub dürfte in der Tatsache bestehen, daß die Avantgarde für den Franzosen ganz selbstverständlich eine europäische Konfiguration war. Ihre Ergebnisse durften zwar verallgemeinert und universalisiert werden, ihre Existenz und Bedeutung aber war eindeutig an einige wenige europäische Literaturen und – mehr noch – im Grunde sogar allein an die französische Szene gekoppelt, gleichviel, ob es sich hierbei um die aus heutiger Sicht »historischen« Avantgarden der ersten oder die unterschiedlichen künstlerischen und theoretischen Avantgarden der zweiten Jahrhunderthälfte handelte. Für Max Aub hingegen war die Avantgarde nicht als ein rein europäisches Phänomen zu fassen. Der literarisch-künstlerische Raum seines friktionalen Rückblicks auf die historische Avantgarde bezog ganz bewußt auch jene avantgardistischen Bewegungen mit ein, die sich außerhalb Europas entfaltet hatten und entfalteten.

Betrachten wir die Entwicklung der literar- oder kunsthistorischen wie der kulturtheoretischen Diskussion in den Geistes- und Kulturwissenschaften aus heutiger Sicht, so ließe sich die These von einer rückwärtsschreitenden Internationalisierung kultureller Horizonte vertreten, die zeitverzögert auch zu einer Internationalisierung der Theoriebildung führt, die neue Kartierungen berücksichtigt. Zwar kann in der Tat auch heute noch die Postmoderne aus einem rein europäisch-nordamerikanischen Blickwinkel diskutiert werden. Doch sind derartig exklusivistische Positionen aufgrund der Vielzahl gegenläufiger, um eine fundamentale Einbeziehung nicht-europäischer Standpunkte bemühter Stimmen zunehmend auch in Europa unter Druck geraten.

Und das ist gut so. Durch die Globalisierung der Postmoderne-Debatten (und der Plural mag anzeigen, daß sie weder endgültig abgeschlossen sind noch sich auf eine deutsch-französische Auseinandersetzung unter nordamerikanischer Vermittlung beschränken lassen) entstand zusätzlicher Druck auf die Definition der Moderne, die ihrerseits längst schon zu einer Pluralbildung geworden ist, in welcher »divergierende« oder »periphere« Modernen die zuvor unangefochtene eurozentrische Konzeption *eines* Projekts der Moderne nachhaltig in Frage gestellt haben. War es noch in den achtziger Jahren möglich, die literarischen Avantgarden zwar als Pluralbildung zu behandeln, dabei aber außereuropäische Entwicklungen entweder geflissentlich zu übersehen oder ihnen keinerlei Raum zu geben[30], so hat sich seit einem Jahrzehnt verstärkt (wenn auch längst nicht mehrheitlich) die Ansicht durchgesetzt, daß eine Untersuchung der historischen Avantgarden auf eine Einbeziehung außereuropäischer Gruppenbildungen und Diskussionshorizonte nicht länger verzichten kann. Unter dem Einfluß der spanischsprachigen *Modernismo*-Forschung auf beiden Seiten des Atlantiks setzten sich derartige Überzeugungen eher noch etwas früher bei der Erforschung des *fin de siècle* durch[31], während etwa für die Epoche des Naturalismus vergleichbare Untersuchungen erst in jüngster Zeit in Gang zu kommen scheinen. Außerhalb Hispanoamerikas spielt die Existenz einer hispanoamerikanischen Romantik (die in Europa noch immer weithin unbekannt ist) in den Diskussionen innerhalb wie außerhalb der Akademie ebensowenig eine Rolle wie in bezug auf die Literatur der Aufklärung, deren *République des Lettres* sich doch keineswegs auf Europa beschränkte. Dies bedeutet nicht allein, daß die Literatur- und Kulturgeschichten unter dem Eindruck dieser Veränderungen umgeschrieben und Lehrveranstaltungen an Universitäten – auch im Bereich der Romanistik – neu konzipiert werden müssen; schwerer noch wiegt die Tatsache, daß nun auch die theoretischen Grundlagen unserer literarhistorischen wie ästhetischen Konzepte aus einer solchen Perspektive schnellstens überprüft werden sollten, da europazentrierte Geistes- und Kul-

30 Repräsentativ hierfür ist etwa der Band von Manfred Hardt (Hg.), *Literarische Avantgarden*. Darmstadt: Wissenschaftliche Buchgesellschaft 1989.

31 Vgl. etwa Klaus Meyer-Minnemann, *Der spanischamerikanische Roman des Fin de siècle*, Tübingen: Niemeyer 1979.

turwissenschaften, die noch immer unsere Fakultäten und gewiß nicht weniger die ihnen zugeordneten Ministerien prägen, zumindest mittelfristig von einem unübersehbaren (und in seinen Konsequenzen noch unüberschaubaren) Legitimationsverlust bedroht sind.[32] Europa hat das Zeug zur Provinz, aber auch stets die Kraft gehabt, sich daraus immer von neuem zu befreien.

Umberto Eco hat 1983 in der *Postille* zu seinem Erfolgsroman *Il nome della rosa* nicht ohne eine wohltuende Ironie zum Problem des Verhältnisses von Avantgarde und Postmoderne Stellung genommen:

> Es kommt jedoch der Moment, da die Avantgarde (das Moderne) nicht mehr weitergehen kann, weil sie inzwischen eine Metasprache hervorgebracht hat, die von ihren unmöglichen Texten spricht (die Concept Art). Die postmoderne Antwort auf das Moderne besteht in der Einsicht, daß die Vergangenheit, nachdem sie nun einmal nicht zerstört werden kann, da ihre Zerstörung zum Schweigen führt, auf neue Weise ins Auge gefaßt werden muß: mit Ironie, auf eine nicht unschuldige Art. Die postmoderne Haltung erscheint mir wie die eines Mannes, der eine kluge und sehr belesene Frau liebt und daher weiß, daß er ihr nicht sagen kann: »Ich liebe dich verzweifelt«, weil er weiß, daß sie weiß (und daß sie weiß, daß er weiß), daß genau diese Worte schon, sagen wir mal, von Liala geschrieben worden sind. Eine Lösung bleibt jedoch. Er kann sagen: »Wie Liala sagen würde, ich liebe dich verzweifelt.«[33]

Die scharfe Trennung zwischen der Avantgarde, die mit der Moderne in eins gesetzt wird, und der Postmoderne wird anhand einer Bruchlinie vorgeführt, die jene der Existenz oder gar des Überwucherns einer Metasprache ist. Die Postmoderne sei, so Eco, sich der Tatsache bewußt geworden, daß das Verfahren der Zerstörung, wie es die Avantgarde praktiziert habe – und diesbe-

32 Wissenschaftspolitisch läßt sich an dieser Jahrtausendwende in Deutschland jedoch eine eher zunehmende Rückversicherung an Europa bemerken, die in einem Klima des »Euro« und der »Europäisierung« ihre rationalen wie irrationalen Wurzeln hat. Die geplante Ausbildung sogenannter »Europalehrer« paßt in diese Landschaft. Die Europäisierung mag für die einen eine willkommene Internationalisierung darstellen, für andere erweist sie sich jedoch als Bollwerk einer neuen Provinzialität, vor der auch die Wissenschaften nicht gefeit sind.

33 Umberto Eco, »Postille a ›Il nome della rosa‹«, in: ders., *Il nome della rosa*, Milano: Bompiani 1990, S. 529.

züglich hat der italienische Romancier und Zeichentheoretiker nicht zuletzt jene der sechziger Jahre, an der er selbst teilhatte, im Auge –, nicht mehr benutzbar ist. Ironischerweise aber unterläuft Ecos Explizierung gerade die in der Existenz eines unabtrennbaren Metadiskurses festgemachte Trennung zwischen Avantgarde und Postmoderne just dadurch, daß der Liebesdiskurs in einen Metadiskurs eingebettet wird beziehungsweise umschlägt. Dieses Verfahren ist im übrigen analog zu jenem Roland Barthes', der seinen *Fragmente[n] einer Sprache der Liebe* bereits 1977 jene metadiskursive Rahmung voranstellte, durch welche alles Nachfolgende wie beim Autor von *Der Name der Rose* in ein (vorgebliches) Zitat verwandelt wird: »Es ist also ein Verliebter, der spricht und sagt.«[34] Ein solches Verfahren, Eco weiß dies, ist nicht unschuldig. Und gewiß nicht avantgardistisch.

Das explikative »Versagen« des italienischen Semiotikers im Metadiskurs seiner »Nachschrift« ließe sich unter postmodernen Vorzeichen rechtfertigen, wenn wir gerade darin das Unterlaufen jener Trennung in antinomische Strukturen erkennen, gegen welche die Postmoderne anzurennen vorgibt. Ironie würde dann zum Verfahren, das die Regeln des erläuternden Metadiskurses außer Kraft setzt. Doch macht dieses »Versagen« selbst bei einer derartigen Auslegung auf die Schwachstelle (oder sogar Bruchstelle) des hier vorgeführten postmodernen Diskurses aufmerksam.

Ein Problem dieser Bestimmung von Avantgarde und Postmoderne besteht darin, daß Umberto Eco wie Roland Barthes ihre Begrifflichkeit aus einer Avantgarde beziehen (und gegen dieselbe richten), mit der sie jeweils ihre eigenen persönlichen Erfahrungen gemacht haben.[35] Die Beschränkung dieses Blicks auf

34 Roland Barthes, *Fragments d'un discours amoureux*, in: ders., *Œuvres complètes*, a.a.O., Bd. III, S. 464.

35 Gerade Roland Barthes' literarischer Horizont ist weitgehend eurozentrisch, ja frankozentrisch geprägt. Bisweilen kokettierte er sogar mit seiner Einschränkung auf die Lektüre fast ausschließlich französischsprachiger Texte; so gab er in einem Interview von 1979 zu Protokoll: »Im übrigen kenne ich die ausländischen Literaturen nur schlecht, ich habe eine sehr zugespitzte und sehr selektive Beziehung zur Muttersprache, und ich liebe wirklich nur das, was auf französisch geschrieben ist« (Roland Barthes, »Roland Barthes s'explique«, in: ders., *Œuvres complètes*, a.a.O., Bd. III, S. 1077).

ein im besten Falle europäisch-nordamerikanisches Phänomen (in dem die Avantgarden der zweiten noch an den Ästhetiken und Verfahren der ersten Jahrhunderthälfte partizipieren) wird aber deutlich, wenn wir eine solche Sichtweise mit Positionen in Beziehung setzen, die im Verlauf der letzten Jahre in Lateinamerika entwickelt wurden. In einem ursprünglich 1992 veröffentlichten Essay hat der uruguayische Literaturwissenschaftler und Kulturtheoretiker Hugo Achugar eine Reihe von Fragen formuliert, die für unsere Problemstellung relevant sind:

> Wohin tun wir die historische Avantgarde? Ist die Avantgarde Teil der Moderne oder deren Aufkündigung und damit der Beginn der Postmoderne? Ich glaube, daß die Antwort auf diese Fragen von einer Charakterisierung der Utopie im Diskurs der Avantgarde nicht zu trennen ist.[36]

Von welcher Avantgarde ist hier die Rede? Im Gegensatz zu vielen europäischen Perspektivierungen der Avantgarde steht für den uruguayischen Kritiker – wie für die lateinamerikanische Avantgarde-Forschung insgesamt – weniger die Problematik von Zerstörung und Bruch als jene der Utopie und der kritischen Auseinandersetzung mit einer europäischen Moderne und Modernisierung aus (peripherer) lateinamerikanischer Sicht im Vordergrund. Dies verschiebt die Konstruktion und Perspektivierung der historischen wie aller späteren Avantgarden in starkem Maße – auch wenn sich die utopische Dimension avantgardistischen Schaffens ebenso der Frage ihrer abschließenden Vereinnahmung und Verwertung ausgesetzt sieht, seien die Avantgarden doch »essentiell utopisch, und wie viele andere Utopien landen sie schließlich im Mülleimer der Geschichte, also den Museen und akademischen Studien«.[37]

Wenn avantgardistische Kunst in Lateinamerika aber nicht (oder zumindest nicht vorrangig) an einer Zerstörung der Institution Kunst (im Sinne Peter Bürgers) ausgerichtet oder interessiert ist und vielmehr dieser Institution auch im Bereich der Literatur eine größere Stabilität innerhalb der seit dem letzten Drittel des 19. Jahrhunderts einer beschleunigten wirtschaftlichen und sozialen Modernisierung ausgesetzten Gesellschaften zu geben bestrebt war; wenn die Ästhetiken der Avantgarden

36 Achugar, »Fin de siglo«, a.a.O., S. 238.
37 Ebd., S. 239.

in Lateinamerika nicht nur vor dem Hintergrund der europäischen Avantgarden, sondern auch aus der Entfaltung spezifisch lateinamerikanischer Entwicklungen heraus begriffen werden müssen; und wenn avantgardistische Kunst wie etwa in Brasilien gerade die Einverleibungsmetaphorik des Kannibalismus (wie auch des *mestizaje* oder der *raza cósmica*) stark machte, so daß sie in der Einverleibung und nicht in der Zerstörung anderer Traditionen und Konventionen ihren Schwerpunkt erblickte (wodurch die Kannibalismus-Thematik nunmehr unter postmodernen Vorzeichen auch das Thema der Biennale von São Paulo 1998 werden konnte): dann stellt sich der Funktionszusammenhang zwischen Moderne, Avantgarde und Postmoderne in anderer Weise. Dann wird deutlich, wie entscheidend es ist, *von welchem Ort aus* wir die Avantgarden lesen. Die aus unserer gegenwärtigen gesellschaftlichen und kulturellen Situation erklärliche Tatsache, daß wir die Bewegungen der unterschiedlichen Avantgarden der ersten Jahrhunderthälfte zunehmend als kulturelle Internationalisierungsprozesse wahrnehmen, bleibt nicht folgenlos für eine neue Theorie der Avantgarden. Die Frage ist, von welchen Orten des Lesens aus sie in Bewegung gesetzt wird und eine neue Dynamik entfalten kann.

Postavantgarde nachavantgardistisch

In vielerlei Hinsicht läßt sich die Entwicklung der verschiedenen regionalen Spielarten der lateinamerikanischen Avantgarde nicht so sehr als der Versuch einer Zerstörung vorgängiger Traditionen, Problemfelder und Schreibstrategien verstehen denn als deren Zuspitzung und Radikalisierung im Zeichen einer kritischen und bisweilen experimentellen Erprobung ihrer Tragfähigkeit.[38] Die Zerstörung einer Institution Kunst und Literatur konnte in Ländern, in denen sie als solche bestenfalls seit wenigen Jahrzehnten in prekärer Weise und mit weitaus geringerer Autonomie als in Mittel- und Westeuropa bestand, in der Tat nur wenig Sinn haben. So arbeiten die hispanoamerikanischen Avantgarden konsequenterweise auch an der vom *Modernismo*

38 Vgl. hierzu das vorangegangene Kapitel zu Alfonso Reyes' avantgardistischer Lektüre des Iphigenie-Stoffes und der Problematik lateinamerikanischer Identitätsbildungsprozesse.

aufgeworfenen Identitätsproblematik weiter, ja, verschärfen diese insoweit, als im ausgehenden zweiten und beginnenden dritten Jahrzehnt des 20. Jahrhunderts die Folgen einer ungleichgewichtigen sozioökonomischen Modernisierung in der Lebenswirklichkeit nicht nur der Großstädte deutlicher spürbar geworden sind. Die Antworten auf die auch im vorigen Kapitel skizzierte Identitätsproblematik fallen verschieden aus, je nachdem, ob eine stärkere Akzentuierung des literarischen beziehungsweise ästhetischen oder aber des politischen Avantgardismus verfochten wird. Doch bezieht der Mexikaner Alfonso Reyes bei seiner kreativen Arbeit am abendländischen Mythos wie der Peruaner José Carlos Mariátegui bei seiner Auseinandersetzung mit der sozialen und kulturellen Entwicklung Perus spezifisch amerikanische Elemente (etwa durch den Rückgriff auf jeweilige indigene Kulturen) mit ein, gerade *ohne* den eigenen Kulturraum zu verlassen.

Das Fremde ist dem Eigenen gegenwärtig, ja ist ein Teil von ihm. Völlig zu Recht hat Karin Hopfe in ihrer Arbeit über den Chilenen Vicente Huidobro und den *creacionismo* darauf hingewiesen, daß die »Betrachtung von Huidobros poetischen Entwürfen« nicht nur den europäischen, sondern auch den spezifisch chilenischen und hispanoamerikanischen Kontexten Rechnung tragen müsse.[39] Geschehe dies nicht, »so wird aus dessen Differenz zur europäischen Literatur eine Defizienz«.[40] In Europa von verschiedenen avantgardistischen Gruppen entwickelte Verfahren und Techniken werden in Lateinamerika oftmals vergleichzeitigt, mit anderen, nichtavantgardistischen Entwicklungen kombiniert und in neue Funktionszusammenhänge eingerückt, eine Vorgehensweise, die dem lateinamerikanisch-europäischen Dialog nicht erst seit dem *Modernismo*, sondern spätestens seit der überaus produktiven Rezeption der europäischen Aufklärung als bewußte Strategie eigen ist.

b

Die bei Max Aub sich bereits abzeichnende neue Kontextualisierung und den europäischen Rahmen bei weitem übersteigende Internationalisierung der Avantgarde – gleichviel, ob wir sie nun als »europäische Avantgarde im lateinamerikanischen

39 Karin Hopfe, *Vicente Huidobro, der Creacionismo und das Problem der Mimesis*, Tübingen: Narr 1996, S. 7.
40 Ebd.

Kontext«[41] betrachten oder ihr einen noch stärker eigenständigen Ort einräumen – stellt die Frage nach der Möglichkeit *einer* Theorie der Avantgarde mit neuer Schärfe und verlangt nach neuen Konzepten. Dabei bleibt Peter Bürgers *Theorie der Avantgarde* von 1974 »wiewohl nicht unumstritten, so doch unumgänglich für die Auseinandersetzung mit den Avantgarden«.[42] Ihr Erkenntnisinteresse war freilich von einem anderen zeitgeschichtlichen Zusammenhang und Problemhorizont her bestimmt.[43]

Bürgers Plädoyer für eine »Kritische Wissenschaft«, die in Abgrenzung von »traditioneller Wissenschaft« ebenso die »gesellschaftliche Bedeutung ihres eigenen Tuns« wie ihr Selbstverständnis als »Teil gesellschaftlicher Praxis« reflektiert[44], ist zweifellos einem (Selbst-)Verständnis wissenschaftlicher Arbeit geschuldet, das sich als Avantgarde, als fortgeschrittenster Teil eines in Bewegung begriffenen, aber ins Stocken gekommenen gesellschaftlichen Fortschrittsprozesses begriff (und auf den Begriff brachte). Bürgers Theorie der Avantgarde weiß sich als Avantgarde der Theorie – und weist sich als solche auch aus. Vor

41 So der bereits im fünften Kapitel diskutierte Titel der von Harald Wentzlaff-Eggebert herausgegebenen Akten eines Berliner Avantgarde-Kongresses: *Europäische Avantgarde in lateinamerikanischem Kontext*, a.a.O.

42 Hopfe, *Vicente Huidobro*, a.a.O., S. 22. Ihre Kritik daran, daß Bürger »ganz selbstverständlich« seine Untersuchung auf die »zentraleuropäischen Avantgarden« einschränkt, »anhand deren er ein normatives und restriktives Paradigma der historischen Avantgarde« entwickelt habe (ebd., S. 26), stützt sich auf eine spätestens seit Ende der achtziger Jahre zunehmend fundiertere und differenziertere Auseinandersetzung mit Bürgers Kategorien; vgl. hierzu auch Rincón, »La vanguardia en Latinoamérica: posiciones y problemas de la crítica«, a.a.O., S. 60-62.

43 Peter Bürger hat im Nachwort zur zweiten Auflage seines einflußreichen Bandes festgehalten: »Wenn trotz der intensiven Diskussion und dem zum Teil auch heftigen Widerspruch, die das Buch ausgelöst hat, es hier unverändert erscheint, so vor allem deshalb, weil es einem historischen Problemhorizont entspricht, wie er sich nach dem Ende der Mai-Ereignisse von 1968 und dem Scheitern der Studentenbewegung Anfang der 70er Jahre abzeichnete.« Vgl. Peter Bürger, »Nachwort zur zweiten Auflage«, in: ders., *Theorie der Avantgarde*, a.a.O., S. 134.

44 Ebd., S. 8.

diesem Hintergrund mag verständlich werden, warum für den deutschen Romanisten die »gegenwärtige Ästhetik« nicht an der Tatsache vorbeigehen durfte,

> daß die Kunst längst in eine postavantgardistische Phase eingetreten ist. Diese läßt sich dadurch charakterisieren, daß die Werkkategorie restauriert worden ist und die von der Avantgarde in antikünstlerischer Absicht ersonnenen Verfahrensweisen zu künstlerischen Zwecken gebraucht werden. Das ist nicht als »Verrat« an den Zielen der Avantgardebewegungen (Aufhebung der gesellschaftlichen Institution der Kunst, Vereinigung von Kunst und Leben) zu bewerten, sondern als Resultat eines historischen Prozesses.[45]

Nicht zufällig ist in dieser Passage der Begriff der Postavantgarde in ähnlicher Weise ins Zwielicht politischen, sozialen und kulturellen Rückschritts und Neokonservativismus getaucht, wie dies wenige Jahre später dem Terminus »Postmoderne« in der Habermasschen Rede vom Projekt der Moderne – auch dies letztlich eine Theorie der Moderne, die später in Buchform kristallisierte[46] – widerfahren sollte. Überdies erscheint Postavantgarde hier integriert in eine geschichtliche Prozeßhaftigkeit, die zwar nicht im Zeichen des »Verrates«, wohl aber der Restauration steht und die Kunst überwindende Verfahren nunmehr künstlerisch (folglich innerhalb der Institution Kunst) dienstbar macht.[47] Eine postavantgardistische Ästhetik wäre in diesem Sinne – vergleichbar mit Barthes' Meta-

45 Ebd., S. 78.

46 Vgl. Jürgen Habermas, »Die Moderne – ein unvollendetes Projekt« (1980), in: ders., *Kleine Politische Schriften (I-IV)*, Frankfurt am Main: Suhrkamp 1981, S. 444-464; sowie ders., *Der philosophische Diskurs der Moderne. Zwölf Vorlesungen*, Frankfurt am Main: Suhrkamp 1985. Die bei allen Unterschieden beobachtbare Nähe der Begrifflichkeit und Analogie der Frontstellungen rückt zugleich die Konzepte (und Projekte) von Avantgarde und Moderne näher zueinander.

47 Damit einher geht Bürgers Verurteilung der von ihm so bezeichneten Neoavantgarde der fünfziger und sechziger Jahre: »die Abbildung von 100 Campbell-Dosen enthält Widerstand gegen die Warengesellschaft nur für den, der ihn darin sehen will. Die Neoavantgarde, die den avantgardistischen Bruch mit der Tradition erneut inszeniert, wird zur sinnleeren Veranstaltung, die jede mögliche Sinnsetzung zuläßt« (Bürger, *Theorie der Avantgarde*, a.a.O., S. 85).

pher einer »Impfung der Avantgarde« – in der Tat eine Rücknahme der Avantgarde in die traditionellen, normbildenden Grenzen der (Bürgerschen) Institution Kunst. Dies aber käme einer Rücknahme unter negativen Vorzeichen gleich, in der die Postavantgarde jenes Verfahren, das die Avantgarde der bürgerlichen Kunst und Gesellschaft zu machen versuchte, in ein bloß mehr literarisches oder künstlerisches Verfahren umdeutet.

In einer neueren Studie hat Andreas Gelz dem Begriff einer postavantgardistischen Ästhetik eine andere Wendung gegeben. Ausgehend von der Tatsache, daß bei den von ihm untersuchten französischen Autorinnen und Autoren Kristeva, Sollers, Robbe-Grillet und Georges Perec der Begriff »postmodern« nur sehr selten vorkommt und daß die ehemaligen Vertreter von *Tel Quel*, *Nouveau Roman* und *Oulipo* zum Teil auch mitunter selbst auf den Terminus »postavantgardistisch« zurückgegriffen haben, wird die Ästhetik einer Postavantgarde der achtziger Jahre skizziert, deren Begrifflichkeit an die Stelle jener der Postmoderne gerückt wird.[48] Im Anschluß an die in Peter Bürgers *Prosa der Moderne* vorgetragene Kritik wird der Begriff der Postmoderne aus der Untersuchung ausgeklammert, benenne er doch nur ein »Danach«, das letztlich unbegriffen geblieben sei.[49]

Wie immer man sich zu dieser von Bürger abgeleiteten polemischen Einschätzung auch stellen mag, die einem nicht unbeträchtlichen Teil der Theoriebildung des zurückliegenden Jahrhundertdrittels *in toto* jedwede Pertinenz abzusprechen sucht, so ist doch festzuhalten, daß hier der paradoxe Begriff der Post-Avant-Garde nicht nur ein Historischwerden und Selbstreflexivwerden der Autoren und Texte nach dem (vermeintlichen) Ende der Avantgarde meint. Das hier untersuchte *nach* der Avantgarde situierte beziehungsweise sich situierende Schreiben wird in dieser Verwendungsweise des Begriffs »Postavantgarde« nicht länger in das negative Licht einer rückschrittlich orientierten Kunstauffassung gerückt, sondern positiv als Öffnung gegenüber

48 Vgl. Andreas Gelz, *Postavantgardistische Ästhetik. Positionen der französischen und italienischen Gegenwartsliteratur*, Tübingen: Niemeyer 1996, S. 3. Für unsere Untersuchung ist dabei nicht uninteressant, daß die französischen Debatten der achtziger Jahre in gewisser Weise durch die – sieht man von Lyotard einmal ab – überwiegende Ausklammerung einer postmodernen Begrifflichkeit Frankreich gleichsam in die Position einer Peripherie gerückt haben (ebd.).

49 Ebd., S. 3.

neuen Sinnpotentialen gedeutet. Insoweit bietet dieses zweifellos innovative Postavantgardekonzept einen anderen Rückblick auf die Avantgarde.

Postavantgarde oder Postmoderne?

Der Begriff der Avantgarde, auf den sich eine so orientierte postavantgardistische Ästhetik bezieht, ist schon durch die Auswahl der Repräsentanten von *Oulipo*, *Nouveau Roman* und *Tel Quel* zumindest in zweierlei Hinsicht begrenzt: zum einen (und dies betrifft selbst den italienischen Romanexperimentator und Theoretiker Italo Calvino) auf die im wesentlichen französischen Spielarten der Avantgarde der fünfziger, sechziger und siebziger Jahre und zum anderen auf den Bereich der Literatur und (ihrer) Theorie. Damit werden – um nur diese beiden Aspekte zu nennen – ebenso die historischen Avantgarden und die in Bürgers *Theorie der Avantgarde* noch gegeißelten (nordamerikanisch geprägten) künstlerischen Neoavantgarden ebenso wie jene Avantgarden ausgeschieden, die sich jenseits der Grenzen Frankreichs an den vermeintlichen »Rändern« Europas oder außerhalb der Alten Welt ansiedeln. Eine derartige Konstituierung des Gegenstandsbereiches durch die von Andreas Gelz so umrissene »postavantgardistische Ästhetik« ist selbstverständlich legitim und ergibt sich aus den insbesondere in Frankreich geführten und oftmals frankozentrisch verlaufenen Diskussionen um die literarischen und theoretischen Avantgarden nach dem Zweiten Weltkrieg.

Aufschlußreich ist dabei, daß es nicht zuletzt diese oft im wesentlichen literarästhetisch fundierten und poststrukturalistisch argumentierenden Gruppen, die sich selbst als Vorhut einer »ganz neuen« Theorie von Literatur und Kultur verstanden, waren, welche in der internationalen Rezeption die sich rasch erhitzenden Debatten um die Postmoderne mit Treibstoff versorgten, aber auch weiter anheizten. Überblickt man etwa die Geschichte von *Tel Quel* und ihrer so unterschiedlich ausgerichteten Mitglieder in ihrer Gesamtheit, so erkennt man rasch, daß hier ein nicht unwesentlicher Beitrag zur Entstehung jenes Reservoirs an Ideen und Konzepten geleistet wurde, das von grundlegender Bedeutung für die Diskussionen um die Postmoderne wurde, unabhängig davon, ob manche ihrer noch in *Théo-*

rie d'ensemble (1968) »an Bord« befindlichen Mitglieder wie Jacques Derrida, Michel Foucault, aber auch Roland Barthes oder Julia Kristeva ihre eigenen Ansätze nun als »postmodern« verstanden (wissen wollten) oder nicht. Die französischen Theorie-Avantgarden der sechziger und noch der siebziger Jahre wirkten als Impulsgeber einer Postmoderne-Debatte, die längst über den westeuropäisch-nordamerikanischen Diskussionshorizont hinaus internationalisiert war.

Liest man ein in seiner Zeit so wichtiges und noch heute anregendes Buch wie Manfred Franks *Was ist Neostrukturalismus?*[50] aus dieser Perspektive neu, so wird schon an der titelgebenden Begriffsbildung erkennbar, daß die Konzentration im wesentlichen auf den deutsch-französischen Diskussionshorizont und die Beschränkung auf die spezifisch literarästhetischen und philosophischen Dimensionen damaliger Theoriebildung zu Ergebnissen führt, die letztlich einer solchen Beschränkung des Gegenstandsbereichs verhaftet bleiben. Denn der sich in den internationalen Debatten als nicht durchsetzungsfähig erweisende Begriff des Neostrukturalismus wies auf keineswegs bewußt gezogene, aber sich in der Folge herauspräparierende semantische Analogien zu Bürgers in seiner *Theorie der Avantgarde* skizziertem Begriff der »Neoavantgarde« hin.[51]

Eben hierin ist auch einer der Gründe dafür zu sehen, daß die französischen Diskussionen – sehen wir von einigen wenigen herausragenden Akteuren einmal ab – spätestens seit der zweiten Hälfte der achtziger Jahre in der Tat zunehmend peripher wurden und Paris seine gleichsam ererbte und längst interiorisierte Rolle als Entstehungsort und zentrale Drehscheibe für Theorien weltweit nicht mehr zu spielen vermochte. Der von Antoine Compagnon in *Le démon de la théorie*[52] eingenomme-

50 Manfred Frank, *Was ist Neostrukturalismus?* Frankfurt am Main: Suhrkamp 1984.

51 Auf die wohl nicht intendierte Nähe des Habermasschen Postmoderne-Konzepts zum Bürgerschen Postavantgarde-Begriff wurde bereits hingewiesen; ähnliche neugotisch-abwertende Assoziationen scheint auch (zumindest in der bundesdeutschen Rezeption) das Begriffsparadigma Neoavantgarde (Bürger), Neokonservativismus (Habermas) und Neostrukturalismus (Frank) im Verbund mit dem Neoliberalismus (den jeder anführt) zu wecken.

52 Antoine Compagnon, *Le démon de la théorie. Littérature et sens commun*, Paris: Seuil 1998.

ne Gestus einer auf die Debatten der sechziger und siebziger Jahre zurückblickenden Theorie *nach* der Theorie vermag nicht darüber hinwegzutäuschen, daß der *daimon* der Theorie keineswegs verschwunden oder erlahmt ist. Dem Leser dieser vom Beginn des Buches mit der Eingangsfrage *Que reste-t-il de nos amours?* etwas melancholisch beziehungsweise nostalgisch eingefärbten Retrovision könnte leicht entgehen, daß die Kraft dieses Dämons ungebrochen ist, daß die Theorie aber vor allem ihre Gegenstandsbereiche erweitert und verändert hat und daß die Orte, an denen sie bevorzugt stattfindet und von denen sie ausstrahlt, andere sind.

Die Rede von einer »postavantgardistischen Ästhetik« ist fraglos legitim, erlaube ihre Gegenstandskonstituierung doch eine größere (rein literaturwissenschaftlich verstandene) Operationalisierbarkeit[53] innerhalb der gewählten Dimensionen von Raum, Zeit und Theoriebereich. Zugleich steht sie innerhalb einer Tradition des deutsch-französischen Dialogs in den Bereichen von Philosophie und Literatur(theorie), der in der Lyotard-Habermas-Kontroverse nur – wie die Spitze eines Eisbergs – am sichtbarsten geworden ist, dessen Energien aber (nicht allein vor dem Hintergrund eines seit längerer Zeit deutlich auf beiden Seiten erlahmenden deutsch-französischen Dialogs) gleichwohl verbraucht zu sein scheinen. Eine deutsch-französische Achse, der noch eine weltweite Bedeutung zukäme, gibt es heute nicht mehr.

Der Begriff der Postmoderne mag zweifellos – gerade in bezug auf die Entwicklung *der* »Franzosen« – aufgrund seiner höheren Komplexität als weniger griffig erscheinen. Christine Pries hat ihm jüngst in einer dem »Propheten der Postmoderne« gewidmeten Untersuchung eine klare Absage erteilt, und zwar »weil dieser Begriff entgegen der ganzen Aufregung, die er hervorgerufen hat, weder zu den zentralen Termini der Philosophie Lyotards zu zählen ist noch als ein bloßes Schlagwort auf lange Sicht inhaltlich weiterführen dürfte«.[54] Wäre der Begriff ein

53 Gelz, *Postavantgardistische Ästhetik*, a.a.O., S. 30 f.: »Der Titel ›Postavantgardistische Ästhetik‹ wurde gewählt, weil die Bezeichnung Postavantgarde leichter operationalisierbar ist und sich besser in literaturwissenschaftliche Fragestellungen umformulieren läßt als die eher unspezifische Bezeichnung der Postmoderne.«

54 Christine Pries, »Prophet der Postmoderne? Jean-François Lyotards

»bloßes Schlagwort« geblieben, so müßte man dieser Ansicht beipflichten. Dem ist aber nicht so. Das Übergehen einer an vielen Orten noch immer munter und unverdrossen geführten Postmoderne-Diskussion erlaubt es der Verfasserin, sich kurzerhand einer in Deutschland als »aufgeregt« und »inhaltsleer« geltenden Diskussion zu entledigen und sich auf den Bereich der »eigentlichen« Philosophie Lyotards (und einen peripher gewordenen deutsch-französischen Fragehorizont) zu konzentrieren. Kein Zweifel: Der Begriff der Postmoderne hat in Deutschland seit den siebziger Jahren – und daran haben auch die neunziger nichts geändert – noch immer eine zuverlässig schlechte Presse. Und doch ist er mit einer Objektkonstituierung verknüpft, die sich von jener der hier skizzierten Postavantgarde so sehr unterscheidet, daß der eine nicht an die Stelle des anderen Begriffes treten kann. Diese These macht freilich eine Reihe so kurz als möglich gehaltener Präzisierungen notwendig.

Nachavantgarde postmodern

Es kann an dieser Stelle weder darum gehen, die bereits jahrzehntelang und weltweit geführte Diskussion um die Postmoderne darzustellen, noch den Versuch zu unternehmen, ihre bisweilen diffundierende Begrifflichkeit vermittels einiger Kunstgriffe einzugrenzen und zu präzisieren, um dadurch ihre vermeintlich schwache Operationalisierbarkeit zu erhöhen. Doch mag zur Beruhigung mancher »Aufgeregtheiten« durchaus der Hinweis beitragen, daß die Begrifflichkeit der Postmoderne epistemologisch wie anwendungsbezogen keineswegs ungesicherter ist als jene der Moderne.[55] Nicht nur von der Postmoderne, auch von der Moderne kann mit Recht gesagt werden, daß es in der *scientific community* wohl eine Vielzahl von Definitionen, aber keine konsensfähige Definition gibt. Diese letztlich vielleicht doch eher beunruhigende als beruhigende Tatsache gilt übrigens ebenso für den Bereich der Avantgarde – wir hatten schon gesehen, daß der Begriff »Postavantgarde« zu sehr

Philosophie des Widerstreits im Spiegel ihrer Rezeption«, in: Joseph Jurt (Hg.), *Zeitgenössische französische Denker: eine Bilanz*, Freiburg: Rombach Verlag 1998, S. 211.

55 Vgl. hierzu auch die Überlegungen im fünften Kapitel dieses Bandes.

unterschiedlichen Avantgarden in Bezug gesetzt werden kann – wie für die terminologische Problematik der Beziehung zwischen Moderne und Avantgarde als gegensätzliche, komplementäre oder gar teilweise deckungsgleiche Termini. Wichtig ist, sich jeweils über die raum-zeitlichen und weiteren inhaltlichen Koordinaten oder (wie wir in Anlehnung an das erste Kapitel sagen könnten) Dimensionen dieser unterschiedlichen Kartierungen zu verständigen. Denn Begriffen – und nicht nur (reise-) literarischen Artefakten – eignet bekanntlich Konstruktcharakter – vor allem in bezug auf ihre Gegenstände.

Versuchen wir, in der gebotenen Kürze einige Koordinaten vorgängiger Postmodernediskussionen aufzunehmen. Die zurückliegenden Jahrzehnte haben gezeigt, daß der Begriff der Postmoderne nicht auf den Bereich von Literatur und Philosophie (oder Theorie) eingeschränkt werden kann, daß in ihm historische Prozesse der Internationalisierung und partiellen Globalisierung unabtrennbar enthalten sind, daß er sich jenseits des großen Schismas von hoher Kultur einerseits und Massenkultur beziehungsweise Populärkultur, Volkskultur, Alltagskultur usw. ansiedelt und sich – um nur noch einen weiteren Punkt zu nennen – in einem Netzwerk radikalisierter intermedialer Beziehungen im Kontext weltweit vordringender elektronischer Medien situiert.[56] Schon diese kurze Skizzierung mag verdeutlichen, daß der Begriff der Postmoderne seine Gegenstände auf grundlegend andere Weise konzipiert und konstruiert als jener der Postavantgarde; eine Austauschbarkeit der Begriffe ist daher nicht gegeben. Es geht aus meiner Sicht vor allem darum, ob wir die mit dem Begriff der Postmoderne ver-

56 Selbstverständlich wäre der Begriff der »Postavantgarde« durchaus in der Lage – und dies wäre eine wünschenswerte, wenn auch nicht absehbare Entwicklung –, diesen Ergebnisstand des Postmodernebegriffs (und der Postmodernedebatte) zu integrieren. Die Arbeit von Andreas Gelz (*Postavantgardistische Ästhetik*, a.a.O., S. 228-231) weist in bezug auf das letztgenannte »intermediale« Themenfeld durchaus auf theoretische Anschlußmöglichkeiten. Ob eine derartige inhaltliche Erweiterung des Begriffs einen Erkenntnisgewinn gegenüber den bisherigen Diskussionssträngen mit sich bringen und nicht wiederum negative Auswirkungen auf die in Anspruch genommene »Griffigkeit« des Be-Griffs »Postavantgarde« hätte, bliebe noch anhand künftiger Analysen aus »postavantgardistischer« Perspektive zu diskutieren.

bundene Überwindung der Grenzziehungen »disziplinierter«, weitgehend isoliert voneinander betriebener Wissenschafts- und Gegenstandsbereiche fruchtbar machen können ebenso für die Sichtweise der Avantgarde wie für ein Verständnis gegenwärtiger kultureller Entwicklungen.

Die vorangegangenen Überlegungen mögen deutlich gemacht haben, daß der für dieses Kapitel gewählte Titel »Avantgarde, Postavantgarde, Postmoderne« keinesfalls (wie manch einer vielleicht befürchtete) eine chronologische, literar- oder theoriegeschichtliche Abfolge oder gar eine historische Teleologie andeuten oder skizzieren wollte. Die terminologische Nichtaustauschbarkeit von Postmoderne und Postavantgarde ergibt sich nicht aus einer Abfolge verschiedener Phasen, die einander abgelöst hätten, sondern aus einer sehr unterschiedlichen (und unterschiedlich weit gewählten) Abgrenzung des Gegenstandsbereichs. Sie ist das Resultat voneinander differierender Erkenntnisinteressen und Konzeptualisierungen, nicht einer (Nach-)Zeitlichkeit im Kontext einer Aufeinanderfolge.

Damit ist eine weitere und aus meiner Sicht nicht weniger grundlegende Differenz angesprochen. Denn die divergierenden Definitionen von Postavantgarde scheinen – wie sehr sich auch die Avantgarden, auf die sie sich begrifflich beziehen, voneinander unterscheiden mögen – stets eine Nach-Zeitlichkeit im Auge zu haben, eine mehr oder minder klar strukturierte Diachronie, der gemäß sich das »Danach« an eine Zeit »eigentlicher« Avantgarde in welcher Form auch immer – ob als radikaler Bruch mit dieser Avantgarde, als ironisch-spielerischer Umgang oder als Sinnentleerung und Aufgabe essentieller Positionen – anschließt. Dies aber ist beim Terminus der Postmoderne nicht der Fall. Vielmehr versuchte die Begrifflichkeit der Postmoderne von Beginn an, wie Jacques Leenhardt erkannte, sich einer konsekutiven Abfolge zu entziehen, um dem »Paradigma der Revolutionen und Avantgarden« zu entkommen.[57] Moderne und

57 Jacques Leenhardt, »La querelle des modernes et des post-modernes«, in: *Le texte et son dehors. Autour de la littérature et de son esthétique*, Paris: L'Harmattan 1992, S. 186: »Wenn das Moderne das Alte übersteigt, indem es dieses totalisiert, das heißt in einer geschichtlichen und fortschreitenden Sequenz ansiedelt, dann sucht das Postmoderne im Gegensatz dazu einen Raum, der dieser Sichtweise einer Abfolge entgehen und das Paradigma der Revolutionen und Avantgarden verlassen könnte.«

Postmoderne können vielmehr einen gemeinsamen Raum bilden, der unterschiedlich strukturiert werden kann, aber nicht notwendig auf einer Dichotomie von Moderne und Postmoderne basiert.

Dies bedeutet zugleich, daß die Nach-Avantgarde postmodern gelesen werden kann. Erweckt die Postavantgarde – gleichviel, ob dies unter negativen oder positiven Vorzeichen geschieht – oftmals den Eindruck, aus der Not der Avantgarden (etwa ihrem Historisch-Werden) geboren zu sein, so ist die Zeitlichkeit (wie auch die inhaltliche Bestimmung) der Postmoderne eine grundsätzlich andere. Postavantgarde bleibt an die Erfahrung der Avantgarde unvermeidlich rückgebunden, Postmoderne aber vermeidet tunlichst eine wie auch immer geartete Fortschreibung des avantgardistischen Paradigmas – auch wenn diese Abgrenzung, wie das angeführte Zitat aus Umberto Ecos *Nachschrift* zeigte, ambivalenter Natur ist. Für diese Ambivalenz gibt es Gründe. Denn die Postmoderne ist mit jenem Impfstoff, jenem »bißchen Avantgarde« ausgestattet, das sie vor dem Rückfall ins Schema der Avantgarden schützt.

Ist der Begriff der Postavantgarde stets auf eine ganz bestimmte Avantgarde zurückbezogen, so schwankt ihre Definition in Abhängigkeit von jener Avantgarde, die sie im Grunde erst durch ihr »Danach« konstituiert. Unterscheidet sich auch die Postmoderne von der Postavantgarde durch ihre anders strukturierte Zeitlichkeit, so könnte doch auch die Postavantgarde-Diskussion Wesentliches zur Bestimmung des Avantgardebegriffs beitragen, hierin vergleichbar mit dem entscheidenden Beitrag, den die Postmoderne-Diskussion zur Bestimmung der Moderne beziehungsweise der Modernen geleistet hat.

Dafür bieten sich zunächst einmal grundsätzlich zwei definitorische Möglichkeiten an. Entweder wird der Begriff der Postavantgarde auf eine einzige, präzise (re-)konstruierte Avantgarde bezogen, oder aber sie taucht als Iterativ der Literatur- und Kunstgeschichte gleichsam transhistorisch an verschiedenen Stellen auf. Im ersten Falle wäre es etwa möglich, den Begriff der Avantgarde im Sinne Peter Bürgers auf jenen der historischen Avantgarde einzuschränken; Postavantgarde wäre dann jene Phase, deren Charakteristika das Ende dieser abgeschlossenen, »historisch« gewordenen Avantgarde bezeugen. Beziehen wir den Begriff der Postavantgarde auf bestimmte französische Konstellationen wie *Tel Quel* oder (problematischer noch) den *Nouveau Roman*, so hätten wir es hier im Grunde mit einer Postneoavantgarde zu tun, eine Begrifflichkeit, die zwar doppelt paradox klingen mag, im Grunde aber nicht weniger logisch ist als eine territoriale Bezeichnung wie, sagen wir, Ostwestfalen. Sie würde immerhin im Begriff bereits darauf verweisen, daß ihr eigentliches Widerlager nicht die historische Avantgarde ist.

Im zweiten Falle wäre der Terminus »postavantgardistisch« frei für die Beschreibung jener Phasen, die sich jeweils an bestimmte Avantgarden – etwa den Surrealismus Bretonscher Prägung, die kubanische Avantgarde der zwanziger Jahre, die brasilianische Avantgarde der dreißiger Jahre oder die Suppendosen der Pop-art im Sinne von Bürgers Neoavantgarden – anschließen. In diesem Falle hätten wir es mit einem multifunktionalen Begriff zu tun, der die verschiedenen Formen der »Liquidierung«, des »Auslaufens« der Avantgarden paradigmatisch erfassen könnte. Zugleich ließe sich dieser Befund dann wiederum mit dem Gedanken verknüpfen, daß die Zeit nach der Avantgarde auch schon wieder als Zeit vor der Avantgarde gelesen und gedeutet werden kann, mit anderen Worten: wie eine postavantgardistisch sich gerierende Position – wie etwa jene Roland Barthes' in der zweiten Hälfte der fünfziger Jahre – in eine präavantgardistische – wie jene des Autors von *Kritik und Wahrheit* – umschlagen (oder selbstreflexiv umgedeutet) werden kann. Postavantgardistische Phasen böten überdies ein reiches Forschungsfeld für literatur- und feldsoziologische wie für systemtheoretische oder kulturästhetische Fragestellungen. Die Distanzierung von einer bestimmten Avantgarde sagt, so darf vermutet werden, über diese nicht weniger aus als ihre Manifeste, ist doch der Inszenierung eines Abgangs oftmals kein geringerer Manifestcharakter eigen. Und, um Wolf Biermanns Abgesang in Vor-Wende-Zeit zu zitieren: »Abgang ist überall«.

Vergleicht man im Kontext dieser Überlegungen die raumzeitlichen Begrifflichkeiten von Postavantgarde und Postmoderne miteinander, so erscheint die von Barthes benutzte Raummetaphorik einer *arrière-garde de l'avant-garde* nicht unter postavantgardistische Vorstellungen subsumierbar, wohl aber unter postmoderne. Gemäß der mir bislang bekannt gewordenen Begriffsbestimmungen ist Postavantgarde gerade nicht die Nachhut der Vorhut, sondern der letzteren kritischer Reflex und Auflösung. Aus dem Blickwinkel der Postmoderne(n) aber ist das

Ende der Avantgarden stets (und vielleicht sogar notwendig) prekär.

Hierfür lassen sich zumindest drei Gründe anführen: erstens, weil sich Postmoderne die historisch akkumulierten Verfahren, Theorien und symbolischen Güter – unter Einschluß der avantgardistischen – verfügbar gemacht hat und verfügbar hält; zweitens, weil sie den avantgardistischen Input als Serum ihrer eigenen Beweglichkeit jenseits einer Ästhetik des Bruches benötigt und zur Hand haben muß; und schließlich drittens, weil sie die von Peter Bürger leitmotivisch (und lange Zeit leidenschaftlich) für die Avantgarde reklamierte Zerstörung der Institution Kunst und Literatur insoweit transgrediert hat, als sie – weit davon entfernt, einfach in die präavantgardistisch etablierte Institution zurückzufallen – die institutionalisierten und gesellschaftlich sanktionierten Grenzen in einer »subtilen Subversion« unterspült und eine Situation jenseits des Schismas von Elitekultur und Massenkultur errichtet hat. Diese in mehrfacher Hinsicht grenzüberschreitenden Bewegungen gilt es abschließend noch präziser abzustecken.

Bilder von Avantgarde, Postavantgarde und Postmoderne

Im Rahmen der von Peter V. Zima diskutierten Kritischen Theorie der Literatur(wissenschaft)[58], die eine monologartige Ideologisierung und Unüberprüfbarkeit von Standpunkten mit Hilfe eines interdiskursiven Dialogs nicht zuletzt zwischen verschiedenen Objektkonstituierungen unterbindet, wäre das wechselseitige Verhältnis der hier zentral gestellten Begriffe Avantgarde, Postavantgarde und Postmoderne in vielerlei Hinsicht noch zu überprüfen. Wie verhalten sich diese Begriffe zueinander, wenn wir die Theorie der Avantgarde über den (kanonisierten) europäischen Raum hinaus öffnen? Was geschieht, wenn wir die Avantgarde – ein Gedanke, der im Grunde keiner Rechtferti-

58 Vgl. Peter V. Zima, *Ideologie und Theorie*, a. a. O., insbesondere S. 56, sowie neuerdings vom selben Autor *The Philosophy of Modern Literary Theory*, London/New Brunswick: The Athlone Press 1999, insbesondere den Schlußteil »Towards a Critical Theory of Literature« (S. 205-213).

gung mehr bedarf – als intermediale, Kunst, Literatur und Alltagskultur in radikale wechselseitige Beziehungen setzende ästhetische Praxis verstehen, mit unserer begrifflichen Triade und insbesondere dem Postmoderne-Begriff? Wie verhalten sich die hier skizzierten terminologischen Entwürfe, wenn wir unterschiedliche (und zum Teil gegenläufige) Objektkonstruktionen gegeneinander führen?

Auf diese Fragen kann hier nur eine grobe, holzschnittartige Antwort gegeben werden. Interpretieren wir etwa die in den dreißiger Jahren entstandenen *Ficciones* des Argentiniers Jorge Luis Borges unter postavantgardistischen Vorzeichen, so fragen wir nach der Beziehung dieser Texte zu den avantgardistischen beziehungsweise ultraistischen Aktivitäten des 1921 aus Spanien nach Buenos Aires zurückgekehrten Autors. Aus der widersprüchlichen Relation der weltberühmt gewordenen Erzählungen zu den frühen Gedichtbänden oder Zeitschriftenprojekten einer in einen lateinamerikanischen Kontext »übersetzten« und umgestalteten europäischen Avantgarde und nicht zuletzt aus der problematischen Beziehung des 1899 geborenen Schriftstellers zu seinen frühen Publikationen überhaupt ließen sich Rückschlüsse auf den Bruch mit avantgardistischen Problemstellungen, aber auch auf die Verfügbarmachung und Kontinuität bestimmter Motive und Techniken ziehen. Bänden wir so die literarische Produktion der dreißiger Jahre an eine außereuropäisch internationalisierte Avantgardebewegung zurück, so entstünde ein anderes, zweifellos mehr der Moderne verhaftetes Bild als jenes, das sich aus einer Fragestellung unter postmodernen Vorzeichen ergäbe. Dann nämlich gerieten die Beziehungen der *Fiktionen* zu den französischen Theorie-Avantgarden der fünfziger und sechziger Jahre, etwa die Borges-Deutungen von Maurice Blanchot oder Michel Foucault, ins Blickfeld, so daß sich eine Entwicklungslinie hin zur Konstituierung einer postmodernen Ästhetik und einer dieser nachfolgenden Theorie ergäbe. Fragten wir darüber hinaus nach den im Verlauf dieses langen, von Borges nicht wenig mitgeprägten Jahrhunderts wechselnden Beziehungen des Argentiniers zu Massenkultur und Massenkommunikation, untersuchten wir etwa sein Verhalten in Radio- oder Fernsehinterviews, so ergäben sich sehr wohl Aspekte, die geeignet wären, eine allein literaturwissenschaftliche (beziehungsweise an einem engen Literaturbegriff ausgerichtete) Herangehensweise an den Autor der *Ficciones* in Frage zu stellen. Sie wären aber zugleich geeignet, bestimmte Techniken der historischen Avantgarde, insbesondere einer angestrebten Schockwirkung in der Tradition des *épater le bourgeois*, unter den Bedingungen des Medienzeitalters der zweiten Jahrhunderthälfte wiederzuerkennen: eine Art Travestie (und sicherlich nicht Parodie) der Avantgarde in der Postmoderne.

Wie unterschiedlich, wenn auch teilweise komplementär, derartige Objektkonstruktionen aus dem Blickwinkel von Avantgarde, Postavantgarde und Postmoderne sein können, wäre auch am Beispiel Boris Vians ebenso eindrucksvoll aufzuzeigen. Vians vor allem am französischen Surrealismus orientierte Überführung von Kunst in Lebenspraxis mit den Mitteln des Skandals oder der Verwandlung von Schockeffekten in mitunter märchenhaft oder alptraumartig anmutende literarische Darstellungsformen würden aus postavantgardistischer Perspektive betrachtet nicht weniger aufschlußreiche Einsichten erbringen als jene, die aus postmoderner Blickrichtung entstünden. Letztere könnte die intermedialen, insbesondere phonotextuellen (also zwischen Musik und Text bestehenden) Aspekte seines Schaffens herausarbeiten und ebenso auf eine später ausgeformte postmoderne Theorie beziehen, wie jene beim Autor von *J'irai cracher sur vos tombes* beobachtbare Aufwertung vermeintlich marginaler, mit dem Zeichen der Massenkultur gebrandmarkter Gattungen (etwa des Kriminalromans) akzentuiert werden könnten.

Eine postavantgardistische Ästhetik würde die Texte von Borges, Vian oder Aub retrospektiv auf ihre Beziehungen zur Avantgarde hin durchleuchten, mithin von den (im übrigen sehr unterschiedlichen) Avantgarden her eine sich nach diesen ansiedelnde Entwicklung perspektivieren. Diese Nach-Avantgarde postmodern wenden hieße, sie prospektiv auf eine Literatur, Kunst und Kultur zu beziehen, die im Zeichen der Postmoderne und ihrer bereits genannten Aspekte stünde. Im Spannungsfeld zwischen Avantgarde und Postmoderne ließe sich durch wechselseitige Beleuchtung Licht auf jene Entstehung einer postmodernen Ästhetik werfen, die nicht nur im literarischen Bereich der Ausbildung einer postmodernen Theorie vorausging. So würde wohl auch verständlicher, warum die Formulierung einer Theorie der Postmoderne bisweilen (leicht zu konstatierende) avantgardistische Züge annehmen konnte, vielleicht sogar mußte.

Die »postmoderne« Kunst und Literatur aber wäre intern wiederum so strukturierbar, daß das Schreiben, Malen oder Kommunizieren im Zeichen der Postmoderne in drei Phasen, nämlich *vor*, *während* und *nach* der Theoriebildung unterschieden werden könnte. Würden Borges, Vian oder Aub (um bei diesen drei Beispielen zu bleiben) überwiegend der Phase vor der Theorie (der Postmoderne) zugeordnet werden können, so wären Vertreterinnen und Vertreter der literarischen Avantgarden der sechziger und siebziger Jahre wie etwa Kristeva, Barthes, Calvino oder Eco überwiegend der Phase postmoderner Theoriebildung zuzurechnen – entstünde hieraus auch ein anderes Bild, als es aus dem Blickwinkel postavantgardistischer Ästhetik sichtbar würde. Der dritten (und vorerst letzten und zugleich transitorischen) Phase im Zeichen der Postmoderne wären dann (um stellvertretend nur zwei französische Beispiele zu nennen) die Schreibtechniken einer Marie Redonnet oder die aktuelle Theoriebildung eines Antoine Compagnon zuzuordnen.

Auf die Nennung außereuropäischer AutorInnen wie Diamela Eltit, Raphaël Confiant oder Juan Villoro sei hier verzichtet, liefen wir doch sonst Gefahr, eine sattsam bekannte telefonbuchartige Literaturgeschichtsschreibung zu betreiben, wie sie – auch dies vielleicht ein Indiz für die Zeit *nach* der Theorie – wieder salonfähig geworden zu sein scheint. Das Schaffen der guadeloupanischen Autorin Maryse Condé hingegen soll uns noch ausführlich im elften Kapitel beschäftigen, da in ihrem Gesamtwerk grundlegende Fragestellungen von Raum, Dynamik und Bewegung erscheinen, die im Zentrum des vorliegenden Bandes stehen.

Nach der Postmoderne – vor der Avantgarde?

In einem im Mai 1975 veröffentlichten Essay mit dem Titel »Brecht und der Diskurs: Beitrag zum Studium der Diskursivität« kehrte Roland Barthes einmal mehr zu jener Figur zurück, die ihn seit den fünfziger Jahren, den Zeiten des *Théâtre populaire* und der Pariser Aufführung der *Mutter Courage*, faszinierte und ihm einen Ausweg aus dem Dilemma der Avantgarde zu verheißen schien: Bertolt Brecht. In diesem Beitrag, der sich streckenweise wie eine lange Reflexion über den seit jenen frühen Jahren zurückgelegten Weg lesen läßt, schrieb Barthes:

Alles, was wir lesen und hören, bedeckt uns wie ein Tischtuch, umgibt uns und hüllt uns ein wie ein Milieu: das ist die Logosphäre. Diese Logosphäre ist uns durch unsere Epoche, unsere Klasse, unseren Beruf gegeben: sie ist eine »Gegebenheit« unseres Subjekts. Nun, das, was gegeben ist, zu deplazieren kann allein die Folge eines Stoßes sein; wir müssen die Masse austarierter Worte ins Schwanken bringen, das Tischtuch zerreißen, die verbundene Ordnung der Sätze stören, die Strukturen der Sprache zerbrechen (jedwede Struktur ist ein Gebäude von Ebenen). Das Werk von Brecht zielt darauf ab, die Praxis eines Stoßes auszuarbeiten (nicht der Subversion: der Stoß ist viel »realistischer« als die Subversion); die kritische Kunst ist jene, die eine Krise eröffnet: die zerreißt, das Tischtuch zum Bersten bringt, die Kruste der Sprachen mit Rissen durchzieht, die Verklebtheit der Logosphäre loslöst und auflöst; sie ist eine *epische* Kunst: welche die kontinuierlichen Wortgewebe unterbricht, die Repräsentation distanziert, ohne sie zu annullieren.[59]

Brecht weist hier nicht mehr den Weg *aus* der, sondern *in* die Avantgarde – freilich aus einer Logosphäre, die wir als postmodern bezeichnen dürfen. Eine kaskadenartig sich ergießende Rhetorik des Störens und Zerstörens, des Zerreißens und Befreiens, des Aufbrechens und Zerbrechens führt uns eine in der Tat geradezu episch-emanzipatorische Sprache vor, in der noch immer der Funke der Utopie (und damit der Schöpfung aus der Zerstörung) glimmt.

Die Avantgarde ist in der Postmoderne aufgehoben. Sie ist dies nicht nur dergestalt, daß uns in unserer aktuellen Logosphäre – Barthes hätte früher dafür den Begriff der Intertextualität gebraucht – avantgardistische Formen und Techniken tagtäglich in der Autowerbung oder den Konzerten Alice Coopers oder Michael Jacksons begegnen. Ein »Sieg« der Avantgarde ist dies nur auf den ersten Blick. Vergessen wir nicht, daß die Impfung in Barthes' *Mythologies* bereits die erste jener von ihm herausgearbeiteten Figuren bezeichnete, mit deren Hilfe das Bürgertum seine Welt und seine Mythen in Gang zu halten vermöge.[60] Die Avantgarde, so scheint mir, ist jenes Serum, das

59 Roland Barthes, »Brecht et le discours: contribution à l'étude de la discursivité«, in: ders., *Œuvres complètes*, a.a.O., Bd. II, S. 261.

60 Vgl. Barthes, *Mythologies*, in: ders., *Œuvres complètes*, a.a.O., Bd. I, S. 713 (dort noch unter Betonung des kompensatorischen Effekts): »Diese *liberale* Behandlung wäre vor nur hundert Jahren nicht möglich gewesen; zu jenem Zeitpunkt schloß das Bürgertum keine Kompromisse, es war gänzlich unnachgiebig; es ist seither um vieles ge-

einer postavantgardistischen und mehr noch einer postmodernen Ästhetik immer wieder, vielleicht sogar in regelmäßigen Abständen, in die Venen gespritzt werden muß, um ihr weiteres Funktionieren sicherstellen zu können. Ist die Postmoderne also nach Avantgarde süchtig? Oder ist Avantgarde überhaupt eine Sucht?

Vor diesem Hintergrund erweist sich die Frage Hugo Achugars als überaus berechtigt, welche Funktion wir der historischen Avantgarde aus heutiger, postmoderner Sicht denn zuzuschreiben haben: »Ist die Avantgarde Teil der Moderne oder deren Aufkündigung und ebendaher der Beginn der Postmoderne?« Auf diese Frage dürfte eine Antwort, welche die Avantgarde einer Ästhetik des Bruchs und damit schlicht der Moderne zuschlägt, heute erheblich schwieriger geworden sein. Denn insbesondere während des vergangenen Jahrzehnts hat sich unsere Sichtweise der historischen Avantgarde durch die beginnende Einbeziehung außereuropäischer Avantgarden so grundlegend zu verändern begonnen, daß eine einheitliche Theorie der Avantgarde, die noch auf einer Ästhetik des Bruchs und der Zerstörung der Institution Kunst bestünde, als kaum mehr vertretbar erscheint. Die Linien der Traditionsbrüche sind als Flexuren neu lesbar geworden, die Kontinuitäten sind aus postmoderner Perspektive deutlicher in den Vordergrund gerückt.

Wie das versagende Erklärungsmuster Umberto Ecos bereits andeutete, ist ebenso in der Avantgarde wie in der Postmoderne Reflexion über die Kunst Bestandteil der Kunst, Bestandteil des Sagens selbst. Es ließe sich kaum ein schöneres Beispiel hierfür finden als die avantgardistische Gattung *par excellence*, das Manifest.[61] Sein Oszillieren zwischen Sprache und Metasprache

schmeidiger geworden: die Bourgeoisie zögert nicht mehr, gewisse lokalisierte Subversionen anzuerkennen: die Avantgarde, das kindliche Irrationale usw.; sie lebt seither in einer Ökonomie der Kompensation: wie in jeder gut aufgebauten Aktiengesellschaft *(société anonyme)* gleichen die kleinen Anteile juristisch (aber nicht real) die großen Anteile aus.«

61 Vergleiche hierzu in neuerer Zeit die beiden grundlegenden Bände von Wolfgang Asholt und Walter Fähnders (Hg.), *Manifeste und Proklamationen der europäischen Avantgarde (1909-1938)*, Stuttgart/Weimar: Metzler 1995; sowie dies. (Hg.), »*Die ganze Welt ist eine Manifestation*«. *Die europäische Avantgarde und ihre Manifeste*, Darmstadt: Wissenschaftliche Buchgesellschaft 1997.

und oftmals zwischen Diktion und Fiktion machen es zu einem Forschungsgegenstand, der nicht nur für die Avantgarde-, sondern auch für die Postmodernediskussion von großer Bedeutung ist. In derartigen Fragestellungen und Problemhorizonten aber könnte die aktuelle Bedeutung der Avantgarden – und keineswegs nur die Bedeutung der aktuellen Avantgarden – liegen: Sie sind nicht – und nicht einmal die »historischen« Avantgarden – historisch geworden, sondern markieren als Teil einer radikalisierten Moderne den Eintritt in einen gemeinsamen kulturellen Raum, der derzeit – so könnte man glauben – allein deshalb nicht von der Postmoderne in Avantgarde umschlägt, weil erstere sich ständig mit deren (Impf-)Stoff spritzt, um ihre angeborene Immunschwäche zu bekämpfen oder nicht einem anderen Rausch zu erliegen. Nicht umsonst, so könnten wir mit Blick auf Max Aubs wunderbaren und viel zu wenig bekannten Text festhalten, hatte Jusep Torres Campalans die Alte Welt verlassen und sich ins Land natürlicher, nicht-künstlicher Halluzinogene aufgemacht. Vielleicht können wir in seiner im mehrfachen Sinne grenzüberschreitenden Bewegung, die im Gegensatz zur Kreisstruktur der Reise Antonin Artauds nicht mehr in die Alte Welt zurückführt, einen Vorschein jener neuen Räume erblikken, in die uns eine avantgardistisch geimpfte und gut versorgte Postmoderne geleitet.

NEUN · PASSAGE

Die Welt im Kopf

Von Bildern und Nachbildern

Man mag es einem im brandenburgischen Potsdam arbeitenden Literaturwissenschaftler nachsehen, wenn er nach gerade erst überstandenem Fontane-Jahr sein Nachdenken über die Bilder und Nachbilder der Stadt und die damit verbundene Raumdynamik im Werk Albert Cohens mit einem formidablen Bewegungstext, einem Zitat aus den *Wanderungen durch die Mark Brandenburg*, eröffnet. In einem auf November 1861 datierten »Vorwort zur ersten Auflage« spricht Theodor Fontane von den Anregungen zu seinem Buch, die ihm in der Fremde gekommen seien, in der schottischen Grafschaft Kinross, »deren schönster Punkt der Leven-See« sei, in dessen Mitte sich eine Insel und mitten auf der Insel – ein wahrhaft zentraler Ort – das sagenumwobene Lochleven Castle befinde. Von diesem Schloß findet der Reisende vorwiegend Trümmer vor, der berühmte Rundturm steht aber noch:

> Dann umfuhren wir die Insel und lenkten unser Boot nach Kinross zurück, aber das Auge mochte sich nicht trennen von der Insel, auf deren Trümmergrau die Nachmittagssonne und eine wehmütig-unnennbare Stille lag.
> Nun griffen die Ruder rasch ein, die Insel wurd ein Streifen, endlich schwand sie ganz, und nur als ein Gebilde der Einbildungskraft stand eine Zeitlang noch der Rundturm vor uns auf dem Wasser, bis plötzlich unsre Phantasie weiter in ihre Erinnerungen zurückgriff und ältere Bilder vor die Bilder dieser Stunde schob. Es waren Erinnerungen aus der Heimat, ein unvergessener Tag.
> Auch eine Wasserfläche war es; aber nicht Weidengestrüpp faßte das Ufer ein, sondern ein Park und ein Laubholzwald nahmen den See in ihren Arm. Im Flachboot stießen wir ab, und sooft wir das Schilf am Ufer streiften, klang es, wie wenn eine Hand über knisternde Seide fährt.[1]

1 Theodor Fontane, *Wanderungen durch die Mark Brandenburg. Erster Teil: Die Grafschaft Ruppin.* Herausgegeben von Gotthard Erler und Rudolf Mingau, Berlin: Aufbau 1997, S. 1 f.

Die Intensität der von der Stille noch verstärkten optischen Wahrnehmung jener Insel, an der das Auge des Erzählers förmlich haftenbleibt, wird im Schwinden des retinalen Eindrucks für eine begrenzte Zeit von einem »Gebilde der Einbildungskraft« abgelöst, bis dieses Nachbild selbst wiederum »plötzlich« von tiefer liegenden, aus einer entfernteren Vergangenheit aufsteigenden Nachbildern der »Phantasie« überlagert wird. Das Ungleichzeitige wird gleichzeitig, die Vergangenheit präsentisch. Der Prozeß dieses lautlosen optischen Übergangs von den retinalen zu den »älteren« Bildern kommt erst dann zu einer Verfestigung, als in diese gespenstischen Bilderwechsel sich der Ton mischt, als der Gesichtssinn durch den Hörsinn komplettiert wird und beide, die akustische wie die optische Wahrnehmung, die nun eingeblendete, überblendete Szenerie fixieren. Der Ort dieser Überblendung, die Retina, scheint sich nicht verändert zu haben: Im Auge bleibt jene Projektionsfläche ausgespannt, auf der sich die äußeren wie die inneren Bilder in Bewegung bilden.

Man mag sich nun fragen, was die einsame schottische Landschaft und die von ihr aufgerufene märkische Szenerie um Rheinsberg mit der Problemstellung von Raum und Dynamik, von Bewegungen und Bewegungsmustern denn zu tun haben möge. Fontanes Überblendtechnik zeigt uns einen gerade für diese Fragestellung relevanten Vorgang auf. Als Überlagerung eines gegenwärtigen Bildes durch ältere Nachbilder ist er – wie uns ein Ausflug in die anthropologischen und naturkundlichen Studien Goethes zeigen soll – mehr als ein nur literarisches Verfahren. Die Überblendung beruht auf einem Spiel von Identität und Differenz, von Eigenem und Fremdem (letzteres bei Fontane stets auch als Korrektiv und Kontrast), insoweit die spiegelartigen Flächen der Seen, nicht aber beispielsweise deren Rahmung durch eine je andere Vegetation, die zugleich auf eine andere Klimazone und Kulturlandschaft verweist, in eins gesetzt werden können. Der Überlagerungsprozeß erfolgt durch die Identität der Seeflächen als Spiegelflächen, erfährt seine Tiefe aber durch differenzierende Bildelemente, die sich gleichwohl dem retinal entstandenen und durch die Einbildungskraft fortgeführten Bilde in einem dreistufigen Prozeß aufdrängen. Ein Bild kann durch ein anderes ersetzt werden, ohne doch notwendig ganz zu verschwinden: *une image peut en cacher une autre.* Miguel de Unamunos Metapher des Kinematographen oder Jorge Luis Borges' Neuerfindung des *Aleph* bieten hierfür in diesem

Band ebenso Beispiele wie die Landschaftssequenzen eines Alexander von Humboldt oder die Bild-Texte eines Honoré de Balzac oder Italo Calvino. Die aktuellen Bilder – auch jene der Stadt – enthalten notwendig stets die längst archivierten, nicht unmittelbar bewußten, oft auch verdrängten Nachbilder in sich, die hinter der Projektionsfläche gespeichert zu sein scheinen und jederzeit in die Bewegung einbezogen werden können.

Johann Wolfgang Goethe ist in einer Reihe von Selbstversuchen, die das tägliche Brot und die Grundlage naturwissenschaftlichen Forschens am Übergang vom 18. zum 19. Jahrhundert waren und auch zum wissenschaftlichen Alltag des jungen Alexander von Humboldt gehörten, dem Phänomen der Nachbilder aufmerksam nachgegangen. In der ersten Abteilung seiner *Farbenlehre*, die den »physiologischen Farben« gewidmet ist, beobachtet und mißt er die Prozesse des Erzeugens von Bildern und Nachbildern auf seiner Netzhaut und leitet daraus allgemeine Anschauungen ab, welche die Grundlage der Goetheschen Theorie bilden. Entscheidend für seine Anschauungen ist dabei die Überzeugung, daß die physiologischen Farben – im Gegensatz zu den von ihm ebenfalls behandelten physischen und chemischen Farben – im Auge selbst angelegt sind, ja mehr noch, daß das Auge selbst ein Organ ist, welches über ein ihm eigenes, wenn auch dem äußeren Licht entsprechendes Licht verfügt.[2] In Rückgriff auf einen Text Jakob Böhmes faßte Goethe dies in die einprägsamen Verse: »Wär' nicht das Auge sonnenhaft, / Wie könnten wir das Licht erblicken? / Lebt' nicht in uns des Gottes eigne Kraft, / Wie könnt' uns Göttliches entzücken?«[3]

Diese Anschauungen gehen über eine (nachträgliche) Theoretisierung der Metapher vom Augenlicht weit hinaus. Denn Goethe leitet hieraus ebenso die Bilder des Traumes wie die Überzeugung ab, daß wir »in der Finsternis durch Forderungen der

2 Vgl. Johann Wolfgang Goethe, *Farbenlehre*. Mit Einleitungen und Kommentaren von Rudolf Steiner. Herausgegeben von Gerhard Ott und Heinrich O. Proskauer. Bd. 1, Stuttgart: Verlag Freies Geistesleben 1979, S. 56: »Das Auge hat dem Dasein sein Licht zu danken. Aus gleichgültigen tierischen Hilfsorganen ruft sich das Licht ein Organ hervor, das seinesgleichen werde, und so bildet sich das Auge am Lichte fürs Licht, damit das innere Licht dem äußeren entgegentrete.«

3 Ebd., S. 57.

Einbildungskraft uns die hellsten Bilder hervorrufen« können.[4] Wir brauchen das äußere Licht nicht, um in uns, um im Auge selbst Farben erzeugen und wahrnehmen zu können. Das Auge ist, so könnten wir sagen, nicht mehr nur die *camera obscura* der äußeren, sondern zugleich auch die *chambre claire*[5] unserer inneren Welt. Willentliche wie unwillentliche Herstellung eigener Bilder, die – so dürfen wir Goethe deuten – auf der Netzhaut erscheinen, sind daraus ableitbar. Wir könnten im Proustschen Sinne von einer willentlichen Erinnerung *(mémoire volontaire)* wie einer unwillentlichen *(mémoire involontaire)* der Bilderzeugung sprechen, die dadurch ergänzt wird, daß uns Nachbilder, die durch äußere Reize auf unserer Netzhaut entstehen, nicht immer zu Bewußtsein kommen müssen:

> Wir blicken von einem Gegenstand auf den anderen, die Sukzession der Bilder scheint uns rein, wir werden nicht gewahr, daß sich von dem vorhergehenden etwas ins nachfolgende hinüberschleicht.[6]

Wir können daher, folgen wir Goethe, nur wahrnehmen, was wir in uns besitzen; und wir können analog zu den Bildern, die durch äußere Reize auf unserer Netzhaut erzeugt werden, ebenfalls Bilder durch unsere Einbildungskraft schaffen, wie dies in Theodor Fontanes dreistufigem Prozeß erschien. Die Bewegung der Bilder, die gleichsam kinematographische Bildsukzession entsteht dort zunächst durch einen äußeren Reiz, wird dann von der Einbildungskraft »ergänzt« (das Auge, das sich nicht trennen mag, produziert das ersehnte Bild mit dem Verfahren einer apperzeptiven Ergänzung) und wird schließlich von einem älteren, aus dem Inneren aufsteigenden Bild überlagert. Die Produktion der Nachbilder ist auf mechanischem Wege, durch das Schließen und erneute Öffnen der Augen, möglich, kann sich aber auch unserem Wollen entziehen:

> Ein solches Bild, dessen Eindruck nicht mehr bemerklich ist, läßt sich auf der Retina gleichsam wieder beleben, wenn wir die Augen öffnen und schließen und mit Erregung und Schonung abwechseln.[7]

Abregung und Erregung der Netzhaut durch von außen zugeführte Impulse erzeugen eine Tiefenwirkung, die in uns Nachbil-

4 Ebd.

5 Vgl. Roland Barthes, *La chambre claire. Note sur la photographie*, Paris: Gallimard/Seuil 1980.

6 Goethe, *Farbenlehre*, a.a.O., S. 69.

7 Ebd., S. 71.

der, die wir längst nicht mehr in uns gespeichert dachten, fast in der Art des Freudschen Wunderblocks zum Vorschein bringt. Goethe fährt fort:

Daß Bilder sich bei Augenkrankheiten vierzehn bis siebzehn Minuten, ja länger auf der Retina erhielten, deutet auf äußerste Schwäche des Organs, auf dessen Unfähigkeit, sich wiederherzustellen, so wie das Vorschweben leidenschaftlich geliebter oder verhaßter Gegenstände aus dem Sinnlichen ins Geistige deutet.[8]

Lassen wir hier einmal beiseite, daß Goethe das Fortdauern der Nachbilder mit einer organischen Schwächung des Auges in Verbindung bringt. Heben wir vor dem Hintergrund unserer Fragestellung vielmehr hervor, daß damit eine absolute, stets erkennbare Trennung zwischen durch äußere und durch innere Reize erzeugte Bilder ebensowenig möglich scheint wie eine Scheidung zwischen willentlich und unwillentlich auf der Retina hervorgerufenen Bildern und Bewegungen. Oder anders: Das retinal in Theodor Fontanes *Wanderungen* kraft äußerer Impulse unmittelbar erzeugte Bild einer schottischen Seenlandschaft ist nicht realer als die Nachbilder, die zunächst entstehen, weil sich das Auge nicht von seinem Gegenstande zu trennen vermag, wobei dann unwillentlich, von inneren Impulsen gelenkt, auf Nachbilder rekurriert wird, die in Raum und Zeit distant sind und auf die heimatliche Seenlandschaft verweisen. Die Bewegungen zwischen Bildern und Nachbildern sind grenzüberschreitend, ohne feste Grenzziehungen zu hinterlassen. »Reale« und »fiktionale« Bilder sind ebenso wenig voneinander eindeutig zu scheiden wie »Realität« und »Imagination«, Diktion und Fiktion im Reisebericht.[9]

Wie könnten wir auch eine klare Trennlinie zwischen von äußeren und von inneren Impulsen erzeugten Bildern ziehen zu einem Zeitpunkt, da die wissenschaftliche Entwicklung »retinale Implantate« (*retinal Implants*) für »blind humans suffering from various degenerative diseases« hervorbringt?[10] Folgen wir einem aktuellen Neuroinformatik-Projekt der Universität Bonn, dann werden retinale Implantate möglich, die einen »retinal encoder« besitzen, der, außerhalb des Auges angesiedelt, die

8 Ebd.

9 Vgl. hierzu Kapitel 1.

10 Vgl. »Welcome to Retinal Implant News in Bonn« unter *http://www.nero.uni-bonn.de/ri/retina-en.html.*

Aufgabe des »information processing«, welche die funktionsuntüchtige Retina nicht mehr erfüllen kann, übernimmt. Ein »retina stimulator« – »implanted adjacent to the retinal ganglion cell layer« – wird mit einem drahtlosen »signal- and energy transmission system« verbunden, welches die Kommunikation zwischen Netzhautkodierer und Netzhautstimulator herstellen soll. Wo endet dann eigentlich die Retina? Wir wußten, daß sie ein außengelagerter Teil unseres Gehirns ist; wir erfahren nun, daß wir sie direkt an einen leistungsfähigen »encoder«, also an einen Hochleistungs-Kleinstcomputer anschließen können. Woher werden in Zukunft unsere Bilder und Nachbilder kommen, von welchem Punkt aus werden sie eingespeist?

Wir können – so scheint es – schon bald jedwede visuell kodierbare Information in ein Transmissionssystem eingeben, das keine Unterscheidungen zwischen externen und internen Quellen mehr kennt. Innerhalb weniger Jahre intensiver Forschung hat bereits die erste Generation von Netzhautkodierern die Grenze passiert, die zwischen dem Tierversuch (also dem tierischen Auge) und dem Auge des Menschen liegt. Unsere *area striata* wird an ein datentechnisch aufbereitetes Übertragungssystem angeschlossen, und bald schon steht hierfür auch – so läßt sich vermuten – ein Slot für den direkten Zugang zum WorldWideWeb zur Verfügung. So könnte ein anderes Archiv, das sich nicht mehr innerhalb unseres Kopfes befindet, eines Tages an unser Sehzentrum angeschlossen werden und Bildinformationen für einen Nutzerkreis verfügbar machen, der den der Netzhautgeschädigten bei weitem überschreitet.

Die sich lautlos, gespenstisch vollziehenden Bilderwechsel sind ebensowenig im Sinne von »Urbild« und »Abbild« voneinander zu trennen, wie es möglich wäre, die flüchtigen, nicht ergreifbaren und von Goethe ausgegrenzten Bilder »in das Reich der schädlichen Gespenster« zu verbannen.[11] Kein Bild aus dem oben zitierten Vorwort zu den *Wanderungen durch die Mark Brandenburg* ist realer, keines gespensterhafter, keines ursprünglicher als das andere. Bilder und Nachbilder sind zumindest in literarischen Texten nicht voneinander zu scheiden, verfügen auf der Retina des Textes und damit auch auf der Retina des Lesers über denselben Status, diesselbe Aussagekraft. Es sind Bilder, die sich aus einem unerschöpflichen Spiel von Iden-

11 Goethe, *Farbenlehre*, a.a.O., S. 63.

tität und Differenz auf dem retinalen wie dem literarischen Gewebe erzeugen. In der Sukzession von Bildern und Nachbildern entsteht eine Bewegung, gleichsam eine Filmsequenz, die schon Goethe in seinen Selbstversuchen chronometriert hat. Ihre Projektionsfläche ist die Netzhaut, die – wie wir heute wissen – an den virtuellen »Bildschirm« und »Bildspeicher« der Sehrinde ähnlich rückgekoppelt ist wie die retinalen Bilder an die literarischen (Vor-)Bilder. Die Welt spielt zweifellos in unserem Kopf, irgendwo auf den Datenautobahnen zwischen Retina und *area striata*, auf einem Daten-Highway, der nicht nur durch neuroinformatische, sondern sicherlich auch durch literarische Techniken gespeist und manipuliert werden kann. Die Welt im Kopf ist die Dynamik eines Raumes voller Bewegungen.

Annäherung an die Stadt

Wie nähern wir uns einer Stadt an? Welches sind die Bilder, die wir von ihr im Kopf haben, bevor wir sie zum ersten Male sehen? Welche Informationen haben unser Bild von ihr bereits geprägt, bevor wir mit ihr in Berührung kamen? Und andererseits: Welche Bilder behalten wir von ihr im Kopf? Welche Nachbilder bleiben unter den vielen Bildern in uns gespeichert zurück? Welche Nachbilder sind von uns willentlich abrufbar, welche steigen in uns unwillentlich auf, und wie projizieren wir diese Nachbilder auf unsere (im Goetheschen Sinne verstandene) Retina? Und schließlich: Welche nationalen Unterschiede bedingen unseren Zugang zur Stadt, welche kulturellen Differenzen prägen unsere Bilder und Nachbilder von unserer Kultur zugehörigen oder fremden Städten? Der argentinische Anthropologe und Kulturtheoretiker Néstor García Canclini hat nicht ohne Ironie versucht, für verschiedene wissenschaftliche Disziplinen verschiedene Zugangsmöglichkeiten und damit verbundene Fortbewegungsarten zu skizzieren:

> Die Sozialwissenschaften tragen zu dieser Schwierigkeit mit ihren unterschiedlichen Beobachtungsskalen bei. Der Anthropologe kommt zu Fuß in die Stadt, der Soziologe im Auto und über die größte Autobahn, der Kommunikationswissenschaftler per Flugzeug. Jeder einzelne registriert, was er kann, konstruiert eine je eigene und dadurch partielle Sichtweise. Es gibt eine vierte Perspektive, die des Geschichtswissenschaftlers, die man nicht einnimmt, wenn man in die Stadt hinein-,

sondern aus ihr herausgeht, von ihrem alten Zentrum aus zu ihren gegenwärtigen Rändern. Aber das Zentrum der aktuellen Stadt befindet sich nicht mehr in der Vergangenheit.
Die Geschichte von Kunst und Literatur und die wissenschaftliche Erkenntnis hatten Repertoires von Inhalten zusammengestellt, mit denen wir umgehen mußten, um in der modernen Welt *kultiviert* zu sein.[12]

Unsere Erkenntnis, so gibt uns der in Europa noch allzu unbekannte argentinische Kommunikationswissenschaftler zu verstehen, der in der Tat häufig im Flugzeug sitzt, hängt von unseren jeweiligen Bewegungsmustern und Annäherungsformen an einen Gegenstand ab. Die verschiedenen Annäherungsweisen und Bewegungsmuster zeigen nicht nur, daß es verschiedene Beobachtungsebenen der Stadt gibt, sie führen auch vor, daß das Forschungsobjekt Stadt vom Forschungssubjekt, dessen je gruppen- und disziplinspezifischen Erfahrungen und Erkenntnisinteressen wie auch sicherlich von seinen je individuellen Voraussetzungen und Bedingungen abhängig ist und unterschiedlich konstruiert wird. Dies bedeutet nicht, daß man auf die nicht bestreitbare Binsenwahrheit zurückgeworfen wäre, dieselbe Stadt sei für alle von uns eine je andere. Löst sich das Objekt Stadt auch – wie ein kubistisches Gemälde von Jusep Torres Campalans und dessen Rede von einer »totalen Malerei«[13] – in unendlich viele Perspektiven auf, so gibt es doch auch Gesetzmäßigkeiten der Perspektivierung, die historischen, sozialen, wirtschaftlichen und nicht zuletzt kulturellen und ästhetischen Paradigmen gehorchen. Was ist – um nur wenige Aspekte des Verfassers von *Solal* zu nennen – die Stadt für den Literaten und für den Diplomaten, was für den Juden und Korfioten, was für den Asthmatiker und Ästheten Albert Cohen? Kommen wir aber zunächst zu der etwas banal klingenden Frage: Wie nähert sich ein Schriftsteller der Stadt?

Die einfachste Beantwortung dieser Frage bestünde in dem Hinweis, daß die Literatur in Abwandlung einer Idee von Roland Barthes ebenjener Wissensbereich ist, der sich darauf spezialisiert hat, nicht spezialisiert zu sein, eine Vorstellung, die Literatur ganz offensichtlich mit dem Archiv verbindet, wenn auch nicht mit diesem identifiziert. In diesem Falle wäre die für den Schriftsteller charakteristische Annäherungsweise jene,

12 García Canclini, *Culturas híbridas*, a.a.O., S. 16.
13 Vgl. Kapitel 8 des vorliegenden Bandes.

möglichst alle Annäherungsweisen zu praktizieren, gleichgültig ob dies gleichzeitig oder sukzessiv erfolgt. Die literarische Bewegungsform wäre dann, wie die künstlerische eines Jusep Torres Campalans, eine Überlagerung der verschiedensten hermeneutischen Bewegungsmuster, die Raum für die unterschiedlichsten Verstehensbewegungen des Publikums ließe. Das Ergebnis wäre eine Juxtaposition verschiedenster Bilder, die in einem vieldeutigen und vieldeutbaren Text eine Verdichtung von Wissen erzeugen würde, in welcher nicht nur alle Bilder auf alle anderen verweisen (ohne vielleicht notwendigerweise noch auf die »reale« Stadt bezogen sein zu müssen), sondern zugleich auch eine Art Archiv von Bildern und Nachbildern *bilden* würde, die vom literarischen Text bereitgehalten und vom Leser jeweils rezeptiv beziehungsweise hypotypotisch angeeignet werden könnten. Gewiß: auch hier blieben die je individuellen, aber auch die kulturellen, sozialen oder ästhetischen Paradigmen anzuführen, denen der einzelne Literat folgt oder von denen er sich abwendet, die er imitiert, negiert, parodiert oder pastichiert, ohne sich von ihnen doch je ganz lösen zu können, und die alle Beziehungen von einer psychoanalytischen Verdrängung bis hin zu einer intermedialen Bildproliferation einschließen. Auch in anderen Medien sind derartige Texte von der Stadt – keineswegs nur in der Baedeker-Literatur – Legion.

Eine andere, wesentlich schwierigere Antwort auf die Frage nach der Art der Annäherung des Schriftstellers an die Stadt bestünde darin, jegliche Annäherung überhaupt in Frage zu stellen oder gar zu leugnen. Wie ließe sich ein solches Verhältnis zum Gegenstand des Schreibens bestimmen? Albert Cohen gab uns eine denkbare und denkwürdige Antwort. So schrieb er aus der von der Ebene der Erzählzeit reflektierten Perspektive eines zehnjährigen jüdischen Kindes in einem für sein gesamtes Lebenswerk zentralen, erstmals 1945 veröffentlichten Text mit Blick auf jede Art mimetischer Annäherung und Repräsentation:

> Ging ich ans Ufer des Meeres, so war ich sicher, daß dieses Mittelmeer, das ich sah, sich auch in meinem Kopf befand, nicht das Bild des Mittelmeeres, sondern dieses Mittelmeer selbst, winzig und salzig, in meinem Kopf, miniaturartig, aber wahr und mit all seinen Fischen, wenn auch ganz kleinen, mit all seinen Wellen und einer kleinen sengenden Sonne, ein wahres Meer mit all seinen Felsen und all seinen Schiffen absolut vollständig in meinem Kopf, mit Kohlen und lebendigen Matrosen, jedes Schiff mit demselben Kapitän wie das große Schiff da draußen,

derselbe Kapitän aber sehr zwergenhaft, und man könnte ihn berühren, hätte man Finger, die fein und klein genug wären. Ich war sicher, daß es in meinem Kopf, dem Zirkus der Welt, die wahre Erde mit ihren Wäldern gab, mit allen Pferden der Erde, aber so klein, allen Königen in Fleisch und Blut, allen Toten, den ganzen Himmel mit seinen Sternen und sogar Gott, extrem klein und zierlich. Und all das glaube ich noch immer ein bißchen, aber pssst.[14]

Wir stehen hier vor einer Kosmovision, die einen nicht geringeren Anspruch auf Vollständigkeit, eine nicht geringere Ausweitung in die außerirdische Dimension des Universums besitzt als Alexander von Humboldts *Entwurf einer physischen Weltbeschreibung*, dem er nach langem Zögern – eine Zeitlang hatte er an einen Titel wie *Das Buch der Natur* gedacht – den Obertitel *Kosmos* gab. Zugleich sind die Beziehungen zu Balzacs modernem Erzählmodell mit seinem Streben nach einer vollständigen Realität in einer vollständigen Fiktion überdeutlich.[15] Kein Zweifel: Auch Albert Cohen ist ein Erzähler der Moderne, und einer der besten überdies. Sein Ich-Erzähler entwirft hier eine Vision der Welt und mehr noch des Kosmos, in welcher der realen Außenwelt eine nicht weniger reale und vollständige Innenwelt an die Seite tritt. Jedem Element des Makrokosmos entspricht – identisch und different zugleich – ein Element des Mikrokosmos, wobei nicht nur die ganze Schöpfung, sondern auch der Schöpfer selbst in wahnwitziger Verkleinerung im Kopf des literarischen Demiurgen enthalten ist.

Fraglos speist sich eine derartige Vorstellung ebenso aus Quellen der jüdischen Kabbala wie der christlichen Mystik, wobei Cohen gerade jene Umkehrung der Beziehung zwischen Schöpfer und Geschöpf bewerkstelligt, die in seinen literarischen Texten immer wieder aufscheint. Der Schöpfergott als Fingerpuppe in den Händen eines spielenden Kindes: Dies ist eine Vorstellung, die sich sehr wohl mit dem Auge als jener Vermittlungsin-

14 Albert Cohen, »Jour de mes dix ans«, in: *La France libre* (London) (16 juillet 1945), S. 193-200 (Teil 1), sowie (15 août 1945), S. 287-294 (Teil 2), hier S. 196 f. Die poetologische Bedeutung dieser Passage für Cohens Gesamtwerk mag sich auch daraus erhellen, daß sie in nur leicht veränderter Fassung 1954 in *Das Buch meiner Mutter* einmontiert wurde; vgl. Albert Cohen, *Le livre de ma mère*, in: ders., *Œuvres*. Edition établie par Christel Peyrefitte et Bella Cohen, Paris: Gallimard 1993, S. 714 f.

15 Vgl. die Kapitel 4 und 5 des vorliegenden Bandes.

stanz, als jenem Organ verbinden läßt, welches die Dinge der Außenwelt – sichtbar in der Pupille, der kleinen Puppe – enorm verkleinert und in die Innenwelt des Menschen überführt. So ist in der Endlichkeit des körperlichen Innenraums die Unendlichkeit des kosmischen Außenraums enthalten, kleiner zwar, aber nicht weniger ›wahr‹. An die Stelle der Kugelform des Auges ist freilich die Kugelform des Kopfes getreten, in dessen Zirkusrund die Welt sich fügt. Die Entfernung zwischen Auge und *area striata* gibt uns den Durchmesser an, in den die Welt paßt.

Die außerhalb befindliche Realität kann keinen übergeordneten Wahrheitsanspruch geltend machen, sind ihre Gegenstände und Kreaturen, ja selbst ihre transzendente Begründung doch allesamt im Kopf des Kindes enthalten und aufgehoben. Denn »nur von Gleichem werde Gleiches erkannt«[16], wie Goethe im Rückgriff auf die Weisheit der Ionischen Schule behaupten konnte; und auch Albert Cohen – der, selbst aus Korfu stammend, dieses Vor-Bild nach-bildend seinen Helden Solal auf der kleinen Insel Kephallenia im Ionischen Meer das Licht der Welt erblicken läßt – scheint eine derartige Vorstellung vertraut, nur radikaler noch: nicht in die Zweidimensionalität der Retina, sondern in die Dreidimensionalität eines Innenraumes, seines *cirque du monde*, verwandelt. An die Stelle der Fläche tritt eine Dreidimensionalität, innerhalb deren sich eine Vielfalt an (hermeneutischen) Bewegungen situieren kann, die zum Charakteristikum der Cohenschen Protagonisten werden.[17] Cohens Figuren definieren sich durch ihre Bewegungen im Raum. Das Nachbild Goethes hat bei Cohen gleichsam Gestalt angenommen. Aus dieser Perspektive ließe sich formulieren, daß eine Annäherung des Schriftstellers Albert Cohen an die Stadt nicht stattfindet: Die Stadt war schon immer in ihm, er war schon immer in ihr. Die Welt dieses Schriftstellers ist die Welt im Kopf.

16 Goethe, *Farbenlehre*, a.a.O., S. 56.

17 Die Grundstrukturen dieser hermeneutischen Bewegungen im Gesamtwerk Albert Cohens habe ich ausgehend von einer Analyse von »Jour de mes dix ans« detailliert herauszuarbeiten versucht in »Albert Cohen: ›Jour de mes dix ans‹: Räume und Bewegungen interkultureller Begegnung«, in: Sybille Große und Axel Schönberger (Hg.), *Dulce et decorum est philologiam colere. Festschrift für Dietrich Briesemeister zu seinem 65. Geburtstag.* Bd. 2, Berlin: Domus Editoria Europaea 1999, S. 1295-1322.

Die Stadt als Innenraum – der Innenraum als Stadt

Die angeführte und poetologisch so wichtige Passage aus Cohens Schlüsseltext *Jour de mes dix ans* verweist nicht umsonst auf eine Szenerie des Mittelmeeres. Cohen, der bis zu seiner Einbürgerung in die Schweiz im Oktober 1919, einen Monat vor seiner Vermählung mit seiner ersten Frau, der Genferin Elisabeth Brocher, einen ottomanischen Paß besaß und seinen Namen zuvor noch ohne h schrieb, wurde im jüdischen Ghetto seiner Heimatinsel geboren, das er in seinen autobiographischen Schriften wie in seinen Romanen ein ums andere Mal liebevoll evozierte. Der Abgeschlossenheit des Ghettos, das die Eltern aufgrund einer angespannten Situation und drohender neuerlicher Pogrome im Jahre 1900 ausgerechnet in Richtung Marseille verließen, entspricht in der Romanwelt Albert Cohens eine noch größere Abgeschlossenheit der Innenräume, die sich durch die fast sechs Jahrzehnte seines literarischen Schaffens, aber auch durch manche Facette seiner Existenz wie ein Leben und Werk, *condition juive* und Schreiben verbindender roter Faden zieht. Ein Biograph Cohens verglich nicht von ungefähr die Genfer Wohnung des Schriftstellers mit einer Festung.[18] Bella Cohen, die dritte Ehefrau im Leben des Autors von *Belle du Seigneur*, wies mehrfach darauf hin, daß sie mit ihrem Mann ein sehr zurückgezogenes Leben führte.[19] Selbst kleinere Ausflüge in die Stadt konnten bei Albert zu Fieberanfällen führen, was beide mit seiner körperlichen Schwäche in Verbindung brachten.[20]

18 Gérard Valbert, *Albert Cohen, le seigneur*, Paris: Grasset 1990, S. 12: »Die Riegel an seiner Tür ließen einen glauben, sein Appartement im neunten Stock der Avenue Krieg Nummer 7 in Genf sei eine Festung. Man ging nicht zu ihm, ohne sich anzukündigen, und Pünktlichkeit beim Erscheinen war Pflicht.«

19 Bella Cohen, »Albert Cohen«, in: Albert Cohen, *Belle du Seigneur*. Edition établie par Christel Peyrefitte et Bella Cohen, Paris: Gallimard 1986, S. XLV: »Vierunddreißig Jahre lang habe ich das Leben Albert Cohens geteilt. Während des größten Teils dieser Zeit haben wir auf uns selbst zurückgezogen gelebt, fast am Rande der Gesellschaft, denn wir gingen nur selten aus und trafen uns nur mit engen Freunden.« Vergleiche auch die wiederholten Hinweise auf diese Situation in Bella Cohen, *Autour d'Albert Cohen*, Paris: Gallimard 1990.

20 Bella Cohen, »Albert Cohen«, a.a.O., S. XLVII f.: »Albert Cohen

Noch im letzten Buch des jüdischen Schriftstellers, in seinen *Carnets 1978*, spiegelt sich ebenso auf der Ebene der Erzählzeit die Abgeschlossenheit des in Genf auf sein Leben zurückblikkenden Erzählers wie auf der Ebene der erzählten Zeit die Lebenswelt des in Marseille aufwachsenden Jungen. In der südfranzösischen Hafenstadt, wo der Antisemitismus unter dem Einfluß der Dreyfus-Affäre hohe Wellen schlug und viele jüdische Eltern ihre Kinder aus Angst vor Übergriffen selbst von der Schule abzuholen pflegten oder ganz in katholischen Institutionen unterzubringen suchten, blieb der kleine Junge immer wieder Anfeindungen ausgesetzt. Der Dominanz der Innenräume steht ein stets verlockendes, aber gefahrvolles Außen gegenüber. Der Übergang von der Innen- zur Außenwelt wird in den *Carnets 1978* dabei von der Mutter ermöglicht, deren Lächeln und deren Küsse an der Türschwelle zugleich die Transition erleichtern und kulturell semantisieren:

> Sie kämmt mich noch einmal, bürstet mich, drückt mir einen Franc in die Hand, rät mir, weder Pommes frites noch Krapfen zu kaufen, denn die Ungläubigen kochen, ohne sich zuvor die Hände zu waschen. Und geh' auch nicht auf die Achterbahn, das sind Zerstreuungen für hirnlose Heiden, sagt sie zu mir. Ich sehe sie an, wie sie die Türe vor mir öffnet. Ja, sie ist ein wenig rundlich, das macht nichts, das ist doch hübsch. Die Engel mit dir, schau links und rechts, bevor du über die Straße gehst, sagt sie mir, und sie küßt mich, lächelt mir zu.[21]

In einer Stadt ohne Mutter, nach seinem Umzug nach Genf, bewegt sich der Ich-Erzähler eines erstmals 1922 veröffentlichten Textes Albert Cohens nun in einer Welt der Vergnügungen der

lieferte uns den Schlüssel für dieses Rätsel, als er eines Tages sagte: ›Ich bin körperlich verletzbar. Ich muß beschützt *(préservé)* leben.‹ Er war in der Tat physisch sehr schwach. Selbst als er noch relativ jung war – lange vor seinem sechzigsten Geburtstag –, konnte die Ermüdung wegen eines Abendessens in der Stadt, von dem er gleichwohl vor Mitternacht zurückgekommen war, bei ihm einen starken Fieberschub auslösen.«

21 Albert Cohen, *Carnets 1978*, in: ders., *Œuvres*, a.a.O., S. 1122. Wenige Seiten später betont der Ich-Erzähler: »Jedes Lächeln von ihr ist ein Schutz«; und mit dieser ritualisierten Szenerie des Übergangs verknüpft er dann auch den Akt des Schreibens – wenn auch noch eines Schreibens in die Luft: »Liebe Mama, schreibe ich mit dem Finger auf die Luft, während ich die Stiege hinabsteige« (ebd., S. 1128).

Heiden, der *Gentils* und *païens*, in einer nicht mehr jüdisch geprägten Außenwelt. In seinem prestigeträchtig in der *Nouvelle Revue Française* veröffentlichten Text *Projections ou Après-Minuit à Genève* entwirft der angehende Schriftsteller freilich wiederum eine (Außen-) Welt, die ausschließlich von den Innenräumen geprägt wird. Nicht zufällig akzentuiert schon der erste Satz dieses Textes den Übergang in eine Welt der Innenräume: »Die Strahler vergewaltigen mit kalter Wut den Saal, wo es unermeßlich gegen die Türe, die ich öffne, aufheult.«[22] Die folgenden dreiunddreißig Seiten entfalten in einer vielfach in einzelne Textbruchstücke fragmentierten Textur eine Abfolge von Szenen, in denen die unterschiedlichsten Gestalten grell und schlaglichtartig wie von Projektoren beleuchtet werden, die mitunter zu Wort kommen und schließlich wieder in der Dunkelheit der *vie nocturne* verschwinden. Von Beginn an skizziert der Ich-Erzähler das Bild einer Welt, die einer unaufhaltsamen Dekadenz unterworfen ist. In wenigen Strichen wird schon im zweiten Fragment das Leben einer der Hauptfiguren skizziert:

> Die Tochter meines Gärtners ist Hure geworden, und auf ihrem alten Gesicht von zwanzig Jahren verendet der Adel des ausschweifenden Lebens.
> Pauline, mit Seitenscheitel, diskutiert, zeigt voller Stolz die behenden Rubine ihrer Zunge. Sie schnippt die Asche weg und lacht dem Kokainsüchtigen geradewegs auf die moderige Nase. Sie stößt den Rauch zum Mund hoch, der sich mit mechanischem Charme verzieht.
> Das gelbe Wasser, von dem Pauline nippt, erzählt mir vom stinkenden Ende ihrer Liebschaften.[23]

Die dichte Konzentration der Rauschmittel, die nur bruchstückhaft und grell beleuchtet ins Bild rückenden Körperteile, die Momentaufnahmen bestimmter klischeehafter Bewegungen lassen auf eine Bilderwelt schließen, die aus subjektiver Perspektive rudimentär wahrgenommen wird und in dieser Passage trotz ihrer Farbigkeit an die Projektion eines Stummfilms denken läßt. Bildwechsel und Schnitte, aber auch explizite Verweise auf das Kino verknüpfen diese Innenwelt der Nachtclubs mit einer in dunkle Säle geworfenen Bilderwelt, zu der damals (wie in

22 Albert Cohen, »Projections ou Après-Minuit à Genève«, in: *Nouvelle Revue Française* (Paris) 19 (octobre 1922), S. 414.
23 Ebd.

diesem Text) ebenfalls die Musik eines Orchesters erklang. Eine solche Szenerie, so scheint es auf den ersten Blick, könnte überall, in gleich welcher Metropole des Okzidents, angesiedelt sein.

Die nachmitternächtlichen Projektionen werden aber schon durch den Titel in Genf, wo Cohen seit 1914 wohnte, paratextuell situiert. Wie geschieht dies im Verlauf dieses deutlich von avantgardistischen Schreibverfahren geprägten Cohenschen Experimentaltextes selbst? Gegen Ende der »Projections« kehrt der Ich-Erzähler frühmorgens wieder in sein Luxushotel zurück, dessen Name nicht nur dem Taxifahrer wohlbekannt ist; aus dem Auto selbst werden zudem die Lichter des Savoyener Ufers sichtbar.[24] Diese wenigen Elemente – und insbesondere die Einblendung unverwechselbarer Gebäude wie etwa des *Beau Rivage* – bilden jene für Cohens Schaffen grundlegenden Verfahren, um einen bestimmten Text in einer ganz bestimmten Stadt zu verorten. Die Stadt Genf wird nur durch wenige Identitätsmarkierungen und Bewegungen der Erzählerfigur namhaft gemacht, selbst aber erscheint sie fast ausschließlich aus der Perspektive des Innenraumes. Denn als der Ich-Erzähler den Tanzsaal verläßt, begibt er sich unmittelbar zu einem Taxi, aus dessen geschütztem Innenraum die Markierungen kurz erscheinen. Dann wird erneut die Innenwelt des luxuriösen und an die Capricen seiner Gäste gewöhnten Hotels erreicht, wo ein müder Portier den wiederum akzentuierten Übergang und Durchgang durch eine sich gleich wieder schließende Pforte erleichtert.

Das »Lokalkolorit« wird freilich in die Innenräume hereingeholt. Es ist das Genf der gerade erst angesiedelten *Société des Nations*, die explizit im Text erwähnt wird, das Genf einer multikulturellen Gesellschaft, die ihre interkulturellen, die Völker eigentlich verbindenden Beziehungen vernachlässigt oder ganz außer acht läßt. Die Frauen und Männer des Nachtclubs sind aus der ganzen Welt hierhergekommen, ohne daß zwischen den verschiedenen Kulturen, Rassen und Geschlechtern ein wirklicher Dialog entstünde. Man schaut und pafft sich ins Gesicht und wägt persönliche Vor- und Nachteile von Bekanntschaften ab. Es ist die Skizze einer Stadt und einer Gesellschaft, deren Portrait in epischer Breite dann in dem in den dreißiger Jahren begonnenen und 1968 abgeschlossenen Roman *Die Schöne des*

24 Ebd., S. 441.

Herrn ausgerollt wird. Man sieht sich, geht auch die eine oder andere flüchtige und meist körperliche Beziehung ein, kümmert sich aber nicht weiter um den Anderen als solchen. Genf ist zu einer Stadt mit internationalem Flair geworden, mehr aber auch nicht: Die Spielregeln bleiben ganz selbstverständlich – wie schon die Fragmente des frühen, von den zeitgenössischen avantgardistischen Schreibstrategien stark beeinflußten Prosatextes zeigen – die einer (oder jeder) okzidentalen Stadt.

In den *Projections* entfaltet sich eine Abfolge inkohärenter Bewegungen im Raume, deren Beweg-Gründe sich dem Betrachter nicht offenbaren. So erstaunt nicht, daß der mit dem Ich-Erzähler befreundete Jazzmusiker Prospero früher mit Umzügen sein Geld verdiente, also just mit jenen Bewegungen, bei denen bewegliche Güter von einem Innenraum zu einem anderen transportiert werden. Diese Innenräume und Bewegungen geben freilich Blicke auf die Geschichte frei, erzählt uns Prospero doch von seinen Umzügen mit russischen Studenten, wobei auch der Name Trotzki – der nicht nur für die französischen Surrealisten einen guten Klang besaß – fällt. Die Schweizer Vorgeschichte der russischen Oktoberrevolution – mit der sich historisch präziser der Name Lenins verbindet – wird damit ebenso in den Innenraum eingeblendet wie manch anderer Verweis auf zeitgenössische Vorgänge, die den Dekor einer Epoche bilden, von der man erst später wissen konnte, daß es sich um eine Zwischenkriegszeit handelte.

Auf diese Weise erscheint in den nachmitternächtlichen Genfer Projektionen eine Stadt, die in der Dunkelkammer des Innenraums nur bruchstückhaft beleuchtet wird, von Leserin und Leser also jene Ergänzungen verlangt, die daraus das Bild der Stadt Genf in der Völkerbundszeit entstehen lassen. Dies erlaubt Rückschlüsse auf den impliziten Leser, läßt aber auch erahnen, daß an die Stelle Genfs im Grunde jedwede andere europäische Stadt treten könnte. Genf scheint keinerlei spezifische Fähigkeit für diese historische Rolle zu besitzen. Argentinier und US-Amerikaner, Russen und Japaner, britische Lords und Genfer Bedienstete entfalten das Portrait einer Stadt, ohne daß sich ihr Schriftsteller oder Leser systematisch annähern müßten: Die Stadt ist ganz einfach da und wird von ihrem Namen und den Bezeichnungen unverwechselbarer Identitätsmarkierungen aufgerufen. Diese wären leicht auszutauschen, und in der Tat hat Cohen in seinem Romanzyklus bisweilen durch leichte Modifikationen die Spielorte bestimmter Szenen verändert. Die konkrete Stadt ist für Cohen im Grunde nur von sekundärer Bedeutung. Ihr Bild wird als bekannt vorausgesetzt.

Die Projektionen rufen im Leser bereits vorhandene und im Gehirn gespeicherte (literarische oder ursprünglich durch äußere Impulse erzeugte) Bilder auf, die als Nachbilder die textuellen Lücken des Cohenschen Stadtbildes ausfüllen. Die dadurch ausgelöste Bewegung ist eine doppelte: Einerseits erscheint die Stadt als ein Innenraum, in diesem Falle als ein immenser abgedunkelter und von Scheinwerferlicht künstlich und teilweise erhellter Tanzsaal, in dem sich die Herren aller Länder die Zeit mit ihren oder anderen Damen vertreiben; andererseits wird der Innenraum zu einer Stadt, insoweit sich in ihm jene Menschen konzentrieren, die dieser Stadt ihr Gepräge geben. Auch hier ist der Innenraum im Cohenschen Sinne *cirque du monde*, ihm kommt überdies Zirkus- wie Zoocharakter zu. So wird der Projektionsraum der Bildsequenzen, die durch ständige Überblendungen und Überlagerungen von Einzelbildern entstehen, metonymisch zur Stadt, die Stadt aber wird ihrerseits metaphorisch zu einem Innenraum, auf dessen (Tanz-)Fläche die Pärchen wie die Einsamen ihre Bewegungen ausführen.

Das Gefühl der Einsamkeit dominiert ähnlich wie in Cohens autobiographischen Erzählungen auch diese doch so viel belebteren Innenräume. So gibt eine Figur, »*L'Isolé*«, zu Protokoll:

> Ich schaffe mir eine kleine Welt, die ganz mir gehört und wo es meinen Verfolgern schlecht ergeht! Das ist Philosophie. Metaphysik, um genauer zu sein. Oder vielmehr eine Art Religion. All dies ist reichlich kompliziert; und ich kann Ihnen doch nicht in wenigen Minuten mein ganzes System erklären.[25]

Ähnlich sind Albert Cohens Stadtansichten nicht eine Physik, sondern eine Metaphysik, nicht Bilder, sondern vielmehr Nachbilder der Stadt. Dies bedeutet gleichwohl nicht, daß es sich dabei um statische Gebilde handelte. Wenden wir uns also der Dynamik dieses Bild-Raumes zu.

25 Ebd., S. 425.

Der Kampf der Bilder

Im zweiten Kapitel von Albert Cohens 1938 wie stets bei Gallimard erschienenem Roman *Mangeclous* entfaltet sich vor den Augen des Lesers das bunte Treiben im jüdischen Ghetto von Kephallenia, wo sich die fünf Freunde, die *Valeureux de France*, treffen. Sind es hier die Händler und Kaufleute, welche das Straßenbild beherrschen, so sind es dort die Talmudschüler, die vor ihrer Türe beten, oder zwei Rabbiner, die sich über eine Textstelle beugen und sie ausführlich diskutieren. Mangeclous, die wohl skurrilste Gestalt aus der Feder Cohens, versucht, die Männer des Glaubens zu stören und zu provozieren, indem er ihnen laut zuruft, daß es gar keinen Gott gebe. Seine Gegner halten sich daraufhin die Ohren zu. Mangeclous, der – wie uns der Erzähler anvertraut – eigentlich »oft an Gott glaubt«, aber gerne sieht, wenn man ihn für einen »modernen Geist« hält, greift nun zu einem anderen Mittel:

»Eine schöne nackte Frau!«, rief er plötzlich aus purer Bosheit dem Frömmeren der beiden Erforscher des Heiligen Gesetzes zu, einem bleichen jungen Mann mit Augenringen, der sich sogleich vorstellte, wie abstoßend diese schamlose Dame sein würde, wenn man ihr bei lebendigem Leibe die Haut abzöge.[26]

Eisenbeißers heimtückischer Angriff zielt auf eine verwundbare Stelle seines augenblicklichen Gegners. Seine Worte konnten ins Innere der gläubigen Juden nicht mehr vordringen, da sich diese die Ohren zuhielten; auch die Augen hätten sie schließen und so eine Erregung ihrer Netzhaut verhindern können, welche ihre religiöse Andacht gestört hätte. Daher verfällt der Listenreiche auf den Trick, mit Hilfe weniger Worte eine Wirkung *im Innern* seines bevorzugten Gegners dadurch zu erzielen, daß er diesen zwingt, ein seiner Andacht entgegenstehendes Bild in sich selbst unwillentlich zu projizieren. Durch einen äußeren Impuls, die Worte Mangeclous', wird ein Mechanismus in Gang gesetzt, der gleichsam zwangsläufig und unabhängig vom Willen des Betroffenen das Bild einer nackten Frau vor dem »inneren Auge« entstehen läßt.

Schon die antike Rhetorik kannte die Wirkkraft der Hypotypose, die uns Albert Cohen hier vor Augen führt. Die Projektion

26 Cohen, *Mangeclous*, in: ders., *Œuvres*, a.a.O., S. 377.

eines durch die Rede im Anderen erzeugten Bildes realisiert sich im Innenraum des Hörers selbst und läßt sich offenkundig von diesem nicht einfach unterbinden. Doch reagiert der bleiche junge Mann, dem derlei Anfechtungen von seiten Ungläubiger offenkundig nicht zum ersten Male widerfahren, mit einer recht aufschlußreichen Strategie, indem er das Bild der *dame impudique*, das sich unwillentlich in ihm gebildet hat, willentlich mit Hilfe seiner Einbildungskraft so verändert, daß es in seiner erotisierenden Wirkung unschädlich gemacht werden kann. Das zur Anwendung gebrachte Verfahren beruht einmal mehr auf einem Spiel von Identität und Differenz, bleibt die Dame doch dieselbe, wenn auch der Zustand ihrer Nacktheit nun radikalisiert wird, indem Mann ihr mit Hilfe einer Serie von Nachbildern bei lebendigem Leibe dessen letzte Hülle nimmt.

Man könnte sicherlich mit einigem Recht fragen, ob die Umwandlung der Projektion eines erotischen Frauenkörpers in eine kaum zu überbietende sadistische Szenerie der Andacht dieses gläubigen Juden nützen mag. Fraglos aber zeigt dieses Verfahren zum einen die Macht, welche die in uns projizierten Bilder über uns selbst gewinnen, und mehr noch, daß letztlich ein Kampf um die Bilder darüber entscheidet, was die Vorstellungswelt und die »Innenräume« des Menschen beherrscht. Kein Zweifel kann daran bestehen, daß sich hier eine politische Dimension anschließt, deren sich der Verfasser des Romans sehr wohl bewußt war. Denn die Mechanismen des Antisemitismus beruhen – wie die aktuellen Auseinandersetzungen um die Züge fahnenschwingender Neo-Barbaren durch das Brandenburger Tor zu Berlin deutlich zeigen – nicht zuletzt auf einem Kampf um die Bilderwelten vom Anderen im Kopf.

Zugleich zeigt sich in dieser auf den ersten Blick so harmlosen und eher beiläufigen Szene aus Albert Cohens *Eisenbeißer*, daß der von außen kommende Impuls keineswegs direkt auf die Retina einwirken muß, um einen Kampf der Bilder auszulösen, ist es doch auch auf vermittelterem Wege möglich, Nachbilder in uns hervorzurufen und gleichsam im Sinne Goethes auf unserer Netzhaut oder – wie wir auch sagen könnten – innerhalb des komplexen Datenübertragungssystems unserer Sehrinde kinematographisch ablaufen zu lassen. Das Verfahren eines Wideraufrufens von Nachbildern wird nicht mechanisch durch ein Schließen und erneutes Öffnen der Augen bewerkstelligt, sondern erfolgt hypotypotisch, durch die gezielten Worte des Anderen. Dabei ist die genaue Ausgestaltung des im Rezipienten erzeugten Bildes – etwa ob es sich (abhängig unter anderem von unseren Erfahrungen und unserem Begehren) um eine nackte Frau mit blonden oder schwarzen Haaren, von weißer oder schwarzer Hautfarbe handelt – nicht von vorrangiger Bedeutung, wie die Leserin oder der Leser dieser Zeilen selbst bemerkt haben dürfte. Für die gewünschte erregende, also bewegende Wirkung ist es nachgerade ausschlaggebend, daß die detaillierte Ausgestaltung des unwillentlich erzeugten Bildes auf im Hörer selbst gespeicherte zugleich »phantasierte« und »wahre« Nachbilder zurückgreift. Authentizität und Überzeugungskraft beruhen gerade auf der scheinbar je individuell ausgestalteten Detailtreue; von ihr und einer großen Zahl auch überflüssiger Einzelheiten hängt der *effet de réel,* der Realitätseffekt im Barthesschen Sinne, ab, mit dessen Hilfe uns die selbstprojizierten Bilder gefangennehmen oder nicht.

Die Bilder der Welt in unserem Kopf sind es, die unser Weltbild erzeugen. Hypotypose ist ein rhetorisches Verfahren, zugleich aber ein Kampfmittel, um von außen die Sequenzen dieser Bilder im Innern des Anderen neu zu ordnen und in Bewegung zu setzen.

Albert Cohens Schriften arbeiten mit einer Vielzahl gespeicherter Bilder und Gegenbilder, die sehr gezielt eingesetzt werden. Ja mehr noch, es ließe sich sagen, daß die ganze Ökonomie seines Schreibens auf der Erzeugung diametral einander entgegengesetzter Pole beziehungsweise Bilder beruht. Die Bipolarität dieser von Beginn an eingeführten Gegensätze – etwa Innenraum und Außenraum, Judentum und Christentum, Mann und Frau, Leben und Tod – wird dann im weiteren Verlauf seiner Texte stets abgearbeitet, ohne daß die grundlegende Zweipolarität gänzlich ausgelöscht würde. Gerade die *Grenzüberschreitung* antinomischer Strukturen setzt deren Gegensätzlichkeit auf neue und dynamische Weise in Kraft, so etwa mit der komplexen Weiblichkeit (vielleicht auch des Weiblichkeitskomplexes) des männlichen Solal, dem Weiterleben des Protagonisten nach seinem Tode, der jüdischen Essenz des Christentums, der Präsenz des Außenraumes im Inneren usw. Die von Beginn an eingeführte Bipolarität wird nur teilweise in eine Ambivalenz überführt, in eine Indifferenz löst sie sich nirgendwo auf.[27] Hieran – und nicht

27 Zur Definition der Begriffe Ambiguität, Ambivalenz und Indifferenz

nur an der oft zu beobachtenden moralisierenden Grundtendenz der Cohenschen Erzählerfiguren – mag es aller bisweilen bis ins Extreme gesteigerten Selbstreflexivität der Texte zum Trotz liegen, daß sich Albert Cohens Werk deutlich innerhalb einer Ästhetik der Moderne ansiedelt, die sich noch nicht in Richtung auf postmoderne Schreibstrategien radikalisiert hat. Wie aber äußert sich das Erarbeiten und Abarbeiten von Gegensätzen im Cohenschen Schreiben mit Blick auf die von seinen Texten entworfenen Bilder und Nachbilder der Stadt?

Bilder und Gegenbilder der Stadt

An einem wunderschönen Aprilmorgen des Jahres 1936 – Blütendüfte überströmen die griechische Insel Kephallenia – führt der kleinwüchsige Salomon Solal, die vielleicht am liebevollsten gestaltete Figur in Cohens Romanwelt, Trockenschwimmübungen auf seinem Balkon aus. Wie immer redet er gerne mit sich selbst:

> »Der April von Kephallenia«, sprach der einsame Schwimmer, »ist schöner und süßer als der Juli von Berlin! Zweifellos. Aber warum zum Teufel legen sie denn alle ihre Hauptstädte an Orten der Kälte und Traurigkeit an, und warum setzen sie sie alle an schwarze Flüsse? Mir scheint, sie haben unrecht. Nun gut, sie wissen es wohl besser als ich.«[28]

Jene Hauptstädte, denen in Cohens Romanschaffen – aber mit der Ausnahme Berlins auch in seinem Leben – eine wichtige Rolle zukam, liegen in der Tat zumindest im Vergleich zur griechischen Inselwelt in den düsteren Regionen der *froidure* und an Flüssen, die man vielleicht nicht als schwarz bezeichnen müßte, die aber auch keineswegs mehr ein lichtvolles Blau auszeichnet. Wer wollte den klimatischen Gegensatz zwischen Paris, Berlin, London und Genf einerseits und dem Ionischen Meer andererseits bestreiten?

Doch der Nord-Süd-Kontrast, der sich in Salomons Worten geradezu schwarz-weiß abzeichnet, auf einem das gesamte Œuvre strukturierenden Gegensatz zwischen Licht und Dun-

vgl. Peter V. Zima, *Moderne / Postmoderne. Gesellschaft, Literatur, Philosophie*, Tübingen/Basel: Francke/UTB 1997, Kapitel IV.

28 Cohen, *Mangeclous*, a.a.O., S. 366.

kelheit gründet und ebenso unversöhnlich scheint wie jener zwischen der ersten Person Singular und der dritten Person Plural, wird im weiteren Verlauf des Textes immer wieder neu etabliert *und* unterminiert. Solal, die zentrale Figur der Romantetralogie, ist zu einem Mann des Nordens geworden, der sich dem mediterranen Süden noch immer verpflichtet fühlt, während die *Valeureux* überzeugte Bewohner des jüdischen Ghettos ihrer Insel sind, ohne es doch an Wertschätzung für die großen Städte des Nordens fehlen zu lassen und ohne für die von Frankreich, der Schweiz und Großbritannien verkörperten ideellen Werte blind zu sein. Deutschland bildet hierzu das Gegenbild. Dem Abschied Solals von seinem Vater Gamaliel, der die Welt seiner *ruelle d'Or*, seines Goldgäßchens im Ghetto im Schutz der Zitadelle, nicht verlassen will, und mehr noch von seinem Onkel Saltiel, der wie kein anderer zwischen den verschiedenen kulturellen Welten des Romans vermittelt, ohne dabei sein Judentum preiszugeben, steht die von Cohen immer wieder liebevoll inszenierte Ankunft der *Valeureux* in den Hauptstädten der »Kälte und Traurigkeit« gegenüber. Das Eintreffen dieser Bande in Paris eröffnet das achtzehnte Kapitel des 1930 erschienenen Romanerstlings *Solal*:

> Und zuallererst, gleich als er aus dem Waggonabteil ausstieg, hielt Onkel Saltiel es für seine Pflicht, die *Ville lumière* mit weit ausladender Geste seiner Mütze zu grüßen. [...] Mangeclous hielt bisweilen an, knöpfte sich die Gaffer vor, die sich lustig machten. [...] Dann zogen die *Valeureux* in Paris umher mit dem einzigen Ziel, die Statuen der Wohltäter der Menschheit zu grüßen.
> Um sieben Uhr abends standen diese Ahnungslosen vor dem Außenministerium und entblößten ihre Häupter vor der Trikolore [...].[29]

Das in dieser Passage nicht entworfene, aber aufgerufene Bild der *Ville lumière*, der *ciudad-luz* und der Wiege der Menschenrechte ist ein Paris-Bild, dem die fünf Juden nicht nur durch den symbolischen Gruß der französischen Flagge, sondern zuvor noch durch den Besuch der Statuen großer Wohltäter der Menschheit konkrete Gestalt zu geben suchen. Noch ist für sie das Dunkle in der Stadt des Lichtes unsichtbar.

Dasselbe nicht wenig pathetische Verfahren wenden Saltiel und Salomon auch bei ihrem Spaziergang durch die Stadt Genf

29 Cohen, *Solal*, in: ders., *Œuvres*, a.a.O., S. 226.

an, besuchen sie doch auch in der Stadt des Völkerbundes nicht nur die Universität (an der Cohen einstmals studiert hatte), sondern vor allem jene Statuen der Reformatoren[30], die ebenso wie in Paris nicht für eine nationale, sondern die ganze Menschheit umspannende Dimension stehen. Damit werden stereotyp vorgeprägte Bilder nachträglich durch eigene »Erfahrungen« und Bildeindrücke befestigt, auch wenn sich – wie in der oben zitierten Passage – die Bewohner dieser Städte über die seltsam gekleideten Neuankömmlinge aus dem Orient lustig machen und bald schon ihre antisemitischen Bilderwelten mit den *Valeureux de France* in eins setzen.

Im bewußten Rückgriff auf den »Kampf der Bilder« darf man den eigentlichen Grund dafür erkennen, daß Cohen bei der Aufführung seines Theaterstückes *Ezéchiel* 1933, also noch im Jahre der Machtergreifung der Nationalsozialisten in Deutschland, an der Projektion antisemitischer Bilderwelten und Stereotypen auf der Bühne festhielt, was von (insbesondere jüdischen) Teilen des Pariser Publikums wie auch der damaligen Kritik schlicht als skandalös empfunden wurde. Cohen mochte nicht einsehen, daß der Zeitpunkt für derartige Projektionen schlecht gewählt war: Für ihn zählte der Kampf der Bilder, den er im Falle dieser Inszenierung freilich verlor. Albert Cohen blieb daraufhin der Bühne ein für allemal fern und suchte fortan seine Bilderwelten in Prosatexten zu entwerfen. Unabhängig von der jeweils gewählten Gattung ging er in den dreißiger Jahren wie auch später dem bei einer mitteleuropäischen Leserschaft durch das Wort »Jude« hypotypotisch erzeugten Klischee nach und versuchte, ausgehend von der Projektion dieses in der antisemitischen Atmosphäre Europas mechanisch leicht evozierbaren Nachbildes Veränderungen in der Bilderwelt seiner Leser oder Zuschauer zu erreichen. Dabei war es letztlich gleichgültig, ob seine Bilder wie im Theater vorwiegend durch äußere oder wie im literarischen Text innere Impulse auf der

30 Cohen, *Belle du Seigneur*, a.a.O., S. 132: »Danach haben wir die Mauer der Reformation, die großartig ist, besucht. Wir haben vor den vier großen Reformatoren die Häupter entblößt und eine Schweigeminute eingehalten, weil der Protestantismus eine edle Religion ist, und im übrigen sind die Protestanten sehr ehrenhaft, sehr korrekt, das ist bekannt.« Auch dieser Szene wird kontrastiv das wenig tolerante und korrekte Verhalten der Genfer Bevölkerung gegenüber den *Valeureux* entgegengestellt.

Netzhaut und/oder im Sehzentrum erzeugt wurden, wenn auch für uns seine Entscheidung zugunsten der »inneren« Bilderwelt nicht einer inneren Folgerichtigkeit entbehrt.

Auch in diesem Falle greift das Spiel von Identität und Differenz, auch hier wäre im Kampf der Bilder ein bloßes Gegenbild nicht wirkungsvoll genug gewesen. So werden zunächst auch die positiven Städtebilder aufgerufen, um diese Nachbilder in einem zweiten Schritt einer willentlichen Veränderung zu unterziehen. Dies erfolgt – um bei den beiden Städten Paris und Genf zu bleiben – mit Hilfe jener sorgfältig gestalteten alptraumartigen Szenen, in denen die Hauptfigur Solal als Inkarnation des *juif errant* die Straßen der großen mitteleuropäischen Städte ganz auf die Weise durchstreift, in der der kleine Junge an seinem zehnten Geburtstag, an seinem *Jour de mes dix ans*, durch die Straßen Marseilles geirrt war. Solal, den man längst aufgrund seines Einsatzes für die deutschen Juden aus seiner führenden Stellung im *Völkerbund* wieder verjagt und dem man die französische Staatsbürgerschaft aberkannt hatte, irrt – vorübergehend von der Qual einer zur »chemisch reinen Liebe« *(amour chimiquement pur)* verkommenen Liebesbeziehung mit Ariane befreit – durch ein Paris, dessen Mauern ihn mit ihrer stereotypen Aufschrift *Mort aux Juifs!* zu einem »chemisch reinen Juden« machen. Die Straßen und Plätze von Paris werden als Weg- und Identitätsmarkierungen genannt, könnten es dem Leser auch erlauben, Solals Irrwege durch Paris anhand eines Stadtplans nachzuvollziehen. Sie weisen zugleich auf die Bewegungsmuster und Verstehensprozesse einer individuellen und kollektiven Figur, die dem Lesepublikum topographisch vor Augen geführt und in immer neuen Stadtlandschaften angesiedelt wird.

Und doch: Die Aufschrift »Tod den Juden!«, die ihn von neuem in das »kleine Ghetto, unser kleines Ghetto«[31] seines Hotelzimmers zurücktreibt, verbindet alle Städte der Christenheit, alle Großstädte des Okzidents miteinander und tilgt deren Differenzen gerade trotz der Vervielfachung der Namen bekannter Pariser Straßen und Plätze: »Wie viele Todeswünsche für die Juden in diesen Städten der Nächstenliebe.«[32]

Jenseits der Differenzen zwischen den einzelnen Städten kommt eine Identität zum Vorschein, welche die heterogene Proliferation jener Bilder, die von berühmten Straßennamen

31 Ebd., S. 849.
32 Ebd., S. 852.

aufgerufen werden, in der Identität des in ihnen zum Ausdruck kommenden homogenen Todeswunsches durchschlägt: »*Mort aux Juifs!* Überall, in allen Ländern, dieselben Worte.«[33] Daher überrascht es nicht, daß Cohen seinen Helden Solal in einem unmittelbar anschließenden Kapitel seines Romans *Belle du seigneur* nicht mehr durch die Straßen von Paris, sondern nun von Genf irren läßt – auf einer nicht minder vergeblichen Suche nach einem Platz in der Gesellschaft der Nationen, in der *Société des Nations*. In einem langen, fast ohne Interpunktion durchgehaltenen Brief an seine Geliebte reflektiert Solal in einem sehr bewußten *stream of consciousness* seine Lebenssituation und die ihm verbleibenden Alternativen:

> draußen bin ich auf den Straßen gelaufen und zog mein Unglück hinter mir her und sehnte mich nach Onkel Saltiel oh ihn wiedersehen mit ihm leben nein unmöglich er wäre so unglücklich mich so gefallen zu sehen ich kann ihn nicht so leiden lassen vor dem See halt machend zerreiße ich die beiden Briefe meine beiden schönen Erfindungen meine großen Hoffnungen und werfe sie in den See und seh' wie sie die Strömung mitnimmt die Straßen die Straßen die Straßen und denke dich von mir zu befreien dir meine ganzen Dollars zu überlassen sie auf einer Bank für dich zu deponieren und ich mit ihnen im Keller leben, ich war müde ich hatte nichts gegessen über meine Schreibmaschine gebeugt [...][34]

Dem Umherirren in Genf, das ebenso wie die *errance* in Paris im vorhergehenden Kapitel die gesamte Textstruktur dieses langen Briefes prägt, kann Solal nur drei Alternativen entgegenstellen: Zum einen die Rückkehr auf die Heimatinsel zu seinem Onkel Saltiel, eine Rückkehr in das heimatliche Ghetto, was als gangbare Alternative freilich sofort wieder verworfen wird; zum anderen die Möglichkeit des Selbstmords, also die physische Vernichtung des Juden bei Hinterlassung all seiner Besitztümer, die letztlich der von den Nazis angestrebten sogenannten »Endlösung« der Judenfrage nahekommt; und schließlich »*la cave*«, ein Leben im Untergrund, das sich auf mehrere über das Cohensche Gesamtwerk verstreute Stellen beziehen läßt.

Damit sind drei Ausweichbewegungen skizziert, die den *juif errant* von seinem Umherirren, seiner *errance* durch die Städte des Okzidents befreien könnten. Eine deterritorialisierte Exi-

33 Ebd., S. 861.
34 Ebd., S. 875.

stenz sucht verzweifelt nach Möglichkeiten einer Reterritorialisierung, in dieser oder in einer anderen Welt. Doch keine der hier skizzierten Möglichkeiten bietet dem Helden des Romanzyklus einen Ausweg, so daß sein Ende auch mit dem gewiß ambivalenten Ende des Zyklus selbst in *Belle du Seigneur* zusammenfallen muß. Daß eine vierte Möglichkeit, die des Zionismus und der Gründung des Staates Israel, im Roman als Chance der Juden, in die *Société des Nations* zurückzukehren, zumindest kurz skizziert wird, kann hier nur erwähnt werden, verbindet sich diese Thematik doch mit der Fragestellung einer Reterritorialisierung, die ich an anderer Stelle bereits zu beleuchten versucht habe.[35]

Hier bleibt festzuhalten, daß von diesem kritischen Punkt einer drohenden physischen Vernichtung der Juden aus die Bilder der Städte Europas nahezu in eins fallen. Ihre identifikatorischen Markierungen haften nur mehr an der Oberfläche, unterhalb ihrer Flächenhaftigkeit aber endet das Spiel der Differenzen. Die Grenzen zwischen den unterschiedlichen Städten sind in Bewegung geraten und verschwimmen. Im Kampf der Bilder tritt der *Ville lumière* und den Statuen der Wohltäter der Menschheit eine Stadt im Untergrund entgegen, in der die Gestalten eines von der Oberfläche getilgten Volkes epische Größe erreichen. Innerhalb und mehr noch unterhalb der Stadt des Lichtes, die Albert Cohen fluchtartig vor den auf Paris vorrükkenden Nazis verlassen mußte, tut sich eine andere Stadt auf, deren Bilder und Nachbilder uns abschließend beschäftigen.

Die Stadt im Untergrund

Die in Genf oder Paris wie aus einer anderen Welt eintreffenden *Valeureux* wußten stets, wohin sie sich wenden mußten, um das geistige Zentrum, die Essenz der von ihnen besuchten Städte zu finden. Für den aus der Gesellschaft Europas verbannten Solal hingegen gibt es kein Zentrum mehr: Er irrt in Städten umher, die zwar keine bewußt dezentrierten Stadtstrukturen darstellen, wohl aber ihr ursprüngliches Zentrum verloren haben. Dem entleerten Stadtkern kann nur der mehr oder minder geschützte

35 Vgl. den Schlußteil meines Aufsatzes »Albert Cohen: ›Jour de mes dix ans‹«, a.a.O.

Innenraum des Ghettos entgegengestellt werden, gleichgültig ob es sich dabei um ein Hotelzimmer oder ein mit der Geliebten geteiltes und von der Außenwelt abgeschirmtes Haus handelt. Innenräume sind als Gegen-Räume konstruiert.

Doch es gibt noch eine weitere Form des Ghettos, die in Zusammenhang mit den Bildern der Stadt nach unserer Aufmerksamkeit verlangt. Im ersten Roman des Zyklus, *Solal*, hat der in hohe Ämter aufgestiegene Außenseiter einen mittelalterlichen Palast aufgekauft, den er zusammen mit seiner Geliebten Aude bewohnt. Nur durch einen Zufall gelingt es dieser, das Geheimnis des Kaufs der *Commanderie* zu ergründen, deren Name eine der zahlreichen Anspielungen auf Prousts *Auf der Suche nach der verlorenen Zeit* darstellt.[36] Hier hat in der Tat ein Jude einen Ort abendländisch-christlicher Tradition aufgekauft und in eine Welt des Judentums verwandelt. Aude hat bemerkt, daß ihr Geliebter über eine Geheimtüre in einen riesigen, katakombenartigen Kellerraum hinabsteigt, aus dem sie schon früher Stimmen vernommen zu haben glaubte. Solal, der wegen seiner Liebe zu Aude und aufgrund seiner – wie man paradox formulieren könnte – Orientierung am Okzident mit seinem Vater Gamaliel und dem Judentum vorübergehend gebrochen hatte, berichtet seiner Schönen von der Versöhnung mit seinem Vater und von deren Konsequenzen:

»Ich habe mich meinem Herrn Vater zu Füßen geworfen, und dieser barmherzige Mensch hat mir verziehen. Er hat mir den Befehl gegeben, eine geheime Wohnstätte in meiner europäischen Wohnstätte anzulegen. Ich habe gehorcht. – Er ist weise und versteht, daß ich mein abendländisches Leben fortzuführen habe. – Ich habe die Solals kommen lassen, die aus Kephellenia und die von anderswo her. Eine biblische Stadt wimmelt unter dem Wohnsitz Seiner Exzellenz. Am Tag im Ministerium, in der Kammer, bei den Parteiversammlungen. Und in der Nacht gehe ich in mein Land. Und am Tag wie in der Nacht bin ich traurig, so traurig.«[37]

36 Die Anspielungen auf Proust sind im gesamten Romanzyklus sehr zahlreich und setzen schon mit dem ersten Satz von *Solal* ein: »L'oncle Saltiel s'était réveillé de bonne heure.« *Un incipit peut en cacher un autre*: Ein Anti-Proust läßt sich erahnen, setzt doch der eine Romananfang mit dem frühen Zubettgehen, der andere mit dem frühen Aufstehen ein.

37 Cohen, *Solal*, a.a.O., S. 290 f.

Der okzidentalen Welt an der Oberfläche tritt eine nicht-okzidentale Welt, eine für Nichteingeweihte unsichtbare »biblische Stadt« im Untergrund, an die Seite. Der Protagonist ist zwischen den Räumen von Tag und Nacht, »okzidentaler« und »jüdischer« Welt ebenso gespalten, wie die Stadt nun in zwei Teile, eine »christliche« Oberfläche und eine »jüdische« Unterwelt, zerfällt.

Damit erfolgt in diesem Kapitel von *Solal* erstmals eine räumliche Zusammenführung jener beiden Pole, welche das Bild der Stadt im Romanwerk Albert Cohens prägen. Das jüdische Ghetto der Mittelmeerinsel Kephallenia wird in einen Innenraum der okzidentalen Stadt projiziert, wobei zwischen beiden Städten eine Spannung besteht, die als nicht auflösbar (und für Aude als nicht tragbar) dargestellt wird. Die traurige Geliebte stellt Solal vor die Alternative, sich für die eine oder die andere der beiden Welten, die eine oder die andere der beiden Städte zu entscheiden. Als er dies verweigert, verläßt sie ihn und weist ihn zugleich aus der *Ville lumière* aus: Solal verliert innerhalb kürzester Zeit alle seine Ämter. Die bereits in *Solal* nicht auflösbare Spannung verschärft sich unter den historischen Bedingungen der Zeit nach Hitlers Machtübernahme so sehr, daß nun die eine Stadt die Stadt der anderen mit Stumpf und Stiel auszurotten versucht.

Hatte schon Salomon gleich zu Beginn von *Mangeclous* noch aus sicherer Entfernung die an den deutschen Juden verübten Pogrome angsterfüllt erwähnt, so gerät in *Belle du Seigneur* Solals Besuch in Berlin Mitte der dreißiger Jahre zu einer Reise ans Ende der Nacht, durch eine im Grauen versinkende Stadt. Erneut steht die Reise für einen Bewußtwerdungsprozeß, auch wenn dieser alptraumartige Züge annimmt. Durch einen Zufall nur kann sich Solal vor den grölenden Barbaren, den Nazihorden, in einen Keller retten, in welchem die Zwergin Rachel zur zentralen Figur einer radikal in ihrer Existenz bedrohten jüdischen Welt geworden ist. Auch hier ist eine *ville biblique* entstanden, die als bisweilen groteske, absurde Gegenwelt zu einer Außenwelt aufgebaut ist, die in ihrer tödlichen Logik im Roman zur Sachwalterin des Okzidents wurde. Aus der dunklen Welt der Kellerräume ist die Außenwelt nur mehr akustisch wahrzunehmen. Doch auch auf dieser Ebene bildet sich ein scharfer Gegensatz:

> Plötzlich erhob sich draußen erneut ein großer Lärm, und gleichzeitig mit dem Hämmern der Stiefel ertönte der deutsche Gesang, der Gesang der Bosheit, der Gesang der deutschen Lust, der Lust am Blute Israels, wie es unter den deutschen Messern aufspritzt. *Wenn Judenblut unter'm Messer spritzt,* sangen die jungen Hoffnungen der deutschen Nation, während sich aus dem benachbarten Keller ein anderer Gesang erhob, der Gesang zum Lobe des Ewigen, der schwere Gesang von Liebe, der vom Grund der Jahrhunderte empordrang, der Gesang meines Königs David.[38]

Im Gesang gipfelt die Dissonanz dieser beiden Welten, wobei – wie oft bei der Darstellung religiöser Überzeugungen bei Cohen[39] – der Klang an die Stelle des Bildes, das Ohr an die Stelle des Auges gerückt ist. An die Stelle der Bilder sind Klangbilder getreten, die das undarstellbar Gewordene noch ein letztes Mal im fremdsprachig artikulierten Bild des spritzenden Blutes dem Leser vor Augen führen. Cohens Bilder der Stadt verdunkeln sich im Romanzyklus zunehmend; und Nachbilder sind sie auch in dem Sinne, daß sie Bilder der Stadt nach der Erfahrung eines virulent werdenden Antisemitismus und der Shoa sind. Die Nachbilder werden zu Nachtbildern als Bildern jener Nacht, die über das an der Oberfläche so zivilisierte Abendland hereinbrach. Somit entsteht ein dreistufiger Prozeß, der von einer retinalen Wahrnehmung der Stadt über das sich anhand bestimmter Markierungen vollziehende Aufrufen klischeehafter und sich überlagernder Nachbilder einzelner Städte zu einer Situation führt, in der sich das Spiel von Differenzen zunehmend abschwächt und homogene Raumstrukturen herstellt, innerhalb deren sich die Schritte des *juif errant* verlieren. Der Projektion der Stadt in den Innenraum folgt eine Entfaltung der Stadt im Innenraum, welcher sich unter der Last der historischen Ereignisse zunehmend abdunkelt.

Es fällt nicht schwer, diesen letzten, abgedunkelten und vom endgültigen Tode bedrohten Innenraum mit jenen Bildern (auf den ersten Blick) romantischer Provenienz zu verbinden, die Cohen in seinen *Carnets 1978* ein letztes Mal evoziert. Auch dort geht die ziellose Bewegung des Ichs in den Straßen von Marseille in eine fast vollständige Stillstellung unter der Erde über

38 Cohen, *Belle du Seigneur*, a.a.O., S. 514 (kursiviertes Zitat im Original deutsch).

39 Besonders deutlich zeigt sich dies in seinem letzten Buch, den *Carnets 1978*.

und erfaßt so im Zeitraffer (und bei konzentrierter Verwendung derselben Elemente) den Übergang – auch dies eine Grenzüberschreitung – von der Stadt der Lebenden zur Stadt der Toten:

Wieder zurück an der Canebière senke ich beim Gehen die Augen, und ich beiße mir auf die Lippe, um nicht zu weinen. »Des Lebens müde«, schreibe ich mit meinem Finger auf die Luft. Dann schreibe ich das Wort »Katalepsie«. Es ist ein Wort, das ich in einem Buch gelesen habe, und ich habe aus dem Wörterbuch erfahren, daß es bedeutet, daß man sich nicht mehr bewegt, daß man wie tot ist. Solange man mich nicht lebendig begräbt, irrtümlich. Ich werde in meinem Sarg aufwachen, und ich werde schreien und die Schritte der Lebenden hören, die über den Friedhof laufen, und ich werde schreien, sie sollten kommen und mich befreien, aber sie werden mich nicht hören, und ich werde schreien, ich werde flehen, ich werde ersticken, der Sargdeckel drückt auf meine Nase, die lebendig ist. Auf dem Rückweg werde ich Mama bitten, sie möge sich versichern, daß ich wirklich tot bin, wenn ich gestorben bin, und daß sie mir ein Messer ins Herz stoßen soll, zur größeren Sicherheit. Es reicht, nicht mehr an die Katalepsie denken.[40]

Nachbilder nach der Shoa

Die in Albert Cohens Schaffen dargestellte Entwicklung ist die einer ständigen Deterritorialisierung, welche die verfolgte jüdische Kultur wie auch das jüdische Schreiben selbst an Innenräume koppelt, die nicht lokal verankert sein müssen. Die sich hieraus ableitenden Bilder der Stadt verdanken sich letztlich stets der Perspektive dieses Innenraumes, sind von diesem her perspektiviert. Dies bedeutet zugleich, daß sich die Bilder der Stadt immer weniger voneinander unterscheiden und ihre Markierungen nicht mehr auf grundlegende Differenzen verweisen, so daß diese Städtebilder in einer Abfolge von Nachbildern wechselseitig austauschbar werden. Die Grenzen verschwimmen. Die Überlagerung der verschiedenen Bildstrukturen erfolgt so, daß jedes Bild ein Ergebnis der vorher abgebildeten Strukturen darstellt, so daß in das konkrete Bild einer bestimmten Stadt immer schon die Nachbilder anderer Städte Eingang gefunden haben.

In Cohens Schriften haben wir es mit einer hochsensiblen literarischen Netzhaut zu tun, die anders als eine Leinwand oder bloße Projektionsfläche in sich die sukzessiven Belichtungsvor-

40 Cohen, *Carnets 1978*, a.a.O., S. 1129.

gänge speichert und darum auf ihrer Fläche unterschiedliche Empfindlichkeiten aufweist. Die Bilder *einer* Stadt enthalten stets die Nachbilder anderer Städte, die »Sukzession der Bilder« erscheint uns zwar als rein, doch hat sich ganz im Sinne Goethes etwas vom Vorhergehenden ins Nachfolgende hinübergeschlichen.[41] Auch das textuelle Bild der Stadt ist von einer vorangehenden Intertextualität, einer literarischen Bildtradition, mitgeprägt. Daher mögen Cohens Städtebilder zwar auf den ersten Blick mitunter stereotyp wirken – und hierin könnte auch der Grund dafür liegen, daß (soweit mir bekannt ist) bislang keine Untersuchungen von Cohens Bild der Stadt vorgelegt worden sind; doch entfalten sie ihre Dynamik und Vielgestaltigkeit in jenem retinalen Bezugsnetz, das die verschiedenen Städtebilder untereinander herstellen.

Wir haben gesehen, wieviel die Innenraumperspektive der Stadt bei Cohen der *condition juive* seines Schreibens schuldet und wieviel sie den Verstehensprozessen und der Hermeneutik der Bewegungen im Außenraum verdankt. Die bereits in Cohens *Solal* auftauchende und in *Belle du Seigneur* mit einem anderen historischen Hintergrund versehene Abdrängung in die Perspektive aus den Kellerräumen mag verdeutlichen, in welch menschenverachtender Weise die Ghettoisierung der Juden im 20. Jahrhundert vorangetrieben wurde. Es handelt sich um eine Entwicklung, die in logischer Konsequenz in die Konzentrationslager des Dritten Reichs führen sollte und Raumstrukturierungen ausbildete, die in Albert Cohens Werken seit 1945 eine so wichtige und strukturell bisweilen allgegenwärtige Rolle spielen. Die Vision Berlins aus dem Keller verdunkelt das Bild der Stadt und ersetzt es durch eine Welt der Geräusche und Klänge, welche durch die sich in ihnen ankündigende Vernichtungsmaschinerie nur um so bedrohlicher wirkt. Durch die Aktivierung von Nachbildern und Nachklängen kann diese Bedrohlichkeit leicht auch durch Neo-Barbaren in hämmerndem Schritt wieder in die Köpfe ihrer Zeitgenossen projiziert werden.

Zweifellos sind die großen Städte Mitteleuropas – und Berlin steht hierfür an herausgehobener Stelle, zugleich aber auch paradigmatisch für viele andere – nach der Shoa zu anderen Städten geworden. Aus dieser Perspektive erscheinen die immer wieder aufflackernden Debatten um eine Wiederbelebung der

41 Goethe, *Farbenlehre*, a.a.O., S. 69.

»Goldenen Zwanziger Jahre« in Berlin als ebenso atemberaubend wie kindlich. Ohne die Juden sind die »Goldenen Zwanziger« schlicht nicht vorstellbar. Wie kann man über diese Städte schreiben? Wir wissen, daß ungeachtet Adornos berühmt gewordener und schon zu ihrer Zeit sehr kontrovers diskutierter Sentenz, daß Lyrik nach Auschwitz nicht mehr möglich sei, auch die Stadt in die Post-Shoa-Literaturen Europas zurückgekehrt ist und dort wie ehedem breitesten Raum einnimmt, ja heute vielleicht noch von größerer Wichtigkeit ist als vor 1933. Es sind Städte entstanden, deren Deterritorialisierung freilich nicht in der von Cohen vorgeführten Weise erfolgte. Vielleicht könnte die in Kunst und Literatur beobachtbare Darstellung einer in die Fläche (und gerade nicht in die Tiefe) wuchernden Großstadt repräsentativ für ein neues Empfinden der (post-)modernen Stadt sein, die sich auf Flächen und Oberflächen beschränkt, die Zentren ignoriert und von ebenso unsteten wie ziellosen Bewegungen durchzogen wird.[42]

Der französische Philosoph und Kulturtheoretiker Jean Baudrillard hat sich dieser Stadt der zweiten Hälfte des 20. Jahrhunderts in den USA – folgen wir Néstor García Canclinis Anregung – in der Art eines Soziologen, nämlich über *highway* und *freeway*, angenähert und die so wahrgenommenen Metropolen in seinem Reisebuch *Amérique* metonymisch mit den sich ebenfalls in der Fläche erstreckenden Wüsten der nordamerikanischen Südstaaten in Verbindung gebracht.[43] Die Wüste charakterisiert sich bekanntlich wie die Großstadt Baudrillards durch einen Mangel im Untergrund, durch ein Fehlen des Wassers, so daß auch ihr Charakteristikum eine Physiognomie der Oberfläche(n) ist. Könnte es nicht sein, daß die von Baudrillard sehr wohl wahrgenommene und (selbst aus der vom Verfasser von *Simulacres et simulation* ebenfalls geschätzten Flugzeugperspektive aus[44]) noch immer beobachtbare Andersheit der europäischen

42 Vgl. hierzu den schönen Beitrag von Nelson Brissac Peixoto, »Periphere Modernen«, in: Haus der Kulturen der Welt (Hg.), *Die anderen Modernen. Zeitgenössische Kunst aus Afrika, Asien und Lateinamerika.* Heidelberg: Edition Braus 1997, S. 29-32.

43 Vgl. bereits Auftakt und erste Kapitel von Jean Baudrillard, *Amérique*, Paris: Grasset 1986, sowie das zweite Kapitel des vorliegenden Bandes.

44 Wie wir bereits sahen, wäre dies laut García Canclini im übrigen die bevorzugte Perspektive des Kommunikationswissenschaftlers.

Städte mit der Tatsache zu tun hat, daß in ihnen ein Prozeß der Marginalisierung und Vernichtung stattfand, wie er in der Geschichte nicht seinesgleichen hat? Wie erinnern die europäischen Städte an diese verdunkelte Vergangenheit? Wird die Vernichtung der (historischen) Tiefe an der (gegenwärtigen) Oberfläche reflektiert, oder erzeugen die Oberflächen heutiger Städte nur dort Tiefen, wo diese eine scheinbare geschichtliche Kontinuität vorgaukeln oder simulieren können, welche die Bruchstellen überspielt? Welches sind die Spuren der Abwesenheit und mehr noch des Fehlens?

Es wäre allzu simpel, die Beantwortung dieser Fragen mit einem (nachträglichen) Plädoyer für ein Holocaust-Denkmal in Berlin zu verbinden, das mittlerweile selbst der Regierende dieser Stadt zähneknirschend akzeptieren mußte. Welch traurige Tatsache ist es doch, daß diese komplementäre Gegen-Stadt nicht eine Stadt für *alle* Opfergruppen und Deterritorialisierten der Barbarei sein will und so die Teilung der Räume schmerzhaft perpetuiert. Sie reterritorialisiert damit nicht, sondern deterritorialisiert aufs neue. Was können wir von ihr, dieser verpaßten Chance der Nachkommen nicht nur der Täter, sondern auch der Opfer, schon erwarten als neue Grenzziehungen?

Fruchtbarer und offener ist die Literatur. Die Bilder der Stadt, wie Cohen sie entwarf, sind mit ihrer dominanten Innenraumperspektive gewiß ein wenig in Vergessenheit geraten: Ihre Nachbilder und nicht zuletzt ihre Innenperspektiven und *caves* oder Höhlenbilder sind stetig verblaßt, nicht zuletzt aufgrund der Wirkkraft seiner Bilder der Liebe. Für Solal wäre es gleichwohl unmöglich gewesen, in den Straßen Genfs nicht auch zugleich die Nachbilder von Marseille, Paris oder anderen Städten wahrzunehmen. Wichtiger als ein monumentales Denkmal – dessen unterirdische Erinnerungs- und Dokumentationsräume aus der hier gewählten Perspektive in ihrer derzeit diskutierten Form freilich eine bedeutsame Erweiterung der ursprünglichen Pläne darstellen[45] – dürfte wohl der Versuch sein, auf unserer

45 Die Diskussion dieser unterirdischen Räume, die erst nach Abschluß dieses Kapitels einsetzte, ist zum gegenwärtigen Zeitpunkt längst noch nicht beendet. Gleichwohl wäre ein derartiger *lieu de mémoire* im Untergrund der Stadt, in den *Caves de Berlin*, ein nicht nur im Licht der Cohenschen Vorstellungen faszinierender Gedanke.

Netzhaut im Sinne Goethes die verblaßten Nachbilder literarisch und künstlerisch im Alltag wieder kritisch wachzurufen.

Schließen wir die Augen und öffnen wir sie wieder, so können wir im Bild unserer in die Fläche wachsenden Städte vielleicht jene Keller, jene Städte unter den Städten als Bilder unter den Bildern erkennen, welche Albert Cohens Schriften die grausamsten antisemitischen Jahrzehnte unseres Jahrtausends begleitend und illustrierend entworfen haben. Die Räume der Stadt geraten dann als Welt im Kopf in eine neue, belebende Dynamik. Als Nachbilder passen sie sich im Gegensatz zu Photographien dynamisch unseren sich rasch verändernden urbanen Räumen an und sind somit ständig in Bewegung. Sie entstehen als hypotypotische Nachbilder unter unseren retinalen Wahrnehmungen und stellen symbolische Erzeugnisse von Erinnerungen dar, die weit jenseits unserer bloß persönlichen, individuellen Erfahrungswelt eine eigene, neue Dynamik entfalten.

ZEHN · PASSAGE

Auf der Schaukel

Pfeiffer mit drei f und die Grenzen der Jugend

Nicht nur die physische Geographie, die Nationalstaaten oder die Schichtung der Gesellschaft, nicht nur die verschiedenen Medien, die Künste oder die Natur, nicht nur die wissenschaftlichen Disziplinen, die literarischen Gattungen oder die Nationalliteraturen, nicht nur die Landschaften, die Mythen oder die Geschlechter kennen Grenzen, sondern auch die verschiedenen Lebensphasen, die Jugend und das Älterwerden, das auf Neudeutsch bisweilen auch als *aging* bezeichnet wird. Der Frage nach den Grenzen der Jugend hat sich daher, neben vielen anderen Sparten des Wissens, ebenso die Literatur wie die Literaturwissenschaft angenommen und anzunehmen.

Ein unhintergehbares Charakteristikum der Auseinandersetzung mit dem Thema Jugend ist es, daß dieses Themenfeld in aller Regel von Autoren und Dozenten behandelt wird, die zumindest in einem biologischen Sinne nicht mehr über dieselbe verfügen, ja aus Sicht ihrer Leser beziehungsweise ihrer Studierenden vielleicht sogar etwas in die Jahre gekommen sind. So haftet der Annäherung an ein solches Thema bisweilen etwas sanft Melancholisches, ja fast Nostalgisches an. Eine klare Grenze scheint zwischen dem forschenden Subjekt und einem Forschungsobjekt des Begehrens gezogen, das weder biographisch noch biologisch mehr erreichbar ist und selbst in einer Art »Suche nach der verlorenen Zeit« nicht mehr wiedergefunden werden kann. Diese Grenzziehung ist sicherlich jeweils subjektiv; allein, wie immer wir auch den Begriff der Jugend definieren mögen (und erst am Ende dieses Kapitels soll hierfür ein Vorschlag gemacht werden): Gerade wer an einer Schule oder Universität lehrt, hat zwar mit Jugend zu tun, verfügt aber nicht mehr über sie – und ich meine dies im doppelten Wortsinn.

Die Grenzen werden bisweilen subtil errichtet, folgen oft genug aber der Modalität der Ausgrenzung: »Trau keinem über dreißig«. Jenes Motto der sechziger und siebziger Jahre stellte eine derartige Grenzziehung dar, die ausgehend von einer Faszination der runden Zahl, der wir uns auf beiden Seiten errichteter Grenzlinien nie ganz zu entziehen vermögen, der Konstituierung einer eigenen Kultur als Gegenkultur diente. Vielleicht hat die Beliebtheit des Themas »Jugend« mit ebendieser hier nur kurz skizzierten Grundsituation zu tun. Kann man über das Thema »Jugend« nachdenken, ohne selbst mit der eigenen Existenzerfahrung impliziert zu sein? Kann man über »Jugendkultur« reflektieren, ohne selbst die Spiegelungen einer verjährten und damit nicht mehr geltend zu machenden Vergangenheit in der keineswegs endlosen Kette von *mois successifs* miteinzublenden?

Sicherlich böte Prousts *Auf der Suche nach der verlorenen Zeit* einen hervorragenden Ausgangspunkt, um auf hohem Reflexionsniveau über die Reaktionsmöglichkeiten des Menschen auf die Linearität des Lebens und mehr noch über die Chancen nachzudenken, diese im Alltag unvermeidliche Sukzessivität auf der Ebene der Kunst zu überwinden und künstlerisch – und dies heißt immer spielerisch – zu »bewältigen«. Doch bietet sich uns eine auf den ersten Blick vielleicht überraschendere Möglichkeit an, dieses Thema ohne Schaden für unser Reflexionsniveau auf anderer, in gewisser Weise »alltäglicherer« Ebene anzugehen. Denn es könnte sein, daß es in der deutschen Alltagskultur eine Art »Urszene« gibt: jene berühmt gewordene Verfilmung eines 1933 erschienenen Romans von Heinrich Spoerl und Hans Reimann, in der Heinz Rühmann eine wohl den meisten im deutschsprachigen Raum sozialisierten Menschen geläufige Hauptrolle spielt.

Die Rede ist, wie könnte es anders sein, von der *Feuerzangenbowle*, einem Film, der noch Jahrzehnte nach seiner von den Nazis noch 1944, also schon im Bombenhagel betriebenen Erstaufführung ebenso regelmäßig wie häufig über deutsche Bildschirme zu flimmern pflegt. Wem ist nicht die eindrückliche Eingangsszene in Erinnerung geblieben? Im Kreis der wahrlich in die Jahre gekommenen Herren, die auf ihre eigene Schulzeit zurückblicken, ist es einzig dem allein auf dem Gute seiner Eltern fernab öffentlicher Schulen erzogenen Protagonisten, dessen Bild selbst bei einer Lektüre von Spoerls Roman fast unentrinnbar mit dem Bilde Heinz Rühmanns in eins fällt, versagt, sich nostalgisch und freudig erregt zugleich an die eigene Schulzeit zu erinnern. Denn niemals, so bedauert man allerseits, hat dieser mittlerweile vierundzwanzigjährige Mann ein Gymnasium besucht, niemals eine Klassengemeinschaft aus eigener Erfahrung kennengelernt. Die fehlende Jugend wiegt schwer, macht ihn alt:

> Hans Pfeiffer ist ganz niedergeschlagen und voll Neid. Es muß doch etwas Herrliches sein, so ein Pennal mit richtigen Magistern, richtigen Klassen und richtigen Kameraden. Mit seinen vierundzwanzig Jahren kommt er sich gegen die älteren Herrschaften wie ein Greis vor.[1]

Ebendarum aber ist ihm gegeben, was uns selbst letztlich nicht möglich ist: die Grenze zur Jugend zu überspringen, selbst wiederum jung zu werden und als längst promovierter und angesehener Schriftsteller die Schulbank (und zwar die eines Städtchens namens Babenberg – allein dieser Ortsname mußte schon eine Verfilmung nahelegen[2]) zu drücken und in jenen Bereich einzutreten, den wir wohl sicherlich als einen nicht unwichtigen Kontext von Jugendkultur verstehen dürfen. Der anhaltende Erfolg eines Romans, der zweifellos in der literarischen wie in der cineastischen Fassung zu den bestbekannten Fiktionen des deutschsprachigen Raumes gehört, dürfte seinen Grund im Spiel mit den Grenzen unserer Jugend haben, ist es doch dem distinguierten Schriftsteller Dr. Hans Pfeiffer – »Pfeiffer mit drei f« – vergönnt, ein Stückchen eigener, ungelebter »Jugend« zu beleben und zudem voller Lebensglück in die eigene Gegenwart zurückkehren zu dürfen. Als ein Sinnbild der existentiellen Bereicherung durch das Spiel mit der Grenze wird ihm mit der Tochter des Direktors jener Schule, die er mit seinen Lausbubenstreichen und Pennälerscherzen heimsuchte, zugleich ein Lebensglück geschenkt, das man im mehrfachen Sinn als Ausdeutung einer Metapher lesen darf: Es ist die Jugendliebe, die er selbst nie kannte, die ihm aber nicht nur als Liebe zur

1 Heinrich Spoerl, *Die Feuerzangenbowle. Eine Lausbüberei in der Kleinstadt*, Düsseldorf: Droste o. J., S. 12 f.

2 Der Stoff wurde bislang dreimal – 1934, 1944 und 1970 – verfilmt. Die bis heute berühmteste Fassung freilich blieb die im Januar 1944 uraufgeführte mit dem damals nicht vierundzwanzig-, sondern zweiundvierzigjährigen Heinz Rühmann in der Hauptrolle, Regie: Helmut Weiß. Die künftige Verfilmung ist im Text selbst schon angelegt: »Pfeiffer hat Bedenken. Gewiß, es wird ein famoser Jux, vielleicht auch Stoff zu einem Roman oder Film.« Spoerl, *Die Feuerzangenbowle*, a.a.O., S. 13.

eigenen Jugend, sondern als ein Geliebtwerden durch diese Jugend zuteil wird. Die Natur dieser Jugendliebe ist narzißtisch, und vielleicht ist in jedweder Beschäftigung mit der »Jugend« – eben gerade nicht nur der eigenen – eine narzißtische Unterströmung enthalten.[3]

Um Mißverständnissen vorzubeugen: Mit dem bislang Dargestellten möchte ich nicht suggerieren, daß die – sagen wir – bei einer Schriftstellerlesung oder einer Konferenz zusammengekommene Runde vergleichbar wäre mit jener Altherrenrunde, die ihre leicht angetrunkenen Sottisen über die alten Lehrer und die eigene vergangene Jugend genüßlich zelebriert, wobei es dann einem der Mitglieder dieser Runde zufiele, diese Jugend nicht nur zu reflektieren oder wiederzuerwecken, sondern in sie zurückzukehren – und sei es auch nur für die Dauer nicht eines Films, sondern eines Textauszugs oder Vortrags. Wir sehen aber, daß wir beim Sprechen über Jugend und Jugendkultur von Beginn an auf das Problem der Grenze (und zugleich auch des Spielraums) stoßen. Jugend, so ließe sich sagen, ist als Forschungsobjekt ein Bereich kontinuierlichen Übergangs, der freilich von seinem Forschungssubjekt – solange dieses kein Jugendlicher oder keine Jugendliche ist – durch eine (wenn nicht in der Kunst) unüberbrückbare Grenze getrennt ist. Dies bedeutet freilich nicht, daß sich innerhalb des Bezirks der Jugend das Problem der Grenze nicht stellen würde. Im Gegenteil, ist es doch gerade das Passieren der Grenze, welches Lebens- wie Liebeslust erzeugt, zugleich aber einen unumkehrbaren Abschied von der eigenen Jugend mit sich bringt. Zur Erläuterung dieses keineswegs banalen Tatbestandes mögen die folgenden

3 Daran ändert auch die Tatsache nichts, daß der Roman auf seiner letzten Seite wieder die gesamte Geschichte in den Bereich des Erfundenen zurücknimmt und als wahr allein den Anfang, eben die Feuerzangenbowle, bezeichnet. Welch ein Nachklang aber mögen die letzten Sätze des 1933 erstmals veröffentlichten Romans in der Filmproduktion von 1944, im Kontext eines dem Untergang entgegentreibenden »Dritten Reiches« und seiner Unterhaltungs- und Propagandamaschinerie, für die zeitgenössischen Kinozuschauer gehabt haben: »Wahr sind auch die Erinnerungen, die wir mit uns tragen; die Träume, die wir spinnen, und die Sehnsüchte, die uns treiben. Damit wollen wir uns bescheiden« (ebd., S. 191). Die Figur und das Erleben des Dr. Hans Pfeiffer sind zweifellos komplexer und vielschichtiger angelegt, als es der Erzählerdiskurs glauben machen will.

Überlegungen zu Italo Calvinos 1957 erstveröffentlichtem Roman *Il barone rampante* dienen, wenn sie sich auch nicht auf diese Fragestellung eingrenzen mögen.

Der Baron auf den Bäumen und die Grenzen des Spiels

Im Mittelpunkt dieses in 30 fortlaufend durchnumerierte Kapitel gegliederten Romans, der sicherlich zu den schönsten innerhalb des so umfangreichen und vielgestaltigen Œuvre Calvinos zählt, steht das Phänomen der Grenze. Gleich zu Beginn des ersten Kapitels, das schon im ersten Satz auf den 15. Juni des Jahres 1767 datiert ist, wird aus der Perspektive von Biagio, dem jüngeren Bruder der Hauptfigur Cosimo, ein Geschehen dargestellt, das sich so oder so ähnlich an vielen Mittagstischen nicht nur Italiens abgespielt haben könnte. Nicht von ungefähr erinnert es gerade den deutschsprachigen Leser an eine andere »Urszene« deutscher Kultur, den Suppenkaspar. Cosimo Piovasco di Rondò, ältester Sohn des Barons von Rondò und dessen deutscher Frau, der Tochter des General von Kurtewitz, weigert sich nachhaltig, eine Schneckensuppe zu essen, der als Hauptgericht dann auch noch ein Schneckenmahl folgen soll. Diese wohlkalkuliert infame Zusammenstellung geht auf Cosimos Schwester Battista zurück, die ihr grausames Spiel mit allerlei Tieren in ihrer Umgebung treibt und deren von der Familie geduldetes Hobby darin besteht, nicht nur Schnecken zu fangen und zu köpfen, sondern auch viele andere Tiere wie Regenwürmer, Mäuse oder Vögel zu malträtieren und in der Folge in verschiedensten Formen präsentiert als gastronomische Spezialitäten anzubieten.

Vor diesem Hintergrund kommt es gleich im ersten Kapitel zu einer Folge von Grenzverletzungen, Ausgrenzungen und Grenzüberschreitungen. Denn eines schönen Tages entdeckten der damals zwölfjährige Cosimo und sein achtjähriger Bruder Biagio das Faß, jene »Schneckenhölle«[4], in welcher Battista die von ihr

4 Italo Calvino, *Il barone rampante*. Presentazione dell'autore. Milano: Mondadori 1993, S. 11: »Es erschien eine Art Hölle, in der sich die Schnecken über die Faßdauben mit einer Langsamkeit nach oben bewegten, die bereits die Vorhersage ihres Todeskampfes war.«

eingesammelten Schnecken – die aufgrund ihrer Langsamkeit so etwas wie die Gegen-Tiere einer sich beschleunigenden, just in jener Zeit einsetzenden Moderne darstellen – gefangenhielt. Ein Loch in dieses Faß zu bohren und die Schnecken in die ersehnte Freiheit zu führen war für die beiden Buben ein leichtes. Ihr Tun aber wird noch in der Nacht von Schwester Battista entdeckt, als Verletzung einer doppelten, der ihnen selbst und der den Schnecken gesetzten Grenze aufgefaßt und vom gestrengen Vater durch Prügelstrafe und Verurteilung zu Karzer bei Wasser und Brot hart bestraft.

Die Grenzverletzung wird mit einer zeitlich begrenzten räumlichen Ausgrenzung beantwortet. Der Wiedereingliederung in die Runde des mittäglichen Familientisches wird als erschwerende Präambel das Verspeisen des bereits erwähnten Schneckenmahles vorgeschaltet, und genau hieran entzündet sich die Rebellion des künftigen Barons, des jugendlich-ungestümen Cosimo. Er weigert sich nicht nur, sondern greift dem erneut ausgrenzenden Ausruf des Vaters – »Fort von diesem Tische!«[5] – voraus, indem er aus eigenem Antrieb die Runde verläßt und auf einen nahe gelegenen Baum steigt mit dem Versprechen, nie wieder von den Bäumen herunterzukommen. Er wird dieses dem Vater gegebene Wort einhalten, wird also zeit seines Lebens den Boden, die Erde seines Heimatlandes, nicht mehr betreten, sondern einige Meter höher auf den Bäumen leben. Eine wahrhaft singuläre Deterritorialisierung. Das Verlassen des Speisesaales und der Familienrunde beinhaltet damit eine vertikale Grenzüberschreitung, die freilich stets dynamischer und labiler Art zugleich ist, wie eine Vielzahl nachfolgender Situationen im Roman aufzeigen wird.

Gerade durch die prekäre Situation der Grenzüberschreitung des zwölfjährigen Jungen wird die Grenze als solche stets sichtbar gemacht und im Bewußtsein des Lesepublikums gehalten. So werden die akrobatische Reterritorialisierung in den Bäumen und deren nicht weniger gekonnte literarische Repräsentation zu nachhaltig wirkenden Phänomenen eines Grenz-Textes, der sich Transgressionen in vielfältiger Weise öffnet.

Das Thema der Grenze ist seit der Befreiung der wehrlosen Schnecken aus ihrer Schneckenhölle mit dem Thema der Freiheit – das zugleich eines der Leitthemen des 18. Jahrhunderts

5 Ebd., S. 14.

überhaupt und damit diegetisch verankert ist – verknüpft und bestimmt den weiteren Lebensweg Cosimos nicht weniger als das der individuellen und kollektiven Selbstverwirklichung. Die Grenze wird zum zentralen Element eines Identitätsfindungsprozesses, innerhalb dessen aus der Perspektive eines Jugendlichen der real (zumindest im Roman) existierenden Welt eine Gegenwelt präsentiert wird. Daß die Gegenwelt als eine konkret realisierte Utopie in so unmittelbarer Nähe der offiziellen, der »eigentlichen« Welt (zunächst jener der Erwachsenen) angesiedelt ist, zeigt, daß die beiden Welten mehr miteinander verbunden als voneinander getrennt sind, daß die von Cosimo gesetzte Grenze beide Welten gerade nicht voneinander trennt, sondern in ihrer jeweiligen Eigengesetzlichkeit aufeinander bezieht.[6] Daß die Gegenwelt als eine konkret realisierte Utopie in so unmittelbarer Nähe der offiziellen, der »eigentlichen« Welt (zunächst jener der Erwachsenen) angesiedelt ist, zeigt, daß die beiden Welten mehr miteinander verbunden als voneinander getrennt sind, daß die von Cosimo gesetzte Grenze beide Welten gerade nicht voneinander trennt, sondern in ihrer jeweiligen Eigengesetzlichkeit aufeinander bezieht. Rasch etabliert sich zwischen beiden Welten eine Austauschbeziehung, ohne daß die Besonderheit der Welt auf den Bäumen darunter litte. Letztere ist Entwurf der Freiheit und zunehmende Einsicht in die ihr inhärenten Zwänge und Notwendigkeiten.

Der offenkundig in der Pubertät steckende Adlige versucht zunächst, sich in seinem neuen Umfeld einige Meter über dem Erdboden eine eigene Welt mit einer eigenen Topographie, eigenen Orten und einer eigenen Infrastruktur zu schaffen, wobei die Grenzziehungen jener Welt, die er nun aus einer Art ruhenden Vogelperspektive erblickt, für ihn nicht mehr notwendig Geltung beanspruchen können. Daher begibt er sich auch bereits im zweiten Kapitel in den durch eine Mauer vom eigenen Grundstück der Rondò abgetrennten Nachbargarten, der eine Vielzahl für den künftigen Baron bislang unbekannter und die Sinnenwelt reizender Gegenstände enthält. In dieser für ihn zuvor ganz unbekannten Welt jenseits der Mauer findet er gleich-

6 Zur Präsenz der Utopie bereits in Calvinos Frühwerk und zur Variation von Formen der Utopie vgl. Peter Kuon, »Utopie-Kritik und Utopie-Entwurf in ›Le città invisibili‹ von Italo Calvino«, in: *Italienische Studien* (Wien) 10 (1987), S. 133-148.

sam einen Zaubergarten vor, enthält das Grundstück der adligen Familie derer von Ondariva doch einen jener für das 18. Jahrhundert charakteristischen Parks, in denen die von den Entdekkungsreisenden jenes Jahrhunderts aus Übersee mitgebrachten Sämereien eine ganz eigene, »verdichtete« Welt entstehen ließen. In diesem *Sanssouci* einer reterritorialisierten Vegetation wachsen die Bäume verschiedenster Regionen und Klimazonen nun auf engstem Raume zu einem neuen, künstlerisch konzipierten Landschaftselement zusammen. Im weiteren Fortgang dieses Kapitels werden wir noch sehen, welche Bedeutung dieser Landschaft, die zu einer wahren *Landschaft der Theorie*[7] wird, zukommt. Hier ist in einem umfriedeten, von einer Mauer abgetrennten Bereich eine eigene Welt entstanden, deren Grenzen für den Baron auf den Bäumen jedoch durchlässig geworden sind.

Im Garten der Ondariva läßt nicht allein die Vegetation das Herz Cosimos höher schlagen. Bald schon sieht er, wie ein hübsches junges Mädchen in etwas für ihr Alter zu großen Kleidern auf einer Schaukel sitzend gleichsam durch die Bäume gleitet und damit eine Art beweglicher Zwischenstellung zwischen Himmel und Erde einnimmt. Und in der Tat stellt diese Begegnung mit dem ihm noch unbekannten blonden Mädchen, eine Zufallsbegegnung, die Cosimos weiteres Leben grundlegend prägen wird, von Beginn an die Frage der Grenze:

Es war ein blondes Mädchen, mit einer hochgesteckten für ein Kind ein wenig komisch wirkenden Frisur, mit einem ebenfalls zu großen blauen Kleid, und der beim Schaukeln hochgeraffte Unterrock war überreich mit Spitzen besetzt. Die Kleine hatte die Augen leicht geschlossen und hielt die Nase in die Luft, als sei sie gewohnt, die große Dame zu spielen; sie biß in einen Apfel und neigte bei jedem Biß den Kopf der Hand entgegen, die den Apfel umklammern und sich zugleich am Seil der Schaukel festhalten mußte; jedesmal, wenn die Schaukel den Tiefpunkt ihrer Bahn erreichte, stieß sie sich ab, wobei sich die Spitzen ihrer Schühchen ins Erdreich bohrten, und blies sich die Schalenreste der verzehrten Apfelstücke von den Lippen; und dabei sang sie: »Oh là là là! La *ba-la-nçoire* …«, wie ein kleines Mädchen singt, das sich aus Schaukel und Lied und Apfel schon nichts mehr macht (wenn ihm auch der Apfel noch etwas wichtiger ist) und das bereits andere Gedanken im Kopf hat. […]

7 Zu diesem Begriff vgl. auch die Überlegungen und Beispiele unter anderem in den Kapiteln 2, 4 und 11 des vorliegenden Bandes.

Viola sprang von ihrer Schaukel und begann Cosimos Schaukel sachte anzustoßen. »UH!« Auf einmal hatte sie den Sitz der Schaukel, auf dem mein Bruder stand, gepackt und umgedreht. Es war ein Glück, daß Cosimo sich unausgesetzt an den Seilen festhielt! Sonst wäre er auf die Erde gepurzelt wie eine Salami.
»Verräterin!«, schrie er, und kletterte nach oben, wobei er sich an beide Taue klammerte, aber der Aufstieg war weit schwieriger als der Abstieg, vor allem da das blonde Mädchen einen seiner boshaftesten Augenblikke hatte und von unten an den Stricken in alle Himmelsrichtungen zog. Schließlich erreichte er den dicken Ast und setzte sich rittlings darauf. Mit seinem Spitzenkragen trocknete er sich den Schweiß von der Stirn.
»Haha, du hast es nicht geschafft!«
»Um ein Haar!«[8]

Die erste Begegnung zwischen dem gerade erst auf die Bäume gekletterten Cosimo und der jungen, blonden Viola verläuft durchaus stürmisch. Das Mädchen ist von Beginn an in ständiger Bewegung, schaukelt gleichsam zwischen Himmel und Erde, während Cosimo zunächst noch fest auf einem Ast steht, wenn er sich auch irgendwo in luftigen Sphären aufhält. Viola aber pendelt, bewegt sich und schaukelt hin und her. Dabei beißt sie in einen Apfel, ist also nach allen Regeln abendländisch-christlicher Symbolik und Portraitkunst die Versuchung in Person. Den ihr aus der Hand gefallenen Apfel spießt Cosimo rasch mit seinem Degen auf und führt ihn zum Munde, ein Zeichen dafür, daß er fortan von ihren Reizen, von ihrer Verführungskraft stets die lebensnotwendige Speisung zu erhalten hofft und keineswegs nur vorübergehend von ihrer Sinnlichkeit betört ist.

Cosimo wäre bereits in dieser Szene der Schnelligkeit und Gewandtheit der wesentlich lebensklugeren jugendlichen Adligen erlegen, wäre da nicht seine Standhaftigkeit, die freilich auf eine arge Probe gestellt und um ein Haar – wir könnten hinzufügen: um ein blondes Haar – besiegt wird. Die Zufallsbegegnung hat zwei gegensätzliche Charaktere zueinandergeführt, die sich bekämpfen, weil sie sich so sehr lieben. Aus Cosimos Geschichte wäre nicht die Geschichte eines Barons auf den Bäumen geworden, wäre Violas Plan aufgegangen, ihn auf die Schaukel und damit auf das Element der Grenze und des Spiels selbst zu locken, um ihn von dort aus auf den Boden zurückzuholen. Cosimo

8 Ebd., S. 19 ff.

gelingt mit knapper Not die Selbstrettung und damit die Entscheidung zugunsten eines Lebens auf den Bäumen, oberhalb jener Grenze, die er sich für sein künftiges Leben selbst gezogen hat. Viola aber ist jenes Mädchen, das sich uns zuerst auf der Schaukel präsentiert und damit jenem Zwischenbereich angehört, von dem aus sie ebenso auf der Erde wie auf den Bäumen aktiv werden kann und ihr Schicksal stets tatkräftig und energisch in die Hand zu nehmen versteht. Ist Cosimo ein Mensch, der sich selbst ausgegrenzt hat, um einen eigenen Raum der Freiheit zu schaffen, ist Viola das ständig zwischen den verschiedenen Bereichen pendelnde Wesen der Grenze, das gerade aus dieser Position heraus die Grenzen des Spiels beständig verändert und erweitert.

Die Schaukel wird zu einem paradoxen Symbol ihres Seins: Zum Sitzen bestimmt, befindet sich die Schaukel doch in ständiger Bewegung, ihre Seile scheinen vom Himmel herabzuhängen, und doch bieten ihr die Äste eines Baumes, der fest in der Erde wurzelt, Halt. Sie führt das Spiel von Identität und Differenz vor, ist doch keine ihrer Bewegungen jemals gänzlich identisch mit einer vorherigen oder nachfolgenden. Die Schaukel verändert in ihren Bewegungen beständig die Grenzziehungen und macht zugleich auf die Existenz der Grenze aufmerksam. Sie ist der Ort, an dem im Spiel die Grenzen erprobt werden können. Nicht zuletzt deshalb ist die Schaukel allen Veränderungen zum Trotz, mit Holz- oder Plastiksitzfläche, mit Hanftauen oder Metallketten ausgestattet, bis in unsere Zeit die Konstante aller Spielplätze geblieben.

Cosimo erfährt in der Begegnung mit Viola zum ersten Mal die noch unbewußte, darum aber nicht weniger starke Zuneigung zum anderen Geschlecht, das zu ihm in jeder Hinsicht in einer Alteritätsbeziehung steht. Für ihn ist Viola die Andere schlechthin. Von Beginn an ist der Bereich, in dem sich die beiden Liebenden treffen und begegnen können, schwankend und prekär. Nur auf der Schaukel, zwischen Himmel und Erde, scheint es einen eigenen Raum unsteter Verbindung zu geben, nur die Schaukel und in gewisser Weise auch die schwankenden Baumwipfel als natürliches Surrogat vermögen in ihrer Pendelbewegung die Gegensätze – und später auch die Körper der Liebenden – kurzzeitig zu verschmelzen. Die Selbsterfahrung beider speist sich fortan aus der Erfahrung der Grenze als Grenze zwischen den Räumen, zwischen den Geschlechtern, zwischen den Lebensprojekten, Liebeserfahrungen und Weltanschauungen. Diese Grenzerfahrung erfolgt in der Modalität des Spiels als immer von neuem gesuchter Pendelbewegung, als ständig wiederholter und variierter Versuch, die Grenzen des Spiels zu erproben.

Das Mädchen, die Blätter und die Grenzen des Zeigens

Als komplexes Symbol verweist die Schaukel in der abendländischen Bildtradition nicht zuletzt auf eine erotische Komponente, die unserem kollektiven Gedächtnis seit der Antike wohlvertraut ist. Auch im 18. Jahrhundert war man sich dieser ikonischen Tradition sehr bewußt, wie etwa eine Illustration Hancarvilles aus den *Monumens du culte secret des dames romaines* aus dem Jahre 1784 oder, in der englischsprachigen Welt, Rowlandsons *The swings*, der in Abänderung des traditionellen Motivs das erotische Zusammentreffen zweier Schaukeln darstellt, zeigen mögen.[9]

Der Beginn von Calvinos Roman ist auf das Jahr 1767 datiert, und just aus jenem Jahre stammt eines der sicherlich berühmtesten und meistkopierten Gemälde des 18. Jahrhunderts, *L'escarpolette* oder auch *Les hasards heureux de l'escarpolette* des durch seine Italienreisen stark von italienischen Schöpfern angeregten französischen Malers Jean-Honoré Fragonard, das wohl bekannteste Gemälde innerhalb einer ganzen Serie von Auseinandersetzungen des aus Grasse stammenden und mit dem Licht des Mittelmeerraumes vertrauten Malers mit dem Thema der Schaukel. Das auf der Schaukel singende Mädchen hatte mit ihrem französischen Liedtext – »Oh là là là! La *ba-la-nçoire* ...«[10] – bereits einen expliziten Hinweis auf diese Bild-Text-Beziehung gegeben, wenn auch *La balançoire* der Titel eines etwas weniger bekannten, aber nicht weniger kunstvoll ein schaukelndes Mädchen in Szene setzenden Gemäldes desselben Malers ist.[11]

9 Beide Illustrationen finden sich in Peter Wagner, *Lust & Liebe im Rokoko. Lust & Love in the Rococo Period*, a.a.O., S. 90 und 180.

10 Calvino, *Il barone rampante*, a.a.O., S. 19.

11 Vgl. hierzu etwa Pierre Rosenberg, *Fragonard*, Paris: Ed. de la Réunion des Musées Nationaux 1987, S. 344 ff.

Die Entstehungsgeschichte des uns hier weit mehr interessierenden Gemäldes *Les hasards heureux de l'escarpolette* macht ihrerseits auf das Wissen des Publikums um diese erotische Dimension der Schaukel aufmerksam, soll doch – wie Charles Collé in seinen Memoiren erzählte – der Baron von Saint-Jullien den im Salon von 1767 ausstellenden Maler Gabriel-François Doyen gebeten haben, ein Bild mit gewagter Thematik zu schaffen, das seine Mätresse auf einer Schaukel, die von keinem Geringeren als einem Bischof in Bewegung gehalten wird, darstellen sollte. Der Auftraggeber aber wollte am besten so plaziert werden, daß er in »Reichweite der Beine dieses schönen Kindes bleibe oder auch noch näher, wenn Sie sich davon einen besseren Effekt für das Bild versprechen«.[12] Ein bewegender und zugleich erregender Einfall, der Effekt konnte nicht ausbleiben. Doyen soll dieses Ansinnen abgewiesen, dann aber Fragonard für diese Arbeit vorgeschlagen haben. Dieser hatte zum damaligen Zeitpunkt bereits ausreichend Erfahrungen in der Behandlung amoureuser Themen gesammelt.

L'escarpolette zeigt uns die andere, die lebenslustige, luftige, liebeshungrige und auch erotische Seite des *Settecento*, das in *Il barone rampante* zu Recht keineswegs auf die Problematik abendländischer Rationalität und Aufklärung reduziert wird. Fragonards vielleicht berühmtestes Werk steht hier als Ikone für eine Welt der Sinnlichkeit, die uns zugleich auch Einblick gibt in die Produktionstechnik der Palette Italo Calvinos. Denn selbstverständlich hat Calvino hier sehr bewußt auf dieses berühmte Gemälde zurückgegriffen und nicht ohne Veränderungen intermedial in seinen Text eingeblendet. Wenden wir uns aber nun Fragonards Meisterwerk zu.

Es ist in erster Linie von einer sehr sorgfältig und nahezu symmetrisch aufgebauten Dreiecksbeziehung in der unteren Bildhälfte geprägt, in deren Mittelpunkt sich ein junges, auf einer Schaukel sitzendes Mädchen befindet. Ihre Schaukel, die im Geäst eines ins obere Bildteil nicht nur ragenden, sondern gleichsam wuchernden Baumes befestigt ist, wird von einem älteren, lächelnden Mann – in dem wir keineswegs einen Bischof erkennen können – an Zugseilen gehalten; in der Bewegungslinie der von oben ins Bildzentrum ragenden Stricke aber befindet

12 Zitiert nach Jean-Pierre Cuzin, *Fragonard*, München: Klinkhardt & Biermann 1988, S. 98.

sich, im Gebüsch verborgen, eine noch sehr jugendliche, zu der Schaukelnden hochblickende männliche Gestalt.

Das von diesen drei Gestalten gebildete Dreieck ist insoweit dynamisiert, als das Mädchen aus der rechten, dem im Hintergrund stehenden älteren Mann zugehörigen Bildseite in die linke Bildseite hinüberschaukelt, wobei diese Bewegung durch eine Reihe zusätzlicher Momente unterstützt wird. Zum einen gibt es im Gegensatz zu dem nur einseitigen Blickkontakt zwischen älterem Mann und jungem Mädchen zwischen den beiden jugendlichen Figuren einen anderen, wechselseitigen Blickkontakt, der die bereits angedeutete diagonale Linie verstärkt. Zum anderen verliert die Schöne, ob absichtsvoll oder nicht, eines ihrer zierlichen Schühchen, das dem im Gebüsch gebannt Emporblickenden zur Freude jedes psychoanalytisch vorgebildeten Betrachters zufällt.

Diese Zufälle, die von der Amorstatue und den Putten im Park mit Wohlwollen wahrgenommen werden, verleihen dem Bild eine zusätzliche Dynamik, die im übrigen durch die »Bewegung« der Bäume zum Himmel hin zickzackförmig gebrochen und verlängert wird. Gleichviel, ob wir in dem älteren Mann, der noch die Zügel des auf der Schaukel sich bewegenden Mädchens in der Hand hält, deren Vater oder aber Ehemann erblicken wollen, kommen wir doch nicht umhin, ganz im Sinne des Baron de Saint-Jullien eine erotische Beziehung zwischen der in fleischfarbenen Tönen gehaltenen lichtvollen Gestalt der Schaukelnden und jener nach ihr die Hand ausstreckenden männlichen Figur zu konstatieren, erlaubt es doch die Perspektive, daß dieser Betrachter nicht nur wie der Betrachter des Bildes die Füßchen und sogar ein Knie der Schönen erblickt, sondern ganz in der Sichtachse der Strumpfbänder plaziert ist, so daß die Schaukelnde paradoxerweise in bezug zur Blickachse quasi in eine horizontale Stellung zu liegen kommt. Diese Einblicke sind der weiblichen Figur wohl bewußt, man könnte sogar eine »Gebärde des Einverständnisses« bei ihr erblicken.[13] Sie ist die Sehende, die sich als Gesehene zeigt; er ist der beim Sehen Gesehene, der zum Gesehenen, das für den Betrachter des Gemäldes verhüllt bleibt, den Arm ausstreckt. Die Sinnlichkeit dieser Darstellung des Sehens und Gesehenwerdens, des Zeigens und Verhüllens fasziniert bis heute.

13 So jedenfalls Cuzin, *Fragonard*, ebd.

Im Gegensatz zu den unverblümt erotischen Darstellungen des Liebesakts auf der Schaukel, die sich nicht nur im Jahrhundert der Aufklärung häufig finden lassen, sind dieser zauberhaften Liebesszenerie freilich unübersehbar Zügel angelegt. Dies betrifft nicht nur die Grenzen des Zeigens. Noch immer kann der ältere Mann im Hintergrund die Bewegungen der Schaukel begrenzen, ja ganz zum Stillstand bringen. Zwar legt Amor verständnisvoll den Finger an die Lippen, doch grenzt zugleich eine Mauer den Ort dieses Spiels auch räumlich ein.

Dieses Spiel einer (so scheint es) unbeschwerten Jugend ist gerade durch seine Grenzen charakterisiert, potenziert es doch die Intensität des *moment érotique* durch die Erprobung jener Grenzen, die – im Gegensatz zu den beiden genannten Schaukel-Darstellungen des 18. Jahrhunderts – gerade nicht aufgehoben werden. Die gebauschten, gerafften Röcke zeigen und verhüllen zugleich, der jugendliche Geliebte ist (für die Schaukelnde) sichtbar und (für den älteren, am Boden haftenden Mann) zugleich unsichtbar. Damit ergibt sich ein grundlegender Unterschied zwischen der Achse des Bewahrens, die noch immer nicht außer Kraft gesetzt ist, und der Achse des Begehrens, die ihre den Betrachter fesselnde Dynamik entfaltet.

Eine dritte Dimension tritt jedoch unverkennbar hinzu. Denn neben der Achse des Begehrens und jener des Bewahrens etabliert sich eine dritte Blickachse, ebenjene des Betrachters (welche die unsere ist), der sich – wie wir sahen – nicht alles enthüllt und auf der gerade auch der Tatbestand der Begrenzung des Blicks reflektiert und als Teil des Spiels begriffen werden kann.

In gewisser Weise kann Fragonards *L'Escarpolette*, die neben einer Vielzahl sehr mittelmäßiger Kopien und Nachahmungen von Nicolas de Launay mit einer Serie kleiner Veränderungen meisterhaft gestochen wurde[14], nicht nur als Darstellung des jäh sich enthüllenden erotischen (Augen-)Blicks, sondern mehr noch als Allegorie der Jugend selbst gelesen werden. Noch sind die Bewegungen begrenzt, noch suggerieren die Grenzen eine Phase des Übergangs in etwas, das keine Grenze mehr zu kennen scheint und sich wie die Vegetation unendlich ausweitet.

Italo Calvino, der italienische *poeta doctus* des 20. Jahrhunderts, hat versucht, die raum-zeitliche Dimension seines Romans zum einen durch eine Vielzahl intertextueller und explizit

14 Siehe etwa in Wagner, *Lust & Liebe im Rokoko*, a.a.O., S. 76.

in den Text seines *Barone rampante* eingeblendeter Verweise zu verstärken.[15] Zum anderen ist es ihm gelungen, durch die intermediale Transposition dieses Meisterwerks der Malerei des 18. Jahrhunderts nicht nur eine (häufig in seinen Texten aufzufindende) *mise en abyme*, eine Art Keimzelle oder generatives Modell seines eigenen Romans zu schaffen, sondern die Situation einer Jugend, die die Grenzen des Anderen erprobt, vieldeutig in Szene zu setzen. Calvino führt dabei eine Reihe signifikanter Umstellungen ein, wobei er zwar das Element der Mauer aufrechterhält, den älteren Mann aber aus seiner Transposition scheinbar ersatzlos streicht und vor allem den jugendlichen Liebhaber aus der Reichweite der Beine dieses hübschen Kindes entfernt und in die Wipfel hebt. Denn Cosimos Blick fällt nicht von unten auf die reizenden Beine der schönen Viola, wenn auch Violas Schuh sehr wohl in dieser Szene des zweiten Kapitels präsent ist; sein Blick erfaßt das junge Mädchen von oben, so daß in Fragonards exuberante, bisweilen geradezu tropisch wirkende Verästelungen, welche fast die gesamte obere Bildhälfte einnehmen, eine männliche Gestalt gesetzt wird, die diesen zuvor menschenleeren Raum wahrlich bewohnt. Diese veränderte Position mag durchaus etwas deserotisierend wirken, den *moment érotique* verfehlt sie auch des hinzugefügten Apfels wegen nicht.

Durch die ekphrastische, Bild und Text miteinander verbindende Dimension dieser zentralen Passage des zweiten Kapitels und die Auflösung dieser Ekphrasis in den Dialog gelingt es Calvino, die Bild-Text-Beziehung in so starker Weise zu gestalten, daß eine in der Tat ikonotextuelle[16] Beziehung im Dialog zwischen Fragonards Gemälde und Calvinos Text entsteht, eine Beziehung also, welche das Gemälde des 18. Jahrhunderts zu

15 Vgl. zur politischen Dimension dieser Beziehungen Ulrich Schulz-Buschhaus, »Calvinos politischer Roman vom Baron auf den Bäumen«, in: *Romanische Forschungen* 90 (1978), S. 17-34.

16 Zur Definition dieses Begriffes der Ikonotextualität vgl. das dritte Kapitel des vorliegenden Bandes sowie Nerlich, »Qu'est-ce un iconotexte? Réflexions sur le rapport texte – image photographique dans ›La femme se découvre‹ d'Evelyne Sinnassamy«, a. a. O., S. 255-302; sowie Ottmar Ette, »Dimensiones de la obra: iconotextualidad, fonotextualidad, intermedialidad«, in: Roland Spiller (Hg.), *Culturas del Río de la Plata (1973–1995). Transgresión e intercambio*, Frankfurt am Main: Vervuert 1995, S. 13-35.

einer wesentlichen Dimension des Romans macht, ja eine entscheidende Rolle in Hinblick auf dessen Poetik spielt.

Ohne an dieser Stelle die vielfältigen und meisterhaft inszenierten intertextuellen Beziehungen darstellen zu können, die *Il barone rampante* auf verschiedenen Textebenen unter anderem mit Eichendorffs Motiv vom jugendlichen Taugenichts auf den Bäumen in seiner berühmten Novelle *Aus dem Leben eines Taugenichts*, mit den Romanen Richardsons, dem Schelmenroman Lesages und Fénelons *Télémaque* oder auf architextueller Ebene mit dem Bildungs- und Erziehungsroman oder den *contes philosophiques* des *Siècle des Lumières* herstellt, sei doch darauf verwiesen, daß das intertextuelle Dickicht noch durch jene Dimension erweitert wird, die in den letzten Zeilen des Romans noch einmal die Poetik dieses kleinen Meisterwerks zur Geltung bringt:

> Von Zeit zu Zeit halte ich inne im Schreiben und trete ans Fenster. Der Himmel ist leer, und uns alten Ombrosanern, die wir gewohnt waren, unter jenen grünen Kuppeln zu leben, schmerzen die Augen bei seinem Anblick. Fast scheint es, als hätten die Bäume nicht standhalten können, nachdem mein Bruder weggegangen ist, oder als wären die Menschen von der Raserei der Äxte befallen worden. [...]
> Ombrosa ist nicht mehr. Wenn ich zum entvölkerten Himmel hochschaue, frage ich mich, ob es wirklich existiert hat. Diese Enklave aus Zweigen und Blättern, Gabelungen, Samenlappen und Flaum, die so winzig war und endlos, dieser Himmel, der nur aus regellosen Lichtspitzern und Fetzen bestand, vielleicht gab es das alles nur, damit mein Bruder mit seinem leichten Schwanzmeisengang darüber hinweghuschen konnte, ein Stickmuster war es, über dem Nichts gewoben, diesem Tintenfaden gleichend, den ich über Blätter und Blätter laufen ließ, beladen mit Korrekturen, Strichen, nervösen Klecksen, Flecken, Lükken, diesen Faden, der sich zuweilen zu dicken, lichten Beeren ausweitet, zuweilen sich, wie zu punktförmigen Samen, zu winzigen Zeichen verdichtet, bald in sich selbst zurückschlingt, bald sich gabelt, bald Satzklümpchen mit Blätter- oder Wolkengirlanden verbindet und dann stockt und sich abermals zu verschlingen beginnt und läuft und läuft und sich in einer letzten törichten Traube von Worten Ideen Träumen abspult und verwickelt und endet.[17]

Die verschiedensten Verzweigungen und Verästelungen, die Bifurkationen und Lücken der Baummetaphorik, die sich auch als ein letzter Versuch Calvinos deuten ließen, die obere Bildhälfte

17 Calvino, *Il barone rampante*, a.a.O., S. 262 f.

von Fragonards Gemälde ekphrastisch zu erfassen, gehen in diesem Romanschluß, der zu den gelungensten des vergangenen Jahrhunderts zählt und im Schlußwort *finito* kulminiert, über in die Text- und Gewebemetaphorik, welche die Theoriedebatten der sechziger Jahre dominieren und in den siebziger Jahren gar zum Textualitätsdogma erstarren sollte.

Für unsere Fragestellung ist dabei weniger die Erzähler- und Autorfiguren miteinander vermischende und den Text als gleichsam selbstgenerierende Produktivität präsentierende Dimension wichtig.[18] Aufschlußreich ist vielmehr, daß sich die Baummetaphorik mit jenen oft eher unbeachteten Teilen von Fragonards Landschaftsmalerei in Verbindung bringen läßt, welche auch in *L'escarpolette* in der ungeheuer kunstvoll ausgestalteten oberen Bildhälfte eine Vegetation in Szene setzt, die sich trotz ihrer filigranartigen Ausgestaltung in proliferierender Wucht spiralartig in den Himmel zu drehen und zu schrauben scheint, sich selbst generierend und geradezu eine Protagonistenrolle einnehmend. Auch aus dieser Perspektive wird verständlich, warum Calvino die Sichtachse zwischen Cosimo und Viola – in *L'escarpolette* also die Achse des Begehrens – nach oben, in den Bereich der Bäume verlagern mußte, ist Cosimos Ort inmitten der Verzweigungen und Verästelungen doch eben jener Platz, der von Fragonard nicht mit Menschen besetzt wurde und der in *Der Baron auf den Bäumen* zum eigentlichen Ort der Romanpoetik wird. Damit aber wird diese Poetik zugleich in die erotische Spannung eingewoben, situiert sich innerhalb des erotischen Augen-Blicks, der Fragonards Bildtext und Calvinos Textbild miteinander verbindet. Der erotische ist zugleich der poetologische Augenblick, in ihm verbindet sich das körperliche Begehren mit dem künstlerischen Schaffen. Das Mädchen und die Bäume entblättern sich nicht, sie deuten auf die Grenzen des Zeigens.

18 Damit sind bereits wesentliche Grundlagen gelegt für den späteren spielerischen Umgang des italienischen Autors mit Theoremen der französischen *Tel-Quel*-Gruppe, wie dieser etwa in *Se una notte d'inverno un viaggiatore* untersucht wurde von Werner Helmich, »Leseabenteuer. Zur Thematisierung der Lektüre in Calvinos Roman ›Se una notte d'inverno un viaggiatore‹«, in: Ulrich Schulz-Buschhaus und H. Meter (Hg.), *Aspekte des Erzählens in der modernen italienischen Literatur*, Tübingen: Narr 1983, S. 227-248.

Die Grenzen der Liebe im Buch der Jugend

Doch kehren wir zur Problematik der Jugend zurück, die sich uns auf einer weiteren Bedeutungsebene von *Il barone rampante* erschließt. Italo Calvino hat seinen Roman in sehr unterschiedlichen Fassungen veröffentlicht, eine Tatsache, die einen gewissen Tonio Cavilla dazu bewog, ein Vorwort für eine Ausgabe dieses Textes in der Reihe *Letture per la Scuola Media* zu verfassen, wo wir die folgenden Bemerkungen lesen können:

Der Baron auf den Bäumen wurde nicht ausdrücklich für ein sehr junges Publikum geschrieben; aber seine Filiationen zu den Klassikern der Kindheit, das abenteuerbeladene Kaleidoskop, der geschichtliche Hintergrund, die Klarheit und Genauigkeit des Schreibens, die moralisierende Art stellten allesamt Gründe dar, die das Buch dazu drängten, sein Publikum auch bei den Jugendlichen zu suchen. In der Tat zog der Autor selbst aus dem Text, wie er erstmals 1957 publiziert worden war, mit einem geringen Aufwand an Schnitten und Verbindungen die Ausgabe für Jugendliche *(l'edizione per ragazzi)* heraus (von etwas verkürztem Umfang im Vergleich zur *editio major*), die dann mit farbigen Illustrationen 1959 erschien und pünktlich (wie die *editio major*) jedes Jahr nach einer Neuauflage verlangte. Viele Schulklassen der *Scuole Medie* haben ihn als Lektüretext übernommen, und zwar so sehr, daß eine neue Ausgabe nötig wurde, die ausdrücklich für die Schule konzipiert wurde, das heißt jene, die wir heute vorstellen.[19]

Der Roman, so erläutert uns das anagrammatische *alter ego* Italo Calvinos, sucht sich auch bei Kindern und Jugendlichen sein Publikum. Die spezielle Schulbuchausgabe, die hier zur Vertiefung unserer Analyse hinzugezogen wird, enthält – von kleinen Varianten abgesehen – selbstverständlich auch die für die gesamte Romanentwicklung so wichtige Passage, wobei eine Fußnote die bewußte Einbeziehung der Malerei im allgemeinen und des Gemäldes von Fragonard im besonderen verdeutlicht: »Ver-

19 Italo Calvino, *Il barone rampante.* Prefazione e note di Tonio Cavilla, Torino: Einaudi 1980, S. 11. Dieser Schulausgabe ist ein wenig oberlehrerhaft (wen wundert's?) die folgende »Nota dell'editore« vorangestellt: »Zwischen dem eigenen Buch und sich selbst wollte Italo Calvino die Figur eines pingelig genauen Dozenten und Pädagogen, Tonio Cavilla, einführen, der den Text mit kritischer Distanz und jener Seriosität, die dem Autor notwendig schienen, analysiert und kommentiert hat« (ebd., S. 4.).

schiedene Maler des Settecento haben in ihren Gemälden die Szene einer jungen Frau auf einer Schaukel in einem Garten dargestellt; das berühmteste Gemälde zu diesem Thema stammt von Jean-Honoré Fragonard.«[20] Damit wird paratextuell Fragonards Meisterwerk in den literarischen und intermedialen Raum des Romans explizit eingeblendet.

Es sind gerade diese Szenen der Jugend, die in der Schulausgabe recht unverändert und nur wenig gekürzt wiederabgedruckt werden. Dabei verdeutlicht nun ein Kommentar Tonio Cavillas (den wir nicht mit Italo Calvino verwechseln sollten) für die jugendlichen Leser die Dimension des Spiels und dessen Grenzen. So sei das Hinaufsteigen auf die Bäume zunächst ein Spiel gewesen, bevor Cosimo sich das »Und ich komme nicht wieder herunter« (*E io non scenderò piú*[21]) selbst zur Lebensregel gemacht habe:

> Es ist ein Spiel, das er zusammen mit Viola erfunden (wir würden fast sagen: entdeckt) hat. Aber während Viola dazu tendiert, dem Spiel eine kindliche und phantastische Färbung zu verleihen, neigt Cosimo dazu, ein strenges System mit einer moralisch eingefärbten Verbindlichkeit daraus zu machen. Im Gegensatz zu Viola, die dazu neigt, die Regeln zu verändern, ihnen immer neue Bedeutungen zu verleihen und sie auf diese Weise schwach und nicht unverbindlich zu machen, klopft Cosimo plötzlich seinen Ausgangspunkt fest: *Ich steige nicht auf die Erde herunter, weil ich nicht will*, folglich ein Akt des Willens, eine Wahl, die nicht mehr nur eine Laune ist.[22]

Cavilla weist hier auf die Grenzen des Spiels und die Verfestigung seiner Regeln zu Ausdrucksformen einer Wahl und eines Wollens, die nicht mehr dem flexiblen, fast kindlichen Umgang mit den Grenzen bei Viola entsprechen. Mit Cavillas Verbannung Violas in das Reich des Kindlichen und Phantastischen mag man sich mit guten Gründen nicht anfreunden wollen. Doch ist nicht nur Cosimo, ganz im Gegensatz zu seiner Jugendliebe, zunehmend zu einem Moralisten geworden. Denn die Veränderungen und Abweichungen zwischen den beiden Fassungen häufen sich, je weiter der Roman in der Chronologie der Ereignisse und der Biographie seiner Protagonisten voranschreitet.

20 Ebd., S. 37.
21 Ebd., S. 30.
22 Ebd., S. 47 f. (Schulbuchausgabe).

Nach einer langen Phase des Getrenntseins, während deren der Zaubergarten der ersten Begegnung von Cosimo auf seinen täglichen Rundgängen sorgfältig ausgespart worden war und den blinden Fleck seiner Welt auf den Bäumen bildete, sehen sich die Liebenden, um sehr verschiedene Erfahrungen reicher und um Jahre älter, im Zeichen der Schaukel wieder. Die Kreisstruktur dieser Bewegung könnte Erfüllung verheißen. Noch bevor es zum Wiedersehen kommt, ist Cosimo in jenem Garten der Ondariva, »in jener Luft voller Düfte, an jenem Ort, wo Blätter und Holz eine andere Farbe und eine andere Substanz haben«, plötzlich zu einem Gefangenen seiner Erinnerungen an die Kindheit geworden, *preso dai ricordi della fanciullezza.*[23]

Als Viola, nun einundzwanzig oder zweiundzwanzig Jahre alt und glücklich verwitwet, den mittlerweile zum Teil verfallenen Familienbesitz wieder übernimmt, läßt sie sofort wieder die Schaukel am gewohnten Ort aufhängen, noch bevor sie Cosimo auf ebenjenem Baum stehend erblickt, auf dem er ihr zum ersten Male erschienen war. Sie ist kein Kind und keine Jugendliche mehr, sondern eine in Liebesdingen erfahrene Frau, deren stets lustvoll erfahrene Schaukelbewegungen – nicht umsonst erscheint sie Cosimo nun zuallererst in der Gestalt einer Amazone, die die Bewegungen ihres Pferdes auskostet – niemand mehr zügeln kann: Sie kann nun endlich tun und lassen, was ihr Spaß macht.[24]

Und ihr macht sehr viel Spaß, zu viel, als daß es noch Eingang in die *Letture per la Scuola Media* hätte finden können. Wir erreichen die Grenzen einer italienischen Schulbuchausgabe. Daher fehlt in dieser Edition eben jene Grenzüberschreitung, die in der Jugend der beiden Protagonisten erst angedeutet, aber noch nicht vollzogen werden konnte. Wie das Schreiben ist die Liebe in die Höhe, auf die Bäume projiziert[25], in eben jenen

23 Calvino, *Il barone rampante*, a.a.O., S. 185.

24 Ebd., S. 189: »sono vedova e posso fare quello che mi piace«.

25 Zu den Beziehungen zwischen Schreibtechniken und Liebestechniken in den Calvino später wohlvertrauten Theoriebildungen der sechziger und siebziger Jahre vgl. Brian Edwards, »Deconstructing the Artist and the Art: Barth and Calvino at Play in the Funhouse of Language«, in: *Canadian Review of Comparative Literature* (Edmonton) XII, 2 (june 1985), S. 264-286; sowie Linda C. Badley, »Calvino ›engagé‹: Reading as Resistance in ›If on a Winter's Night a traveler‹«, in: *Perspectives on Contemporary Literature* 10 (1984),

Raum, den Fragonards Gemälde dafür noch offengehalten hatte. Die beiden Liebenden erobern sich nun diesen letzten, von ihnen zuvor noch nicht gemeinsam beherrschten Raum des Gemäldes:

> »Küß mich!«
> Er drückte sie gegen den Stamm, küßte sie. Als er aufblickte, wurde er ihrer Schönheit gewahr, als hätte er sie niemals zuvor gesehen. »Mein Gott: wie schön du bist ...«
> »Für dich«, und damit knöpfte sie ihre weiße Bluse auf. Ihre Brüste waren jung, mit rosa Wärzchen. Cosimo konnte sie nur eben streicheln, Viola entschlüpfte ihm über die Zweige, daß es schien, als flöge sie, er kletterte hinter ihr her und hatte ihren Rock vor Augen. [...]
> Sie erkannten sich. Er erkannte sie und sich selbst, denn in Wahrheit hatte er sich noch nie gekannt. Und sie erkannte ihn und sich selbst, denn obgleich sie sich schon immer gekannt hatte, war es ihr doch noch nie vergönnt gewesen, sich auf solche Weise zu erkennen.[26]

Das paradiesische Versprechen des Apfels ist eingelöst, und die Liebenden werden folglich bald schon aus ihrem Paradies vertrieben. Für die Schulbuchausgabe aber waren vor dieser und anderen Passagen die Grenzen des Spiels erreicht, wohl aus Angst vor jener Situation gemeinsamer Lektüre, die schon Paolo und Francesca in Dantes wahrhaft göttlicher *Comedia* »an jenem Tage« nicht hatte weiterlesen lassen. Nicht auszudenken, was in einer Schule passieren könnte. Auch für unsere beiden Liebenden werden bald danach die Grenzen des Spiels erreicht sein, zu sehr sind sie in ihren gegensätzlichen Liebeskonzeptionen und Weltanschauungen gefangen, als daß sie ein gemeinsames Leben – und sei es wie in Calvinos *Se una notte d'inverno un viaggiatore* in der Form des gemeinsamen Lesens – hätten auf sich nehmen können.

Die Kreisstruktur hat sich geschlossen, damit die auseinanderstrebenden Wege der beiden Liebenden nur um so deutlicher hervortreten können. Ein erstes und zugleich letztes Mal kann

S. 102-111, hier besonders S. 107 f. Im weiteren Horizont der Theorieentwicklung in der zweiten Hälfte des 20. Jahrhunderts vgl. die an Calvinos Spätwerk orientierten Arbeiten von Christine Lessle, *Weltreflexion und Weltlektüre in Italo Calvinos erzählerischem Spätwerk*, Bonn: Romanistischer Verlag 1992; sowie besonders Andreas Gelz, *Postavantgardistische Ästhetik*, a.a.O., zu Calvino besonders S. 187-220.

26 Calvino, *Il barone rampante*, a.a.O., S. 190 f.

Cosimo Viola erfahren, als ob er sie nie in seiner Jugend gekannt hätte. Eine *unio mystica* vollzieht sich hoch oben in den Bäumen, und doch ist sie nur allzu irdischer Natur. Beide haben sie, wenn auch auf unterschiedliche Weise, jene Grenze überschritten, welche die Jugend vom Erwachsensein zu trennen scheint. Dies bedeutet nicht, daß auf der Ebene einer politischen Allegorese die Dynamik von Aufklärung und Utopie erschöpft wäre. Doch beide sind sie zu sehr in ihren eigenen, gemeinsamen Erinnerungen an die Jugend gefangen, als daß sie dieser Jugend noch einmal teilhaftig werden könnten.

In der *Feuerzangenbowle* war dieses Glück dem promovierten Schriftsteller (und Schauspieler) Pfeiffer gerade darum zuteil geworden, weil er sich *nicht* in die eigene Jugend zurückversetzen wollte. Wie bei Orpheus und Eurydike ist es der Blick zurück, der die Bewegung und damit die Zukunft tötet. So könnte am Ende unserer Überlegungen doch noch eine Definition stehen: Denn vielleicht läßt sich Alter definieren als die Beschäftigung mit der eigenen Jugend. Jugend und mehr noch Jugendlichkeit jenseits des Biologischen aber wäre dann – und dies läßt uns alle hoffen – die Beschäftigung mit der Jugend anderer – oder mit einer anderen Jugend.

ELF · PASSAGE ALS TRAVERSE

Die Durchquerung der Mangroven

Das Laboratorium der Menschheit

In einer Gesprächsrunde mit den beiden martinikanischen Schriftstellern Patrick Chamoiseau und Raphaël Confiant am 5. April 1992 in Fort-de-France antwortete der letztgenannte Autor auf die Frage, wie denn die antillanische Gemeinschaft zu fassen und ihre verschiedenen Faktoren und Kommunikationsmodi zu definieren seien, mit dem Hinweis auf die vor der europäischen Kolonisation entstandenen Beziehungen und Austauschformen innerhalb der karibischen Inselwelt: sei doch »lange vor der Ankunft der Europäer« eine »Archipel-Konzeption« (*conception archipélienne*) entstanden.[1] Confiant ging in seiner Bestimmung der aktuellen Entwicklungen und Prozesse noch einen Schritt weiter:

Unsere Inseln sind gleichsam ein menschliches Laboratorium in dem Sinne, daß auf jeder dieser Inseln sich von Angesicht zu Angesicht einander weiße Herren, die zumeist Zuckerrohr anbauten, und eine versklavte Bevölkerung, die überwiegend aus Afrika stammte, gegenüberstanden. Gleichgültig, ob diese Herren Engländer, Spanier, Holländer oder Franzosen und ob diese Afrikaner von der Küste von Guinea, dem Kongo oder anderswoher stammten, so waren doch die Laborbedingungen auf jeder dieser Inseln in etwa die gleichen, sehen wir von bestimmten Varianten einmal ab. Folglich werden die Gesellschaften, die diesem menschlichen Laboratorium entspringen, untereinander große Ähnlichkeiten aufweisen. [...] Gewiß, auf juristischer und politischer Ebene war es für diese Inseln schwierig, sich miteinander zu verbünden: Es war für einen Martinikaner leichter, nach Paris als nach St. Lucia zu gehen. Aber unterschwellig weiteten sich die rudimentären Beziehungen, die sich gebildet hatten, immer mehr aus, und es läßt sich heute sagen, daß die Mehrheit der französischsprachigen Antillaner,

1 Ottmar Ette und Ralph Ludwig, »Points de vue sur l'évolution de la littérature antillaise. Entretien avec les écrivains martiniquais Patrick Chamoiseau et Raphaël Confiant«, in: dies. (Hg.), *Littératures caribéennes – une mosaïque culturelle*. Dossier der Zeitschrift *Lendemains* (Marburg) XVII, 67 (1992), S. 10.

selbst wenn sie Frankreich und Europa im allgemeinen aus häufig materiellen Gründen verbunden bleibt, ein vollständiges Bewußtsein dafür besitzt, zur Karibik zu gehören. Denn alle Stimmen der Karibik sind auf Martinique repräsentiert: die haitianische Musik ist hier präsent, das kubanische Kino ist beim Festival präsent, das Theater der Dominikanischen Republik oder von St. Lucia. Es gibt eine Art wechselseitiger Durchdringungen (*interpénétration*), die mittlerweile von der örtlichen Macht freiwillig akzeptiert wird. Bleibt die ökonomische Frage, gewiß. Denn die Einheit von Völkern, die nichts untereinander austauschen, ist vielleicht künstlich.[2]

Der Verfasser von *Eau de café* betont in diesen Aussagen die Kontinuität und Wirkmächtigkeit eines kulturhistorischen Prozesses, der sich aller politischen, rechtlichen oder wirtschaftlichen Hindernisse zum Trotz in einer bei ihren Bewohnern tief verankerten Raumkonzeption der karibischen Inselwelt niedergeschlagen habe. Die Kopräsenz unterschiedlicher kultureller beziehungsweise massenkultureller Phänomene sorge heute in einem noch verstärkten Maße dafür, daß alle Stimmen der Karibik sich innerhalb des beschränkten Raumes einer einzigen Insel begegnen und gegenseitig befruchten können. Aufschlußreich ist, daß die von Confiant genannten kulturellen Ausdrucksformen stets die akustische Dimension, bisweilen auch in der Form einer sekundären oder tertiären Oralität, beinhalten und so in der Tat als Stimmen präsent sind. Eine Insel wird gleichsam zur Echokammer, in der diese Stimmen nicht nur in einen Dialog, sondern mehr noch in eine akustische Brechung und Spiegelung der einzelnen klanglichen Phänomene eintreten.

Die von Raphaël Confiant insistierend benutzte Metaphorik ist jene des »menschlichen Laboratoriums«, die sich im übrigen auch immer wieder in der Forschungsliteratur zum Thema findet. So sprach etwa Hans-Jürgen Lüsebrink in seiner 1995 gehaltenen Antrittsvorlesung an der Universität Saarbrücken davon, daß der »frankophone Kulturraum« insgesamt »in stärkerem Maße als irgendein anderer Kulturraum dieser Erde« ein »Laboratorium interkultureller Konstellationen von faszinierender Vielgestaltigkeit« darstelle.[3] Mit Hilfe der Metaphorik des *labo-*

2 Ebd., S. 10 f.

3 Hans-Jürgen Lüsebrink, »›Identités mosaïques‹. Zur interkulturellen Dimension frankophoner Literaturen und Kulturen«, in: *Grenzgänge* (Leipzig) II, 4 (1995), S. 21. Zahlreiche weitere Beispiele ließen sich leicht beibringen.

ratoire humain wird die von Confiant für den karibischen Inselraum skizzierte Entwicklung nicht nur auf die Abgeschlossenheit und den Experimentcharakter eines quasi wissenschaftlichen (Menschen-)Versuches bezogen, sondern zugleich in ihrer Bedeutung und Einzigartigkeit auf die gesamte Menschheit ausgeweitet.

Bereits in ihrem ursprünglich als Vortrag auf dem »Festival caraïbe de la Seine-Saint-Denis« am 22. Mai 1988 präsentierten und im darauffolgenden Jahr einflußreich bei Gallimard publizierten kulturtheoretischen Manifest *Eloge de la Créolité* hatten Jean Bernabé, Patrick Chamoiseau und Raphaël Confiant diese Dimension ins Auge gefaßt, wollten sie doch ihren »Blick in das Chaos dieser neuen Menschheit, die wir darstellen«, werfen.[4] Die vor dem Hintergrund eines positiven, von Edouard Glissant übernommenen Chaos-Begriffs entfaltete planetarische Dimension, innerhalb welcher das kollektive »Wir« der Kreolität sich als Repräsentant einer neuen (Schöpfungsgeschichte der) Menschheit in Szene setzt, beinhaltet auch eine nicht ganz so neue, insbesondere an Frantz Fanon, René Depestre und erneut Edouard Glissant entwickelte Konzeption einer »noch stotternden und unbeweglichen karibischen Zivilisation«.[5] Dabei funktioniert die Annahme der »amerikanischen Dimension« als »unser Raum in der Welt«[6] gleichsam im Sinne Homi K. Bhabhas als ein *third space*[7], ein dritter Raum, der sich jenseits der Bipolarität der »Hypnosen Europa und Afrika«[8] anbot. Dem kolonialen, an Europa ausgerichteten und dem antikolonialen, sich an Afrika orientierenden Diskurs kann auf diese Weise ein postkolonialer Diskurs folgen, der eine neue Raumkonzeption ermöglicht.

Ziel der jungen Autoren des breit rezipierten Manifests war es, »diese antillanische Zivilisation in ihrem amerikanischen Raum«[9] zu verstehen und damit in der amerikanischen Hemi-

4 Jean Bernabé, Patrick Chamoiseau und Raphaël Confiant, *Eloge de la Créolité*, Paris: Gallimard/Presses Universitaires Créoles 1989, S. 22.

5 Ebd.

6 Ebd.

7 Vgl. Homi Bhabha, »The Third Space«. Interview, in: Jonathan Rutherford (Hg.), *Identity, Community, Culture, Difference*, London: Lawrence and Wishart 1990, S. 207-221.

8 Bernabé/Chamoiseau/Confiant, *Eloge de la Créolité*, a.a.O., S. 21.

9 Ebd., S. 22. Die oftmals auftretende Synonymie zwischen *caribéen*

sphäre anzusiedeln. Die Verortung in Amerika, die vor dem Hintergrund der Geschichte insbesondere der Kleinen Antillen keineswegs selbstverständlich ist, ergibt sich aus einer doppelten Frontstellung gegen den kolonialen wie den neokolonialen Diskurs einer Ausrichtung an Europa und insbesondere Frankreich (unter Einschluß der Departementalisierung und Reterritorialisierung im Sinne von *Départements d'Outre-Mer*) einerseits und dem Gegen-Diskurs einer sich an Afrika ausrichtenden *Négritude* andererseits. Die Re-Präsentation des Eigenen im amerikanischen Raum hält gleichwohl in einem dialektischen Prozeß die interkontinentalen Beziehungen im kollektiven Gedächtnis lebendig, so daß der Anspruch, paradigmatisch für die »neue Menschheit« sprechen zu dürfen, untermauert werden kann. Die Antillen erscheinen nicht länger als der Ort des Dispersen, sondern als ein Ort, an dem das Disperse künftig zusammengeführt, zusammengefügt werden kann.

Nun ist die Zukunftsdimension der Labormetaphorik unübersehbar, aber keineswegs neu. Gerade in den auf die amerikanische Hemisphäre bezogenen kulturwissenschaftlichen und kulturtheoretischen Arbeiten der achtziger und neunziger Jahre findet sie sich mit großer Regelmäßigkeit. So sprach der in México lebende argentinische Kulturtheoretiker Néstor García Canclini, die zentrale Figur der »neuen lateinamerikanischen Kulturtheoretiker«, mehrfach in seinen Schriften von einem »interkulturellen Laboratorium«, wobei er in seinem einflußreichen, 1990 erschienenen Hauptwerk *Culturas híbridas* in New York und vielleicht mehr noch in Tijuana die »Laboratorien der Postmoderne« auszumachen glaubte.[10] In der Tat sind neben dem karibischen Raum die *borderlands* zwischen México und den USA zum bevorzugten Gegenstand »territorialisierender« Erörterungen und Auseinandersetzungen über Fragen der Kul-

und *antillais*, die bisweilen auch einer wechselseitigen Abgrenzung im antillanischen Diskurs Platz macht, soll uns hier nicht weiter beschäftigen.

10 García Canclini, *Culturas híbridas*, a.a.O., S. 293; vgl. auch S. 301. García Canclinis »Laboratorien der Postmoderne« zielen freilich nicht auf eine Fusion unterschiedlicher Ingredienzien, sondern eher auf eine Potenzierung heterokliter Reibungsflächen ab, ein Umstand, in dem wohl der weitreichendste Unterschied gegenüber dem Kreolitätsdiskurs zu erkennen ist.

turtheorie wie insbesondere kollektiver Identitätsprozesse geworden.

Dies hat Tradition. Seit mehr als hundert Jahren stellen neben den USA die Karibik und der mexikanische Raum bevorzugte Regionen für Theorien dar, die hier die künftige Entwicklung der Menschheit vorgezeichnet sehen. Dabei soll an dieser Stelle nicht nur auf die Tatsache aufmerksam gemacht werden, daß sich von dem 1895 im Freiheitskampf gefallenen José Martí bis hin zu dem 1959 an die Macht gekommenen Fidel Castro die innerhalb sehr unterschiedlicher historischer Kontexte funktionierende Überzeugung beobachten läßt, der karibische Raum sei in politischer Hinsicht jener Ort, an dem sich die weitere Geschichte der Menschheit notwendig entscheiden werde.[11] Denn nicht weniger aufschluß- und folgenreich ist die von mehreren Vertretern des mexikanischen *Ateneo de la Juventud* ins Feld geführte These, daß sich gleichsam im Herzen der amerikanischen Hemisphäre jene *raza cósmica*, jene »kosmische Rasse« ausbilde, die als Synthese der gesamten Menschheitsgeschichte eine neue Menschheit (und eine neue Humanität) heraufführen werde.[12] Der Mexikaner José Vasconcelos skizzierte diese Vorstellung in wenigen Worten als einen bemerkenswert linear und – aus großer Höhe betrachtet – geradezu harmonisch verlaufenden Prozeß:

> Wir haben damit vier Etappen und vier Stammwurzeln: Schwarze, Indianer, Mongolen und Weiße. Nachdem er sich in Europa organisierte, hat sich der Weiße in den Invasoren der Welt verwandelt und sich ebenso wie die vorangegangenen Rassen – eine jede in der Epoche ihrer Macht – zur Vorherrschaft berufen gefühlt. Es ist klar, daß auch die Vorherrschaft des Weißen zeitlich begrenzt ist, aber seine Mission ist von jenen seiner Vorgänger verschieden; seine Mission ist es, als Brücke zu dienen. Der Weiße hat die Welt in die Lage versetzt, daß nun alle Typen und alle Kulturen miteinander verschmolzen werden können. Die von den Weißen eroberte und in unserer Epoche organisierte Zivilisation hat die materiellen und moralischen Grundlagen für die Vereinigung aller Menschen in einer fünften universellen Rasse, die die Frucht ihrer Vorgängerinnen und die Überwindung alles Vergangenen ist, gelegt.[13]

11 Zahlreiche Beispiele für diese Auffassung finden sich in Ottmar Ette, *José Martí.* Teil I: *Apostel – Dichter – Revolutionär. Eine Geschichte seiner Rezeption*, Tübingen: Niemeyer 1991.

12 Vgl. hierzu die Erörterungen im siebten Kapitel dieses Bandes.

13 José Vasconcelos, »La raza cósmica (Fragmento, 1925)«, in: ders.,

In einem die lateinamerikanischen Identitätsdebatten während des gesamten 20. Jahrhunderts mitprägenden geschichtsphilosophischen Rundumschlag, der ein fünfstufiges Modell der Menschheitsentwicklung entwarf, sah Vasconcelos mithin nach der Dominanz der Schwarzen, der Indianer, der Asiaten und der Weißen nun eine fünfte Epoche heraufziehen, die freilich von der vierten, der aktuellen Epoche der Herrschaft der Weißen her geprägt und vorbereitet sei. Wichtig ist für uns weniger, daß sich Vasconcelos' Konzeption an einer kulturellen Vorherrschaft der weißen, okzidentalen, »lateinischen« Kultur als unhinterfragbarem Leitschema orientierte; entscheidend ist im Hinblick auf unsere Fragestellung vielmehr, daß die neue, »kosmische« Rasse wie in einem gigantischen Laboratorium in der Neuen Welt in Entstehung begriffen sei und gleichsam die Zukunft der gesamten Menschheit in sich tragen solle.

Die mythologische Dimension dieses genetisch, kulturell wie geschichtsphilosophisch begründeten Prozesses der Mestizisierung (*mestizaje* bzw. *métissage*) mag vor dem Hintergrund aktueller Kulturkonzepte zwar auf der Hand liegen.[14] Doch verfehlte

Obra selecta. Estudio preliminar, selección, notas, cronología y bibliografía de Christopher Domínguez Michael, Caracas: Biblioteca Ayacucho 1992, S. 88 (interessant ist nicht zuletzt die hier verwendete Baum- und Wurzelmetaphorik). Derartige Teleologien werden bis zum heutigen Tag ganz selbstverständlich auch auf andere Regionen und Staaten der amerikanischen Hemisphäre (wie etwa die USA oder Brasilien) projiziert; vgl. hierzu den ursprünglich 1968 erschienenen Entwurf der Menschheitsgeschichte des brasilianischen Essayisten und Anthropologen Darcy Ribeiro, *Der zivilisatorische Prozeß.* Herausgegeben, übersetzt und mit einem Nachwort von Heinz Rudolf Sonntag, Frankfurt am Main: Suhrkamp 1983. Vasconcelos wie Ribeiro waren – wenn auch zu unterschiedlichen Zeiten – Erziehungsminister ihrer jeweiligen Länder. Die amerikanischen Verbindungen eines solchen Diskurses liegen auf der Hand, schließen selbstverständlich auch Nordamerika mit ein, entwickeln allerdings in allen Regionen unterschiedliche Varianten.

14 Vgl. die auf den frankophonen Kontext bezogene neuere Studie von Roger Toumson, *Mythologie du métissage*, Paris: P.U.F. 1998. Dort heißt es ohne Umschweife: »Die Geschichte des *métissage* ist eine Mythologie« (S. 12). Und nicht weniger unzweideutig ist die polemische Verurteilung der Kreolität, die Toum son auf einen simplen Nenner zu reduzieren sucht: »Der Diskurs der Kreolität ist die neue dialektale Form, die im frankophonen literarischen Feld der

dieser Diskurs seine Wirkung auf viele Zeitgenossen nicht, die – wie Alfonso Reyes – geradezu triumphierend ihr eigenes neues Selbstverständnis aus der modellgebenden Anbindung des kollektiven »Wir« an die Menschheitsgeschichte gewinnen konnten; so jubelte der Schöpfer von *Ifigenia cruel*: »Wir sind eine Rasse menschlicher Synthese. Wir sind der wahre historische Saldo.«[15]

Hinter diesen und ähnlichen Formulierungen verbarg sich nicht zuletzt die Umkehrung eines Raumkonzepts, insoweit nun die Ränder der ehemaligen Hegemonialkultur sich in postkolonialem Kontext in die dynamischen Zentren der »eigentlichen«, fundamentalen Entwicklung verwandelt hatten. Wir wissen, daß diese Hoffnungen in Lateinamerika noch immer ihrer Erfüllung harren. Doch die Euphorie einer derartigen Vision ist noch heute den letztlich auf den *Métissage*-Gedanken aufruhenden Identitätskonzepten und ihrer oftmals bemühten Metaphorik des Laboratoriums anzumerken. Ihre Attraktivität scheint das Ideologem des *mestizaje* oder *métissage* noch immer nicht eingebüßt zu haben, ebensowenig wie ihre grundlegende Tendenz zu einer sich letztlich stets homogenisierenden und verfestigenden, ihre Dynamik verlierenden Identitätskonzeption. Denn der Topos scheint seinen Ort verändert zu haben und in der *frankophonen* Karibik heimisch geworden zu sein. Dieser Problematik und ihrer Ortsveränderung, aber auch kreativen Gegenentwürfen soll daher im folgenden unsere Aufmerksamkeit gelten.

Die Logik des Weder-Noch und die Zeit der »Täten«

Mit der Geste eines Manifests oder einer Proklamation setzt der *Eloge de la Créolité* von Bernabé, Chamoiseau und Confiant ein:

> Weder Europäer noch Afrikaner noch Asiaten: wir proklamieren uns als Kreolen. Dies wird für uns eine innere Haltung sein, besser: eine Wachsamkeit oder, besser noch: eine Art mentaler Hülle, in der sich unsere Welt bei vollem Bewußtsein der Welt erbauen wird.[16]

alte koloniale und paternalistische Mythos des *métissage* annimmt« (ebd., S. 20).

15 Reyes, *Obras Completas*, a.a.O., Bd. XI, S. 134.

16 Bernabé/Chamoiseau/Confiant, *Eloge de la Créolité*, a.a.O., S. 13.

Die vom ersten Satz des Manifests an ausgerufene Identität betont ihr Bewußtsein und ihre Offenheit für die Welt, beruht zugleich aber auf scharf formulierten Ausgrenzungsmechanismen, die Europa, Afrika und Asien – als »reine« Verkörperungen des Anderen – aus dem eigenen kreolischen Identitätsentwurf ausschließen. Die diskursive Mechanik derartiger Ausschlußverfahren ist im karibischen Raum nicht ohne Vorbild. So brachte schon 1964 René Ménil in einem Vortrag in Fort-de-France seine Sichtweise der antillanischen Gesellschaft wie folgt auf den Punkt:

> Weder afrikanisch noch chinesisch, noch indianisch und nicht einmal französisch, sondern schlußendlich antillanisch: *Antillanisch ist unsere Kultur, weil sie im Verlauf der Geschichte in einem originellen Synkretismus all diese Elemente vereint und miteinander kombiniert hat, die aus den vier Himmelsrichtungen der Welt herkamen, ohne doch ein einzelnes dieser Elemente im besonderen zu sein.*[17]

An die Stelle des »Antillanischen« ist in der Konfrontation beider Passagen das »Kreolische« auf eben jene Weise gerückt, in welcher die *créolité* die *antillanité* zwar nicht zerstören, wohl aber weiterführend verdrängen und letztlich überwinden will. So überrascht auch nicht, daß das *Lob der Kreolität* in einem langen, ebendieser Kreolität gewidmeten Abschnitt ein kreisförmiges Raummodell präsentiert, in dessen Zentrum (und in Fettschrift) die *Martiniquais, Guadeloupéens, Haïtiens, Jamaïcains, Sainte-Luciens, Dominicains, Trinidadiens, Guyanais, Curaçolègnes* und schließlich *Surinamiens* gerückt wurden.[18] Außerhalb des Kernbereichs der Kreolität finden sich – mit dem Zentrum nur durch die Achse »geopolitischer Solidarität« verbunden, Inseln wie Cuba, Puerto Rico oder Barbados wieder, während eine Achse »anthropologischer Solidarität« die ebenfalls randständigen Seychellen, Kapverden, Hawaii oder Sansibar mit dem Kern verbindet. Nicht nur eine neue Identität, sondern auch eine neue Zentralität wird manifest. Die hierarchische Strukturierung des Raumes kann trotz aller nuancierenden Kommentare das grundlegende Problem nicht vergessen machen, daß ein dichotomisch verankertes Raummodell von Zen-

17 René Ménil, »Problèmes d'une Culture Antillaise«, in: ders., *Tracées. Identité, négritude, esthétique aux Antilles*, Paris: Laffont 1981, S. 32.

18 Bernabé/Chamoiseau/Confiant, *Eloge de la Créolité*, a.a.O., S. 33.

trum und Peripherie nun aus der Karibik für die Karibik vorgeschlagen wird.

Der *ninisme*, die Logik des Weder-Noch[19], der bereits den ersten Satz des Manifests von 1988 wie auch die angeführte Passage des Vortrags von 1964 charakterisiert, legt einen Identitätsentwurf nahe, der nach außen auf Hierarchisierung und gradueller Ausgrenzung und nach innen – nicht zuletzt auch über die Verwendung der ersten Person Plural – auf einer angestrebten Homogenisierung beharrt. Längst ist ein sich auf den *ninisme* gründender Identitätsdiskurs zu einem wichtigen Versatzstück antillanischer Autorinnen und Autoren geworden.[20]

19 Ich entlehne diesen Begriff nicht nur den angeführten Zitaten, sondern zugleich Roland Barthes, der im theoretischen Teil seiner 1957 in Buchform erschienenen *Mythologies* einige Hauptfiguren des bürgerlichen Mythos herausarbeitete, deren fünfte er als *ninisme* bezeichnete und wie folgt definierte: »Ich nenne so jene mythologische Figur, die darin besteht, zwei Gegensätze aufzustellen, den einen mit Hilfe des anderen ins Gleichgewicht zu bringen und sie dann beide zu verwerfen. (Ich will *weder* dies *noch* jenes.) Es ist eher eine Figur des bürgerlichen Mythos, denn sie geht aus einer modernen Form des Liberalismus hervor. Man findet hier auch die Figur der Waage wieder: Das Reale wird zunächst auf Analoga reduziert; diese werden dann gewogen; schließlich, nachdem man die Gleichheit festgestellt hat, befreit man sich von ihnen. Auch hier liegt ein magisches Verhalten vor: Man stellt einander gegenüber, zwischen dem zu wählen unangenehm war; man entflieht dem unerträglichen Realen, indem man es auf zwei Gegensätze zurückführt, die sich nur in dem Maße das Gleichgewicht halten, in dem sie formal und um ihr spezifisches Gewicht erleichtert sind. Das Weder-Noch kann degradierte Formen annehmen: In der Astrologie zum Beispiel folgt auf die Übel gleichartiges Gutes; dies wird immer vorsichtig in einer Perspektive des Ausgleichs vorausgesagt: Ein Schlußgewicht macht die Werte, das Leben, das Schicksal usw. unbeweglich; man braucht nicht mehr zu wählen, man muß ertragen.« Barthes, *Mythologies*, a.a.O., S. 715.

20 Ein schönes Beispiel hierfür bieten die beiden Guadeloupaner Hector Poullet und Sylviane Telchid, bei denen man gleich zu Beginn eines neueren Essays liest: »In ganz außergewöhnlicher Form hat die Geschichte aus uns, Männern und Frauen der Kreolität, Wesen der Grenze gemacht. Weder Schwarze noch Weiße, noch Afrikaner, noch Europäer, noch Indianer und nicht einmal Amerikaner: unsere kulturelle und genetische Hybridisierung, die uns lange Zeit behindert hat, werden wir nunmehr dazu verwenden, um unsere eigene

Aufschlußreich ist es, einen Zusammenhang zwischen diesen Ausgrenzungsmechanismen des *ninisme* und einem auf der Karibikinsel Jamaica verfaßten, auf Kingston, den 6. September 1815 datierten Brief herzustellen. Der Verfasser dieser »Antwort eines Amerikaners an einen Herren von dieser Insel«, die den Charakter eines politischen Manifests trägt und unter dem Titel *Carta de Jamaica* in die Geschichtsbücher eingegangen ist, war kein Geringerer als der südamerikanische Freiheitsheld und *Libertador* Simón Bolívar. Er schrieb in seinem Aufruf zur Einheit im fortgesetzten Kampf gegen die spanische Kolonialherrschaft, daß »wir« *(nosotros)* eine »kleine Menschheit« seien und »eine Welt für sich« besäßen, die, »von weiten Meeren umzäunt, neu in fast allen Künsten und Wissenschaften, wenn auch in gewisser Weise alt in den Gebräuchen der zivilen Gesellschaft« sei, und fuhr fort:

> aber wir, die wir kaum Überreste dessen, was in anderer Zeit einmal war, besitzen, und die wir andererseits weder Indianer noch Europäer sind, sondern eine mittlere Spezies zwischen den rechtmäßigen Eigentümern des Landes und den spanischen Usurpatoren: daß wir folglich Amerikaner von Geburt und unsere Rechte die von Europa sind, wir also müssen den einen das Land streitig machen und uns der Invasion der Invasoren zum Trotz in ihm halten; so befinden wir uns in dem außerordentlichsten und kompliziertesten Falle [...].[21]

Auch in diesem über 170 Jahre früher verfaßten Manifest wird die Zuflucht in einem Zwischenraum, einem dritten Raum gesucht, wobei – freilich in einem ganz anderen historischen Kontext – die Konstruktion dieses Zwischenraumes mit Hilfe von Ausgrenzungsmechanismen erfolgt, welche die Heterogenität der eigenen Situation durch den insistierenden Rekurs auf ein als homogen angenommenes kollektives Subjekt in der ersten Person Plural überspielen soll. Gerade die Ausgrenzungsmechanis-

Milchstraße zu erforschen.« Hector Poullet und Sylviane Telchid, »›Mi bèl pawòl mi!‹ ou Eléments d'une poétique de la langue créole«, in: Ralph Ludwig (Hg.), *Ecrire la »parole de nuit«. La nouvelle littérature antillaise*, Paris: Gallimard 1994, S. 181.

21 Simón Bolívar, *Carta de Jamaica. The Jamaica Letter. Lettre à un Habitant de la Jamaïque*, Caracas: Ediciones del Ministerio de Educación 1965, S. 69. Aufschlußreich ist hier Bolívars Verwandlung der weiten kontinentalen Kolonialgebiete Spanisch-Amerikas in vom Meer umgebene Inseln.

men des *ninisme*, der Figur und Logik des Weder-Noch aber belegen, wie sehr die Tendenz besteht, den Gegen-Identitäten eine eigene, möglichst kohärente Identität entgegenzustellen. So erweist sich das Manifest der *Créolité* als ein wahrhaft amerikanischer Diskurs mit independentistischen Traditionen und macht uns auf die nicht notwendigerweise immer bewußten *gesamtamerikanischen* Verbindungen aufmerksam. Gerade angesichts dieser großen historischen Kontinuität von Diskursmustern ist jedoch Skepsis nicht fehl am Platze: Denn es handelt sich letztlich nicht um den Entwurf wirklich *pluraler* Identitäten, sondern um die Durchsetzung eines Wir im Zeichen einer neuen Verteilung und Rezentrierung von (nicht immer nur diskursiver) Macht.

Schnell wird aus dem menschlichen Laboratorium ein nationales Territorium. Man könnte die These wagen, daß die evidenten diskursiven Parallelen zwischen den Texten von Ménil, Bernabé, Chamoiseau, Confiant, Poullet oder Telchid sowie Bolívar nicht immer auf intertextuellen Relationen, sondern vielmehr auf der Teilhabe an bestimmten Grundstrukturen einer postkolonialen Situation aufruhen. Nicht umsonst hat Eric Williams in seinem erstmals 1970 erschienenen Buch *From Columbus to Castro* – das Maryse Condé ins Französische übersetzte[22] – auf den möglicherweise ephemeren Status der französischen Übersee-Departements aufmerksam gemacht:

Während die Ansicht der Mehrheit auf Martinique und Guadeloupe heute die Beibehaltung der engen Verbindungen mit Frankreich bevorzugt, wird die Zeit – dafür sprechen gute Gründe – sicherlich zeigen, daß die gegenwärtigen Arrangements keine endgültige Lösung des Problems dieser Territorien darstellen.[23]

22 Eric Williams, *De Christophe Colomb à Fidel Castro. L'histoire des Caraïbes 1492–1969*. Traduction de Maryse Condé avec la collaboration de Richard Philcox, Paris: Présence Africaine 1975.

23 Eric Williams, *From Columbus to Castro: The History of the Caribbean 1492–1969*, New York: Vintage Books 1984, S. 514. Vgl. hierzu Frauke Gewecke, *Die Karibik. Zur Geschichte, Politik und Kultur einer Region*, Frankfurt am Main: Vervuert 1984, S. 59: »Für die große Mehrheit der Bevölkerung ist der Preis der politischen und wirtschaftlichen Abhängigkeit, den sie für ihren relativen Wohlstand zahlt, ein bereitwillig erbrachtes Opfer.« Der in einem »Annexe« der

Im Kontext der Debatten um die Zukunft der französischen Überseedepartements kommt Identitätsentwürfen – gerade in auf öffentliche Wirkung bedachten Gattungen wie dem Manifest oder der Proklamation – eine eminent politische Bedeutsamkeit zu. Ob dem in das *Lob der Kreolität* integrierten Identitätsdiskurs eine strategische oder doch eher eine taktische, auf die Schaffung einer Einheit abzielende Bedeutung eignet, wird erst künftig abschließend zu beurteilen sein. Zum jetzigen Zeitpunkt aber läßt sich bereits sagen, daß sich der dort manifestierende Identitätsentwurf noch immer mehr einer »verwurzelten Identität« *(identité-racine)* als einer »relationalen Identität« *(identité-relation)* zuneigt. Edouard Glissant hat in seiner *Poétique de la Relation* versucht, die erstere dahingehend zu bestimmen, daß sie sich auf einen Schöpfungsmythos gründe, von dem sich eine (gewaltsam durchgesetzte) Filiation ableiten läßt; deren Rechtfertigung erhebt den Anspruch auf ein Stück Erde, das dadurch in ein eigenes Territorium verwandelt werden kann.[24] Die *identité-relation* hingegen gründe sich nicht auf einen Schöpfungsmythos, sondern auf ein bewußtes und widersprüchliches Erleben von Kulturkontakten, werde nicht von der »Filiation«, sondern der »chaotischen Verkettung der Relation« geprägt, poche nicht auf eine Legitimität, sondern zirkuliere innerhalb einer »neuen Ausdehnung«, sei nicht an ein Territorium und dessen Prozesse des Be-Greifens und Er-Greifens rückgebunden, sondern feiere das »Denken der *errance* und der Totalität«.[25]

Angesichts der von Glissant angestrebten Verabschiedung eines »verwurzelten« Identitätsbegriffs und seines Plädoyers zugunsten einer relationalen Identitätskonzeption wäre aus der aktuellen Perspektive sehr wohl zu fragen, ob man das zurückliegende Jahrhundert – just so, wie eine bestimmte Phase in der Entwicklung der historischen Avantgarden als »Die Zeit der Is-

Eloge de la Créolité beigegebene politische Entwurf betont die »insuläre« Souveränität Martiniques und Guadeloupes, wobei eine »mono-insuläre Souveränität« nur eine möglichst kurze Etappe auf dem Weg zu einer »Karibischen Konföderation« sein solle (*Eloge de la Créolité*, a.a.O., S. 58). Auf diesen Punkt komme ich in Zusammenhang mit der Mangroven-Metaphorik zurück.

24 Vgl. Edouard Glissant, *Poétique de la Relation*, Paris: Gallimard 1990, S. 157 f.

25 Ebd., S. 158.

men«[26] benannt werden konnte – in Hinblick auf postkoloniale Identitätsentwürfe nicht als die Zeit der Täten (beziehungsweise der *Ités* oder *Dades*) bezeichnen könnte. Denn Neologismen wie »Argentinität«, »Cubanität« oder »Mexikanität« (*argentinidad, cubanidad, mexicanidad* etc.) sowie *américanité, canadianité* oder in neuerer Zeit im karibischen Raum *haïtianité, antillanité* und mehr noch *créolité* beinhalten spatiale und identifikatorische Elemente, die als Analogiebildungen ihrerseits auf letztlich stabilisierende Entwürfe kollektiver Ident*ität* verweisen. Sie haben zwar Wortschöpfungen wie *doudouisme, indigénisme / indigenismo* oder *afrocubanismo, negrismo* und *criollismo* (die bisweilen in einer größeren Nähe zu den Ismen der Avantgarde stehen) ebenso wie die *négritude* konzeptionell abgelöst und überwunden, scheinen nunmehr aber ebenso wie jener Begriff an eine Grenze gekommen zu sein, der im Zentrum dieser Wortbildungen steht: Dies ist unzweifelhaft der auf einer Entität und Essentialität aufruhende Begriff der Identität selbst. Denn dieser scheint letztlich doch immer *radikal* im Sinne einer alles um sich gruppierenden Wurzel zu sein und kann in den aktuellen kulturtheoretischen Debatten kaum noch ohne zusätzliche Hinzufügungen verwandt werden, die – wie auch das jüngere Beispiel *transitional identities / identités transitoires*[27] zeigen mag – einem tendenziell immer wieder dem Statischen zuneigenden Konzept Vielfalt und Bewegung nachträglich einzuschreiben, aufzuprägen versuchen. So ist etwa von »pluralen«, »multiplen« oder »nomadischen« Identitäten die Rede, ohne daß derartige Oxymora doch der Gefahr einer Fest-Schreibung gänzlich entgingen.

26 Vgl. Asholt/Fähnders (Hg.), *Manifeste und Proklamationen der europäischen Avantgarde*, a. a. O., S. 195. Die Herausgeber verweisen darauf, daß dieser Begriff auf die von El Lissitzky und Hans Arp bereits 1925 vorgelegte Zusammenschau der europäischen Avantgarde der Jahre 1914 bis 1924 unter dem Titel *Die Kunstismen / Les Ismes de l'Art / the Ismes of Art* zurückgeht. Eine Kritik an den »-tés« und »-tudes« und den Gefahren ihrer Verfestigung findet sich auch im letzten Abschnitt der vom Konzept der »Insularisierung« ausgehenden Studie von Mireille Rosello, »Caribbean insularization of identities in Maryse Condé's work. From ›En attendant le bonheur‹ to ›Les derniers rois mages‹«, in: *Callaloo* XVIII, 3 (1995), S. 577.

27 So der Titel eines Symposions, das im April 2000 an der Universität Mainz stattfand.

Die Proliferation, das Wuchern der Identitätsbegriffe ist am Ende des 20. Jahrhunderts so augenfällig, die Allgegenwart von Identitätsdiskursen weltweit so erdrückend, daß man bisweilen nicht umhinkann, im rhizomatischen und dezentralen Wachstum von Identitätsbegriffen selbst das Verfahren zu erkennen, kraft dessen kollektive Identität den sich verändernden soziokulturellen Bedingungen noch angepaßt werden kann. Man darf sich angesichts der hier nur skizzierten, im folgenden anhand der Analyse einiger Aspekte von Maryse Condés *Traversée de la Mangrove* entwickelten Problemstellungen sehr wohl fragen, ob der Begriff der Identität zumindest für »imaginierte« oder »konstruierte« Gemeinschaften als solcher überhaupt noch geeignet ist, jene kulturellen wie kulturtheoretischen, literarischen wie literaturwissenschaftlichen Verschiebungen zu fassen, welche die Identitätsdiskussion zumindest der vergangenen beiden Jahrzehnte geprägt haben. Mit anderen, Goyas berühmtem *Capricho* »El sueño de la razón produce monstruos« entliehenen Worten: Noch ist unklar, ob es der Traum oder der Schlaf der Identität und mehr noch der identifikatorischen Vernunft ist, der die Ungeheuer erzeugt.

Die Wucherungen des Identitätsbegriffes innerhalb eines längst nicht mehr überschaubaren semantischen Feldes zeigen an, um welchen Preis Identität noch zu haben ist: um den Preis einer unendlichen Verkettung von Begriffen, deren Wachstum nicht mehr linear und hierarchisch, sondern mehrdimensional und rhizomatisch ist. In diesem Sinne, so scheint mir, geht es in Hinblick auf die Entwicklungen des Identitätsbegriffs im letzten Viertel des 20. Jahrhunderts weniger um eine Explosion[28] dieses Terminus als vielmehr um eine Wucherung, welche durch die Einbeziehung transnationaler, postkolonialer, gender-spezifischer, transkultureller und hybridisierter Problematiken ungeheuer intensiviert worden ist. Die »Wiederherstellung« eines einheitlichen, »zentrierten« Identitätsbegriffes wird im 21. Jahrhundert zumindest innerhalb demokratischer, pluralistischer

28 So die Einschätzung des britischen Kulturtheoretikers Stuart Hall, der von einer »wirklichen diskursiven Explosion um das Konzept der »Identität« im Verlauf der letzten Jahre« spricht; vgl. Stuart Hall, »Introduction: Who Needs ›Identity‹?«, in: Stuart Hall und Paul Du Gay (Hg.), *Questions of Cultural Identity*. London/Thousand Oaks/ New Delhi: Sage Publications 1996, S. 1.

und vielkultureller Strukturen – seien sie multikulturell-statisch oder transkulturell-mobil – nicht mehr möglich sein. Man wird den Begriff der Identität als Kampfbegriff sicherlich nicht ausrotten, vielleicht aber doch als kulturtheoretisches Konzept ausmustern können.

Das Laboratorium Maryse Condés

Der im Jahre 1989, also am Ende des 1918 begonnenen »kurzen« 20. Jahrhunderts fast zeitgleich mit dem *Eloge de la Créolité* erschienene Roman *Traversée de la Mangrove*[29] markiert im Schaffen der guadeloupanischen Autorin Maryse Condé und weit über die karibischen Literaturen hinaus ohne jeden Zweifel einen literarischen Höhepunkt. Die 1937 in Pointe-à-Pitre geborene Autorin hatte 1953 ihre Heimatinsel wie viele Bewohner der 1946 in *Départements d'Outre-Mer* umgewandelten französischen Ex-Kolonien in Richtung Paris verlassen, lange Jahre in verschiedenen Ländern Afrikas und erneut in Europa verbracht und war 1986 nach Guadeloupe zurückgekehrt, von wo aus sie seither regelmäßig Gastdozenturen in den USA wahrnimmt. Nach einer ersten Reihe von Romanen, die sich vorwiegend in Afrika ansiedeln und antillanisch-afrikanischen Kulturbeziehungen widmen, zählt *Durchquerung der Mangrove* zu einer zweiten Phase in Condés Romanschaffen, die sich seit der Veröffentlichung von *La vie scélérate* 1987 auf den antillanischen Raum konzentriert.[30]

29 Maryse Condé, *Traversée de la Mangrove. Roman*, Paris: Mercure de France 1989.

30 Der bei Seghers in der Reihe »Wege der Identität« (*Chemins de l'identité*) veröffentlichte Roman *La vie scélérate* brachte bereits auf dem Klappentext Biographie und Romandiegese in Deckung: »Nach *Ségou* und *Moi Tituba, sorcière* (Grand prix littéraire de la Femme) legt Maryse Condé hier endlich den Roman vor, der die Rückkehr der großen Romanautorin nach Guadeloupe, ihrem Heimatland, markiert.« Auf das Thema des Spiels mit dem Motiv der Rückkehr komme ich zurück; bereits hier sei jedoch angedeutet, daß Maryse Condé sicherlich die paratextuelle Präsentation ihrer Texte wie ihrer Biographie sehr bewußt wahrgenommen und wohl auch kontrolliert hat. Die paratextuelle Dimension des Condéschen Schaffens, in dem sich stets wichtige Angaben für die »Vermarktung« ihrer Texte und mehr noch aufschlußreiche Interpretationsangebote finden,

Im Gegensatz zu den vorangehenden Romanen bedient sich die guadeloupanische Autorin, die 1973 an der Sorbonne in Vergleichender Literaturwissenschaft promovierte und die nicht nur deswegen oder aufgrund ihrer zahlreichen literaturkritischen und kulturtheoretischen Veröffentlichungen, sondern auch wegen ihres weiten Lesehorizontes als *poeta docta* angesprochen werden kann, in *Traversée de la Mangrove* des Verfahrens einer enormen raum-zeitlichen Konzentration. Der Roman ist klar strukturiert und gliedert sich in die drei Teile »Abenddämmerung« *(Le serein)*, »Nacht« *(La nuit)* und »Morgendämmerung« *(Le devant-jour)*, wobei der Bereich der Nacht, der seinerseits in zwanzig verschiedene, mit Titeln versehene Kapitel untergliedert ist, den eigentlichen Hauptteil darstellt. Der erste und der dritte Teil weisen alle Charakteristika einer *exposition* und eines *dénouement* auf. Die sich in dieser Einteilung bereits andeutende temporale Progression umfaßt inhaltlich die Zeit zwischen Abenddämmerung und Morgendämmerung und quantitativ mit einem Umfang von 265 Seiten einen Lesestoff, der bei einer durchschnittlichen Lesegeschwindigkeit innerhalb von zwölf Stunden bewältigt werden kann.[31] Der Roman kann damit zwischen Abend- und Morgendämmerung gelesen werden, die Erzählzeit (verstanden als Zeitdauer des Erzählens) fällt mit der Lesezeit (als Zeitdauer des Lesens) in eins.

Diese doppelte, produktions- wie rezeptionsästhetisch fundierte Einheit der Zeit findet ihre Fortsetzung in der Einheit des Raumes. Die innerhalb der genannten Zeitspanne angesiedelten Ereignisse situieren sich in Rivière au Sel, einem von der Außenwelt recht abgeschlossenen Weiler der Insel Guadeloupe. Es verwundert nun nicht mehr, daß sich Maryse Condé auch an die Einheit der Handlung hielt und somit die für die klassische französische Tragödie des 17. Jahrhunderts geltende Regel der drei (aristotelischen) Einheiten berücksichtigte. Als Theaterautorin

harrt noch einer genaueren Untersuchung. Einen Überblick über die räumliche Dimension bietet die Analyse der vier Romane *Hérémakhonon*, *Une Saison à Rihata*, *La vie scélérate* und *Traversée de la Mangrove* in Ute Fendler, *Interkulturalität in der frankophonen Literatur der Karibik. Der europäisch-afrikanisch-amerikanische Intertext im Romanwerk von Maryse Condé*, Frankfurt am Main: Verlag für Interkulturelle Kommunikation 1992.

31 Eine mir vorliegende Textaufsprache umfaßt eine Dauer von circa elfeinhalb Stunden.

hatte sie mit dieser »klassischen« Regel bereits erfolgreich experimentiert, wie ihr am 14. April 1988 in Pointe-à-Pitre und am 26. April 1988 in Fort-de-France aufgeführtes Stück *Pension Passatwind*[32] belegen mag. Nicht umsonst ist dieser Text bereits im Untertitel als *Pièce en cinq tableaux* und damit als ein in die klassischen fünf Akte aufgeteiltes Stück charakterisiert und stellt in Hinblick auf die Fokalisierung von Zeit, Raum und Handlung in gewisser Hinsicht ein Vorspiel von *Durchquerung der Mangrove* dar.

Die Einheit der Handlung wird dadurch hergestellt, daß die inhaltliche Grundstruktur – um den Roman eines anderen (circum-)karibischen Schriftstellers zu zitieren – einer Art »Chronik eines angekündigten Todes«[33] folgt. Im Unterschied zur 1981 erschienenen *Crónica de una muerte anunciada* des Kolumbianers Gabriel García Márquez geht es in *Traversée de la Mangrove* nicht – wie die Leserin oder der Leser des ersten Teiles »Abenddämmerung« noch glauben könnte – um einen Mordfall, dessen nähere Umstände im Modus des Kriminalromans erkundet und präsentiert würden. Auch in Condés Roman ist der Tod angekündigt, jedoch nicht als Echowirkung einer Verkündigung durch die Mörder selbst, welche die Mitbewohner des Provinzstädtchens in Mittäter verwandelt, sondern durch ein Fatum, das in einer langen Geschichte jener Familie, der die Hauptfigur des Romans angehört, stets die männlichen Nachkommen im Alter von fünfzig Jahren auf mysteriöse Weise tödlich trifft. Daher ist der angekündigte Tod, von dem Francis Sancher selbst immer wieder den Bewohnern des Weilers berichtet und der ihn ereilt hat, bevor sich gleichsam der Vorhang des Erzählstückes hebt, auch nicht in allen Einzelheiten zu analysieren und zu rekonstruieren. Die Gründe für den Tod bleiben im dunkeln und verweisen auf jene Unbestimmtheitsstellen[34], die Maryse Condé in großer Zahl in ihren Roman eingewoben hat und die auf der Inhaltsebene jene

32 Maryse Condé, *Pension Les Alizés. Pièce en cinq tableaux*, Paris: Mercure de France 1988.

33 Gabriel García Márquez, *Crónica de una muerte anunciada*, Barcelona: Bruguera 1981.

34 Vgl. hierzu etwa Wolfgang Iser, »Die Appellstruktur der Texte« sowie »Der Lesevorgang«, in: Rainer Warning (Hg.), *Rezeptionsästhetik. Theorie und Praxis*, München: Fink ^{2}1979, S. 228-252 und S. 253-276.

unregelmäßigen Lücken bilden, die der Leserschaft sehr unterschiedliche Deutungsmöglichkeiten überantworten.

Bevor wir uns näher mit der Struktur und mehr noch mit der Strukturierung des Romans beschäftigen, dürfen wir bereits festhalten, daß die Einheit von Raum, Zeit und Handlung, die an die experimentelle, verschiedene Kettenreaktionen ermöglichende Ausgangssituation von *Chronik eines angekündigten Todes* erinnert und mit diesem Roman der hispanoamerikanischen Karibik eine Reihe von strukturellen Parallelen teilt, *Traversée de la Mangrove* in eine Art menschliches und zugleich literarisches Laboratorium verwandelt. Nicht die Inszenierung einer naturwissenschaftlich begründeten Kausalität wird behauptet, wie sie im Naturalismus produktiv geworden ist, oder die Herstellung einer Versuchssituation angenommen, wie sie den französischen Surrealisten als Basislager für die Erkundung ihrer von Sigmund Freud mitgeprägten Vorstellungen von der Funktionsweise des menschlichen Unbewußten diente. Es geht vielmehr – und dies ist in gewisser Weise ein kubistisches Unterfangen, wie wir es schon bei Max Aubs *Jusep Torres Campalans* und José Enrique Rodós *Motivos de Proteo* beobachten konnten – um die Darstellung eines Ereignisses aus möglichst unterschiedlichen Perspektiven, so daß die Abgeschlossenheit und Wiederholbarkeit der Versuchsbedingungen eines Labors nicht zwischen einer Vielzahl von Objekten und einer zentral gestellten und als objektiv ausgegebenen Perspektive trennen. Vielmehr werden die Versuchsobjekte selbst zu Subjekten, zu Akteuren innerhalb eines erzähltechnisch wie kulturtheoretisch bedeutsamen Versuches, in dem die Ränder und die Grenzen literarischer Repräsentationen, menschlicher Identitätsentwürfe und kulturwissenschaftlicher Begrifflichkeiten erprobt werden. So läßt sich *Traversée de la Mangrove* – freilich in einem ganz anderen Sinne als bei Raphaël Confiant in der eingangs angeführten Passage – als ein »menschliches Laboratorium« deuten und verstehen, in welchem die Dimension der Menschlichkeit, der Humanität, in der Tat als ethisch-moralisches Fundament des gesamten Erzählvorgangs gelten darf.[35]

35 Vgl. hierzu Françoise Lionnet, »Toward a New Antillean Humanism: Maryse Condé's ›Traversée de la mangrove‹«, in: dies., *Postcolonial Representations. Women, Literature, Identity*, Ithaca/London: Cornell University Press 1995, S. 69-86.

Romanstruktur und Raumstruktur

Zu Beginn des Romans ist dessen Hauptfigur gerade verstorben. Folglich setzt der erste Teil von *Traversée de la Mangrove* mit einer Retrospektive ein, in deren Verlauf sich »Mademoiselle Léocadie Timothée, eine seit gut zwanzig Jahren pensionierte Lehrerin«[36], an die Umstände erinnert, wie sie bei einem nächtlichen Spaziergang zu ihrem großen Schrecken auf die Leiche von Francis Sancher stieß. Erstmals wird jener Mann skizziert, der die ambivalente, zugleich anwesende und abwesende Zentralfigur des Romans darstellt:

> Kein Zweifel, er war es.
> Mit dem Gesicht im fetten Dreck steckend und mit seinen verdreckten Kleidern konnte man ihn an seinen breiten Schultern und seinem lockigen, leicht angegrauten Haarschopf erkennen.[37]

Das Gesicht jenes Mannes, um dessen in einem Sarg mit Glasfenster aufgebahrte Leiche sich fünf Tage später – Parallelen zur Geschichte der Auferstehung Christi sind keineswegs rein zufälliger Natur – viele Bewohner von Rivière au Sel zur Totenwache versammelt haben, ist zum Boden gewendet, fast mit der Erde schon eins geworden; und doch ist dieser Mann durch Körperbau und Haarfarbe kenntlich, identifizierbar. Das von Francis Sancher selbst angekündigte Schicksal hat sich an seinem eigenen Leib vollzogen, seine gesichtlose Gestalt im Schlamm weist voraus auf jene Passage, in der sich die von ihrem Zuhause geflohene und bei Sancher Zuflucht suchende Vilma an ihr erstes Zusammentreffen in seinem geheimnisumwitterten und von Dobermann-Hunden bewachten Haus erinnert. Francis saß gerade an seiner Schreibmaschine:

> »Du siehst, ich schreibe. Frag' mich nicht, wozu das gut ist. Im übrigen werde ich dieses Buch niemals beenden, denn bevor ich überhaupt die erste Zeile fand und wußte, was ich an Blut, an Lachen, Weinen, an Angst und Hoffnung, all dem eben, was ein Buch zu einem Buch und nicht einer nervtötenden Abhandlung macht, hineintun würde, hatte ich schon, halb wirr im Kopf, seinen Titel gefunden: ›Durchquerung der Mangrove‹.«

36 Condé, *Traversée de la Mangrove*, a. a. O., S. 11.
37 Ebd., S. 12.

Ich zuckte mit den Schultern.
»Man durchquert keine Mangrove. Man spießt sich an den Wurzeln dieser Manglebäume auf. Man versinkt und erstickt in dem brackigen Dreck.«
»So ist es, genau so ist es.«[38]

Die Erfüllung des Fatums ist nicht nur durch die Lexemrekurrenz von »Dreck« *(boue)* mit dem Schreibakt verbunden, sondern auch durch die Präsenz der Mangroven, die ebenso Maryse Condés wie Francis Sanchers Buch den Titel geben. Für den Letztgenannten ist der Schreibakt zugleich mit dem Bewußtsein von Endlichkeit, mit der Gewißheit des eigenen Todes noch vor Abschluß des Buches und dadurch mit dem eigenen Scheitern verknüpft. Gleichviel, ob wir Condés Roman für eine Fortsetzung oder eine Ersetzung von Francis Sanchers Buchprojekt halten: Er schreibt sich ein in eine Verdoppelungsstruktur, die ein Selbstreflexivwerden des Schreibens durch die Spiegelung in einem anderen, einem männlichen *alter ego*[39] erlaubt. Damit ist der Raum des Schreibens – freilich auf andere Weise als in Balzacs *Sarrasine*[40] – mit einer transsexuellen, die Geschlechtergrenzen querenden geschlechterspezifischen Dimension von Literatur verbunden. Und der Roman ordnet sich zugleich ein in ein semantisches Feld, innerhalb dessen das Schreiben, das Verfassen eines Buches, mit Zeit, Raum und Handlung – mit der Erfahrung der Endlichkeit von Existenz im Bild des Todes, mit der Erfahrung von Raum im Zwischenraum der Mangroven und mit der Erfahrung von Bewegung im Versuch, diese Mangrovennatur zu queren – untrennbar verknüpft ist. Doch bevor wir uns

38 Ebd., S. 202 f.

39 Diese Parallelität betrifft auch das Gefühl der Fremdheit und des Fremdseins, das Maryse Condé noch Jahre nach ihrer »Rückkehr« nach Guadeloupe dort – nicht zuletzt auch in den Massenmedien – entgegenschlug. Ein schönes Beispiel hierfür ist ein 1995, aus Anlaß eines ihr zu Ehren veranstalteten Kolloquiums in Pointe-à-Pitre geführtes Interview, in dem ebenso wie in seiner paratextuellen Einbettung sogar ein wenig Feindseligkeit gegenüber der Schriftstellerin durchzuhören ist: Maryse Condé, »Interview à l'occasion du VI Salon du Livre à Pointe-à-Pitre: Hommage à Maryse Condé«, in: *Tévé-Magazine* (Pointe-à-Pitre) 285 (11-17 mars 1995), S. 3 f.

40 Zu den »Geschlechtsumwandlungen« in Balzacs Novelle vgl. Kapitel 5.

weiteren Aspekten dieser bereits paratextuell durch den Titel des Romans gegebenen Strukturierung widmen, soll die *Struktur* des Condéschen Romans in ihren Grundzügen abschließend herausgearbeitet werden.

Denn die Erinnerung Léocadie Timothées, mit welcher der Roman einsetzt, führt hin zu einer Struktur, in der sich in zwanzig Kapiteln insgesamt neunzehn verschiedene Romanfiguren an den anwesenden Abwesenden, den einer Autopsie, die keine Indizien für eine Mordtat ergab, unterzogenen und nun aufgebahrten Toten erinnern und dabei ihr persönliches Verhältnis ebenso zu Francis Sancher wie zu anderen Bewohnern des Dorfes reflektieren. Die Tatsache, daß neben Léocadie, die nicht nur im ersten[41], sondern auch im zweiten Teil des Romans zu Wort kommt, auch die junge Mira Lameaulnes, die ein Kind von Francis Sancher zur Welt gebracht hat, das Privileg besitzt, zweimal zu Wort zu kommen, bewirkt nicht nur, daß die Romanstruktur dadurch eine kleine Abweichung erfährt[42], sondern weist auch beiden Frauen eine Sonderstellung innerhalb des gesamten Romangeschehens zu. Beide jagen bei ihrem ersten Treffen Francis Sancher einen gehörigen Schrecken ein, sieht er sich doch in beiden mit dem von ihm erwarteten Tod (frz. *la* mort) konfrontiert; beide stolpern über ihn in der Nacht, wobei das erste Zusammentreffen zwischen Mira und Francis zu einer ersten körperlichen Vereinigung führt, die Leben und Tod, Todesangst und Lebenslust miteinander verschmelzen läßt; und beide Frauen, auch die schon über achtzigjährige Léocadie, behaupten von sich, in einer bestimmten (und gewiß sehr verschiedenen) Weise Geliebte von Francis Sancher gewesen zu sein.

Innerhalb der weitgehend, wenn auch – wie bereits betont – nicht vollständig symmetrischen Struktur des Romans umschließen das zehnte und elfte Kapitel rein numerisch die Zentralachse des Erzähltextes; es handelt sich um jene Kapitel, in denen zunächst Léocadie Timothée (zum zweiten Male) und danach »Cyrille, der Geschichtenerzähler« zu Wort kommen.[43] Anhand

41 Freilich sind Léocadies Worte zurückgebunden an eine Erzählerstimme, die im Grunde die Schwundstufe einer auktorialen Erzählerfigur markiert.

42 Dies mag ein erster Hinweis auf das Durchkreuzen absolut symmetrischer Strukturen sein.

43 Ginge man von der Präsenz von neunzehn sich direkt äußernden

der Figur der mit dem Jahrhundert geborenen Léocadie wird nicht nur die individuelle, von sexuellem Begehren und Unerfülltsein geprägte Biographie der Schulgründerin von Rivière au Sel dargestellt, sondern zugleich auch die kollektive Geschichte des 20. Jahrhunderts mit ihren politischen, ökonomischen, gesellschaftlichen und kulturellen Veränderungen Guadeloupes[44] in wichtigen Aspekten brennspiegelartig repräsentiert. Der Geschichtenerzähler Cyrille wiederum steht für die orale Kulturtradition der Antillen und eröffnet den Konventionen entsprechend seine Performanz, seinen Auftritt im Rahmen der Totenfeier, mit der standardisierten Formel »Yé krik, yé krak!«[45], die den »Pakt« zwischen Erzähler und Zuhörer bekräftigt. Das Reich dieses Geschichtenerzählers ist die Nacht: Cyrille bringt jenes »nächtliche Wort«, jene *parole de nuit*[46], zu Gehör, die den kulturtragenden Kern der oralen Kulturen nicht nur der frankophonen Karibik ausmacht. Gleichzeitig verweist er aber auf die Tatsache, daß Maryse Condé selbst den Hauptteil ihres Romans in der Nacht ansiedelt, die Tradition der *oraliture* (zusammen mit anderen volkskulturellen Elementen wie den eingestreuten Vignetten) mithin sehr bewußt in ihre schriftkulturelle Romanschöpfung aufgenommen hat. Cyrille wird – neben dem Lokal-

Romanfiguren aus, so verliefe die Zentralachse durch das zehnte, Léocadie gewidmete Kapitel. Es scheint mir freilich überzeugender, von der Anzahl der Kapitel (und nicht der berichtenden Romanfiguren) auszugehen und so im Zentrum des gesamten Buches einen Zwischenraum, einen Leerraum zwischen zehntem und elftem Kapitel zu konstatieren, so wie sich die Romanfiguren selbst bei der Totenwache um ein leeres Zentrum versammeln.

44 Vgl. zu diesem Aspekt Jean-Pierre Piriou, »Modernité et tradition dans ›Traversée de la mangrove‹«, in: *L'Œuvre de Maryse Condé. A propos d'une écrivaine politiquement incorrecte.* Actes du colloque sur l'œuvre de Maryse Condé, organisé par le Salon du Livre de la ville de Pointe-à-Pitre (Guadeloupe), 14–18 mars 1995, Paris/Montréal: L'Harmattan 1996, S. 115-125.

45 Condé, *Traversée de la Mangrove*, a.a.O., S. 161.

46 Vgl. die Entfaltung dieses glücklich gewählten Begriffes durch den 1927 in Französisch-Guyana geborenen und zum Teil auf Guadeloupe aufgewachsenen Schriftsteller und Kritiker Berthène Juminer: »La parole de nuit«, in: Ludwig (Hg.), *Ecrire la »parole de nuit«*, a.a.O., S. 131-149; sowie die »Introduction« zu diesem Band von Ralph Ludwig (S. 13-25) mit ihrer wichtigen Thematisierung des Verhältnisses von Mündlichkeit und Schriftlichkeit.

historiker Emile Etienne und dem Möchtegernromancier Lucien Evariste – aus dieser Perspektive zu einer weiteren »Erzähler«-Figur, in der sich Genese und Akt des Erzählens/Schreibens autoreflexiv im Anderen spiegeln.

Wie Francis Sancher gelingt aber auch diesen männlichen Figuren nicht, was Maryse Condé gelingt: einen Roman (über das Erzählen und damit das »nächtliche Wort«) zu schreiben. Die geschlechterspezifische Dimension des Romans ist folglich in bezug auf das Schreiben sehr wohl gewichtet. Ihre kreative Grenze verläuft entlang der Scheidung zwischen romaninternen und romanexternen Elementen, zwischen den männlichen Erzählerfiguren und der realen Autorin und beinhaltet damit eine starke Selbstreflexion bezüglich der eigenen Position als Schriftstellerin in einer Welt, in welcher den Männern das (mündlich oder schriftlich) *veröffentlichte* Wort zu gehören scheint.

Doch kehren wir zu den beiden gegensätzlichen Figuren der zentral gestellten Kapitel zurück. Mit Cyrille und Léocadie treten uns im Zentrum des Romans zwei gegensätzliche und zugleich komplementäre Figuren entgegen: Steht der eine für die Kraft einer oralen Erzählkultur, so steht die pensionierte Lehrerin und Schuldirektorin für die Stärke einer schriftkulturellen Bildungsinstitution, die sich im Verlauf des Jahrhunderts selbst in Rivière au Sel immer mehr festigen konnte; steht der eine für die Präsenz des männlichen, so die andere für jene des weiblichen Elements; ist Cyrille ein umherziehender *conteur*, so ist Léocadie eine Figur des Seßhaften, deren Bewegungen sich größtenteils um Schule und Haus anordnen. Beide verkörpern sie aber auch die Zweigliederung des Raumes, der im Zentrum der Romandiegese steht: Innenraum und Außenraum der Totenfeier.

Denn die *veillée* findet in jenem etwas außerhalb des Weilers befindlichen »exzentrischen« und von zwei Höllenhunden bewachten Haus statt, jenen Dobermanns, die ihren Herrn so sehr liebten, ihn jedoch nicht vor dem Tode schützen konnten und nun, nach seinem Ableben, von den Bewohnern des Ortes nicht mehr gefüttert werden, so daß sie pausenlos »aus Hunger und Verzweiflung« toben.[47] Die eigentliche Totenwache ist zweigeteilt und gliedert sich in einen Innenraum, wo sich vor allem die Frauen um den Leichnam versammelt haben, und einen Außen-

47 Ebd., S. 25.

raum, wo Cyrille seine Rätselspiele und Geschichten präsentiert.[48] Auch bei der Totenwache selbst wird traditionsgemäß getrauert und gefeiert, gebetet und getrunken, ein Fest des Todes und des Lebens begangen.

Von diesem in mehrfacher Hinsicht folglich zweigeteilten Raum aus entsteht durch die individuelle Arbeit der Erinnerung an den Toten ein komplexes Bild nicht nur des Francis Sancher und der Bewohner von Rivière au Sel, sondern auch der Inselwelt selbst. *Traversée de la Mangrove* ist ein Gedächtnisbuch, in dem die individuelle Erinnerung ein kollektives Gedächtnis bildet, ohne doch in diesem aufzugehen. So entsteht aus der Doppelung von Innenraum und Außenraum in der Art ineinandergesteckter chinesischer Schachteln eine Romandiegese, deren Raumstruktur vom »leeren« (da leblosen) Zentrum des Sarges über das Haus Sanchers und den Mikrokosmos des Weilers, der über Petit Bourg, einen kleinen Ort höherer Zentralität, an Pointe-à-Pitre angebunden ist, reicht und sich auf eine sich ständig erweiternde Raumgliederung hin öffnet, in der zunächst die zweigekammerte Insel, dann die Französischen Antillen und Guyana, sodann die karibische Inselwelt mit Cuba und Haiti, die circumkaribischen Küstensäume von *Tierra firme* bis Louisiana, danach der amerikanische Kontinent insgesamt, die Beziehung zu Europa mit der Sonderstellung der ehemaligen Kolonialmacht Frankreich, endlich aber auch Afrika und – zumindest am Horizont – Indien (etwa in den Träumen Sylvestre Ramsarans von einer künftigen Indienreise) erscheinen. Auf diese Weise entfaltet sich ebenso zwanglos wie gleichsam magisch aus den Erinnerungen der Romanfiguren eines gottverlassenen, auf den

48 Vgl. zu diesen Präsentationsformen Poullet/Telchid, »›Mi bèl pawòl mi!‹ ou Eléments d'une poétique de la langue créole«, a.a.O., S. 184 f.: »– *Krik?*, fragt der Erzähler (»Hört ihr mir zu? Folgt ihr mir? Seid ihr noch immer bei mir?«). – *Krak!* antworten die Zuhörer (»Ja, wir hängen an deinen Lippen«). Im Spiel, das der Erzähler mit seinem Publikum veranstaltet, spielen die »tim-tim« – Rätsel-Formeln, die der Erzählung der kreolischen Geschichte vorausgehen – eine wichtige Rolle.« Dort findet sich auch die Feststellung, die *veillée mortuaire* sei »eine Manifestation des Lebens (Musik, Trommeln, Essen, Getränke), aber auch der Freude (Lachen, Scherze, Spiele), als wollte man den Angehörigen des Verstorbenen dabei helfen, ihren Schmerz besser zu ertragen, indem man ihre Aufmerksamkeit auf anderes lenkt (das Schweigen hätte den Tod wirksamer, schmerzhafter gemacht)« (ebd., S. 189).

ersten Blick von der Außenwelt weitgehend abgeschnittenen Ortes auf Guadeloupe das faszinierende Bild einer wahrhaft globalisierten Welt, anhand deren das literarische Verfahren einer scheinbaren Beschränkung, in Wahrheit aber der brennspiegelartigen Konzentration und Verdichtung in Raum, Zeit und Handlung seine Kraft und auch sein Faszinosum gewinnt.

Strukturierung und Bewegung

Läßt sich die Raumstruktur in ihrer Anlage in der Tat mit russischen Puppen oder ineinandergesteckten chinesischen Schachteln vergleichen, deren Zentrum »leer« bleibt, so krankt diese Metapher an der in ihr zum Ausdruck kommenden Statik, wenn wir nach der spatialen Strukturierung des Romans fragen und darunter eben nicht mehr die abstrakte, also »abgezogene« und zugleich stillgestellte Raumgliederung verstehen, sondern ein Bild der miteinander kommunizierenden Teile und Bereiche entwerfen. Erst auf dieser Ebene ergibt sich eine in Bewegung gesetzte Struktur, eine *Strukturierung* also, die sich nicht nur durch ihre große Offenheit und hohe Mobilität, sondern mehr noch durch ihre Multipolarität und Verbindungsvielfalt auszeichnet. Denn Leserin und Leser bemerken bald, daß sich im weiteren Fortgang des Romans ein immer dichteres Netzwerk herausbildet, das die unterschiedlichen Positionen nicht vermittelt über einen zentralen Blickpunkt, sondern unmittelbar und direkt miteinander verknüpft.

Schon in der Exposition wird deutlich markiert, daß die vielfältigen Bewegungen ebenso individueller wie kollektiver beziehungsweise gesellschaftlicher Natur sind. Umstrukturierung und Abbau der Zuckerindustrie und damit der traditionellen, von den Sklavenhaltergesellschaften ererbten wirtschaftlichen Basis werden bereits im ersten Teil des Romans eingeblendet, um in der Folge darauf aufmerksam zu machen, daß Carmélien, der Sohn des aus einer indischen Kontraktarbeiterfamilie stammenden und zu Wohlstand gekommenen Sylvestre Ramsaran, nach Paris geht, um dort Medizin zu studieren. In erlebter Rede wird die Reaktion der Dorfbewohner wiedergegeben:

> Was denn, ein Ramsaran als Mediziner! Daß die Leute nicht an ihrem Platz bleiben können! Der Platz der Ramsaran war auf dem Land, Zuckerrohr oder was immer! Ein Glück, Gott ist groß! Carmélien war

mit Höchstgeschwindigkeit aus Bordeaux zurückgekehrt, wo ihn eine Krankheit gepackt hatte. Das war nur gerecht. Man soll nicht höher furzen, als der Arsch ist. In derlei Fällen tut das Leben seine Pflicht und bringt den Ehrgeizigen wieder zur Räson.[49]

Diese traditionalistische »Vernunft« *(raison)*, die sich auf die Sprichwörter der mündlichen Kultur stützt und am liebsten jedwede Mobilität in der Gesellschaft unterbinden würde, wird nicht recht behalten, sondern grundlegende Bewegungen ebenso individueller wie kollektiver, ebenso topographischer wie sozialer Natur akzeptieren müssen. Guadeloupe ist in einen beschleunigten und nicht mehr zu bremsenden Umwandlungsprozeß eingetreten, den – so scheint es – nichts aufzuhalten vermag. Demgemäß zeichnen sich die verschiedenen Bewegungen von Beginn an nicht nur vor dem Hintergrund einer Gesellschaft ab, die fundamentalen Veränderungen unterworfen wird; sie ordnen sich zugleich in eine Diachronie ein, die Bewegungen sowohl im Raum als auch in der Zeit aufzeichnet.

Die Dynamik dieses Raum- und Romanmodells ist beeindrukkend. Mit dem zweiten Teil des Romans erreichen wir die Nacht und damit den Raum einer oft quälenden Selbstvergewisserung der Romanfiguren und eines Erzählens, das in direkter, indirekter und erlebter Rede, im inneren Monolog wie im Dialog, im Singular wie im Plural der ersten wie der dritten Person, aus der Perspektive von Geschäftsleuten und Tagelöhnern, von Briefträgern und Vagabunden, von Lehrerinnen und Schülerinnen, von Geschichtenerzählern und angehenden Historikern, von Studentinnen und rechtlosen haitianischen Immigranten, von Heilerinnen und Behinderten, von Hausfrauen und Prostituierten, von weißen *békés* und den Nachfahren schwarzer Sklaven, von hellen Mulattinnen und dunkelhäutigen Mestizen die einzelnen Bruchstücke einer Romandiegese und mehr noch einer *histoire* sammelt, die doch niemals vollständig sein und immer ungezählte Zwischenräume, Unbestimmtheitsstellen, Fragmentierungen und Brüche enthalten werden. Ihre Raumstruktur ist uns bereits bekannt; ihre Zeitstruktur reicht bis in die Frühzeit der französischen Kolonialherrschaft zurück und führt bis in die unmittelbare Nähe der Erzählzeit (verstanden als die Zeitebene der Totenwache gegen Ende der achtziger Jahre des 20. Jahrhunderts auf Guadeloupe), ja, greift perspektivisch in die Zukunft aus.

49 Condé, *Traversée de la Mangrove*, a.a.O., S. 20.

Am Eingang dieser Nacht des Erzählens erklingt – freilich noch vermittelt durch eine Erzählerfigur, die im weiteren Verlauf des Romans stärker zurücktritt – die Stimme von »Moïse, Maringoin genannt, der Briefträger«[50], die Stimme jener Figur also, die Francis Sancher nach dessen Ankunft in Rivière au Sel als erste (und einzige) half. Moïse ist zugleich der einzige, der – wie er sich stolz wiederholt – den wahren Namen des Fremden kannte; von ihm erfahren wir, daß die an Francis Sancher gerichteten Briefe als Adressaten einen gewissen Francisco Alvarez-Sanchez [sic!] nannten. Er stellt den Kontakt mit dem Fremden her und bemerkt, daß dieser weder von der Insel stammt noch ein *négropolitain*, also ein Antillaner ist, der lange Zeit in der *métropole* gelebt hätte, und er bietet dem Ausländer von Beginn an seine Hilfe an.[51]

Daß es sich bei dieser ersten Romanfigur des Hauptteils um einen Briefträger handelt, dürfte kaum dem Zufall geschuldet sein. Denn zum einen ist ein Briefträger qua Amt »ein Mann für jeden einzelnen«[52], zum anderen ist er die Figur, die in vieldeutiger Weise die Verbindung mit dem »Mutterland« Frankreich hält. Er wird uns bei seiner Tätigkeit vorgestellt:

> Da man ihm in allen Häusern, wo er anhielt, um Zahlungsanweisungen von Kindern im Mutterland auszuzahlen oder Kataloge von La Redoute in Roubaix oder der Trois Suisses zu verteilen, etwas anbot, hatte er ein wenig Schlagseite, war nicht wirklich betrunken, aber gerade genug, um die alten Wunden zu vergessen und die Straßen singend oder hupend herunterzuscheppern.[53]

Er ist auch in dieser Situation beständig in Bewegung. Er stellt die finanzielle »Rückversicherung« vieler Antillaner mit Hilfe der Geldtransfers der in Frankreich lebenden Angehörigen ebenso sicher wie die Verteilung jener französischen Kataloge, die die bunte Welt der Konsumgüter vor den Augen der Inselbewohner ausbreiten. Er avanciert auf diese Weise zu einer Art desakralisiertem Götterboten, der in seinen ständigen Bewegungen ebenso die Geldmittel wie die Verlockungen einer an die Europäische Union rückgebundenen Gesellschaft sichert und

50 Ebd., S. 29.
51 Ebd., S. 31.
52 Ebd., S. 30.
53 Ebd.

zudem pausenlos auch mündliche Nachrichten von einem Ende von Rivière au Sel zum anderen mit oder ohne Auftrag, kostenpflichtig oder portofrei überbringt. Der Briefträger ist eine für Romangeschehen und -strukturierung emblematische Figur, die von Beginn an die Bedeutung der Bewegungsmuster erkennen läßt. Moïse, dessen Name ironisch auf die quasi göttliche Dimension einer bei ihm freilich nicht mehr in die Heimat zurückführenden Bewegung verweist, scheint zu Beginn einen privilegierten Zugang zur Wahrheit zu besitzen.[54] Folglich läßt er sich auch nicht beeindrucken, als kurz nach der Ankunft von Francis Sancher bereits die wildesten Gerüchte über den Herkunftsort, die dunklen Machenschaften und die Verbrechen des Fremden zu wuchern beginnen – als Briefträger und Nachrichtenspezialist ist er daran gewöhnt, Informationen mit gebührender Distanz und Skepsis aufzunehmen und nicht mit Tatsachen zu verwechseln.

Der Beweggrund für seine eigenen Bewegungen ist freilich darin zu suchen, daß er als *mi-Chinois mi-Nègre*[55], als Sohn eines schwarzen Vaters und einer chinesischen Mutter, schon als Kind gehänselt und aus der ebenso dem Rassismus preisgegebenen wie rassistisch denkenden Gemeinschaft ausgeschlossen wurde. Hier liegt eine Art rassistischer *mimisme* vor, der zeigen kann, daß es in diesem »menschlichen Laboratorium« auch gesellschaftlich nicht akzeptierte, als »schlecht« bewertete Formen des *métissage* gibt. Als ihn selbst die respektierliche Prostituierte des Örtchens mit der rhetorischen Frage zurückweist, was denn die anderen sagen würden, wenn sie ihn gewähren ließe[56], bleibt dem Verstoßenen nur noch ein Leben allein, als Briefträger und bewegliches Kommunikationsmedium. Moïse findet keinen eigenen Raum in dieser Gesellschaft, die ihn ausgrenzt. Trotz seiner Träume, Rivière au Sel zu verlassen, bleibt er doch dem

54 So sagt ihm Francis Sancher: »Du bist der Briefträger, nicht wahr? Ich brauch' dir also erst gar nicht Geschichten zu erzählen. Ich heiße Francisco Alvarez-Sanchez. Bekommst du Briefe für diesen Namen, dann sind es meine. Im übrigen bin ich für alle hier Francis Sancher, verstanden?« (ebd., S. 33). Es ist nicht uninteressant, daß das Erzählen von Geschichten *(histoires)* hier mit dem Vertuschen von Wahrheiten gleichgesetzt wird.

55 Ebd., S. 40.

56 Ebd.

Weiler treu, so daß seine Bewegungsmuster einerseits einen begrenzten Radius aufweisen, andererseits aber stets unstet und dezentriert, also ohne ein eigentliches Zentrum, sind.

Hermeneutische Bewegung und transitorische Identität

Traversée de la Mangrove präsentiert eine erstaunliche Vielzahl unterschiedlicher Bewegungsmuster. Am Beispiel von Carmélien hatten wir bereits ein Muster kennengelernt, das in der Literatur wie in der Realität der karibischen Inselwelt von enormer Bedeutung ist und einen Weg vom Weiler oder Dorf über ein kleineres Zentrum und die Inselhauptstadt schließlich zu einer europäischen oder nordamerikanischen Großstadt nachzeichnet, von der aus oftmals kein Weg mehr zurück auf die Heimatinsel führt.[57] Das Scheitern dieses so häufig vorgezeichneten Weges ist nicht nur im Falle Carméliens symptomatisch für Condés Roman – viele andere Romanfiguren, darunter auch Moïse und Désinor werden immer wieder mit diesem Weg als Verlockung konfrontiert. Zwar finden sich in *Traversée de la Mangrove* ebenso zentrifugale wie zentripetale Bewegungsmuster, doch gehen die erstgenannten oftmals überraschend in (stets von der Heimatinsel aus gesehene) zentripetale Bewegungen über.

Die Gründe hierfür sind nicht nur in der Tatsache zu sehen, daß Maryse Condés eigene, nach mehr als drei Jahrzehnten in Europa und Afrika erfolgte (zumindest vorläufige und von regelmäßigen längeren Aufenthalten in den USA begleitete) Rückkehr nach Guadeloupe[58] der Bevorzugung einer Reflexion derartiger

57 Vgl. hierzu Yvette Sánchez, »›Passagers en transit vers la terre promise‹. Migration in der inselkaribischen Prosa«, in: Ette/Ludwig (Hg.), *Littératures caribéennes – une mosaïque culturelle*, a.a.O., S. 36-43.

58 Maryse Condé kleidete ihren 1986 auf Haiti gehaltenen Vortrag in den ironisch auf Aimé Césaires berühmten *Cahier d'un retour au pays natal* anspielenden Titel »Notes sur un retour au pays natal«, in: *Conjonction: Revue franco-haïtienne* 176 (supplement 1987), S. 7-23. In neuerer Zeit wurde diese Art von »return narrative« einer kritischen Beleuchtung ausgesetzt und gar von einem »Césaireschen Komplex der Rückkehr zum Heimatland« gesprochen; vgl.

Bewegungsmuster Vorschub geleistet haben könnte. Denn ein gewichtigeres Motiv ist sicherlich darin zu erkennen, daß die skizzierte Raumstruktur und die mit dieser verbundene Darstellung von Guadeloupe im allgemeinen und von Rivière au Sel im besonderen als Mikrokosmos geradezu nach zentripetalen Bewegungen verlangt, die Guadeloupe (verbunden mit mancherlei xenophoben Begleiterscheinungen) im Lichte eines Einwanderungslandes nicht nur für Haitianer und Dominikaner erscheinen lassen. Jene Inselbewohner, die Rivière au Sel und mehr noch die Insel längst verließen, kommen nicht zu Wort. Gleichwohl sind auf der Insel von *Traversée de la Mangrove* – ganz in jenem Sinne, in dem Raphaël Confiant im Eingangszitat von Martinique behaupten konnte, daß dort »alle Stimmen der Karibik« zu hören seien – in der Tat viele unterschiedliche Stimmen des karibischen Raumes und weit darüber hinaus re*präsent*iert.

Wie im Reisebericht können die einzelnen Bewegungsmuster, die in *Durchquerung der Mangrove* von den Romanfiguren verkörpert werden, als hermeneutische, für die Gesamtdeutung des Romans relevante Bewegungen verstanden werden.[59] Als Bewegungsmodellen des Verstehens ebenso einzelner Romanfiguren wie auch der gesamten literarischen Strukturierung des Romans kommt dabei bestimmten Grundfiguren eine große Bedeutung zu. Ein kurzer Überblick soll uns mit fünf Grundtypen oder Grundfiguren vertraut machen.

So findet sich als *erste* zu unterscheidende Grundfigur das *kreisförmige* Bewegungsmuster ebenso bei Carmélien Ramsaran wie auch bei Emmanuel Pélagie, der dem für die Karibik typischen Weg des Aufstiegs folgt, seine berufliche Karriere in Afrika fortsetzen kann, nach der Rückkehr aber dann aufgrund politischer Disziplinierungsmaßnahmen aus seiner gesellschaftlich angesehenen Stellung entfernt und nach Rivière au Sel strafversetzt wird. An seinem Beispiel werden die durch koloniale beziehungsweise neokoloniale Karrieremuster ausgelösten Entfremdungsmechanismen aufgezeigt. Auch die seit der ersten Reise des Cristóbal Colón Europa und Amerika verbindende »kolonialistische« Kreisstruktur fehlt nicht: Emmanuel Pélagies Frau

Rosello, »Caribbean insularization of identities in Maryse Condé's work. From ›En attendant le bonheur‹ to ›Les derniers rois mages‹«, a.a.O., S. 568.

59 Vgl. das erste Kapitel dieses Bandes.

Dodose ist eine stürmische, sie zunächst erfüllende Liebesbeziehung mit dem unvermittelt auftauchenden Franzosen Pierre-Henri de Vindreuil eingegangen. In den blauen, »dem Himmel gleichen Augen«[60] des jungen Ingenieurs glaubt Dodose endlich das ersehnte liebevolle Verständnis zu finden, das ihr Mann ihr nie gab; und doch verschwindet der *métropolitain* ebenso schnell, wie er gekommen war, nachdem er seiner Geliebten brutal und rücksichtslos mitgeteilt hatte, er sei wieder in die französische Hauptstadt zurückbeordert worden. Pierre-Henri de Vindreuils Kreisstruktur ist die einer politischen und wirtschaftlichen, aber auch sexuellen Ausbeutung: Dodose Pélagie wird nie wieder etwas von ihm hören.

Eine kreisförmige Struktur findet sich aber auch bei Francis Sancher, sobald man nicht nur dessen individuelle Reisebewegungen, sondern jene seiner gesamten Familie einschließlich des Vorfahren, der einst auf Guadeloupe gelebt hatte, berücksichtigt. Das Motiv der Rückkehr nach Guadeloupe muß dabei nicht – wie dies in bezug auf Maryse Condés eigenen Lebensweg im zitierten Klappentext von *La vie scélérate* anklingt – im Modus einer Vollendungsstruktur und positiven Erfüllung erscheinen, sondern kann auch das Scheitern, das Zurückgeworfensein auf die Insel oder die Resignation angesichts eines unausweichlichen Schicksals signalisieren. In der Tat deutet Francis seine Rückkehr an den Ort des Verbrechens seiner Vorfahren als das Eingeständnis, den Teufelskreis des Fluches, der auf den männlichen Familienmitgliedern lastet, nicht mehr durchbrechen zu können und dieser geschlossenen, ausweglosen Kreisstruktur zu erliegen.[61] Daher erscheint es nur als folgerichtig, wenn er gegen seinen eigenen Willen mit Mira und Vilma zwei Söhne zeugt, die ihrerseits diesem Teufelskreis mit seiner blinden Gewalt ausgesetzt sein werden. Elternschaft oder Kinderlosigkeit sind wichtige Aspekte, da durch sie gegebenenfalls überindividuelle Bewegungsmuster in den Roman eingebaut werden können. Betrachten wir also Sanchers Identitätskonfiguration aus genealogischer Perspektive, so zeigt sich, daß wir mit Edouard Glissant von einer (freilich als Falle und Un-

60 Condé, *Traversée de la Mangrove*, a.a.O., S. 219.

61 Ebd., S. 115: »Ich bin hierher gekommen, um Schluß zu machen. Den Kreis schließen. Den Schlußstrich ziehen, du verstehst. In das Ausgangsfeld zurückkehren und alles stoppen.«

glück empfundenen) *identité-racine*, die letztlich die Rückkehr zur (territorialen) Wurzel allen Unheils einfordert, sprechen können. Die *genealogische Filiation*[62] übt dabei eine ebenso überindividuelle wie übermenschliche Gewalt auf den Fremden aus, der er schließlich erliegen muß und erliegen wird. Denn die individuelle Geburt erweist sich nicht als Anfang und Ursprung, sondern verweist nur auf eine Kette vergangener Menschen, vergangener Leiber, die sich in ihm fortpflanzten. So erläutert er dem Briefträger und Götterboten:

> Glaubst du, wir werden an dem Tag geboren, an dem wir auf die Welt kommen? An dem wir ganz klebrig und mit verbundenen Augen in den Händen einer Hebamme landen? Ich sage dir, wir werden lange vorher geboren. Kaum haben wir den ersten Schnaufer Luft geschluckt, sind wir schon haftbar für alle Ursünden, für alle Sünden der Tat oder der Unterlassung, für alle Blut- und Todsünden, die von Männern und Frauen begangen wurden, die längst wieder zu Staub geworden sind, aber die ihre Verbrechen intakt in uns hinterlassen. Ich habe geglaubt, der Strafe entgehen zu können! Es ist mir nicht gelungen!
> Moïse hatte ihn wie das Kind, das er nie haben würde, in seine Arme nehmen und ihm eines jener Wiegenlieder singen müssen, die Shawn ihm früher gesungen hatte:
>
> *Da oben in den Wäldern*
> *Ist ein Ajoupa*
> *Niemand weiß wer wohl dort wohnt*
> *Ist ein Zombi Kalanda*
> *Der dort ißt* …[63]

Die Toten sind nicht wirklich tot[64], denn ihr Leiden, ihre Sünden und Verbrechen führen – wie dies auch mehrere Kinder und Eltern im Roman an sich selbst erkennen – stets zur Kreisstruk-

62 Glissant spricht hinsichtlich dieser wurzelartigen oder verwurzelten Identität von »der verborgenen Gewalttätigkeit einer Filiation, die sich streng aus dieser Gründungsepisode ableitet«; vgl. Glissant, *Poétique de la Relation*, a.a.O., S. 158. Bei Francis Sancher wird die »(Be-)Gründungsepisode« letztlich zu einem Gründungsmythos, da sich die Umstände jenes ursprünglichen Verbrechens niemals mehr gänzlich aufklären lassen.

63 Condé, *Traversée de la Mangrove*, a.a.O., S. 42 f.

64 Vgl. die Äußerungen von Maryse Condé in ihrer Untersuchung der Romane frankophoner Schriftstellerinnen der Karibik zu dem von ihr angeführten Zitat »Die Toten sind nicht tot« von Birago Diop: »Diese zunächst afrikanische Vorstellung ist zutiefst antillanisch.

tur zurück. Und doch ist stets auch die Hoffnung vorhanden, dieser Kreisstruktur zu entfliehen, aus ihrem Zirkel, der bisweilen die Form der Insel annimmt, auszubrechen. Folglich werden am Ende des Buches auch nicht Francis Sancher – halb Christus, halb Zombie – und seine in einen Vers von Saint-John Perse gekleideten Worte der Wiederkehr stehen, sondern die nicht zufällig von einer Frau entworfene gerade Linie eines Ausbrechens aus der geschlossenen insulären Kreisstruktur, aus der Wiederkehr des immer Gleichen:

> Wer war er in Wirklichkeit, dieser Mann, der sich entschlossen hatte, bei ihnen zu sterben? War er nicht ein Gesandter, ein Botschafter irgendeiner übernatürlichen Kraft? Hatte er es nicht immer und immer wieder gesagt: »In jeder Jahreszeit werde ich mit einem grünen und geschwätzigen Vogel auf meiner Faust zurückkehren«? Damals achtete niemand auf seine Worte, die sich im Tumult des Rhums verloren. Vielleicht mußte man von nun an die nassen Luken des Himmels ausspähen, um ihn als Souverän wiedererscheinen und endlich den Honig seiner Weisheit sammeln zu sehen? Als einige sich dem Fenster näherten, um die Farbe des Morgengrauens zu erspähen, sahen sie, wie sich ein Regenbogen abzeichnete, und dies erschien ihnen als ein Zeichen, daß der Verstorbene wahrlich kein Gewöhnlicher gewesen war. Verstohlen bekreuzigten sie sich.
> Dinah schüttelte die Müdigkeit von sich ab und sah vor sich die gerade, schöne und nackte Straße ihres Lebens; sie schlug das Buch der Psalmen wieder auf, und alle antworteten ihrer Stimme.[65]

Die *zweite* Grundfigur räumlicher Verstehensbewegung, das *Pendeln zwischen zwei oder mehreren Orten*, finden wir auf der biographischen Ebene der Autorin mehrfach – auch zum Zeitpunkt der Niederschrift des Romans. Mira, die von ihrem Stiefbruder Aristide in eine inzestuöse Verbindung gezwungen wird, verkörpert in ihrem ständigen Pendeln zwischen dem Haus des ungeliebten Vaters und der erotisch aufgeladenen matriarcha-

Durch alle magischen Praktiken hindurch bleiben die Toten unweit der Lebenden. Man kann jederzeit mit ihnen ins Gespräch kommen […].« Maryse Condé, *La parole des femmes. Essai sur des romancières des Antilles de langue française*, Paris: L'Harmattan 1993 (Erstausgabe 1979), S. 55. Aus dieser Perspektive läßt sich *Traversée de la Mangrove* auch als ein vielfacher Dialog mit dem/den Toten verstehen.

65 Condé, *Traversée de la Mangrove*, a.a.O., S. 265.

lisch-aquatischen Welt des Sturzbachs, der *Ravine*[66], diese Figur vielleicht am deutlichsten. Als *chabine*, als »weiße Mulattin«, ist die bisweilen dem Wahnsinn nahekommende schöne junge Frau, von der die Männer in Rivière au Sel träumen, selbst ein Pendelwesen, ein Wesen der Grenze.[67] Das Oszillieren zwischen den beiden gegensätzlichen Räumen, das nur kurzzeitig im Haus Francis Sanchers zur Ruhe zu kommen schien, markiert einen Identitätsbildungsprozeß, der in äußerster Spannung verläuft und erst mit dem Tod des Fremden für Mira eine neue, emanzipatorische Richtung erhalten kann.

Ein Pendeln zwischen Haus und Schule, wie es Léocadie Timothées Lebensrhythmus jahrzehntelang prägte, kann freilich auch für die Ambivalenz eines Identitätsbildungsprozesses stehen, dessen endgültige Fixierung spätestens mit dem Eindringen der Schuldirektorin in die Wohnung von Déodat Timodent und mit dem Scheitern ihres letzten Versuches, einen Mann und so aus ihrer Sicht eine Erfüllung als Frau zu finden, unabänderlich geworden ist. Ihre Schlaflosigkeit und ihre nächtlichen Spaziergänge, bei denen sie auch auf die Leiche des Fremden trifft, führen diesen nicht zur Ruhe kommenden Prozeß vor Augen. Den gesellschaftlichen Identitätszuschreibungen, die sich in ihrem »Schulweg« ausdrücken, kann Léocadie ebensowenig entrinnen wie ihrer radikalen Vereinzelung und Verhärtung, die sie selbst nach dem Scheitern ihres letzten Ausbruchsversuches in eine Liebesbeziehung durch einen langen Blick in den Spiegel feststellt:

> Als ich am nächsten Morgen wach wurde, schaute ich mich im Spiegel an und sah mich noch häßlicher, noch schwärzer und mit einem Ausdruck, den ich nicht an mir kannte: eine bösartige und harte Erscheinung, verschlossen wie eine Gefängnistüre.[68]

Hier führt die Auseinandersetzung mit dem eigenen nackten Spiegelbild zur Nachholung einer Spiegelphase im Lacanschen Sinne, die den Identitätsbildungsprozeß freilich als vorzeitig fi-

66 Ebenso wie Mira weiß auch Xantippe um diese Dimension der Schlucht: »Ich habe die Sturzbäche benannt, die wie ein weit geöffnetes Geschlecht im feinen Grund der Erde liegen« (ebd., S. 255).

67 Nicht umsonst spricht man den *chabins* oder *chabines* in den mündlichen Volkskulturen der Karibik traditionell magische Kräfte zu.

68 Ebd., S. 155.

xiert und durch die bedrohliche Präsenz des Fremden im Eigenen als »abgeschlossen« und verhärtet erkennen läßt. Wie hinter einer Gefängnistüre scheint die Bewegung zum Stillstand gekommen zu sein. Die Pendelbewegung ist daher ebenfalls eine ambivalente Figur, die nicht nur für die Unabgeschlossenheit eines Lebensprozesses, sondern auch für die Abgeschlossenheit eines gefängnisartigen Raumes stehen kann.

Die *dritte* räumliche Grundfigur stellt die *lineare Reise* von einem Ausgangspunkt zu einem Zielpunkt dar. Wir hatten bereits anhand der letzten Sätze des Romans gesehen, daß diese Linie für Offenheit und Freiheit, für die »Geradlinigkeit« eines Entschlusses stehen kann. Dabei handelte es sich freilich bereits um eine Variante dieser linearen Figur, führt Dinahs Bewegung doch in einen offenen Raum, innerhalb dessen kein Endpunkt angegeben wird. Eine andere, »klassische« lineare Reisebewegung wird durch die von ihrem Vater und ihrem künftigen Mann allein ausgehandelte Heirat Rosas, der Mutter Vilmas, mit Sylvestre Ramsaran ausgelöst. Hier steht die Linie für einen fremden Entscheidungsprozeß. Völlig überraschend hatte ihr Vater ihr eines Tages mit dürren Worten erklärt:

»Sylvestre Ramsaran kommt heute zum Essen. Du wirst sehen, das ist ein anständiger Kerl. Du wirst in Rivière au Sel wohnen. Das ist weit weg, in Basse-Terre. Aber jeden Monat bringt er dich bei uns vorbei, und zudem werdet ihr Weihnachten immer mit uns verbringen.«[69]

Doch die versprochenen regelmäßigen pendelnden Bewegungen können die Wirkung der fremdbestimmten linearen Reise, welche die Kleinkammerung der Insel in zwei gegensätzliche Räume unterstreicht, nicht aufheben. Die lineare Bewegung erweist sich als Einbahnstraße, als Herrschaft über den Bewegungsraum Rosas wie über den Innenraum des weiblichen Körpers:

Als wir in Rivière au Sel ankamen, war es dunkel geworden. [...]
Sylvestre hat mir weh getan, er hat mich zerrissen.
Als die Sonne aufging, bin ich auf die Galerie hinausgelaufen, und was ich sah, hat mich erdrückt. Eine dunkelgrüne Masse von Bäumen, Lianen, Parasiten, alles miteinander vermischt, und hier und da helleren Lücken von Bananenpflanzungen.[70]

69 Ebd., S. 170.
70 Ebd., S. 171.

Die tropische Natur mit ihren wuchernden und sich wechselseitig durchdringenden Pflanzen und Gewächsen wird von Rosa zunächst wie ein Gefängnis empfunden, so daß sie fassungslos ihre künftige Bewegungslosigkeit (und die Ausweglosigkeit ihrer Lage) feststellt: »Guter Gott, hier werde ich also bleiben.«[71] Auch wenn Rosa in der Folge eine aktivere Beziehung zu dieser Landschaft und ihren Pflanzenformationen aufbauen wird[72], ist sie doch – ohne je gefragt worden zu sein – durch einen doppelten männlichen Akt auf eine Identität festgelegt worden, die durch einen einmaligen linearen Reisevorgang, eine Art »Überführung« im doppelten Wortsinn, veranschaulicht wird. Erst eine doppelte, sich in der Zeit überlagernde Bewegung zum Haus von Francis Sancher eröffnet die Chance, diese scheinbar ein für allemal fixierte, verfestigte Identität wieder in Bewegung zu setzen: Hatte sie Francis Sancher in seinem Haus besucht und durch ein Gespräch mit ihm erstmals Klarheit über ihr bisheriges Leben erlangt, so flößt ihr der zweite Besuch in diesem Haus des nun verstorbenen Fremden anläßlich der Totenwache den Wunsch ein, ihr seit der Geburt von Vilma negatives Verhältnis zu ihrer Tochter aufzubrechen und den menschlichen Kontakt, die körperliche Berührung[73] mit Vilma zu suchen. Wieder einmal zeigt sich die Kraft des Fremden, selbst noch durch seinen Tod die Dinge von der Starre, von der sie auf der Insel ergriffen werden, zu befreien und zu erlösen.

Die *vierte* Grundfigur stellt eine *sternförmige* Bewegung dar, die im Roman am deutlichsten bei Xantippe zu beobachten ist. Er hatte seine seßhafte Lebensweise gegen eine nomadisierende eingetauscht, nachdem ein Brand – in einer Szenerie, die sich als Hommage an Simone Schwarz-Barts Roman *Pluie et vent sur Télumée Miracle* lesen läßt[74] – seine Lebensgefährtin Gracieuse getötet und all seinen Besitz wie auch sein Lebensglück für immer zerstört hatte.[75] Seither irrt der Schwarze über die Insel,

71 Ebd., S. 172.

72 Auf die in dieser Passage präsentierte Landschaftsformation komme ich zurück.

73 Ebd., S. 182.

74 In ihrer bereits angeführten Untersuchung *La parole des femmes* widmete Maryse Condé diesem längst zum Klassiker der antillanischen Literatur avancierten Roman der guadeloupanischen Autorin größte Aufmerksamkeit.

75 Ebd., S. 257.

deren Bäume, Pflanzen und Weiler er in einem gleichsam zweiten Schöpfungsakt benannte. Er beobachtet als aus der Gemeinschaft Ausgestoßener die raschen sozialen, wirtschaftlichen und kulturellen Veränderungen Guadeloupes im Verlauf des 20. Jahrhunderts. Wie Léocadie ist er ein Zeuge dieses Jahrhunderts, doch stehen ihm eine andere Welt jenseits der abendländischen Logik, eine andere Ausdrucksweise, eine veränderte Syntax und eine andere Wahrnehmungsfähigkeit offen:

> Rivière au Sel, ich habe dem Ort seinen Namen gegeben.
> Ich kenne seine ganze Geschichte. Auf den Wurzeln wie Krücken seiner *Mapous lélé* ist die Lache meines Blutes getrocknet. Denn hier ist ein Verbrechen begangen worden, genau hier, in sehr alter Zeit. Schreckliches Verbrechen, dessen Gestank die Nase des lieben Gottes verpestet hat. Ich weiß, wo die Leichen der Gefolterten verscharrt sind. Ich habe ihre Gräber unter den Moosen und Flechten entdeckt. Ich habe die Erde aufgekratzt, weiß geworden unter den Lambi-Schnecken, und jeden Abend komme ich in der Dämmerung hierher, um niederzuknien, auf beiden Knien. Niemand ist in dieses Geheimnis eingedrungen, das unter dem Vergessen verschüttet ist. Nicht einmal der, der wie ein verrücktes Pferd herumrennt und im Wind die Witterung aufnimmt, die Luft einsaugt.[76]

Xantippe ist bereits im ersten Teil des Romans präsent, er taucht immer wieder als beunruhigende Figur in den Erzählungen der Dorfbewohner auf, beobachtet auch die Teilnehmer an der Totenwache und beschließt mit seinen Erinnerungen den Hauptteil des Romans und damit die lange Reise ans Ende der Nacht, die sich freilich auf einen neuen Morgen hin öffnet. Er hat an der Stelle des Jahrhunderte zurückliegenden Verbrechens, dessen Gestank Francis Sancher nie wirklich wahrnehmen konnte, der von seinem eigenen Leichnam dann aber so sehr ausging, daß Léocadie Timothée sich zunächst übergeben mußte, einen Ort gefunden, zu dem seine ruhelosen Bewegungen immer wieder zurückkehren.

Die Toten sind für ihn nicht wirklich tot, auch wenn die Zeit der Rache für ihn vorüber ist. Wie Albert Flagie zu Recht bemerkte, ist die antillanische Kosmogonie und die damit verbundene Identitätsproblematik eng mit dieser Anwesenheit der Abwesenden, mit der Präsenz der toten Sklaven verbunden: »Je

76 Ebd., S. 259.

vergessener die Toten sind, [...] desto mehr sind sie präsent und wenden sich an die Lebenden.«[77] Im Dickicht der Mangroven und der Lianen hat Xantippe, eine dem Wahnsinn wie der absoluten Erkenntnis nahe und daher selbst von Francis Sancher gefürchtete Gestalt, eine neue Verwurzelung der eigenen Identität gefunden. Die Ruhelosigkeit erzeugt ein sternförmiges Bewegungsmuster, das immer wieder beunruhigt und damit der von Maryse Condé eingeforderten Rolle des Schriftstellers sehr nahe kommt: »Ist dies nicht die schönste Rolle eines Schriftstellers: zu beunruhigen?«[78]

Die *fünfte* und letzte Grundfigur hermeneutischer Bewegung, die hier vorgestellt werden soll, ist zumindest auf den ersten Blick wesentlich diffuserer Natur und betrifft *diskontinuierliche*, fragmentarische, von Sprüngen und anschließenden längeren Aufenthalten gekennzeichnete Deplazierungen und Reisebewegungen, die sich nicht in ein klares Bewegungsmodell mit Ausgangspunkt und Zielort einordnen lassen. Betrachten wir Francis Sancher nicht aus der genealogischen, die gesamte Familiengeschichte berücksichtigenden kollektiven, sondern aus der individuellen Perspektive, so bilden seine Ortsveränderungen kein kontinuierliches, einer der bisher genannten Grundfiguren zuzuordnendes Bewegungsmuster. Es ergibt sich vielmehr ein von Sprüngen, Brüchen, raschen und weite Distanzen überbrükkenden diskontinuierlichen Bewegungen geprägtes Bild, in dem die einzelnen, von den Romanfiguren jeweils in der Rückerinnerung an Gespräche und Gerüchte zusammengetragenen Biographeme des Fremden die wahrscheinliche Geburt in Kolumbien, Aufenthalte in verschiedenen Ländern des südamerikanischen Subkontinents wie in den Vereinigten Staaten, Reisen und Aufenthalte auf Cuba, in Europa und in Afrika erkennbar werden lassen. Zu einer Biographie fügen sich diese Biographeme nicht. Stets dienen die sprunghaften Bewegungen Sanchers Ziel, eine individuelle Identität jenseits der genealogisch vorgezeichneten

77 Vgl. Albert Flagie, »Cosmogonie Antillaise et Identité«, in: Manfred Kremser (Hg.), *Ay BoBo – Afro-karibische Religionen. Afro-Caribbean Religions*. Zweite internationale Tagung der Gesellschaft für Karibikforschung Wien 1990. Bd. I: *Kulte/Cults*, Wien: WUV Universitätsverlag 1996, S. 44. Flagie spricht bezüglich dieser Toten, die nicht tot sind, auch recht anschaulich von *morts en stand by* (S. 46).

78 Condé, *La parole des femmes*, a.a.O., S. 77.

zu entfalten. Die Hoffnung auf eine Wiedergeburt und Neuschöpfung der eigenen Identität im revolutionären Cuba Fidel Castros erfüllt sich aber ebensowenig wie das zwanghafte Bemühen, sich durch die Teilnahme am Befreiungskrieg in Angola auf die Seite der Entrechteten und Unterdrückten zu schlagen, um so der eigenen Familiengeschichte der Entdecker, Eroberer, Plantagenbesitzer und Ausbeuter zu entgehen. Wie in der griechischen Tragödie, wie in der *Orestiade* bleibt der Held an seine Abkunft gefesselt und von den Rächerinnen der Bluttat, den Erinnyen, verfolgt, ohne daß ein Areopag in Sicht wäre. Keine Entrückung auf eine Insel kann ihm helfen.

Die doppelte Namensgebung, die uns im übrigen daran erinnert, daß auch Maryse Condé nach ihrer Trennung von dem guineischen Schauspieler Mamadou Condé ihren *nom de plume* beibehielt, obwohl sie durch ihre Wiederverheiratung im zivilrechtlichen Sinne einen neuen Namen hinzugewonnen hatte (und auch hier dürfte der Briefträger Bescheid wissen), mag uns darauf hinweisen, daß sich für Francis Sancher und Francisco Alvarez-Sanchez nicht nur zwei gegensätzliche (genealogische und individuelle) Bewegungsmuster ergeben, welche die verschiedenen Elemente der Raumstruktur innerhalb der gesamten Romandiegese in sehr unterschiedlicher Weise miteinander in Verbindung bringen und zugleich in Bewegung setzen. Sie sollte uns auch darauf aufmerksam machen, daß wir in dieser Figur, die wir bei einer biographischen Lesart wohl als »transsexuelles« *alter ego* der guadeloupanischen Autorin bezeichnen dürften, simultan die beiden von Edouard Glissant genannten Identitätskonzepte verwirklicht sehen. Denn Francisco alias Francis ist sowohl einer *identité-racine*, einer verwurzelten Identität, die »über lange Zeiträume in einer Vision, einem Mythos der Weltschöpfung gründet«[79], als auch einer *identité-relation*, einer relationalen Identität, verbunden, die nicht mit einem Schöpfungsmythos (beziehungsweise einem Ursprungsmythos allen verbrecherischen Geschehens), sondern mit dem »bewußt und widersprüchlich Gelebten der Kulturkontakte«[80] verwoben ist. Mit dieser existentiellen Erfahrung kultureller Pluralität soll sich der nächste Abschnitt beschäftigen.

79 Glissant, *Poétique de la Relation*, a.a.O., S. 157.
80 Ebd., S. 158.

Transkulturelle Identität und transitorische Figuration

Im Zentrum aller Erinnerungs- und Erzählvorgänge steht das Haus von Francis/Francisco, in dem die Teilnehmer an der Totenwache mit ihren so unterschiedlichen Geschichten und Perspektiven zusammenkommen. Die Verschiedenartigkeit ihrer Wege und Bewegungsmuster konvergiert zu einem einzigen Zeit-Punkt, dessen zeitliche Ausdehnung der Lesedauer entspricht. Damit finden sich auch die Romanfiguren und Leser an diesem Ort in *Traversée de la Mangrove* zusammen. So zentralisiert dieses Raster auch scheinen mag und sosehr alle Stimmen im letzten Satz des Romans noch einmal gemeinsam erklingen: Die verschiedenen Identitätszuschreibungen wollen sich doch nicht zu einer homogenen und kompakten kollektiven Identität zusammenfügen. Von jeder Person, von jeder Perspektive aus ergeben sich jeweils neue und sich verändernde Bestimmungen dessen, was diese Gemeinschaft, diese Gesellschaft und dieses Guadeloupe ausmacht. Es entsteht eine multifokale Netzstruktur, in der alle mit allen verbunden sind und in der kaum noch für den einzelnen, gewiß aber nicht mehr für die Gesellschaft deutlich erkennbar und definierbar ist, was dem Eigenen und was dem Fremden, was dem Selbst und was dem Anderen angehört. Die Grenzen zwischen Eigenem und Fremdem sind verwischt, die Möglichkeit klarer, griffiger Identitätszuschreibungen ist bedeutsam geschwunden. Ein Mischungsprozeß hat stattgefunden, der jedoch nicht als Prozeß eines *métissage*, eines *mestizaje* bezeichnet und damit auf *den* Punkt gebracht werden kann.

Roger Toumson hat in seiner *Mythologie du métissage* die Problematik eines mestizischen Identitätsbildungsprozesses aus seiner Sicht wie folgt beschrieben:

> Die eigentliche Grundlage der mestizischen Ideologie bleibt eine Vorstellung vom Subjekt als Gegensatz zwischen dem *Selben* und dem *Anderen*. *Sich Mestize nennen*, das heißt ein *Anderer* vom *Selben* sein zu wollen, ohne aufzuhören, ein *Selber* des *Anderen* zu sein, das heißt das *Andere* in sich zu verschmelzen, ohne aufzuhören, man selbst zu sein. *Die Ideologie der Mestizisierung* schließt eine Negation der Alterität mit ein. Sie verbindet sich mit einer Rhetorik des Effusiven, also mit einer *fusionellen Psychologie der Bewußtseinsbeziehungen*.[81]

81 Toumson, *Mythologie du métissage*, a.a.O., S. 260.

In *Traversée de la Mangrove* gibt es keine derartige *psychologie fusionnelle*, die sich aller Beziehungen bemächtigen und in eine kontinuierliche, kohärente mestizische (oder kreolische) Identität überführen könnte. Vor diesem Hintergrund hatte Maryse Condé nicht zufällig, einem literarischen Brauch der Antillen folgend, keinen anderen als Patrick Chamoiseau gebeten, ihr *premier lecteur*, ihr erster öffentlicher Leser zu sein. In einem Schreiben an den Mitverfasser des *Lobes der Kreolität* und späteren Preisträger des Prix Goncourt hatte sie ihrer Hoffnung Ausdruck gegeben, eine von der »Theorie der Kreolität« her perspektivierte »kritische Lektüre« zu erhalten, die ungeachtet der »unterschiedlichen Romanauffassungen« zu einem Dialog führen könnte.[82]

Der Ansprechpartner war gut gewählt, Chamoiseau entledigte sich dieser Aufgabe nicht ohne Eleganz, und die dialogische Verbindung zur Position der *Créolité* war paratextuell hergestellt. In der Tat bezieht *Traversée de la Mangrove* die Problematik einer kreolischen Identität etwa in ihrer Hauptfigur (aber auch bezüglich vieler anderer Aspekte kollektiver Identität) mit ein; sie läßt diese aber nie zu jenem imaginären Punkt gelangen, wo es zu einer harmonischen, »ausgewogenen« Fusion kommen könnte. Der Fremde geht nicht in der heterogenen Gemeinschaft von Rivière au Sel auf, er quert sie nur, verändert ihre Kraftlinien und verschwindet wieder. Die Bewegung, die Querung ist entscheidend. Francis' Kinder sind nicht das Ergebnis eines Verschmelzungsprozesses, sondern die unbeabsichtigte Folge eines flüchtigen, durch vorübergehende Interessenlagen, eine ununterdrückbare Lebenslust und ein ungeheures Liebesbedürfnis begünstigten Kontaktes. Wo im *Eloge de la Créolité* Kreolität definiert wird als »*interaktionelles oder transaktionelles Aggregat* der karibischen, europäischen, afrikanischen, asiatischen und levantinischen Kulturelemente, die das Joch der Geschichte auf demselben Boden zusammengeführt hat«[83], wo von »wahrhaften Schmieden einer neuen Menschheit«[84] und schließlich vom »*Erglühen dieses Magmas*«[85] die

82 In englischer Übersetzung zitiert in Patrick Chamoiseau, »Reflections on Maryse Condé's ›Traversée de la Mangrove‹«, in: *Callaloo* XIV, 2 (1991), S. 389 f.

83 Bernabé/Chamoiseau/Confiant, *Eloge de la Créolité*, a.a.O., S. 26.

84 Ebd.

85 Ebd., S. 27.

Rede ist, in dem sich die Metaphorik des *melting pot* mit der vulkanischen Bildersprache der Antillen mischt, ist für Francis Sancher alias Francisco Alvarez-Sanchez der Vulkan nur jener Ort, von dem aus die ersehnte Apokalypse ausgehen könnte, die allen Bewegungen und allen Identitäten endlich ein Ende setzen wird.[86] Die Figuren des Romans stehen sich fremd gegenüber, sie verschmelzen nicht miteinander, sondern erfahren ihre eigene Fremdheit ebenso in ihrer Beziehung zu den anderen wie gegenüber sich selbst.

Julia Kristeva hat – fast zeitgleich mit Maryse Condé, wenn auch aus anderer Perspektive – versucht, eine derartige Problematik, an der jeder Diskurs einer kohärenten Identität scheitern muß, zu präzisieren:

> Eine paradoxe Gemeinschaft ist im Entstehen begriffen, die sich aus Fremden zusammensetzt, die sich in dem Maße akzeptieren, indem sie sich selbst als fremd erkennen. Die multinationale Gesellschaft wäre so das Resultat eines extremen Individualismus, der sich seines Unbehagens und seiner Grenzen bewußt wäre und allein in ihrer Schwäche unverbrüchlich Hilfsbereite kennen würde, in einer Schwäche, deren anderer Name unsere radikale Fremdheit ist.[87]

Traversée de la Mangrove läßt sich sehr wohl als ein Dialog mit der *Créolité* lesen; gleichwohl vermied es Maryse Condé hier wie auch in anderen Fällen, sich von bestimmten Theorien vereinnahmen zu lassen.[88] Der Roman steht, so scheint mir, in größerer Nähe zu dem in mancherlei Hinsicht wesentlich radikaleren Ansatz Edouard Glissants, wie ihn dieser 1981 in *Le discours antillais* entwickelt und 1990 in *Poétique de la Relation* im kritischen Dialog mit der »Kreolität« fortführte. Glissants Raumkonzeption der Antillen ist zugleich relational und amerikanisch,

86 So erzählt Cyrille, wie ihm Francis einmal mit Blick auf die Soufrière sagte: »Am liebsten hätte ich, es würde ihn zerreißen, diesen Vulkan! Soll er alles in Blut und Feuer schleudern! Dann wäre ich nicht der einzige, der geht« (ebd., S. 163).

87 Julia Kristeva, *Etrangers à nous-mêmes*, Paris: Gallimard 1988, S. 290.

88 Völlig zu Recht wurde darauf hingewiesen, daß sich die Autorin von *Hérémakhonon* stets den unterschiedlichsten Schulen und Theoriebildungen einschließlich des Feminismus bislang entzogen habe; vgl. Marie-Denise Shelton, »Condé: The Politics of Gender and Identity«, in: *World Literature Today* LXVII, 4 (autumn 1993), S. 717-722.

wobei die letztgenannte Präzisierung alles andere als eine umgangssprachlich längst nicht nur in Europa gewohnte Reduktion auf die USA[89] beinhaltet:

Was sind die Antillen also wirklich? Eine Multi-Relation. Wir fühlen es alle, wir drücken es durch alle möglichen verborgenen oder karikaturalen Formen aus, oder wir verneinen es mit wilden Gesten. Aber wir empfinden es wohl, daß dieses Meer dort in uns ist mit seiner Ladung an endlich entdeckten Inseln.
Das Meer der Antillen ist nicht der See der USA. Es ist der Ästuar der Amerikas.[90]

Das Meer der Antillen, das wie das Mittelmeer Albert Cohens[91] in der Welt im Kopf der Subjekte seine Wellen schlägt, ist nicht allein auf das Amerika der Vereinigten Staaten, sondern insgesamt auf die Amerikas der Neuen Welt bezogen. Francis/Francisco verbindet trotz seiner weltweiten Reisen die Französischen Antillen mit der karibischen Inselwelt[92], mit Cuba und Haiti, wie mit der Welt Südamerikas und (in freilich geringerem Maße) Nordamerikas. Mehr noch: Die Bewegungen der Romanfiguren zeigen bei einer Analyse deutlich auf, daß die umfassende, fast weltweite Diegese ihr weitaus dichtestes Netzwerk in der amerikanischen Hemisphäre entfaltet. Cuba fällt hier im Schnittpunkt des Kontinents als karibischer Insel mit traditionell weltpolitischem Anspruch eine besondere Rolle zu. Nach Europa bestehen noch immer vielfältige Beziehungen, und doch ist selbst Frankreich als ehemalige Kolonialmacht, für deren *Libération* Déodat Timodent in der Zeit des Zweiten Weltkriegs illegal Antillaner für die europäischen Schlachtfelder

89 Vgl. das zweite Kapitel im vorliegenden Band.

90 Edouard Glissant, *Le discours antillais*, Paris: Seuil 1981, S. 249.

91 Vgl. Kapitel 9.

92 Vgl. hierzu die Willensbekundung Maryse Condés in ihrer Einleitung zu *La parole des femmes*: »Wir wollen an die Einheit der ›karibischen Welt‹ glauben und verweigern daher jegliche Klassifizierung Insel für Insel.« Und im Verlauf ihrer Studie fügte die Autorin hinzu: »Die Haitianität kann nur im Innern einer Aussage als eine Art und Weise wahrgenommen werden, sich die Realität anzueignen. Sie schien uns auf uns selbst bezogen keineswegs ›entwaffnend‹, und dies erlaubt es uns, unseren Glauben an die antillanische Einheit aufrechtzuerhalten.« Condé, *La parole des femmes*, a.a.O., S. 5 und S. 82.

mobilisiert hatte, trotz aller auch im Text evidenten wirtschaftlichen und kulturellen Verbindungen seltsam in den Hintergrund gerückt. Die Distanz zum afrikanischen Kontinent hat sich in *Traversée de la Mangrove* gegenüber den früheren Romanen Maryse Condés so sehr vergrößert, daß Raphaël Confiant und Patrick Chamoiseau in ihren literatur- und kulturgeschichtlichen *Lettres créoles* mit einem gewissen Recht behaupten konnten:

> Mit Maryse Condé ist der afrikanische Spiegel, in dem sich viele antillanische Intellektuelle betrachteten, zersprungen. Eine erwachsenere, losgelöstere und dem Tatsächlichen entsprechendere Beziehung ist entstanden.[93]

1924 hatte André Breton in seinem ersten *Manifeste du surréalisme* in dem ihm eigenen Tone geschrieben:

> Es ging nicht anders, als daß Columbus mit Verrückten aufbrach, um Amerika zu entdecken. Und wie ist diese Verrücktheit leibhaftig und dauerhaft geworden.[94]

Das Ergebnis dieser »Wahnsinnstat« war eine europäisch geprägte Welt der Antillen, die unter dem Einfluß des kubanischen Anthropologen Fernando Ortiz oder des martinikanischen, von Bretons Surrealismus nicht unbeeinflußt gebliebenen Lyrikers und Intellektuellen Aimé Césaire im Verlauf des 20. Jahrhunderts im Zeichen von *afrocubanismo* und *négritude* immer intensiver nach ihren Wurzeln in Afrika suchte. Spätestens seit Ende der siebziger Jahre des zurückliegenden Jahrhunderts macht sich auch im französischsprachigen Teil der Karibik eine deutlich zunehmende Verlagerung der literarischen und kulturellen Beziehungen hin zur amerikanischen Inselwelt und zum gesamten amerikanischen Kontinent bemerkbar. Es wäre zu simpel, dies mit Phänomenen einer »Amerikanisierung« im coca-colonialistischen Sinne kurzzuschließen. *Durchquerung*

93 Patrick Chamoiseau und Raphaël Confiant, *Lettres créoles. Tracées antillaises et continentales de la littérature. Haïti, Guadeloupe, Martinique, Guyane 1635–1975*, Paris: Hatier 1991, S. 152.

94 André Breton, »Manifeste du surréalisme«, in: ders., *Œuvres complètes,* Bd. I. Edition établie par Marguerite Bonnet avec, pour ce volume, la collaboration de Philippe Bernier, Etienne-Alain Hubert et José Pierre, Paris: Gallimard (Bibliothèque de la Pléiade) 1988, S. 313.

der Mangrove gibt dieser Orientierung, dieser *conscience des horizons*[95], ihre neue amerikanische Dimension, ohne daß sich hieran noch eine festgefügte Identitätskonzeption anschlösse. Gewiß, die kolonialen, neokolonialen und postkolonialen Abhängigkeiten sind ebensowenig verschwunden wie die kultur-, mentalitäts- und literaturgeschichtlich relevanten vorgängigen monolithischen und/oder mestizischen Identitätsentwürfe. Noch immer gilt, was Maryse Condé ihrem Buch über *La Civilisation du Bossale* voranstellte:

> Die ganze Geschichte der Antillen siedelt sich im Zeichen der Abhängigkeit an. Das antillanische Volk ist vielleicht das einzige, das den Ort seines Wohnsitzes nicht gewählt hat, sondern ihn zugewiesen bekam.[96]

Dies mag erklären, warum die Bewegungsfiguren jenseits bestimmter Territorialisierungen in der antillanischen Literatur eine solche Bedeutung erhielten und warum die Frage »Wohin gehen wir?« für die antillanischen Gesellschaften von entscheidender Bedeutung[97] bleibt. Mit *Traversée de la Mangrove* – und damit kommen wir zum zweiten Teil dieser »Passage als Traverse« – ist der guadeloupanischen Schriftstellerin jedoch ein Mangroventext gelungen, der nicht nur die *borderlands* von Land und Meer, von Ökumene und Anökumene miteinander verflicht, sondern dem es gelingt, der Versuchung einer fusionellen Rhetorik zu widerstehen, ohne doch den Anspruch auf eine dynamisierende Bearbeitung von individuellen wie kollektiven Identitätsbildungsprozessen aufzugeben. Die Bewegungsmetaphorik des Titels von Maryse Condés Roman weist unmißverständlich darauf hin, daß es nicht um eine territorial (und sei sie insulär) fundierte Identität, nicht um einen interkulturellen, von der Gewißheit der eigenen Kultur ausgehenden Dialog mit anderen Kulturen geht, sondern um ein Queren und Durchqueren, eine transitorische und vielleicht mehr noch transkulturelle Identität – falls sich dieses Substantiv überhaupt noch als tauglich für die begriffliche Erfassung und Durchleuchtung eines komplex und multifokal, dynamisch und

95 Vgl. Juminer, »La parole de nuit«, a.a.O., S. 133.
96 Maryse Condé, *La Civilisation du Bossale. Réflexions sur la littérature orale de la Guadeloupe et de la Martinique*, Paris: L'Harmattan 1978, S. 5.
97 Vgl. Juminer, »La parole de nuit«, a.a.O., S. 143.

paradoxal ablaufenden Konstituierungsprozesses erweisen sollte. Transkulturell wäre ein solcher Prozeß, weil er in seiner ununterbrochenen und nicht notwendig kontinuierlichen Bewegung durch verschiedene Kulturen nicht mehr an eine »eigene« Position zurückgebunden ist, von der aus der Dialog mit den anderen Kulturen aufgenommen würde.

Vielleicht ist es heute an der Zeit, weniger auf das semantische Feld der Identität als auf jenes der Performanz und mehr noch einer Körperlogik und Körperrhetorik zurückzugreifen. Dann aber böte dieser Text, dem man in seiner Struktur, in der Einheit von Raum, Zeit und Handlung wie in seiner Dialogizität die intensive Beschäftigung der Autorin mit Problemen des Theaters anmerkt, das geradezu choreographisch konzipierte Beispiel einer Inszenierung von *Figuren*, die durch keine Identität mehr gestützt und fixiert werden, sondern sich relational und dynamisch verhalten. Francisco und Francis erwiesen sich dann als transitorische Figurationen[98], deren Bewegungen – wie ihre Namen selbst – nur teilweise einander überlappen und keine Zuschreibung einer kohärenten und kontinuierlichen Identität mehr erlauben. Sie befinden sich jenseits einer fusionellen Rhetorik. Als Kon-Figurationen des sich selber Fremden dürfen sie Geltung weit über den karibischen Raum hinaus beanspruchen.

So bildet *Traversée de la Mangrove* weniger den Entwurf einer Identität – und sei sie transitorisch – als die romantechnische Dynamisierung dessen, was Julia Kristeva 1988 – also zum selben Zeitpunkt, aber von anderer Warte aus – programmatisch auf der ersten Seite ihres Buches *Etrangers à nous-mêmes* festgehalten hatte:

> Befremdlich, wie uns der Fremde bewohnt: Er ist das verborgene Antlitz unserer Identität, der Raum, der unsere Wohnstätte ruiniert, die Zeit, in der sich Einverständnis und Sympathie abnutzen. Erkennen wir ihn in uns, so ersparen wir uns, ihn in sich selbst zu verabscheuen. Als Symptom genau dafür, daß unser »uns« problematisch, womöglich unmöglich geworden ist, beginnt der oder das Fremde, sobald das Bewußtsein meiner Differenz entsteht, und endet, sobald wir uns alle als Fremde, Bindungen wie Gemeinschaften rebellisch Gegenüberstehende erkennen.[99]

98 Durchaus im Sinne jener »figuration métaphorique«, von der Jean Starobinski sprach in seinem *Portrait de l'artiste en saltimbanque*, Genève/Paris: Editions d'Art Albert Skira/Flammarion 1983, S. 39.
99 Kristeva, *Etrangers à nous-mêmes*, a.a.O., S. 9.

Die wegweisende Dimension dieser Kon-Figurationen des Fremden im Eigenen besteht bei Maryse Condé freilich darin, daß sie die Rebellion gegenüber der Gemeinschaft zwar aufnimmt, zugleich aber die *liens*, die Vielzahl an Verbindungen und Kommunikationsformen, stärkt, so daß sich das Fremde im Eigenen nicht zum fremden Eigenen verfestigen kann. Diese relationale Strukturierung individueller wie kollektiver Identitätsfindungsprozesse trägt in Maryse Condés Roman einen Namen: Es ist die Mangrove.

Die Mangroven als Baum

Wenn wir auf die Titelgebung des uns aufgrund seiner Tragweite für das vorliegende Buch so ausführlich beschäftigenden Romans zurückkommen, so bemerken wir, daß wir uns bislang vor allem mit dem ersten Teil seines Titels, der Durchquerung im besonderen und der Bewegung und Strukturierung im allgemeinen beschäftigt haben. In der Folge sollten wir nun dem zweiten Teil, dem zweiten Substantiv, der Mangrove, unsere Aufmerksamkeit schenken. In einem erstmals 1728 in Paris erschienenen, naturgeschichtlich interessanten Reisebericht stoßen wir auf die nachfolgende Stelle:

> Die Nordspitze ist bedeckt von großen Bäumen, die wie ein Hochwald erscheinen, aber nur *Mangles* oder *Paletuniers*, Mangrovengewächse vorstellen, deren Fuß immer im Wasser steht. Man findet auf dem Festland und auf den Inseln Amerikas mehrere Arten dieser Bäume; ich habe darüber in meinen Reisen auf die Inseln verschiedenenorts berichtet. Die Art, die sich im Senegal am verbreitetsten findet, ist jene der schwarzen *Mangles*; dieser Baum kommt nur an den Ufern des Meeres oder der Flüsse vor. Seine Rinde ist sehr braun und sehr kompakt; sie ist sehr biegsam, wenn sie grün ist. [...] Diese Bäume haben selten mehr als einen Fuß oder vierzehn Daumenbreit Umfang; ihre Äste sind zahlreich, gerade und ohne Verknotungen, sie bilden gewisse Nachtriebe aus, die Wurzeln fassen, sobald sie den Grund des Meeres oder des Flusses erreicht haben, in dem sich der Fuß des Baumes befindet, und sie bilden Arkaden, die den Fuß des Baumes stützen und wieder neue hervorbringen; so daß ein einziger Fuß mit der Zeit eine unendliche Zahl anderer erzeugen kann, die von all diesen Wurzeln in Arkadenform umgeben sind, auf denen man laufen kann, ohne naß werden zu müssen, solange man geschickt genug ist, um nicht zu fallen, und sich auf einem so schwierigen Weg halten kann.

Diese Bäume kommen sogleich und so oft wieder, wie man sie stutzt, sie machen ein lebhaftes und heißes Feuer, und setzt man sie für Bauten im Wasser wie etwa Pfahlwerke und andere ähnliche Werke ein, so halten sie sehr lange. Man bedient sich überdies der Rinde der *Paletuniers*, um Leder zu gerben; ich weiß nicht, ob die *Compagnie*, die einen großen Handel mit Leder treibt, nicht größeren Nutzen daraus zöge, sie vollständig gegerbt ins Königreich einzuführen, als sie grün zu verkaufen, das heißt trocken und gesalzen.
Es gibt ein beträchtliches Sumpfgebiet (*Marais* oder *Marigot*) in jenem Terrain, das von diesen Bäumen eingenommen wird, und ein weiteres freilich kleineres etwa in der Mitte der Länge dieser Insel, mit einem Strauß von Bäumen verschiedener Arten; das Gebiet ist recht nah, es dient den Schafen und den Zicklein, die man auf der Insel hält, als Zuflucht, und der letzteren Boden ist zwar sandig, bringt aber gleichwohl ein kurzes, lockeres und büschelig vorkommendes sowie leicht gesalzenes Gras hervor, das diese Tiere äußerst lieben, das sie mästet und ihrem Fleisch einen ausgezeichneten Geschmack gibt.[100]

In dieser Passage seines einflußreichen Werkes über Westafrika führt der weitgereiste Jean Baptiste Labat, der mit Blick auf den karibischen Raum aufgrund seiner vorangegangenen Reisen und Veröffentlichungen – darunter vor allem des 1722 erschienenen *Nouveau Voyage aux Isles de l'Amérique* – mit Recht auch als der eigentliche Chronist der Antillen bezeichnet werden kann, in seiner Eigenschaft als Naturforscher und *naturaliste* die Mangroven an der westafrikanischen Küste in einer für uns aufschlußreichen Weise ein. Denn der französische Geistliche versucht, zunächst Standort und Verbreitungszonen dieses in Europa nicht vorkommenden Gewächses – entlang der Meeresküsten wie der Flußufer – festzuhalten, um danach die eigentliche Beschreibung dieses »Baumes« zu unternehmen. Die Darstellung dieser Mangrovengewächse oder *Rhizophora*, die in großer Artenvielfalt vorkommen, unterschiedlichen Pflanzenfamilien angehören und deren Rinde bis zu 40 Prozent Gerbstoff enthalten kann, erfaßt das Vorkommen dieser immergrünen Waldgesellschaft an tropischen Flachküsten außerhalb der Brandung und zugleich innerhalb jenes Küstenbereichs, der peri-

100 Jean Baptiste Labat, *Nouvelle relation de l'Afrique occidentale. Contenant une description exacte du Senegal & des pais situés entre le Cap Blanc & la rivière de Serrelionne, jusqu'à plus de 300 lieues en avant dans les terres […]*, vol. II, Paris: Cavelier 1728, S. 221-224.

odisch von der Flut überspült wird und somit einen Zwischenbereich zwischen Land und Meer, zwischen Salzwasser und Süßwasser, zwischen Ökumene und Anökumene darstellt. Die langen, verwickelten, zum Teil auch speerförmig zulaufenden Stelz-, Stütz-, Luft- und Atemwurzeln dieser Pflanzengemeinschaft, die bei Ebbe mit ihrer Vielzahl von Seitenwurzeln sichtbar werden und ein charakteristisches Landschaftselement an den Küsten des Indischen Ozeans und des Pazifiks, aber auch der karibischen Inselwelt bilden, bestimmen eine als widerstandsfähiges Geflecht diesem naturräumlichen Grenzbereich optimal angepaßte Vegetationsform.

Zu diesem sehr komplexen und gegenüber Umweltverschmutzungen heute überaus empfindlichen Ökosystem der Mangroven gehört auch der immergrüne Mangle- oder Mangrovebaum. Der Dominikanermönch Labat vermengt[101] in seiner Beschreibung der *Mangles* offenkundig bestimmte Charakteristika der *Rhizophoraceae* mit ihm aus Europa vertrauten Formen, was ihm erlaubt, die Mangrovenwurzeln letztlich als Variante von Baumwurzelformen anzusprechen und diesen unterzuordnen. Auch wenn gewisse *rejettons*, also Triebe oder Schößlinge, genannt werden, die ihrerseits Wurzeln ausbilden, so erscheinen diese doch immer an den »Fuß des Baumes« zurückgebunden und von diesem her gleichsam »zentriert«. Folglich dienen die »arcades« der Stützung ebendieses Baumes, rücken mithin in eine Hierarchie vegetativer Formen ein, an deren Spitze der »eigentliche« Baum steht. Die sich anschließende Genealogie erlaubt es, die Proliferation der Gewächse von der Baumstruktur her zu denken und damit die *infinité* an eine finite Struktur rückzubinden. Zugleich wird die so skizzierte Struktur begehbar, auch wenn die Nutzung dieses Weges *(chemin)*, die Durchquerung der Mangrove, vom Menschen eine gewisse Geschicklichkeit verlangt.

Die Begehbarkeit und damit Durchquerbarkeit der Mangroven leitet über zu ihrer möglichen Nutzung als Brennmaterial, Bauholz, Gerbstofflieferant, Export- und Kolonialartikel oder als natürliche Einzäunung von Kleinviehherden, die ihrerseits der Fleischproduktion und daher der Nutzung durch den seß-

101 Vgl. hierzu Numa Broc, *La Géographie des Philosophes. Géographes et voyageurs français au XVIIIe siècle*, Lille: Service de reproduction de thèses Université de Lille III 1972, S. 86.

haften – und der Feinschmeckerei nicht abgeneigten – Menschen zugeführt werden. Die progressive, fortschreitende Argumentationsstruktur der angeführten Passage mit ihrem für die europäische Reiseliteratur so charakteristischen Übergang von der *exploration* zur *exploitation*, von der Beschreibung zur Nutzung, macht deutlich, daß die diskursive Beherrschbarkeit des einer europäischen Leserschaft vorgestellten und fremden Gewächses Voraussetzung für dessen materielle Beherrschung ist. Die diskursive Scheidung zwischen einer unendlichen Vielzahl von *arcades*, *rejetons* und *racines* einerseits und einem singulären *pied de l'arbre* andererseits, wobei »ein einziger Fuß« mit der Zeit eine unendliche Zahl von Stützwurzeln und Verästelungen herzustellen vermöge, versinnbildlicht den Versuch (und die Versuchung) des europäischen Reisenden, die Vielfalt an Erscheinungen auf ein generierendes Prinzip und damit das Viele auf das Eine zurückzuführen, zu reduzieren und zu fixieren. Das verwirrende Wurzelgeflecht der Mangrove wird beherrschbar durch die Metaphorik des Baumes, ja mehr noch: Sie wird von der Baummetaphorik her kolonisiert.

Wo es Bäume gibt, befinden wir uns in der Regel im Bereich der Ökumene oder doch jener Flächen, die in die Ökumene zumindest miteinbezogen werden könnten. Der Baum ist ein Teil der den Menschen umgebenden Natur, er ist ein weltweit verbreitetes Naturphänomen, dem auch eine symbolische Bedeutung eignet. Es mag daher vielleicht verblüffen, wenn wir in ihm jenseits seines »natürlichen« Soseins nicht nur ein Element der Kultur, sondern viel spezifischer noch eine Grundlage des okzidentalen Denkens erkennen. Gilles Deleuze und Félix Guattari haben bereits in den siebziger Jahren auf die Funktionsweise der Baummetaphorik aufmerksam gemacht:

Seltsam, wie der Baum die Wirklichkeit und das gesamte Denken des Abendlandes beherrscht hat, von der Botanik bis zur Biologie, der Anatomie, aber auch Erkenntnistheorie, Theologie, Ontologie, der ganzen Philosophie …: der Wurzelgrund, *Grund*, *roots* und *foundations*. Das Abendland unterhält eine privilegierte Beziehung zum Wald und zur Rodung; die dem Wald abgerungenen Felder sind von Kornpflanzen bewachsen, Objekte einer Abstammungskultur vom Baumtyp, die auf der Spezies beruht; die Viehzucht, die sich auf dem Brachfeld ausbreitet, beruht auf der Auswahl von Abstammungslinien, die einen ganzen Tierstammbaum bilden. Der Orient zeigt ein anderes Muster: eher ein Verhältnis zu Steppe und Garten (in anderen Fällen Wüste und Oase)

> als zu Wald und Feld; eine Knollenkultur, die durch Teilung der Einzelorganismen verführt; die Viehzucht tritt in den Hintergrund, wird auf geschlossene Bäume [sic!] begrenzt oder in die Steppe der Nomaden zurückgedrängt. Im Abendland: Landwirtschaft mit auserlesenen Abstammungslinien und vielen verschiedenen Individuen; im Morgenland: Gartenbaukultur mit einer kleinen Anzahl von Individuen, die auf eine große Skala von »Knollen« verweist. Ist nicht der Orient, besonders Ozeanien, ein rhizomatisches Modell, das in jeder Hinsicht dem abendländischen Baummodell entgegengesetzt ist?[102]

Aus einem »natürlichen« ist damit ein kulturelles, ja mehr noch: ein kulturbildendes und kulturtragendes Phänomen geworden. Damit ist jener Prozeß der Mythenbildung umgedreht, den Roland Barthes 1957 im bereits erwähnten theoretischen Teil seiner *Mythologies* (und schon zuvor in einigen seiner im Verlauf der fünfziger Jahre separat erschienenen »Mythologien«) analysiert und erläutert hatte. Der Baum *ist* nicht nur ein Stückchen abendländischer Kultur, er ist als scheinbar natürliches Element auch ein Mythos *dieser* (und keineswegs jeglicher) Kultur schlechthin. Von der Landwirtschaft über die Genealogien des Adels bis hin zur Bäumchenstruktur der Linguistik bildet er mit seinen Verzweigungen, die sich stets auf einen Stamm zurückführen lassen, ein grundlegendes Interpretationsschema abendländischer Kultur, ja modelliert jene Struktur, in der sich der Okzident stets zu spiegeln gefiel. Noch die Architektur unserer Computersysteme kann auf dieses Schema nicht gänzlich verzichten.

Aus dieser Perspektive können wir die »Beschreibung« des Père Labat als eine Umdeutung verstehen, deren implizites, dem kollektiven Unbewußten des Abendlandes geschuldetes Ziel es ist, eine außereuropäische Form auf eine im kulturellen, nicht im natürlichen Sinne verstandene europäische Form »zurück«-zuführen. Eine beunruhigende Vielheit wird auf eine beruhigende Einheit reduziert und so begehbar, für den abendländischen Geist denkbar gemacht. Auf ähnliche Schwierigkeiten etwa stieß die jahrhundertelang empirisch den Europäern bekannte hydrologische Tatsache der Bifurkationen, die in hierarchische Vorstellungen von Haupt- und Nebenflüssen nicht integrierbar schienen und noch im 18. Jahrhundert bei manchen europäi-

102 Gilles Deleuze und Félix Guattari, *Rhizom*, Berlin: Merve 1977, S. 29 f.

schen Geographen auf lebhaften Widerspruch stießen. Erst die an der Wende zum 19. Jahrhundert von Alexander von Humboldt durchgeführte wissenschaftliche Vermessung und Kartierung der Gabelteilung des Casiquiare, welche die Flußsysteme von Orinoco und Amazonas miteinander verbindet, vermochte die Widerstände gegen die Vorstellung nicht-hierarchischer Beziehungen zwischen verschiedenen Flüssen endgültig zu brechen und auszuräumen.[103] Auch hydrographische Kartenmuster sind letztlich baumartige Kartierungen, die im Dickicht der Gewässerverzweigungen stets der abendländischen Sehnsucht huldigen, die »wahre« Quelle und damit die Wurzel des Naturphänomens aufzufinden und zu benennen. Gewässernetze erscheinen unseren Denkgewohnheiten noch heute als beunruhigend, erst eine hierarchisierende Ordnung macht derartige Netzstrukturen befahrbar, begehbar und beherrschbar.

Die Rückführung des Vielen auf das Eine ermöglicht umgekehrt – deuten wir den diskursiven Aufbau der angeführten Passage aus Labats Afrikawerk richtig – die Umwandlung des nun zum »Einen« gewordenen in ein vielfach zu Nutzendes, das von der Baumrinde bis zur Viehzucht die Multiplizität der Verwendungsformen aus der Kultur des Einen abzieht. Die Überführung der Mangrove in eine genealogische Struktur, die Gegenüberstellung des Differenten in einer Dichotomie von Einheit und Vielheit, von Zentrum und Peripherie ermöglicht eine Aneignung von außereuropäischer Natur im Sinne ihrer Umwandlung in eine europäische Kultur, die sich hinter dem Mythos des Baums »versteckt«. Die Sehnsucht nach Ariadnes Faden zügelt die Angst, die uns im Labyrinth nicht-hierarchischer Gänge befällt. So kann die Karte, das *mapping*, ganz entgegen den Auffassungen von Deleuze und Guattari[104] gerade nicht zum Ausdruck

103 Hatte auch bereits La Condamine diese Gabelteilung für wahrscheinlich gehalten, deren Existenz doch längst zuvor von den Missionaren nachgeprüft worden war, so konnte gleichwohl ein Vertreter der sogenannten »systematischen Geographie«, der Franzose Buache de la Neuville, noch am Ende des 18. Jahrhunderts, also kurze Zeit vor Humboldts Untersuchungen, mit Blick auf die Gabelteilung des Orinoco bzw. Casiquiare von einer »geographischen Monstrosität« sprechen. Vgl. zu den Forschungen La Condamines und der zeitgenössischen Diskussion: Broc, *La Géographie des Philosophes*, a.a.O., S. 160 ff.

104 Vgl. Deleuze/Guattari, *Rhizom*, a.a.O., S. 21.

des Rhizomatischen, sondern mit Hilfe hierarchisierender Benennungen und Namensgebungen zur Verkörperung des Wurzelhaften werden. Die Wege – sei es durch verwirrende Flußsysteme oder durch wuchernde Mangrovenwälder – sind als Leitlinien vorgegebener Bewegungen Hierarchisierungsmuster, deren scheinbare Mobilität über ihre Festschreibung abhängiger Bezüglichkeiten hinwegtäuscht. So kommt gerade der Zweidimensionalität im Sinne des Eröffnungskapitels eine stark ordnende, hierarchisierende und symbolische Bedeutung zu.

Kehren wir zu den *Rhizophora* zurück. Mit diesen Überlegungen soll gleichwohl nicht einer anderen Dichotomisierung, jener nämlich zwischen Baum und Mangrove, das Wort geredet werden. Überlappungsbereiche sind ebenso möglich wie Überkreuzungsarten. Die sich im Zitat von Deleuze und Guattari ausdrückende Gegenüberstellung von Orient und Okzident wäre aus dieser Sicht durchaus zu kritisieren, rekurriert sie doch zudem auf jenes bequeme abendländische Denkschema, innerhalb dessen das Morgenland stets zum Anderen des Abendlandes wurde. Man wird sich davor hüten müssen, den Orient in ein Rhizom *für* abendländische Baumstrukturen zu verwandeln. Einer stabilen und statischen »Orientalisierung«[105] des Anderen entkommt man freilich leichter, wenn man beiden Bereichen keine festen Grenzen zuweist, sondern ein dynamisches und sich in der Zeit veränderndes Ineinandergreifen annimmt, in dem sich nicht zwei jeweils zentrierte Strukturen antagonistisch gegenüberstehen, sondern dynamische Relationen denkbar werden.

Der uns hier interessierende geographische Raum, die Inselwelt der Antillen, läßt uns eine derartige Vorstellung aus einer heilsamen Distanz erkennen. Denn die Karibik eignet sich innerhalb derartiger abendländischer Denkfiguren sehr gut als Ort eines dynamischen dritten Raumes, eines *third space* (im bereits angeführten Sinne Bhabhas), der über keine eigene Zentralität, kein festes und unverrückbares Zentrum verfügt. Die »Zentren« der Karibik lagen bislang stets außerhalb der Karibik. Die Karibik als Einheit zu betrachten bedeutet, von hierarchisierenden Strukturen absehen zu müssen – und zu dürfen. Dies schließt Bewegung und mehr noch Durchquerbarkeit keineswegs aus.

105 Vgl. hierzu die längst zum Klassiker gewordene Studie von Edward W. Said, *Orientalism*, New York: Vintage Books 1979.

Im Gegenteil: Alles kann mit allem verbunden werden, ohne daß ein Zentrum zwischengeschaltet werden müßte.

Auch bei diesem antillanisch-karibischen Raum handelt es sich freilich – schon die Präsenz von Jean Baptiste Labat mag uns daran erinnert haben – um einen kolonisierten Raum, der denselben abendländischen Aneignungsformen in zweifellos noch höherer topographischer Konzentration ausgeliefert war. Man könnte sogar die These wagen, daß kein anderer Raum von den Verfahren, den Phänomenen und den Folgen des Kolonialismus stärker und tiefgreifender geprägt wurde als der karibische[106] – gerade weil die einzelnen Teile dezentral rezentralisiert und außenabhängig gemacht werden konnten.

Die Konsequenzen dieses jahrhundertelangen Prozesses waren nicht nur im Bereich einer politischen und sozialen, sondern auch einer landwirtschaftlichen, landschaftlichen und ästhetischen Raumgestaltung von großer Durchschlagskraft. Dies betraf insbesondere die wechselseitigen Beziehungen zwischen Natur und Kultur und deren Rückwirkungen auf identitätsbildende wie ästhetische Konzeptionen. Auch die topographische Gegebenheit des karibischen Inselraumes ist immer schon bedeutungstragend, immer schon Kultur; sie kann freilich in bezug auf verschiedene kulturelle Systeme unterschiedliche Deutungsmuster – seien sie zentriert, nicht-zentriert oder beides zugleich – bedienen. Insularität, Archipel oder beides zugleich: Stets ist die Natur Kultur, die sich als Natur zu tarnen versucht und so zum Mythos werden kann – auch zum Mythos der Karibik.

Die hierarchische Beziehung zwischen Natur und Kultur und mehr noch Kultur als (zweite, aber eigentliche) Natur hat entscheidende Rückwirkungen auf die soziale Kodierung von Schönheit. So erinnerte die guadeloupanische Schriftstellerin

106 Vgl. hierzu Ulrich Fleischmann, »Zum Problem der Literaturgesellschaft im karibischen Raum«, in: Alejandro Losada (Hg.), *La Literatura Latinoamericana en el Caribe*, Berlin: Lateinamerika-Institut der Freien Universität Berlin 1983, S. 52: »Er [der karibische Raum] ist der Bereich, in dem aufgrund besonderer historischer und geographischer Bedingungen die Prägung durch den Kolonialismus – faßbar in den Phänomenen der Vernichtung autochthoner Menschen und Kulturen, der mit Sklaverei verbundenen Plantagenwirtschaft, der vollständigen wirtschaftlichen und politischen Dezentralisierung und Dependenz – am tiefsten reichte und in der Folge auch am deutlichsten erhalten blieb.«

Maryse Condé im sechsten, mit dem Titel »La Nature« versehenen Kapitel ihres Essays über die französischsprachigen Schriftstellerinnen der Antillen zu Recht daran, daß die tropische Inselwelt nicht immer den tourismusträchtigen Paradiesvorstellungen der Europäer entsprochen habe, sondern ihre »wilde«, ungebändigte Natur von den europäischen Kolonisten als ebenso furchterregend wie häßlich empfunden und dargestellt worden sei: »die Natur ist schön, wenn sie beherrscht und kultiviert ist«.[107] Als Beleg fügte sie ihrem erstmals 1979 erschienenen Buch *La parole des femmes* das nachfolgende, Charles de Rocheforts 1658 publizierter *Histoire Naturelle et Morale des Iles Antilles de l'Amérique* entnommene Zitat bei. Dort war erst nach der Abgrenzung gegenüber einer furchterregenden Natur der steilen Abhänge und Schluchten die Schönheit der Natur auf den Plantagen von Saint-Christophe sichtbar geworden:

> Das schöne sich bildende Grün des in Reihen gepflanzten Tabaks, das bleiche Gelb des reifen Zuckerrohrs und das bräunliche Grün des Ingwer und der Pataten bilden eine so diversifizierte Landschaft und ein so reizendes Emailgemälde, daß man seinen Blick nicht davon abwenden kann, ohne der eigenen Neigung Gewalt anzutun.[108]

Die Landschaft *(paysage si diversifié)* ist allein die vom (europäischen) Menschen geschaffene, rational berechnete, gemessene und bestellte Kulturlandschaft, deren *Diversität* das Ergebnis vielfältiger Anbaupflanzen einer zum Teil künstlich importierten Natur ist. Sie ist auf ein Maß, eine Linie, eine Hierarchie zurückführbar. Das Viele ist auch hier durchsichtig und reduzierbar auf das Eine – die Plantage, die Plantagenwirtschaft, den Kolonialismus oder den abendländischen Logozentrismus – und erweist sich so als das von einem einzigen Ursprung, einer einzigen Quelle, einer einzigen Wurzel her Abgeleitete. Das genealogische Schema erzeugt, auf der Raumebene in eine geometrische Struktur verwandelt, beim europäischen Betrachter ästhetischen Genuß. Auch hier stehen die europäische Genealogie und ihre Baumstruktur im Gegensatz zu einer außereuropäischen Natur, die in mehrfachem Sinne einem sehr wohl kreati-

107 Condé, *La parole des femmes*, a.a.O., S. 58.

108 Charles de Rochefort, *Histoire Naturelle et Morale des Iles Antilles de l'Amérique.* Vol. I, Rotterdam 1658, S. 33; hier zitiert nach Condé, *La parole des femmes*, a.a.O., S. 58.

ven Aneignungsprozeß überantwortet wird. Innerhalb einer derartig »kultivierten« Natur hat ein Phänomen der Grenze wie die Mangrove keinen Ort, ist sie doch nicht *à cordeau*, in Reih und Glied, pflanzbar. Für die abendländische Vorstellung ist sie ein Baum – oder sie *ist* nicht.

Die Mangrove als Wurzel

In Simone Schwarz-Barts 1979 erschienenem Roman *Ti Jean L'horizon* greift der Protagonist in seiner antillanischen Kosmogonie auf die Metaphorik von Baum und Wurzel, Zweig und Frucht in anderer Weise zurück:

> Das einzige Wort, das ich kenne, murmelte er, betrifft die Tatsache, daß die Erde Guadeloupes früher großzügig war, vor dem Verschwinden der Sonne: schnitt man einen Baumzweig ab und steckte ihn ganz einfach so in die Erde, und wenn die Kraft des Zweiges intakt war, dann sandte dieser schließlich immer seine eigenen Wurzeln aus. [...] Sagen Sie ihm, sprach Ti Jean ganz verzweifelt, sagen Sie ihm, daß wir vielleicht der abgeschnittene Baumzweig sind, ein Zweig, der vom Wind weggetragen und vergessen wurde; aber all das hätte gewiß eines Tages schließlich Wurzeln getrieben, und dann einen Stamm und neue Zweige mit Blättern, mit Früchten ... mit Früchten, die niemandem ähnlich wären, sagen Sie es ihm ...
> Die Augen Eusèbes durchwühlten ihn, versuchten vergeblich, diese Geschichte vom Baumzweig zu verstehen.[109]

Ti Jean, in dessen volkstümlicher Gestalt sich die mündlichen Erzähltraditionen der antillanischen Kultur bündeln, erzählt eine Geschichte, die uns vor dem Hintergrund unserer Überlegungen nicht unverständlich bleiben dürfte. Denn innerhalb dieser Baummetaphorik wird Guadeloupe mit einem Zweig verglichen, der von einem weit entfernten Baum (in Afrika) getrennt und vom Wind verdriftet worden sei. Die Antilleninsel wird damit an die Herkunft aus Afrika zurückgebunden, erweist sich als ein peripherer, durch einen nicht näher bestimmten gewaltsamen Prozeß abgetrennter Teil jenes Stammes, dessen Wurzeln in afrikanischer Erde stecken. Damit wird der zentrale räumliche Bezugspunkt der *Négritude*, die kulturelle Rückbindung an Afrika, in eine Wurzelmetaphorik übersetzt. Die nachhaltige Ter-

109 Simone Schwarz-Bart, *Ti Jean L'horizon*, Paris: Seuil 1979, S. 248.

ritorialisierung dieser Metaphorik, welche die »eigentlichen« Wurzeln Guadeloupes in Afrika ansiedelt, wird freilich – in der Begrifflichkeit von Gilles Deleuze und Félix Guattari – durch einen Deterritorialisierungsprozeß abgelöst, der die Existenz, das Überleben des Abgetrennten selbst aufs Spiel setzt. Nach einer Zeit des Vergessens aber scheint die Möglichkeit einer neuen Wurzelbildung gegeben, der Prozeß einer Reterritorialisierung setzt ein, indem der »verlorene« Zweig – in einer metonymischen Engführung mit einer menschlichen beziehungsweise familiären Genealogie – Wurzeln treibt und seinerseits zu einem Stamm heranwächst. Die neuartigen Früchte signalisieren, daß damit etwas Anderes entstanden ist, eine neue autonome Einheit eines *tronc*, eines in zumindest zweierlei Weise deutbaren *Stammes*, der gleichwohl genealogisch noch immer an Afrika zurückgebunden bleibt. Doch bringt der neue Stammbaum seine eigene, eine neue Genealogie hervor.

Die Ti Jean in den Mund gelegte Metaphorik der guadeloupanischen Schriftstellerin, mit deren Roman *Pluie et vent sur Télumée Miracle* sich Maryse Condé ausführlich in *La parole des femmes* auseinandersetzte, ist von einer eigenartigen Ambivalenz geprägt. Einerseits dominieren die zentralisierenden, vereinheitlichenden Lexeme von »Baum«, »Stamm« und »Wurzel«, andererseits werden diese einem De- und Reterritorialisierungsprozeß zugeführt, der etwas Neues entstehen läßt, wobei die dezentrierenden Lexeme »Zweige«, »Blätter« und »Früchte« in den Vordergrund gerückt werden. Die kosmogonische Dimension dieser Geschichte, dieses Mythos ist offenkundig. Sie verweist als legitimatorischer Diskurs aber auch auf die im geschilderten Prozeß wiederzugewinnende Stabilität und Fixierung, so daß der Begründungs- zu einem Gründungsdiskurs und vielleicht mehr noch zu einem Verwurzelungsdiskurs wird, der sich neuerlich an einer einzigen Wurzel, einem einzigen Stamm ausrichtet. Auf diese Weise wird ein gewaltsam ausgelöster Identitätsbildungsprozeß erfolgreich zu einem Abschluß gebracht und fixiert. Ohne mit den Vorstellungen und Ideologemen der *Négritude* zu brechen, stellt diese Kosmogonie doch einen Versuch dar, in einem *discours fondateur* den Raum des Eigenen zu konstruieren und vom unmittelbar Afrikanischen abzugrenzen. Der Übergang zu einer neuen Zentrierung von Identität ist geschaffen.

Es ist ungemein spannend und aufschlußreich, die Verbindung derartiger Identitätsdiskurse auf den Antillen mit der Baum- und Wurzelmetaphorik in den achtziger und neunziger Jahren im antillanischen Raum weiterzuverfolgen. Dabei sollten wir aus dieser veränderten Perspektive ein letztes Mal auf das *Lob der Kreolität* von Jean Bernabé, Patrick Chamoiseau und Raphaël Confiant zurückkommen. Dort entfalteten die Autoren vom ersten Satz an einen Identitätsdiskurs, der nicht nur auf eine gleich zu Beginn des *Eloge* genannte Raumkonzeption des »Archipels und seiner Ausläufer auf dem Festland«[110] abzielte, sondern auch eine unverkennbar zentralisierende Auffassung dieses Raumes beinhaltete. Die (von den Autoren eher verheimlichte) Einschreibung in einen *amerikanischen* Diskurs des Mestizentums, die in diesem Kapitel herausgearbeitet werden sollte, bringt einen bemerkenswerten Anspruch auf eine Repräsentanz des Menschlichen und der Menschheit mit sich, den wir sehr wohl als totalitär bezeichnen könnten, ist er doch keineswegs geringer als der von José Vasconcelos in seiner wohl bekanntesten Schrift, *Die kosmische Rasse*[111], geltend gemachte. Der Körper des Mestizen selbst wird zum Träger eines solchen Anspruchs:

> Der Mestize steigt als emblematische Figur der *conditio humana* die Zeit hinab und hinauf. Er ist in Bewegung. Auf seinem Körper trägt er die Spuren der gemeinsamen archaischen Erbschaft, die in der Freudschen Theorie der Urszene zu den Quellen eines »Über-Ich« zurückkehrt, dessen aktive Faktoren nicht die realen Eltern und Angehörigen sind, sondern eine imaginäre Repräsentation dieser realen Eltern.[112]

Vielleicht ließe sich das Grundschema des mestizischen Diskurses am besten als eine Überschneidung zweier Metaphernfelder, jenes der Genealogie (und damit des Stammbaums und der Verwurzelung) und jenes der Fusion und Verschmelzung (und damit einer »Lösung« im chemischen Sinne) beschreiben. Die sich hieraus ergebenden Widersprüche zwischen einer statischen und einer dynamischen, einer vornehmlich diachronen oder synchronen, einer hierarchisierenden und Hierarchien auflösenden Metaphorik sind evident und prägen die innere Mechanik dieses Diskursschemas, ohne doch seiner Attraktivität größeren Schaden zuzufügen. Vielleicht machen sie sogar das eigentliche

110 Bernabé/Chamoiseau/Confiant, *Eloge de la Créolité*, a. a. O., S. 13.
111 Vgl. auch Kapitel 7.
112 Toumson, *Mythologie du métissage*, a. a. O., S. 260.

movens dieser Diskursformation aus, das seine Attraktivität und die mit dem mestizischen Diskurs verknüpften Hoffnungen noch immer in Gang zu halten versteht. Denn dieser Diskurs projiziert stets eine Lösung seiner inhärenten Widersprüche in die Zukunft, bis zu jenem Zeitpunkt, zu dem auch der letzte Erdenbewohner von diesem Prozeß erfaßt und einer dann in ihrem *métissage* vereinten und vereinheitlichten Menschheit einverleibt sein wird. Dann erst kann die Arbeit an diesem Mythos – um den bekannten Begriff von Hans Blumenberg zu verwenden – wirklich zu Ende gebracht werden. Der mestizische Diskurs ist folglich latent ein totalitärer, alle Differenzen zunehmend auslöschender Diskurs, dessen eingepflanzte Baumstruktur jene der gesamten Menschheitsgeschichte ist. Die Kraft seiner Zentralisierung erlahmt nicht, da es immer etwas zu entdifferenzieren, immer etwas zu fusionieren gibt.

Aufschlußreich ist, daß die Autoren des *Eloge de la Créolité* der Wurzelmetaphorik bisweilen eine andere Konkretisierung unterschieben, die wiederum auf einer territorialisierenden Konzeption beruht und quasi »natürliche« Elemente der antillanischen Landschaft in den Identitätsdiskurs einspeist. So taucht die Mangrove nicht unpathetisch am Ende einer linearen Verkettung identitätsstiftender und mit der Kreolität verknüpfter Bilder auf:

> Die Kreolität ist unsere Ursuppe und unsere Verlängerung, unser originäres Chaos und unsere Mangrove an Virtualitäten. Wir neigen zu ihr, bereichert durch alle Irrtümer und gestärkt durch die Notwendigkeit, uns in der Komplexität zu akzeptieren. Denn das eigentliche Prinzip unserer Identität ist die Komplexität.[113]

Eine weitere Passage des *Eloge* greift erneut auf die Metapher der Mangrove zurück:

> Eines der Hindernisse für unsere Kreativität bestand in der obsessiven Sorge um das Universelle. Ein altes Syndrom des Kolonisierten: Er fürchtet, nur das entwertete Selbst zu sein, und schämt sich zugleich, das sein zu wollen, was sein Herr ist, und so akzeptiert er – welch höchste Subtilität –, die Werte des Herrn als jene des Ideals der Welt zu denken. Daher unsere Außerhalbbefindlichkeit *(extériorité)* gegenüber uns selbst. Daher die Verspottung der kreolischen Sprache und der tiefen Mangrove der Kreolität.[114]

113 Bernabé/Chamoiseau/Confiant, *Eloge de la Créolité*, a.a.O., S. 28.
114 Ebd., S. 51.

Wieder findet sich eine lange Verkettung heterogener Bilder, die freilich stets um ein begriffliches Zentrum kreisen: das der *Créolité*. Die Mangrove fügt diesen Metaphernketten zumindest zwei semantische Dimensionen hinzu: zum einen die Komplexität, zum anderen die Tiefe. Beide Seme sind jeweils rückgebunden an eine Wurzelmetaphorik, die einen Zweifel an ihrer Reterritorialisierung weder in bezug auf ein generierendes Zentrum – die Kreolität – noch in Hinblick auf ihre »Begehbarkeit« innerhalb eines antillanischen Kontextes aufkommen läßt. Virtualität und Komplexität, Generierung und Tiefe verweisen stets auf einen Identitätsbildungsprozeß, der auf ein Territorium zurückgreift, das keineswegs überraschend in seinen nationalen Dimensionen im »Annexe« des Manifests unter dem Titel »Kreolität und Politik« erscheint. Das bereits dargelegte Raumkonzept erhält so eine politisch-territoriale Dimension:

> Die Kreolität umreißt die Hoffnung auf eine erste mögliche Neugruppierung innerhalb des karibischen Archipels: die der kreolischsprachigen Völker von Haiti, Martinique, St. Lucia, Dominica, Guadeloupe und Guyane, eine Annäherung, die nur das Vorspiel wäre zu einer weitergehenden Union mit unseren englischsprachigen und spanischsprachigen Nachbarn. Für uns ist die Erlangung einer eventuellen mono-insularen Souveränität nur eine Etappe (von der wir hoffen, daß sie so kurz wie möglich sein wird) auf dem Weg zu einer karibischen Föderation oder Konföderation, dem einzigen Mittel, um wirkungsvoll gegen die verschiedenen Blöcke anzukämpfen, die sich mit ihren hegemonialen Ansprüchen den Planeten aufteilen.[115]

Die Metaphorik der Mangrove steht mit dieser Konzeption eines nicht »nur« kulturellen, sondern auch politischen Raumes in unmittelbarer Verbindung. Sie zeigt den Ort der Verwurzelung, den Ort einer Gewißheit an, von dem aus das Wurzelgeflecht eine neue Kommunikationsstruktur und mehr noch eine neue *Einheit* zu schaffen in der Lage wäre. Zugleich markiert die Mangrove einen Zwischenraum, der sich zwischen einander widerstreitenden Kräften, zwischen Land und Meer, zwischen Ebbe und Flut, zwischen Salzwasser und Süßwasser, zwischen den sich bekämpfenden Blöcken einer just 1989 wieder in Bewegung gekommenen Konfrontationslinie, einen Raum des *Widerstandes* eröffnet. So knüpft die *mangrove* unvermittelt und wohl

115 Ebd., S. 58.

auch ungewollt an die Bilderwelt des *maquis* an: Sie verkörpert den Widerstand gegen jeden Okkupanten mit Weltmachtanspruch.

Die Mangrove als Rhizom

Das Selbstverständnis jener Schriftsteller und Intellektuellen, die das Manifest des *Eloge de la Créolité* 1989 publizierten, beruhte zweifelos auf der Überzeugung, im Stil einer Avantgarde die kulturelle wie die politische, die ästhetische wie die nationale Vorhut einer neuen, in Gang zu setzenden Bewegung zu bilden. Es mag sein, daß sie damit jener Denkstruktur verfallen mußten, die Deleuze und Guattari am Ende der Einleitung in ihre *Mille Plateaux* für sich selbst ausschlossen und unbarmherzig geißelten:

> Wir haben nicht vor, eine Schule zu gründen; auch Schulen, Sekten, Cliquen, Kirchen, Avantgarden und Arrièregarden sind Bäume, die in ihrer lächerlichen Erhabenheit und durch ihren lächerlichen Sturz alles zermatschen, was sich Wichtiges ereignet.[116]

Auch wenn sich Gilles Deleuze und Félix Guattari nicht vorgenommen haben mögen, schulbildend zu wirken und von sich eine genealogische Struktur des Einflusses ausgehen zu lassen, so wirkten ihre Vorstellungen, Begriffe und Metaphern doch nicht nur in der Philosophie, sondern auch in dem von ihnen stets mitgedachten »Außen«. Zugleich wirkten ihre Theorien mit Blick auf deren Verbreitung nicht nur in Frankreich, Europa oder dem Abendland, sondern auch in jenem nichtabendländischen oder zumindest nicht-nur-abendländischen Raum, den sie – wie wir bereits sahen – in ihre Konzeptionen immer wieder einbezogen hatten.

Für die Französischen Antillen, wo sich (wie gewiß auch in anderen kulturellen Räumen) die Verwurzelungsmetaphorik innerhalb des Identitätsdiskurses mit großer Kontinuität und Stärke bis heute manifestiert, war und ist die Begriffsprägung und Entfaltung des *rhizome* von besonderer Bedeutung. So griff Edouard Glissant – nicht ohne die Distanz gegenüber metropolitanen Vorstellungen zu signalisieren – auf die Kritik an der

116 Deleuze/Guattari, *Rhizom*, a.a.O., S. 41.

Intoleranz der Wurzel zurück, welche »die Herren Deleuze und Guattari gewiß zu verwerfen beabsichtigten«.[117] Versuchen wir zunächst, für unsere Fragestellung bedeutsame Elemente dieser Kritik am Wurzelbegriff zusammenzufassen.

Folgen wir den Vorstellungen von Deleuze und Guattari, so sind für das Rhizom Konnexion und Heterogenität grundlegende Prinzipien bei der Vernetzung unterschiedlichster Elemente. Es ist den beiden Theoretikern also nicht um eine Ent-Differenzierung, sondern um eine Kommunikation, nicht um eine Homogenisierung, sondern um eine Verbindung innerhalb des Heterogenen zu tun. Die Vielheit des Rhizoms unterscheidet sich von der Vielheit der Baumstruktur, die stets an ein Zentrum zurückgebunden werden kann. Das Rhizom kann überdies an jeder beliebigen Stelle gebrochen und zerstört werden, wuchert aber gleichwohl weiter und formiert sich von neuem so, wie etwa die tierische Rhizomatik der Ameisen funktioniert.[118] Damit, so könnten wir folgern, besitzt es eine sehr spezifische Widerständigkeit, die ein Ergebnis ihrer dezentralen Verfaßtheit ist. Das Rhizom folgt dem Prinzip der Kartographie und nicht dem der Kopie, bildet Strukturen mit einer Vielzahl von Eingängen und nicht mit einem privilegierten Haupteingang:

> im Unterschied zu den Bäumen und ihren Wurzeln verbindet das Rhizom einen beliebigen Punkt mit einem anderen; jede seiner Linien verweist nicht zwangsläufig auf gleichartige Linien, sondern bringt sehr verschiedene Zeichensysteme ins Spiel und sogar nicht signifikante Zustände *(états de non-signes)*. Das Rhizom läßt sich weder auf das Eine noch auf das Viele zurückführen.[119]

Vor dem Hintergrund dieser Grundprinzipien unterscheiden Félix Guattari und Gilles Deleuze zwischen drei verschiedenen Buchtypen. Ein erster Buchtyp ist erwartungsgemäß das »Wurzelbuch«[120], das hierarchisch-baumartig strukturiert ist und im

117 Glissant, *Poétique de la Relation*, a.a.O., S. 26.

118 Deleuze/Guattari, *Rhizom*, a.a.O., S. 16.

119 Ebd., S. 34. Auf die Tatsache, daß eine derartige Vorstellung von Kartographie nicht ohne weiteres stichhaltig ist, da Kartierungsformen sehr wohl rezentralisierenden Verfahren ausgesetzt sein können – ein Aspekt, der bei jeder Weltkarte europäischer oder nordamerikanischer Nachrichtensendungen förmlich ins Auge springt –, wurde bereits aufmerksam gemacht.

120 Ebd., S. 8.

Zeichen der Mimesis stets ein Bild der Welt zu sein vorgibt. Während der dritte Buchtyp eine rhizomatische Struktur aufweist und als Modell für das eigene Schreiben in *Mille Plateaux* gelten darf, gibt es noch einen zweiten Buchtyp, bei dem die »büschelige Wurzel oder das System der kleinen Wurzeln« vorherrscht, ein Typus, »den die Moderne gern für sich in Anspruch nimmt«.[121] Burroughs' *Cut-up*-Methode etwa gehöre als Verfahren diesem Buchtyp an, wobei ein Text mit einem anderen zusammengeschnitten werde, so daß »eine Vielzahl von Wurzeln, sogar Luftwurzeln entstehen (man könnte auch Stecklinge sagen)«.[122] Eine derartige Konstruktion ließe sich mit jener Deutung von Labat in Verbindung bringen, der in der Mangrovenstruktur jene *rejettons*, jene Triebe oder Schößlinge, ins Licht rückte, die ihrerseits wieder zur Wurzelbildung überleiten. Die Entwicklung und Ausprägung neuer Zentren, die von diesen »Ablegern« ausgehen, wurde anhand von Ti Jeans Kosmogonie in Simone Schwarz-Barts Roman bereits deutlich.

Man könnte bereits an dieser Stelle einfügen, daß unterschiedliche Verschränkungsformen zwischen diesen drei von Guattari und Deleuze unterschiedenen Buchtypen denkbar sind. Warum sollte ein Buch nicht auf verschiedene Grundformen oder -typen zurückgreifen können? Dies würde freilich bedeuten, daß in einem Buch verschiedene Logiken koexistierten, ohne daß eine von ihnen dominant würde. Es wäre möglich, dieser Fragestellung gleichsam genealogisch nachzugehen, um die Beziehung zwischen Theorie und Roman etwa anhand der Relationen zwischen dem *Eloge de la Créolité* und den Romanen von Raphaël Confiant und Patrick Chamoiseau oder auch zwischen Edouard Glissants *Poétique de la Relation* und seinem Romanschaffen zu überprüfen. Spannender noch dürfte jedoch die Frage sein, ob sich im Feld der frankophonen Literaturen Romane ausfindig machen ließen, die in eine Verbindung ebenso mit den Ansätzen von Deleuze und Guattari wie auch von Bernabé, Chamoiseau, Confiant oder Glissant gebracht werden können.

Die Antwort auf diese Fragestellung liegt auf der Hand, trägt doch Maryse Condés Roman *Traversée de la Mangrove* nicht nur die Bewegung, sondern auch die Problematik der Wurzelbil-

121 Ebd., S. 9.
122 Ebd.

dung in seinem Titel. Bei meiner Untersuchung dieses Aspekts möchte ich nicht von der Vorstellung eines Einflusses von Deleuze und Guattari im frankokaribischen Raum ausgehen, würde die Einflußmetaphorik doch letztlich die Vielheit der Vorstellungen auf eine »Quelle«, in diesem Falle sogar eine »metropolitane« Quelle, reduzieren und somit eine Hierarchie konstruieren, die dem vorliegenden Band, wie mir scheint, fremd ist. Die interdiskursiven und intertextuellen Beziehungen, die im folgenden diskutiert und weitergedacht werden sollen, sind nicht als (genealogische oder baumartige) Filiationen, sondern vielmehr als Verkettungen aufzufassen, welche die Kommunikationsmöglichkeiten zwischen unterschiedlichen Textsorten vervielfachen.[123] Die Frage, ob zuerst die Theorie und dann der Roman oder umgekehrt erst der Roman und dann die Theorie »da«gewesen seien, erweist sich aus dieser Sicht als nicht pertinent. Theorie und Roman bilden vielmehr sich wechselseitig verändernde Figuren einer noch immer in Bewegung befindlichen Choreographie.

In Maryse Condés Roman ist die Mangrove ebenso im paratextuellen wie im textinternen, innerhalb der Diegese angeordneten Titel gegenwärtig. Denn wir hatten bereits gesehen, daß *Traversée de la Mangrove* nicht nur der Titel des Condéschen, sondern auch jenes Romans ist, mit dessen Niederschrift Francis Sancher alias Francisco Alvarez-Sanchez beschäftigt ist. In Vilmas bereits zitierter achselzuckender Antwort auf den Titel, den ihr Geliebter für seinen Roman gewählt hat – »Man durchquert keine Mangrove. Man spießt sich an den Wurzeln dieser Manglebäume auf. Man versinkt und erstickt in dem brackigen Dreck«[124] –, zeigt sich, wie sehr die Metapher der Mangrove mit dem Schreibakt selbst verbunden wird. Sie ist der Gegenstand des Schreibens von Francis Sancher, der sich im Gewirr dieses

123 Schreiben wird von Deleuze und Guattari als ein sehr spezifisches Wissen begriffen, das vor allem relationalen Charakter besitzt: »Denn beim Schreiben geht es nur darum, zu wissen, an welche andere Maschine die literarische Maschine angeschlossen werden kann, ja angeschlossen werden muß, damit sie funktioniert.« Und sie stellen keineswegs unproblematisch auf sehr kategorische Weise fest: »Die Literatur ist eine Verkettung, sie hat nichts mit Ideologie zu tun, es gibt keine und gab nie Ideologie.« Deleuze/Guattari, *Rhizom*, a.a.O., S. 7.

124 Condé, *Traversée de la Mangrove*, a.a.O., S. 202.

Objekts ein ums andere Mal verliert und immer wieder die gerade niedergeschriebenen Seiten enttäuscht vernichtet. Nicht umsonst erscheint sie im angeführten Zitat als ein menschenfeindlicher Raum, der – im Gegensatz zu Labats Auffassung – nicht durchquert werden und für jeden Eindringling den Tod bedeuten kann. Die Mangrove verkörpert den widerständigen Raum einer Anökumene, die im Gegensatz zur Wüste nicht gequert und somit durch den Querungsvorgang selbst – wie etwa in Jean Baudrillards *Amérique* – auch nicht ästhetisiert wird.[125] Das Scheitern von Francis Sancher als Romancier und seine Todesart, die trotz verschiedener Deutungsversuche – auch eine Autopsie bringt keinen Aufschluß – mysteriös bleibt, legen eine Lesart nahe, in der die Mangrove zur tödlichen Falle wird, in der sich der Fremdling literarisch wie existentiell fatal verfängt. Sie erinnert – und auch dies ist ein Bezug zum Schreibakt – an die ersten Verse von Dantes göttlicher *Comedia*, wo der Reisende auf seinem Lebensweg sich »in einen finstern Wald verschlagen« sieht, da er »vom rechten Pfad gelenkt die Schritte« – ohne daß Francis Sancher ein Vergil oder eine Beatrice zur Seite gestanden und ihn aus diesem Labyrinth noch herausgeführt hätten.

Die Verästelungen der Mangrove durchziehen den Text Maryse Condés von Beginn an und bauen einen hochkomplexen literarischen Raum auf, der sich ebenso literarischer wie theoretischer, schriftkultureller wie mündlicher, europäischer wie amerikanischer Modelle und Bezugstexte bedient. Schon vor diesem Hintergrund wird die Mangrove zur Textmetapher des Romans schlechthin, zu jenem organischen Gewebe von Verästelungen, das den gesamten Text in seiner Komplexität zu verkörpern und zu verräumlichen sucht. Der Text besitzt keinen Stamm, von dem aus das Wachstum »kontrolliert« würde, sondern serielle Knotenstellen, von denen aus sich eine erzählte Geschichte unvermittelt auf andere Geschichten hin öffnet und mit diesen kommuniziert. Das Spiel mit den im Sinne des ersten Kapitels verstandenen Dimensionen des Raumes ist nicht weniger komplex, situieren sich diese Bewegungen doch in den drei Dimensionen des Raumes – gerade dem Aufstieg in die Berge oder zum Vulkan kommt stets eine große Bedeutung zu – sowie

125 Vgl. Baudrillard, *Amérique*, a.a.O., sowie das zweite Kapitel des vorliegenden Bandes.

jener von Zeit, Gesellschaftsstruktur und Imagination. Die Romanfiguren entfalten in der Vielfalt ihrer Differenzmerkmale hinsichtlich Geschlecht, Alter, Rasse, Herkunft, Beruf, Gesellschaftsschicht oder Bildung brennspiegelartig einen Mikrokosmos, der sich auch in einer sprachlichen Vielfalt niederschlägt. Die für die Frankophonie insgesamt charakteristische Diglossie oder Vielsprachigkeit aufgrund der Kreolsprachen wird freilich nur fragmentarisch eingeblendet – kreolische Sprachformen werden zumeist in Anmerkungen übersetzt –, aber durch eine Vielfalt an Soziolekten und Idiolekten behutsam ergänzt, so daß die angezielte Leserschaft nicht notwendig mit Sprachen und Kulturen der Antillen aufs engste vertraut sein muß.

Auf diese Weise entwickelt der Text eine offene proliferierende Strukturierung, welche die Ordnung einer zentralisierten Struktur und selbst einer regelmäßigen Netzstruktur bei weitem sprengt. Das Wuchern dieses Textes ließe sich sehr wohl mit dem einer Mangrove im Geflecht ihrer Luft- und Atemwurzeln, ihrer Stütz- und Stelzwurzeln vergleichen. Damit wüchse dem Titel eine weitere, diesmal auf die Rezipienten zu beziehende Bedeutung zu: Auch die Lektüre erweist sich in der Tat als die Durchquerung einer Mangrove, wobei das Lesevergnügen durch den erzeugten Lesewiderstand nur erhöht wird. *Traversée de la Mangrove* ist zweifellos ein Mangroventext, gemäß seiner inneren Strukturierung zugleich aber auch eine Textmangrove.

Der Baum als Mangrove

Mit dieser Analyse sollten wir uns noch nicht zufriedengeben. Denn es gibt Strukturen, die in dieses Bild einer proliferierenden, dezentrierten und dezentrierenden Strukturierung nicht passen wollen. Dazu zählt zum einen der bereits angesprochene symmetrische Aufbau des Romans mit der Rahmung des Hauptteils durch zwei kleinere Textteile, »Abenddämmerung« und »Morgendämmerung«, verbunden mit der präzisen Einhaltung der drei klassischen Einheiten von Raum, Zeit und Handlung. Auf allen Ebenen sind in den Text Strukturelemente eingebaut, die von den Proliferationen zwar überwuchert werden können, aber keineswegs verschwinden. Man könnte hier in Rückgriff auf Deleuze und Guattari von einer Baumstruktur sprechen, die mit der proliferierenden Strukturierung der Textmangrove zusammen eine hochgradig hybride Textgestalt erzeugt. Es scheint daher sinnvoll, auch nach anderen Natur- und speziell Pflanzenmetaphern im Text Ausschau zu halten, um zu erkunden, ob der Text selbst ein metaphorisches Deutungsmuster für seine Leserschaft bereithält.

Im zwölften, Rosa, der Mutter Vilmas gewidmeten Kapitel hatten wir bereits die lineare Bewegungsfigur ihrer »Überführung« nach Rivière au Sel analysiert. Ihr Blick vom Haus aus auf die umgebende Landschaft präsentiert uns eine »dunkelgrüne Masse von Bäumen, Lianen, Parasiten, alles miteinander vermischt, und hier und da helleren Lücken von Bananenpflanzungen«.[126] Wie im Falle der Mangrovenformation ist die hier dargestellte Urwaldvegetation von einer scheinbar undurchdringlichen Dichte, und auch hier löst sie bei ihrer Betrachterin etwas Erdrückendes und Erstickendes, das Gefühl von Feindseligkeit und Bedrohung aus. Die wuchernde Vegetation ist gleichwohl nicht identisch mit einer Mangrovenlandschaft, sondern stellt die eines tropischen Urwaldes dar, in dem sich Bäume, Lianen und Schmarotzergewächse zu einem dichten Gewebe verbinden, das hier und dort zwar keine (im Heideggerschen oder Rodóschen Sinne) »Lichtungen«, wohl aber lichtere Stellen besitzt. Die Bäume sind in einer derartigen Vegetation nicht voneinander isolierte Einzelwesen, sondern Teile eines miteinander verbundenen Pflanzengeflechts, wodurch sie eine heterotope, kaum noch zu durchdringende Einheit bilden. Lianen und Schmarotzergewächse überwuchern somit eine Struktur, die fest im Boden verwurzelt ist, ohne daß eine zentrierende Funktion der Baumstrukturen überhandnähme. Nichts kann diesen Wald auf eine einzige Wurzel reduzieren, durch kein umgedrehtes Bäumchenschema der strukturalen Linguistik wäre genealogisch in diesem Urwald ein »Ur-Baum« auszumachen.

Wir beginnen hier zu erkennen, daß Deleuze und Guattari an einen Baum im west- oder mitteleuropäischen Wald gedacht haben dürften, nicht aber an eine Baumlandschaft im tropischen Sinne, die für Europäer von jeher etwas Verlockendes und Euphorisierendes, aber auch Beängstigendes und an den Rand der (abendländischen) Vernunft Führendes besaß.[127] Die beiden

126 Condé, *Traversée de la Mangrove*, a.a.O., S. 171.

127 So berichtet Alexander von Humboldt in einem Brief vom 16. Juli

französischen Denker haben gleichsam den Wald vor lauter einzelnen Bäumen nicht gesehen.

Schon bald lernt Rosa, wie sie in der neuen Umgebung zurechtkommen kann und die bedrohliche, scheinbar undurchdringliche Vegetation doch von auf den ersten Blick nicht sichtbaren schmalen Pfaden *(traces)* gekreuzt wird, die eine Durchquerung dieser Wälder erlauben:

Und doch habe ich langsam, zur Überraschung meines eigenen Herzens, Rivière au Sel zu lieben begonnen. Aus dem uns umgebenden Urwald steigt etwas wie ein Ruf empor. Wenn ich den Saint-Charles-Pfad hochstieg, drang ich in die Wälder ein und spazierte zwischen den Säulen der Bäume, die ihre Schöpfe hoch trugen, umher. Ich setzte mich zwischen ihre Schutzmauern und blieb stundenlang dort.[128]

Die Pfade, die »Spuren« im Wald, ermöglichen der frischvermählten Frau den Zugang zu einer Vegetation, der ihr sonst verschlossen geblieben wäre. Die Vegetation erscheint in zweifacher Form, als Wucherung und als stabile Stütze. Sie gewährt zugleich Verborgenheit und Schutz, Isolierung (also Insularität) und Selbstreflexion von erhöhtem, aber nicht exponiertem Standpunkt aus. Die Vegetation ist durchquerbar und mehr noch bewohnbar geworden. Wie für Mira Schlucht und Wasser Verborgenheit und (mütterlichen) Schutz bedeuten, so ist auch für Rosa die Natur zu jenem Raum geworden, der ihr als Ort der Zuflucht und der Selbstfindung dient.

In einem derart gestalteten Landschaftsbild sind die Bäume nicht mehr ausschließlich zentrierte und zentrierende Strukturen, sondern Träger einer doppelten Logik, die zugleich zentrierende und dezentrierende, territorialisierende und deterritoriali-

1799 aus Cumaná an seinen Bruder Wilhelm, der Europa zeit seines Lebens nie verlassen sollte, voller Begeisterung für die Pflanzenfülle, die man auf engstem Raum vorfinde: »Wie die Narren laufen wir bis itzt umher; in den ersten drei Tagen können wir nichts bestimmen, da man immer einen Gegenstand wegwirft, um einen andern zu ergreifen. Bonpland versichert, daß er von Sinnen kommen werde, wenn die Wunder nicht bald aufhören. [...] Ich fühle es, daß ich hier sehr glücklich sein werde und daß diese Eindrücke mich auch künftig noch oft erheitern werden.« In: Alexander von Humboldt, *Briefe aus Amerika 1799–1804*. Bearbeitet von Ulrike Moheit, Berlin: Akademie 1993, S. 42.

128 Condé, *Traversée de la Mangrove*, a. a. O., S. 172.

sierende Elemente kennt. Der Baum bildet zusammen mit Lianen und Parasiten ein wucherndes Gewebe aus, das im Sinne von Deleuze und Guattari *zugleich* Wurzel, Rhizom und büschelige Wurzel ist. Die Baumgesellschaften des tropischen Urwalds bilden eine Mangrovenstruktur, die simultan von mehreren Logiken zugleich geprägt und gequert wird.[129]

Maryse Condé unternimmt es innerhalb des stringenten Aufbaus ihres Romans an einer Vielzahl von Stellen, die unterschiedlichen Romanfiguren in Beziehung zu den Bäumen wie zu den Mangroven zu setzen. Francis Sancher etwa erscheint den von ihm Berichtenden häufig auf einem Baumstamm oder am Rande der Mangroven sitzend. Doch gerade die letzte der im Roman zu Wort kommenden Figuren, die von jenem Geschehen weiß, das Francis nur erahnt und erleidet, hat eine besondere Beziehung zu den Bäumen. Xantippe, jene durch ein Urtrauma aus der menschlichen Gemeinschaft ausgeschlossene nomadisierende Gestalt eines Schwarzen, der in den Wäldern lebt und über andere Wahrnehmungsmöglichkeiten als die Bewohner von Rivière au Sel verfügt, markiert mit seinen sternförmigen Bewegungen, die ihn immer wieder nach Rivière au Sel zurückführen, jenen Ort in der Nähe des Weilers, an dem das Jahrhunderte zurückliegende Verbrechen geschah, das Francis Sancher ein Leben lang verfolgte und schließlich tötete. Der Mann, vor dem Francis Sancher, aber auch andere Bewohner der *bourgade* sich ängstigen, hatte in einem zweiten Schöpfungsakt den Bäumen ihre Namen gegeben. Doch er benannte nicht nur die Bäume:

129 Auf die Verbindung zwischen Maryse Condés *Traversée de la Mangrove* und der Rhizomatik hat in Zusammenhang mit der Beziehung zwischen Edouard Glissants Rückgriff auf das Rhizom und der Vorstellung Friedrich Schlegels von der Arabeske bereits hingewiesen: Ralph Ludwig, »Une littérature éloquente: regards européens sur la narration antillaise moderne«, in: Ette/Ludwig (Hg.), *Littératures caribéennes – une mosaïque culturelle*, a.a.O., S. 62. In einem 1994 gehaltenen Vortrag deutete Rose Lema die gesamte Romanstruktur im Lichte der Mangrovenmetaphorik; vgl. ihren sehr lesenswerten Aufsatz »La narrativa de Maryse Condé: un manglar discursivo«, in: *Versión* (México) 6 (1996), S. 217-227. Beiden Aufsätzen verdanke ich wichtige Hinweise auf die hier behandelte Problematik.

Ich habe allen Bäumen dieses Landes ihre Namen gegeben. Ich bin auf den Morne hinaufgestiegen, ich habe ihre Namen geschrien, und sie haben auf meinen Ruf geantwortet.
Gommier blanc. Acomat-boucan. Bois pilori. Bois rada. Bois trompette. Bois guépois. Bois d'encens. Bois pin. Bois la soie. Bois bandé. Résolu. Kaïmitier. Mahot cochon. Prune café. Mapou lélé. Arbre à lait. Malimbé.
Die Bäume sind unsere einzigen Freunde. Von Afrika her pflegen sie unsere Körper und unsere Seelen. Ihr Duft ist Magie, Zeichen der großen wiedereroberten Zeit. Als ich noch klein war, legte mich meine Mama in den Schatten ihrer Blätter, und die Sonne spielte über meinem Gesicht mit ihnen ihr Versteckspiel. Als ich *nèg mawon*, zu einem frei umherstreifenden Schwarzen wurde, verbarrikadierten mich ihre Stämme.
Ich bin es auch, der die Lianen benannt hat. *Siguine rouge. Siguine grand bois. Jasmin bois. Liane à chique. Liane à barrique. Liane blanche des hauts.* Auch die Lianen sind Freundinnen seit langer langer Zeit. Sie schnüren Körper mit Körper zusammen.[130]

In gewisser Weise ist dieser Katalog der Bäume und der Lianen ein Gegengewicht gegen jene Kataloge von *La Redoute* und *Les Trois Suisses*[131], die der Briefträger Moïse den Bewohnern von Rivière au Sel frei Haus liefert. Den Katalogen des Konsums stehen die Kataloge der Natur gegenüber, ohne daß zwischen beiden eine Verbindung, ein wirklicher Dialog, denkbar wäre. Sie gehören zwei unterschiedlichen Welten an, die doch innerhalb der Hybridkultur Guadeloupes aufeinandertreffen und koexistieren. Xantippe weiß um die intensiven Beziehungen zwischen den Körpern der Bäume und den Körpern der Menschen, wie er auch – an die magische und rituelle Bedeutung der Baumriesen in den afrikanischen und afrokaribischen Kulten anknüpfend – von der Rückbindung der Bäume an Afrika weiß. Doch die Bäume sind erst vollständig benannt, wenn auch die Lianen ihre Namen erhalten haben. Sie ergänzen sich wechselseitig, so wie auch ihr Geschlecht sich zueinander und gegenüber dem Menschen komplementär als *amis* und *amies* verhält. Durch die Lianen werden die Bäume in ein dichtes lebendiges Netz eingewoben, das den Blick von ihren Wurzeln auf ihre Kronen, von ihrer Verwurzelung auf ihre Vielverbundenheit lenkt. Baum und Liane werden auf diese Weise zur Fortsetzung der Mangrove an

130 Condé, *Traversée de la Mangrove*, a.a.O., S. 255.
131 Ebd., S. 30.

Land und auf den Bergen, auch sie bilden einen Raum des Widerstands, der sich freilich innerhalb der Ökumene ansiedelt. Mangrovenwald *und* tropischer Urwald sind ambivalente Figurationen der Bedrohung wie der Unbeherrschbarkeit, des dumpfen Todes wie des lebendigen Widerstands, der Erstickung wie der Wucherung, der Struktur und der Strukturierung. Sie werden beide durch den Text in Metaphern für den stets bedrohten Schreibakt, aber auch für die nicht minder bedrohte Kultur der Antillen verwandelt. Zusammen verkörpern sie jene zwei Logiken, die *simultan* die Gesamtheit von *Traversée de la Mangrove* durchziehen.

Zwei Logiken und die Landschaften der Theorie

In seiner 1990 erschienenen *Poétique de la Relation* hat Edouard Glissant gleich zu Beginn seinen eigenen kulturtheoretischen Entwurf mit den Vorstellungen von Gilles Deleuze und Félix Guattari in Verbindung gesetzt und an die Kritik der beiden französischen Autoren am Begriff der Wurzel angeknüpft oder, wie wir mit den Verfassern von *Mille Plateaux* sagen könnten, seinen eigenen an den französischen Bezugstext (freilich keineswegs kritiklos) angeschlossen. Dabei sah er in der Metapher des Rhizoms wohl den Wurzelbegriff, nicht aber jenen der Verwurzelung ausgeräumt:

> Der Begriff Rhizom würde also die Tatsache der Verwurzelung aufrechterhalten, die Vorstellung von einer totalitären Wurzel aber zurückweisen. Somit stünde das rhizomatische Denken prinzipiell am Beginn dessen, was ich als Poetik der Relation bezeichne, der zufolge sich jede Identität in eine Beziehung zum Anderen hin ausweitet.[132]

Diese Beziehung seines eigenen relationalen Kulturentwurfs zum »Rhizom des multiplen Bezugs zum Anderen«[133] erlaubt es Glissant, die Rhizomatik der beiden französischen Theoretiker seinem eigenen antillanischen Diskurs einzuverleiben und daraus eine Unterscheidung zu entwickeln, die zum einen für die Interpretation von *Traversée de la Mangrove*, zum anderen aber auch für eine konstruktive Kritik an einem eindimensionalen

132 Glissant, *Poétique de la Relation*, a.a.O., S. 23.
133 Ebd., S. 28.

Identitätsbegriff von großer Bedeutung ist. Denn mit seiner Unterscheidung zwischen »verwurzelter« und »relationaler« Identität gelingt es dem Verfasser von *Le discours antillais*, die von Deleuze und Guattari entwickelte Theorie auf die spezifische Situation der Antillen zu übertragen. Mit dieser kreativen Aneignung eines poststrukturalistischen Denkmusters verbindet Glissant zugleich eine fundamentale, wenn auch zurückhaltend ausgedrückte Kritik am kurz zuvor lancierten Begriff der Kreolität. So heißt es in einem mit dem Titel *Créolisations* überschriebenen programmatischen Text:

> Was uns trägt, ist nicht allein die Definition unserer Identitäten, sondern auch ihre Beziehung zu all dem, was möglich ist: die wechselseitigen Mutationen, welche dieses Spiel der Relationen generiert. Die Kreolisierungen führen in die Relation ein, aber nicht um zu universalisieren; die »Kreolität« würde ihrem Prinzip nach zu *Négritudes, Francités*, Latinitäten regredieren, die alle mehr oder minder unschuldig generalisieren.[134]

Die Theorie Edouard Glissants versucht damit ebenso wie die Romankunst von Maryse Condé[135] vorsichtig, aber gleichwohl bestimmt und produktiv auf das Theorem der *Créolité* zu reagieren. Glissants und Condés implizite wie ihre explizite Kritik zielt dabei vor allem auf die dem Ansatz von Confiant, Chamoiseau und Bernabé inhärente Tendenz ab, letztlich zu einer Verfestigung mehr oder minder monolithischer Identitäten und einer klaren Abgrenzung zwischen dem Eigenen und dem Fremden zu gelangen. *Traversée de la Mangrove* läßt sich, parallel zu Glis-

134 Ebd., S. 103.

135 Maryse Condés Interviews bilden einen wichtigen, von der Autorin auch bewußt konstruierten Bestandteil des Gesamtwerks, stehen aber – wie mir scheint – nicht immer auf der Höhe ihres eigenen Romanschaffens. Es wäre möglich (wenn auch allzu schematisch), diesbezüglich eine Gemeinsamkeit mit den Ansätzen der *women of color* zu sehen, die – folgen wir der Überzeugung der afroamerikanischen Kritikerin Barbara Christian – eher in narrativen Formen sowie in ihren Spielen mit der Sprache theoretisieren, als festgefügte Theoriegebäude zu errichten. Vgl. Barbara Christian, »The Race for Theory«, in: Gloria Anzaldua (Hg.), *Making Face, Making Soul / Haciendo caras: Creative and Critical Perspectives by Women of Color*, San Francisco: Aunt Lute Books 1990, S. 336. Vgl. zu dieser Fragestellung auch Shelton, »Condé: The Politics of Gender and Identity«, a.a.O.

sants *Poétique de la Relation*, auch als Versuch lesen, das Scheitern des Identitätsdiskurses der *Créolité* – wie auch anderer festgefügter Identitätskonzepte – narrativ vorzuführen.[136] Das von Glissant theoretisch überzeugend herausgearbeitete relationale Element scheint mir gerade hinsichtlich seines kurz skizzierten Entwurfs zweier Identitätskonzepte von Maryse Condé trotz aller Nähe dadurch weiterbearbeitet worden zu sein, daß die guadeloupanische Autorin zwei Verlockungen widerstehen zu können scheint. Zum einen vermeidet sie es, gegensätzliche Identitätskonzepte, wie sie Glissant zum Zwecke größerer Klarheit in die sehr anschaulichen Begriffe von *identité-racine* und *identité-relation* gekleidet hat, einander binär gegenüberzustellen. Zum anderen tappt sie nicht in die Falle, Gegensätze oder gegensätzliche Konzepte miteinander zu verschmelzen und in eine fusionelle Rhetorik zu überführen.

Überprüfen wir diesen Gedanken am Beispiel von *Durchquerung der Mangrove*, so ließe sich mit einer gewissen Zuspitzung sagen, daß Francis Sancher durch seine Rückbindung an die familiäre »Urszene« des Verbrechens seines männlichen Vorfahren in eine genealogische Filiation eingerückt ist, die ihn nicht nur unerbittlich seinem fatalen Schicksal zuführt, sondern ihn mit aller Gewalt an (s)eine *identité-racine* kettet. Mit der Rückkehr nach Guadeloupe zum Ort des Verbrechens ist die Struktur dieses Teufelskreises für ihn endgültig geschlossen: Francis selbst spricht vom *Boucler la boucle*.[137] Seine Resignation angesichts des ihm auferlegten Schicksals drückt sich nicht zuletzt in seinem Namenswechsel aus, der ihn an den Namen seines ausbeuterischen und verbrecherischen Vorfahren – ironischerweise François-Désiré – annähert. Dieses Begehren des Franzosen, dieses *désir*, paust sich auf alle Ebenen der Persönlichkeit seines Nachfahren durch. Noch während Francis' letzter Lebensphase auf Guadeloupe bricht in ihm jedoch immer wieder jener Francisco Alvarez-Sanchez durch, der sich sein Leben lang bemüht hatte, aus der Gewalt dieser genealogischen

136 Vgl. hierzu auch Anne Malena, *The Negotiated Self. The Dynamics of Identity in Francophone Caribbean Narrative*, New York/Bern/Frankfurt am Main: Peter Lang 1999, S. 69: »In diesem Sinne illustriert *Traversée de la Mangrove* das Scheitern von Identitätsdiskursen wie etwa des Diskurses der ›Kreolität‹ bei dem Versuch, für alle befreiende Definitionen anzubieten.«

137 Condé, *Traversée de la Mangrove*, a.a.O., S. 115.

Filiation zu entkommen und eine andere, eine relationale Identität aufzubauen. So berichtet der Geschichtenerzähler Cyrille, was ihm einst Francis Sancher anvertraut hatte:

> Steht man erst einmal aufrecht auf seinen beiden Füßen, dann heißt es bis zum Ende marschieren, bis zum Grab. Ich bin bis zur Erschöpfung marschiert! Mein Marathon hat vor langer Zeit begonnen. Es scheint, daß mein Ur-Urahne, ein gewisser François-Désiré, der erste in dieser sinistren Ahnenreihe, die ich mit mir auslöschen wollte, ein Franzose von hoher Abkunft war, der nach einem ersten Verbrechen das Meer überquerte und seine Fäulnis auf diese Inseln transplantierte.[138]

Es kommt zu keiner Fusion zwischen Francis und Francisco, beide sind bis in die letzten Tage ihres Lebens paradox miteinander verbunden, ohne doch miteinander zu verschmelzen. So betont der Fremde noch im Angesicht des nahenden »weiblichen« Todes (frz. *la* mort):

> Es ist seltsam, nicht wahr? In dem Augenblick, wo ich sie [das heißt die »Tödin«] treffen soll, würde ich gerne für einige wenige Tage, einige wenige Wochen, einige wenige Monate Aufschub plädieren. Diese Verbrecherin hat mich nicht eine einzige Minute in Ruhe gelassen. Sie hat mich gedreht, gewendet, ließ mich Walzer tanzen ohne Musik, und doch merke ich heute, wie gerne ich noch nach ihrem Taktstock weitermarschieren würde. Aber ach, da ist nichts mehr zu machen, mir bleiben nur wenige Tage.[139]

Die Hoffnung, noch einmal die Kreisstruktur der *identité-racine* aufbrechen und zu jener ruhelosen, diskontinuierlichen Bewegung der *identité-relation* – auch wenn sie schon immer im Zeichen des Todes stand und als ein Tanz mit dem Tod inszeniert war – zurückkommen zu können, zeigt deutlich die Simultaneität beider Konfigurationen des Ichs bei Francis Sancher alias Francisco Alvarez-Sanchez an. Francis/Francisco will mit sich die Reihe der männlichen Nachfolger beenden und zeugt doch zugleich zwei Söhne mit unterschiedlichen Frauen, multipliziert also noch jene Nachkommenschaft, der er abgeschworen hatte. Damit steht der Protagonist für die doppelte Logik seines Romans selbst ein, eine Mangrovenlogik[140], an der er selbst ge-

138 Ebd., S. 163 f.

139 Ebd., S. 164 f.

140 Man könnte diese Mangrovenlogik auch mit Bachtins Begriff des Chronotops belegen, würde dabei jedoch die Simultaneität zweier verschiedener Logiken aus den Augen verlieren; vgl. Malena, *The Negotiated Self*, a.a.O., S. 81.

scheitert war, die Maryse Condé aber zu einem vollendeten künstlerischen Ausdruck geführt hat. Und ganz nebenbei werden in ihrem Roman alle im ersten Kapitel dieses Bandes unterschiedenen Dimensionen und Bewegungsmuster eindrucksvoll vor Augen geführt.

In der Problematik der Simultaneität beider Logiken liegen – so könnten wir vermuten – die Gründe für das Scheitern der textinternen und des Gelingens der textexternen *Traversée*. Das gleichzeitige Funktionieren zweier (oder mehrerer) Logiken im Text ermöglicht die Darstellung einer Durchquerung unterschiedlicher kultureller und lebensweltlicher Territorien sowohl auf individueller als auch auf kollektiver Ebene. Der Roman reduziert die Vielheit kultureller Differenz nicht auf eine im Sinne von Deleuze und Guattari verstandene Baumstruktur. In ihrer Ambivalenz deutet die Pflanzenmetaphorik auf eine, wenn nicht *die* entscheidende Schnittstelle innerhalb des Romans wie innerhalb der antillanischen und karibischen Kulturkonzeptionen überhaupt: die Frage nämlich, wie eine wechselseitige Ausgrenzung und Bekämpfung zweier (oder mehrerer) verschiedener Logiken ebenso unterbunden werden kann wie deren Ineinsfallen in einer Fusion, die letztlich – sei sie »mestizisch« oder »kreolisch« angelegt – stets wieder (wie dies schon Edouard Glissant andeutete) in eine totale und totalitäre Identität zurückfallen müßte.

Die Theorie (Edouard Glissants) wie der Roman (Maryse Condés) bearbeiten diese Problematik in einer produktiven Aneignung poststrukturaler Denkmöglichkeiten, die in ihrer Bedeutung zweifellos weit über die Antillen hinausreicht. *Durchquerung der Mangrove* ist in diesem Sinne ein Erzähltext, dessen Struktur und Strukturierung Glissants Überlegungen zum »Roman des Amériques« nicht nur einlöst, sondern übererfüllt und damit weiterführt.[141]

141 Vor einem anderen Argumentationshintergrund hat bereits Priska Degras auf die Beziehung des 1989 erschienenen Romans zu Glissants »Roman des Amériques« – ihm widmet Glissant das 46. Kapitel von *Les discours antillais* (S. 254-258) – aufmerksam gemacht. Vgl. Priska Delgras, »Maryse Condé: l'écriture de l'Histoire«, in: *L'Esprit Créateur* XXXIII, 2 (summer 1993), S. 73. Gerade Glissants Begriff einer »gelebten Modernität« scheint mir eine große Bedeutung zuzukommen (ebd., S. 257).

Der karibische Raum zählt zweifellos zu den literarisch produktivsten Räumen dieser Erde.[142] Nicht allein im Bereich der Literatur, der Musik sowie allgemein der Kultur, sondern gerade auch der Kulturtheorie geht von ihm eine Vielzahl von Impulsen aus, die in unserem neuen Jahrhundert zu Recht Anspruch erheben dürfen, in Europa nicht nur marginal wahrgenommen, sondern produktiv einverleibt und weiter fruchtbar gemacht zu werden. Würde man es unternehmen, die möglicherweise zu Ende gehende und sich auf neue Formen und Räume des Denkens hin öffnende Postmoderne mit bestimmten, in einer Vielzahl signifikanter Texte rekurrent auftauchenden Landschaften zu verknüpfen, wollte man also theoretisches Denken und naturräumliche Ausstattung aufeinander beziehen und nach den maßgeblichen *Landschaften der Theorie* fragen, dann könnte man sicherlich die Landschaft der Wüste – ebenso in der Flächenhaftigkeit der unterschiedlichen naturräumlichen wie der nicht weniger verschiedenen urbanen Wüsten – als eine der grundlegenden Landschaftsformen der Postmoderne begreifen.[143] Wäre als Landschaft der Moderne das Abrupte, die Auftürmung einer ästhetisierten Bergwelt und einer Bruchmetaphorik ihrer Schluchten mit ihrer Dialektik von Transparenz und Hindernis[144] repräsentativ und oftmals in der literarischen Landschaftsmalerei der Alpen, der Pyrenäen oder der Anden ausgeführt, so stünde die Landschaft der Mangrove für eine Theorie und Ästhetik, von der wir noch nicht wissen können, ob wir sie noch der Postmoderne zurechnen sollten oder ob sie sich bereits auf neue Horizonte hin öffnet.

Wie diese Landschaft der Theorie antillanischen oder karibischen Zuschnitts auch immer aussehen, welche Denkmöglich-

142 Es mag sein, daß dies mit der von Albert Flagie beobachteten »Abwesenheit eines Gründungsmythos« zu tun hat, was die karibischen Gesellschaften dazu führe, »eine ganze Mythologie des Mangels« und darüber hinaus eine grundlegende symbolische »Unersättlichkeit« *(insatiabilité)* zu entwickeln; vgl. Flagie, »Cosmogonie Antillaise et Identité«, a.a.O., S. 44.

143 Vgl. Kapitel 2.

144 Innerhalb einer ganze Bibliotheken umfassenden Literatur zu dieser literargeschichtlichen Epoche sei hier nur verwiesen auf die grundlegende Studie von Jean Starobinski, *Jean-Jacques Rousseau. La transparence et l'obstacle. Suivi de Sept Essais sur Rousseau*, Paris: Gallimard 1971.

keiten sie uns auch immer anbieten mag, ihr Formenschatz bleibt nicht ohne Rückwirkungen auf das Denken der Rhizomatik selbst. Gewiß haben Deleuze und Guattari auf die Problematik aufmerksam gemacht, daß man weder Dualismus noch Dichotomie, »auch nicht in der rudimentären Form von Gut und Böse«[145], Raum geben dürfe. Gerade ihr Konzept der Mikropolitik – seinerseits freilich *gegen* die Makropolitik gewendet – steht für diese Absicht ein. Gleichwohl spielen sie die Konzeption ihres Rhizoms unverkennbar gegen die totalisierende Struktur des Baumes aus und halten fest: »Das Rhizom dagegen ist eine Anti-Genealogie.«[146]

Die Schreibweise von Maryse Condé in *Traversée de la Mangrove* hingegen ist gleichzeitig genealogisch und multifokal, sie ist Baum und Rhizom, Mangrovenbaum und Textmangrove zugleich. Damit führt die in Europa noch immer unterschätzte Schriftstellerin die narrative Verwirklichung einer Poetik vor, die sich jenseits von Dualismus wie Dialektik, aber auch jenseits von Fusion und Kreolisierung ansiedelt. Ihre *Durchquerung der Mangrove* läßt sich nicht auf einen der drei von Deleuze und Guattari vorgeschlagenen Buchtypen zurückschneiden, sondern führt deren Möglichkeiten simultan vor. Sie erlaubt uns damit auch, den poststrukturalistischen Entwurf von Gilles Deleuze und Félix Guattari poetologisch weiterzuführen und ästhetisch in eine komplexe Mangrovenlandschaft zu übersetzen, ohne diese wie Labat auf eine Baumstruktur zu reduzieren mit dem Ziel, sie sogleich ökonomisch nutzbar zu machen. Zugleich aber löst die guadeloupanische und amerikanische Schriftstellerin eine Vermutung und mehr noch eine Hoffnung ein, welche die beiden französischen Philosophen wie schon so viele vor ihnen nach Westen, nach Amerika projiziert hatten. Freilich bedarf es auch hier einer Korrektur an Deleuze und Guattari, sollten wir doch unter »Amerika« nicht wie die beiden Franzosen – und nach ihnen ihr Landsmann Baudrillard[147] – schlicht die USA, sondern den gesamten amerikanischen Kontinent unter Einbeziehung jenes leeren Zentrums der Karibik verstehen, das gleichsam die Theorien anzusaugen und hervorzubringen weiß:

145 Deleuze/Guattari, *Rhizom*, a.a.O., S. 16.
146 Ebd., S. 18.
147 Vgl. Kapitel 2.

Einen besonderen Ort müßte man Amerika einräumen. Sicher, es ist nicht frei von der Vorherrschaft der Bäume und der Wurzelsuche. Man sieht es sogar in der Literatur, in der Suche nach einer nationalen Identität und einer europäischen Herkunft und Genealogie (Kerouac macht sich auf die Suche nach seinen Vorfahren). Nichtsdestoweniger bewegt sich alles Wichtige in Vergangenheit und Gegenwart durch amerikanisches Rhizom [...]. Unterschied zwischen dem amerikanischen und europäischen Buch, auch dort noch, wo das amerikanische nach Bäumen strebt.[148]

Es steht zu hoffen, daß die Philosophen der Zentren wie andere Philosophen im neuen Jahrhundert auch amerikanische Bücher anderer geographischer Breiten lesen werden. Ihre und unsere Theorien werden sich dadurch verändern und neue Texte mit anderen Landschaften der Theorie hervorbringen. Die kreative Spannung zwischen Europa und Amerika wird nicht geringer werden, sondern zunehmen, wenn es gelingt, bisherige Grenzziehungen zu überwinden und neue Räume aufeinander zu beziehen. Das abschließende Kapitel soll einen in dieser Hinsicht aufschlußreichen und anregenden Versuch darstellen.

148 Ebd., S. 31.

Wie die Neue Welt in der Alten als Neue erschien und in der Neuen zur Alten Welt wurde

Am Ende der Bewegung?

In seiner spannenden Analyse der Veränderungen von Raum und Raumvorstellung am Ausgang des 20. Jahrhunderts schrieb 1998 der in Basel lebende Publizist und Kulturphilosoph Aurel Schmidt:

> Es beginnt uns zu dämmern, daß wir in der Falle der Immobilität und Ausweglosigkeit sitzen. Natürlich können wir nach wie vor nach Potsdam oder Palermo reisen oder nach Patagonien, das ist weiter weg, also fremder, daher verlockender, aber das ändert nichts an der Tatsache, daß jede Bewegung, die wir in einem fixierten Raum ausführen, nirgends hinführt. Die Summe ist jedesmal die gleiche. Es ist wie in einem geschlossenen System, in dem die Energie rechnerisch weder ab- noch zunimmt, oder wie am Nordpol, wo jede Richtung nach Süden weist.[1]

Das Paradox unserer Zeit könnte darin bestehen, daß die stetig wachsende, vielleicht übergroße Beschleunigung den Eindruck der Immobilität, der Bewegungslosigkeit erzeugt, den Planwagen jener klassischen Westernfilme ähnlich, bei denen die Räder just dann stehenzubleiben oder sich gar rückwärts zu drehen scheinen, wenn diese ihre höchste Geschwindigkeit erreichen. Aber, so könnte man etwas naiv fragen, unterliegen wir hier nur diesem stroboskopischen Effekt, oder ist es wirklich so? Schon zu Beginn dieses Bandes hatten wir in unserer »Wegmarkierung« festgestellt, daß zeitgleich mit jener Bewegung und Beschleunigung, die wir mit dem Projekt der europäischen Moderne und deren räumlicher und ideengeschichtlicher Expansion verknüpfen dürfen, der *Eindruck* einer Nach-Geschichte, einer *Posthistoire* entstand, der gerade die Beschleunigungsphasen zu

1 Aurel Schmidt, *Von Raum zu Raum*, a.a.O., S. 38.

begleiten scheint. So wie die Erfahrung nach-geschichtlicher Zeiten auf eine besondere Weise mit der Erfahrung geschichtlichen Denkens verbunden zu sein scheint, könnte auch die Intensivierung der Raumproblematik und die verstärkte Vielbezüglichkeit unterschiedlichster Räume aufeinander trotz der dabei beobachtbaren immer höheren Kommunikationsgeschwindigkeit mit der Erfahrung und Wahrnehmung von Bewegungslosigkeit, von Stillstand, von einem »Durchdrehen« der Räder und nicht zuletzt von einem Verschwinden des Raumes verknüpft sein. Hat Reisen dann überhaupt noch einen Sinn?

In der Moderne ist das Reisen eigenartig an die Erfahrung von Bewegungslosigkeit zurückgebunden. Diese Eigenartigkeit ist jene des Paradoxons, dessen philosophischer wie literarischer Meister Denis Diderot war. Vor dem Hintergrund unserer im dritten Kapitel des vorliegenden Bandes angestellten Überlegungen ist es nicht verwunderlich, daß der Verfasser von *Jacques le fataliste et son maître* gerade dieser Problematik seine Aufmerksamkeit gleich zu Beginn seines *Supplément au Voyage de Bougainville* zuwandte. Dort kommen die beiden Gesprächspartner auf Bougainville, für die Zeitgenossen die Verkörperung des Reisenden schlechthin, zu sprechen:

A. Ich verstehe diesen Menschen nicht. Das Studium der Mathematik, das ein seßhaftes Leben zur Voraussetzung hat, erfüllte die Zeit seiner jungen Jahre; und nun geht er plötzlich von einer meditativen und zurückgezogenen Tätigkeit zum aktiven, mühsamen, umherirrenden und aufgespaltenen Geschäft des Reisenden über.
B. Aber keineswegs. Wenn das Schiff nur ein schwimmendes Haus ist und wenn Sie den Seemann betrachten, der unermeßliche Räume durchquert und dabei zusammengezogen und unbeweglich *(immobile)* in einer recht engen Umfriedung lebt, dann sehen Sie ihn, wie er auf einer Planke die Welt umrundet ganz so, wie Sie und ich auf unserem Parkett das ganze Universum umrunden.[2]

Man könnte diese Passage mit guten Gründen als das »Paradox des Reisenden« bezeichnen.[3] Denn in der Tat wird jene schein-

2 Denis Diderot, »Supplément au Voyage de Bougainville ou Dialogue entre A et B«, in: ders., *Œuvres*. Edition établie et annotée par André Billy, Paris: Gallimard 1951, S. 964.

3 Vgl. Ottmar Ette, »Figuren und Funktionen des Lesens in Guillaume-Thomas Raynals ›Histoire des deux Indes‹«, in: Dietrich Briesemeister und Axel Schönberger (Hg.), *Ex nobili philologorum officio*. Fest-

bar so klar gezogene Grenze zwischen Reisenden und Daheimgebliebenen, zwischen räumlicher Bewegung und Immobilität ihrerseits in Bewegung gesetzt, so daß es zu einem Oszillieren zwischen beiden Polen kommt. An der Bewegung des Denkens – und auch des Schreibens – selbst wird jedoch kein Zweifel geäußert, gleichviel, ob wir unsere gedankliche Bewegung auf einer schwimmenden Planke oder einem Dielenboden in Paris (oder Potsdam) ausführen. Wenn der Reisende auch nicht reist und der Nicht-Reisende reist, so finden ihre unterschiedlichen Reisebewegungen doch auf einer anderen, von der rein empirischen Raumerfahrung abstrahierenden Ebene wieder zusammen. Vom Raum der Gedanken, vom virtuellen Raum her betrachtet – also gleichsam nicht von der Hardware, sondern von der Software her gesehen –, ist der *tour du globe* beziehungsweise der *tour de l'univers* gerade nicht zu einem Stillstand gekommen. Wie Aurel Schmidt am Beispiel Goethes aufzeigte, »wird das Reisen zu einer Technik und Methode der unausweichlichen Selbstverwandlung und Selbsterneuerung«[4] – doch ist damit im Sinne Diderots sicherlich nicht die einzig mögliche Technik und Methode bestimmt. Schmidts Überlegungen am möglichen Ende jenes Raumes der europäischen Moderne, an deren Anfang sich auch Texte wie Diderots *Supplément au Voyage de Bougainville* und mehr noch *Jacques le fataliste et son maître* ansiedeln, fällt am Jahrtausendende – wen kann es verwundern? – freilich weniger selbstgewiß und zukunftsfroh aus als jene der beiden Dialogpartner des 18. Jahrhunderts:

> Die einen brechen auf, die anderen bleiben zu Hause oder gehen in den Urlaub. Der Tourist ist der Prototyp des modernen Menschen, er darf alles, aber will nichts. Er reist in Wirklichkeit nicht fort, er wird transportiert, abtransportiert, deportiert. Im besten Fall nimmt er einen Ortswechsel vor, aber im Grunde genommen stimmt nicht einmal das, er bleibt stets am gleichen Ort, in der Leere und Langeweile, in die er verstrickt ist, ohne sie zu überwinden, vielleicht aus Furcht, aber vielleicht noch mehr aus Unkenntnis.[5]

Auch in dieser Passage ist, allerdings vom anderen Ende dieses Raumes her, die Grenze zwischen jenen, die aufbrechen, und

schrift für Heinrich Bihler zu seinem 80. Geburtstag, Berlin: Domus Editoria Europaea 1998, S. 593 f.

4 Schmidt, *Von Raum zu Raum*, a.a.O., S. 23.

5 Ebd., S. 16.

jenen anderen, die zu Hause bleiben, nicht nur brüchig, sondern letztlich irrelevant geworden, scheint die (gewiß nicht nur touristische) Reise doch zu einem Abtransport, zu einer Deportation verkommen.

Die Ausführungen Aurel Schmidts bringen im Eingangszitat dieses abschließenden Kapitels ganz nebenbei und zufällig Patagonien, jene Region, die Arnold Stadlers *Feuerland* zu umschreiben versucht, in einen alphabetisch begründeten Zusammenhang mit Palermo (und so zugleich mit einer Insel des Mittelmeeres[6]) und überdies mit Potsdam, meinem innerhalb dieses Dreiecks keineswegs bedeutungslosen Ort des Lesens. Patagonien, Mittelmeer und Mitteleuropa werden durch einen seltsamen Zufall in eine Beziehung zueinander und zugleich mit der Problematik der Reise gesetzt, eine Relation, die sich auch in dem 1992 erschienenen Roman des unweit des badischen Meßkirch geborenen süddeutschen Autors entdecken läßt. Mit anderen Worten: Die von Aurel Schmidt skizzierte Raumproblematik scheint geradezu gemünzt auf Arnold Stadlers in 37 unterschiedlich kurze und römisch durchnumerierte Kapitel (oder Stationen) unterteilten Kurzroman. Denn in Stadlers *Feuerland*, so scheint mir, lassen sich grundlegende Aspekte und Fragestellungen von Raum und Dynamik grenzüberschreitenden Schreibens in Europa und Amerika aufzeigen, wie sie im Verlauf des vorliegenden Bandes erörtert und entfaltet worden sind. Dabei soll uns die Analyse dieses Textes, mit dem sich die Germanistik bislang – von einigen wenigen Rezensionen in den Feuilletons deutschsprachiger Zeitungen einmal abgesehen – noch wenig beschäftigt hat, Einblick in zusätzliche Aspekte unserer Themenstellung erlauben und zugleich einen Hinweis geben auf

6 Nach seinem zunächst euphorisch begonnenen Aufenthalt auf Sizilien und speziell in Palermo hatte der seekranke Goethe beim Verlassen der Insel seine (freilich vorübergehende) Stimmung notiert: »In dieser Lage wollte mir unsere ganze sizilianische Reise in keinem angenehmen Lichte erscheinen. Wir hatten doch eigentlich nichts gesehen, als durchaus eitle Bemühungen des Menschengeschlechts, sich gegen die Gewaltsamkeit der Natur, gegen die hämische Tücke der Zeit und gegen den Groll ihrer eigenen feindseligen Spaltungen zu erhalten.« In: Johann Wolfgang Goethe, *Italienische Reise*. Mit vierzig Zeichnungen des Autors. Herausgegeben und mit einem Nachwort versehen von Christoph Michel. Bd. 1, Frankfurt am Main: Insel 1976, S. 404.

Veränderungen, die gegen Ende des 20. Jahrhunderts ebenso die Dimensionen und Räume wie die Bewegungsmuster in der (Reise-)Literatur unserer Tage, jenes zum Zeitpunkt der Veröffentlichung von *Feuerland* sicherlich schon angebrochenen 21. Jahrhunderts, betreffen. Bewegung und Dynamik des Raumes, soviel darf bereits an dieser Stelle festgehalten werden, sind keineswegs an ein Ende gekommen – auch nicht in bezug auf den »Schluß«, das Ende des vorliegenden Buches.

Bewegung und Tod, Bewegung als Tod

Der 1992 erschienene Roman *Feuerland* bildet den zweiten Teil einer Trilogie, die – aus Sicht des vorliegenden Bandes durchaus signifikant – just im Jahre 1989 mit *Ich war einmal* begann und 1994 mit *Mein Hund, meine Sau, mein Leben* abgeschlossen wurde.[7] Es handelt sich um einen Text, der von Reisebewegungen jeglicher Art charakterisiert und gequert wird, wobei Thema, Struktur und Strukturierung der Reise topisch ebenso mit der Problematik der Lebensreise als Sinnsuche wie mit jener des Todes als Endpunkt jeglicher Reise verknüpft werden. Dies zeigt sich schon in den fulminanten Anfangssätzen dieses trotz seines geringen Seitenumfangs beunruhigend sperrigen, eine ganz eigene sprachliche Welt erzeugenden Erzähltextes:

In der Nacht vom 20. zum 21. Juni warf sich der Sohn des Fellhändlers Antonio aus Pico Grande, Patagonien, vor den Zug. Es war sein erstes Lebenszeichen.
Trotz der Verspätung des Nachtzuges von Esquel nach Bahia Blanca wartete der Kandidat im Chevrolet seines Vaters, den er sich für diesen Zweck geliehen hatte, bis er den Zug kommen hörte. Dann schlug er die Tür des Lieferwagens zu, warf die Fahrzeugschlüssel zusammen mit seinem ganzen Schlüsselbund in die Pampa, rannte die wenigen Meter bis zu den Schienen und legte sich gegen die Fahrtrichtung, aber parallel zu den Gleisen, mitten auf den Boden. Es war eine Sache von Sekun-

7 Einen ersten Überblick über das Werk des 1954 geborenen Autors bietet Anton Philipp Knittel, »Arnold Stadler«, in: *Kritisches Lexikon zur deutschsprachigen Gegenwartsliteratur*. 53. Nachlieferung, München: Edition text + kritik 1996.

den, und er hatte alles überstanden. Diese Bahnlinie war die einzige Verbindung der Gegend mit der Welt.[8]

Charakteristisch ist in diesem ausgefeilten *incipit* nicht nur die lakonische und zugleich präzise Einführung der Themen des Selbstmordes und des Todes, die als *basso continuo* den gesamten Text begleiten[9], sondern die Verknüpfung dieser Thematik mit verschiedenen Verkehrs- und Transportmitteln und dadurch der Problematik der Raumveränderung insgesamt. Bewegung erscheint von Beginn an als eine Bewegung zum Tode, die paradoxerweise zum ersten Lebenszeichen der ersten Romanfigur gerät. Die einzige Verbindung der Region mit der Welt führt zum Abbruch der Verbindungen des Individuums mit der Welt, auch wenn dies aus zugtechnischen Gründen verspätet erfolgt. Die Verbindungen werden abgebrochen, selbst die Schlüssel des Automobils werden weggeworfen, als sollte niemand mehr dieses Fahrzeug für andere Reisen und Bewegungen nutzen können. Nicht weniger paradox ist, daß der endgültige Stillstand, der auch zu einer Zerstückelung des Körpers führt, erst durch eine Reihe mehr oder minder abrupt beschleunigter Bewegungen erzeugt wird.

Dabei ist nicht unwesentlich, daß nicht nur in der Eingangsszene, sondern auch am Ende des Romans die verschiedenen Todesarten in dem Teil des Planeten, der vom Erzähler immer wieder als das »Ende der Welt« bezeichnet wird, sich mit Vorliebe an jenen Leitlinien der Infrastruktur inszenieren oder auch ganz schlicht ereignen, welche »die einzige Verbindung der Gegend mit der Welt« darstellen. Begeht gleich zu Beginn des Romans der Sohn des 1938 aus Deutschland nach Argentinien emigrierten Onkels des Ich-Erzählers Selbstmord, so wird ein anderer Auswanderer, in eben jenem Augenblick, als er seinen Wohnort Pico Grande in Patagonien verläßt, um nach Deutsch-

8 Arnold Stadler, *Feuerland. Roman*, Frankfurt am Main: Suhrkamp 2000, S. 7 (die Erstausgabe erschien 1992 im Residenz Verlag in Salzburg).

9 Diesem Thema wandte sich Christian Wentzlaff-Eggebert in seinem derzeit im Druck befindlichen, am 18. 9. 1999 in Mainz im Rahmen der Tagung »Selbstvergewisserung am Anderen oder Der fremde Blick auf das Eigene« gehaltenen Vortrag unter dem Titel »Memento mori am Ende der Welt. Patagonien bei Arnold Stadler« zu. Ich verdanke diesem Vortrag den gehaltvollen Hinweis auf Stadlers Roman.

land zurückzukehren, während einer Autofahrt im Schlaf vom Tod ereilt. Auch dieser Tod ist spektakulär und beiläufig zugleich im letzten Abschnitt des letzten Kapitels in Szene gesetzt. Der vor den Judenverfolgungen im Nazideutschland geflohene Fritz folgt der Bitte seiner Schwester, er solle doch zum Sterben nach Hause kommen, ohne zu ahnen, daß der Tod ihn auf dieser letzten Reise noch vor dem Abheben des Flugzeugs in der Neuen Welt ereilen und ihn im Gegensatz zum Einwanderersohn nicht verspätet, sondern verfrüht in die andere Welt verbringen wird. Romananfang und Romanende sind rigoros und erbarmungslos als inverse Symmetrie, als *chassé-croisé*, angelegt. Nicht die Schiene, sondern die Straße wird Fritz zum Verhängnis: Es ist ein Lastwagen, genauer: ein (auf den Titel des letzten Teils der Stadlerschen Romantrilogie vorausweisender) Schweinetransporter, welcher dem Auswanderer, der den Tod nicht suchte, zum fatalen Transportmittel wird:

> Auf dieser Straße, der einzigen, die Patagonien mit der Welt verbindet, ist nichts los. Transamericana, keine Umwege, immer geradeaus, das macht müde. [...]
> Ein Vermögen fährt vor uns her. Schau hin! sage ich noch. Doch Fritz reagiert kaum. Er ist wohl am Einschlafen. Wir fahren nun direkt hinter dem Lastwagen her und können die Tiere schon riechen. In diesem Augenblick löst sich das Gatter. Ein einziges dieser schlachtreifen Exemplare verliert das Gleichgewicht und fällt von der obersten Etage durch unsere Windschutzscheibe, direkt auf die Stelle, wo Fritz eingeschlafen ist, und trifft den alt gewordenen Mann im ersten Augenblick. Armer Auswanderer! Das Schwein kann noch gerettet und notgeschlachtet werden. Er aber ist tot.[10]

In dieser tödlichen Symmetrie und Choreographie ist die Bewegung stets eine Bewegung zum Tode. Wohlkalkuliert führen von der Eingangs- und Schlußszene direkte Beziehungen zum Ich-Erzähler, der gleich zu Beginn des letzten Kapitels festhält: »so könnte auch meine Geschichte enden«.[11] In der Tat entging der Ich-Erzähler selbst auf der Autobahn in Deutschland nur knapp einem schweren, von einem aus Langeweile erotisch abgelenkten Lastwagenfahrer verursachten Unfall auf dem Weg zum Frankfurter Flughafen, wo die »eigentliche« Reise nach Argentinien beginnen sollte. Der Erzähler überlebt und mit ihm seine

10 Ebd., S. 153 f.
11 Ebd., S. 153.

Erzählung; seine Reise, sein Roman können beginnen, während die Geschichte jener Familie, die an dieser Stelle, an seiner Stelle auf der Autobahn tödlich verunglückte, für immer verlorenging. Die spiegelsymmetrische Anlage, der gemäß in den *Figuren* und Bewegungsfiguren der Anderen stets mögliche Momente des Erzählers selbst aufscheinen, zeigt sich auch in der Tatsache, daß der Selbstmörder der ersten Zeilen des Romans nicht nur derselben Familie wie der Erzähler entstammt, sondern mit ihm auch das Alter von fünfunddreißig Jahren teilt. Damit weist der Roman zugleich eine mehr oder minder verdeckte serielle Struktur auf, die – wie noch gezeigt werden soll – genealogisch fundiert wird. Was der einen Person zustößt, hätte auch der anderen widerfahren können und trifft sie möglicherweise auch in veränderter, umgekehrter Form. Die Figuren geraten so in eine ständig Reflexe und Reflexionen austauschende oszillierende Bewegung, die bisweilen zu einem Maskentanz, bisweilen zu einem Totentanz konstelliert. Für Identitäten bleibt in diesem Spiel kaum mehr ein transitorischer Raum.

Seit den ersten, in diesem Band bereits zitierten Versen aus Dantes göttlicher *Comedia* wissen wir, daß wir uns im Alter von fünfunddreißig Jahren – und der Erzähler weiß darüber hinaus um die (anthroposophisch popularisierten) Siebenjahresschritte[12] – in einem unübersichtlichen Gelände und zugleich am Scheideweg unseres Lebens wiederfinden. Die verschiedenen Todesarten sind folglich mehrfach mit dem Erzähler verbunden, weisen aber als abgebrochene, vom Tod unvermittelt abgeschnittene Lebenslinien auf die Bewegungsmuster des Ichs. Als Lebenszeichen kristallisieren die Todesarten aber nie zu Identitäten der verschiedenen *personae* aus.

Die Bewegungsfigur, die Kon-Figuration des Ich-Erzählers, sticht gleichwohl scharf von den Bewegungsmustern aller anderen Figuren ab. Seine Grundfigur ist der Kreis. Er bricht von Deutschland, vom badisch-schwäbischen Alpenvorland aus auf, reist nach Argentinien, wo er sich einen Südhalbkugelsommer lang im patagonischen Andenvorland aufhält, und kehrt schließlich wieder in seine »Heimat« zurück. Der Text vollzieht damit jene »Ur-Bewegung« des europäischen »Besuchers« in Amerika nach, die seit Cristóbal Colón die eigene Reise im Zeichen der Rückkehr und damit im Zeichen des Kreises begreift. Nicht von

12 Zum »Siebenjahreszyklus« vgl. ebd., S. 12 f.

ungefähr erinnert die Kapitelstruktur mit ihren im Inhaltsverzeichnis aufgelisteten narrativ gehaltenen Überschriften, die von »Wie der Sohn des Fellhändlers starb« bis »Wie die Geschichte endet« reichen, ebenso an den Schelmenroman, der dem Reisebericht unendlich viel schuldet[13], wie an den Reisebericht selbst, dessen Bewegungen die Kapitelüberschriften nachvollziehbar machen. Nicht nur die Anspielungen auf das Menschenfressertum, die den Erzähler seit seiner Kindheit quälen, sondern auch diese Präsentationsform stellen eine direkte Verbindung etwa zu Hans Stadens berühmtem Bericht aus dem »Brasilien« der Mitte des 16. Jahrhunderts her, in dem sich viele Kapitelüberschriften dieses Typs ausmachen lassen. Was auf Brasilien gemünzt war, hätte auch für Patagonien oder *Feuerland* gelten können: »Wie wir herausfanden, in welchem Teil des fremden Landes wir Schiffbruch erlitten hatten«.[14]

So bezieht sich Arnold Stadlers Text auf jene genealogischen Vorläufer, in denen die Bewegung sich stets als eine Bewegung zum Tod, die Fahrt sich unvermittelt als eine Reise ohne Wiederkehr hätte erweisen können. Zugleich nutzt dieser zweite Roman innerhalb der autobiographisch fundierten Trilogie die spezifischen Möglichkeiten, welche die reiseliterarischen Gattungsmuster, die ebenfalls eine grundlegende Trennung zwischen erzählendem und erzähltem, zwischen schreibendem und reisendem, zwischen erinnerndem und erlebendem Ich modellieren, den autobiographischen Ausdrucksformen bieten.

Feuerland erweist sich daher in bezug auf die gattungsspezifische Dimension als hybrider Text, der sich an bestimmten Formen des frühneuzeitlichen Reiseberichts, andererseits aber auch an autobiographischen Schreibformen orientiert. Als »Roman« – wie es das Titelblatt der Ausgabe verkündet – läßt sich dieser kurze Text, der damit unterschiedlichste gattungsspezifische Elemente integriert, nur in einem weiter gefaßten gattungstheoretischen Sinne bezeichnen. Von größerer Bedeutung als diese generische Klassifizierung scheint mir die Tatsache zu sein, daß

13 Vgl. auch Kapitel 1 dieses Bandes.

14 Hans Staden, *Brasilien 1547–1555*. Herausgegeben und eingeleitet von Gustav Faber. Aus dem Frühneuhochdeutschen übertragen von Ulrich Schlemmer, Stuttgart: Edition Erdmann im K. Thienemanns Verlag 1982.

sich Stadlers in mancherlei Hinsicht streng durchkomponierte Vision Patagoniens auf Reisebericht und Autobiographie und somit auf zwei literarische Gattungen stützt, die sich jeweils durch ihr ständiges Oszillieren zwischen den Polen von Fiktion und Diktion auszeichnen und sich somit als *friktionale* Genres beschreiben lassen. *Feuerland* stellt den gelungenen Versuch dar, gleichsam im »Zentrum« der autobiographisch eingefärbten Romantrilogie mit einer Verdoppelung friktionalen Schreibens zu experimentieren.

Aus dieser Sicht wird verständlich, warum die grundlegende Bewegungsstruktur des Romans eine Kreisstruktur des Verstehens nahelegt, die sich ebenso auf die Erfahrung des (empirischen) Raumes, also den Reisevorgang und den Aufenthalt in Übersee selbst, wie auf die Entwicklung des eigenen Ichs, die spezifische Spiegelung der eigenen Subjektivität, beziehen läßt. Bevor wir uns den anderen, mit dieser Kreisstruktur stark kontrastierenden Bewegungsmustern weiterer Figuren des Romans näher beschäftigen, sollten wir uns dieser Verräumlichung des Verstehens als hermeneutischer Vorgabe des Romans nochmals aus anderer Perspektive zuwenden.

Briefe vom Ende der Welt

Von Beginn an betont der Erzähler seinen Status als Reisender:

> Nur ein Reisender. Ich war nur einen Sommer lang bei ihnen, als Gast. Es ist nicht viel, was ich mitgebracht habe. Erinnerungen, Geschichten vom Ende der Welt.[15]

Dieses wenige, diese »Mitbringsel« des Reisenden, bilden den Roman selbst, mit seinen Erzählvorgängen, die zwischen ständigen Präzisierungen und willentlich nicht behobener Lückenhaftigkeit schwanken. Am Anfang dieser Reise stand die Reise eines anderen, des Onkels Antonio, der 1938 »fortgefahren und nicht wiedergekommen« war, so wie es wiederum dessen Onkel getan hatte, der 1898 den Flecken Nueva Alemania, das später in Pico Grande umbenannt wurde, gegründet hatte. Durch die Briefe von Onkel Antonio wurde dieses *neudeutsche* Amerika für den Ich-Erzähler von Kindesbeinen an zum Zielpunkt eines anhal-

15 Stadler, *Feuerland*, a.a.O., S. 9.

tenden Fernwehs: Voller Ungeduld fiebert das Kind schon jener Weltreise entgegen, die der fünfunddreißigjährige, noch immer von seinen kindlichen Träumen und Obsessionen geprägte und verfolgte Mann dann endlich unternehmen wird.[16]

Der Onkel kam nicht mehr zurück, dafür schickte er Briefe. Damit, so ließe sich sagen, trat die Schrift an die Stelle der räumlichen Bewegung, ein Schreiben also, das Ersatz für die Bewegung und zugleich deren Folge und Ausdruck ist. Und doch hatten diese Briefe auf den ersten Blick wenig Verheißungsvolles, wenig, was das Fernweh nach einem ganz *anderen* Land hätte wecken können:

> Kam ein blauer Brief aus Amerika, blieb ich an seinen Wörtern hängen, Wörter waren es, die mich verzauberten. Man las mir vor und sagte mir, daß *im Grunde alles ganz wie zu Hause* sei, die Anden als die Alpen meines Onkels, die Schafe als seine Kühe, der Lago Verde, den meine Verwandten so getauft hatten, weil er bis dahin auch nur eine Nummer der Landvermesser gewesen war, als sein Bodensee.[17]

Damit erscheint ein Element, das leitmotivartig nicht nur in den Briefen des Onkels, sondern mehr noch in den Kapiteln des Erzählers wiederkehrt: Es ist im Grunde alles wie zu Hause, die beiden Räume lassen sich mit ihren Landschaften, ihren Tätigkeiten, ihren Lebensformen nicht nur miteinander vergleichen, sondern fallen gleichsam in eins. Doch die ungezählte Male wiederkehrende Formel, alles sei »wie zu Hause«, sollte uns nicht darüber hinwegtäuschen, daß diese formelhafte Beteuerung – wie auch das obige Zitat – eine ambivalente Form aufweisen, insoweit sich doch eine grundlegende Differenz einschleicht, welche aus dem *wie zu Hause* zugleich den Gegen-Raum zum Zuhause macht. Denn im Gleichen, das nicht das Selbe ist, gewinnt das Eigene den Charakter eines Anderen, das die Schafe nicht zu Kühen, die Anden nicht zu Alpen, das Neudeutsche nicht zum Deutschen werden läßt. Aus dieser von und mit Worten markierten Differenz, die für das Kind zudem unüberbrückbare räumliche Distanz ist, nährt sich das Fernweh und die Triebkraft, die Dynamik des gesamten Buches und seiner Reisebewegungen.

Nur so läßt sich wohl erklären, daß sich jenseits des behaupteten Gleichen die Differenz festsetzt und ein Schreiben produ-

16 Ebd., S. 11.
17 Ebd.

ziert, das sich selbst auf die Reise über den Atlantik macht: »Sobald ich schreiben konnte, schrieb ich von meinem Hunger und Durst und schickte ihn nach Amerika.«[18] Schreiben und Reisen sind beide mit der Empfindung des Mangels, des Fehlens, des Vermissens eng verbunden und fixieren die Idee von Amerika aus der Distanz. Daher kann die Reise des Fünfunddreißigjährigen nach Patagonien auch zu einer Reise in die Vergangenheit werden, zu einer Spurensuche des eigenen Ichs, hatte der Onkel doch alles für den dereinst Kommenden gesammelt und aufgehoben.[19] Die Reise im Raum kann so zu einer Reise in der Zeit werden, genauer: in die eigene Vergangenheit, an die sich »erste Spuren«[20] des eigenen Schreibens heften. Und mit diesem Schreiben ist die Erfahrung der Grenze – »Ich hatte ja gleich mehrere Grenzen zur Verfügung«[21] – und mehr noch des Abarbeitens an diesen Grenzen und Grenzziehungen verbunden. In der Form der Briefe, die als blaue Briefe den Atlantik queren, etabliert sich das Schreiben als zugleich mahnende und grenzüberschreitende Aktivität.

Dagegen kann die Aktivität des Reisens allein, der Überwindung des empirischen, nachprüfbaren, »tatsächlichen« Raumes die in sie gesetzten Hoffnungen der Grenzüberschreitung zum *ganz Anderen* nicht erfüllen. Folglich wird der reiseliterarisch bedeutsame Ort der Ankunft denn auch als Enttäuschung modelliert:

> *Da bin ich, adsum!* Am Ziel. Ich hoffte, es würde doch noch alles ganz anders werden. Doch zwanzig Kilometer vor Pico Grande mußte ich diese Hoffnung endgültig aufgeben. Seit zweihundertfünfzig Kilometern war mir alles gleich trostlos erschienen, in Staub und Wind war die Maschine aufgeschlagen, mit Mühe noch gelandet. [...] als ich schließlich das Schild *Pico Grande – Provincia de Chubut* hinter mir hatte: an dieser Stelle meiner Reise hätte ich weinen können.[22]

Das Vorfinden des Gleichen, das sich nicht als das erhoffte Andere maskieren läßt, prägt den gesamten Roman, der – dies sei nicht vergessen – ebenso mit den Grenzen des Reiseberichts wie mit jenen der Autobiographie spielt. Das Vor-Gefundene siedelt

18 Ebd.
19 Ebd., S. 12.
20 Ebd., S. 11.
21 Ebd., S. 12.
22 Ebd., S. 13.

sich nicht nur in der amerikanischen Topographie, sondern auch in jenem Leben, das sich als Auto-bio-graphie selber schreibt, an. War die Reise eine Flucht, so markiert der Ort der Ankunft eine Ent-Täuschung der mit dieser verbundenen Hoffnung, welche zugleich die von der Reise nicht unterbrochene oder abgebrochene Kontinuität des Ichs, die schmerzhaft wahrgenommen wird, bestätigt. Hier scheint etwas dem Transitorischen, dem Leben als Transit hart Widerstehendes durchzudringen, das zugleich Identität als Schmerz und Schmerz als Identität ver*körper*t. Das Ziel will mit der Herkunft in eins fallen, die Grenzen erweisen sich als durchlässig. Schon Flora Tristan hatte in ihren *Pérégrinations d'une paria* eine Zeitreise unternommen, die anders als jene ihres Zeitgenossen Alexis de Tocqueville in den USA nicht in die Zukunft, sondern im Süden der amerikanischen Hemisphäre in die Vergangenheit führte. Auch bei ihr war die Suche nach einem Neuanfang bereits am reiseliterarischen Ort der Ankunft in der »Neuen Welt«, im Hafen von Valparaíso, untergraben worden: »Ich glaubte mich in einer französischen Stadt.«[23] Damit wird vom Ort der Ankunft her jener Befund Aurel Schmidts, jene Rede von einer »Falle der Immobilität und Ausweglosigkeit« bestätigt, die davon ausgeht, daß auch eine Reise nach Patagonien, ja »jede Bewegung, die wir in einem fixierten Raum ausführen, nirgends hinführt«.[24] Und doch: Glimmt in diesem Nirgends nicht der Widerschein der Utopie auf?

Bleiben wir in Stadlers Patagonien. In der Tat scheint eine eigentliche Bewegung der Erzählerfigur nicht stattgefunden zu haben. Schon »mit Beginn der Reise« war bei ihr das Reisefieber verflogen.[25] Die autobiographischen, in die Zeit der Vergangenheit weisenden Spuren überlagern immer wieder die reiseliterarischen, am Raum der »Neuen Welt« sich ausrichtenden Bewegungen. Die Neue Welt war zwar in der Alten dem Kind als eine Neue Welt erschienen; doch wird sie dem Erwachsenen just in der Neuen Welt zur Alten. Eine Reise im eigentlichen Sinne ist beim Protagonisten als bewußter Prozeß kaum wahrnehmbar, denn selbst bei der Überquerung des Atlantiks, den Onkel und

23 Tristan, *Les pérégrinations d'une paria 1833–1834*, a.a.O., S. 80; vgl. hierzu Kapitel 1 des vorliegenden Bandes.

24 Schmidt, *Von Raum zu Raum*, a.a.O., S. 38.

25 Stadler, *Feuerland*, a.a.O., S. 17.

Uronkel noch auf Auswandererschiffen in wochenlangen Reisen überwunden hatten – und immerhin hatte letzterer seine künftige Frau während dieser Überfahrt kennengelernt –, ist der Erzähler schlicht eingeschlafen und nimmt die Bewegung im Raum aus der Höhe kaum war. Es ist in der Tat so, wie dies Italo Calvino in seinem Roman *Wenn ein Reisender in einer Winternacht* formulieren konnte:

Fliegen ist das Gegenteil von Reisen. Du durchquerst einen Sprung im Raumkontinuum, eine Art Loch im Raum, verschwindest im Leeren, bist eine Weile, die gleichfalls eine Art Loch in der Zeit ist, an keinem Ort, nirgends [...].[26]

Kein Ort, nirgends aber ist weit davon entfernt, sich auf eine neue Utopie hin zu öffnen. Anders als in einer Welt, deren Konturen und Umrisse durch die Entdeckungsfahrten des ausgehenden 18. Jahrhunderts noch nicht gesichert waren, ist die Utopie am Ende der Welt nun an ihr Ende gelangt. Es scheint, als ob sich am vermeintlichen Ende der Welt, das seinerseits ein anderes Ende noch weiter nach Süden projiziert, die Welt für den Protagonisten zu einer Kugel gerundet hätte, die kein Ende kennt und in ihrer wahrhaft *erfahrenen* Endlichkeit der Utopie als dem »reinen« Anderen endgültig den Garaus macht. Wir befinden uns am Gegenpol zu einer Utopie, nicht an einem Nicht-Ort, sondern an einem Ort, der eigentlich zwei Orte ist, im Anden- *und* im Alpenvorland liegt. Die Überlagerung der Räume aber ist, dies sei nochmals betont, nicht gleichbedeutend mit ihrem Ineinsfallen. Distanz und Differenz sind nicht getilgt. Die Überlagerungen dieses antipodischen Feuerland beinhalten stets ein Spiel von Identität und Differenz, an dem sich das Schreiben in einer ständigen Grenzüberschreitung zwischen beiden Polen abarbeitet. Freilich bleibt eine letzte Grenze, ein letzter utopischer Rest, noch bewahrt: So dringt der Reisende niemals zu jenem Land vor, das der Roman in seinem Titel trägt: Feuerland wird nur von Patagonien aus gesehen, es erscheint lediglich als »ein Strich in meiner Landschaft, mehr nicht«.[27] Der Reisende und seine zeitweilige Geliebte Rosa bleiben von diesem südlichen Ende der amerikanischen Hemisphäre nicht nur durch eine Wasserfläche, sondern mehr noch durch eine

26 Calvino, *Wenn ein Reisender in einer Winternacht*, a.a.O., S. 253; vgl. hierzu auch Kapitel 1 im vorliegenden Band.

27 Stadler, *Feuerland*, a.a.O., S. 133.

Wasserstraße, einen Verkehrsweg also, getrennt: jenen der »Magellanstraße«[28], welche – so ließe sich analog zum Anfangs- und Schlußkapitel von *Feuerland* formulieren – die einzige Verbindung dieses entlegenen Landstrichs mit der Welt darstellt. Ein Fährmann auf dem Weg in dieses Andere, das nah ist und zugleich fern bleibt, ist nicht in Sicht.

Die Kreisstruktur der Reise des Protagonisten steht daher nicht allein für die Tradition der europäischen Reise inclusive Rückflugschein oder die Grundstruktur eines Verhaftetseins im Eigenen, sondern auch für die semantische Falle der Ausweglosigkeit, des Gefangenseins in einer einzigen Welt, aus der kein Weg herausführt, sowie für den hermeneutischen Zirkel, dem der Ich-Erzähler seit seiner Kindheit zum Opfer gefallen ist. Dieser Zirkel begann mit den Briefen vom Ende der Welt, die in dem Kind ein Fernweh auslösten, das wir sehr wohl als ein Leiden an der Ferne verstehen dürfen. Die Zirkelhaftigkeit dieser Korrespondenz(en), die den Daheimgebliebenen, aber auch dem Auswanderer selbst die Reise »ersparen« wollen, bereitet die Zirkelhaftigkeit und zugleich Zerrissenheit aller Verstehensprozesse des Protagonisten vor. Der letzte Brief des Ich-Erzählers erreicht den mittlerweile verstorbenen Onkel nicht mehr, wird mit dem Vermerk *fallecido* (»verschieden«) versehen und erreicht den Absender – der ungewollt zu seinem eigenen Adressaten wird – erst nach seiner Rückkehr aus dem fernen Patagonien. Das »Verschiedensein« des Onkels führt in den Augen des Erzählers nur im ersten Augenblick die eigene Reise ad absurdum. Die Bewegung des wiederkehrenden Briefes nimmt die Bewegung des Romans vorweg und führt die Grundfigur der in ihm entfalteten (autobiographischen, also auf das Selbst zurückverweisenden) Verstehensprozesse vor. Aus dieser Kreisbewegung scheint es kein Entrinnen zu geben.

Personenbeschreibung als Reisebericht

Doch es gibt auch andere Bewegungsmuster in diesem Roman Arnold Stadlers. Die eigene Familiengeschichte des Protagonisten stellt sich als eine Abfolge von Auswanderungen dar, waren

28 Ebd.: »Magellanstraße hieß dieser Teil von der Welt, das Wasser konnte nichts dafür.«

doch nicht nur Onkel und Uronkel nicht mehr an ihren Herkunftsort zurückgekehrt, sondern auch jener entfernte Vorfahre, der irgendwann aus Tirol aufgetaucht war, sich nördlich der Alpen niederließ und die Familie mit seinem im Roman lange Zeit verschwiegenen Nachnamen Schwanz genealogisch und patriarchalisch prägte. Die unilinearen Bewegungsmuster dieser Familiengeschichte verweisen auf bewußte Entscheidungen, angesichts schwieriger Lebenskontexte das Eigene zu verlassen und an einem anderen Ort ein neues Leben aufzubauen. So war auch die Stammmutter Lys, die auf dem Auswandererschiff den Uronkel des Protagonisten und späteren Gründer von Nueva Alemania kennengelernt hatte, vor einer Hungersnot in der Schweiz geflohen, hatte also ihr nacktes (Über-)Leben gerettet, um sich noch einmal einen neuen Raum des Eigenen schaffen zu können. Die Erzählweise der Hauptfigur läßt kaum den Schluß zu, daß diese linearen Bewegungsmuster ohne Rückkehr zum Lebensglück geführt hätten; vielmehr scheinen all diese Einzelgeschichten auf dem Familienfriedhof von Pico Grande zusammenzulaufen, sich auf der Nekropole des Grabhügels mit seinen schönen Grabsteinen und ihren deutschen Inschriften aufzutürmen. Die Hoffnung darauf, das Gleiche unter anderem Himmel als das Neue entwickeln zu können, scheitert wie so viele andere Hoffnungen, verschwindet mit dem Ortsnamen *Nueva Alemania*, der nach Ende des Ersten Weltkrieges nicht mehr opportun ist und mitsamt seinen großen Ambitionen ausgelöscht wird. Nicht nur die unterschiedlichen Leben der Familienangehörigen wirken deplaziert, auch ihre Hoffnungen und Wünsche sind es. Dies gilt auch für den Ich-Erzähler selbst, doch besitzt er ein Rückflugticket, das es ihm erlaubt, die Vorgänge und Geschichten in Amerika aus der Perspektive des Reisenden und des Gastes und damit aus einer zumindest materiell gesicherten Distanz zu betrachten. Mag sein, daß damit auch die bisweilen selbstironische, bisweilen sarkastische Erzählweise wie auch die Modellierung der Erzählerfigur zusammenhängt, die sich in die Erzähltrilogie einfügt, ohne ihre Eigentümlichkeit zu verlieren.

Ein zuvor nur durch die Briefe des Onkels »geisternder Mensch«[29], Fritz alias Friedrich Wilhelm von Streng, nimmt durch den Besuch in Pico Grande für den Protagonisten konkrete Gestalt an. Sein gewaltsamer Tod setzt, wie wir sahen, den

29 Ebd., S. 33.

letzten Akzent des Buches; doch selbst die wenigen Biographeme und Notizen eines Lebens, das den einzigen Sohn eines Generaldirektors nach einer zunächst standesgemäßen Laufbahn 1936 aufgrund seiner jüdischen Herkunft und seiner Homosexualität aus der Bahn warf und den nunmehr Verfolgten dazu zwang, »mit unbekanntem Ziel das Deutsche Reich« zu verlassen[30], geben ein anderes Muster diskontinuierlicher Reisebewegungen zu erkennen. Nicht Entscheidung, sondern erzwungene Flucht bestimmt diese Art von Lebensweg, der sich am Ende mit der Entscheidung zur Rückkehr doch noch einmal abrunden will, dann aber jäh durch den Tod abgebrochen wird.

Im sich unmittelbar anschließenden Kapitel stößt der Erzähler – wie es die Überschrift ankündigte – auf jene Galina Pawlowna, deren diskontinuierliches Bewegungsmuster stellvertretend für viele andere die Geschichte des 20. Jahrhunderts räumlich vor Augen führt. Ihr Lebensweg wird in wenigen Worten nachgezeichnet:

> Sie kam aus der Ukraine, von den Deutschen nach Deutschland geraubt, danach von den Engländern beschlagnahmt und ums Haar zu Churchills Freund Stalin abgeschoben, sagte mir Fritz. Vorher noch von den Engländern bombardiert. In Amerika unerwünscht, nach Argentinien abgeschoben, von Buenos Aires in den Süden abgeschoben, in die Südspitze Patagoniens. Verstehen Sie etwas von der Welt?[31]

Die sich an das knapp zusammengefaßte Bewegungsmuster, das später durch die Darstellung der »Behandlung« dieser Frau auf der Einwandererinsel Ellis Island vor New York ergänzt wird, anschließende Frage nach dem Verstehen, die sich nicht nur an den Protagonisten, sondern auch an das Lesepublikum richtet, führt die Bewegungen der Romanfiguren mit den vom Roman ausgelösten Verstehensprozessen explizit zusammen. Die Absurdität eines Weges, der nie das Ergebnis frei getroffener Entscheidungen, sondern eines beständigen Gehandeltwerdens, einer unablässigen Lebensbedrohung ist, stellt dem Leben überhaupt die Sinnfrage und verknüpft diese mit den Bewegungsfiguren des Romans. In der Tat sind die Romanfiguren vor allem dies: Figuren, die in erster Linie für eine je spezifische Art der Bewegung und des Verstehens stehen. Der Erzählerkom-

30 Ebd., S. 35.
31 Ebd., S. 42.

mentar selbst läßt hieran keinen Zweifel: »Jede Personenbeschreibung wäre ein Reisebericht.«[32] In den Reiseberichten der einzelnen Figuren erscheinen letztere als Figuren von Reisen, von denen der Roman nicht weniger als von der Reise des Ich-Erzählers berichtet. Denn erst die Kreisbewegung, die Rückkehr, ermöglicht das »Mitbringen« all jener Geschichten, welche das wenige bilden, das der Reisende den Daheimgebliebenen liefern kann. So ist *Feuerland* ein Reisebericht, hinter dessen Reise sich Berichte vieler Reisen und vieler weiterer Figuren auftun. Das textgenerierende und bisweilen seriell angewandte Prinzip ist die Reise, aus der viele andere Reisen hervorquellen, die ihrerseits andere Reisen verheißen. Ihr Ende muß abrupt sein, am Ende des Romans muß notwendig das Wörtchen »tot« stehen, hörte die Bewegung doch sonst niemals auf.

Diese Geschichten aus der Neuen Welt erweisen sich als Geschichten aus der Alten Welt. Dem Erzähler gelingt es, den stokkenden, keinen Satz wirklich zu Ende bringenden Erzählungen Galina Pawlownas dank der Form seines eigenen Reiseberichts als Autobiographie die Gestalt autobiographischer Reiseberichte zu geben. Amerika erscheint dabei nicht mehr im Zeichen der Fülle und Erfüllung, wie dies der in verschiedenen Variationen immer wieder auftauchende »amerikanische« Traum des Christoph Columbus einst projiziert hatte[33], sondern in jenem der Kargheit, der Dürre, des Mangels. Die Rhetorik der Fülle, der historischen Akkumulation und der sich daraus ergebenden interkulturellen Verbindungen und Kreuzungen wird vom Erzähler ein ums andere Mal unterlaufen. Als ihm bedeutet wird, »daß speziell die Küche von Pico Grande so reich sei, weil sie die Vorzüge aller europäischen, dazu der amerikanischen und der bodenständigen Indianerküche in sich vereinige«, erkennt er dies als rhetorisches Versatzstück, das er schon häufig, »auch schon in den Vereinigten Staaten von Amerika«, gehört habe, und stellt ihm seine »ganz andere[n] Erfahrungen« entgegen.[34] Amerika ist nicht die Summe, jener »historische Saldo«, von dem der Mexikaner Alfonso Reyes gesprochen hatte[35], obwohl die überwiegende Mehrzahl der Reisen von Europa nach Amerika führt und daher eine zusätzliche »Anreicherung« dieser

32 Ebd., S. 43.
33 Vgl. Kapitel 2.
34 Ebd., S. 78.
35 Vgl. Kapitel 7.

»Neuen« Welt nahelegen würde. Patagonien ist als *Landschaft der Theorie* vielmehr so gewählt, daß eine als wüstenartig dargestellte, von Wind, Sand und Staub beherrschte Landschaft nicht einmal mehr die Fülle einer Gluthitze zuläßt, wie sie noch in Jean Baudrillards *Amérique* zu finden gewesen war. Auch in Stadlers Text ist die Wüste ein beherrschendes Textelement *und* Theorem, doch kann sie nicht mehr als Gegen-Bild dienen, das Raum (oder zumindest eine dauerhafte Projektionsfläche) für andere Träume böte.

Die Kapitelüberschriften deuten diese immer fundamentalere Ent-Täuschung (nicht nur) des Protagonisten an. Ein Beispiel hierfür ist der Titel von Kapitel XXXII, »Wie mir die Dicke im Bus sagte, Pico Grande sei der traurigste Ort auf der Welt«. Und nicht umsonst lautet die Überschrift des kurzen Kapitels XXXIV mit biblischer Reminiszenz »Wie *der Ort aber die Wüste* war und *Schweigen Pilgern* hieß«. Die Wüste Patagoniens aber ist für den Protagonisten ein Ziel, das schon vor seiner Ankunft seinen ganzen Reiz verloren hat. Sie taugt weder als Fluchtort noch als Gegen-Welt. Sie taugt nur als Fläche, auf der sich die Reisebewegungen der Romanfiguren einschreiben und auf der diese vom ersten Abschnitt des Romans an ihre »Lebenszeichen« hinterlassen. Die Fläche aber ist in Stadlers Roman leer: Der in *Feuerland* aufgespannte literarische Raum erfaßt nicht die Literatur, die sich in Argentinien selbst entwickelt hat; die expliziten intertextuellen Verweise beschränken sich auf die abendländische Literatur von der Bibel über Cervantes bis Chatwin, von Goethe über Stifter bis (intratextuell) Stadler. Die Literaturen Lateinamerikas bleiben vergessen und ausgespart, als hätte es am »Ende der Welt« niemals Schriftstellerinnen und Schriftsteller gegeben. In diesem Sinne gilt: Patagonien ist auch für den Europäer Stadler in erster Linie eine Schreibfläche.

Europa als Bewegung

Mag sein, daß aus diesem Grunde die Rückkehr des Ich-Erzählers nach Europa nicht den Abschluß des Romans bildet, sondern daß diese Rückkunft von der »Weltreise« vielfach in vorangehende Kapitel eingeblendet wird. Die Schreibfläche bleibt von der ersten bis zur letzten Zeile Patagonien, dessen Name seit

Antonio Pigafettas phantasievollem Reisebericht von Magalhães' Weltumsegelung (1519-1522) für die Projektionen europäischer Träume nach Amerika einsteht. Doch die von dem italienischen Reisenden zu Anfang des 16. Jahrhunderts projizierten Riesen, die sogenannten Patagonier, auf die anläßlich des »Tiermenschen« auch in Stadlers Roman angespielt wird, haben in *Feuerland* kleineren Menschen und bescheideneren Visionen Platz gemacht. Der reiseliterarische Ort des Abschieds, von dem aus noch eine letzte Hoffnung projiziert wird – »Lächerlich, ich weiß, aber so war es«[36] –, wird im bereits erwähnten vierunddreißigsten Kapitel gestaltet und betrifft geradezu selbstverständlich einen Ort interkontinentaler Verkehrsverbindungen, den internationalen Flughafen von Buenos Aires:

Auf dem Flughafen. Vor mir noch einmal eine Art Panorama. Ein Geruch wie über dem Hafen von Heraklion, dem Hafen, über den ja schon der Verkehr des Labyrinths von Knossos lief. Gerüche und Geräusche von Dingen, die hinter mir liegen.[37]

Der Blick zurück, den der reiseliterarische Ort des Abschieds stets miteinschließt, verbindet sich mit einem Blick zurück auf die abendländische Antike. Ein Flughafen im Süden Amerikas wird mit einem Hafen der antiken Welt assoziiert. Warum gerade Heraklion, warum gerade Knossos? Die labyrinthische Struktur des sich an das obige Zitat anschließenden Satzes mit dem Rückblick auf den Aufenthalt und mehr noch die eigene Herkunft legt zweifellos nahe, die Struktur des Labyrinths als Deutungsmuster auf die Lebensgeschichte des Protagonisten anzuwenden. Doch Heraklion verweist als Haupthafen Kretas zugleich versteckt auf jenen anderen Ort der Insel, an dem einst – wie in einer früheren Passage des Romans erwähnt wurde – Europa auf dem Rücken des Stieres nach der Überquerung des Meeres an Land gekommen war. Ausgehend von den Höhlen in der Nähe von Pico Grande assoziiert der Ich-Erzähler auf Nachfragen seiner patagonischen Verwandten verschiedene Höhlen, die von der Bärenhöhle seiner süddeutschen Heimat bis zur »Diktehöhle [...], wo Zeus geboren war«, und zur »Idahöhle« reichen, »wo er vor seinem Vater versteckt wurde, damit der ihn nicht gleich zu Beginn der Geschichte auffraß«.[38] Von dort ge-

36 Ebd., S. 149.
37 Ebd.
38 Ebd., S. 45. Damit wird das Muster einer Geschichte, die von Beginn

langt der Erzähler unmittelbar zu »der Stelle, wo Europa an Land getragen wurde« und verweist darauf, daß »etwas südlicher« – wohl auf der heute Malta genannten Insel – »Kalypso beheimatet gewesen« und der Apostel »Paulus an Land gespült worden« sei.[39] Warum diese Spuren zur abendländischen Geschichte, die ihrerseits auf die Konstituierung Europas verweisen, am Ende dieses Romans über ein anderes Ende der Welt?

Innerhalb der vom Text evozierten Abfolge von »Strandungsorten«[40] kommt dem Verweis auf die Sage von Europa eine besondere Bedeutung zu. Denn Europa, das schöne Mädchen, die Okeanide, nach der sich später ein Kontinent benannte, dessen räumliche Grenzen stets ungewiß blieben, und von der sich eine Kultur herleitete, welche sich als »abendländische« dem »Morgenland« entgegenstellte, diese Europa war – was auch immer die Gründe für ihre nie gänzlich erhellte und schon während der Antike beobachtbare Metamorphose in einen kontinentalen und (freilich stets heterogenen) kulturellen Raum sein mögen – orientalischer Herkunft und bekanntlich das Opfer einer Freiheitsberaubung in Tateinheit mit Vergewaltigung und Deportation. Die Reise der Europa auf dem Rücken jenes Stieres, in den sich ein liebeshungriger Zeus verwandelt hatte, erfolgte ebensowenig aus freien Stücken wie jene Vereinigung mit dem Göttervater, mit dessen Geschichte die Geschichte des Okzidents erst ihren mythischen Anfang nahm.

Europas Deterritorialisierung begann im östlichen Mittelmeerraum. Der wohl auf »minoische Verhältnisse«[41] zurückverweisende, mit Elementen von Stierspielen und Stierriten (die auch auf das »Labyrinth von Knossos« verweisen[42]) versehene

an vom Tode ihres Protagonisten bedroht ist, in der Antike und somit am Anfang allen abendländischen Geschichtenerzählens verankert.

39 Ebd.

40 Ebd.

41 *Der Kleine Pauly. Lexikon der Antike.* Auf der Grundlage von Pauly's Realencyclopädie der classischen Altertumswissenschaft unter Mitwirkung zahlreicher Fachgelehrter bearbeitet und herausgegeben von Konrat Ziegler und Walther Sontheimer. Bd. 2, München: Deutscher Taschenbuch Verlag 1979, S. 449.

42 Einer der drei Söhne, die Zeus der Sage zufolge mit Europa zeugte, war Minos, der spätere König von Kreta, Gemahl der Pasiphaë und

Mythos von der Entführung der am phönikischen Strand blumenpflückenden schönen Tochter des Agenor, des Königs von Sidon oder Tyros in Kleinasien, macht uns auf die bisweilen ein wenig in Vergessenheit geratene Tatsache aufmerksam, daß nicht nur der sogenannte »amerikanische« Kontinent einen Namen trägt, der von außen, von Osten her auf ihn übertragen wurde. Denn der Herkunftsort (und vielleicht sogar der »Strandungsort«) der schönen Europa liegt nicht in jenem Raum, den wir nach heutigem territorialen Verständnis mit ihrem Namen schmücken. So steht der Name der Europa für eine Bewegung und Außerhalbbefindlichkeit, die von (freilich göttlich erzwungener) Deportation und Deterritorialisierung geprägt wird. Mag Europa auch später am Anfang eines neuen Geschlechts, einer neuen Genealogie stehen: Sie lebt nicht in ihrer Heimat, ist vielmehr eine Migrantin.

Von Deportation und Deterritorialisierung sind nicht nur die verschiedenen Fassungen und Bearbeitungen der Sage Europas, sondern auch jene Geschichten geprägt, von denen der Ich-Erzähler uns aus Patagonien berichtet. Die »neue Heimat« in einem »neuen Deutschland« weit südlich des Äquators hat die Träume der Auswanderer während der vergangenen hundert Jahre, dies führt der Roman in trostloser Detailtreue ein ums andere Mal vor Augen, nicht erfüllt. Auch die alte Heimat kann für die Nachkommen der Auswanderer keine Heimat mehr sein, nicht einmal mehr die Sprache der Vorfahren, von der sie nur noch Restbestände im Wortfeld des Todes und einer rudimentären Friedhofskultur besitzen. Aber auch für den in seine Heimat Zurückkehrenden ist die Heimatlosigkeit zu einem Teil der eigenen Heimat geworden. Am Ende seines Aufenthalts in Patagonien wünscht er sich weit weg, aber nicht vom Anden- ins Alpenvorland: »Ich wollte auf der Stelle weg von hier. Diesmal, wenn möglich, ins Nirwana oder in ein anderes Niemandsland, ande-

Vater der Ariadne und der Phaidra. Die Präsenz des Stieres läßt sich in dieser Genealogie von Europa bis zum Minotauros verfolgen. In den prähistorischen Höhlen in der Nähe von Pico Grande, in denen sich der Ich-Erzähler und Rosa in heftigen Liebesspielen vereinigen, ist ebenfalls die erotische Dimension des (S)Tiermenschen allgegenwärtig: »Köpfe, Beine, Hörner und Schwanz, der berühmte Tiermensch mit seinem Schwanzzeichen in der Mitte: das war zu sehen. Aufgerichtete und liegende Figuren, kreuz und quer« (Stadler, *Feuerland*, a.a.O., S. 95 f.).

res Ende der Welt.«[43] Die Zerstörung des Mythos von Amerika als Fluchtpunkt und Zielort, diese Arbeit am Mythos, der sich auch die stets negativen Seitenblicke auf die Vereinigten Staaten zuordnen lassen, geht einher mit der Zerstörung Europas als unverbrüchlicher, Ursprung, Herkunft und Heimat bietender Einheit.[44] Die Heimatlosigkeit wird zur eigentlichen Heimat und zur Grundlage aller Bewegungen der Figuren dieses Romans, die ausnahmslos Bewegungsfiguren sind. Alle sind mit allen verbunden, eine Vorstellung, die der Erzähler obsessiv seiner Geliebten vorrechnet, da doch »*jeder von jedem abstammt*, wie man vereinfachend sagt«[45]:

Zwei Eltern, vier Großeltern, acht Urgroßeltern, 16 Ururgroßeltern, 32 Urururgroßeltern: im Jahr von Linas Geburt hattest du schon 256 Mütter und 256 Väter, immer gleich viel Mütter wie Väter. Noch eine Null dran, und du kannst sagen, daß du von allen abstammst, herrührst, weiterdämmerst: Väter-Mütter; Väter-Mütter ...[46]

Eine solcherart skizzierte Genealogie läuft gerade nicht auf einen Stammbaum, auf eine Wurzel, auf eine gesicherte Herkunft hinaus, sondern auf die Verbindung aller mit allen. An die Stelle der Baumstruktur ist eine proliferierende, beschleunigt weiterwuchernde Netzstruktur getreten.[47] Angesichts der Tatsache, daß die Gesprächspartnerin des Ich-Erzählers nach dessen Hochrechnung zum Zeitpunkt der Entdeckung Amerikas bereits über 128 000 Väter und Mütter verfügt haben dürfte, könnte man von einer Menschheit sprechen, deren Identitäten (und Benennungen) letztlich immer die von Ausgewanderten oder Eingewanderten, Emigranten und Immigranten ist. Damit entsteht – und man wünschte sich, Arnold Stadler hätte José Vasconcelos' Entwurf[48] gekannt – keine »Kosmische

43 Ebd., S. 140.
44 Auf die historische Fragilität und Jugend einer Vorstellung von Europa als Schicksals- und Kulturgemeinschaft hat neuerdings hingewiesen Gotthard Strohmaier, »Die Griechen waren keine Europäer«, in: Eckhard Höfner und Falk Peter Weber (Hg.), *Politia literaria*. Festschrift für Horst Heintze zum 75. Geburtstag, Glienicke/Cambridge: Galda+Wilch Verlag 1998, S. 198-206.
45 Stadler, *Feuerland*, a.a.O., S. 129.
46 Ebd., S. 130.
47 Vgl. hierzu Kapitel 11 des vorliegenden Bandes.
48 Vgl. Kapitel 7.

Rasse« (im Sinne des mexikanischen Literaten und Philosophen) als mestizische Synthese, wohl aber eine ins Unendliche wuchernde Netzstruktur, die durch keine stammbaumartige Genealogie mehr zentriert werden kann. Die unterschiedlichsten Räume vernetzen sich untereinander, ohne dies noch über Zentren bewerkstelligen zu müssen; die Kommunikation erfolgt von Raum zu Raum, zwischen Peripherie und Peripherie, zwischen Andenvorland und Alpenvorland. Eine Literatur der Regionen entsteht, deren Herz die Provinzen des Menschen, nicht aber die Provinzialitäten verschiedener Breitengrade sind. In einer solchen Welt ist eine Unterscheidung zwischen dem Fremden und dem Eigenen nicht mehr möglich, hat keinen Sinn mehr. Zugleich vervielfachen sich die Differenzen innerhalb und zwischen regionalen Identitäten, deren Wurzeln allenfalls noch jenen der Mangroven gleichen können.

Arnold Stadlers *Feuerland* versucht, ausgehend von einer anderen Landschaft der Theorie als Maryse Condés *Traversée de la Mangrove* und mit weniger kräftigen Farben, ernüchterter und theorieärmer, aber nicht weniger eindrücklich als der karibische Roman, diese neue Situation literarisch zu reflektieren und in ihren fundamentalen Bewegungsmustern aufzuspüren. Europa ist weder das Nirwana noch ein Niemandsland, es ist eine sich ständig deterritorialisierende Bewegung, die – seine am Strand überraschte Namensgeberin mag hierfür symbolhaft stehen – ohne Nicht-Europa ganz einfach nicht denkbar ist und von Beginn an auch niemals denkbar war. So läßt Victor Klemperer in seinem *LTI* in einer auf den 12. August 1935 datierten und mit dem Titel »Café Europe« versehenen Eintragung nicht nur einen aus Deutschland Fortgejagten – in dessen Skizze wir leicht den Romanisten Erich Auerbach erkennen können – vom »äußersten Rande« Europas, aus Istanbul, schreiben, um danach den Klang seiner Stimme beim Aussprechen des Wortes »Europa« zu evozieren[49]; er schreibt anderen jüdischen Auswanderern, die auf dem Weg ins peruanische Exil sind und in einem Brief »über Seekrankheit und Europasehnsucht«[50] klagten, die folgenden Verse hinterher:

49 Victor Klemperer, *LTI. Notizbuch eines Philologen*, Leipzig: Philipp Reclam jun. ^{2}1968, S. 195.
50 Ebd.

> Habt ihr Sehnsucht nach Europen?
> Vor euch liegt es in den Tropen;
> denn Europa ist Begriff![51]

Jüdisches Exil und Flucht vor dem Nationalsozialismus sind deterritorialisierende Bewegungen Europas, die Arnold Stadlers *Feuerland* kritisch weiterverfolgt hat. Die Dynamik der kraft ständiger grenzüberschreitender Bewegungen geschaffenen und vernetzten Räume nimmt auch weiterhin zu. Allein von Europa her läßt sich zu Beginn dieses neuen Jahrhunderts die Lage Europas nicht länger bestimmen. Arnold Stadler ist in einer ungeheuer kompakten Romanschöpfung eine Veranschaulichung jenes komplexen und in seinen Konsequenzen noch längst nicht ausgedachten Prozesses geglückt, wie die Neue Welt in der Alten als Neue erscheinen und in der Neuen zur Alten Welt werden konnte. *Feuerland* versucht keineswegs zu zeigen, daß Europa – oder auch nur der nähere Herkunftsraum dieses Autors – am Ende der Welt liege. Es geht um etwas anderes und zugleich um mehr: Versteht sich Europa heute nicht von den Enden der Welt her, gelangt seine vermeintlich so festgefügte Welt möglicherweise an ein Ende.

51 Ebd., S. 196.

Kurze Auswahlbibliographie

Asholt, Wolfgang, und Walter Fähnders (Hg.), *»Die ganze Welt ist eine Manifestation«. Die europäische Avantgarde und ihre Manifeste.* Darmstadt: Wissenschaftliche Buchgesellschaft 1997.

Barthes, Roland, *Œuvres complètes.* 3 Bde. Edition établie et présentée par Eric Marty, Paris: Seuil 1993-1995.

Bitterli, Urs, *Die »Wilden« und die »Zivilisierten«. Grundzüge einer Geistes- und Kulturgeschichte der europäisch-überseeischen Begegnung*, München: dtv 1982.

Broc, Numa, *La Géographie des Philosophes. Géographes et voyageurs français au XVIIIe siècle*, Paris: Editions Ophrys 1975.

Bronfen, Elisabeth, Benjamin Marius und Therese Steffen (Hg.), *Hybride Kulturen. Beiträge zur anglo-amerikanischen Multikulturalismusdebatte.* Tübingen: Stauffenburg 1997.

Cannon, Susan Faye, *Science in Culture: The Early Victorian Period*, New York: Dawson and Science History Publications 1978.

Compagnon, Antoine, *Le démon de la théorie. Littérature et sens commun*, Paris: Seuil 1998.

Deleuze, Gilles, und Félix Guattari, *Rhizom.* Aus dem Französischen übersetzt von Dagmar Berger und anderen, Berlin: Merve 1977.

Duchet, Michèle, *Anthropologie et Histoire au siècle des lumières. Buffon, Voltaire, Rousseau, Helvétius, Diderot*, Paris: Flammarion 1977.

Eco, Umberto, *Opera aperta*, Milano: Bompiani 1976.

Ette, Ottmar, *Roland Barthes. Eine intellektuelle Biographie*, Frankfurt am Main: Suhrkamp 1998.

García Canclini, Néstor: *Culturas híbridas. Estrategias para entrar y salir de la modernidad*, México: Grijalbo - Consejo Nacional para la Cultura y las Artes 1990.

Gelz, Andreas, *Postavantgardistische Ästhetik. Positionen der französischen und italienischen Gegenwartsliteratur*, Tübingen: Niemeyer 1996.

Genette, Gérard, *Fiktion und Diktion.* Aus dem Französischen von Heinz Jatho, München: Fink 1992.

Gerbi, Antonello, *La Disputa del Nuovo Mondo. Storia di una Polemica: 1750-1900.* Nuova edizione a cura di Sandro Gerbi, Milano/Napoli: Riccardo Ricciardi Editore 1983.

Gewecke, Frauke, *Wie die neue Welt in die alte kam*, Stuttgart: Klett-Cotta 1986.

Glissant, Edouard, *Poétique de la Relation*, Paris: Gallimard 1990.

Habermas, Jürgen, *Der philosophische Diskurs der Moderne. Zwölf Vorlesungen*, Frankfurt am Main: Suhrkamp 1985.

Jurt, Joseph (Hg.), *Zeitgenössische französische Denker: eine Bilanz*, Freiburg: Rombach 1998.

Köhler, Erich, *Der literarische Zufall, das Mögliche und die Notwendigkeit*, München: Fink 1973.

Kristeva, Julia, *Etrangers à nous-mêmes*, Paris: Gallimard 1988.

Lepenies, Wolf, *Das Ende der Naturgeschichte. Wandel kultureller Selbstverständlichkeiten in den Wissenschaften des 18. und 19. Jahrhunderts*, München/Wien: Hanser 1976.

Lionnet, Françoise, *Postcolonial Representations. Women, Literature, Identity*, Ithaca/London: Cornell University Press 1995.

Sánchez, Yvette, *Coleccionismo y literatura*, Madrid: Cátedra 1999.

Scharlau, Birgit (Hg.), *Lateinamerika denken. Kulturtheoretische Grenzgänge zwischen Moderne und Postmoderne*, Tübingen: Narr 1994.

Schmidt, Aurel, *Von Raum zu Raum. Versuch über die Reiseliteratur*, Berlin: Merve 1998.

Todorov, Tzvetan, *Die Eroberung Amerikas. Das Problem des Anderen.* Aus dem Französischen von Wilfried Böhringer, Frankfurt am Main: Suhrkamp 1985.

Toumson, Roger, *Mythologie du métissage*, Paris: P.U.F. 1998

Zima, Peter V., *The Philosophy of Modern Literary Theory*, London/New Brunswick: The Athlone Press 1999.

Namenregister